正史 五行志의 世界
後漢書

正史 五行志의 世界
後漢書

홍승현 역주

혜안

책머리에

2019년 고중세사학회 연구이사가 되어 다음 해에 개최할 학술대회 ─ 제목: 동아시아 신비주의의 제양상(2020년 9월 개최) ─ 를 준비하면서 지금까지와 는 다른 방법으로 대회를 준비해보고자 하는 계획을 세웠다. 다름 아니라 대회 때까지 공동연구를 진행하고 그 공동연구의 결과물로 대회를 진행하는 것이었다. 학회의 역할을 증대시킴과 동시에 다양한 소규모 활동을 활성화하 면서 그 결과로써 학술대회를 개최하겠다는, 세 마리 토끼를 잡아보겠다는 의욕에 찬 계획이었다. 그러나 쉽지 않은 계획이었다. 우선 동아시아 신비주 의라는 너무 넓은 범주에서 무엇을 공동 연구의 주제로 잡을 것인지, 참여 연구자는 어떻게 선별할 것인지, 서로 다른 시대를 전공하고 다양한 관심을 가진 참여자들 모두가 만족할 수 있는 방법은 어떻게 정할 것인지, 해결해야 하는 문제가 첩첩이었다.

일단은 참여 연구자부터 찾기로 했다. 고대사 파트에서 한대漢代를 공부하 는 권민균 선생이 함께 하기로 하였고, 위진남북조魏晉南北朝 중 남조 연구자인 양진성 선생이 결합하였으며, 북조 연구자인 정재균 선생도 흔쾌히 참여해 주었다. 당송 시기 연구자인 김한신 선생이 참여함으로써 명실상부한 고중세 사 연구 모임이 이루어졌다. 이 모임에서 조심스럽게 모든 이들의 시대적 관심에 부합할 수 있는 정사正史 지志의 독해가 방법으로 제시되었고, 신비주 의라는 제목에 부합하는 「오행지五行志」가 선정되었다. 그러나 학술대회를 「오행지」로 개최하는 것은 아니었기에 우선은 세 마리 토끼 중에서 한 마리는 산으로 놓아 준 셈이었다. 그러나 학회가 공동연구를 활성화하는 주체가 된다는 점에서 여전히 의미 있는 작업이라 생각하였다. 앞으로 다양한 공동연구가 기획되고 추진되기를 바란다.

2019년 봄부터 시작한 독회는 한 달에 한 번 또는 두 번, 고대와 성균관대를 오고가며 진행되었다. 터무니없는 미신에 불과할 것이라 생각했던 재이災異의 해석들이 치밀하게 계산된 정치적 행위였음을 발견하는 데는 긴 시간이 필요하지 않았다. 유가儒家들은 재이를 하늘이 내린 견책譴責으로 해석하며 군주를 도덕적으로 견인하고자 하였고, 멸망의 전조를 먼저 보여준다는 의미를 지닌 재이를 보며 군주는 두려워하기도 하였지만 다른 한편 자신의 권력이 하늘로부터 받은 것이며 자신이 하늘에게 애호愛護되고 있다고 믿었다. 한편 치열한 정치 투쟁 속에서 재이는 종종 정적政敵(宦官·外戚·大臣)의 잘못으로 거론되었고, 최종적으로 쟁투에서 실패한 자의 행위가 재이의 원인으로 지목되었다. 재이를 둘러싼 해석 속에 치열한 정치 투쟁의 전모가 숨어 있었다. 우리들은 독회를 통해 역사의 입체상을 얻을 수 있었다. 이 책은 그렇게 2년을 넘겨 함께 공부했던 공동연구의 결실이다. 한 사람의 이름으로 출간되기는 하지만 곳곳에 함께한 연구자들의 도움이 배어있다. 곧이어 『한서漢書』, 『송서宋書』, 『남제서南齊書』, 『위서魏書』, 『구당서舊唐書』의 「오행지」 역주도 출간될 것을 기대한다.

이 책은 1부 『후한서後漢書』「오행지」의 해제, 2부 전 6권의 「오행지」 역주로 구성되었다. 모두 6권인 「오행지」는 분량상 편의적으로 7개의 장으로 구성하였다. 현재 우리가 보고 있는 『후한서』는 잘 알려져 있는 것처럼 지부志部가 남아 있지 않은 유송劉宋 범엽范曄의 『후한서』에 소량蕭梁의 유소劉昭가 당시 남아 있던 『후한서』 중 가장 완성도가 높다고 평가받던 서진西晉 사마표司馬彪의 『속한서續漢書』 지부를 합쳐 보충 완성한 것이다. 따라서 편의에 따라 책 제목에 『후한서』「오행지」란 표현을 사용하였지만 실제로는 『속한서』「오행지」를 해제, 역주한 결과다.

해제에서 자세히 살펴보겠지만 사마표의 『속한서』는 여타 『후한서』들과는 달리 왕조의 정통성을 증명하고자 하지 않았다. 대신 역사가 가진 권선징악의 기능을 구현하고자 하였고 기존 사서의 번잡함을 간결하게 정리하는 한편 서진의 전범典範이랄 수 있는 후한의 제도를 정리하고자 하였다. 따라서 사마표는 유학의 신학적神學的 성격이 가장 강했던 후한 시기를 다룸에도 객관성과 합리성을 유지하고자 한다. 그가 저술한 「오행지」가 군주에게 높은 도덕성을 요구하는 한편 신비주의적 성격의 참위서讖緯書를 거의 인용하지 않은 것은 그 때문일 것이다. 그러나 이와는 달리 『속한서』 지부를 주해한 유소는 박람博覽을 특징으로 하는 남학南學의 영향에 의해 이문異聞과 이사異事를 망라하는 주석 방식을 보여준다. 또한 잦은 왕조 교체를 설명하기 위해 사회적으로 여전히 맹위를 떨치고 있던 참위학의 영향을 받아 신비주의적 관점에 따라 기록을 재해석하기도 하였다. 이렇듯 『후한서』 「오행지」는 신비주의 사상의 전성기인 후한 시대를 대상으로 한 저작이라는 점에서, 찬자撰者와 주석자注釋者의 입장 차가 분명하게 드러나는 텍스트라는 점에서 분석의 가치가 크다고 생각한다.

  사실 역대 「오행지」를 역주하는 것에 대해 걱정이 없었던 것은 아니다. 정사의 오행지가 예외 없이 오사五事(貌·言·視·聽·思)와 왕극王極 순으로 기술되고 재이의 항목이 오행五行(木·金·火·水·土)과 왕극의 순서로 나열된다는 점과 후한 이후 재이설이 쇠퇴한다는 기존 입장에 따른다면 역대 오행지에 대한 고찰은 특별한 의미를 가질 수 없기 때문이다. 또한 군주의 정치적 실책에 대해 하늘이 재이를 내리고 선정善政에 대해서는 서상瑞祥을 내린다는 재이설은 정치적 민감성이 높기도 하지만 한편으로는 군주에 대해 무한한 정치적 도덕성을 요구하는 어느 정도는 관념화된 의식이라는 점에서 「오행지」에서 특별한 시대적 차이, 즉 시대성을 발견하지 못할 것이라는 염려도 있었다. 그러나 동일한 구조라 해도 특정 재이에 배당되는 사건을 선별하는 것은 철저히 찬자의 선택이라는 점에서 역대 「오행지」는 당대 지식인들의 정치의식 및 신비주의에 관한 입장을 살펴보는 중요한 자료가 될 수 있을 것이라 생각하였다. 이 책이 독자들을 만나 더 많은 의미를 갖기를 기대한다.

곡절 없는 인생이 있겠는가마는 지난 2년의 연구는 녹녹치 않았다. 우선은 전 세계가 고통 받은 코로나19의 여파를 우리 연구도 피하지 못하였다. 6개월 간 이도저도 못하고 개점휴업에 들어갔다. 무기력한 시간이 흘러갔고 그럴수록 공동 연구의 필요를 절감하였다. 저자의 비대면 독회 제안에 구성원들이 기다렸다는 듯이 기쁘게 응해주었고, 주말에도 컴퓨터 앞에서 대여섯 시간 동안 진행되는 독회의 고단함을 기꺼이 감내해 주었다. 지금도 비대면 독회는 공동 연구의 중요성을 우리에게 가르치며 의연히 한 달에 한 번씩 진행되고 있다. 공부가 종국에는 혼자 하는 것이라는 것을 모르는 것은 아니지만 다른 한편 함께 하는 이들이 있어 넘어지지 않고 앞으로 나갈 수 있음을 안다. 만나서 술 한잔 마음껏 기울일 날이 어서 오기를 바랄 뿐이다. 개인적으로 두 번의 수술을 받았던 것도 힘들었던 일이었다. 많은 분들이 내 일처럼 걱정해 주신 것을 잊지 못할 것이다. 이 자리를 빌려 다시 한 번 감사의 말씀과 이 책으로 건강하게 지낸다는 소식을 전하고자 한다.

책을 낼 때마다 특별한 감사를 표해야 하는 분들이 늘어난다. 살면서 누구에게도 신세지지 않겠다고 다짐하건만 언제나 그것이 오만한 생각이었음을 뼈저리게 느낄 뿐이다. 우선 독회를 함께 하는 연구자들에게 감사를 전한다. 한 자 한 자 꼼꼼히 번역본을 읽어주며 교정을 해주었고 해결하지 못했던 문제에 답을 제시해 주었다. 그들의 인내심과 세심함이 없었다면 이 책은 세상에 나오지 못했을 것이다. 책에 잘못이 있다면 그것은 모두 저자의 몫이다. 언제나 저자에 대해 애정을 가지고 지켜봐 주시는 모든 분들께는 늘 그렇듯이 한 분 한 분 인사를 여쭙지 못해 죄송할 뿐이다. 원고를 들고 쩔쩔맬 때 기꺼이 출판을 수락해준 도서출판 혜안의 모든 분들께는 뭐라 드릴 말씀이 없다. 고마운 마음만큼 죄송한 마음이 너무 크다. 이번에도 최종 원고까지 몇 번을 읽어주었던 한경미 선생에게는 고맙다는 말조차 하지 못할 정도다. 마지막으로 창원대 도서관 학술정보기획·지원·개발팀의 사서분들(김소리 팀장님 이하 권영미, 문아영 선생님)께

특별한 감사를 드린다. 코로나19로 상황이 좋지 못했던 시기에도 필요했던 국내외 자료를 구해주시기 위해 노력하셨다. 자신의 역할에 자긍심을 가지고 도서관의 필요와 가치를 증명하고 계시는 선생님들께 다시 한 번 감사드린다. 한국연구재단의 지원도 큰 힘이 되었다.

요즘처럼 역사학과 지식인의 본령本領이라는 것에 대해 깊이 고민을 한 적이 없었던 것 같다. 부디 내가 하고 있는 공부가 진실을 감추거나 현실을 왜곡하는 작업이 아니기를 바랄 뿐이다.

녹음이 짙어가는 정병산 아래서
홍 승 현

목 차

1부
『후한서』「오행지」해제

『후한서』「오행지」의 재이 해석

I.「오행지」이전 재이 인식과 해석

　농업 생산이 주인 고대 사회에서 재해災害를 비롯하여 당시 지식으로 해석하기 어려운 신비스러운 이변異變의 발생은 통치자에게 어떤 정치적 사안보다도 민감한 문제였다. 재해 또는 재이災異는『국어國語』에 묘사되는 것처럼 농사를 위주로 하는 백성들의 삶을 피폐하게 하여 종국에는 국가를 멸망케 하는 원인이 되기 때문이다.[1] 고대인들은 안정적인 농업 생산과 성공적인 추수를 가장 중요하게 여겼으며, 그것은 일반적으로 신에 의해 승인된다고 생각했다.[2] 중국의 갑골甲骨 복사卜辭 안에서 최고신인 상제上帝가 모든 자연 재해의 주재자로 그려지는 것은[3] 그러한 생각의 발로일 것이다. 따라서 고대 왕이나 무축巫祝은 주술을 이용하여 신의 뜻을 파악하고, 그 뜻에 따라 이상 기후를 정상화하여 풍요로운 수확을 가능하게 해야

---

1)『國語』,「周語上」, "幽王二年, 西周三川皆震. 伯陽父曰:「周將亡矣! 夫天地之氣, 不失其序; 若過其序, 民亂之也. 陽伏而不能出, 陰迫而不能烝, 于是有地震. 今三川實震, 是陽失其所而鎭陰也. 陽失而在陰, 川源必塞; 源塞, 國必亡.」"
2) 데이비드 N. 키틀리 지음·민후기 옮김,『갑골의 세계 - 상대(商代) 중국의 시간, 공간, 공동체』(서울: 학연문화사, 2008), 42쪽.
3) "帝令雨."(乙1894, 6256, 6666), "今二月帝不令雨."(鐵123.1), "羽癸卯帝其令風."(乙2452) "曰帝美我."(鐵159), "□帝其于之一月令雷."(乙3282) 등의 갑골문은 上帝가 일체의 자연 천상을 주재하는 존재임을 말해준다. 乙: 屈萬里 編,『殷墟文子 乙編 上·中·下輯』(臺北: 中央研究院歷史語言研究所, 1994). 鐵: 劉鶚 撰,『鐵雲藏龜』(『續修四庫全書』(上海: 上海古籍, 1995) 所收).

했다.[4]

그러나 복사를 통해 자연 재해나 이변이 왜 발생하는가를 명확하게 파악하는 것은 쉽지 않았다. 재해와 이변은 이유 없이 돌발적으로 일어나기 일쑤였고, 그때마다 왕 혹은 무축들은 단지 그 시기를 예측하거나 주술에 의해 그 상태에서 벗어나고자 노력할 뿐이었다.[5] 그 결과 상제는 인간과는 무관하게 자신의 의지를 지상에 실현하는 존재로 간주되었다.[6] 하지만 언제까지 돌발적으로 발생하는 재해나 이변을 무력하게 감내할 수는 없는 노릇이었다. 특히 삶의 태도가 '주술적 신앙생활에서 인간적 자각으로'[7] 변화해 가면서 재해나 재이를 돌발적인 현상으로만 이해하는 것은 불가능하였다. 새로운 해석 방법이 필요해진 것이다. 그렇다면 중국 고대인들은 재해와 재이를 어떻게 이해하였을까.

1. 음양설과 동류감응설

재해 또는 재이 해석과 관련하여 현재 전하는 『시詩』나 『서書』에는 그것이 군주의 부도덕한 행위에 대한 하늘의 벌이라는 관념이 등장한다.[8] 이른바 '천견설天譴說'이다. 그러나 인간의 도덕 여하에 따라 하늘이 벌을 내린다는 관념은 후대, 최소한 전국戰國 시기 중기 이후의 관념이기에[9] 문헌의 내용을

---

4) 影山輝國, 「董仲舒に至る災異思想の系譜」, 『實踐國文學』 34(1988), 66쪽.
5) 影山輝國, 위의 글, 66쪽.
6) 吳淸植, 「『書經』의 '天命'과 『管子』의 '務時'의 상관관계 연구 - 道德的 天命과 그 實現 方法을 중심으로 - 」, 『東方學』 73(2018), 6쪽.
7) 吉田篤志, 「周人の人間的自覺」, 『漢學會誌』 49(2010), 1쪽.
8) 『詩』, 「小雅·節南山之什」, 〈十月之交〉, "日月告凶, 不用其行. 四國無政, 不用其良. 彼月而食, 則維其常. 此日而食, 于何不臧.";『詩』, 「小雅·節南山之什」, 〈節南山〉, "赫赫師尹, 不平謂何.…式夷式已, 無小人殆.";『書』, 「商書·湯誥」, "夏王滅德作威, 以敷虐于爾萬方百姓. 爾萬方百姓, 罹其凶害, 弗忍荼毒, 並告無辜于上下神祇. 天道福善禍淫, 降災于夏, 以彰厥罪.";『書』, 「商書·伊訓」, "嗚呼! 古有夏先后, 方懋厥德, 罔有天災. 山川鬼神, 亦莫不寧, 暨鳥獸魚鼈咸若. 于其子孫弗率, 皇天降災, 假手于我有命, 造攻自鳴條, 朕哉自亳.";『書』, 「商書·伊訓」, "惟上帝不常, 作善降之百祥, 作不善降之百殃."

전적으로 믿기 힘들다.[10] 전국 시기 사정을 전하는 『좌전左傳』에는 이 문제와 관련하여 주목할 만한 기사가 등장한다.

노희공魯僖公 16년(BC. 644), 송宋나라에 운석이 떨어지고 새가 뒤로 나는 이변이 발생하였다. 송양공宋襄公은 마침 그때 송나라를 방문한 주周나라 내사內史 숙흥叔興에게 그 이변이 함유한 길흉吉凶을 예측할 것을 요구하였다. "이는 무슨 징조인가? 길한 것인가, 흉한 것인가?" 숙흥은 이변을 통해 길흉을 예측하고자 하는 송양공의 기대를 만족시키기 위해 올해는 노나라, 내년에는 제齊나라에 불행이 발생할 것이며 장차 송양공에게도 좋지 않은 일이 생길 것이라고 말한다. 그러나 물러나와 다른 이에게 진심을 말하기를 송나라에서 발생한 이변은 사람으로부터 말미암은 길흉의 문제가 아닌 '음양陰陽'의 일이라고 하였다.[11] 숙흥이 말한 '음양'이 무엇을 의미하는지는 별도로 고찰할 필요가 있겠으나 분명한 것은 숙흥은 운석이 떨어지고 새가 뒤로 나는 현상을 '사람으로부터 말미암는 길흉'과는 다른 것 - 어쩌면 자연현상 - 이라고 이해했다는 점이다. 『좌전』안에는 이처럼 재해 혹은 재이의 발생을 '음양'의 조화가 무너져 발생한 것으로 서술한 기사가 다수 등장한다.[12]

---

9) 이에 대해서는 홍승현, 「중국 고대 災異說의 기원과 성립」, 『史叢』102(2021)의 4장을 참조.

10) 특히 『書』는 성립 과정도 불투명하고, 그 전승 과정도 복잡하여 그 내용을 그대로 받아들이는 데 문제가 있다. 『서』의 많은 부분이 孔子 이후에 부가되고 그 門徒에 의해 해석이 儒敎的으로 윤색된 것은 일찍이 미야자키 이치사다에 의해 지적되었다. 宮崎市定, 「中國古代における天と命と天命の思想 - 孔子から孟子に至る革命思想の發展」, 『史林』46-1(1963), 81쪽.

11) 『左傳』, 「僖公十六年」, "十六年, 春. 隕石于宋五, 隕星也. 六鷁退飛, 過宋都, 風也. 周内史叔興聘于宋. 宋襄公問焉, 曰, 是何祥也, 吉凶焉在. 對曰, 今茲魯多大喪, 明年齊有亂, 君將得諸侯而不終. 退而告人曰, 君失問, 是陰陽之事, 非吉凶所生也. 吉凶由人, 吾不敢逆君故也."

12) 『左傳』, 「襄公二十八年」, "傳二十八年, 春, 無冰. 梓愼曰, 今茲宋鄭其饑乎. 歲在星紀, 而淫於玄枵, 以有時菑, 陰不堪陽.";『左傳』, 「昭公二十一年」, "秋, 七月, 壬午, 朔, 日有食之. 公問於梓愼曰, 是何物也, 禍福何爲. 對曰, 二至二分, 日有食之, 不爲災. 日月之行也, 分同道也, 至相過也. 其他月則爲災, 陽不克也, 故常爲水.";『左傳』, 「昭公二十四年」, "夏, 五月, 乙未, 朔, 日有食之. 梓愼曰, 將水. 昭子曰, 旱也. 日過分, 無陽猶不克, 克必甚, 能無旱乎.

이처럼 음양에 의해 자연 현상을 해석하는 방법은 흔히 '음양설陰陽說'로 불리는데, 음과 양의 교체와 성쇠 등의 변화 및 조화를 자연의 법칙으로 설명하는 것을 의미한다.13) 부연하자면 우주, 인간, 사회의 모든 생성과 변화를 음양 두 기氣의 변화에 의해 설명하는 방법론이라고 할 수 있다. 이때 음양은 '우주 간의 두 가지 서로 대립하면서도 보충하는 상반상성相反相成의 기본 원소 또는 동력'이며 '(자연계) 모든 생성 변화의 내재 원인 또는 근본 법칙'이라 할만하다.14) 이 '음양설'은 춘추春秋 시기 이후 재해 및 재이를 해석하는 주된 방식이 되었고, 전국 말기가 되면 '음양설'은 대부분의 학파에서 자연 현상, 더 나아가 자연 곧 우주를 이해하는 기준이 된다.

대표적으로『순자荀子』에서는 유성流星이 떨어지고 나무가 바람에 우는 소리를 내는 것과 관련하여 "별거 아니다. 이는 천지天地의 변화로 음양의 변화에 의해 생기는 것이니 드물게 생기는 일이다."15)라고 하였다. 이와 같은 태도를 인격적인 하늘을 부정하며 물질적인 천관天觀을 기초로 천사天事와 인사人事를 엄격하게 구분하는『순자』라는 문헌의 특성으로16) 치부할 수도 있을 것이다. 그러나 이는『순자』만의 특성이 아니라 당시 지성계의 하나의 흐름이었던 것으로 보인다. 예컨대『한비자韓非子』는 음양을 모든 사물의 가장 기초적인 요소로 인식하고 있으며, 농사를 지을 때 그의 조화에 신중히 대응해야 한다고 하여 천지 자연 현상이 음양으로부터 기인함을

陽不克莫, 將積聚也."『左傳』보다 좀 더 후에 편찬된『國語』에도 陰陽의 운동과 그에 따른 부조화로 인해 災異가 발생한다는 기사가 등장한다.『國語』,「周語上」, "幽王二年, 西周三川皆震. 伯陽父曰:「周將亡矣! 夫天地之氣, 不失其序; 若過其序, 民亂之也. 陽伏而不能出, 陰迫而不能烝, 于是有地震. 今三川實震, 是陽失其所而鎭陰也. 陽失而在陰, 川源必塞; 源塞, 國必亡.」"

13) 齋藤勵 著·水口幹記 解說,『王朝時代の陰陽道』(東京: 名著刊行會, 2007), 2쪽. 初刊: 1947년.

14) 文載坤,「陰陽五行論의 展開에 관한 研究(I)」,『哲學研究』14(1989), 9~10쪽.

15)『荀子』,「天論」, "星隊木鳴, 國人皆恐. 曰: 是何也? 曰: 無何也! 是天地之變, 陰陽之化, 物之罕至者也."

16) 宋貞姬,「荀子小考 - 文獻〈荀子〉를 中心으로 - 」,『中國文學報』4(1980), 90~91쪽.

간접적으로 설명하고 있다.[17] 음양으로부터 천지 만물이 생겨나고 자연의 순환이 이뤄진다는 입장이 좀 더 분명하게 드러나는 문헌은 『관자管子』다. 「승마乘馬」편에서 "봄 여름 가을 겨울은 음양의 추이推移며, 계절의 길고 짧음은 음양의 상호작용이며, 낮과 밤의 바뀜은 음양의 변화다."[18]라고 자연의 모든 변화를 음양을 통해 설명하고 있다. 만물의 생성과 음양이 관계있음을 말하는 구절은 「추언樞言」편에 등장한다. "무릇 세상 만물은 음양이 발생하여 서로 뒤섞이고 화합하며 나타난다."[19]는 구절이 그것이다. 따라서 『관자』는 군주가 성공하기 위해서는 음양의 원리를 따라야 하며[20] 그것의 흐름을 굳게 지켜야만 한다고 주장한다.[21]

이처럼 전국 시기 후반기 재이 해석의 가장 유력한 방식은 '음양설' 즉 '음양이기론陰陽二氣論'이라고 할 수 있는데, 이것은 재이를 군주의 잘못에 대한 하늘의 징벌로 이해하는 신비적 사유와는 다른 물질적이며 실리주의적 사고다.[22] 특히 이 시기에는 음양가陰陽家라는 존재들이 등장하여 음양을 추상화하여 우주 변화의 법칙으로 설명하는 것은 물론이고, 정치적으로는 왕조 교체의 정당성을 설명하는 데까지 이르게 된다.

---

17) 『韓非子』, 「解老」, "凡物不並盛, 陰陽是也."; 『韓非子』, 「難二」, "擧事愼陰陽之和, 種樹節四時之適, 無早晩之失, 寒溫之災, 則入多."
18) 『管子』, 「乘馬」, "春秋冬夏, 陰陽之推移也; 時之短長, 陰陽之利用也; 日夜之易, 陰陽之化也."
19) 『管子』, 「樞言」, "凡萬物陰陽兩生而參視."
20) 『管子』, 「樞言」, "先王因其參而愼所入所出."
21) 『管子』, 「勢」, "修陰陽之從."
22) 이와 관련하여 이케다 쓰에토시의 주장을 언급해 두는 것이 좋을 것 같다. 그는 음양설은 아니지만 이후 음양설과 결합하는 五行說과 관련하여 오행설이 일종의 우주관인 이상 종교적 세계관과 전혀 무관하게 독립적으로 존재하기는 어렵다고 하였다. 池田末利, 「五行說序說 - 五材から五行へ」, 『廣島大學文學部紀要』 26(1966), 74~76쪽. 이런 주장에 따른다면 음양설 역시 그 내부에 종교적 성격을 포함한다고 볼 수 있을 것이다. 그러나 재이를 음양 두 氣의 상호작용에 의해 해석하려는 음양설은 그것을 인격신인 天이 내리는 징벌로 이해한 입장에 비해 실리적이고 물질적이라고 할 수 있을 것이며, 원시적이나마 과학적 성격을 띠고 있다고 봐야 할 것이다.

한편 '음양론'의 하위 개념으로 '동류감응설同類感應說'이 있다. 『여씨춘추呂氏春秋』에 "만물은 같은 것을 따른다物之從同." 혹은 "부류가 같은 것은 서로 부른다類同相召."[23])는 설명으로 등장하는 이것은 동일 속성의 사물이 서로를 부르고 감응한다는 논리다. 예를 들어 보자. 노소공魯昭公 21년(BC. 521)에 일식日蝕이 일어났다. 즉 달이 해의 일부 혹은 전체를 가리는 천체 현상이 일어난 것이다. 달이 해를 가렸다는 점에서 추측할 수 있는 것처럼 고대인들은 음기(달)가 양기(해)를 이겨 발생한 것으로 이해하였다. 그 때 대부大夫 재신梓愼은 그 일식이 향후 수재水災를 일으킬 것이라고 예견하였다.[24]) 대부 재신이 이렇게 추정한 이유는 간단하다. 일식은 음기가 강성해서 일어난 재이고, 강성한 음기는 순수한 음기의 정수인 물水[25])을 불러, 수재가 발생한다는 논리다.

기계적이고 단순한 이 논리는 오히려 그 소박함 때문에 전국 후기부터 한漢 초까지 학파를 불문하고 널리 수용되었으며, 이후 동중서董仲舒에 의해 '천인감응설天人感應說(또는 천인상관설天人相關說)'의 하위 개념으로 포섭되었다.[26]) 실제로 전국 시기부터 한 초에 편찬된 여러 문헌 안에서 '동류감응'과 관련한 기사들을 찾는 것은 어렵지 않다. 『순자』의 "장작을 고르게 펼쳐 놓으면 불은 건조한 쪽부터 붙기 시작하고, 땅을 평평하게 해 놓으면 물은 축축한 쪽으로 흘러간다. 초목은 같은 종류끼리 무리지어 자라고 짐승들은 같은 종류끼리 무리를 이루니, 사물은 각기 자신과 같은 종류의 것을 따른다."[27])는 구절은 동류감응의 가장 기본적인 내용이라 할 수 있다.

---

23) 차례로 『呂氏春秋』, 「有始覽」;『呂氏春秋』, 「恃君覽」.

24) 『左傳』, 「昭公二十一年」, "秋, 七月, 壬午, 朔, 日有食之. 公問於梓愼曰, 是何物也, 禍福何爲. 對曰, 二至二分, 日有食之, 不爲災. 日月之行也, 分同道也, 至相過也. 其他月則爲災, 陽不克也, 故常爲水."

25) 『後漢書』 志第15, 「五行三」, "水者, 純陰之精也."

26) 池田知久, 「中國古代の天人相關論」, 『アジアから考える7 世界像の形成』(東京: 東京大, 1994), 24쪽.

27) 『荀子』, 「勸學」, "施薪若一, 火就燥也, 平地若一, 水就溼也. 草木疇生, 禽獸群焉, 物各從其類也."

같은 책 「정명正名」편에서는 "무릇 동일한 부류[同類]는 동일한 본성[同情]을 지닌다."[28]라는 말로 '동류감응'을 정의하고 있다. 『역易』「건괘乾卦·문언전文言傳」에는 "같은 소리는 서로 감응하고 같은 기운은 서로 찾는다. 물은 습한 곳으로 흐르고 불은 건조한 곳으로 나아가며, 구름은 용을 따르고 바람은 범을 따르니 성인이 나옴에 만물이 우러러본다. 하늘에 근본한 것은 위를 친하게 여기고 땅에 근본한 것은 아래를 친하게 여기니, 각기 그 부류를 따르는 것이다."[29]라는 구절이 등장한다. 앞서 본 『순자』의 구절과 대동소이하다는 것을 알 수 있다. 재이를 주로 인격신의 징벌로 이해하는 유가 안에서도 '동류감응설'은 자연 현상을 해석하는 유효한 이론으로 수용되었음이다.

2. 천견설

음양설은 음양 두 기를 통해 천지 만물의 생성과 변화, 그리고 소멸을 설명하려는 유물론적이며 기계론적 우주관이라고 할 수 있다. 중국 고대인들은 이 음양설에 의해 재이 발생을 설명하였고, 더 나아가 그 과정에서 인간이 이 필연적인 법칙을 따른다면 인간을 비롯하여 자연계가 순조로울 수 있지만 그렇지 않다면 재화災禍가 발생한다는 '시령설時令說(또는 월령설月令說)'을 전개하였다. 그러나 다른 한편 군주의 부도덕한 행위에 대해 하늘이 벌을 내린 것이 재해 혹은 재이라는 '천견설' 역시 만들어졌다. 천견설은 자연 재해 혹은 신비주의적 현상의 발생 원인을 현실 정치의 성공과 실패로부터 구하며, 위정자爲政者의 정치적 행위에 하늘[天]이 반응하여 그 통치의 정당성 여부를 증명한다는 내용을 근간으로 하는 전형적인 천인상관설이라고 할 수 있다. 이 설은 흔히 전한前漢 시기 동중서에 의해 완성된 것으로

---

28) 『荀子』, 「正名」, "凡同類同情者."

29) 『易』, 「乾卦·文言傳」, "子曰: 「同聲相應, 同氣相求. 水流濕, 火就燥, 雲從龍, 風從虎, 聖人作而萬物覩. 本乎天者親上, 本乎地者親下, 則各從其類也.」"

이해되는데, 그가 처음 만든 것은 아니고 기존 이론을 종합한 것이다.

천견설은 『서』에서 쉽게 찾아 볼 수 있으나 문헌의 성격상 그 관념을 서주西周 시기의 것으로 이해하기는 어렵다.[30] 앞에서 잠시 언급했던 것처럼 그것은 전국 시기 이후 관념으로 생각되는데, 전국 시기 천견설의 내용을 확인할 수 있는 출토 자료 하나를 살펴보자. 출토 문헌 중에서도 비교적 저작 시기가 이른 『노방대한魯邦大旱』이란 자료는 초기 천견설에 관한 몇 가지 중요한 단서를 제공해 준다.

> 노나라에 큰 가뭄이 들었다. 애공哀公이 공자孔子에게 말하였다. "선생께서는 나를 위한 계책을 갖고 있지 않은지요?" 공자가 대답하여 말하였다. "나라의 큰 가뭄은 모든 형덕刑德이 (그 바른 도리를) 잃었기 때문이 아닐까요? 오직…" (애공이 말하였다.) "…하는 것이 어떻겠습니까?" 공자가 말하였다. "백성들은 설說제사를 지내 귀신을 섬기는 것은 알고 있습니다만 형벌과 덕을 (바르게 닦아야 하는 것은) 알지 못합니다. 옥벽玉璧과 폐백幣帛을 아끼지 않고 산천에 (제사지내는 것보다) 형벌과 (덕을) 바로잡는 것이…" 물러나와 자공子貢을 만나 말하였다. "사賜야, 너는 항간의 소문을 들었을 것인데 나의 답을 틀렸다고 말하지는 않더냐?" 자공이 말하였다. "아닙니다. 선생님 께서는 (산천에 지내는) 제사를 중히 여기시는지요? 무릇 형벌과 덕을 바르게 하여 상천上天을 섬기는 것, 이것이 옳습니다. 옥벽과 폐백을 아낌없이 사용하여 산천에 제사를 지내는 것은 옳지 않습니다. 무릇 산은 돌로 피부를 삼고, 나무로 백성을 삼으니 만일 하늘에서 비를 내리지 않는다면 돌은 장차 탈 것이고 나무는 장차 말라죽을 것입니다. (따라서 산이) 비를 기다리는 것은 우리 사람보다 더 심할 것이니 어찌 반드시 우리의 제사를 기다리겠습니

---

30) 西周 초기를 배경으로 하는 『書』의 핵심적인 12편에 대해 마크 에드워드 루이스는 그 텍스트들이 말하는 목소리의 인물들에 의해 실제로 작성된 것이 아니라, 오랜 시기 이후 이전의 승리를 기념하고 원리들을 명시하기 위해 쓰였을 것이라고 하였다. 마크 에드워드 루이스 지음·최정섭 옮김, 『고대 중국의 글과 권위 - 제국으로 가는 글의 여정 - 』(서울: 미로, 2006), 210~211쪽.

까? 무릇 시내는 물로 피부를 삼고 물고기로 백성을 삼으니 만일 하늘에서 비를 내리지 않는다면 물은 장차 마를 것이며 물고기는 장차 죽을 것입니다. (따라서 시내가) 그 비를 기다리는 것은 우리 사람보다 더 심할 것이니 어찌 반드시 우리의 제사를 기다리겠습니까?" 공자가 말하였다. "오호…공은 어찌 기름진 음식과 고기를 배불리 먹으며 백성들을 위해서는 무엇도 하지 않는가!"[31]

상하이 박물관이 소장하고 있는 전국 시기 초楚나라 죽간竹簡 중 하나인 『노방대한』은 그 저작 시기가 대략 BC. 373년~BC. 278년으로 추정되는 문헌이다. 죽간에 쓰인 연대는 늦어도 전국 초기(BC. 403~BC. 343)에서 전국 중기(BC. 342~BC. 282)로 추정된다.[32] 부분적으로 결락된 곳이 있기는 하지만 전체적인 내용을 파악하는 데는 무리가 없다. 내용을 정리해 보자면 노애공 시기[33] 노나라에 큰 가뭄이 들자 애공은 공자에게 가뭄을 피할 수 있는 방법을 묻는다. 공자는 형벌과 도덕이 제대로 집행되지 못해 재이가 발생했다고 여기고 형벌과 도덕을 바로할 것을 건의하지만 애공은

---

31) 馬承源 主編, 『上海博物館藏戰國楚竹書(二)』, 『魯邦大旱』(上海: 上海古籍, 2002), 204~210 쪽, "魯邦大旱. 哀公謂孔子:「子不爲我圖之?」孔子答曰:「邦大旱, 毋乃失諸刑與德乎? 唯」(1簡) 之何在?」孔子曰:「庶民知說之事, 祝①也. 不知刑與德. 如毋薆珪璧幣帛於山川, 正刑與…」(2簡) 出遇子贛曰:「賜, 爾聞巷路之言, 毋乃謂丘之答非歟?」子贛曰:「否也, 吾子若重名②其歟? 如夫政刑與德, 以事上天, 此是哉. 若夫毋薆珪(3簡) 幣帛於山川, 毋乃不 可. 夫山, 石以爲膚, 木以爲民, 如天不雨, 石將焦, 木將死, 其欲雨或甚於我, 何必恃吾名③乎? 夫川, 水以爲膚, 魚以(4簡)爲民, 如天不雨, 水將涸, 魚將死, 其欲雨, 或甚於我, 何必恃吾名④ 乎?」孔子曰:「於呼…(5簡) 公豈不飽粱食肉哉! 緊, 無如庶民何.」(6簡)"『魯邦大旱』관련 연구들은 비교적 많은데, 대체적인 내용에 대해서는 이견이 없으나 각론에서 차이가 있다. 그중 비교적 해석상의 큰 차이를 만드는 것은 ①의 '祝'를 '鬼'로, ②의 '名'을 '命'으로, ③과 ④의 '名'을 '禁'으로 보는 것이다. 여기서는 마청위앤의 釋讀文을 근간으로 하여 필요한 부분에서 타 설을 수용하였다. 구체적인 내용은 지면의 한계상 생략한다.

32) 淺野裕一, 「『魯邦大旱』における「名」」, 『竹簡が語る古代中國思想』(東京: 汲古書院, 2005), 171쪽. 原載: 「上博楚簡『魯邦大旱』における「名」」, 『國語敎育論叢』 14(2005).

33) 연구자들은 『春秋』「哀公十五年」條의 8월에 기우제를 지낸 기사(秋八月, 大雩)를 근거로 이 簡文에 기술된 내용을 魯哀公 15년(BC. 480)의 일로 판단한다.

그 대신 산천 제사를 지내 귀신을 달래는 것이 좋겠다고 한다. 그러나 공자는 형덕을 바로 하는 것이 방법임을 다시 한 번 강조한다. 이후 제자 자공을 만난 공자는 자신의 판단이 옳았는지를 검증받고 싶어 혹 세간에서 자신의 방법에 대해 비난하고 있는지를 묻는다. 자공은 만일 산천에 신령함이 있다면 이미 비가 내렸을 것이라고 하며 스승의 판단이 틀리지 않았다고 말한다. 이에 공자는 군주가 백성들의 어려움을 헤아려 근검절약하지는 못할망정 기름진 음식과 고기를 배불리 먹으며 백성들을 위해서는 아무것도 하지 않는다며 안타까워한다.[34]

여기서 재이를 내리는 존재가 하늘, 곧 천이라는 것은 분명히 드러나지 않는다. 그러나 '상천을 섬기는 것[事上天]'이라는 표현으로부터 재이를 내리는 존재가 상천, 곧 하늘임을 알 수 있다. 그렇다면 하늘은 왜 가뭄을 내렸을까. 이 역시 분명하지는 않지만 공자의 주장에 따른다면 형덕이 올바로 집행되지 않기 때문이다. 즉, 군주의 통치에 문제가 있어 하늘이 군주를 견책하기 위해 재이를 내린 것이다. 재이를 인격을 가진 지상신[至上神]이 군주의 잘못을 경계하기 위해 내린 견책으로 이해하는 방식이다. 그렇다면 이 재이는 어떻게 해소될 수 있을까. 아마도 애공은 당시 가장 일반적으로 사용되던 주술적 방법을 사용하고자 했던 것 같다. 바로 '설'이라고 부르는 제사를 지내 귀신에게 기원하는 방식을 제시한 것이다.[35] 『좌전』에 따르면 당시

---

34) 이와 유사한 내용은 『晏子』와 『說苑』에서도 볼 수 있다. 따라서 실제로 노애공 시기의 상황이라기보다는 유가 안에서 유행하고 있던 내용이 아닐까 한다. 『晏子春秋』, 「諫上·景公欲祠靈山河伯以禱雨晏子諫」, "齊大旱逾時, 景公召群臣問曰: 「天不雨久矣, 民且有饑色. 吾使人卜, 云, 祟在高山廣水. 寡人欲少賦斂以祠靈山, 可乎?」群臣莫對. 晏子進曰: 「不可! 祠此無益也. 夫靈山固以石爲身, 以草木爲髮, 天久不雨, 髮將焦, 身將熱, 彼獨不欲雨乎? 祠之無益.」公曰: 「不然, 吾欲祠河伯, 可乎?」晏子曰: 「不可! 河伯以水爲國, 以魚鱉爲民, 天久不雨, 泉將下, 百川竭, 國將比, 民將滅矣, 彼獨不欲雨乎? 祠之何益!」景公曰: 「今爲之柰何?」晏子曰: 「君誠避宮殿暴露, 與靈山河伯共憂, 其幸而雨乎!」于是景公出野居暴露, 三日, 天果大雨, 民盡得種時. 景公曰: 「善哉! 晏子之言, 可無用乎! 其維有德.」" 『說苑』 「辨物」의 내용도 大同小異하다.

35) 이 '說'이라는 제사는 귀신에게 재앙을 없애 줄 것을 요청하는 주술적인 제사로 알려져 있다. 설제사에 대해서는 羅新慧, 「從上博簡《魯邦大旱》之"敓"看古代的神靈觀

재이가 발생했을 때 이와 같이 재이를 제거하기 위해 주술적 행위를 하는 것이 일반적인 방법이었다.36) 그러나 공자는 형덕을 바르게 하는 것이 재이를 제거하는 방법임을 다시 한 번 강조한다.

형덕을 바르게 한다는 것은 무엇일까. 이와 관련해서 공자는 구체적인 언급을 하고 있지 않지만 말미에 애공의 행위를 비판하면서 기름진 음식과 고기로 배를 불릴 뿐 백성을 위해서는 아무것도 하지 않는다고 안타까워하고 있다. 요컨대 자신의 행위를 반성하고 백성을 우선하는 군주의 도덕적 행위를 촉구하고 있는 것이다. 우리는 여기서 재이를 소멸시키는 방법으로 군주의 도덕적 행위가 제시되고 있음을 볼 수 있다. 흔히 말하는 도덕을 중시하는 경덕적敬德的 태도다.37) 재이가 음양 두 기의 어그러짐으로 발생한 것이 아니라 군주의 잘못에 대한 견책이었기에 그것의 해소 또한 군주의 반성과 도덕적 각성이란 방법으로 나타난 것이다.

이상에서 살펴본 것처럼 재해와 재이에 대한 인식은 크게 두 가지로 구별할 수 있다. 하나는 그것을 음양 성쇠의 결과로 이해하는 것이고, 또 다른 하나는 유덕有德한 인격신이 인간(즉, 통치자)의 부도덕에 대해 내린 징벌로 여기는 것이다. 전자는 자연과 인간이 공유하는 음양의 기를 매개로 인간사가 자연에 감응한다고 보는 것인데, 하늘을 비인격적 자연으로 보는 것으로38) 흔히 '기계적機械的 천관天觀'이라 할 수 있다.39) 이에 반해

念」, 『學術月刊』 2004-10을 참조.

36) 『左傳』에는 재해가 발생했을 때 점이나 주술적 제사를 통해 재해를 제거하고자 하는 시도들에 대한 기사가 다수 존재한다. 『左傳』, 「僖公十五年」, "於是衛大旱, 卜有事於山川. 不吉."; 『左傳』, 「僖公二十一年」, "夏. 大旱. 公欲焚巫尫."; 『左傳』, 「昭公元年」, "山川之神, 則水旱癘疫之災, 於是乎禜之. 日月星辰之神, 則雪霜風雨之不時, 於是乎禜之."; 『左傳』, 「昭公十九年」, "鄭大水, 龍門于時門之外洧淵, 國人請爲禜焉."; 『左傳』, 「昭公二十六年」, "齊有彗星. 齊侯使禳之."

37) 역시 『左傳』에는 재해를 소멸하는 방법으로 군주의 도덕적 행위를 주장하는 사례가 등장한다. 『左傳』, 「僖公二十一年」, "臧文仲曰, 非旱備也. 脩城郭, 貶食省用, 務穡勸分, 此其務也, 巫尫何爲. 天欲殺之, 則如勿生. 若能爲旱, 焚之滋甚."; 『左傳』, 「昭公二十六年」, "且天之有彗也, 以除穢也. 君無穢德, 又何禳焉. 若德之穢, 禳之何損. …君無違德, 方國將至, 何患於彗."

『후한서』「오행지」의 재이 해석 25

후자는 천을 인격을 가진 주재자로 파악하는 것으로[40] 이것은 흔히 '주재적主宰的 천관天觀(또는 목적론적 천관)'이라 한다.[41] 이 두 가지 관점 중 '기계적 천관'은 주로 음양가들에게서 발견되며, '주재적 천관'은 유가들에게서 쉽게 발견된다. 그리고 이 둘은 동중서에 의해 통합되게 된다.[42]

II. 『한서』「오행지」의 찬술

후한後漢 반고班固가 찬술한 『한서漢書』는 『사기史記』의 체제를 채용하였으나, 문물제도와 그 원리를 서술한 '서書'는 '지志'라는 이름으로 대체되었다. 물론 명칭의 변경 외에도 『사기』에 설치되지 않았던 「형법刑法」, 「오행五行」, 「지리地理」, 「예문藝文」의 네 지가 증설되었고, 『사기』의 팔서八書를 계승한 것이라 해도 본래 이름 그대로는 아니고 변화가 있었다. 잘 알려진 것처럼 「천관서天官書」는 「천문지天文志」로, 「봉선서封禪書」는 「교사지郊祀志」로, 「하거서河渠書」는 「구혁지溝洫志」로, 「평준서平準書」는 「식화지食貨志」로 명칭이 변경되었으며, 예禮·악樂·율律·역曆을 다뤘던 네 서의 경우 앞의 두 서는 「예악지禮樂志」로, 뒤의 두 서는 「율력지律曆志」로 합편되었다. 이러한 변화의 원인을 여기서 논단할 수는 없지만 두 역사가가 살던 시기의 차이 또는 세계관의 차이에서 발생하였을 것임을 추측하는 것은 어렵지 않다.[43]

아마도 사마천司馬遷이 생존했던 전한 시기, 이 글의 주제인 재이설은

---

38) 板野長八,「災異說より見た劉向と劉歆」,『東方學論集』(東京: 東方學會, 1972), 30쪽.

39) 池田知久, 앞의 글, 30~31쪽.

40) 板野長八, 위의 글, 30쪽.

41) 池田知久, 위의 글, 31~32쪽.

42) 澤田多喜男,「董仲舒天人相關說試探 - 特にその陰陽說の構造について」,『日本文化研究所研究報告』3(1967), 294쪽.

43) 內山直樹,「『史記』『漢書』の「書」「志」について - 名稱をめぐる瑣考」,『中國文化』62(2004), 1쪽.

사회적으로 그다지 큰 영향력을 가진 학설이 아니었기에 『사기』서의 한 항목이 되지 못하였을 것이며, 분서焚書 이후 서적의 수가 그리 많지 않았기에 문헌 목록인 「예문」을 서의 하나로 설치하는 데까지 이르지 않았을 것이다. 그러나 문제文帝 시기 이후 개인이 허가 받지 않은 서적을 보유하거나 학습할 수 없다는 협서율挾書律이 폐지되어 서적이 증가하고, 무제武帝 시기 이루어진 대대적인 장서藏書 작업으로 인해 최초의 도서목록이 출현한 결과 『한서』에 는 「예문지」가 설치되었다.[44] 또한 재이설의 영향력이 커지면서 반고는 「오행」을 지로 편재하였다. 이로써 재이설은 공식적으로 중요한 정치·사회 이론의 반열에 오르게 된다. 또한 이는 당시 유행하던 재이설이 하나의 학문으로 성립되었음을 의미한다.

1. 전한 시기 재이설의 유행과 재이 해석의 발전

실제로 전한 중기 이후 재이설의 사회적 영향력을 확인하는 것은 어렵지 않다. "한에서 음양을 미루어 재이를 말하는 이들이 많았는데, 효무제孝武帝 시기 동중서·하후시창夏侯始昌, 소昭·선제宣帝 시기 휴맹眭孟·하후승夏侯勝, 원元·성제成帝 시기 경방京房·익봉翼奉·유향劉向·곡영谷永, 애哀·평제平帝 시기 이심李尋, 전종술田終術이 있었다."[45] 또는 "동중서와 한영韓嬰 사후, 무제가 (하후)시창을 얻어 심히 중히 여겼다. 시창은 음양에 밝다."[46] 등의 기사는 당시 재이설이 전한 정계를 강타하고 있었음을 말해준다. 위성자의 성치적 행위에 하늘이 반응하여 그 통치의 정당성 여부를 증명한다는 내용을 근간으로 한 재이설은 군주의 정치적 행위를 하늘이 감독·심판한다는 점 때문에 유가들이 군주권을 억제하기 위해 입안한 방법으로 이해되었다. 그러나

44) 井上進, 『中國出版文化史』(名古屋: 名古屋大, 2002; 2003), 20~21쪽.
45) 『漢書』卷70, 「李尋傳」, "漢興推陰陽言災異者, 孝武時有董仲舒·夏侯始昌, 昭·宣則眭孟·夏侯勝, 元·成則京房·翼奉·劉向·谷永, 哀·平則李尋·田終術."
46) 『漢書』卷75, 「夏侯始昌傳」, "自董仲舒·韓嬰死後, 武帝得始昌, 甚重之. 始昌明於陰陽."

다른 한편 하늘이 재이를 내려 아끼고 보호하고자 하는 군주를 도덕적인 행위로 견인한다는 점은 이를 왕권신수설王權神授說에 근거한 군주권 강화 이론으로 이해하는 근거가 되기도 하였다.[47] 확실히 당시 군주들이 앞다투어 재이설을 정치에 이용하려고 했던 것은 이 이론이 군주에게 유리했음을 반증하는 것이라고 생각한다.

재이설은 무제 시기 이후 전한 유학의 성격을 규정하는 가장 영향력 있는 사조가 되었고, 최초로 재이 해석에 이용된『춘추공양전春秋公羊傳』외에도 다양한 문헌들이 재이 해석에 이용되었다. 상서학파尙書學派는『상서尙書』「홍범洪範」을 이용하여『홍범오행전洪範五行傳』을 지었고,[48] 역학파易學派는 절기와 재이설을『역』과 결합시켜 괘기설卦氣說을 펼쳤다. 이러한 다양한 재이설이 등장한 것을 재이설의 선구인 춘추재이설의 영향력 확대에 대한 타 학파의 절박한 대응으로 간단히 치부할 수만은 없다. 그것은『춘추』가 가진 재이 해석의 문제점을 극복하고자 했던 자연스러운 전개라는 성격이 강하다. 이 문제를 좀 더 자세히 살펴볼 필요가 있을 것 같다.

반고가 설명하듯이 본격적으로 유가 경전을 이용하여 재이를 해석한 이는 동중서다. 그는 음양의 이치를 이용하여『공양전』에 기록된 재해 및 재이를 해석하려고 하였다.[49] 그러나 동중서의 재이 해석에는 몇 가지

---

47) 董仲舒가 주장한 재이설을 두고 현재 학계의 입장은 세 가지로 대별된다. ① 군주의 잘못에 대해 하늘이 일식이나 화재·수재 등의 재이를 통해 군주를 譴責한다고 이해하는 '君主權力抑制論', ② 재이 또는 瑞祥을 황제 권력의 최대 護符로 이해하는 '君主權力神授說', ③ 재이도 서상도 하늘이 일방적으로 내리는 것이 아니라 군주의 행위에 의해 발생한 것이라고 보는 '君主主體性論' 등이다. 深川眞樹,「董仲舒の天人相關論に關する一考察－天と君主の相互關係の特性について」,『東洋文化硏究』16(2014), 60~75쪽. 그러나 황제권의 粉飾을 요구했던 武帝에게 동중서가 군주권 억제를 목적으로 하는 對策을 올렸다고 볼 수는 없을 것이며, 사상사적으로도 군주 권력을 강화하려는 戰國 시기 이래의 여러 사상을 계승한 동중서가 주장한 天人相關說을 군주 권력의 억제로 보는 것은 적절하지 않을 것이다.

48)『洪範五行傳』의 출현에 대해서는 洪承賢,「前漢時期 尙書學의 출현과 변용」,『中國學報』65(2012), 221~225쪽을 참조.

49)『漢書』卷27上,「五行上」, "漢興, 承秦滅學之後, 景·武之世, 董仲舒治公羊春秋, 始推陰陽, 爲儒者宗."

문제가 있다. 우선 ①『춘추경春秋經』에 기록된 자연 현상 및『공양전』의 '재이로 기록된 것記災]과 '이변으로 기록된 것記異]'만을 대상으로 하였기에, 다루는 재이가 한정적이라는 문제가 있다.50) 또한 ② 철저하게 음양설에 의해서만 재이를 해석하였기 때문에 지나치게 단순하여, 재이를 유형화하기 힘들다는 문제를 갖는다. 물론 동중서도 재이를 유형화하려고 하였다. 그는 '제박諸雹'이라고 하여 우박이라는 특정 재이에 대해 종합적인 해석을 시도하였다. 동중서는 우박을 음기가 왕성한 경우 발생하는 것으로 해석하였다.51) 그러나 그는 왕성한 음기로 인하여 우박도 내리고, 홍수도 일어나고,52) 눈비도 내린다고53) 해석했기에 재이를 유형화하였다고 보기 어렵다. 발생하는 재이는 다양한데, 그 원인을 음양 두 기의 부조화에 의해서만 해석하는 방식에서 기인한 것이다.

마지막으로 ③『춘추』의 재이 해석 방식이 구체적 사례를 개별적으로 해석한다는 점도 문제가 되었다.『춘추』의 재이 해석은 동일한 유형의 재이라 해도 각기 발생한 시기와 장소에 따라 대응하는 개별적 해석이 주를 이룬다. 예를 들어 같은 '홍수'라 해도 장공莊公 24년(BC. 670)에 발생한 것은 부인 애강哀姜이 음란하고 부녀의 덕을 갖추지 못했기 때문이지만, 장공 11년(BC. 683)에 발생한 것은 빈번한 전쟁에 따른 백성들의 원망으로 인한 것이다.54) 물론 두 사례 모두 여성의 음란함과 백성의 원망이라는

---

50) 기무라 료타가 지적한 것처럼『公羊傳』의 傳文이나 그 유형에서 이탈한 재이, 즉 郊牛나 蜚生 등에 대해서는 해석하지 못한다는 문제가 있다. 木村亮太,「春秋災異說の展開における災異事例の選擇と變貌」,『中國思想史研究』32(2012), 35쪽.

51)『漢書』卷27中之下,「五行中之下」, "釐公十年「冬, 大雨雪」. 劉向以爲先是釐公立妾爲夫人, 陰居陽位, 陰氣盛也. 公羊經曰「大雨雹」. 董仲舒以爲公脅於齊桓公, 立妾爲夫人, 不敢進羣妾, 故專壹之象見. 諸雹, 皆爲有所漸脅也, 行專壹之政云."

52)『漢書』卷27上,「五行上」, "二十四年,「大水」. 董仲舒以爲夫人哀姜淫亂不婦, 陰氣盛也."

53)『漢書』卷27中之下,「五行中之下」, "昭公四年「正月, 大雨雪」. …董仲舒以爲季孫宿任政, 陰氣盛也."

54)『漢書』卷27上,「五行上」, "十一年「秋, 宋大水」. 董仲舒以爲時魯·宋比年爲乘丘·鄑之戰, 百姓愁怨, 陰氣盛, 故二國俱水."

음기의 축적 현상으로부터 재이가 발생했다는 공통점은 있다. 그러나 동일 유형의 재이를 각기 다른 이유로 해석했기에 자의적 해석이라는 평가를 피하기 어렵다.

이런 자의적 해석은 성제 시기의 유향에게서 더욱 극적으로 보인다. 이는 그가 동중서의 『춘추』 재이 해석을 부분적으로 계승했다는 점에서 예견된 것이다.[55] 뿐만 아니라 그는 자신의 정치적 불운과 한왕조의 위기를 환관과 후궁의 문란, 외척의 전횡에 의한 것으로 파악하면서[56] 재이의 원인을 여성에게서 구하는 경향이 매우 강했다.[57] 그 결과 군주들의 부도덕함이나 처첩妻妾의 문제에 대해 민감하게 반응하며 자의적인 재이 해석을 하게 되었고, 특히 군주들의 음란한 풍기로 말할 수 있는 동일한 성질의 행위나 사건에 대해 다양한 재이를 결부시켰다. 예를 들어 환공桓公 14년(BC. 698)과 희공僖公 20년(BC. 640)의 경우에는 화재를,[58] 장공 7년(BC. 687)·24년(BC. 670)에는 홍수를,[59] 장공 17년(BC. 677)에는 큰 사슴[麋]의 출현을,[60] 장공 18년(BC. 676)에는 물여우[蜮]의 출현을,[61] 장공 29년(BC. 665)에는

---

55) 田中麻紗巳, 「劉向の災異說について－前漢災異思想の一面」, 『集刊東洋學』 24(1970), 34~36쪽; 池田秀三, 「劉向の學文と思想」, 『東方學報』 50(1978), 126, 129쪽.

56) 齋木哲郎, 「劉向の思想とその時代」, 『秦漢儒教の研究』(東京: 汲古書院, 2004), 667~672쪽. 原載: 『懷德』 65(1997). 劉向의 家系와 이력에 대해서는 洪承賢, 「『漢書』「禮樂志」의 구성과 성격」, 『中國古中世史研究』 17(2007), 55~56쪽을 참조.

57) 白高娃, 「劉向の災異思想と『列女傳』」, 『後漢經學研究會論集』 3(2011), 50쪽.

58) 『漢書』 卷27上, 「五行上」, "春秋桓公十四年「八月壬申, 御廩災」.…劉向以爲御廩, 夫人八妾所舂米之臧以奉宗廟者也, 時夫人有淫行, 挾逆心, 天戒若日, 夫人不可以奉宗廟. 桓不寤, 與夫人俱會齊, 夫人譖桓公於齊侯, 齊侯殺桓公.";『漢書』 卷27上, 「五行上」, "釐公二十年「五月(己酉)[乙巳], 西宮災」.…劉向以爲釐立妾母爲夫人以入宗廟, 故天災愍宮, 若日, 去其卑而親者, 將害宗廟之正禮."

59) 『漢書』 卷27上, 「五行上」, "嚴公七年「秋, 大水, 亡麥苗」. 董仲舒·劉向以爲嚴母文姜與兄齊襄公淫, 共殺(威)[桓]公, 嚴釋父讐, 復取齊女, 未入, 先與之淫, 一年再出, 會於道逆亂, 臣下賤之之應也.";『漢書』 卷27上, 「五行上」, "(嚴公)二十四年, 「大水」.…劉向以爲哀姜初入, 公使大夫宗婦見, 用幣, 又淫於二叔, 公弗能禁."

60) 『漢書』 卷27中之上, 「五行中之上」, "嚴公十七年「冬, 多麋」.…劉向以爲麋色靑, 近靑祥也. 麋之爲言迷也, 蓋牝獸之淫者也. 是時, 嚴公將取齊之淫女, 其象先見."

61) 『漢書』 卷27下之上, 「五行下之上」, "嚴公十八年「秋, 有蜮」. 劉向以爲蜮生南越. 越地多婦

병충해[蜚]를[62] 군주들의 음란함에 대응한 재이로 해석하였다. 특히 장공 17년, 18년, 29년 각기 다른 재이의 원인을 동일하게 장공이 제齊나라의 음녀淫女를 취해 부인으로 삼은 것으로 파악하였다. 따라서 유향의 재이 해석은 자의적이고 법칙성이 없다고 평가되었다.[63]

유향 역시 이러한 문제를 인식했던 것 같다. 그가 『춘추곡량전春秋穀梁傳』을 수학했음에도 『홍범오행전』의 재이설을 채용하여 '상고 이래 춘추 시기와 전국 시기를 거쳐 진秦·한에 이르는 시기의 부서符瑞와 재이의 기록을 모아 그와 관련된 일의 자취를 더듬어 찾고 화복禍福을 연결하며, 그 징조徵兆와 증험證驗을 기록하여 비슷한 종류로 분류하고 각기 조목을 붙여 모두 11편으로 엮'은[64] 『홍범오행전론洪範五行傳論』을 저술한 것이 바로 그 증거라고 할 수 있다. 『홍범오행전론』은 현재 산일散佚되어 남아 있는 것이 거의 없고 다만 『한서』 「오행지」에 그 일부가 전하고 있다. 따라서 그 책의 성격을 단정하기는 어렵다. 그러나 그것의 모태가 『홍범오행전』이란 점은 분명하여 『홍범오행전』을 살펴 『홍범오행전론』의 성격을 추측해 볼 수는 있을 것이다.

여기서는 우선 『홍범오행전』의 모태가 된 『상서』 「홍범」편에 대해 살펴보는 것으로부터 논의를 시작해 보자. 『한서』 「오행지」에 따르면 본래 「홍범」은 우禹임금이 치수治水를 할 때, 하늘이 천서天書인 『낙서洛書』를 내려주어 이를 본받아 진술한 것이다.[65] 이와는 달리 같은 책 「율력지律曆志」에는

人, 男女同川, 淫女爲主, 亂氣所生, 故聖人名之曰蜚. 蜚猶惑也, 在水旁, 能射人, 射人有處, 甚者至死. 南方謂之短弧. 近射妖, 死亡之象也. 時嚴將取齊之淫女, 故蜚至. 天戒若曰, 勿取齊女, 將生淫惑簒弑之禍. 嚴不寤, 遂取之. 入後淫於二叔, 二叔以死, 兩子見弑, 夫人亦誅."

(62) 『漢書』 卷27中之下, 「五行中之下」, "嚴公二十九年「有蜚」. …劉向以爲蜚色靑, 近靑眚也, 非中國所有. 南越盛暑, 男女同川澤, 淫風所生, 爲蟲臭惡. 是時嚴公取齊淫女爲夫人, 旣入, 淫於兩叔, 故蜚至. 天戒若曰, 今誅絶之尙及, 不將生臭惡, 聞於四方. 嚴不寤, 其後夫人與兩叔作亂, 二嗣以殺, 卒皆被辜."

(63) 板野長八, 앞의 글, 31쪽.

(64) 『漢書』 卷36, 「劉向傳」, "向乃集合上古以來歷春秋六國至秦漢符瑞災異之記, 推迹行事, 連傳禍福, 著其占驗, 比類相從, 各有條目, 凡十一篇, 號曰洪範五行傳論."

주무왕周武王이 은殷(商)을 정벌한 후 중국을 떠났던 은의 귀족 기자箕子가 돌아와 하늘의 도와 치국治國의 요체를 묻는 주무왕에게 「홍범」을 지어 대답했다는 기사가 보인다.[66] 어떤 쪽이 사실인지는 알 수 없지만 '홍범'을 통치의 대강大綱으로 파악하는 것은 동일하다. '홍범구주洪範九疇'라는 표현을 통해 알 수 있는 것처럼 모두 9항으로 이루어져 있다. 이 중 『홍범오행전』에 사용된 것은 1항인 '오행五行', 2항인 '오사五事', 5항인 '왕극王極', 8항인 '서징庶徵', 9항인 '오복五福·육극六極' 중 '육극'이다. 각각의 내용을 자세히 살펴보면 다음과 같다.

가장 많이 알려진 '오행'은 처음에는 사람들의 일상생활에서 필요했던 다섯 가지 물질로 인식되었으나[67] 차츰 자연계를 이루는 추상적 원소로 이해되게 된다. 물[水] 불[火] 나무[木] 금속[金] 흙[土]이 그것으로 물은 아래로 스며들어 흐르는[潤下] 속성을, 불은 위로 타오르는[炎上] 속성을, 나무는 굽거나 곧은[曲直] 속성을, 금속은 사람의 의도대로 변형되는[從革] 속성을, 흙은 농사[稼穡]를 가능하게 하는 속성을 지니고 있다. 이들 오행이 서로 조화를 이루게 되면 그 속성이 잘 발현되어 만물의 성쇠가 법칙에 따라 어그러짐이 없게 된다.

'오사'는 군주가 갖춰야 하는 '용모[貌] 말[言] 봄[視] 들음[聽] 생각[思]'을 의미하며, 각기 오행에 배당된다(貌 - 木, 言 - 金, 視 - 火, 聽 - 水, 思 - 土). 이 다섯 가지가 이상적인 상태[正]를 이룬 것은 '공손함[恭] 순조로움[從] 밝음[明] 밝게 살핌[聰] 통달함[睿(容)]'으로, 오사의 덕德으로 불린다. 이 오사의 덕 역시 이상적인 상태를 이루면 '엄숙함[肅] 다스려짐[乂(艾)] 명철함[哲(悊)] 도모함[謀] 성스러움[聖]'이라 하는데, 이는 흔히 오덕五德의 작용[用]이라 불린다. 오용五用

65) 『漢書』卷27上, 「五行上」, "禹治洪水, 賜雒書, 法而陳之, 洪範是也."
66) 『漢書』卷21下, 「律曆下」, "武王克殷, 以箕子歸, 作洪範."
67) 『左傳』, 「襄公二十七年」, "天生五材, [杜預注: 金·木·水·火·土也.] 民並用之.";『左傳』, 「昭公十一年」, "且譬之如天, 其有五材, 而將用之, 力盡而敝之, 是以無拯, 不可沒振.[杜預注: 金木水火土五者爲物, 用久則必有敝盡, 盡則棄捐, 故言無拯. 拯猶救助也. 不可沒振, 猶沒不可複振.]"

이 갖춰지면 하늘로부터 휴징休徵, 즉 상서로운 징조가 나타나는데 때맞춘 비[時雨], 볕[時暘(陽)], 더위[時燠], 추위[時寒], 바람[時風]이 그것이다. 징조에는 상서로운 징조와는 달리 흉한 징조도 있는데 이를 구징咎徵이라 한다. 나쁜 징조는 군주의 '오만함[狂] 참람함[僭] 게으름[舒] 도량이 좁음[急] 우매함[霧(蒙)]'에 대응하는 것으로 절기에 맞지 않는 지속적인 비[恒雨], 볕[恒暘], 더위[恒燠], 추위[恒寒], 바람[恒風]으로 나타난다. 그 극단은 추악함[惡], 근심[憂], 질병[疾], 곤궁함[貧], 요절[凶短折]이다.

'황극皇極'으로도 불리는 '왕극'은 임금이 통치의 표준을 세운다는 의미다. 즉, 통치의 공정한 원칙을 말한다. 여기서 '극'은 흔히 복福의 근본으로 이해되어 왕자王者의 극이 세워지면 오복이 모여들게 된다. 오복은 수명[壽], 부[富], 편안함[康寧], 덕을 좋아함[攸好德], 명대로 살다 편히 죽음[考終命], 즉 천수天壽를 누림을 이른다. 그러나 공정한 원칙이 올바로 세워지지 않는다면 [不建] 나쁜 징조는 명철하지 못한 것[眊]으로 나타나고, 하늘은 오랫동안 흐리지만 비를 내리지 않는다[恒陰]. 더하여 그 극단은 약해지는 것[弱]으로 나타난다.

ㅇ 1항 오행

水 - 潤下, 火 - 炎上, 木 - 曲直, 金 - 從革, 土 - 稼穡

ㅇ 2항 오사

貌 - 恭 - 肅, 言 - 從 - 乂, 視 - 明 - 哲, 聽 - 聰 - 謀, 思 - 睿 - 聖

ㅇ 5항 왕극

王極 - 建極

ㅇ 8항 서징

　　　휴징

肅 - 時雨, 乂 - 時暘, 哲 - 時燠, 謀 - 時寒, 聖 - 時風

　　　구징

狂 - 恒雨, 僭 - 恒暘, 舒 - 恒燠, 急 - 恒寒, 霧 - 恒風

○ 9항 오복육극

　　　오복

壽, 富, 康寧, 攸好德, 考終命

　　　육극

凶短折, 疾, 憂, 貧, 惡, 弱

　이상과 같이 『상서』의 「홍범」은 『춘추』에 비해 재이설을 펼치기에 훨씬 용이하게 구성되어 있다. 군주의 다섯 가지 행위가 길흉의 징조를 불러일으킨다는 결합 구조는 군주를 하늘과 감응하는 유일한 인간으로 위치시켜, 군주의 정치적 행위에 대해 하늘이 반응하여 그 통치의 정당성 여부를 증명한다는 '춘추재이설'과 비교해서 차이가 없다. 뿐만 아니라 용모·말·봄·들음·생각이라는 통치자의 행위에 공손함·순조로움·밝음·밝게 살핌·통달함이라는 도덕적 기준을 마련함으로써 행위 정당성의 근저를 확보한다는 점에서는 『상서』의 천인상관설이 오히려 『춘추』의 그것에 비해 보다 명확하다는 장점을 갖는다.

　하지만 『상서』 「홍범」 역시 문제가 없는 것은 아니다. 「홍범」에 등장하는 서징이라는 것이 휴징과 구징으로 지극히 간단하여 다양하게 발생하는 재이의 문제를 해결하기 어렵다는 문제를 가지고 있었다. 절기에 맞지 않는 지속적인 비[恒雨], 볕[恒暘], 더위[恒燠], 추위[恒寒], 바람[恒風]은 홍수, 가뭄, 물이 얼지 않는 것, 계절에 맞지 않는 눈, 폭풍 등과 같은 현상에 대해서는 답을 줄 수 있지만, 발생하는 재이가 이것만은 아니기 때문이다. 흔히 이변, 괴변이라고 할 수 있는 불가사의한 현상들에 대해서는 해석하지 못한다는 문제가 존재하였다.

　이 문제를 해결하고자 한 것이 바로 『홍범오행전』이다. 『상서』 「홍범」이 '오사'의 이상적인 상태, 즉 '정正'을 설명하는 방식을 취하였다면 『홍범오행전』은 어그러진 상태인 '부정不正'을 설명하는 방식을 택하였다. 즉 오사의 이상적 상태가 어그러져 공손하지 않고[不恭] 순조롭지 않으며[不從], 밝지 않고[不明] 다른 사람의 말을 듣지 않으며[不聽], 통달하지 않으면[不睿] 나쁜 징조가 나타나고 하늘의 벌을 받게 된다는 방식으로 재이 발생 원인을 설명하였다. 이어 육극을 그 부정과 결합시켜, 극단을 설명한다. 이것은 『상서』「홍범」 중 2항의 '오사'와 5항의 '황극'을 8항의 '서징'과 9항의 '오복육극' 중 '육극'과 연관 지어 서술한 것으로, '오사'와 '황극'의 부조화로 인해 '구징'과 '육극'에 거론된 재이가 발생한다는 도식을 구체화한 것이다. 이해를 위해 예시를 하나 살펴보자.

『홍범오행전洪範五行傳』에서 말하였다. "(군주가) 수렵 나가 절제하지 않고 음식을 (신에게) 바치지 않으며, (궁정) 출입에 절도가 없고 백성의 농시農時를 빼앗으며 부역賦役을 늘려 징발하려는 의도까지 있다면 나무가 굽거나 곧지 않는다." (이는) 나무가 그 본성을 잃어 재이가 된 것을 말함이다. 또 말하였다. "(군주의) 용모[貌]가 공경치 않은 것[不恭], 이를 일러 '엄숙하지 않다[不肅]'고 한다. 그 흉조는 (상궤常軌에서 벗어난) 거리낌 없는 오만함[狂](으로 나타나고) 그 벌은 (절기에 맞지 않게) 계속 비가 내리는 것[恆雨]이며, 그 극단[極]은 추악함[惡]이다. (이는) 때로는 복요服妖로 나타나고 때로는 귀얼龜蘖로 나타나며, 때로는 계화雞禍로 나타나기도 하고 때로는 하체가 상체에서 나는 병[下體生上之痾]으로 나타나기도 하며, 때로는 청생靑眚과 청상靑祥으로 나타나기도 하니 금기金氣가 목기木氣를 해친 것이다." 설에서 말하였다. "(오행의 한) 기가 (다른 기를) 상하게 하는 것을 '해치는 것[沴]'이라 한다."[68]

『홍범오행전』이 『춘추』나 『상서』「홍범」에 비해 탁월한 점은 재이 해석의 다양화라는 점이다. 절기를 벗어난 자연 재해에 가까운 이변 외에도 인간과

---

68) 『尙書大傳』, 「洪範五行傳」, "五行傳曰:「田獵不宿, 飮食不享, 出入不節, 奪民農時, 及有姦謀, 則木不曲直.」謂木失其性而爲災也. 又曰:「貌之不恭, 是謂不肅. 厥咎狂, 厥罰恆雨, 厥極惡. 時則有服妖, 時則有龜蘖, 時則有雞禍, 時則有下體生上之痾, 時則有靑眚·靑祥, 惟金沴木.」說云: 氣之相傷謂之沴."

짐승에게 나타나는 변고는 요妖·얼孼로 표현하였는데 이것은 재이의 정도를 나타내기도 한다.[69] 화禍·아痾는 그 대상이 가축과 사람이라는 차이가 있다.[70] 또한 생眚과 상祥처럼 색으로 표현되는 괴이한 현상[71]에 대해서도 다루고 있다. 마지막으로 오행과 관련해서는 "금기가 목기를 해쳤다[金沴木]."고 보았다. 이를 도식화하면 다음과 같은 표가 만들어진다.

〈표 1〉『홍범오행전』의 구조와 내용

六事와 不正	咎	咎徵	六極	人事				五色	五行
				妖	孼	禍	痾		
貌 - 不恭(不肅)	狂	恒雨	惡	服	龜	鷄	下體生上	靑眚·靑祥	金沴木
言 - 不從(不乂)	僭	恒暘	憂	詩	介蟲	犬	口舌	白眚·白祥	火沴金
視 - 不明(不哲)	舒	恒燠	疾	草	蠃蟲	羊	目	赤眚·赤祥	木沴火
聽 - 不聰(不謀)	急	恒寒	貧	鼓	魚	豕	耳	黑眚·黑祥	火沴水
思心 - 不睿(不聖)	霧	恒風	凶短折	夜	華	牛	心腹	黃眚·黃祥	金木水火沴土
王極 - 不極(不建)	眊	恒陰	弱	射	龍蛇	馬	下人伐上	日月亂行, 星辰逆行	

동중서의 재이설과는 비교할 수 없을 만큼 재이 해석이 다양해진 것을 확인할 수 있다. 또한 군주의 잘못으로 인해 발생하는 재이가 구체화·체계화되었음을 알 수 있다. 무엇보다 군주의 특정 잘못에 의해 특정 재이가 발생한다는 재이 발생의 유형화가 특징임을 확인할 수 있다. 유향이 이러한 특징을 가진 『홍범오행전』을 모태로 『홍범오행전론』을 지었다면, 그가 상서

---

69) 『漢書』「五行志」에 의하면 초목에 異變이 일어난 것이 妖고, 벌레에 일어난 이변이 孼이다. 요는 이변이 막 생겨나기 시작하는 즈음으로 미미한 상태며, 얼은 이변이 싹을 틔운 정도로 요보다 진전된 상태를 의미한다. 『漢書』卷27中之上,「五行中之上」, "凡草物之類謂之妖. 妖猶夭胎, 言尙微.";『漢書』卷27中之上,「五行中之上」, "蟲豸之類謂之孼. 孼則牙孼矣."

70) 『漢書』「五行志」에 의하면 가축에 이변이 일어난 것이 禍며 사람에게 일어난 것이 痾다. 화는 재이가 현저해진 상태를 말하고 아는 그 정도가 점점 심해지는 것을 의미한다. 『漢書』卷27中之上,「五行中之上」, "及六畜, 謂之祸, 言其著也.";『漢書』卷27中之上,「五行中之上」, "及人, 謂之痾. 痾, 病貌, 言寖深也."

71) 『漢書』「五行志」에 따르면 이변이 심각해져 異物이 나타나는 것을 眚이라고 하고, 이변이 밖으로부터 온 것을 祥이라고 한다. 『漢書』卷27中之上,「五行中之上」, "甚則異物生, 謂之眚.";『漢書』卷27中之上,「五行中之上」, "自外來, 謂之祥."

학을 이용하여 춘추학이 가진 재이 해석의 문제, 즉 단순하면서도 법칙성이 결여된 문제를 해결하려한 것임을 알 수 있다.

『홍범오행전』을 채용하여 저술된『홍범오행전론』은 유향 재이설의 분수령으로 이해된다.[72] 유향의 재이설을 전기와 후기로 나누는 연구자들은 전기를 동중서의 '공양재이설公羊災異說'을 계승하여 따랐던 시기로, 후기를 '홍범재이설洪範災異說'에 근거하여 재이 해석을 진행했던 시기로 구분하곤 한다. 이는 재이 해석의 자의성이 줄어들고 객관성이 확대됨을 의미하는데, 『홍범오행전』이 군주의 어떤 정치 행위 혹은 행동에 대응하여 어떤 재이가 발생하는지를 오행, 오사, 왕극에 배당하여 서술한 것이기 때문이다. 요컨대 『홍범오행전』은 재이와 인간사 사이에 일정한 유형을 설정하고 그것에 따라 재이를 해석하는 것이기에 필연적으로 공식적, 도식적 색채를 띠게 된다.[73] 이것을 어떤 의미에서는 재이 해석의 합리성 혹은 객관성 증대로 부를 수 있을 것이다.

재이를 하늘이 내린 견책으로 이해하면서 이를 과학적 혹은 합리적으로 해석한다는 것은 일견 모순적일 수 있다. 그러나 당시인들은 재이 발생에 대한 법칙을 발견함으로써 재이를 유발하는 원인을 제거할 수 있다고 생각하였고, 혹은 발생한 재이를 제거[救]할 수 있는 군주의 도덕적 행위를 강제할 수 있다고 믿었다. 이는 전한 시기 재이설의 변화를 보여주는 장면이라고도 할 수 있을 것인데, 재이 해석의 주류는『춘추』에서『홍범오행전』과『역』의 재이설로 변화한다.[74] 후자가 재이 해석의 주류가 된다는 것은 재이 해석에 다양성이 더해진다는 것을 의미하는 한편 재이를 유형화하여 해석의 예점화 豫占化가 촉진되게 됨을 의미한다. 특히 역학파, 그중에서도 경방京房의 재이 해석은 재이를 예측하는 데 일조하였다.[75]

---

72) 張書豪, 「試探劉向災異論著的轉變」, 『國文學報』 57(2015), 2쪽.
73) 田中麻紗巳, 앞의 글, 34쪽.
74) 黃啓書, 「試論劉向災異學說之轉變」, 『臺大中文學報』 26(2007), 3쪽.
75) 京房 易學의 내용과 재이 해석학에 미친 영향에 대해서는 武田時昌, 「京房の災異思想」,

원제 초원初元 4년(BC. 45), 효렴孝廉으로 선발되어 낭郎으로 정계에 입사한 경방은 자字가 군명君明으로 지금의 하남성河南省 준현浚縣에 해당하는 동군東郡 돈구頓丘 출신이다. 재변災變에 능통했다고 알려진 양梁의 초연수焦延壽로부터 『역』을 수학하였는데,[76] 초연수가 재이와 『역』을 결합했던 맹희孟喜로부터 배웠던 것에 따라[77] 경방 역시 맹희의 신흥 역학을 계승하였음을 알 수 있다.[78] 애초의 『역』은 점서占書라는 태생적인 장점에도 불구하고 재이와 결합하지 않았다.[79] 그러다 맹희부터 절후節候와 재이설을 『역』과 결합시킨[80] 괘기설을 펼치기 시작하였다. 맹희의 괘기설은 64괘卦 384효爻를 4계절, 12개월, 24절기, 72절후, 365일에 배당하여[81] 『역』의 괘상卦象으로 1년의 절기 변화를 해설하고자 한 것이다. 이러한 방법은 재이 해석과 관련하여 이미 일어난 재이를 일정한 공식에 의해 해석할 수 있을 뿐 아니라 천후天候의 추이를 통해 앞으로 발생할 재이를 예측할 수 있다는 장점을 지닌다. 즉, 역학이 재이를 해석하고 앞으로 닥칠 재이를 점치는 점험술占驗術의 성격을 짙게 띠게 된 것이다.

『緯學研究論叢: 安居香山博士追悼』(東京: 平河, 1993)와 張書豪, 「京房《易》災異理論探微」, 『成大中文學報』 57(2017)을 참조.

76) 『漢書』 卷75, 「京房傳」, "京房字君明, 東郡頓丘人也. 治易, 事梁人焦延壽,…其說長於災變."

77) 『漢書』 「儒林 京房傳」에는 "延壽云嘗從孟喜問易."이라 하여 焦延壽가 孟喜로부터 『易』을 배웠음을 말하는 한편, "焦延壽獨得隱士之說, 託之孟氏, 不相與同."이라 하여 초연수의 학문이 맹희와는 관련이 없는 '隱士의 說'임을 말하고 있다. 그러나 대부분의 연구자들은 占候와 『역』을 결합시킨 역학의 계보를 맹희 - 초연수 - 경방으로 보는 것에 이견이 없는 듯하다.

78) 다케다 도키마사는 맹희를 시작으로 『易』과 재이가 결합한 것을 '新興易學'이라고 표현하였다. 武田時昌, 앞의 글, 83쪽.

79) 가오화이민은 漢代 이전 『易』과 재이는 아무 관련이 없었다고 하였다. 高懷民 저·신하령, 김태완 공역, 『象數易學』(서울: 신지서원, 1994), 117쪽.

80) 『漢書』 卷88, 「儒林 孟喜傳」, "喜好自稱譽, 得易家候陰陽災變書, 詐言師田生且死時枕喜郤, 獨傳喜, 諸儒以此耀之."

81) 坎·離·震·兌의 四正卦를 4계절에, 4정괘 24효는 24절기에, 12消息卦를 12달에, 12소식괘 72효를 72절후에 대응시키고 六日七分法으로 1년의 운행 도수인 365와 1/4을 4정괘를 제외한 나머지 60괘 360효로 배분하는 것이 요점이다.

맹희로부터 『역』을 전수받은 초연수의 역학 또한 이와 크게 다르지 않다. "64괘를 나누어 다시 일상의 일과 서로 합치시키고, 풍우한온風雨寒溫(과 같은 기상 변화를) 징후로 삼았는데 각기 (해당하는 사안마다) 점의 효험이 있었다."[82]는 기사를 통해서도 알 수 있는 것처럼 초연수 역시 절후와 재이를 바탕으로 하는 괘기설을 이용하여 점험술을 펼쳤던 것 같다. 특히 『역림易林』에 따른다면 그는 64괘 각각의 괘가 하나하나 64괘로 변하는 방식을 채용하여 4,096효를 만들어 길흉 판단의 더 많은 가짓수를 만들어 냈다.[83] 그것이 점의 결과를 더 정밀하게 하려는 시도였음은 말할 필요가 없을 것이다.

한편 경방은 맹희의 육일칠분법六日七分法[84]을 계승하여 『역』의 64괘를 1년에 연속적으로 분담시키고 괘효의 변화를 가지고 음양의 재변을 설명하고, 나아가 인간사의 길흉을 추단하고자 하였다. 이런 시도들은 어떤 의미에서는 재이 해석에 과학성이 더해짐을 의미할 수도 있다. 역법 자체가 시간의 주기성을 법칙화한 것이기에 재이 해석에 『역』이 결합한다는 것은 재이 해석에 객관적 법칙이 적용됨을 의미한다. 이는 인간의 주관을 벗어나 수리적 이론에 의해 재이가 해석되는 것으로 다케다 도키마사武田時昌는 이를 '과학으로의 지향'이라고까지 말하였다.[85]

---

82) 『漢書』 卷75, 「京房傳」, "分六十四卦, 更直日用事, 以風雨寒溫爲候, 各有占驗."

83) 焦延壽의 卦氣說에 대해서는 정해왕, 「焦延壽의 易學思想과 『易林』」, 『대동철학』 35(2006), 88~89쪽을 참조.

84) 六日七分法이란 맹희가 주장한 것으로 64괘 중 坎·離·震·兌를 제외한 60괘 360효를 1년의 운행 도수인 365와 1/4일에 결부시키는 방법이다. 60괘로 1년의 운행 도수 (365와 1/4일)를 나누면 몫이 6이고 5와 1/4이 남게 되는데, 이 중 나머지를 分으로 환산하면 하루 80분을 기준으로 420분이 된다. 이를 다시 60괘로 나누면 그 몫이 7이 된다. 따라서 1년을 60괘로 나누는 것을 6일7분법이라 한다.

85) 武田時昌, 앞의 글, 83쪽.

2. 『한서』「오행지」의 구조

전한 후기에 이르면 재이설의 영향력은 무시할 수 없는 정도가 되었고, 다양한 재이 해석 방법이 제시되며 재이 해석은 한층 복잡해졌다. 그 결과 『한서』「오행지」에도 다양한 재이 해석 방법이 수록되었다. 기존 연구에 따르면 『한서』「오행지」안에 등장하는 재이 해석의 이론 계통은 모두 4가지로 ① 동중서·휴맹의 『공양춘추』계통, ② 하후시창·하후승·이심·곡영의 『상서대전』계통, ③ 유향의 『곡량춘추穀梁春秋』계통, ④ 유흠劉歆의 『좌씨춘추左氏春秋』계통이 그것이다.[86] 그러나 실제로 이렇게 분명하게 계통이 나눠지는 것은 아니다. 예를 들어 유향의 경우 『곡량전』만이 아닌 『서』와 『역』을, 유흠 역시 『좌전』에 더하여 『서』와 『역』, 그리고 천문의 분야설分野說을 이용하여 재이를 분석하였다. 이뿐만 아니라 제시학齊詩學 계통의 익봉과 역학의 경방까지 재이 해석에 뛰어 들었다. 그래서 『한서』「오행지」에 '춘추공양재이학설', '홍범오행전학설', '경씨역학설', '제시재이학설', '명당월령학설明堂月令學說' 및 점험측후占驗測候의 방술方術 등의 방법이 모두 망라되었다고 본 황치슈黃啓書의 연구가 설득력이 있다.[87]

그렇다고 『한서』「오행지」가 이 모든 재이 해석 방법을 아무 원칙 없이 기술한 것은 아니다. 기본적으로 홍범오행전학설을 이용하였다. 『한서』「오행지」는 먼저 '경經 – 전傳 – 설說'을 통해 재이의 근거를 제시하고, 그 뒤를 이어 구체적인 사례를 서술하는 구조로 되어 있다. 이때 '경'이란 『상서』「홍범」을 말하며, '전'이란 『홍범오행전』을 의미한다. '설'에 대해서는 이견이 있는데, 일찍이 왕명성王鳴盛에 의해 구양歐陽과 대소하후大小夏侯의 설이라 주장된 후[88] 유향설,[89] 팔가잡설八家雜說(동중서, 유향, 유흠, 휴맹,

---

86) 江乾益, 「漢代尙書洪範咎徵學述徵」, 『興大中文學報』 10(1997), 117쪽.

87) 黃啓書, 앞의 글, 3쪽.

88) [淸]王鳴盛, 『十七史商榷』卷13, 「五行志所引」, "五行志先引經曰一段, 是尙書洪範文; 次引傳曰一段, 是伏生洪範五行傳文; 又次引說曰一段, 是歐陽·大小夏侯等說, 乃當時列於學官, 博士所習者."

하후승, 경방, 곡영, 이심),[90] 상서학파설[91] 등이 주장되었다.

〈예시 1〉『한서』「오행지」서술 구조 - 오행의 나무 부분

『상서』「홍범」에서 말하였다. "처음 하나를 일러 오행이라 한다. 오행은
물[水], 불[火], 나무[木], 금속[金], 흙[土]이라고 한다. 물은 아래로 흘러 만물을
적시고, 불은 타오르고, 나무는 굽고 곧으며, 금속은 사람의 뜻에 따라
변혁되고, 흙은 여기서 작물을 경작한다."

[經曰:「初一曰五行. 五行: 一曰水, 二曰火, 三曰木, 四曰金, 五曰土. 水曰潤下,
火曰炎上, 木曰曲直, 金曰從革, 土爰稼穡.」]

『홍범오행전』에서 말하였다. "군주가 수렵 나가 절제하지 않고 음식을 (신에
게) 바치지 않으며, (궁정) 출입에 절도가 없고 백성의 농시를 빼앗으며
부역을 늘려 징발하려는 의도까지 있다면 나무가 굽거나 곧지 않는다."

[傳曰:「田獵不宿, 飮食不享, 出入不節, 奪民農時, 及有姦謀, 則木不曲直.」]

설에서 말하였다. "나무는 동방을 상징한다. 『역』에서 지상의 나무가 있는
것을 '관觀'괘라 하였다. 그것을 왕사王事에 (대입하여) 말한다면 위의威儀와
용모가 역시 볼 만한 것이다. 따라서 걸어 다닐 때는 몸에 패옥佩玉을 차는
법도가 있고 수레를 타면 수레와 말에 매다는 방울의 예절이 있으며, 밖으로
수렵을 나가면 1년에 세 번만 짐승을 잡는 삼구三驅의 제도가 있고 음식을
먹을 때는 먼저 신들에게 바치는 향헌享獻의 예의가 있다. 출입을 함에는
명분이 있고 백성을 부림에는 때에 맞아야 하며, 농상農桑을 권장하는 것에
힘쓰고 백성을 편안히 하는 것을 생각해야 한다. 이와 같다면 나무가 그
본성을 발휘할 수 있다. 만약 수렵을 나가 전력으로 말을 달리느라 궁으로
돌아오지 않고 음식을 먹을 때 좋은 맛에 빠져 법도를 돌아보지 않으며,

89) 陳侃理, 『儒學·數術與政治 - 中國古代災異政治文化研究』(北京: 北京大, 2015), 97~98쪽.
90) 張書豪, 「《漢書·五行志》所見劉向災異論」, 『先秦兩漢學術』 10(2008), 85쪽.
91) 李熙德, 「《漢書》五行志에 대한 一考察」, 『성곡논총』 27-4(1996), 6쪽.

망령되게 요역徭役을 일으켜 백성들의 경작 시기를 빼앗고 간사한 조작으로 백성의 재물을 손상시키는 일을 한다면 나무가 그 본성을 잃게 된다. (나무가 그 본성을 잃게 되면) 공인工人이 수레바퀴와 화살을 만들고자 해도 대부분 불량품이 나오게 되는데, (이렇듯) 나무의 성질이 괴이하게 변하게 되는 것이 바로 나무가 굽거나 곧지 않게 되는 것이다."

[說曰: 木, 東方也. 於易, 地上之木爲觀. 其於王事, 威儀容貌亦可觀者也. 故行步有佩玉之度, 登車有和鸞之節, 田狩有三驅之制, 飮食有享獻之禮, 出入有名, 使民以時, 務在勸農桑, 謀在安百姓: 如此, 則木得其性矣. 若乃田獵馳騁不反宮室, 飮食沈湎不顧法度, 妄興繇役以奪民時, 作爲姦詐以傷民財, 則木失其性矣. 蓋工匠之爲輪矢者多傷敗, 及木爲變怪, 是爲木不曲直.]

『춘추春秋』「성공成公 16년(BC. 575)」 조에 정월 비가 내리고 나무가 얼었다고 기록되어 있다. 유흠은 위에 있는 양기가 퍼져 아래로 통하지 않고, 아래 있는 음기가 퍼져 위로 다다르지 않아 비가 오고 나무가 얼었는데 (그 때문에) 공기가 차가워져 나무가 굽거나 곧지 않게 되었다고 생각하였다. 유향은 얼음이라는 것은 음기가 왕성하여 물이 응결된 것이고, 나무는 소양少陽으로 고귀한 신하와 경대부卿大夫의 상징이라 하였다. 이는 사람이 장차 해를 입으려니 음기가 나무를 위협하여 나무가 먼저 차가워지고, 비를 만나 언 것이라고 하였다. 이때 숙손교여叔孫喬如가 망명하고 공자公子 언偃이 주살되었다. 일설에는 당시 진晉이 계손행보季孫行父를 잡고 또 성공을 잡았는데, 이는 잡혀 수모를 당할 것을 (예시하는) 이변이라고 하였다. 혹자는 지금 장로長老들은 나무가 어는 것을 '목개木介(나무 갑옷)'라고 부른다고 하였다. '개介'라는 것은 갑옷을 의미하고, 갑옷은 전쟁의 상징이다. 이 해 진은 언릉鄢陵에서 전투하였는데, 초왕楚王이 눈을 다쳐 패배하였다. (정월에 비가 내리고 나무가 언 것은) 비가 계속 내리는 상우常雨에 속하는 (현상이다.)

[春秋成公十六年「正月, 雨, 木冰.」劉歆以爲上陽施不下通, 下陰施不上達, 故雨, 而木爲之冰, 霧氣寒, 木不曲直也. 劉向以爲冰者陰之盛而水滯者也, 木者少陽, 貴臣

卿大夫之象也. 此人將有害, 則陰氣(協)[脅]木, 木先寒, 故得雨而冰也. 是時叔孫喬
如出奔, 公子偃誅死. 一曰, 時晉執季孫行父, 又執公, 此執辱之異. 或曰, 今之長老名
木冰爲「木介」. 介者, 甲. 甲, 兵象也. 是歲晉有鄢陵之戰, 楚王傷目而敗. 屬常雨也.]

〈예시 2〉『한서』「오행지」 서술 구조 - 오사의 용모 부분

『상서』「홍범」에서 말하였다. "오사에 삼가 힘써야 한다. 오사는 용모[貌],
말[言], 봄[視], 들음[聽], 생각[思]이라 한다. 용모가 (이상적이면) 공손하고[恭]
말이 (이상적이면) 순조로우며[從], 보는 것이 (이상적이면) 밝고[明] 들음이
(이상적이면) 밝게 살피며[聰], 생각이 (이상적이면) 통달하게[容(睿)] 된다.
공손하면 엄숙해지고[肅] 순조로우면 다스려지며[艾(乂)], 밝으면 명철하고[悊
(哲)] 밝게 살피면 도모할 수 있으며[謀], 통달하면 성스러워진다[聖]. 좋은
징조[休徵]는 (다음과 같다.) 엄숙하면 제때 비가 내리고 다스려지면 제 때
볕이 나며, 명철하면 제 때 덥고 도모할 수 있으면 제때 추우며, 성스러워지면
제때 바람이 분다. 나쁜 징조[咎徵]는 (다음과 같다.) 오만하면[狂] 계속해서
비 내려 (홍수가 나고) 참람하면[僭] 계속 해가 내리 쬐어 (가뭄이 들며),
게으르면[舒] 더위가 계속되어 (얼음이 얼지 않고) 도량이 좁으면[急] 찬 날씨가
계속되어 (절기에 맞지 않는 눈이 내리며), 우매하면[霧(蒙)] 항상 바람 불어
(큰 바람이 몰아친다.)"

[經曰:「羞用五事. 五事: 一曰貌, 二曰言, 三曰視, 四曰聽, 五曰思. 貌曰恭, 言曰從,
視曰明, 聽曰聰, 思曰睿. 恭作肅, 從作艾, 明作悊, 聰作謀, 睿作聖. 休徵: 曰肅,
時雨若; 艾, 時陽若; 悊, 時奧若; 謀, 時寒若; 聖, 時風若. 咎徵: 曰狂, 恆雨若;
僭, 恆陽若; 舒, 恆奧若; 急, 恆寒若; 霧, 恆風若.」]

『홍범오행전』에서 말하였다. "용모가 공손하지 않은 것[不恭], 이를 일러
'엄숙하지 않다[不肅]'고 한다. 그 흉조는 거리낌 없는 오만함[狂](으로 나타나
고) 그 벌은 (절기에 맞지 않게) 계속 비가 내리는 것[恆雨]이며, 그 극단[極]은
추악함[惡]이다. (이는) 때로는 복요服妖로 나타나고 때로는 귀얼龜孼로 나타나

며, 때로는 계화雞禍로 나타나기도 하고 때로는 하체가 상체에서 나는 병[下體生上之痾]으로 나타나기도 하며, 때로는 청생靑眚과 청상靑祥으로 나타나기도 하니 금기金氣가 목기木氣를 해친 것이다."

[傳曰:「貌之不恭, 是謂不肅, 厥咎狂, 厥罰恆雨, 厥極惡. 時則有服妖, 時則有龜孽, 時則有雞旤, 時則有下體生上之痾, 時則有靑眚靑祥. 唯金沴(水)[木].」]

설에서 말하였다. "무릇 (재앙이) 초목류에 발생하는 것을 요妖라 한다. 요는 어리거나 태어나지 않은 것[夭胎]과 같은 것으로 아직 미미한 것을 말한다. (재앙이) 벌레류에 발생하는 것을 얼孽이라고 한다. 얼은 곧 싹틈[牙蘖]이다. (재앙이) 가축에 미친 것을 화旤라고 하니, 드러나 뚜렷해진 것을 말함이다. (재앙이) 사람에게 미치면 아痾라 한다. 아는 병에 걸린 모습으로 점점 깊어짐을 말한다. (재앙이) 심해지면 이물異物이 생겨나는데, 그것을 생眚이라고 한다. 밖으로부터 왔다면 그것을 일러 상祥이라 한다. 상은 상서祥瑞와 같다. 기氣가 서로 해치는 것을 여沴라고 한다. 여는 다다르는 것[臨蒞]과 같으며, 뜻이 화합하지 않는 것이다. 매 경우마다 '때로는[時則]'이라 하여 구절을 끊은 것은 (재앙이) 반드시 한꺼번에 이르는 것이 아니라, 어떤 것은 생기고 어떤 것은 생기지 않으며 어떤 것이 앞서 생기면 어떤 것은 나중에 생김을 말한 것이다. 효무제 시기 하후시창이 오경五經에 통달하였는데, (특히) 『홍범오행전』을 잘 추론하여 족자族子인 하후승夏侯勝에게 전수하였고 아래로 허상許商에까지 미쳤는데 모두 뛰어난 제자들을 가르쳤다. 그들이 전수한 것은 유향의 것과 같았는데, 오직 유흠이 전한 것은 달랐다. 용모가 공손하지 않은 것을 일러 엄숙하지 않다고 한다. 엄숙하다는 것[肅]은 공경하다[敬]는 의미다. 안으로 (마음에 갖춘 것을) 공恭이라 하고, 밖으로 (표출되는 태도를) 경敬이라고 한다. 군주의 행위와 용모가 공손하지 않고 태만하고 오만하면 모든 일에 경건할 수 없어, 사리분별 못하고 경솔한 잘못을 저지르게 되니 그 나쁜 징조는 거리낌 없는 오만함[狂]이다. 윗사람이 태만하고 아랫사람이 포악하면 음기가 (양기를) 이기게 되니 그 벌은 비가 계속 오는 것[常雨]이다. 물이 곡식을 상하게 하여 입고 먹는 것이 부족해지면

법을 어기고 분란을 일으키는 자들이 더불어 생겨나니, 그 극단은 추악함[惡]이다. 일설에 백성들 중 형벌에 처해진 자가 많으면 혹 모습이 추악해진다 하였으니 역시 그것이다. 풍속이 방탕하고 오만해져 규범이 무너지면 경박하고 기괴한 복장을 입게 되니 복요服妖가 발생한다. (비가 계속 오면) 물속 동물이 활동하게 되니 귀얼龜孼가 발생한다. 『역』에서 손괘巽卦는 닭을 상징하는데, 닭이 벼슬과 며느리발톱을 가진 것은 문무文武를 겸비한 모습이다. 위의威儀를 갖추지 않으면 용모의 기가 훼손되어 계화鷄禍가 발생한다. 일설에서 홍수가 난 해에 닭이 많이 죽거나 괴이함이 되는 것에 이른다고 한 것 역시 이것이다. 윗사람이 위의를 상실하면 아래에서 힘센 신하가 군주나 윗사람을 해치는 일이 생기니 하체(의 기관이) 상체에서 생기는 병이 생긴다. 나무는 청색이므로 청생靑眚과 청상靑祥이 발생한다. 무릇 용모가 손상되면 목기木氣를 병들게 하는데, 목기가 병들면 금기金氣가 목기를 해친다. 충돌하는 기가 서로 뒤섞이는 것이다. 『역』에서 진괘震卦는 (방위로는) 동방에 해당하며 (계절로는) 봄, (오행으로는) 나무가 된다. 태괘兌卦는 (방위로는) 서방에 해당하며 (계절로는) 가을, (오행으로는) 금속이 된다. 이괘離卦는 (방위로는) 남방에 해당하며 (계절로는) 여름, (오행으로는) 불이다. 감괘坎卦는 (방위로는) 북방에 해당하며, (계절로는) 겨울, (오행으로는) 물이다. 봄과 가을은 낮과 밤의 길이가 같고, 추위와 더위도 비슷하다. 이로써 금기와 목기는 쉽게 서로 변화한다. 따라서 용모가 손상되면 가을의 음기가 비를 계속 내리게 하고, 말이 손상되면 봄의 양기가 가뭄이 지속되는 것을 초래한다. 겨울과 여름의 경우는 낮과 밤의 길이가 서로 반대고 추위와 더위의 차이도 커서 수기와 화기는 서로 병합될 수 없다. 따라서 보는 것이 손상되면 더위가 계속되고 듣는 것이 손상되면 추위가 계속되니 그 기의 (성질이) 그러한 것이다. (나무의) 기에 역행하면 그 극단은 추악함이고, 순행하면 그 복은 덕을 좋아하는 것[攸好德]이다. 유흠이 「모전貌傳」에서 말하기를 '인충鱗蟲(비늘이 있는 동물)의 얼孼, 양화羊禍, 비아鼻痾가 있다.'고 하였다. 말하기를 '천문에서 동방의 별자리를 용성龍星이라고 하였으니 비늘이 있는 동물이 되는 것이며, 『역』에서 태괘가 양羊을 상징하고 나무가 금속에 의해 병이 났으므로 양화羊禍를 초래한 것으로 비가 계속 오는 것과 같은 반응이다.'라고 하였다. 이 설은 옳지 않다. 봄과 가을은 음기와 양기가 서로 대등하여 목기가 상하고 금기가 왕성해지면 능히 서로 병합될 수 있는데, (유흠은) 오직 (양화) 한 가지 일에만 (해당한다고 했을) 뿐이다. 화禍와 요妖, 아痾, 상祥, 생眚은 같은 부류로 하나만 다르다고 할 수 없다."

[說日: 凡草物之類謂之妖. 妖猶夭胎, 言尚微. 蟲豸之類謂之孼. 孼則牙孼矣. 及六畜, 謂之䄃, 言其著也. 及人, 謂之痾. 痾, 病貌, 言寖深也. 甚則異物生, 謂之眚; 自外來, 謂之祥. 祥猶禎也. 氣相傷, 謂之沴. 沴猶臨莅, 不和意也. 每一事云「時則」以絶之, 言非必俱至, 或有或亡, 或在前或在後也. 孝武時, 夏侯始昌通五經, 善推五行傳, 以傳族子夏侯勝, 下及許商, 皆以敎所賢弟子. 其傳與劉向同, 唯劉歆傳獨異. 貌之不恭, 是謂不肅. 肅, 敬也. 內日恭, 外日敬. 人君行己, 體貌不恭, 怠慢驕蹇, 則不能敬萬事, 失在狂易, 故其咎狂也. 上嫚下暴, 則陰氣勝, 故其罰常雨也. 水傷百穀, 衣食不足, 則姦軌並作, 故其極惡也. 一日, 民多被刑, 或形貌醜惡, 亦是也. 風俗狂慢, 變節易度, 則爲剽輕奇怪之服, 故有服妖. 水類動, 故有龜孼. 於易, 巽爲雞, 雞有冠距文武之貌. 不爲威儀, 貌氣毀, 故有雞䄃. 一日, 水歲雞多死及爲怪, 亦是也. 上失威儀, 則下有彊臣害君上者, 故有下體生於上之痾. 木色靑, 故有靑眚靑祥. 凡貌傷者病木氣, 木氣病則金沴之, 衝氣相通也. 於易, 震在東方, 爲春爲木也; 兌在西方, 爲秋爲金也; 離在南方, 爲夏爲火也; 坎在北方, 爲冬爲水也. 春與秋, 日夜分, 寒暑平, 是以金木之氣易以相變, 故貌傷則致秋陰常雨, 言傷則致春陽常旱也. 至於冬夏, 日夜相反, 寒暑殊絶, 水火之氣不得相併, 故視傷常奧, 聽傷常寒者, 其氣然也. 逆之, 其極日惡; 順之, 其福日攸好德. 劉歆貌傳日有鱗蟲之孼, 羊䄃, 鼻痾. 說以爲於天文東方辰爲龍星, 故爲鱗蟲; 於易兌爲羊, 木爲金所病, 故致羊䄃, 與常雨同應. 此說非是. 春與秋, 氣陰陽相敵, 木病金盛, 故能相幷, 唯此一事耳. 䄃與妖痾祥眚同類, 不得獨異.]

사관史官의 기록에 따르면 노성공魯成公 16년(BC. 575), 성공이 주周에서 제후들과 회합하였다. 선양공單襄公이 진여공晉厲公의 시선이 멀고 발을 높이

들어 걷는 것을 보고 성공에게 말하였다. "진에 장차 난이 일어날 것입니다."
노후魯侯가 말하였다. "감히 물으니 천도天道에 의한 것입니까? 아니면 사람에
의한 것입니까?" (선양공이) 대답하여 말하였다. "제가 악사樂師도 사관도
아닌데 어찌 천도를 알겠습니까? 제가 진군晉君의 용모를 보니 아마 틀림없이
화禍가 있을 것입니다. 무릇 군자는 눈으로써 몸을 지휘하고 발로써 그것을
따르니 이로써 그 용모를 보면 그 마음을 알 수 있습니다. 눈을 바른 곳에
두면 발은 눈을 따라 걷게 됩니다. 진후晉侯는 시선을 멀리 두고 발은 높게
들어 눈은 몸에 두지 않았고 발도 눈을 따라 걷지 않았으니 그 마음이
반드시 다른 것입니다. 눈과 몸이 서로 일치하지 않으니 어찌 오래갈 수
있겠습니까? 대저 제후의 회합은 백성에게 큰일이니 여기서 존망存亡이
관찰됩니다. 그러므로 나라에 장차 재앙이 없으려면 그 군주가 회합에서
걸음걸이, 말, 시선, 들음에 반드시 잘못이 없어 (그이의) 덕을 알 수 있어야
합니다. 시선이 멀면 그 바른 의리[誼]와 절연했다고 말하고, 발이 높으면
그 덕을 버렸다고 합니다. 말이 어그러지면 믿음을 저버렸다고 하고, 간사한
말에 귀를 기울이면 명분을 저버렸다고 합니다. 무릇 눈은 바른 것을 보고
발은 덕을 실천하며, 입은 신의를 보증하고 귀는 명분 있는 말을 듣는
것이기에 신중하지 않으면 안 됩니다. 하나라도 잃게 된다면 재앙이 일어나
고, 모두 잃게 된다면 국가가 따라서 망합니다. 진후는 두 가지 잘못이
있었으니 제가 이로써 말한 것입니다." 2년 후 진나라 국인國人들이 여공을
살해하였다. 무릇 이러한 부류는 모두 용모가 공손치 못한 것에 대한 재앙이
라고 한다.

[史記成公十六年, 公會諸侯于周, 單襄公見晉厲公視遠步高, 告公曰:「晉將有亂.」
魯侯曰:「敢問天道也? 抑人故也?」對曰:「吾非瞽史, 焉知天道? 吾見晉君之容,
殆必禍者也. 夫君子目以定體, 足以從之, 是以觀其容而知其心矣. 目以處誼, 足以
步目. 晉侯視遠而足高, 目不在體, 而足不步目, 其心必異矣. 目體不相從, 何以能久?
夫合諸侯, 民之大事也, 於是虖觀存亡. 故國將無咎, 其君在會, 步言視聽必皆無譴,
則可以知德矣. 視遠, 曰絶其誼; 足高, 曰棄其德; 言爽, 曰反其信; 聽淫, 曰離其名.

夫目以處誼, 足以踐德, 口以庇信, 耳以聽名者也, 故不可不愼. 偏喪有咎; 既喪, 則國從之. 晉侯爽二, 吾是以云.」後二年, 晉人殺厲公. 凡此屬, 皆貌不恭之咎云.]

　　모두 다섯 권으로 구성된『한서』「오행지」는 첫째 권에서『상서』「홍범」의 홍범구주 중 오행에 대한 경문을 서술하고(經), 그 다음『홍범오행전』의 오행이 그 본성을 잃게 되는 원인을 나열하였다(傳). 다음으로는『홍범오행전』의 기술을 해석하는 다양한 관점을 제시하였고(說), 마지막으로는 오행이 본성을 잃어 발생한 재이를 시대별로(춘추 시기~전한) 기술하였다(예시). 둘째 권에서 넷째 권까지는『상서』「홍범」의 홍범구주 중 오사에 대한 경문을 서술하고(경), 그 밑으로『홍범오행전』의 오사의 이상적인 상태가 어그러지게 되는 원인을 나열하였다(전). 다시 그 밑으로는『홍범오행전』의 기술을 해석하는 다양한 관점이 제시되었고(설), 마지막으로 오사의 이상적 상태가 어그러져 발생한 재이를 시대별로 기술하였다(예시). 마지막 다섯 번째 권에는 왕극이 서지 못했을 때 발생하는 일식을 비롯한 해와 달, 별의 잘못된 운행에 대해 서술하였다(예시). 이를 표로 구성하면 다음과 같다.

<표 2>『한서』「오행지」의 구조와 내용

연번	『한서』 권수	내용		서술 방식
1	志20 七上	五行	木	經, 傳, 說, 예시(春秋~前漢): 나무가 본성을 잃어 발생한 재이
			火	전, 설, 예시(춘추~전한): 불이 본성을 잃어 발생한 재이
			土	전, 설, 예시(춘추~전한): 흙이 본성을 잃어 발생한 재이
			金	전, 설, 예시(춘추~전한): 금속이 본성을 잃어 발생한 재이
			水	전, 설, 예시(춘추~전한): 물이 본성을 잃어 발생한 재이
2	志20 七中之上	五事 1	貌	경, 전, 설, 예시(춘추~전한): 貌不恭, 恆雨, 服妖, 雞禍, 靑眚·靑祥, 金沴木
			言	전, 설, 예시(춘추~전한): 言不從, 恆陽(旱), 詩妖, 介蟲之孼, 犬禍, 白眚·白祥, 木沴金
3	志20 七中之下	五事 2	視	전, 설, 예시(춘추~전한): 恆奧(亡氷·無氷), 草妖, 蠃蟲之孼, 羊禍, 赤眚·赤祥
			聽	전, 설, 예시(춘추~전한): 恆寒(雨雪·隕霜·雨雹), 鼓妖, 魚孼, 介蟲之孼, 豕禍, 黑眚·黑祥

4	志20 七下之上	五事 3· 王極 1	思	전, 설, 예시(춘추~전한): 恆風, 脂夜之妖, 蠃蟲之孼, 牛禍, 心腹之痾, 黃眚·黃祥, 金木土水沴土
			王極	전, 설, 예시(춘추~전한): 恆陰, 射妖, 龍蛇之孼, 馬禍, 下人伐上之痾
5	志20 七下之下	王極 2	王極	예시(춘추~전한): 日月亂行, 星辰逆行

뒤에서 다시 언급하겠지만 이러한 『한서』 「오행지」의 구조는 『후한서後漢書』 「오행지」와는 다소 다르다. 모두 여섯 권으로 구성된 『후한서』 「오행지」는 『한서』 「오행지」의 첫째 권에서 기술한 오행 관련 내용을 별도로 구성하지 않고 오사에 배당하여 함께 서술하였다. 그래서 첫째 권은 오사 중 용모와 말을, 둘째 권은 봄을, 셋째 권은 들음을, 넷째 권은 생각을, 다섯째 권은 왕극을, 여섯째 권은 『한서』 「오행지」와 마찬가지로 왕극 관련 예시 중 해, 달, 별의 잘못된 운행에 대해 서술한다. 이는 어떤 차이를 의미하는 것일까.

〈표 2〉에서 볼 수 있는 것처럼 『한서』 「오행지」의 재이는 두 가지 원인에 의해 발생한다. 첫 번째, 오행이 본성을 잃게 되며 재이가 발생한다(연번 1). 두 번째 군주가 다섯 가지 덕목, 즉 오사의 이상적 상태를 이루지 못하거나 (연번 2·3·4), 왕극이 올바로 서지 못해서 발생한다(연번 4·5). 따라서 『한서』 「오행지」는 ① 오행이 본성을 잃게 되는 군주의 행위와 ①-㉠ 그로부터 발생하는 구체적인 실례, ② 군주의 다섯 가지 덕목이 이상적 상태를 이루지 못한 경우, ②-㉠ 그로부터 발생하는 재이를 나누어 서술하였다.

물론 ①-㉠과 ②-㉠의 두 가지 재이는 모두 군주의 윤리적·정치적 선악으로부터 발생한 것이다. 그러나 특별히 ①-㉠은 군주의 윤리적·정치적 선악의 결과 '음양' 혹은 '오행'으로 표현된 '자연'의 순조로운 운행이 뒤틀려 발생한 것이다. 예를 들어 동중서가 말한 "형벌이 적절하지 않으면 사악한 기운이 생깁니다. 사악한 기운이 밑에서 쌓이면 원한이 위로 축적되게 됩니다. 위아래가 서로 조화되지 않으면 곧 음양의 기운에 혼란이 일어나 이변이 발생하게 됩니다. 이것이 바로 재이가 발생하게 되는 원인입니다."[92]라는 주장이나, 〈예시 1〉의 나무가 언 것에 대해 유흠이 "위에 있는 양기가 퍼져 아래로 통하지 않고, 아래 있는 음기가 퍼져 위로 다다르지 않아 비가 오고 나무가 얼었는데 (그 때문에) 공기가 차가워져 나무가 굽거나 곧지 않게 되었다."고 한 주장은 그 대표적인 이해다. 이것은 자연과 인간이 공유하는 음양의 기를 매개로서 인사가 자연에 감응한다고 보는 것인데, 천을 비인격적 자연으로 보는 것으로[93] 흔히 '기계적 천관'이라 할 수 있다.[94] 이것은 전국 시기 음양가들에 의해 적극적으로 주장되었던 전통적인 재이 해석 방식이라고 할 수 있다.

한편 ②-㉠의 재이는 군주의 잘못에 대해 하늘이 그를 반성시키기 위해 내리는 경고 혹은 위협으로서의 재이다. 즉 이것은 신이 내리는 벌의 의미를 지닌다. 〈예시 2〉에서 살펴본 진여공의 몸가짐이 어그러져 발생한 진여공의 살해 사건이 이에 해당한다. 이때 신은 인격을 가진 주재자의 모습을 지닌다.[95] 이것은 흔히 '주재적 천관'이라 한다.[96] 다양한 재이 해석 방법이 존재하고 있었던 전한 시기의 사정이 고스란히 투영되어 있는 『한서』「오행지」에는 이렇듯 유래가 다른 재이설이 공존하게 된 것이다.[97]

---

92) 『漢書』卷56,「董仲舒傳」, "刑罰不中, 則生邪氣; 邪氣積於下, 怨惡畜於上. 上下不和, 則陰陽
　　 繆戾而妖孼生矣. 此災異所緣而起也."
93) 板野長八, 앞의 글, 30쪽.
94) 池田知久, 앞의 글, 30~31쪽. 한편 와타나베 요시히로는 유향, 劉歆 시기 종래 주류를
　　 이루던 主宰的 天觀이 機械的 天觀으로 변화되었다고 이해하며, 후자가 앞으로 재이
　　 해석의 주류를 이루게 된다고 하였다. 渡邉義浩,「干寶の搜神記と五行志」,『東洋研究』
　　 197(2015), 29쪽. 그러나 군주의 특정 행위를 재이의 원인으로 설명하는 『홍범오행
　　 전』을 이용하여 재이를 해석하면, 다양한 재이를 해석할 수 있고 군주의 특정
　　 행위에 연동하는 재이를 유형화할 수 있지만 모든 재이를 군주가 五事를 이상적으로
　　 실천하지 못한 것에 대해 하늘이 내린 譴責으로 해석하게 된다. 즉, 기계적 천관이
　　 이후 재이 해석의 주류 방법이라 단정하기는 어렵다.
95) 板野長八, 위의 글, 30쪽.
96) 池田知久, 위의 글, 31~32쪽.
97) 재이설의 두 가지 유래에 대해서는 津田左右吉,「漢代の儒教と陰陽說」,『滿鮮地理歷史
　　 研究報告』12(1934), 473~495쪽을 참조.

III. 『후한서』「오행지」의 구조와 특성

1. 『후한서』「오행지」의 구조

현재 『후한서』「오행지」로 전하고 있는 후한 시기 재이에 대한 기록은 실은 서진西晉 사마표司馬彪의 『속한서續漢書』「오행지」로, 지부志部가 남아 있지 않은 범엽范曄의 『후한서』를 소량蕭梁의 유소劉昭가 보성補成한 결과다. 따라서 『후한서』「오행지」라 하지만 사실은 『속한서』「오행지」를 말한다. 여기서는 범엽의 『후한서』와 구별하기 위해 편의적으로 『속한서』「오행지」로 표현하고자 한다. 모두 여섯 권으로 이루어진 『속한서』「오행지」는 ① 오행이 본성을 잃게 되는 군주의 행위, ② 군주의 다섯 가지 덕목이 이상적 상태를 이루지 못한 경우, ③ 그로부터 발생하는 재이의 항목이 하나로 연결되어 서문의 형태로 제시된 후 ④ 항목별 구체적인 재이의 내용이 서술되는 방식을 채용하였다. 『한서』「오행지」가 오행과 오사를 분리하여 서술한 것과는 달리 『속한서』「오행지」는 오사를 오행에 배당하여 용모[貌] - 나무[木], 말[言] - 금속[金], 봄[視] - 불[火], 들음[聽] - 물[水], 생각[思] - 흙 [土]의 구조로 서술하였다. 이는 군주의 어떤 행동에 대응하여 어떤 재이가 발생하는지를 오행, 오사, 왕극에 배당하여 서술한 『홍범오행전』의 체계를 그대로 이용한 서술 방식이라고 할 수 있다. 그래서 군주의 행위에 조응하여 어떤 재이가 발생하는지를 유형화하는 데 보다 적합한 방식이라고 할 수 있다. 그 결과 『후한서』「오행지」에 서술된 재이는 '음양이 어긋나 잘못되고', '악기惡氣가 가득 차서'[98] 발생하는 것이 아니라 군주의 잘못을 하늘이 견책하여 그 과실을 교정하는 것을 목적으로 내리는 하늘의 경계[天戒]라는 성격이 강하다.

『속한서』「오행지」에서 첫 번째로 다루는 군주의 용모가 이상적 상태에서

---

98) 『漢書』 卷56, 「董仲舒傳」, "今陰陽錯繆, 氛氣充塞."

벗어나 발생하는 재이는 모두 6종으로 '모불공貌不恭', '음우淫雨', '복요服妖', '계화雞禍', '청생青眚', '옥자괴屋自壞'다. 이 중 '모불공'은 글자 그대로 오사 중 첫 번째인 군주의 용모가 이상적인 상태인 '공손함'에서 벗어난 상태며, 절기에 맞지 않게 비가 계속 내리는 '음우'는 그것에 대한 하늘의 벌이다. 또한 그것은 인간에게는 규범과 상식을 벗어난 괴이한 복장이 유행하는 '복요'로 나타나고 짐승 중에서는 닭에게 이상 현상이 나타나는 '계화'로 나타나며, 푸른빛의 이물異物이 나타나는 '청생', 이유도 없이 집이 무너지는 '옥자괴'로도 나타난다고 하니 모두 하늘이 내린 견책의 성격을 갖는다.

〈예시 3〉『속한서』「오행지」의 서술 구조 - 용모의 사례

(『상서』「홍범」 경문 없음)
『홍범오행전』에서 말하였다. "(군주가) 수렵 나가 절제하지 않고 음식을 (신에게) 바치지 않으며, (궁정) 출입에 절도가 없고 인민의 농시를 빼앗으며 부역을 늘려 징발하려는 의도까지 있다면 나무가 굽거나 곧지 않는다." (이는) 나무가 그 본성을 잃어 재이가 된 것을 말함이다. 또 말하였다. "(군주의) 용모가 공손하지 않은 것, 이를 일러 '엄숙하지 않다'라고 한다. 그 나쁜 징조는 (상궤에서) 벗어난 거리낌 없는 오만함(으로 나타나고) 그 벌은 (절기에 맞지 않게) 계속 비가 내리는 것이며, 그 극단은 추악함이다. (이는) 때로는 복요로 나타나고 때로는 귀얼로 나타나며, 때로는 계화로 나타나기도 하고 때로는 하체가 상체에서 나는 병으로 나타나기도 하며, 때로는 청생과 청상으로 나타나기도 하니 금기가 목기를 해친 것이다."
[五行傳曰:「田獵不宿, 飲食不享, 出入不節, 奪民農時, 及有姦謀, 則木不曲直.」謂木失其性而爲災也. 又曰:「貌之不恭, 是謂不肅. 厥咎狂, 厥罰恆雨, 厥極惡. 時則有服妖, 時則有龜孽, 時則有雞禍, 時則有下體生上之痾, 時則有青眚·青祥, 惟金沴木.」]
설에서 말하였다. "(오행의 한) 기가 (다른 기를) 상하게 하는 것을 '해치는

것'이라 한다."

[說云: 氣之相傷謂之沴.]

(사례: 모불공) 광무제光武帝 건무建武 원년(25) 적미赤眉 집단의 두령 번숭樊崇과 봉안逢安 등이 함께 유분자劉盆子를 세워 천자로 삼았다. 그러나 번숭 등은 그를 마치 어린 아이 보듯이 하고 모든 일을 스스로 주관하며 전혀 보살피지 않았다. 이후 정월 초하루에 군신이 함께 연회를 베풀기 위해 자리에 앉기는 했으나 술과 음식은 아직 내어오지 않았을 때, 뭇 신하들이 번갈아가며 일어나 소란스러움이 정돈되지 않았다. 당시 대사농大司農이었던 양음楊音이 칼을 잡고 노여워하며 말하였다. "어린 아이들의 놀이도 오히려 이와 같지는 않을 것이다!" 그 후 마침내 (광무제에 의해 적미 집단은) 파괴되었고 번숭과 봉안 등은 모두 주살되었다. 오직 양음만이 관내후關內侯가 되어 천수를 다했다.

[建武元年, 赤眉賊率樊崇·逢安等共立劉盆子爲天子. 然崇等視之如小兒, 百事自由, 初不恤錄也. 後正旦至, 君臣欲共饗, 旣坐, 酒食未下, 羣臣更起, 亂不可整. 時大司農楊音案劍怒曰:「小兒戲尙不如此!」其後遂破壞, 崇·安等皆誅死. 唯音爲關內侯, 以壽終.]

(사례: 음우) 화제和帝 영원永元 10년(98), 13년(101), 14년(102), 15년(103) 모두 절기에 맞지 않는 비가 내려 곡식이 상하였다.

[和帝永元十年, 十三年, 十四年, 十五年, 皆淫雨傷稼.]

(사례: 복요) 경시제更始帝의 여러 장군들 중 낙양을 지난 자들이 수십 인이었는데, 모두 두건을 쓰고 부인의 옷인 채색된 반소매 옷[繡擁屭]을 입었다. 이때 지혜로운 자가 이를 보고 의복이 합당하지 않으니 몸에 재앙이 있을 것이라 여겨, 이에 변군邊郡으로 달아나 피신하였다. 이것은 복요服妖다. 그 후 경시제는 마침내 적미군에게 살해되었다.

[更始諸將軍過雒陽者數十輩, 皆幘而衣婦人衣繡擁屭. 時智者見之, 以爲服之不中, 身之災也, 乃奔入邊郡避之. 是服妖也. 其後更始遂爲赤眉所殺.]

(사례: 계화) 영제靈帝 광화光和 원년(178) 남궁南宮 시중시侍中寺의 암탉이

수탉으로 변하던 중 몸의 털은 모두 수탉처럼 되었는데, 단지 볏[頭冠]만이 여전히 변하지 않았다. 조詔로써 의랑議郎 채옹蔡邕에게 (그 까닭을) 물었다. 채옹이 대답하여 말하였다. "(군주의) 용모가 공손치 않으면 계화가 일어납니다. 선제宣帝 황룡黃龍 원년(BC. 49) 미앙궁未央宮의 암탉이 수탉으로 변하였는데, 울지 않았으며 며느리발톱이 없었습니다. 이해 원제元帝께서 막 즉위하시고 왕황후王皇后께서 서게 되셨습니다. 초원初元 원년(BC. 48)에 이르러 승상사丞相史의 집에서 암탉이 수탉으로 변하였는데, 볏도 며느리발톱도 (모두) 있었고, 울음소리 (또한) 장대하였습니다. 이해 황후의 부친 왕금王禁이 양평후陽平侯가 되셨고, 따님은 황후가 되셨습니다. 애제哀帝께서 붕어하시니 황후께서 섭정攝政을 하셨고 왕망王莽이 황후 형의 아들로 대사마大司馬가 되어 이로 말미암아 난이 일어났습니다. 신이 삼가 이로써 미루어 보건대 머리란 원수元首로 군주의 상징입니다. 지금 닭이 몸이 변하였으나 (그 변화가) 머리까지 이르지 않은 상태로 주상께서 그것을 아셨으니 이는 장차 일이 일어나지만 끝내 성사되지 않을 징조입니다. (그러나) 만일 재이에 대한 대응이 견실하지 않고 정치가 고쳐지지 않으면, (닭에) 볏이 생겨 혹 수탉으로 변할 수 있는데 (그렇게 된다면) 화는 더욱 클 것입니다." 이후 장각張角이 난을 일으키고 황건黃巾이라고 칭하였는데, 결국에는 파괴되었다. 사방의 (백성들이) 부역으로 피폐해지자 반란을 일으키는 자가 많아졌다. (그러나) 주상은 정치를 고치지 않았고, 끝내 천하 대란에 이르게 되었다. [靈帝光和元年, 南宮侍中寺雌雞欲化雄, 一身毛皆似雄, 但頭冠尙未變. 詔以問議郎蔡邕. 邕對曰:「貌之不恭, 則有雞禍. 宣帝黃龍元年, 未央宮雌雞化爲雄, 不鳴無距. 是歲元帝初卽位, 立王皇后. 至初元元年, 丞相史家雌雞化爲雄, 冠距鳴將. 是歲后父禁爲(平)陽[平]侯, 女立爲皇后. 至哀帝晏駕, 后攝政, 王莽以后兄子爲大司馬, 由是爲亂. 臣竊推之, 頭, 元首, 人君之象; 今雞一身已變, 未至於頭, 而上知之, 是將有其事而不遂成之象也. 若應之不精, 政無所改, 頭冠或成, 爲患茲大.」是後張角作亂稱黃巾, 遂破壞. 四方疲於賦役, 多叛者. 上不改政, 遂至天下大亂.]

(사례: 청상) 환제桓帝 영흥永興 2년(154) 4월 병오丙午, 광록훈光祿勳 관사

벽 아래 밤에 푸른 기가 나타나 살펴보다 옥구玉鉤와 옥결玉玦 각 하나씩을 얻었다. 옥구는 길이가 7촌 2분이었고 옥결은 둘레가 5촌 4분이었으며 몸체에는 모두 조각이 새겨져 있었다. 이것이 청색의 흉조[靑祥]다. 옥은 금(석)류다. 7촌 2분이라는 것은 상성商聲의 수다. 5촌 4분이라는 것은 치성徵聲의 수다. 상성은 신하를 의미하고 치성은 일[事]을 의미하니, 대개 사안을 결재하는 신하가 공경치 않아 장차 화가 있을 것을 의미하는 것이다. 이때 양기梁冀가 권력을 장악하고 함부로 권력을 행사하였고, 이후 4년 뒤 양씨가 주멸되었다.

[桓帝永興二年四月丙午, 光祿勳吏舍壁下夜有靑氣, 視之, 得玉鉤·玦各一. 鉤長七寸二分, [玦]周五寸四分, 身中皆雕鏤. 此靑祥也. 玉, 金類也. 七寸二分, 商數也. 五寸四分, 徵數也. 商爲臣, 徵爲事, 蓋爲人臣引決事者不肅, 將有禍也. 是時梁冀秉政專恣, 後四歲, 梁氏誅滅也.]

(사례: 옥자괴) (환제) 연희延熹 5년(162), 태학太學의 문이 아무런 이유 없이 절로 무너졌다. 양해襄楷는 태학이 천자를 곁에서 시위 보좌하는 신하[前疑]가 거주하는 곳이기에 그 문이 저절로 무너진 것은 장차 문덕文德이 쇠하고 교화敎化가 무너질 (징조라고) 여겼다. 이후 천하가 마침내 상란喪亂에 이르렀다.

[延熹五年, 太學門無故自壞. 襄楷以爲太學前疑所居, 其門自壞, 文德將喪, 敎化廢也. 是後天下遂至喪亂.]

이처럼 『속한서』「오행지」는 재이를 음양 두 기의 조화가 어그러진 결과로 해석하기보다는 위정자의 부도덕한 행위의 결과로 해석하고 있다. 특히 계화를 해석하면서 주상이 정치를 고치는 행위, 즉 도덕적인 행위를 통해 재이를 소멸시킬 수 있는 방법인 '구救'에 대해 말하며 경덕적 태도의 중요성을 역설하기도 한다.

이는 후한 이후 재이설에서 자연, 즉 음양과 오행의 부조화에 의해 발생하는 재이가 아닌 하늘이 내린 천계로서의 재이가 더 중요해졌음을 의미하는 것일지도 모르겠다. 이와 같은 변화의 원인으로 재이설과 참위讖緯의 결합을 지적할 수 있을 것이다.[99] 그러나 이 문제는 그렇게 간단하지만은 않다. 광무제가 도참圖讖을 내학內學으로 선언한 후 후한에서 참위학讖緯學이 성행한 것은 사실이나[100] 후한 전기 이후 점차 합리주의적 사고가 대두하며 참위학의 영향력이 감소되었다는 견해[101] 역시 상당한 설득력을 갖기 때문이다.[102] 그렇다면『속한서』「오행지」에 수록된 재이에 인격적 주재신으로서의 천, 즉 종교적 성격의 천이 내리는 천계라는 성격이 강화된 것은 무엇 때문일까.

일찍이 쓰다 소키치津田左右吉는 재이설의 유래 중 하나를 원시 시대부터 내려온 자연계의 변이를 신의 노여움이 내린 벌로 인식하는 사고였다고 하였다. 그에 따르면 일찍부터 시작된 종교적 제사는 바로 이러한 신의 노여움에서 벗어나기 위한 풍습이었다. 그러다 지식의 진보에 따라 재이가 군주의 잘못으로부터 기인했다는 도덕적 의미가 더해진 관념이 등장하는데, 이것이 중국 고대 사상의 특징이 되었다고 보았다. 이 해석에 따른다면 천계로서의 재이는 군주에게 요구되는 도덕이 한층 강화되었음을 의미하는 증거가 될 것이다.[103] 혹『속한서』「오행지」의 성격 변화는 군주에 대한 강화된 도덕적 요구의 증거가 아닐까.[104]

---

99) 今井秀周,「五行志の性格について」,「大谷學報」58-2(1978), 71쪽.

100) 『後漢書』卷82上,「方術列傳」, "後王莽矯用符命, 及光武尤信讖言, 士之赴趣時宜者, 皆騁馳穿鑿, 爭談之也…自是習爲內學, 尚奇文, 貴異數, 不乏於時矣.[李賢注: 內學謂圖讖之書也. 其事祕密, 故稱內.]"

101) 堀池信夫,「後漢期の思想」,『漢魏思想史研究』(東京: 明治書院, 1988)를 참조.

102) 특히 後漢 왕조의 쇠퇴로 인하여 왕조의 신성불가침성을 증명하던 讖緯思想과 律曆思想(참위사상에 '數의 整合性'이라는 원리를 도입하여 그것에 근거하여 音律을 비롯한 曆法을 전개하여 삼라만상을 정합적·통합적으로 經學의 내부에 포섭하여 '經學的世界'를 세우고자 한 사상이자 세계관. 자세한 사항은 堀池信夫,「前漢期の思想」, 위의 책을 참조)이 존재 의의를 상실하게 되었다는 주장에 공감하게 된다. 小林春樹,「中國古代における「合理的」史學の成立 -『漢書』から『東觀漢記』·『續漢書』へ」,『東洋文化』74(1995), 9쪽.

103) 津田左右吉, 앞의 글, 487~488쪽.

104) 가게야마 데루쿠니는 동중서가 재이를 기계적인 음양의 消長이라는 변화의 결과라고 이해하는 한편 有德한 인격신으로서의 天이 내린 벌, 즉 天戒로도 이해하였다고

이에 대한 당대唐代 역사가인 유지기劉知幾의 평가를 살펴보자. 유지기는 사마표의 「오행지」에 대해 "무릇 분석하고 토론할 부분에 대해서는 과거의 일반적인 도리를 지키는 데 힘썼고, 행위에 있어서는 정해진 규범을 따랐기 때문에 기술에 있어서도 절대로 과장된 말을 하지 않았다."[105]고 하였다. 유지기의 평가에 따른다면 『속한서』 「오행지」에 보이는 천계로서의 재이가 증가한 것을 신비주의로의 경도傾倒라고만 단정하기 어렵다. 사마표의 『속한서』 8지가 채옹蔡邕의 10지의 주요 부분을 계승하여 작성되었고, 그것이 『한서』와는 달리 합리적인 경향을 현저하게 띠었다는 연구도 참조할 만하다.[106] 이 문제에 대해 좀 더 자세히 살펴보자.

2. 사마표의 사서 찬술과 『속한서』 지부의 성격

앞에서 언급한 것처럼 유송劉宋의 범엽이 지은 『후한서』는 사마표의 『속한서』 지부를 이용하여 현재와 같은 체제로 완성되었다. 범엽의 『후한서』는 지부가 남아 있지 않은 채 전해졌는데, 산일散佚되었다는 설도 있으나[107] 애초에 완성하지 못했다는 의견도 있다.[108] 그러나 일부의 지는 편찬되었던 것으로 파악된다.[109] 이처럼 불완전한 사서에 대해 관심을 가진 이는 소량의

하며, 그 때문에 한대 재이 해석 방법은 반드시 일률적으로 군주에게 책임을 推及하는 것은 아니라고 하였다. 이러한 지적에 따른다면 천계로써의 재이가 군주에 대한 책임 추궁이라는 점을 좀 더 강조한다고 할 수 있다. 影山輝國, 앞의 글을 참조.

105) [唐]劉知幾, 『史通』 卷3, 「書之」, "凡所辯論, 務守常途. 旣動遵繩墨, 故理絶河漢."

106) 小林春樹, 앞의 글, 7~9쪽.

107) 淸의 王鳴盛은 『後漢書』 「皇后紀」 李賢注에 인용된 『宋書』 「謝儼傳」의 "范曄所撰十志, 一皆託(謝)儼. 搜撰垂畢, 遇曄敗, 悉蠟以覆車. 宋文帝令丹陽尹徐湛之就儼尋求, 已不復得, 一代以爲恨, 其志今闕."이라는 기사를 근거로 范曄의 志는 완성되었으나 散佚되어 전해지지 않는다고 주장하였다. [淸]王鳴盛, 『十七史商榷』, 卷29, 「後漢書一」, '范氏後漢書用司馬彪志補'條, 244쪽.

108) [唐]劉知幾, 『史通』 卷12, 「古今正史」, "會曄以罪被收, 其十志亦未成而死."

109) [蕭梁]劉昭, 「注補續漢書八志序」(『全上古三代秦漢三國六朝文』 所收), "范曄後漢, 良誠跨衆氏, 序或未周, 志遂全闕. …又尋本書當作禮樂志, 其天文·五行·百官·車服, 爲名則同. 此外諸

유소였다. 그는 당시 존재하던 여러 『후한서』 중 범엽의 그것이 양질의
내용과 성실한 집필을 보이는 가장 뛰어난 저작이라고 판단하였다. 그러나
안타깝게도 범엽의 『후한서』는 서문이 불완전하였으며 특히 지 전체가
결락되었다는 문제가 있었다. 그래서 그는 범엽의 『후한서』 지부의 보충이
필요함을 절감하고, 범엽이 생전 여타 『후한서』 지부 중 가장 뛰어나다고
예찬하고 그 스스로의 10지가 근거했다고 말했던 사마표의 『속한서』 8지를
이용하여 『후한서』를 보성하기로 한다. 이것이 현재 범엽의 『후한서』 안에
사마표 『속한서』 지부가 포함되게 된 사정이다.

이 내용은 유소가 사마표의 『속한서』를 가지고 범엽의 책을 보성한 과정을
서술한 「주보속한서팔지서注補續漢書八志序」에 자세한데, 여기에는 사마표의
8지에 대한 내용도 서술되어 있어 그 성격을 파악하는 데 도움을 준다.
논의의 편의를 위해 먼저 그 구절을 살펴보자.

> 사마표의 『속한서』는 모두 8지로 되어 있다. 「율력지律曆志」는 유홍劉洪과
> 채옹의 구성에 따랐으며, 「거복지車服志」의 근본은 동파董巴와 채옹의 저작에
> 의거하였다. 「예의지」와 「제사지祭祀志」(의 내용은) 옛 제도에서 얻었으며
> 「백관지」는 예부터 내려오는 관부官簿에서 (내용을) 취하였다. (이처럼 『속한
> 서』의 지들은) 모두 전대 수찬修撰된 (전적을) 근거로 일가一家를 이루게
> 되었다.110)

篇, 不著紀傳, 律曆·郡國, 必依往式. 曄遺書自序, 應徧作諸志, 前漢有者, 悉欲倣製. 卷中發
論, 以正得失. 書雖未明, 其大旨也." 이와 같은 劉昭의 기술에 따르면 范曄은 「禮樂志」,
「天文志」, 「五行志」, 「百官志」, 「車服志」를 작성하였다. 한편 王先謙도 법엽이 志
전체는 아니어도 일부를 편찬한 채 사망하였다고 보았다. [淸]王先謙, 『後漢書集解』,
「解述略」, "但范有百官志, 已見帝后紀. 有禮樂志·輿服志, 見東平王蒼傳. 有五行志·天文志,
見蔡邕傳. 又南齊書文學傳. 檀超掌史職, 議立十志, 百官依范曄, 合州郡. 是范志齊時尙有存
者, 超目見能擧其例, 至梁乃全佚. 恐蟻以覆車之說, 特指餘志未成者也."

110) [蕭梁]劉昭, 「注補續漢書八志序」(『全上古三代秦漢三國六朝文』 所收), "司馬續書, 總爲八
志. 律麻之篇, 仍乎洪邕所構, 車服之本, 卽依董蔡所立. 儀祀得于往制, 百官就乎故簿. 並籍據
前修, 以濟一家者也."

8지 중 이 글에서 다루고 있는 「오행지」에 대한 기술은 없지만 「율력지」, 「거복지」, 「예의지」, 「제사지」, 「백관지」 등이 어떤 자료를 기초로 찬술되었는지에 대해 설명하고 있다. 기사에 따른다면 사마표는 지를 편찬하면서 채옹의 저작을 다수 이용한 것으로 보인다.[111] 그렇다면 「오행지」 편찬에는 어떤 자료가 주로 이용되었을까.

후한 말 사서에는 '삼사三史'라고 하여 세 편의 역사서를 이르는 말이 등장한다. 이는 『사기』, 『한서』, 그리고 『동관한기東觀漢記』를 이르는 말로,[112] 이 중 『동관한기』가 사마표를 비롯하여 당시 『후한서』를 찬술하는 이들에게 저본底本이 되었을 것으로 생각한다. 그럼, 『동관한기』에는 사마표가 참조할 만한 「오행지」가 있었을까. 『동관한기』는 후한 시기 동안 몇 차례 편찬, 가필加筆되어 영제 희평熹平 연간(172~177)에 일단 완성을 보게 된다. 『동관한기』 찬술의 마지막 단계에서 채옹은 본기와 열전의 부족한 부분을 보완하는 한편 별도로 지를 작성하였는데, 이것이 바로 '십의十意'로 불리는 '10지'다. 후대 편찬된 『사통史通』에는 「조회지朝會志」와 「거복지」만이 나와 있지만[113] 『후한서』 이현李賢이 주에 인용한 「채옹별전蔡邕別傳」에는 「율력지」, 「예지禮志」, 「악지樂志」, 「교사지」, 「천문지」, 「거복지」 등이 나열되어[114] 모두 7개의 지를 확인할 수 있다. 여기에 더하여 『후한서』 채옹 본전에는 "(그 사건들을) 「오행지」와 「천문지」에 기재하였다[事在五行·天文志]."고 하여 「오행지」의 존재도 확인할 수 있다.[115] 따라서 사마표의 『속한서』 「오행지」 역시 채옹으로부터 많은 영향을 받았을 것으로 생각된다.[116]

---

111) 黃啓書, 「試論《續漢書·五行志》撰作及其體例因革之問題」, 『政大中文學報』 15(2011), 206 쪽.

112) [淸紀昀 總纂, 『四庫全書總目提要』 卷50, 「史部六·別史類·東觀漢記」, "晉時以此書與史記·漢書爲三史, 人多習之, 故六朝及初唐人隸事釋書, 類多徵引."

113) [唐]劉知幾, 『史通』 卷12, 「古今正史」, "而邕別作朝會·車服二志."

114) 『後漢書』 卷60下, 「蔡邕傳」, "邕別傳曰: 「…有律曆意第一, 禮意第二, 樂意第三, 郊祀意第四, 天文意第五, 車服意第六.」"

115) 저우티엔요는 十志 中 남은 二志를 「地理志」와 「藝文志」로 추정하였다. 周天游, 「讀《後漢紀》札記」, 『西北大學學報(哲社版)』 1984-2, 27~28쪽.

『속한서』「오행지」에는 재이에 대한 채옹의 견해가 다섯 차례 인용되었는데[117] 여간해서 전거典據를 밝히지 않는 사마표의 서술 태도에 비추어 보면 확실히 이례적이다.

그렇다고 사마표의 「오행지」가 전적으로 채옹의 영향만을 받은 것은 아니다. 스스로 「오행지」서두에서 응소應劭, 동파, 초주譙周의 재이 관련 저술을 합하여 논하였다[合而論之][118]고 밝힌 것처럼 채옹 이외 세 사람의 재이 해석도 영향을 미쳤을 것이다. 그중에서도 특별히 응소와의 관련성을 생각해 볼 수 있을 것 같다. 현재『속한서』「오행지」의 유소 주에는 응소 혹은 그가 찬술한『풍속통風俗通』에서 인용한 것이 모두 15건이다. 그 내용별로 살펴본다면 복요 2건(응소왈 1·『풍속통』왈 1), 시요 5건(응소왈 2·『풍속통』왈 3), 초요 3건(응소왈 1·『풍속통』왈 2), 사요 2건(응소왈 1·『풍속통』왈 1), 마화 1건(『풍속통』왈 1), 인아人痾 2건(『풍속통』왈 2)이다. 이 중「오행지」본문의 기사와 직접적인 관련이 없는 4개의 사례를 제외하면 총 11개의 사례가『속한서』「오행지」본문과 직접적인 연관이 있다. 따라서 사마표가 「오행지」를 찬술할 때 응소의 저술에서도 많은 영향을 받았음을 알 수

---

116) 와타나베 요시히로는 司馬彪가 蔡邕의 十意를 중심으로 八志를 찬술하였다고 보았다. 渡邉義浩,「司馬彪の修史」,『西晉『儒教國家』と貴族制』(東京: 汲古書院, 2010), 478쪽. 原載:『大東文化大學漢學會誌』45(2006).

117) 〈註表 1〉『續漢書』「五行志」에 인용된 蔡邕의 災異說 一覽

	분류	일시	변고	성격	전거
1	鷄禍	靈帝 光和 원년(178) 4월	南宮 侍中寺의 牝鷄가 수컷으로 변하는 변고 발생	豫占	「五行一」
2	屋自壞	영제 광화 원년 2월	南宮 平城門 內屋 및 武庫가 절로 무너진 변고 발생(『易傳』과 『春秋潛潭巴』를 인용)	豫占	「五行一」
3	蝗	영제 광화 원년	蝗害의 발생(『易傳』과 『河圖祕徵篇』을 인용)	譴責	「五行三」
4	人痾	영제 광화 원년 5월	白衣人이 德陽門 안으로 들어온 변고 발생	豫占	「五行五」
5	投蜺	영제 광화 원년 6월	黑氣가 北宮 溫明殿 東庭으로 떨어지는 변고 발생(『易傳』,『春秋潛潭巴』,『演孔圖』를 인용)	豫占	「五行五」

118)『後漢書』志第13,「五行一」, 3265쪽.

있다.

그렇다면 채옹과 응소에게서 많은 영향을 받은 사마표의 「오행지」는 어떤 성격을 지녔을까. 우선 응소로부터의 영향에 대해 생각해 보자. 유소가 인용한 사례를 통해 사마표가 응소의 저작을 참조하였을 것으로 생각되는 사례들은 모두 재해라기보다는 괴이怪異로 분류할 수 있는 것으로, 이른바 불가사의한 현상들이라고 할 수 있다. 이러한 불가사의한 현상을 다루는 응소의 태도는 『풍속통』서문에 잘 나타나 있는데, "풍속통의風俗通義란 세간에 유행하는 잘못된 풍속을 통찰하여 의리에 맞게 일을 처리하는 것을 말한다."[119]고 한 것이 그것이다. 즉 그가 『풍속통』을 저술한 이유는 왕실이 크게 무너지고 천하가 사분오열되었으며, 변란이 그칠 기미가 보이지 않는 상황 속에서[120] 습속을 바로 잡아 근간을 세우고자 한 것으로, 모두가 바른 길로 돌아가게 하고자 한 것이다.[121] 이러한 태도는 그의 저술 활동의 근간을 이루는 것으로 건안建安 원년(196) 율령을 산정刪定하여 『한의漢儀』을 지어 올리며 했던 "무릇 국가의 큰 일 중 전적典籍보다 중요한 것은 없습니다. 전적은 혐의嫌疑를 결정하고 시비是非를 밝히며 상과 형벌의 마땅한 도리로 그 안에서 합당함을 얻을 수 있으니 장차 후대인들의 영원한 참고가 될 것입니다."[122]라는 상주문에서도 확인할 수 있다.[123] 따라서 『풍속통』에서 다뤄지는 불가사의한 현상들은 신비주의적 사상과는 일정한 거리를 유지한다.

예를 들어 영제 희평 2년(173) 6월, 낙양의 백성 하나가 호분시虎賁寺 동쪽 벽 안에 황색의 사람 형상이 있는데 수염과 눈썹이 아름다운 것이

---

119) [後漢]應劭, 『風俗通』, 「序」, "風俗通義, 言通於流俗之過謬, 而事該之於義理也."
120) [後漢]應劭, 『風俗通』, 「序」, "王室大壞, 九州幅裂, 亂靡有定."
121) [後漢]應劭, 『風俗通』, 「序」, "咸歸於正."
122) 『後漢書』卷48, 「應劭傳」, "又刪定律令爲漢儀, 建安元年乃奏之. 曰:「夫國之大事, 莫尙載籍. 載籍也者, 決嫌疑, 明是非, 賞刑之宜, 允獲厥中, 俾後之人永爲監焉.…」"
123) 순푸시는 이러한 應劭의 태도를 '强烈한 經世致用'의 태도라고 하였다. 孫福喜, 「論應劭的"經世致用"學術思想」, 『內蒙古師大學報(哲社版)』28-1(1999), 73쪽.

실제인 것 같다는 소문을 퍼뜨려 구경꾼 수만이 몰리는 일이 발생하였다.[124] 이 사건은 『풍속통』에도 수록되어 있는데, 당시 낭郎으로 재직하고 있었던 응소가 직접 가서 그 모습을 보았던 것 같다. 응소는 다음과 같이 명쾌하게 설명하였다. "어찌 그곳에 사람이 있겠는가! 가서 (자세히 보니) 물이 새서 더러웠고 끈적거리는 붉은 흙이 흘러내려 말라있었으며, 벽의 다른 곳은 몇 촌 정도 (칠이) 벗겨져 굽어져 있을 뿐이었다."[125] 요컨대 사마표의 『속한서』「오행지」가 응소로부터 영향을 받았다면 그것은 신비주의적 태도와는 일정한 거리를 유지하고 있었음을 의미한다.

이것은 채옹의 경우도 마찬가지다. 어려서부터 박학하고 시문詩文·수술數術·천문을 좋아하였으며 음률에도 뛰어났던[126] 채옹은 이외에도 역법과 참위학, 재이해석학에도 정통하였다.[127] 영제 건녕建寧 3년(170)년 사도司徒 교현橋玄에게 초빙된 후 하평장河平長을 거쳐 의랑議郎이 되었고 동관東觀에서 도서의 교정을 담당하였다. 희평 4년(175)에는 오관중랑장五官中郎將 당계전堂谿典, 광록대부光祿大夫 양사楊賜, 간의대부諫議大夫 마일제馬日磾, 의랑 장훈張馴·한열韓說, 태사령太史令 선양單颺 등과 함께 육경六經의 차이를 바로 잡을 것을 건의하여 유명한 〈희평석경熹平石經〉을 세우고 석경의 글씨를 쓰는 단서丹書를 담당하였다.[128] 이후 간의대부 마일제, 의랑 한열, 양표揚彪, 노식盧植 등과 함께 『동관한기』를 보찬補撰하였다.[129] 채옹이 별도로 10지를

---

124) 『後漢書』志第13,「五行五」, "熹平二年六月, 雒陽民訛言虎賁寺東壁中有黃人, 形容鬢眉良是, 觀者數萬, 省內悉出, 道路斷絶."

125) 『後漢書』志第13,「五行五」, 劉昭注引, "應劭時爲郎. 風俗通曰:「劭故往視之, 何在其有人也! 走漏汙處, 膩赭流漉, 壁有他剝數寸曲折耳.…」."

126) 『後漢書』卷60下,「蔡邕傳」, "少博學, 師事太傅胡廣. 好辭章·數術·天文, 妙操音律."

127) 南澤良彦,「蔡邕の學問と思想 - 律曆と明堂とについて」, 『中國哲學論集』 28·29(2003), 28쪽.

128) 『後漢書』卷60下,「蔡邕傳」, "建寧三年, 辟司徒橋玄府, 玄甚敬待之. 出補河平長. 召拜郎中, 校書東觀. 遷議郎. 邕以經籍去聖久遠, 文字多謬, 俗儒穿鑿, 疑誤後學, 熹平四年, 乃與五官中郎將堂谿典·光祿大夫楊賜·諫議大夫馬日磾·議郎張馴 韓說·太史令單颺等, 奏求正定六經文字. 靈帝許之, 邕乃自書(冊)[丹]於碑, 使工鐫刻立於太學門外."

129) 『後漢書』卷64,「盧植傳」, "歲餘, 復徵拜議郎, 與諫議大夫馬日磾·議郎蔡邕 楊彪 韓說等並在

찬술한 것이 바로 이때다.

10지 찬술과 관련해서는 채옹이 남긴 문장을 통해 그 대강을 알 수 있는데, 현재 『채중랑집蔡中郎集』에 10지를 찬술하고 영제에게 바치며 올린 「상한서십지소上漢書十志疏」가 남아 있다. 일부를 발췌해서 살펴보자.

> 신이 벼슬에 나오기 전부터 항상 『한서』의 10지가 (다루는 내용이) 아래로 왕망 시기에 다하여 그친 후, 광무황제 이래로 오직 기紀와 전傳만이 기록되고 지는 이어지지 않았음을 생각하였습니다. 신이 태부太傅를 지냈던 호광胡廣을 스승으로 모셨는데, 신이 자못 그 학문의 요체를 이해하는 것을 알고 대략 가지고 있는 「구사舊事」를 신에게 주었습니다. (신은 받은 자료에 대해) 비록 구체적이고 자세하지 않고 겨우 수미首尾를 변별할 뿐이지만 (그것을 이용하여 지를 이어서 짓는 것에 대해) 20여년을 거듭 생각하였습니다. (그러나 국사國史를 찬술할 수 있는) 자리에 있지 않다면 외리外吏·서인庶人은 마음대로 (국사를) 찬술할 수 없습니다. (지금 다행히) 하늘이 (신의) 속마음을 이끌며 저작랑著作郎의 자리를 마련해 주셨으니 10지를 모두 찬록撰錄할 것을 말씀드립니다.130)

위의 기사에 따르면 채옹이 찬술한 10지는 호광으로부터 받은 「구사舊事」'에 기인하고 있음을 알 수 있다. '「구사」'라는 것이 구체적으로 어떤 사료인지 명확하게 알 수는 없지만 『속한서』 「예의지」에 인용된 사침謝沈의 『후한서』에 따르면 호광이 일찍이 이전 시기 예의를 종합하고 서술하여 『한제도漢制度』라는 책을 저술하였으며 채옹이 그것을 저본으로 하여 지를 작성했다고 하였으니,131) 아마도 『한제도』를 찬술할 때 사용한 자료일

　　東觀, 校中書五經記傳, 補續漢記."
130)　[後漢]蔡邕, 『蔡中郎集』, 「上漢書十志疏」, "臣自在布衣, 常以爲漢書十志, 下盡王莽, 而世祖以來, 唯有紀傳, 無續志者. 臣所師事故太傅胡廣, 知臣頗識其門戶, 略以所有舊[事與臣], 雖未備悉, 粗見首尾, 積累思惟, 二十餘年. 不在其位, 非外吏庶人所得擅述. 天誘其衷, 得備著作郎, 建言十志皆當撰錄."

가능성이 높다.

따라서 채옹은 스승인 호광으로부터 영향을 받았을 것인데, 기존 연구에 따르면 호광은 유교 경전만큼 한가漢家의 고사故事를 중시하는 인물이었다.[132] 따라서 그런 호광을 스승으로 모신 채옹 역시 한가의 고사를 중히 여기는 태도를 가졌을 것이라고 보는 것이 타당할 것이다. 실제로 채옹의 『독단獨斷』과 호광의 『한제도』 일문佚文을 비교한 한 연구는 『독단』이 『한제도』를 조본祖本으로 삼았음을 확인하였다.[133] 그렇다면 호광 - 채옹으로 이어지는 저작을 근거로 찬술된 사마표의 8지 역시 한가의 고사가 중핵을 이룰 수밖에 없을 것이다. 이는 사마표의 지들이 객관적인 사실에 근거하여 서술되었을 것임을 알려준다.

사마표 『속한서』에 대한 흔치 않은 전론[134]에 따른다면 사마표의 『속한서』는 한왕조의 신화라고 불리는 반고의 『한서』,[135] 조위 - 서진으로 이어지는 선양禪讓의 정통성을 묘사한 『삼국지三國志』[136]와는 달리 왕조의 정통성을 증명하고자 하지 않았다. 대신 사마표의 『속한서』는 역사가 지닌 ① 권선징악의 기능을 구현하고자 하였으며[137] ② 기존 사서(아마도 『동관한기』)의 번잡한 서술을 간결하게 하는 한편[138] 서진의 거울로서 후한 유교국가의

---

131) 『後漢書』志第4, 「禮儀志」, 劉昭注引, "謝沈書曰: 「太傅胡廣博綜舊儀, 立漢制度, 蔡邕依以爲志, 譙周後改定以爲禮儀志.」"

132) 와타나베 요시히로는 胡廣이 「諫探策立后疏」에서 정책 결정의 전거로 '篇籍所記' 즉 유교 경전과 '祖宗典故' 즉 漢家의 故事를 동등하게 들고 있는 것을 근거로 그를 고사를 중시하는 인물로 파악하였다. 渡邉義浩, 앞의 글(2010), 479쪽.

133) 福井重雅, 「蔡邕と『獨斷』」, 『史觀』107(1982), 123~124쪽.

134) 중국 측 연구로는 宋志英, 「司馬彪《續漢書》考辨」, 『史學史硏究』118(2005); 謝探, 「司馬彪《續漢書》硏究」, 安徽大學 碩士學位論文, 2012를 찾을 수 있었으며, 일본에서는 渡邉義浩, 위의 글이 있을 뿐이다.

135) 班固의 『漢書』 성격에 대해서는 板野長八, 「班固の漢王朝神話」, 『歷史學硏究』479(1982)를 참조.

136) [淸]趙翼, 『廿二史箚記』卷6, 「三國志書法」, "蓋(陳)壽修書在晉時, 故於魏·晉革易之處, 不得不多所迴護. 而魏之承漢, 與晉之承魏, 一也, 旣欲爲晉迴護, 不得不先爲魏迴護."

137) 『晉書』卷82, 「司馬彪傳」, "先王立史官以書時事, 載善惡以爲沮勸, 撮敎世之要也."

138) 『晉書』卷83, 「司馬彪傳」, "漢氏中興, 訖于建安, 忠臣義士亦以昭著, 而時無良史, 記述煩雜,

모든 제도를 정리하고자 하였다.[139] 따라서 정치적 객관성을 유지하며 합리성을 중시한 『동관한기』[140]를 저본으로 삼고 한가의 고사를 중핵으로 한 『속한서』의 「오행지」가 신비주의로부터 일정한 거리를 두었다고 보아도 큰 잘못은 아닐 것이다. 『속한서』「오행지」가 재이를 해석함에 그 현상에 대한 충실한 설명에 치중하고 참위서를 거의 인용하지 않았던 것은 이러한 사정에서 기인할 것이다.[141] 물론 시대적으로 사마표가 『속한서』를 편집할 당시 조위의 합리주의적 기풍이 남아 있었던 것과[142] 서진 무제武帝 사마염司馬炎 즉위 후 태시泰始 3년(267) '성기星氣와 참위'를 금지하는 조처를 취하였던 것[143]과도 관련이 있을 것이다.

　『속한서』에 대한 기존의 평가도 이를 증명한다. 사마표의 『속한서』는 손오孫吳 시기 찬술된 사승謝承의 『후한서』와 설영薛瑩의 『후한기後漢記』 다음으로 찬술된 후한의 역사서다. 그러나 먼저 찬술된 사승과 설영의 역사서가

譙周雖已刪除, 然猶未盡, 安順以下, 亡缺者多.」

139) 渡邉義浩, 앞의 글(2010), 473, 476~477쪽.

140) 小林春樹, 앞의 글, 7~9쪽.

141) 『續漢書』「五行志」 안에서 모두 여섯 차례 讖緯書가 인용된 것을 발견할 수 있다. ① 蔡邕對曰:「平城門, 正陽之門, 與宮連, 郊祀法駕所由從出, 門之最尊者也. 武庫, 禁兵所藏. 東垣, 庫之外障. 易傳曰:『小人在位, 上下咸悖, 厥妖城門內崩.』潛潭巴曰:『宮瓦自墮, 諸侯强陵主.』此皆小人顯位亂法之咎也.」② 樂叶圖徵說五鳳皆五色, 爲瑞者一, 爲孽者四. ③ 是年郡國四十一水出, 漂沒民人. 讖曰:「水者, 純陰之精也. 陰氣盛洋溢者, 小人專制擅權, 妬疾賢者, 依公結私, 侵乘君子, 小人席勝, 失懷得志, 故涌水爲災.」④ 蔡邕對曰:「臣聞易傳曰:『大作不時, 天降災, 厥咎蝗蟲來.』河圖祕徵篇曰:『帝貪則政暴而吏酷, 酷則誅深必殺, 主蝗蟲.』蝗蟲, 貪苛之所致也.」⑤ 和帝永元四年六月丙辰, 郡國十三地震. 春秋漢含孳曰:「女主盛, 臣制命, 則地動坼, 畔震起, 山崩淪.」⑥ 上問蔡邕, 對曰:「所謂天投蜺者也. 不見足尾, 不得稱龍. 易傳曰:『蜺之比無德, 以色親也.』潛潭巴曰:『虹出, 后妃陰脅王者.』又曰:『五色迭至, 照于宮殿, 有兵革之事.』演孔圖曰:『天子外苦兵, 威內奪, 臣無忠, 則天投蜺.』變不空生, 占不空言」. 기사를 통해 알 수 있는 것처럼 세 차례는 채옹의 대책 혹은 발언을 인용하면서 등장하였으며(①, ④, ⑥) 한 차례는 특정 사례를 해석하기 위해 인용한 것이 아닌 五鳳에 대한 緯書의 해석을 소개한 것이다(②). 즉, 두 차례만이 사례를 해석하기 위해 참위서를 인용한 것이다(③, ⑤).

142) 후한 말~曹魏 시기 합리주의적 기풍에 대해서는 洪承賢, 「後漢末~魏晉時期 尙書學의 전개와 그 의의」, 『東洋史學研究』130(2015), 17~19쪽을 참조.

143) 『晉書』卷1, 「武帝紀」, "禁星氣讖緯之學."

『후한서』「오행지」의 재이 해석　65

한위漢魏 선양 후 그때까지 손오 정권의 정통성을 보장해주었던 '광보한실匡輔漢室'의 명분을 대신할 이념 조작의 필요로부터 찬술되었다는 혐의를 지닌 채 "엉성하고 오류가 많아 믿을 수 없다."는 평가를 받는 반면 사마표의 그것은 상세하고 진실되어 화교華嶠의 저술과 더불어 후한사 저술에서 으뜸이란 평가를 받는다.[144] 사마표의 「오행지」가 상식적인 도리를 지키는 데 힘썼고 행위에 있어서도 정해진 규범을 따라 과장된 기술이 없었다고 한 유지기의 평가는 이미 소개하였다.

마지막으로 『속한서』 「오행지」의 성격을 사마표 자신이 생각한 역사의 본령本領과도 연관하여 생각해 보자. 그는 역사의 효용을 "선왕先王이 사관을 두어 당시의 정황을 기록한 것은 선악을 기재함으로써 악을 막고 선을 권장하며 교화의 요체를 취하기 위함이다."[145]라고 할 만큼 역사가 가진 권선징악의 효용을 믿었다. 역사의 효용을 권선징악에 두는 것이 중국 사서가 가진 공통의 특징이라고 치부할 수도 있겠으나, 역사가가 사서 찬술의 목적을 권선징악에 두었다면 위정자에게 보다 엄격한 도덕적 기준을 요구하는 것은 당연하다고 할 것이다. 특히나 그 역사가가 이상적인 '유교국가'의 재현을 위해 사서를 찬술했다면[146] 사서 안에 등장하는 군주들은 왕도王道의 체현자로서의 역할을 다해야 했을 것이다. 『속한서』 「오행지」에 기록된 재이들이 군주들의 잘못된 정치에 대한 하늘의 징벌이라는 성격을 띤 이유일 것이다.

---

144) [梁]劉勰, 『文心雕龍』, 「史傳」, "薛·謝之作, 疏謬少信. 若司馬彪之詳實, 華嶠之準當, 則其冠也."

145) 『晉書』 卷82, 「司馬彪傳」, "先王立史官以書時事, 載善惡以爲沮勸, 撮敎世之要也."

146) 渡邉義浩, 앞의 글(2010), 476쪽.

IV. 유소 주의 특징

유송 시기 범엽에 의해 찬술된 『후한서』는 모반에 연루된 범엽의 죽음과 그 화가 자신에게 미칠 것을 두려워한 사업謝儼의 처분에 의해 본기本紀와 열전列傳만이 남은 불완전한 상태로 세상에 전하게 되었다. 이후 소량의 유소가 서진 사마표의 8지(율력律曆, 예의禮儀, 제사祭祀, 천문天文, 오행五行, 군국郡國, 백관百官, 여복輿服)에 주석을 붙여 30권으로 편제를 확정하여 범엽의 『후한서』를 보충하였다. 유소의 보주補注에 대하여 유지기는 "(범엽이) 버린 자료들을 수집하여 보주로 삼았는데, 말한 내용이 모두 중요하지 않은 것이고 사실 모두 필요하지 않은 것이었다."[147]고 혹평하였지만 그것은 기왕의 연구에서 지적하는 것과 같이 유지기가 살았던 당대唐代 주석의 전통과 유소의 남조南朝 시기 그것의 차이에서 기인한 것이다.

당대 사서 주석의 표준은 『한서』 안사고顔師古 주다. 안사고 주는 한서학漢書學에 있어, 더 나아가 사서 주석에 있어 일존一尊이었다.[148] 그 특징은 안사고 스스로가 밝힌 것처럼 '다른 책의 잡설雜說'을 채용하지 않고 '이문異聞을 넓히지' 않는[149] 『한서』 본문에 근거하여 그것을 주해한 것이다. 그는 훈고訓詁를 기본으로 해서 『한서』의 자음字音, 명물名物, 제도 등을 해석함에 철저히 본문의 이해에 편의를 제공하는 것을 목적으로 주석 작업을 진행했던 것으로 알려져 있다.[150] 그러나 유소는 이와는 달리 이문·이사異事를 광범위하게

---

147) [唐]劉知幾, 『史通』 卷5, 「補注」, "而劉昭採其所損, 以爲補注, 言盡非要, 事皆不急."

148) 『新唐書』 卷198, 「儒林上 顔師古傳」, "又爲太子承乾注班固漢書上之, 賜物二百段·良馬一, 時人謂杜征南·顔祕書爲左丘明·班孟堅忠臣." 요시카와 다다오는 顔師古注가 출현한 후 사람들은 그것에 근거하여 『漢書』를 읽었기에 『漢書注』가 완성된 貞觀 15년(641) 이후 안사고주는 『한서』 주의 최고 권위를 갖게 되었다고 하였다. 吉川忠夫, 「顔師古 の『漢書』注」, 『東方學報』 51(1979), 261쪽.

149) 『漢書』 卷65, 「東方朔傳」, 顔師古注, "而今之爲漢書學者, 猶更取他書雜說, 假合東方朔之事 以博異聞, 良可歎矣."

150) 小林岳, 「劉昭の『後漢書』注について -『集注後漢』の內容をめぐって -」, 『史學雜志』 106-7 (1997), 48쪽.

모아 수록하는 주석 방식을 선택하였다.151) 이것은 당시 위진남조魏晉南朝 시기 박학博學을 경쟁하는 사회 분위기가 만들어낸 산물로,152) 사실을 많이 다루는 것을 미덕으로 삼고 널리 자료를 모으는 것을 성과153)로 여겼기 때문이다.

그 결과 우리는 사마표의 지에 누락되어 있는 다양한 자료들을 볼 수 있다. 유소가 다양한 자료들을 섭렵하고 이용하는 것에 전심을 기울인 결과154) 현재 우리는 유소의 주를 통해서 사마표가 이용하지 않은 혹은 이용할 수 없었던 다양한 자료들을 확인할 수 있다. 예를 들어 자주 인용된 『원산송서袁山松書』 즉, 원산송의『후한서』를 비롯하여 지괴志怪의 대표적 저작인 간보干寶의『수신기搜神記』, 사침謝沈의『후한서』, 원굉袁宏의『후한기後漢紀』 등은『속한서』보다 나중인 동진東晉 시기에 찬술된 책들로 사마표가 이용할 수 없었던 자료들이다.

기존의 연구는 유소의 이러한 태도를 유소의 사서관史書觀에서 기인한 것으로 이해하였다. 즉, 유소주에는 당시 강남江南 주석학注釋學의 전통이 반영되었는데, 그 특징의 하나가 자신의 해박한 지식을 과시하기보다는 다양한 이설을 독자에게 제시함으로써 독자로 하여금 판단하게 한다는 것이다. 요컨대 시기적으로 먼 이전 시대의 결론이 내려진 사건에 대해서는 이설의 수집에 전심을 다해 그 판단을 후학에게 맡기는 태도를 견지하였다고 한다.155) 그러나 다른 지들은 몰라도 「오행지」에 한해서만큼은 이러한 분석은 재고가 필요하다고 생각한다.

---

151) 요시카와 다다오의 연구에 따르면 이러한 방식은 유소만의 독특한 방식은 아니고 당시 南學의 일반적인 주석 방식이었던 것으로 보인다. 吉川忠夫, 앞의 글, 277~291쪽.

152) 津田資久,「魏晉交替期における『皇覽』の編纂」,『東方學』108(2004), 2쪽.

153)『唐劉知幾,『史通』卷5,「採撰」, "此何異魏朝之撰皇覽, 梁世之修徧略, 務多爲美, 聚博爲功."

154) 고바야시 다카시는 유소의『集注後漢』을 '一大의 史料集成'이라고 표현하였다. 小林岳, 앞의 글, 50쪽.

155) 小林岳, 위의 글, 49~50쪽.

유소는 다양한 이설을 충실히 제시하기도 하였지만 사마표와 다른 견해를 '신 유소가 살피기에[臣昭案]~' 혹은 '신 유소가 아룁니다[臣昭曰]~'의 형태로 적극적으로 개진하고 있다.156) 예를 들어 「오행지」 시요詩妖 조 중 환제 초에 유행했던 "성 위에 까마귀, 꼬리를 파닥이네. 아버지는 군리軍吏요, 아들은 사졸이라. 한 병사[一徒]가 죽으면 다시 백대의 수레가 전장으로 가네. 황제가 붕어하니 수레는 줄지어 하간河間 땅으로 황제를 영접하러 들어간다. 하간 땅의 미녀는 돈을 헤아리는 데 능숙하여 돈으로 실室을 짓고 금으로 당堂을 짓네. 돌 위의 (영락태후永樂太后는 쌓인 재물에도) 만족하지 못하고 시종들에게 누런 좁쌀을 빻게 하네. 들보 아래 북이 달려 있어 내가 그것을 두드리고자 하나 북을 관리하는 승丞과 경卿이 노여워하네."라는 노래에 대하여 "「오행지」 찬자의 이 해석이 어찌 충분하다고 할 수 있겠는가? 출정한 한 병사가 죽으면 어째서 백대나 되는 수레를 사용하는가? 이후 그것에 대응하여 일어난 일은 결국 영제를 맞이하기 위해 한 일이다. 여기서 말한 1인[一徒]은 아마도 환제를 가리킬 것이다. 황제가 여러 환관들을 중용하여 중요한 정무에 참여시켜 좌우전후가 모두 궁형宮刑을 받지 않은 자가 없으니 마치 황제가 죄수의 우두머리와 같으므로 1인이라는 표현으로 말한 것이다. 더하여 또 동생(발해왕渤海王 유회劉悝)은 폐출되고 자신에게는 후사가 없어 홀로 고독하니 1인이 아니라면 무엇이라 할 수 있겠는가? 백대의 수레라는 것은 곧 국군國君이다. 해독정후解瀆亭侯가 후에 불려와 제위에 올라 천명을 담당하였으니, 방계가 계승함이 끊이지 않은 것이다. 이렇게 해석하는 것이 더욱 사리에 맞을 것이다."157)라고 하여 사마표와는 다른

---

156) 와타나베 요시히로는 유소의 주는 사마표 본문에 대하여 비판적인 것이 많은데, 「五行志」에 대해서도 그런 경향이 강하다고 보았다. 渡邉義浩, 앞의 글(2015), 32쪽.

157) 『後漢書』 志第13, 「五行一」, "桓帝之初, 京都童謠曰:「城上烏, 尾畢逋. 公爲吏, 子爲徒. 一徒死, 百乘車. 車班班, 入河閒. 河閒姹女工數錢, 以錢爲室金爲堂. 石上慊慊春黃粱. 梁下有懸鼓, 我欲擊之丞卿怒.」臣昭曰: 志家此釋豈未盡乎? 往徒一死, 何用百乘? 其後驗竟爲靈帝作. 此言一徒, 似斥桓帝, 帝貴任群閹, 參委機政, 左右前後莫非刑人, 有同囚徒之長, 故言寄一徒也. 且又弟則廢黜, 身無嗣, 魁然單獨, 非一而何?百乘車者, 乃國之君. 解瀆後徵, 正膺斯數, 繼以班班, 尤得以類焉.」"

자신의 견해를 적고 있다.

또 다른 사례로는 재이에 대한 상이한 입장이 있다. 초요草妖 조의 헌제獻帝 흥평興平 원년(194) 9월 뽕나무에서 다시 오디가 난 것과 관련하여 사마표는 이것을 초요, 즉 재이로 이해하였다. 그러나 유소는 "뽕나무에서 두 번 오디가 나는 것은 진실로 나무의 이변[木異]이지만 그 뜻이 반드시 사람을 구하는 데 있으니 어찌 상서로운 징조[瑞祥]가 아니라고 하겠는가? 당시 사람들은 전란으로 죽고 주周와 진秦의 땅은 괴멸되었으며 굶어죽은 이는 셀 수 없었다. 그런데 이 두 번 열린 오디를 먹음으로써 위태로운 목숨을 크게 건지니 비록 연리지連理枝라도 역시 능히 미치지 못할 것이다. 만일 이것을 괴이하다고 여긴다면 광무제 건무 연간에 들판에서 곡식이 저절로 나고 삼과 콩이 특히 무성했던 것도 또한 초요가 아니겠는가?"[158)라고 하며 사마표와는 다른 입장을 개진하고 있다.[159)

이처럼 유소의 「오행지」 주석에는 단순히 이문·이사의 집록을 넘어 유소의 견해가 적극적으로 개진된 주석들이 존재한다. 그런데 그 주석은 사마표의 서술에 비해 예점에 대한 강조 및 신비성에 무게가 두어진 느낌이 강하다. 예를 들어 초요 조의 영제 희평熹平 3년(174) 가죽나무가 호인胡人의 형상을 한 것에 대해 사마표는 『경방역京房易』의 "왕의 덕이 쇠하고 아랫사람이 장차 일어나고자 하면 나무가 인간의 형상으로 자란다."는 구절을 인용하는 것에 그쳤다. 이에 반해 유소는 "나무가 자라며 인간의 형상을 하는 것은 아랫사람이 장차 흥기하려는 것이다. 경방의 해석은 비록 증험이 될 만하나 용모가 호인과 같다는 것에 대해서는 정확한 설명이 없다. 동탁董卓의 난이

---

158) 『後漢書』 志第14, 「五行二」, "獻帝興平元年九月, 桑復生椹, 可食.[臣昭曰: 桑重生椹, 誠是木異, 必在濟民, 安知非瑞乎? 時蒼生死敗, 周·秦殲盡, 餓魂餒鬼, 不可勝言, 食此重椹, 大拯危命, 雖連理附枝, 亦不能及. 若以爲怪, 則建武野穀旅生, 麻菽尤盛, 復是草妖邪?]"

159) 이외에도 桓帝 延熹 7년(164) 河內 野王縣에서 龍이 죽은 것을 漢魏 교체의 징조로 본 사마표와는 달리 유소는 환제 사망의 징조로 본 것을 들 수 있다. 『後漢書』 志第17, 「五行五」, "臣昭曰: 夫屈申躍見, 變化無方, 非顯死之體, 橫强之畜. 易況大聖, 實類君道. 野王之異, 豈桓帝將崩之表乎? 妖等占殊, 其例斯衆. 苟欲附會以同天鳳, 則帝涉三主, 年踰五十, 此爲迂闊, 將恐非徵矣."

일어났을 때 실제로 동탁이 호인 병사들을 거느리고 왔고, 이각李傕과 곽사郭
汜의 난 때는 그 수가 많은 것이 더욱 심했으니 결국 궁빈宮嬪들을 넘보고
백성들을 위협하기까지 하였다. 또 선비鮮卑의 무리도 경기京畿 지역의 봉지封
地들을 유린하였으니 호인에 의한 피해의 심각함 역시 아랫사람이 흥기하는
것과 같이 해악이다."160)라고 하여 가죽나무가 호인 현상을 한 것을 이후
호인의 피해를 예견한 것으로 보아 좀 더 신비주의적 경향을 드러냈다.
또한 사요射妖와 관련하여 낙양 남자 야룡夜龍이 궁궐 북궐北闕에 화살을
쏜 것과 관련하여 "용은 양陽의 부류로, 군주의 상징이다. 밤[夜]은 밝지
않은 것의 대응이다. 이것은 (군주가 사리에 어두운 것의) 상징이다."라고
하여 사건을 다분히 신비주의적 입장에 따라 해석하고 있다. 이 해석은
응소의 말을 인용한 것으로 기술되어 있는데,161) 기존 연구에 따르면 응소의
설인지 확정하기 어렵다. 즉, 사건의 신비성을 조작하기 위해 유소 혹은
유소주를 집록한 이에 의해 첨가된 것으로 평가된다.162)

유소가 사마표에 비하여 신비성에 경도되었다는 증거는 또 있다. 사마표
가 재이를 해석하면서 참위서를 여섯 차례 인용한 것과는 달리 유소는
모두 쉰 세 차례에 걸쳐 참위서를 인용하고 있다.163) 특히 「오행지」 여섯
번째 권에 기술된 일식에 대해 사마표가 일식의 출현만을 서술한 것에
대해 유소는 참위서를 이용하여 일식이 상징하는 것을 강조하여 신비성을
더하고 있다. 어떤 의미에서 이러한 경향은 예견된 것일지도 모른다. 유소가

---

160) 『後漢書』 志第14, 「五行二」, "靈帝熹平三年, 右校別作中有兩樗樹, 皆高四尺所, 其一株宿夕
    暴長, 長丈餘, 大一圍, 作胡人狀, 頭目鬢鬚髮備具. 京房易傳曰:「王德衰, 下人將起, 則有木生
    人狀.」臣昭以木生人狀, 下人將起, 京房之占雖以證驗, 貌類胡人, 猶未辨了. 董卓之亂, 實擁
    胡兵, 傕·汜之時, 充斥尤甚, 遂窺閒宮嬪, 剽虐百姓. 鮮卑之徒, 踐藉畿封, 胡之害深, 亦已毒
    矣.」"
161) 『後漢書』 志第17, 「五行五」, 劉昭注引, "應劭曰:「龍者陽類, 君之象也. 夜者, 不明之應也.
    此其象也.」"
162) 黃啓書, 「應劭《風俗通·服妖》所見災異說及其意義」, 『國文學報』 55(2014), 41쪽.
163) 『春秋考異郵』 4차례, 『讖』 2차례, 『樂叶圖徵』 1차례, 『春秋漢含孳』 2차례, 『易讖』
    1차례, 『論語摘輔象』 1차례, 『春秋演孔圖』 1차례, 『春秋合誠圖』 1차례, 『春秋潛潭巴』
    36차례, 『春秋緯』 2차례, 『孝經鉤命決』 2차례, 모두 53차례다.

사마표의 「오행지」의 근간을 해석하기 위해 사용한 것이 바로 정현鄭玄의 『尙書大傳注』이기 때문이다.

이 문제에 관해서는 먼저 『상서대전』에 대해 살펴볼 필요가 있겠다. 전한 복생伏生에 의해 찬술되었다고 알려져 있는 『상서대전』은 정현의 서문에 따르면 복생의 유설遺說을 바탕으로 그의 제자 장생張生과 구양생歐陽生이 증보 수정하여 완성한 것이다.[164] 그러나 정현의 설 역시 액면 그대로 받아들이기 힘든데, 그 이유는 바로 『상서대전』에 포함된 『홍범오행전』 때문이다. 오랜 기간 논쟁이 계속되었던 『홍범오행전』의 찬자 문제는 결론을 내리기 힘들다 해도 그것이 후에 부가되었다는 것만큼은 분명하다.[165] 따라서 『홍범오행전』이 포함된 『상서대전』을 복생 시기의 저술로 볼 수 없는 것은 확실하다.

『상서대전』에 대해서는 연구 성과가 많지 않다.[166] 아마도 저자의 불확실성과 원명元明 시기 책이 망실된 것이 이유가 될 수 있을 것이다. 그러나 이것만으로는 충분한 설명이 되지 않을 것인데, 이케다 슈조池田秀三는 현대 학자들이 『상서대전』에 대해 무관심하고 심지어 냉담하기까지 한 것이 책 안에 존재하는 음양오행설陰陽五行說과 같은 농후한 미신적 요소 또는 위서류緯書類의 신비주의적 경향 때문이라고 하였다.[167] 실제로 『사고전서총목제요四庫全書總目提要』에서도 그 성격에 대해 "『상서대전』은 경문 외의 유문遺文을 수집하여 모아 곁가지의 뜻을 추론하여 밝혔으니 대개 고대의 위서緯書

---

164) [後漢]鄭玄, 『尙書大傳注』, 「敘」, "蓋自伏生也. 伏生爲秦博士. 至孝文時, 年且百歲. 張生·歐陽生從其學而授之.…生終後, 數子各論所聞, 已己意彌縫其闕, 別作章句. 又特撰大義, 因經屬指名之曰傳."

165) 池田秀三, 「『尙書大傳』初探」, 『中村璋八博士古稀記念 東洋學論集』(東京: 汲古書院, 1996), 53쪽.

166) 『尙書大傳』에 대한 專論은 한국은 물론 중국에서도 찾기 힘든 상태다. 일본에서도 이케다 슈조와 하마 히사오의 다음의 글만을 찾을 수 있었다. 池田秀三, 위의 글; 濱久雄, 「『尙書大傳』考」, 『東洋研究』 133(1999). 그중 하마 히사오의 글은 淸 嘉慶 시기 陳壽祺에 의해 『尙書大傳定本』이 찬술되고 上梓된 경위를 복원한 것이어서 이 글과의 관련은 크지 않다.

167) 池田秀三, 위의 글, 53쪽.

다."168)라고 하여 『상서대전』이 사실상 위서의 범주에 속한다고 평하였다.
이러한 평가는 송대宋代 엽몽득葉夢得에 의해 시작되었는데, 그는 『상서대전』
을 '유향의 『홍범오행전론』과 하후씨夏侯氏의 재이설'과 동류라고 하며 공자
의 본의를 잃고 더욱 멀어졌다고 하였다.169) 아무래도 이러한 평가는 『상서
대전』 안에 포함된 『홍범오행전』으로부터 기인한 것으로 생각된다. 『사고전
서총목제요』의 "그 3권의 『홍범오행전』은 수미首尾가 완전히 구비되었다.
한대 위후緯候의 설은 실로 이로부터 시작되었다."170)라는 평가는 그 대표
적인 입장이다.

　정현은 어째서 이러한 신비주의적 경향이 농후한 『상서대전』을 주해한
것일까. 정현이 위서에 정통할 뿐만 아니라 그의 학문·사상 체계가 위서에
의해 구성되었다는 점은 이미 잘 알려져 있다. 기존 연구는 그의 학술·사상적
목표인 육예六藝(육경六經)의 일체화라는 문제를 해결하기 위해서는 위서의
사용이 필요했을 것이라고 해석하였다.171) 분명 집필 시기와 목적이 다른
여러 경전 안에 존재하는 모순을 해결하고 정합적으로 해석하는 데 기존
육예만을 상호·비교하는 것만으로는 불가능했을 것이다. 각각의 경전을
매개하기 위한 또 다른 텍스트가 필요했을 것이다. 그런데 그 텍스트는
신비주의적 성격을 띠어야 할 필요가 있었다. 그것은 정현이 '육예는 하도河圖
에서 생겨난 것'172)이며 '하도와 낙서洛書가 모두 천신天神(구체적으로는

---

168) [淸]紀昀 總纂, 『四庫全書總目提要』, 「經部十二·書類二」, "尙書大傳於經文之外掇合遺文,
　　推衍旁義, 蓋卽古之緯書."
169) [淸]朱彝尊, 『經義考』 卷76, 「書五」, "葉夢得曰:「…其類劉向五行傳·夏侯氏災異之說, 失孔
　　子本意益遠."
170) [淸]紀昀 總纂, 『四庫全書總目提要』, 「經部十二·書類二」, "其第三卷爲洪範五行傳, 首尾完
　　具. 漢代緯候之說, 實由是起."
171) 이케다 슈조는 鄭玄의 학문·사상의 근본이념인 六藝의 일체화는 전면적으로 緯書에
　　의해 이루어졌으며, 그의 학문적 영위는 결국 모두 위서에 의해 구축되었다고
　　해도 과언이 아니라 했다. 池田秀三, 「緯書鄭氏學硏究序說」, 『哲學硏究』 47-6(1983),
　　812쪽. 따라서 정현을 통해 재이를 해석한다는 것은 讖緯學과 밀접한 관련을
　　맺는다는 것을 의미한다.
172) [後漢]鄭玄, 「六藝論」(『公羊傳』, 「序」 疏引), "六藝論云, 六藝者圖所生也."

호천상제昊天上帝)의 언어'173)라고 이해했기에 불가피하였다. 요컨대 정현은 육예의 권위를 하늘로부터 가져왔던 것이다. 따라서 천신의 언어인 육예를 종합적으로 일체화하기 위해서는 신비주의적 경향이 농후한 위서의 사용이 필수적이었을 것이고, 신비주의적 성격이 농후한 위서류에 대한 주석 작업은 육예의 일체화라는 목적을 달성하기 위해 반드시 수행해야 하는 기초 작업이 었을 것이다.

　그 결과 그는 『홍범오행전』을 주해하면서 "무릇 용모, 말, 봄, 들음, 사고 중 하나라도 (바름을) 잃게 되면 사람의 마음을 거스르게 되고, 사람의 마음을 거스르게 되면 원한이 생겨 나무, 금석, 물, 불, 흙의 기가 상하게 된다. (오기가) 상하게 된 즉 상충과 상승의 기가 이에 편승하여 그것을 더욱 상하게 하니, 이에 신이 노하고 사람이 원망하게 되어 장차 재화가 되고 동란이 된다."174)고 하여 재이가 노한 신의 징벌임을 분명히 하였다. 또한 "그 정치가 천도에 역행하면 신이 노하시고, 신이 노하시면 오재(즉 오행)가 본성을 잃어 백성이 사용할 수 없게 된다. 기타 변이는 모두 상하게 하는 것에 속하는데, 상하게 하는 것 역시 신이 노한 것이다. 무릇 신이 노하면 일, 월, 오성의 (변이가 이미) 하늘에 나타난다."175)고 하여 재이가 위정자에게 내린 천견임을 다시 한 번 강조하였다. 그가 주장하는 이상적인 세계가 결국은 천신의 의지에 의해 구현되는 세계라면, 그리고 그것이 위서에 의해서 증명되는 세계라면176) 정현의 천인상관설은 확실히 다른 천인상관설과 비교해 신비성이 더 농후할 수밖에 없을 것이다. 따라서

---

173) [後漢]鄭玄, 「六藝論」(『詩經』, 「大雅·文王之什·文王」 疏引), "六藝論云, 河圖·洛書皆天神言語, 所以敎告王者."

174) [後漢]鄭玄, 『尙書大傳注』, 「洪範五行傳」, "凡貌·言·視·聽·思心, 一事失, 則逆人之心, 人心逆則怨, 木·金·水·火·土氣爲之傷. 傷則衝勝來乘沴之, 於是神怒人怨, 將爲禍亂."

175) [後漢]鄭玄, 『尙書大傳注』, 「洪範五行傳」, "其政逆則神怒, 神怒則材失性, 不爲民用. 其他變異皆屬沴, 沴亦神怒. 凡神怒者, 日·月·五星旣見適于天矣."

176) 『尙書大傳注』에도 緯書가 사용된 것은 물론이다. 『洪範五行傳』 주해에는 『春秋考異郵』가 사용된 것을 확인할 수 있다.

이처럼 주재적·종교적 천관념을 가진 정현의 『상서대전주』를 이용하여 「오행지」를 주해한 유소의 입장은 사마표에 비해 신비주의에 가깝다고 할 수 있을 것이다.

한편 사마표의 『속한서』가 개인적 성향과 더불어 시대의 영향을 받아 신비주의로부터 거리를 두었던 것처럼 유소가 신비주의에 가까웠던 것 역시 시대적 상황과 무관하지 않다. 『수서隋書』「경적지經籍志」에는 유송 효무제孝武帝가 처음 참위의 학문을 국가적으로 금지한 이후 양梁의 무제武帝와 수의 문文·양제煬帝 두 황제 모두 참위를 금지하여 그 학문이 절멸되게 되었다고 되어 있지만177) 실상은 이와는 달랐던 것 같다. 타이라 히데미치平秀道가 지적한 것처럼 『송서宋書』, 『남제서南齊書』, 『위서魏書』에 「오행지」를 비롯하여 「부서지符瑞志」, 「서상지祥瑞志」, 「영징지靈徵志」가 수록되어 남북조 시기에도 여전히 참위 사상이 유행하고 있었다고 볼 수 있을 것 같다.178) 특히 「부서지」, 「서상지」, 「영징지」 등에는 각 왕조에 해당하는 오행에 부합하는 서상의 출현과 의미가 기록되어 있다. 왕조 교체가 빈번했던 남북조 시기 왕조의 정통성을 설명하는 데 서상이 적극적으로 이용되었음을 알 수 있다. 동진 원제元帝의 즉위를 요청하는 권진문勸進書의 "부서符瑞의 출현은 하늘과 사람 모두에게 길한 징조이며, 중흥의 징조는 도참圖讖 안에 기록되어 있다."179)는 구절은 모든 왕조를 막론하고 왕조의 정통성을 위해 부서와 참위가 이용될 수밖에 없음을 웅변하고 있다.

이외 왕조의 정통성 확보를 위해 남북조 시기 이용했던 것으로 오덕종시설五德終始說을 들 수 있다. 『진서晉書』부터 『진서陳書』에 등장하는 오덕의 교체,

---

177) 『隋書』卷32,「經籍志」, "至宋大明中, 始禁圖讖, 梁天監已後, 又重其制. 及高祖受禪, 禁之踰切. 煬帝卽位, 乃發使四出, 搜天下書籍與讖緯相涉者, 皆焚之, 爲吏所糾者至死. 自是無復其學, 祕府之內, 亦多散亡."

178) 平秀道,「魏書靈徵志について」, 『龍谷大學論集』 413(1978), 23쪽. 단 『魏書』「靈徵志」 상권은 재이를 다뤄 「오행지」의 성격을, 하권은 瑞祥을 다뤄 「符瑞志」 또는 「瑞祥志」의 성격을 모두 가지고 있다.

179) 『晉書』卷6,「元帝紀」, "符瑞之表, 天人有徵; 中興之兆, 圖讖垂典."

즉 각 덕을 체현한 왕조의 교체를 의미하는 다양한 표현들(오운유혁五運攸革180) 오운상천五運相遷181) 오운경시五運更始182) 오운체래五運遞來183) 오덕경왕五德更王184) 오덕경소五德更紹185) 오덕체운五德遞運186) 오덕경시五德更始187) 오덕경운五德更運188) 오덕승체五德升遞189))은 남조의 왕조들이 정통성 확보를 위해 신비주의적 경향이 농후한 오덕종시설을 적극적으로 이용하였음을 잘 보여준다. 이는 왕조 교체 시 선양 조서에도 반복적으로 등장하는 것으로 동진의 공제恭帝는 조서와 새서璽書에서 한왕조의 화덕火德이 쇠미해져 토덕土德의 조위曹魏로 전해진 것처럼 동진의 금덕金德이 수덕水德의 유송劉宋으로 전해진다고 하며190) 선양의 근거를 오덕행서五德行序에서 찾았다. 마찬가지로 유송의 순제順帝는 송이 진의 역수曆數를 물려받은 것처럼 남제南齊가 송을 이어받는다는 조서와 새서를 내렸다.191) 이것은 남제 말 소량 초192)와 소량 말 진陳 초193)에도 어김없이 보인다. 물론 선양의

---

180) 『晉書』卷10,「恭帝紀」, 270쪽.

181) 『梁書』卷1,「武帝紀上」, 28쪽.

182) 『梁書』卷6,「敬帝紀」, 149쪽;『陳書』卷1,「高祖紀」, 21쪽.

183) 『陳書』卷3,「世祖紀」, 49쪽.

184) 『宋書』卷12,「律曆中」, 259쪽.

185) 『南齊書』卷2,「高帝紀下」, 32쪽.

186) 『南齊書』卷23,「王儉傳」, 436쪽.

187) 『梁書』卷1,「武帝紀上」, 25쪽.

188) 『陳書』卷2,「高祖紀下」, 32쪽.

189) 『陳書』卷34,「文學 何之元傳」, 467쪽.

190) 『宋書』卷2,「武帝紀中」, "晉帝禪位于王, 詔曰:…昔火德旣微, 魏祖底績, 黃運不競, 三后肆勤. 故天之曆數, 實有攸在. 朕雖庸闇, 昧於大道, 永鑒廢興, 爲日已久. 念四代之高義, 稽天人之至望, 予其遜位別宮, 歸禪于宋, 一依唐虞·漢魏故事.";『宋書』卷2,「武帝紀中」, "又璽書曰:…昔土德告沴, 傳祚于我有晉; 今曆運改卜, 永終于茲, 亦以金德而傳于宋."

191) 『南齊書』卷1「高帝紀上」, "辛卯, 宋帝禪位, 下詔曰:…昔金政旣淪, 水德締構, 天之曆數, 皎焉攸徵. 朕雖寡昧, 闇于大道, 稽覽隆替, 爲日已久, 敢忘列代遺則, 人神至願乎? 便遜位別宮, 敬禪于齊, 一依唐虞·魏晉故事.";『南齊書』卷1「高帝紀上」, "再命璽書曰:…昔金德旣淪, 而傳祚于我有宋, 曆數告終, 寔在茲日, 亦以水德而傳于齊."

192) 『梁書』卷1,「武帝紀上」, "丙辰, 齊帝禪位于梁王. 詔曰:…昔水政旣微, 木德升緒, 天之曆數, 寔有所歸, 握鏡璇樞, 允集明哲.";『梁書』卷1,「武帝紀上」, "又璽書曰:…昔水行告厭, 我太祖

형식이 고정화되면서 나타난 현상이라고 볼 수도 있겠으나 다른 한편 남조 시기 내내 오덕종시설이 왕조 교체를 설명하는 가장 유력한 근거였음을 의미하기도 할 것이다. 선양의 전형으로 이야기되는 한위선양 당시, 헌제獻帝의 양위讓位 조서에는 명운命運에는 일정한 법칙이 없고 오직 덕에 의한 승강升降이 있다는 내용과 "한의 도가 점점 쇠퇴하였다[漢道陵遲]."라는 표현은 등장하지만[194] 오덕종시의 내용이 보이지 않는 것과 대조적이다.

흔히 왕조 교체의 정통성을 분식할 때 사용되는 것들로는 오덕행서, 복색역법服色歷法, 감생제설感生帝說, 참언부명讖言符命, 특이용모特異相貌 등이 있다.[195] 왕조별 차이는 있겠으나 누구도 이들의 효용을 무시할 수는 없었을 것이다. 특히 왕조 교체가 빈번했던 시기라면, 선양이라는 고정된 형식에 의한 교체가 반복된다면 더더욱 왕조와 그 개창자를 신비롭게 분식粉飾하려는 시도는 한층 노골적으로 행해졌을 것이다. 자연히 이러한 신비주의적 사조는 시대적 분위기가 되어 사상계에 미치는 영향도 커졌을 것이다. 그렇기에 남제 시기 교사郊祀와 관련하여 정현의 설이 채택된 것이 우연만은 아닐 것이다.[196] 유소가 사마표에 비해 신비주의에 경도되었다면 그 역시 자연스럽다.

既受命代終; 在日天祿云謝, 亦以木德而傳于梁."

193) 『陳書』卷1,「高祖紀上」,"(梁帝禪位于陳)策曰…昔木德旣季, 而傳祚于我有梁, 天之歷數, 允集明哲.";『陳書』卷1,「高祖紀上」,"又璽書曰…昔者木運斯盡, 予高祖受焉. 今歷去炎精, 神歸樞紐, 敬以火德, 傳于爾陳."

194) 『三國志·魏書』卷2,「文帝紀」, 62쪽.

195) 呂宗力 著·李雲, 中村敞子 譯,「兩晉南北朝より隋に至る圖讖を禁絶する歷史の眞相」,『中村璋八博士古稀記念 東洋學論集』(東京: 汲古書院, 1996), 206쪽.

196) 『南齊書』卷9,「禮志上」을 참조. 南齊의 郊祀는 긴 논의 끝에 정월 첫 辛日에 昊天上帝에게, 다음 신일에는 后土에, 마지막 신일에는 明堂에 황제 親祭하는 것으로 결론이 나 남교 제사와 명당 제사를 각기 다른 날에 지내게 되었다. 그러나 그것이 상제와 五帝를 달리 본 것에 근거한 것은 아니다. 논의는 시종 "上帝 역시 天의 또 다른 이름이다(上帝亦天別名)."라는 『孝經』鄭玄注, 즉 六天說을 근저로 진행되었다.

1. 사료

(後漢)班固 撰,『漢書』, 北京: 中華書局, 1997.

(西晉)陳壽 撰,『三國志』, 北京: 中華書局, 1997.

(劉宋)范曄 撰,『後漢書』, 北京: 中華書局, 1997.

(蕭梁)沈約 撰,『宋書』, 北京: 中華書局, 1997.

(蕭梁)蕭子顯 撰,『南齊書』, 北京: 中華書局, 1997.

(唐)房玄齡等 撰,『晉書』, 北京: 中華書局, 1997.

(唐)魏徵等 撰,『隋書』, 北京: 中華書局, 1997.

(唐)姚思廉 撰,『梁書』, 北京: 中華書局, 1997.

(唐)姚思廉 撰,『陳書』, 北京: 中華書局, 1997.

(宋)歐陽修·宋祁 撰,『新唐書』, 北京: 中華書局, 1997.

(春秋)左丘明 撰,『國語』, 上海: 上海古籍, 1998.

(春秋)左丘明 撰·(西晉)杜預 集解,『左傳』, 上海: 上海古籍, 1998.

(前漢)毛亨 傳·(後漢)鄭玄 箋·(唐)孔穎達 疏,『毛詩正義』, 北京: 北京大, 1999.

(曹魏)王弼 注·(唐)孔穎達 疏,『周易正義』, 北京: 北京大, 1999.

(戰國)韓非子 撰,『韓非子集解』(『諸子百家經典集粹』所收), 合肥: 黃山書社, 1997.

(戰國)呂不韋 撰·陳奇猷 校釋,『呂氏春秋新校釋』, 上海: 上海古籍, 2002.

(淸)黎翔鳳 撰,『管子校注』, 北京: 中華書局, 2004; 2006.

(淸)王先謙 撰,『荀子集解』, 北京: 中華書局, 1988; 1996.

(前漢)伏勝 撰·(後漢)鄭玄 注·陳壽祺 輯校, 『尙書大傳』, 北京: 中華書局, 1985.

(後漢)應劭 撰·王利器 校注, 『風俗通義校注』, 北京: 中華書局, 2010.

(後漢)鄭玄 撰, 『六藝論』(『漢魏遺書鈔』 所收), 發行地不明, 1798.

(後漢)蔡邕, 『蔡中郎集』(四部備要 集部), 臺北: 臺灣中華書局, 1967.

(蕭梁)劉昭, 「注補續漢書八志序」(『全上古三代秦漢三國六朝文』 所收), 北京: 中華書局, 1995.

(蕭梁)劉勰 著·劉永濟 校釋, 『文心雕龍校釋』, 上海: 中華書局, 1962.

(唐)劉知幾 撰·(淸)浦起龍 釋, 『史通通釋』, 上海: 上海古籍, 1978; 1982.

(淸)紀昀 總纂, 『四庫全書總目提要』, 石家莊: 河北人民, 2000.

(淸)王鳴盛 撰·黃曙輝 校點, 『十七史商榷』, 上海: 上海書店, 2005.

(淸)王先謙, 『後漢書集解』, 北京: 中華書局, 1994.

(淸)劉鶚 撰, 『鐵雲藏龜』(『續修四庫全書』 所收), 上海: 上海古籍, 1995.

(淸)趙翼 著·王樹民 校證, 『廿二史札記校證』, 北京: 中華書局, 1984.

屈萬里 編, 『殷墟文字 乙編 上·中·下輯』, 臺北: 中央研究院歷史語言研究所, 1994.

馬承源 主編, 『上海博物館藏戰國楚竹書(二)』, 上海: 上海古籍, 2002.

吳則虞 撰, 『晏子春秋集釋』, 北京: 中華書局, 1962.

2. 연구서 및 논문

江乾益, 「漢代尙書洪範咎徵學述徵」, 『興大中文學報』 10, 1997.

高懷民 저·신하령, 김태완 공역, 『象數易學』, 서울: 신지서원, 1994.

堀池信夫, 「後漢期の思想」, 『漢魏思想史硏究』, 東京: 明治書院, 1988.

宮崎市定, 「中國古代における天と命と天命の思想 - 孔子から孟子に至る革命思想の發展」, 『史林』 46-1, 1963.

今井秀周, 「五行志の性格について」, 『大谷學報』 58-2, 1978.

吉田篤志, 「周人の人間的自覺」, 『漢學會誌』 49, 2010.

吉川忠夫, 「顔師古の『漢書』注」, 『東方學報』 51, 1979.

羅新慧, 「從上博簡《魯邦大旱》之"敓"看古代的神靈觀念」, 『學術月刊』 2004-10.

南澤良彦, 「蔡邕の學問と思想 - 律曆と明堂とについて」, 『中國哲學論集』 28·29, 2003.

內山直樹,「『史記』『漢書』の「書」「志」について－名稱をめぐる瑣考」,『中國文化』62, 2004.

데이비드 N. 키틀리 지음·민후기 옮김,『갑골의 세계－상대(商代) 중국의 시간, 공간, 공동체』, 서울: 학연문화사, 2008.

渡邉義浩,「司馬彪の修史」,『西晉『儒敎國家』と貴族制』, 東京: 汲古書院, 2010.

渡邉義浩,「干寶の搜神記と五行志」,『東洋研究』197, 2015.

마크 에드워드 루이스 지음·최정섭 옮김,『고대 중국의 글과 권위－제국으로 가는 글의 여정－』, 서울: 미로, 2006.

木村亮太,「春秋災異說の展開における災異事例の選擇と變貌」,『中國思想史研究』32, 2012.

武田時昌,「京房の災異思想」,『緯學研究論叢: 安居香山博士追悼』, 東京: 平河, 1993.

文載坤,「陰陽五行論의 展開에 관한 研究(Ⅰ)」,『哲學研究』14, 1989.

白高娃,「劉向の災異思想と『列女傳』」,『後漢經學研究會論集』3, 2011.

福井重雅,「蔡邕と『獨斷』」,『史觀』107, 1982.

濱久雄,「『尙書大傳』考」,『東洋研究』133, 1999.

謝探,「司馬彪《續漢書》研究」, 安徽大學 석사학위논문, 2012.

小林岳,「劉昭の『後漢書』注について－『集注後漢』の內容をめぐって－」,『史學雜志』106-7, 1997.

小林春樹,「中國古代における「合理的」史學の成立－『漢書』から『東觀漢記』·『續漢書』へ」,『東洋文化』74, 1995.

孫福喜,「論應劭的"經世致用"學術思想」,『內蒙古師大學報(哲社版)』28-1, 1999.

宋貞姬,「荀子小考－文獻〈荀子〉를 中心으로－」,『中國文學報』4, 1980.

宋志英,「司馬彪《續漢書》考辨」,『史學史研究』118, 2005.

深川眞樹,「董仲舒の天人相關論に關する一考察－天と君主の相互關係の特性について」,『東洋文化研究』16, 2014.

呂宗力 著·李雲, 中村敞子 譯,「兩晉南北朝より隋に至る圖讖を禁絶する歷史の眞相」,『中村璋八博士古稀記念 東洋學論集』, 東京: 汲古書院, 1996.

影山輝國,「董仲舒に至る災異思想の系譜」,『實踐國文學』34, 1988.

吳淸植,「『書經』의 '天命'과『管子』의 '務時'의 상관관계 연구－道德的 天命과 그 實現 方法을 中心으로－」,『東方學』73, 2018.

李熙德, 「《漢書》五行志에 대한 一考察」, 『성곡논총』 27-4, 1996.

張書豪, 「《漢書·五行志》所見劉向災異論」, 『先秦兩漢學術』 10, 2008.

張書豪, 「試探劉向災異論著的轉變」, 『國文學報』 57, 2015.

張書豪, 「京房《易》災異理論探微」, 『成大中文學報』 57, 2017.

齋藤勵 著·水口幹記 解說, 『王朝時代の陰陽道』, 東京: 名著刊行會, 2007. 初刊: 1947.

齋木哲郎, 「劉向の思想とその時代」, 『秦漢儒教の研究』, 東京: 汲古書院, 2004.

田中麻紗巳, 「劉向の災異說について – 前漢災異思想の一面」, 『集刊東洋學』 24, 1970.

井上進, 『中國出版文化史』, 名古屋: 名古屋大, 2002; 2003.

정해왕, 「焦延壽의 易學思想과 『易林』」, 『대동철학』 35, 2006.

周天游, 「讀《後漢紀》札記」, 『西北大學學報(哲社版)』 1984-2.

池田末利, 「五行說序說 – 五材から五行へ」, 『廣島大學文學部紀要』 26, 1966.

池田秀三, 「劉向の學文と思想」, 『東方學報』 50, 1978.

池田秀三, 「緯書鄭氏學研究序說」, 『哲學研究』 47-6, 1983.

池田秀三, 「『尚書大傳』初探」, 『中村璋八博士古稀記念 東洋學論集』, 東京: 汲古書院, 1996.

池田知久, 「中國古代の天人相關論」, 『アジアから考える7 世界像の形成』, 東京: 東京大, 1994.

陳侃理, 『儒學·數術與政治 – 中國古代災異政治文化研究』, 北京: 北京大, 2015.

津田資久, 「魏晉交替期における『皇覽』の編纂」, 『東方學』 108, 2004.

津田左右吉, 「漢代の儒教と陰陽說」, 『滿鮮地理歷史研究報告』 12, 1934.

淺野裕一, 「『魯邦大旱』における「名」」, 『竹簡が語る古代中國思想』, 東京: 汲古書院, 2005.

澤田多喜男, 「董仲舒天人相關說試探 – 特にその陰陽說の構造について」, 『日本文化研究所研究報告』 3, 1967.

板野長八, 「災異說より見た劉向と劉歆」, 『東方學論集』, 東京: 東方學會, 1972.

板野長八, 「班固の漢王朝神話」, 『歷史學研究』 479, 1982.

洪承賢, 「『漢書』 「禮樂志」의 구성과 성격」, 『中國古中世史研究』 17, 2007.

洪承賢, 「前漢時期 尚書學의 출현과 변용」, 『中國學報』 65, 2012.

洪承賢, 「後漢末~魏晉時期 尚書學의 전개와 그 의의」, 『東洋史學研究』 130, 2015.

홍승현, 「중국 고대 災異說의 기원과 성립」, 『史叢』 102, 2021.

黃啓書, 「試論劉向災異學說之轉變」, 『臺大中文學報』 26, 2007.

黃啓書,「試論《續漢書·五行志》撰作及其體例因革之問題」,『政大中文學報』15, 2011.

黃啓書,「應劭《風俗通·服妖》所見災異說及其意義」,『國文學報』55, 2014.

2부
『후한서』「오행지」역주

1. 본서는 현행 『후한서後漢書』에 합본되어 있는 사마표司馬彪의 『속한서續漢書』 「오행지五行志」를 본문은 물론 유소劉昭의 주注까지 완역하고 주해한 책이다. 유소주의 경우 그 자체만으로도 사료적 성격이 높아 역자주로 편집하기보다는 원문과 동일하게 완역하고 주해하였다.

2. 본서는 1997년판 중화서국 표점본標點本을 저본으로 사용하였다. 필요에 따라 백납본白衲本, 상삼본上杉本을 참조하였다. 문장부호는 저본을 따르되 반각으로 바꾸어 사용하였으며 한글 맞춤법에 없는 문장부호(。、)는 한글 맞춤법에 따라 마침표(.)와 가운데점(·)으로 고쳐 사용하였다.

3. 원문의 고유명사 중 인물, 연호, 지명, 건물명, 책, 문장, 악곡명에는 밑줄을 그어 구분하였고 저본과 달리 역자가 판단하여 밑줄을 없애거나 추가하기도 하였지만 별도로 밝히지는 않았다.

4. 번역 시 가독성을 높이기 위해 때로는 역자의 견해에 따라 분절·표점하였으며, 이 경우 역자주에서 밝혔다.

5. 문맥의 순조로운 연결을 위해 부가적인 해석이 필요할 경우 소괄호( )를 이용하여 해석을 첨가하였다.

6. 간략한 부가 설명 역시 소괄호( )를 사용하였지만 글자 크기를 달리하여 부가 설명임을 나타냈다.

7. 한자는 독자의 이해를 위해 필요시 최초 한 차례 병기하는 것을 원칙으로 하였다. 다만 문맥의 이해를 위해 필요하다고 여길 경우 반복적으로 병기하기도 하였다.

8. 번역문에 대응하는 한자를 제시하거나 번역문과 뜻은 같으나 음이 다를 경우 대괄호([ ])를 사용하였다.

9. 번역문에서 책은 겹낫표(『 』)로, 문장은 홑낫표(「 」), 시나 노래 등은 꺾쇠표(〈 〉)를 이용하여 표기하였다.

10. 번역문안의 인용문은 큰따옴표(" ")로, 큰따옴표안의 재인용은 작은따옴표(' ')로, 작은 따옴표안의 재인용은 홑낫표(「 」)로 표기하였다.

11. 인물의 경우 황제는 번역문에 재위 연도를 병기하였으며, 그 외 인물에 대해서는 역자주에서 생몰 연도를 표기하였다. 단 생몰년 모두 미상인 경우에는 제시하지 않았다.

12. 역자주는 번역문만을 대상으로 하였으며, 국한문을 혼용하였다.

13. 역자주에서는 독자의 원문 이해를 목적으로 인물, 문헌, 관직명, 지명, 사건, 인용문의 출처 등에 관한 사항을 밝혔다. 이 중 지명은 현재 지명으로 고증하는 것을 원칙으로 삼았다.

14. 연호와 관련해서는 번역문, 역주문을 구분하지 않고 서력을 병기하여 독자의 이해를 돕고자 하였다.

1. 底本

(劉宋)范曄 撰, 『後漢書』, 北京: 中華書局, 1997.

2. 底本의 번역서

章惠康·易孟醇 主編, 『後漢書今注今譯』, 長沙: 岳麓書社, 1998.
許嘉璐 主編, 『二十四史全譯 後漢書』, 上海: 漢語大詞典出版社, 2004.
渡邉義浩·高山大毅·平澤步 篇, 『全譯後漢書 第七冊 志(五) 五行』, 東京: 汲古書院,
　　2012.

3. 史料

○ 正史
(前漢)司馬遷 撰, 『史記』, 北京: 中華書局, 1997.
(後漢)班固 撰, 『漢書』, 北京: 中華書局, 1997.
(劉宋)范曄 撰, 『後漢書』, 北京: 中華書局, 1997.
(西晉)陳壽 撰, 『三國志』, 北京: 中華書局, 1997.
(唐)房玄齡 等撰, 『晉書』, 北京: 中華書局, 1997.
(蕭梁)沈約 撰, 『宋書』, 北京: 中華書局, 1997.
(唐)魏徵 等撰, 『隋書』, 北京: 中華書局, 1997.
(後晉)劉昫 等撰, 『舊唐書』, 北京: 中華書局, 1997.

(北宋)歐陽修·宋祁 撰, 『新唐書』, 北京: 中華書局, 1997.

○ 十三經

(曹魏)王弼 注·(唐)孔穎達 疏, 『周易正義』, 北京: 北京大, 1999.

(前漢)孔安國 傳·(唐)孔穎達 疏, 『尚書正義』, 北京: 北京大, 1999.

(前漢)毛亨 傳·(後漢)鄭玄 箋·(唐)孔穎達 疏, 『毛詩正義』, 北京: 北京大, 1999.

(後漢)鄭玄 注·(唐)賈公彦 疏, 『周禮注疏』, 北京: 北京大, 1999.

(後漢)鄭玄 注·(唐)賈公彦 疏, 『儀禮注疏』, 北京: 北京大, 1999.

(後漢)鄭玄 注·(唐)孔穎達 疏, 『禮記正義』, 北京: 北京大, 1999.

(春秋)左丘明 撰·(西晉)杜預 注·(唐)孔穎達 疏, 『春秋左傳正義』, 北京: 北京大, 1999.

(前漢)公羊壽 傳·(後漢)何休 解詁·(唐)徐彦 疏, 『春秋公羊傳注疏』, 北京: 北京大, 1999.

(東晉)范寧 集解·(唐)楊士勛 疏, 『春秋穀梁傳注疏』, 北京: 北京大, 1999.

(曹魏)何晏 注·(北宋)邢昺 疏, 『論語注疏』, 北京: 北京大, 1999.

(後漢)趙歧 注·(北宋)孫奭 疏, 『孟子注疏』, 北京: 北京大, 1999.

○ 기타

(春秋)左丘明 撰, 『國語』, 上海: 上海古籍, 1998.

(戰國)呂不韋 撰·陳奇猷 校釋, 『呂氏春秋新校釋』, 上海: 上海古籍, 2002.

(前漢)伏勝 撰·(後漢)鄭玄 注·陳壽祺 輯校, 『尚書大傳』, 北京: 中華書局, 1985.

(前漢)戴德 輯·孔廣森 撰, 『大戴禮記』, 濟南: 山東友誼, 1991.

(前漢)韓嬰 著·(清)周廷寀 校注, 『韓詩外傳校注』, 北京: 中華書局, 1985.

(前漢)董仲舒 原著·周桂鈿 等 譯注, 『春秋繁露』, 濟南: 山東友誼, 2001.

(前漢)劉向 撰·向宗魯 校證, 『說苑校證』, 北京: 中華書局, 1987.

(後漢)袁康·吳平 編·吳慶峰 點校, 『越絕書』, 濟南: 齊魯書社, 2000.

(後漢)應劭 撰·吳樹平 校釋, 『風俗通義校釋』, 天津: 天津人民, 1980.

(後漢)劉珍 等撰·吳樹平 校注, 『東觀漢記校注』, 鄭州: 中州古籍, 1987.

(曹魏)王弼 撰·樓宇烈 校釋, 『老子道德經注』, 北京: 中華書局, 2008.

(東晉)袁宏 著·張烈 點校, 『後漢紀』(『兩漢紀』 所收), 北京: 中華書局, 2002.

(劉宋)盛弘之 撰·(清)陳運溶 輯撰, 『荊州記』(『麓山精舍叢書』 所收), 長沙: 岳麓書社,
        2008.

(後魏)酈道元 注·楊守敬·熊會貞 疏·段熙仲 點校·陳橋驛 復校,『水經注疏』, 南京: 江蘇
　　古籍, 1989.

(蕭梁)宗懍 撰·宋金龍 校注,『荊楚歲時記』, 太原: 山西人民, 1987.

(唐)李泰 等著·賀次君 集校,『括地志輯校』, 北京: 中華書局, 1980.

(唐)李吉甫 撰·賀次君 點校,『元和郡縣圖志』, 北京: 中華書局, 1983.

(唐)劉知幾 撰·(淸)浦起龍 釋,『史通通釋』, 上海: 上海古籍, 1978; 1982.

(唐)瞿曇悉達 撰,『大唐開元占經』, 臺北: 映像, 2000.

(唐)歐陽詢 撰·汪紹楹 校,『藝文類聚』, 上海: 上海古籍, 1965.

(宋)葉夢得 撰·宇文紹奕 考異·侯忠義 點校,『石林燕語』, 北京: 中華書局, 1984.

(宋)李昉 編,『太平御覽』, 北京: 中華書局, 1960.

(宋)聶崇義 纂輯·丁鼎 點校,『新定三禮圖』, 北京: 清華大, 2006.

(元)馬端臨 撰,『文獻通考』, 北京: 中華書局, 1986.

(淸)王先謙,『後漢書集解』, 北京: 中華書局, 1984.

(淸)黎翔鳳 撰,『管子校注』, 北京: 中華書局, 2004; 2006.

(淸)程廷祚 撰·宋效永 校點,『青溪集』, 合肥: 黃山書社, 2004.

(淸)趙翼 著·王樹民 校證,『廿二史札記校證』, 北京: 中華書局, 1984.

(淸)錢大昭 撰,『續漢書辨疑』(『叢書集成初編』所收), 上海: 上海商務, 1936.

(淸)陳立 撰·吳則虞 點校,『白虎通疏證』, 北京：中華書局, 1994.

(淸)顧炎武 著·黃汝成 集釋,『日知錄集釋』, 上海: 上海古籍, 2006.

(淸)徐松 輯·高敏 點校,『河南志』, 北京: 中華書局, 1994.

成百曉 譯註,『(懸吐完譯)書經集傳』, 서울: 傳統文化研究會, 2000.

成百曉 譯註,『(懸吐完譯)周易傳義』, 서울: 傳統文化研究會, 1998; 2016.

安居香山·中村璋八,『重修緯書集成』, 東京: 明德, 1971~1992.

余嘉錫,『四庫提要辨證』, 北京: 中華書局, 1980.

饒宗頤 主編·劉昭瑞 著,『漢魏石刻文字繫年』, 臺北: 新文豐, 2001.

張雙棣 撰,『淮南子校釋』, 北京: 北京大, 1997.

周天游 輯注,『八家後漢書輯注』, 上海: 上海古籍, 1986.

何淸谷 撰,『三輔黃圖校釋』, 北京: 中華書局, 2005.

4. 사전류

鄧洪波 著,『東亞歷史年表』, 臺北: 臺灣大, 2006

史爲樂 主編,『中國歷史地名大辭典』, 北京: 中國社會科學, 2005.

薛國屛 編著,『中國地名沿革對照表』, 上海: 上海辭書, 2017.

呂宗力,『中國歷代官制大辭典』, 北京: 北京出版, 1994.

兪鹿年 編著,『中國官制大辭典』, 哈爾濱: 黑龍江人民, 1992.

李春植 主編,『中國學資料解題』, 서울: 신서원, 2003.

張林川 等編著,『中國古籍書名考釋辭典』, 鄭州: 河南人民, 1993.

張撝之·沈起煒·劉德重,『中國歷代人名大辭典』, 上海: 上海古籍, 1999.

黃惠賢 主編,『二十五史人名大辭典』, 鄭州: 中州古籍, 1997.

5. 연구서와 논저

久保靖彦,「戊己校尉設置の目的について」,『史苑』26-2·3, 1966.

權五重,「古代 遼東郡의 位置問題 試論」,『吉玄益敎授停年紀念 史學論叢』, 서울: 吉玄益敎授停年紀念史學論叢刊行委員會, 1996.

金翰奎,『古代中國的世界秩序研究』, 서울: 一潮閣, 1982.

金翰奎,「歷史上 '遼東' 槪念과 '中國史' 範疇」,『吉玄益敎授停年紀念 史學論叢』, 서울: 吉玄益敎授停年紀念史學論叢刊行委員會, 1996.

東晉次,『後漢時代の政治と社會』, 名古屋: 名古屋大, 1995.

閔斗基,「前漢의 陵邑徙民策 - 强幹弱支策으로서의 그 구체적 內容에 對한 試考」,『歷史學報』9, 1957.

朴禮慶,「『禮記』의 體制와 禮論 연구」, 연세대 박사학위논문, 2005.

반고 저·신정근 역주,『백호통의』, 서울: 소명, 2005.

小林岳,「劉昭の『後漢書』注について -『集注後漢』の内容をめぐって-」,『史學雜誌』106, 1997.

永田拓治,「「先賢傳」「耆舊傳」の歷史的性格 - 漢晉時期の人物と地域の叙述と社會」,『中國 - 社會と文化』21, 2006.

윤대식,「백호관(白虎觀) 회의를 통한 이념의 제도화와 공(公)의 독점 - 염철(鹽

鐵) 회의와 석거각(石渠閣) 회의와의 비교 - 」,『동양정치사상사』11-2,
　　2012.

尹在碩,「중국 고대 死者의 書와 漢代人의 來世觀 - 鎭墓文을 중심으로 - 」,『中國史硏
　　究』90, 2014.

李熙德,「《漢書》五行志에 대한 一考察」,『성곡논총』27-4, 1996.

籾山明,「漢代エチナ＝オアシスにおける開發と防衛線の展開」,『流沙出土の文字資料: 樓
　　蘭·尼雅出土文書を中心に』, 京都: 京都大, 2001.

張書豪,「《漢書·五行志》所見劉向災異論」,『先秦兩漢學術』10, 2008.

陳侃理,『儒學·數術與政治 - 中國古代災異政治文化硏究』, 北京: 北京大, 2015.

平澤步,「『漢書』五行志と劉向『洪範五行傳論』」,『中國哲學硏究』25, 2011.

許富文,「漢代 中央과 地域의 相互關係 硏究 - 특히 關中 및 山東과 西北地域을
　　중심으로」, 서강대 박사학위논문, 1998.

刑義田,「試釋漢代的關東·關西與山東·山西」,『食貨復刊』13-1·2, 1983.

洪承賢,「前漢時期 尙書學의 출현과 변용」,『中國學報』65, 2012.

홍승현,「중국 고대 長城 개념과 역할 - 秦漢時期 장성을 중심으로 - 」,『사림』
　　62, 2017.

黃啓書,「應劭《風俗通·服妖》所見災異說及其意義」,『國文學報』55, 2014.

○ **광무제**光武帝

건무建武 25~56년 3월

중원中元 56~57년

○ **명제**明帝

영평永平 58~75년

○ **장제**章帝

건초建初 76~84년 7월

원화元和 84~87년 6월

장화章和 87~88년

○ **화제**和帝

영원永元 89~105년 3월

원흥元興 105년

○ **상제**殤帝

연평延平 106년

○ **안제**安帝

영초永初 107~113년

원초元初 114~120년 3월

영녕永寧 120년~121년 6월

건광建光 121년~122년 2월

연광延光 122~125년

○ **순제**順帝

영건永建 126~132년 2월

양가陽嘉 132~135년

영화永和 136~141년

한안漢安 142~144년 3월

건강建康 144년

○ **충제**沖帝

영희永憙 145년

○ **질제**質帝

본초本初 146년

○ **환제**桓帝

건화建和 147~149년

화평和平 150년

원가元嘉 151~152년

영흥永興 153~154년

영수永壽 155~158년 5월

연희延熹 158~167년 5월

영강永康 167년

○ **영제靈帝**

건녕建寧 168~172년 4월

희평熹平 172~178년 2월

광화光和 178~184년 11월

중평中平 184~189년*

○ **헌제獻帝**

초평初平 190~193년

흥평興平 194~195년

건안建安 196~220년 2월

연강延康 220년

* 189년 4월 영제가 사망하고 황자皇子 유변劉辯이 즉위하니 이가 소제少帝로, 광희光熹로 개원改元하였다. 이후 8월에 다시 소녕昭寧으로 재차 개원하였다. 9월 동탁董卓이 낙양洛陽에 입성하여 소제를 폐위하여 홍농왕弘農王으로 삼은 후 진류왕陳留王 유협劉協을 세우니 이가 헌제다. 헌제는 영한永漢으로 개원하였으나, 12월에 승상丞相이 된 동탁이 광희, 소녕, 영한이라는 연호를 모두 폐지하고 중평이란 연호를 회복하였다.

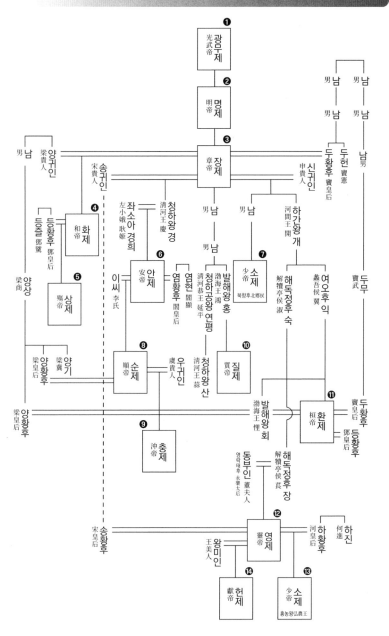

『後漢書』 志第十三, 「五行一」(1)[*]

序: 서론

五行傳說及其占應, 漢書 五行志錄之詳矣. 故泰山太守應劭·給事中董巴·散騎常
侍譙周^[一]並撰建武以來災異. 今合而論之, 以續前志云.

『오행전五行傳』¹⁾의 설설과 그 (재이災異에 대한) 징조徵兆와 징험徵驗²⁾은 『한서

---

* 『後漢書』「五行一」의 분량을 고려하여 편의적으로 2장으로 나눠 구성하였다. 그중
  첫 번째 장이다.
1) 『五行傳』: 『尙書大傳』에 수록되어 있는 『洪範五行傳』을 말한다. 일반적으로 『상서대
  전』의 撰者를 伏生으로 이해하는 관계로 『홍범오행전』 역시 복생의 찬술로 알려져
  있다. 그러나 복생이 『홍범오행전』의 찬자라는 기록은 『晉書』「五行志」에 처음
  등장하여 믿기 힘들다(『晉書』 卷27, 「五行上」, "漢興, 承秦滅學之後, 文帝時, 處生創紀大
  傳, 其言五行庶徵備矣. 後景武之際, 董仲舒治公羊春秋, 始推陰陽, 爲儒者之宗. 宣元之間,
  劉向治穀梁春秋, 數其禍福, 傳以洪範, 與仲舒多所不同."). 이 때문에 일찍이 복생이
  『홍범오행전』의 찬자라는 점에 의문이 있었고, 그 결과 鄭玄은 『상서대전』이
  복생의 저술이 아닌 그의 문하였던 張生과 歐陽生 등이 복생으로부터 들은 經義를
  모아 찬술한 것이라고 注解하였다(『尙書大傳序』, "(伏)生終後, 數子各論所聞, 以己意彌
  縫其闕, 別作章句, 又特撰大義, 因經屬指, 名之曰傳, 劉向校書, 得而上之, 凡四十一篇.").
  『홍범오행전』의 찬자에 대해서는 ① 周人遺作說(淸]程廷祚, 『靑溪集』 卷5, 「洪範五行傳
  考」, "其書甚古, 非漢以後所能爲, 蓋周人之遺書, 而肆業者以備洪範之義疏者也. 始昌得之,
  而其後誤入於伏氏之書"), ② 劉向說([唐]劉知幾, 『史通』 卷3, 「書志」, "五行出劉向洪範."),
  ③ 夏侯始昌說([淸]趙翼, 『廿二史劄記』, 「漢儒言災異」, "自董仲舒·韓嬰死後, 武帝甚重始昌,
  然則勝所引洪範五行傳, 蓋卽始昌所作, 其後劉向又推演之成十一篇耳") 등으로 이견이
  있다. 『홍범오행전』 찬자에 대한 연구사는 洪承賢, 「前漢時期 尙書學의 출현과
  변용」, 『中國學報』 65(2012), 222~225쪽을 참조.
2) 占應: 徵兆와 徵驗으로, 징조가 재이 발생 전 조짐을 의미한다면 징험은 재이의
  원인, 효험을 의미한다.

漢書』「오행지五行志」에 상세히 기록되어 있다. (또한) 태산태수泰山[3]太守[4]를 지낸 응소應劭,[5] 급사중給事中[6]을 지낸 동파董巴,[7] 산기상시散騎常侍[8]를 지낸 초주譙周[9]는 모두 건무建武[10] 연간(25~56) 이래의 재이에 관한 일을 편찬했

---

3) 泰山(郡): 漢楚 전쟁 시기(BC. 206~BC. 202) 劉邦이 博陽郡을 고쳐 설치하였다. 관아는 博縣(지금의 山東省 泰安市)에 두었다. 郡內에 泰山이 있어 泰山郡이란 이름을 얻었다. 이후 관아를 奉高縣(지금의 산동성 泰山市)으로 옮겼다. 관할 지역은 지금의 산동성 長淸·萊蕪 이남, 肥城 이동, 寧陽·平邑 이북, 沂源·蒙陰 이서를 포함하였다.

4) 太守: 秦漢 시기 郡守에 대한 존칭. 前漢 景帝가 군수를 太守로 바꿨다. 군의 최고 행정 장관으로 治民, 인재 추천, 소송, 재지 치안 등을 담당하였으며 휘하 하급 관리에 대한 任免權을 가졌다. 역대 왕조에서 계승하였고 직급과 직분은 변하지 않았다. 秩祿은 二千石이다.

5) 應劭: 後漢의 학자. 字는 仲瑗이며 汝南郡 南頓縣(지금의 河南省 南頓城市) 출신. 부친은 桓帝 때 司隷校尉를 지낸 應奉이다. 어려서부터 학문을 좋아하여 박학다식했던 것으로 알려졌다. 靈帝 시기 孝廉으로 선발되었고, 車騎將軍 何苗의 하급 관리인 掾으로 발탁되었다. 中平 6년(189) 泰山太守가 되었고, 獻帝 初平 2년(191)에는 군의 경계를 침입한 30만 黃巾賊을 격퇴하였다. 興平 원년(194), 曹操의 부친 曹嵩이 琅邪에서 태산으로 이주하는 것을 맞이하려 하였으나 徐州牧 陶謙이 파견한 군대가 조숭을 살해하자, 應劭는 조조에게 해를 입을 것을 두려워하여 袁紹에게 의탁하였다. 이후 鄴에서 사망하였다. 저서로는 『漢書集解』, 『律略論』, 『漢官儀』, 『風俗通義』 등이 있다. 『後漢書』 卷48에 傳이 있다.

6) 給事中: 진한 시기 겸직관(加官)으로 설치되었다가 北魏에서 內朝官이 되어 정무에 참여하고 감찰하는 등의 역할을 담당하였다. 隋 大業 3년(607) 門下省에 給事郞이 설치되었고, 黃門侍郞 아래에서 上奏文을 살피는 역할을 했다. 唐 高祖 武德 3년(620)에 給事中으로 바뀌었고, 官品은 正五品上에 해당했다. 문하성의 중요한 직책의 하나로 일상 업무와 함께 詔勅의 문장을 심의하였다.

7) 董巴: 曹魏의 관리. 급사중, 博士, 騎都尉를 역임하였다. 『風俗通義』에서 災異를 기록한 응소나 천문과 같은 신비주의 사상에 정통했던 것으로 알려진 譙周와 달리 董巴의 경우 『隋書』 「經籍志」에서 「大漢輿服志」라는 저술만을 史部 儀注類에서 확인할 수 있다.

8) 散騎常侍: 조위 文帝 黃初 원년(220) 散騎와 中常侍를 합쳐 만들었다. 4인을 두었으며, 관품은 3품이었고 질록은 比二千石에 해당하였다. 諫言을 관장하였고 章表·詔命·手筆 등의 일을 담당하였으며, 尚書의 奏事를 評議하였다. 劉宋 시기 集書省에 속하였고, 이때 도서와 文翰의 사무를 관장하며 閑散職이 되었기 때문에 자격과 명망이 점차 가벼워졌다.

9) 譙周(?~270): 삼국 시기 蜀漢의 학자, 역사가. 字는 允南으로 巴西 西充國(지금의 四川省 南部縣) 출신. 諸葛亮에 의해 천거되어 太子家令이 되었고 光祿大夫에 이르렀다. 조위가 촉한을 공격하자 後主에게 항복을 권유하였고, 후주가 이를 따라 항복하였다. 이로 인해 조위에서 陽城亭侯에 封해졌고 晉에서는 산기상시에 올랐다. 『三國志』로 유명한 陳壽가 그의 門下에서 나왔다. 『三國志』 卷42에 傳이 있다.

다.[11] (따라서) 지금 (그 책들을) 합하여 논함으로써 『한서』「오행지」를 계승하고자 한다.

[一] <u>蜀志曰</u>:「周字<u>允南</u>, 巴西 <u>西充國</u>人也. 治尚書, 兼通諸經及圖緯. 州郡辟請皆不應. 耽古篤學, 誦讀典籍, 欣然獨笑, 以忘寢食. 蜀亡, <u>魏</u>徵不至.」

『삼국지三國志』「촉서蜀書」에서 말하였다. "초주의 자字는 윤남允南이며 파서군巴西郡[12] 서충국西充國 사람이다. 『상서尚書』[13]를 연구했으며 여러 경서經書와 도참圖讖·위서緯書에 두루 능통하였다. 주군州郡에서 초빙하여 (입사入仕를) 요청하였으나 모두 응하지 않았다. 옛 것을 좋아하였고 학문에 진실하였으며 전적典籍을 소리 내어 읽다가 흔연히 홀로 웃다가 자는 것과 먹는 것을 잊기도 하였다. 촉한蜀漢이 멸망하고 조위曹魏에서 불렀으나 나가지 않았다."

---

10) 建武: 후한 光武帝의 첫 번째 연호로 25~56년에 해당한다.
11) 『三國志』本傳에서 "여러 經書와 圖讖·緯書에 두루 능통하였다(兼通諸經及圖緯)."고 하였으나 현재 초주의 圖緯 혹은 재이 관련 저작은 남아 있는 것이 없다.
12) 巴西郡: 후한 헌제 建安 6년(201) 劉璋이 巴郡을 고쳐 설치하였다. 益州에 속하였으며 관아는 閬中縣(지금의 사천성 閬中市)에 두었다. 관할 지역은 지금의 사천성 낭중시·武勝 이동, 廣安·渠縣 이북, 萬源·開江 이동에 해당한다. 삼국 시기 촉한 昭烈帝(劉備) 章武 원년(221) 巴郡으로 고쳤으나 오래지 않아 다시 巴西郡으로 돌렸다. 西晉에서는 梁州에 속하였다. 東晉에서는 北巴郡으로 고쳤고 수 대업 3년(607) 隆州로 고쳐 설치하였다.
13) 『尚書』: 原名은 『書』, 戰國 시기 이래 『書經』이라 존칭하였다. 商·周·春秋戰國 시기에 걸쳐 이루어졌다. 唐虞 시대부터 秦穆公에 이르기까지 여러 왕조와 諸侯들의 詔勅·訓戒·誓命 등을 모았다. 모두 59편으로 이루어져 있는데, 今文과 古文의 부분으로 나뉜다. 진의 焚書 이후, 전한 초기 진의 박사였던 복생이 晁錯에게 전수했다는 28편은 당시 서체인 隸書로 기록되어 『今文尚書』라 불린다. 『금문상서』는 歐陽氏·大夏侯·小夏侯 3家에 의해서 연구되었다. 한편 전한 경제 때 魯의 恭王이 孔子의 舊宅에서 先秦 시기의 古文寫本을 발견하였는데, 이때 발견된 『상서』는 전국 시대의 문자인 蝌蚪文字로 쓰여 『古文尚書』라 불렀다. 이것을 孔安國이 예서로 다시 써서 武帝에게 헌납하였다고 한다. 『漢書』「藝文志」에 기록된 '尚書古文經四十六卷(57篇)'이 이것이다. 그러나 淸의 考證學者들은 『고문상서』를 王莽 때 劉歆이 僞作한 것으로 이해하였다. 『고문상서』는 衛宏·馬融·정현에 의해 전해졌으나, 서진 永嘉의 亂 이후 모두 散佚되어 전하지 않는다. 이후 동진 元帝 때 梅賾이 『고문상서』 59편을 헌상했는데(『僞孔安國傳古文尚書』), 금문을 재편하여 이루어진 33편 및 새로 나온 25편과 書序 1편을 포함하고 있다. 이것이 현재 남아있는 『고문상서』다. 청의 학자들은 이 역시 위작으로 판단하였다.

貌: 용모

<u>五行傳</u>曰:「田獵不宿,⁻¹ 飲食不享,⁻² 出入不節,⁻³ 奪民農時,⁻⁴ 及有姦謀,⁻⁵ 則木不曲直.」⁻⁶ 謂木失其性而爲災也. 又曰:「貌之不恭, 是謂不肅.⁻⁷ 厥咎狂,⁻⁸ 厥罰恆雨,⁻⁹ 厥極惡.⁻¹⁰ 時則有服妖,⁻¹¹ 時則有龜孽,⁻¹² 時則有雞禍,⁻¹³ 時則有下體生上之痾,⁻¹⁴ 時則有靑眚·靑祥,⁻¹⁵ 惟金沴木.」⁻¹⁶ 說云: 氣之相傷謂之沴.⁻¹⁷

『홍범오행전洪範五行傳』에서 말하였다. "(군주가) 수렵 나가 절제하지 않고 음식을 (신에게) 바치지 않으며, (궁정) 출입에 절도가 없고 백성의 농시農時를 빼앗으며 부역賦役을 늘려 징발하려는 의도14)까지 있다면 나무가 굽거나 곧지 않는다." (이는) 나무가 그 본성을 잃어 재이가 된 것을 말함이다. 또 말하였다. "(군주의) 용모貌15)가 공경치 않은 것不恭,16) 이를 일러 '엄숙하지 않다不肅'17)고 한다. 그 흉조咎徵18)는 (상궤常軌에서 벗어난) 거리낌 없는 오만함狂(으로 나타나고) 그 벌은 (절기에 맞지 않게) 계속 비가 내리는 것恆雨19)이며, 그 극단極20)은 추악함惡이다. (이는) 때로는 복요服

---

14) 『漢書』「五行志」를 주해한 顔師古에 따르면 원문의 '姦謀'를 李奇는 賦役을 增發하는 것으로, 臣瓚은 奸邪한 企圖라고 하였다. 안사고는 이기의 설을 따랐는데, 여기서도 이기의 설에 따라 해석하였다. "李奇曰:「姦謀, 增賦履畝之事也.」臣瓚曰:「姦謀, 邪謀也.」師古曰:「卽下所謂作爲姦詐以奪農時. 李說是..」"

15) 貌: 洪範九疇의 두 번째 항목인 五事의 하나. 군주의 위엄·용모를 말한다. 오사는 貌(용모), 言(말), 視(봄), 聽(들음), 思心(생각)이다.

16) 不恭: 『尚書』「洪範」에 따르면 용모(貌)의 이상적인 상태(正)는 '恭'으로 신중하고 사려 깊으며 정중함을 의미한다. '不恭'은 이상적 상태가 어그러진 것(不正)을 말한다.

17) 不肅: 용모가 공경스러우면 엄숙하게 되는데, 용모가 공경스럽지 못해 엄숙하지 못한 것이다. 따라서 '肅'은 신중하고 사려 깊으며 정중한 상태, 즉 '恭'에 의해 실현되는 이상적 상태를 말한다.

18) 咎徵: 홍범구주의 여덟 번째 항목인 庶徵에 속하는 것으로 善政에 대응한 현상인 상서로운 징조인 休徵과 반대로 惡政에 대응하는 현상을 말한다. 즉, 나쁜 징조를 말한다.

19) 恒雨: 나쁜 징조인 구징에 상응하는 현상, 즉 象을 의미한다. 용모가 공경스러워(恭) 엄숙하면(肅) 때에 맞는 비(時雨)가 내리나 그렇지 못해 절기에 맞지 않게 항상

妖[21])로 나타나고 때로는 귀얼龜孼[22])로 나타나며, 때로는 계화雞禍[23])로 나타나기도 하고 때로는 하체가 상체에서 나는 병[下體生上之痾][24])으로 나타나기도 하며, 때로는 청생靑眚[25])과 청상靑祥[26])으로 나타나기도 하니 금기金氣가 목기木氣를 해친 것이다." 설說[27])에서 말하였다. "(오행五行의 한) 기가 (다른 기를) 상하게 하는 것을 '해치는 것[沴]'이라 한다."

[一] 鄭玄注尙書大傳曰:「不宿, 不宿禽也. 角主天兵. 周禮四時習兵, 因以田獵. 禮志曰: 『天子不合圍, 諸侯不掩群, 過此則暴天物, 爲不宿禽.』角南有天庫·將軍·騎官.」漢書音義曰:「遊田馳騁, 不反宮室.」

정현鄭玄[28])이 『상서대전尙書大傳』[29])을 주해注解하여 말하였다.[30]) "불숙不宿이라는

비가 내리게 된 것이다.

20) 極: 홍범구주의 아홉 번째 항목을 말한다. 六極으로 凶短折(요절), 疾(질병), 憂(근심), 貧(곤궁함), 惡(추악함), 弱(약함)이다. 『書經集傳』에서는 "惡者, 剛之過也."라고 하여, 악을 강함이 과한 것으로 주해하였다.

21) 妖: 『漢書』「五行志」에 따르면 草木類에 異變이 일어난 것을 妖라 한다. 요는 재이가 막 생겨나기 시작할 즈음으로 미미한 상태를 말한다. 『漢書』卷27中之上,「五行中之上」, "凡草物之類謂之妖. 妖猶夭胎, 言尙微."

22) 孼: 蟲豸類에 이변이 일어난 것이다. 孼은 재이가 싹을 틔운 정도로 妖보다 진전된 상태를 말한다. 『漢書』卷27中之上,「五行中之上」, "蟲豸之類謂之孼. 孼則牙孼矣."

23) 禍: 가축에 이변이 일어난 것이다. 재이가 현저한 상태를 말한다. 『漢書』卷27中之上,「五行中之上」, "及六畜, 謂之旤, 言其著也."'旤'는 '禍'의 古字다.

24) 痾: 사람에게 이변이 일어난 것이다. 그 정도가 점점 심해짐을 말한다. 『漢書』卷27中之上,「五行中之上」, "及人, 謂之痾. 痾, 病貌, 言薄深也."

25) 眚: 이변이 심각해져 異物이 생겨나는 것을 말한다. 『漢書』卷27中之上,「五行中之上」, "其則異物牛, 謂之眚."

26) 祥: 이변이 밖으로부터 온 것을 말한다. 『漢書』卷27中之上,「五行中之上」, "自外來, 謂之祥."

27) 說: 『洪範五行傳』을 상세히 설명하는 학설. 『漢書』「五行志」에 먼저 등장하였는데 '說曰'에 대해서는 이견이 있다. 王鳴盛과 王先謙은 歐陽과 大小夏侯의 설로 보았지만 최근의 연구들은 劉向說이라는 쪽이 다수를 이룬다. 예를 들어 첸칸리와 히라사와 아유무는 유향의 설이라고 주장하였고, 장수하오는 8家(董仲舒, 劉向, 劉歆, 眭孟, 夏侯勝, 京房, 谷永, 李尋) 설이 섞여있지만 주로 유향의 설이라고 하였다. 차례대로 陳侃理, 『儒學·數術與政治 - 中國古代災異政治文化硏究』(北京: 北京大, 2015), 97~98쪽; 平澤步, 「『漢書』五行志と劉向『洪範五行傳論』」, 『中國哲學硏究』25(2011), 14~37쪽; 張書豪, 「《漢書·五行志》所見劉向災異說」, 『先秦兩漢學術』10(2008), 85쪽. 한편 이희덕 은 두 王氏의 의견을 좇아 『尙書』 학자들의 설이라고 보았다. 李熙德, 「《漢書》五行志에 대한 一考察」, 『성곡논총』 27-4(1996), 6쪽.

것은 절제하지 않고 짐승을 사냥하는 것이다. 각수角宿[31]는 하늘의 병사[天兵]을 주관한다.[32] 『주례周禮』[33]에서는 '사시四時로 병사를 훈련하고 이로써 수렵을 하였다.'[34]고 하였다. 『예기禮記』[35] (「왕제王制」)에서 말하였다. '천자는 짐승을

---

28) 鄭玄(127~200): 후한 말의 학자. 字는 康成으로 北海 高密(지금의 산동성 高密市) 출신. 太學에서 『京房易傳』, 『春秋公羊傳』, 『三統曆』 등을 학습하고 張恭祖로부터 『周禮』, 『禮記』, 『春秋左氏傳』, 『韓詩』, 『古文尙書』 등을 배웠다. 이후 盧植의 소개로 마융에게 배웠다. 유가 경전에 두루 능통하였고 평생에 걸쳐 경전에 대한 주석 작업을 하였다. 經學의 금문과 고문 외에 天文, 曆數에 이르기까지 다양한 학문에 대해 관심을 가지고 있었다. 『後漢書』 卷35에 傳이 있다.

29) 『尙書大傳』: 전한 복생의 저술로 알려져 있지만 정현에 의하면 복생의 후학인 장생과 구양생 등이 스승에게 들은 것을 종합하여 만든 것이다. 宋代에 이미 完本이 없어졌다. 유향의 『洪範五行傳論』 및 夏侯氏의 災異說과 동류로, 공자의 본의를 많이 잃어버린 것으로 평가된다. 현존하는 것은 「洪範五行傳」이 처음과 끝이 완비되어 있는 것을 제외하고 나머지 각 권은 佚文이 있을 뿐이다. 清 陳壽祺가 3권으로 편집하였다.

30) 여기서 정현이 주해한 『尙書大傳』이라는 것은 『洪範五行傳』을 의미한다.

31) 角宿: 二十八宿의 하나로 동방 蒼龍 7수(角·亢·氐·房·心·尾·箕)의 첫 번째 별자리.

32) 『史記』 「天官書」에 따르면 각수의 右角星은 '將'을 의미한다. 索隱이 인용한 『春秋元命包』에 의하면 군사가 움직이는 것을 의미한다. "右角, 將[索隱: 故元命包云「左角理, 物以起; 右角將, 帥而動」.]."

33) 『周禮』: 본래 이름은 『周官』. 『禮記』, 『儀禮』와 더불어 '三禮'를 이룬다. 西周 封建 제도를 이상화하여 지은 官制의 경전으로 유가의 이상적 정치 이념이 내포되어 있다. 『漢書』 「藝文志」에는 '周官經六篇'이라 하였고, 당의 안사고는 "지금의 『周官禮』다. 그중 「冬官」이 없어져 「考工記」로 보충하였다(師古曰: 「卽今之周官禮也, 亡其冬官, 以考工記充之.」)."고 하였다. 고문학파는 周公이 당시의 정치 제도를 서술하고 후세 인들이 첨가한 것이라고 하였지만, 금문학파는 전국 시기 말에 지어졌거나 전한 말 유흠이 왕망을 지원하기 위해 僞撰한 것이라고 하였다. 그러나 周·秦의 銅器銘文에 근거하여 전국 시기 작품으로 이해되고 있다. 내용은 天官冢宰, 地官司徒, 春官宗伯, 夏官司馬, 秋官司寇, 冬官考工記(본래는 司空)의 6관 6편으로 나뉘고 약 360개 관직의 직제·직무·관리의 인원수를 기록하였다. 선진의 정치·사회·경제·문화 등과 禮法에 관한 많은 사료를 포함하고 있으나 그것이 어느 시대의 제도인지 명확하지 않으며, 부분적으로 내용이 『尙書』, 『孟子』, 『의례』, 『예기』, 『大戴禮記』 등의 선진 시기 문헌들과 상당한 차이가 있다. 이후 北周가 이 책을 근거로 법제를 제정하였고, 『唐六典』도 이를 기초로 하면서 역대 행정 조직의 기본적인 사상이 되었다.

34) 현존 『周禮』에 "四時習兵, 因以田獵."이라는 구절은 나오지 않으나 그 관련 내용은 「夏官·大司馬」에서 확인할 수 있다.

35) 『禮記』: 『小戴禮』 혹은 『小戴記』, 『小戴禮記』로 불린다. 고대 예제와 禮論을 모은 경전으로 '삼례'의 하나며 '五經'의 하나다. 전한 戴聖이 편찬했다고 전하며, 정현이 주를 달았다. 진한 이전 유가의 예론을 편집하여 해석하고 보충한 자료로서, 처음에는 定本이 없었으나 후한 정현의 『禮記注』를 거쳐 정본이 이루어진 것으로

사면에서 몰이하여 (모두 잡지 않으며) 제후는 짐승의 무리를 엄습하여 (모두 잡지 않는다.) 이를 넘어서면 천물天物36)을 해치고 망치는 것이니 (이것이) 절제하지 않고 짐승을 사냥하는 것이다.'37) 각수의 남쪽에는 천고天庫,38) 장군將軍,39) 기관騎官40)이 있다."『한서음의漢書音義』41)에서 말하였다. "(불숙이란) 사냥하며 말달리며 놀면서 궁실로 돌아가지 않는 것이다."

[二] 鄭玄曰:「享, 獻也. 禮志曰:『天子諸侯, 無事則歲三田: 一爲乾豆, 二爲賓客, 三爲充君之庖.』周禮獸人, 冬獻狼, 夏獻麋, 春秋獻獸物, 此獻禮之大略也..」注五行稱「鄭玄曰」, 皆出注大傳也. 漢書音義曰:「無獻享之禮.」

정현이 말하였다. "향享은 바치는 것[獻]이다.『예기』(「왕제」)에서 말하였다. '천자나 제후가 (특별한) 일이 없으면 한 해에 세 번 사냥한다. 한 번은 건두乾豆에 (올릴 제수祭需를) 위해서고 두 번째는 빈객賓客을 (접대하기) 위해서며 세 번째는 국군國君의 부엌의 (고기를) 보충하기 위해서.'『주례』「수인獸人」에서는 '겨울에는 이리를, 여름에는 큰 사슴을, 봄가을에는 짐승을 바치니 이것이 헌례獻禮의 대략이다.'라고 하였다."『오행전』을 주해하면서 "정현이 말하였다[鄭玄曰].고 하는 것은 모두『상서대전』의 (정현)주로부터 인용한 것이다.『한서음의』에서 말하였다. "(불향이란) 헌향獻享의 예를 행하지 않은 것이다."

[三] 鄭玄曰:「角爲天門, 房有三道, 出入之象也.」

알려져 있다. 成書 시기에 대해서는 이견이 있는데 전한 成帝 시기 전후로 완성된 것으로 판단된다(朴禮慶,「『禮記』의 體制와 禮論 연구」, 연세대 박사학위논문, 2005). 당 孔穎達의『禮記正義』가 정현의 주 밑에 기재되어 通行本이 되었다. 주·진의 고서에서 채록한 것이 많아, 고대 유가 학설 및 문물제도를 연구하는 데 중요한 자료다.

36) 天物: 짐승이나 초목과 같은 대자연의 산물을 의미한다.『尚書』,「周書·武成」, "今商王受無道, 暴殄天物, 害虐烝民.[孔穎達疏: 天物之言, 除人外, 普謂天下百物鳥獸草木.]"
37)『禮記』「王制」편에 나온다. 정현은『예기』「왕제」편을『禮志』로 기술하였다.
38) 天庫: 각수의 남쪽에 위치한 10개의 별로 이루어진 별자리. 武器庫를 의미한다.
39) 將軍: 각수 남쪽에 위치한 별자리 중 將軍이란 이름의 별자리는 없다. 다만 각수 남쪽에 위치한 騎官 東端의 한 별을 騎陣將軍이라 부르고, 기관 남쪽에 있는 세 개의 별을 車騎라고 한다. 이 중 어느 것인지는 확실하지 않다.
40) 騎官: 각수 남쪽에 위치한 27개의 별로 이루어진 별자리. 近衛兵을 의미한다.
41)『漢書音義』:『隋書』「經籍志」에 따르면 劉昭 이전 존재했던『漢書音義』는 韋昭 찬술의 저작이 유일하고, 유사 제목을 포함하면 응소의『漢書集解音義』까지 염두에 둘 수 있다. 그러나 최근의 한 연구는『漢書音義』가 특정한 책이 아니라『漢書』의 여러 주석서들을 광범위하게 지칭할 가능성이 있다고 하였다. 渡邉義浩·高山大毅·平澤步 篇,『全譯後漢書 第七冊 志(五) 五行』(東京: 汲古書院, 2012), 9~10쪽을 참조.

정현이 말하였다. "각수는 천문天門을 상징하고, 방수房宿42)에는 길이 셋이 있으니43) 출입의 상징이다."

[四]   鄭玄曰:「房·心, 農時之候也. 季冬之月, 命農師計耦耕事, 是時房·心晨中. 春秋傳曰: 『辰爲農祥, 后稷之所經緯也.』」

정현이 말하였다. "방수와 심수心宿44)는 농시의 절기를 의미한다. 음력 12월[季冬之月], 농사農師로 하여금 농사일을 계획하게 하는데 이때 방수·심수는 새벽에 남중한다. 『춘추(외)전春秋(外)傳45)에서 말하기를 '진辰46)은 농상農祥으로 후직后稷47)이 기준으로 삼은 별이다.'48)라고 하였다."

[五]   鄭玄曰:「亢爲朝廷, 房·心爲明堂, 謀事出政之象.」

정현이 말하였다. "항수亢宿49)는 조정을, 방수와 심수는 명당明堂50)을 의미하니

---

42) 房宿: 28수의 하나. 동방 창룡 7수의 넷째 별자리로 전갈좌의 북서쪽 모서리에 해당하며 車馬를 상징한다.
43) 三道: 房宿의 네 별 사이에 세 갈래 길이 있다. 북으로부터 남으로 순서대로 '陰間', '天衢', '陽環'이다.
44) 心宿: 28수의 하나. 동방 창룡 7수의 다섯째 별자리로 3개의 별로 이루어져 있다. 主星은 商星·鶉火·大火·大辰으로도 불린다.
45) 『春秋(外)傳』: 일명 『國語』. 춘추 시기 각국별 역사서. 춘추 말 魯나라의 左丘明이 지었다고 하나, 실은 전국 魏襄王(BC. 319~BC. 296) 재위 시 여러 사람에 의해 편찬되었다고 이해된다. 周·魯·齊·晉·鄭·楚·吳·越 여덟 나라로 나누어, 周穆王 때부터 晉이 韓·魏·趙 삼국으로 분열될 때까지 당시 인물들의 언론을 주로 기록하였으며 정치·외교·군사 방면도 서술되어 있다. 『左傳』과 비교하여 서로 참고할 만하나 사료는 빈약하고 빠진 것도 많다고 평가된다. 그러나 나라 별로 기술한 방식은 후대에 큰 영향을 주었다.
46) 辰: 『國語』에는 '辰馬'로 나온다. 위소의 주에 따르면 방수와 심수를 말한다. 심수가 大辰 다음에 위치하며 천자의 네 마리 말인 天駟로 불리기 때문이다. 달이 방수에 있을 때 농사에 吉한 형상이라고 말하고 방수가 새벽녘 정방위에 위치할 때 농사를 시작한다고 하여 農祥이라고 한다. 『國語』, 「周語下」, "辰馬, 謂房·心星也. 心星, 所在大辰之次爲天駟. 駟, 馬也, 故曰辰馬. 言月在房, 合於農祥. 祥, 猶象也. 房星晨正, 而農事起焉, 故謂之農祥."
47) 后稷: 주왕조의 시조. 농경신으로, 오곡의 신이기도 하다. 성은 姬, 이름은 棄다. 『史記』「周本記」에 따르면 有邰氏의 딸로 帝嚳의 아내가 된 姜原이 거인의 발자국을 밟고 잉태하여 낳았다고 한다. 후에 堯임금의 農官이 되고, 공을 인정받아 지금의 陝西省 武功縣 부근인 邰에 책봉되었다고 한다.
48) 『國語』「周語下」에 보인다.
49) 亢宿: 28수의 하나. 동방 창룡 7수의 두 번째 별자리다.
50) 明堂: 천자가 각종 의례를 행하는 장소. 宗祀, 諸侯의 朝會, 月令의 반포가 행해졌다.

정사를 계획하고 정령을 반포하는 것의 상징이다."

[六]　鄭玄曰:「君行此五者, 爲逆天東宮之政. 東宮於地爲木, 木性或曲或直, 人所用爲器也. 無故生不暢茂, 多折槁, 是爲木不曲直. 木·金·水·火·土謂之五材, 春秋傳曰:『天生五材, 民竝用之.』其政逆則神怒, 神怒則材失性, 不爲民用. 其他變異皆屬沴, 沴亦神怒. 凡神怒者, 日·月·五星旣見適于天矣.」洪範:「木曰曲直.」孔安國曰:「木可以揉曲直.」

정현이 말하였다. "군주가 이상의 다섯 가지를 행하는 것은 하늘 동궁東宮의 다스림에 역행하는 것이다. (하늘) 동궁은 지상에서는 나무[木]에 해당하는데, 나무의 본성은 굽거나 곧은 것으로 사람이 사용하여 기물을 만들 수 있다. 이유 없이 자라면서 울창해지지 않거나 부러지고 마른 것이 많은 것, 이것이 나무가 굽거나 곧지 않은 것이다. 나무, 금속[金], 물[水], 불[火], 흙[土]은 오재五材라고 부르는데, 『춘추(좌씨)전春秋(左氏)傳』[51]에서 말하기를 '하늘이 오재를 냈고 백성이 더불어 그것을 사용한다.'[52]고 하였다. 그 정치가 (천도天道에) 역행하면 신이 노하시고 신이 노하시면 오재가 본성을 잃어 백성이 사용할 수 없게 된다. 기타 변이는 모두 상하게 하는 것[沴]에 속하는데, 상하게 하는 것 역시 신이 노한 것이다. 무릇 신이 노하면 일日, 월月, 오성五星[53]의 (변이가 이미) 하늘에 나타난다." (『상서』)「홍범洪範」에는 "나무는 굽고 곧다고 한다."고 나와 있다. 공안국孔安國[54)

즉, 明堂은 하늘에 제사하며 선조를 配享하는 장소며 아울러 政敎를 베풀고 제후를 조회하는 장소다.

51)　『春秋左氏傳』:『春秋左傳』또는『左傳』으로도 불린다. 春秋 말 左丘明이 편찬한 것으로 알려진 총 30권의 編年體 史書로『春秋』三傳 중의 하나. 한대 古文學을 대표하는 春秋史의 기본 사료다.『春秋外傳』으로 불리는『國語』에 대하여『春秋內傳』으로 불린다.『춘추』가 魯國史에 한정된 것에 비해 列國의 기사를 상세히 기술하였다. 고증에 따르면 대략 기원전 375~351년 사이에 성립된 것으로 추정되지만 여러 설이 있고, 지은이도 확실하지 않다. 班固는 自注에서 좌구명이 孔子와 함께 修史하고 그 후 제자들을 위해 傳을 지었다고 하였다. 한편 유흠의 僞作이라는 주장도 있지만 長沙 馬王堆 漢墓에서『좌전』에 수록된 설화와 유사한 帛書가 발견되어 일찍이『좌전』의 설화와 유사한 諸本이 존재하였을 가능성을 시사한다. 노나라 隱·桓·莊·閔·僖·文·宣·成·襄·昭·定·哀 12公의 기사를 기재하였는데 서술 연대는 노은공 원년(BC. 722)부터 悼公 4년(BC. 464)까지다. 열국의 史籍·簡冊·舊文·故志· 訓·典·語·令 등을 기초로 각국의 정치·군사·외교·문화와 대표적 인물뿐만 아니라 전설까지 기술하고 있다. 문장이 간결하고 인물이나 사건의 기재가 생동감이 넘쳐 중국 고대 사학과 문학의 명저로 평가된다. 後漢의 賈逵와 服虔이 注를 달았지만 모두 亡失되고, 西晉 杜預가『春秋經典集解』를 지어 비로소 經과 傳이 합해져 보급되었다.

52)　『左傳』「襄公二十七年」條에 보인다.

53)　五星: 동방 歲星(木星), 남방 熒惑(火星), 중앙 鎭星(土星), 서방 太白(金星), 북방 辰星(水星)을 말한다.

이 말하였다. "나무는 굽게 하거나 곧게 할 수 있다."

[七] <u>鄭玄</u>曰:「肅, 敬也. 君貌不恭, 則是不能敬其事也.」<u>洪範</u>曰:「貌曰恭.」

정현이 말하였다. "숙肅은 공경한다(敬)는 뜻이다. 군주의 용모가 공경치 않으면
능히 그 일을 신중하게 할 수 없다." (『상서』) 「홍범」에서 말하였다. "용모의
(이상적인 상태는) 공경함이다."

[八] <u>鄭玄</u>曰:「君臣不敬, 則倨慢如狂.」<u>方儲</u>對策曰:「君失制度, 下不恭承, 臣恣淫慢.」

정현이 말하였다. "군주와 신하가 공경치 않으면 거만하고 게으르기가 마치
거칠 것이 없는 것[狂]과 같다." 방저方儲55)가 대책對策에서 말하였다. "군주가
예법을 잃으면 아래서는 공경히 받들지 않으니 신하가 방자하고 지나치게 게을러
진다."

[九] <u>鄭玄</u>曰:「貌曰木, 木主春, 春氣生; 生氣失則踰其節, 故常雨也.」<u>管子</u>曰:「冬作土功,
發地藏, 則夏多暴雨, 秋雨霖不止.」<u>淮南子</u>曰:「金不收則多淫雨.」

정현이 말하였다. "용모는 나무에 해당하고56) 나무는 봄을 주관하며 봄의 기운은
낳아 기르는 것[生]이다. 생기生氣가 상실되면 그 절기에서 벗어나기 때문에 항상
비가 내린다." 『관자管子』57)에서 말하였다. "겨울에 토목 공사를 일으켜 땅 속의

---

54) 孔安國: 전한의 관리, 학자. 字는 子國이고 魯國(지금의 산동성 曲阜) 출신. 공자의
   12대 손이며 文帝 때 臨淮太守를 지낸 孔武의 아들이다. 경제~昭帝 말년에 걸쳐
   申公으로부터 『詩』를 배웠으며 복생에게 『尚書』를 전수받았다. 무제 시기 諫大夫를
   거쳐 임회태수가 되었다. 무제 말, 노공왕이 공자의 옛 집을 헐었을 때 벽 중에서
   『古文尚書』, 『禮記』, 『論語』 및 『孝經』이 나왔는데, 모두 과두문자여서 읽지 못할
   때 공안국이 당시 사용하던 금문인 예서로 고쳐 읽을 수 있었다고 한다. 이후
   詔를 받들어 『고문상서』, 『古文孝經傳』, 『論語訓解』 등을 撰定하였다. 『漢書』 卷88에
   傳이 있다.
55) 方儲(?~93): 후한의 학자. 字는 聖明 또는 頤眞. 丹陽 歙縣(지금의 安徽省 흡현)
   출신. 『孟氏易』을 학습하였고 圖讖에 정통하였으며 천문에도 해박했던 것으로
   알려져 있다. 장제 建初 연간(76~84)에 賢良方正으로 추천되었고 對策이 第一로
   뽑혔다. 議郎을 배수하였고 洛陽令으로 옮겼다. 이후 太常卿을 더하고 黟縣侯에
   책봉되었다. 謝承의 『後漢書』에 立傳되어 있다.
56) 『書經集傳』은 "모습은 윤택하니 물이다(貌澤水也)."라고 해석하였다.
57) 『管子』: 춘추 시기 齊나라 管仲의 저작으로 전해지지만 대부분은 전국 시기부터
   한대에 걸쳐 쓰인 것으로 여겨지며, 특히 전국 시기 제의 稷下學士에 의해 쓰인
   것이 많다고 한다. 편에 따라 각기 다른 사상적 입장의 인물이 저술한 것으로
   보이는 것들이 있어 雜家의 저작이라고도 할 수 있는데, 『漢書』 「藝文志」는 道家로
   분류하였고, 『隋書』 「經籍志」는 法家로 분류하고 있다. 經言, 外言, 內言, 短語, 區言,

것들을 파헤치면 여름에 폭우가 많이 쏟아지고 가을이 돼도 장마가 그치지 않는다."[58] 『회남자淮南子』[59]에서 말하였다. "정령政令을 단속하지 않으면 절기에 맞지 않는 비가 많이 온다."[60]

[一〇] <u>孔安國</u>曰:「醜陋.」

공안국이 말하였다. "(악惡은) 용모가 보기 싫음이다."

[一一] <u>鄭玄</u>曰:「服, 貌之飾也.」

정현이 말하였다. "의복은 용모를 꾸미는 것이다."

[一二] <u>鄭玄</u>曰:「龜蟲之生於水而游於春者, 屬木.」

정현이 말하였다. "거북[龜蟲]은 물에서 생겨 봄에 헤엄치며 이리저리 다니는 것으로 (오행으로는) 나무에 해당한다."

[一三] <u>鄭玄</u>曰:「雞畜之有冠翼者也, 屬貌.」 <u>洪範傳</u>曰:「妖者, 敗胎也, 少小之類, 言其事之尙微也. 至孽, 則牙孽也, 至乎禍則著矣.」

정현이 말하였다. "닭은 볏과 날개가 있는 가축으로 (오사五事로는) 용모에 해당한다." 『홍범전洪範傳』[61]에서 말하였다. "요妖라는 것은 태아 상태에서 잘못되는

雜篇, 管子解, 管子輕重의 8부분으로 나뉘어 있다.

58) 『管子』「度地」에 보인다.

59) 『淮南子』: 전한 淮南王 劉安 編. 전한 경제~무제 시기에 완성되었다. 여러 학파의 설을 종합적으로 集錄한 잡가서다. 유안은 한고제 유방의 손자로서 다수의 賓客을 모아 그들에게 內篇 21편, 外篇 33편에 달하는 이 책을 저술하게 하였다. 그러나 지금 외편은 산일되고 내편만 전한다. 우주관에서 현실의 생활·기술에 이르기까지, 또 각지의 풍속·지리의 서술에서 고금의 신화·전설까지 거의 모든 분야를 그 대상으로 하고 있다. 학설은 道·儒·法·陰陽·兵家 등 여러 학파의 사상이 섞여 있으나 만물의 근본을 '道'라고 하는 등 도가적 경향이 전반적으로 강하여 한대 초기 유행했던 黃老術이 반영되어 있음을 알 수 있다.

60) 『淮南子』「天文訓」에 "令不收則多淫雨."라고 나와 이에 따라 본문의 '金'을 '令'으로 고쳐 해석하였다. 政令이 확실하게 집행되지 않으면 절기에 맞지 않는 비가 많이 온다는 의미로 해석하였다.

61) 『續漢書』「五行志」의 劉昭注에서 『洪範五行傳』은 『五行傳』으로 기술되었기에, 본문의 『洪範傳』은 『홍범오행전』으로 볼 수 없다. 『洪範五行傳』을 해석한 책으로 생각되는데 劉向이 撰述한 『洪範五行傳論』으로 생각된다. 연구에 따르면 南北朝 시기 문헌에는 유향의 『홍범오행전론』을 『홍범오행전』 또는 『홍범전』 등으로 인용한 사례가 다수 등장한다고 한다. 渡邉義浩·高山大毅·平澤步 篇, 앞의 책, 17쪽.

것으로 소소한 것이니, 그 일이 아직 경미한 것을 말한다. 얼蘖에 이르렀다는 것은 싹이 텄음이고 화禍에 이르면 현저해진다."

[一四] 鄭玄曰:「痾, 病也, 貌氣失之病也.」漢書音義曰:「若梁孝王之時, 牛足反出背上也. 此下欲伐上之禍.」

정현이 말하였다. "아痾는 병으로 용모의 기가 상실되어 (발생하는) 병이다." 『한서음의』에서 말하였다. "마치 양효왕梁孝王[62) 때, 소의 다리가 등위로 나온 것과 같다. 이는 아랫사람이 윗사람을 공격하려고 하여 생긴 화다."

[一五] 鄭玄曰:「靑, 木色也. 眚生於此, 祥自外來也.」

정현이 말하였다. "청색은 나무의 색이다. 생眚은 이로부터 (스스로) 만들어진 것이고 상祥은 밖으로부터 온 것이다."

[一六] 鄭玄曰:「沴, 殄也. 凡貌·言·視·聽·思心, 一事失, 則逆人之心, 人心逆則怨, 木·金·水·火·土氣爲之傷. 傷則衝勝來乘沴之, 於是神怒人怨, 將爲禍亂. 故五行先見變異, 以譴告人也. 及妖·蘖·禍·痾·眚·祥皆其氣類, 暴作非常, 爲時怪者也. 各以物象爲之占也.」

정현이 말하였다. "여沴는 해치는 것[殄]이다. 무릇 용모·말·봄·들음·생각 중 하나라도 (이상적 상태를) 잃게 되면 사람의 마음을 거스르게 되고, 사람의 마음에 거스르게 되면 원한이 생겨 나무·금속·물·불·흙의 기운이 상하게 된다. (오기가) 상하게 되면 상충相衝[63)과 상승相勝[64)의 기가 편승하여 그것을 (더욱) 상하게 하니, 이에 신이 노하고 사람이 원망하게 되어 장차 재화가 되고 난리가 된다. 따라서 오행이 우선 변이를 보여 사람을 견책譴責하여 경고하는 것이다. 요·얼·화·아·생·상도 모두 기의 부류인데, 갑자기 이변을 일으켜 때마다 괴이함이 되는 것이다. 각기 사물의 현상으로써 그 예점豫占을 삼은 것이다."

[一七] 尙書大傳曰:「凡六沴之作, 歲之朝, 月之朝, 日之朝, 則后王受之. 歲之中, 月之中, 日之

---

62) 梁孝王(?~BC. 144): 전한 文帝 劉恒의 嫡次子며 景帝의 同母弟. 이름은 武. 모친은 竇太后다. 문제 2년(BC. 178) 代王으로 책봉되었다가 2년 뒤 淮陽王으로 改封되었다. 문제 12년(BC. 168) 梁懷王이 후사 없이 사망하자 유무로 하여금 梁王을 계승하게 하였다. 七國의 난 당시 병사를 이끌고 吳楚 연합군을 睢陽에서 물리치고 長安을 보위하는 데 큰 공을 세운다. 이후 두태후의 총애를 받으며 梁國의 국세가 신장되었고, 경제 뒤를 이어 황제가 되고자 하였으나 병사하며 뜻을 이루지 못하였다. 시호는 孝王이고 芒碭山에 묻혔다. 『史記』 卷58에 傳이 있다.

63) 相衝: 오행 對抗의 관계를 의미한다.

64) 相勝: 오행 相勝의 관계를 의미한다.

中, 則正卿受之. 歲之夕, 月之夕, 日之夕, 則庶民受之.」鄭玄曰:「自正月盡四月爲歲之
朝, 自五月盡八月爲歲之中, 自九月盡十二月爲歲之夕. 上旬爲月之朝, 中旬爲月之中,
下旬爲月之夕. 平旦至食時爲日之朝, 隅中至日昳爲日之中, 晡時至黃昏爲日之夕. 受
之, 受其凶咎也.」大傳又云:「其二辰以次相將, 其次受之.」鄭玄曰:「二辰謂日·月也.
假令歲之朝也, 日·月中則上公受之, 日·月夕則下公受之; 歲之中也, 日·月朝則孤卿受
之, 日·月夕則大夫受之; 歲之夕也, 日·月朝則上士受之, 日·月中則下士受之. 其餘差
以尊卑多少, 則悉矣.」管子曰:「明王有四禁: 春無殺伐, 無割大陵, 伐大木, 斬大山,
行大火, 誅大臣, 收穀賦錢; 夏無遏水, 達名川, 塞大谷, 動土功, 射鳥獸; 秋無赦過,
釋罪, 緩刑; 冬無爵賞祿, 傷伐五藏. 故春政不禁, 則五穀不成; 夏政不禁, 則草木不榮;
秋政不禁, 則姦邪不勝; 冬政不禁, 則地氣不藏. 四者俱犯, 則陰陽不和, 風雨不時, 火流
邑, 大風飄屋, 折樹木, 地草夭, 冬雷, 草木夏落, 而秋蟲不藏, 宜死者生, 宜蟄者鳴,
多腦蟆蟲也. 六畜不蕃, 民多夭死, 國貧法亂, 逆氣下生. 故曰臺榭相望者, 亡國之廉也;
馳車充國者, 追察之馬也; 翠羽朱飾者, 斬生之斧也; 五采纂組者, 蕃功之室也. 明主知其
然, 故遠而不近, 能去此取彼, 則王道備也.」續漢書曰:「建武二年, 尹敏上疏曰:『六沴作
見, 若是供御, 帝用不差, 神則大喜, 五福乃降, 用章于下. 若不供御, 六罰旣侵, 六極其下.
明供御則天報之福, 不供御則禍災至. 欲尊六事之體, 則貌·言·視·聽·思·心之用, 合六
事之揆以致乎太平, 而消除轗軻孽害也..』」

『상서대전』에서 말하였다. "대개 여섯 종류의 해침[六沴]이 해[歲]의 시작에, 달[月]의
시작에, 날[日]의 시작에 발생하였다면 군주가 그것을 받는다. 해의 중반에, 달의
중반에, 날의 중반에 (생겼다면) 정경正卿[65]이 그것을 받는다. 해의 끝에, 달의
끝에, 날의 끝에 (생겼다면) 서민庶民이 그것을 받는다." 정현이 말하였다. "정월부
터 4월까지가 해의 시작이고 5월부터 8월까지가 해의 중반이며, 9월부터 12월까지
가 해의 끝이다. 상순이 달의 시작이고 중순이 달의 중반이며, 하순이 달의
끝이다. 동틀 무렵부터 아침 식사 때까지가 날의 시작이고 태양이 동남쪽을
지나 남중하고 있을 때부터 아래로 기울어 갈 때까지가 날의 중반이며, 해가
서쪽으로 잠겨갈 때부터 황혼까지가 날의 끝이다. 그것을 받는다는 것은 그
흉조와 응보의 견책을 받는다는 것이다." 『상서대전』에서 또 말하였다. "(나머지
발생한 해침에 대해서는) 날과 달[二辰]의 (시작인지, 중반인지, 끝인지에 따라)
그것에 상응하는 이들[相將]이 차례지어 순서대로 흉조와 응보의 견책을 받는다."
정현이 말하였다. "이진二辰이라는 것은 날과 달을 말한다. 가정하여 말한다면
해의 처음이면서 날과 달의 중반이면 상위의 제후諸侯[上公]가 그것을 받고, 날과
달의 끝이면 하위의 제후[下公]가 그것을 받는다. 해의 중반이면서 날과 달의
처음이면 고경孤卿[66]이 그것을 받고, 날과 달의 끝이면 대부大夫가 그것을 받는다.

---

65) 正卿: 上卿으로도 불린다. 흔히 춘추 시기 諸侯國의 執政大臣을 의미한다. 여기서는
    군주 바로 다음의 서열을 말하는 것으로 생각된다.
66) 孤卿: 三孤로도 불린다. 少師, 少傅, 少保로 三公 다음 벼슬. 광의로는 조정의 높은
    벼슬아치를 의미한다.

해의 끝이면서 날과 달의 처음이면 상사上士가 그것을 받고, 날과 달의 중반이면 하사下士가 받는다. 그 나머지 등급에 대해서도 존비고하尊卑高下에 따르면 모두 (담당하게 된다.)"『관자』에서 말하였다. "현명한 제왕에게는 네 가지 범하지 말아야 하는 것이 있다. 봄에는 (동물을) 살육하거나 (식물을) 벌채하지 않고 큰 언덕을 파헤치지 않으며 큰 나무를 벌목하지 않고 큰 산을 끊지 않으며, 큰 불을 놓지 않고 대신을 주살하지 않으며, 곡물과 세금을 징수하지 않는다. 여름에는 흐르는 물이 큰 강으로 흘러드는 것을 막지 않고 큰 계곡을 막지 않으며, 토목공사를 일으키지 않고 새와 짐승을 사냥하지 않는다. 가을에는 죄를 사면하지 않고 죄인을 석방하지 않으며, 형벌을 감형하지 않는다. 겨울에는 작爵과 은상恩賞·봉록俸祿을 주지 않고 오곡을 거둬 저장하는 것을 방해하지 않는다. 따라서 봄의 정사政事에서 금령禁令을 시행하지 않으면 오곡이 익지 않는다. 여름의 정사에서 금령을 시행하지 않으면 초목이 무성해지지 않는다. 가을의 정사에서 금령을 시행하지 않으면 간사한 무리를 이기지 못한다. 겨울의 정사에서 금령을 시행하지 않으면 땅의 기운을 보존하지 못한다. 네 가지를 모두 범하면 음양이 조화를 이루지 못해 바람과 비가 때맞추어 오지 않고 불은 읍락까지 퍼지며, 큰 바람은 가옥을 날려버리고 나무를 꺾으며, 땅 위의 풀들은 일찍 시들고 겨울에 천둥이 치며, 초목이 여름에 떨어지고 가을에는 벌레가 땅 속으로 숨지 않으며, 마땅히 죽어야할 것들이 살아 있고 마땅히 동면해야 하는 것들이 울부짖으며 누리와 모기의 재해가 많이 발생한다. 가축이 번식하지 못하고 많은 백성들이 요절하며, 국가는 빈곤해지고 법은 문란해져 반역의 기운이 아래에서 생겨난다. 따라서 대臺와 정자가 늘어선 것은 망국의 주렴朱簾[67]이라 하고 달리는 수레가 나라를 채운 것은 적을 끌어들이는 말[馬][68]이며, 물총새의 깃털과 붉은 색의 치장은 자신의 생명을 죽이는 도끼고 색색의 끈들은 공[功]을 막는 방[室][69]이라 한다. 현명한 군주는 그러함을 알기 때문에 (그것들을) 멀리하고 가까이 하지 않는다. 능히 이것들을 버리고 다른 것을 취한다면 왕도가 갖추어질 것이다."[70] 『속한서續漢書』에서 말하였다. "건무 2년(26) 윤민尹敏이 상소上疏하여 '(『홍범오행전』에서 말하는) 여섯 종류의 해침이 나타났을 때 만일 삼가 근신하며 엄숙히 하고[71] 제왕이 통치를 행함에 의심하지 않는다면 신이 크게 기뻐하여 오복五福[72]

---

67) 『管子』원문은 '亡國之廡'라고 하여 朱簾이 아니라 처마, 지붕, 집으로 해석이 된다.
68) 『管子』원문은 '追寇之馬'라고 하여 본문의 '追察之馬'와 다르다. 여기서는 『관자』에 따라 해석하였다.
69) 『管子』원문은 '燔功之窯'라고 하여 화로, 가마로 해석할 수 있다.
70) 이상의 내용은 『管子』「七臣七主」에 보인다. 다만 다소의 차이가 있다.
71) 供御: 『漢書』「五行志」에는 '共御'로 되어 있으며, 안사고에 따르면 자기 자신을 근신하고 엄숙히 하여 상서롭지 못한 재이를 막는 것이다. 『漢書』卷27中之下, 「五行中之下」, "所謂「六沴作見, 若是共御, 五福乃降, 用章于下」者也.[師古曰: 「共讀曰恭. 御讀曰禦. 言恭己以禦災也. 一說, 御, 治也, 恭治其事也.」]"
72) 五福: 홍범구주의 아홉 번째 항목의 하나로 목숨(壽), 부유함(富), 편안함(康寧),

을 내려 지상에 나타나게 한다 하였습니다. (그러나) 만일 삼가 근신하지 않는다면 육벌六罰73)이 발생하고 육극六極이 내린다고 하였습니다. (이는) 삼가 근신하고 엄숙히 하면 하늘이 복으로써 그에 답하고, 삼가 근신하고 엄숙히 하지 않으면 재화를 이르게 한다는 것을 분명히 보이는 것입니다. 바라옵건대 육사六事74)의 규범과 도리를 중시하시고 용모·말·봄·들음·생각75)의 실행을 법도 있게 하시며 육사의 도를 조화롭게 함으로써 태평에 이르게 하시고 불길한 재해를 제거하십시오.'라고 말하였다."

덕을 좋아함(攸好德), 天壽(考終命)를 말한다.
73) 六罰: 恒雨, 恒暘, 恒燠, 恒寒, 恒風, 恒陰을 말한다. 즉, 자연 현상이 절기에 맞지 않는 것이다.
74) 六事: 원래 貌, 言, 視, 聽, 思心 五事에 王(皇)極을 더한 것을 말한다.
75) 유소는 思와 心을 분리하여 六事로 주해하였으나, 합쳐 생각으로 해석하였다.

貌不恭: 용모가 공손하지 않음

建武元年, 赤眉賊率樊崇·逢安等共立劉盆子爲天子. 然崇等視之如小兒, 百事自由, 初不恤錄也. 後正旦至, 君臣欲共饗, 旣坐, 酒食未下, 群臣更起, 亂不可整. 時大司農楊音案劍怒曰:「小兒戲尙不如此!」其後遂破壞, 崇·安等皆誅死. 唯音爲關內侯, 以壽終.

(광무제光武帝) 건무 원년(25) 적미赤眉76) 집단의 두령 번숭樊崇77)과 봉안逢安78) 등이 함께 유분자劉盆子79)를 세워 천자로 삼았다. 그러나 번숭 등은 그를 마치 어린 아이 보듯이 하고 모든 일을 스스로 주관하며 전혀 보살피지 않았다. 이후 정월 초하루에 군신이 함께 연회를 베풀기 위해 자리에 앉기는 했으나 술과 음식은 아직 내어오지 않았을 때, 뭇 신하들이 번갈아가며

---

76) 赤眉: 新 왕망 말 樊崇을 우두머리로 하는 농민 반란군. 赤色으로 눈썹을 물들여 표지를 삼아 이름을 얻었다. 天鳳 5년(18) 莒縣(지금의 산동성 거현)에서 기병한 후 태산 일대를 근거지로 삼아 정부군과 대치하며 東海郡과 琅邪郡을 중심으로 세력을 확대하였다. 이후 洛陽 更始帝에게 항복하였다가 곧 반기를 들고 劉盆子를 황제로 삼았다. 更始軍 내부의 분란을 이용하여 장안에 입성한 후 경시제를 살해하였지만 건무 3년(27) 광무제에게 항복하였다.

77) 樊崇(?~27): 字는 細君, 낭야군(지금의 산동성 諸城) 출신. 왕망 말 기병한 농민 반란군 적미 집단의 수령. 용감하고 전투에 탁월하였으며 지략이 풍부했던 것으로 알려져 있다. 기병 후 군의 기강을 엄격히 하여 백성들의 재산을 침해하는 일이 없었다고 한다. 경시제에게 잠시 항복하였지만 곧 유분자를 황제로 삼아 반기를 들고 결국 경시제를 살해하였다. 장안을 장악하였지만 광무제에게 항복하였다. 이후 반란을 꾀하다 발각되어 광무제에게 주살되었다.

78) 逢安: 왕망 말 기병한 적미군의 영수. 字는 少子고 낭야군 東莞(지금의 산동성 沂水) 출신. 천봉 5년(18), 기병하여 번숭에게 호응하였다. 적미군이 정권을 수립한 후 左大司馬가 되었다. 광무제에게 투항한 후 반란을 꾀하다 살해되었다.

79) 劉盆子(10~?): 태산군 式縣(지금의 산동성 寧陽縣) 출신. 한고제 유방의 손자인 城陽景王 劉章의 후예다. 유분자의 조부 劉憲은 元帝 시기 式侯에 책봉되었고, 부친 劉萌은 신왕조 개국 후 피살되었다. 두 형들과 적미군에게 납치되어 放牧의 일을 하다 25년 번숭에 의해 황제로 옹립되었다. 역사에서는 연호를 따서 建世皇帝로 부른다. 건무 3년(27) 광무제에게 투항하였고, 광무제의 배려에 의해 광무제 숙부 趙王 劉良의 郎中이 되었다. 병으로 실명한 후 광무제의 명령에 의해 滎陽 官田의 조세로 종신토록 봉양받았다. 『後漢書』卷11에 傳이 있다.

일어나 소란스러움이 정돈되지 않았다. 당시 대사농大司農[80])이었던 양음楊音[81])이 칼을 잡고 노여워하며 말하였다. "어린 아이들의 놀이도 오히려 이보다는 나을 것이다!" 그 후 마침내 (광무제에 의해 적미 집단은) 파괴되었고 번숭과 봉안 등은 모두 주살되었다. 오직 양음만이 관내후關內侯[82])가 되어 천수天壽를 다했다.

光武崩, 山陽王 荊哭不哀, 作飛書與東海王, 勸使作亂. 明帝以荊同母弟, 太后在, 故隱之. 後徙王廣陵, 荊遂坐復謀反自殺也.

광무제光武帝(재위 25~57)[83])가 붕어崩御했을 때 산양왕山陽王 형荊[84])은 곡은

---

80) 大司農: 九卿의 하나로 국가 재정을 총괄하였다. 진과 전한에서 治粟內史를 설치하여 국가 재정을 담당하게 하였는데, 전한 경제 시기 大農令으로 고쳤다가 무제 때 다시 大司農으로 바꿨다. 대사농 아래로는 太倉, 均輸, 平準, 都內, 籍田五令丞이 있어 여러 사무를 나누어 관장하였다.

81) 楊音: 적미군의 장수. 동해군 臨沂縣(지금의 산동성 임기) 출신. 왕망 말 기병하여 번숭에게 호응하여 공동으로 적미군을 조직하였다. 경시제 稱帝 이후 번숭과 함께 낙양으로 들어가 경시 정권에 투항하였다. 이후 경시 집단으로부터 배척되어 번숭과 함께 장안을 공격하였다. 25년 한왕조의 후예 유분자를 황제로 세우고 대사농을 배수하였다. 건무 3년(27) 광무제에게 격파된 후 투항하였다. 투항 후 장안에서 광무제의 숙부를 구한 공으로 關內侯에 책봉되었다.

82) 關內侯: 爵位 이름. 진한 20등 작위 중 19등으로 列侯 아래에 위치한다. 명칭은 있으나 封國은 없다. 일반적으로 軍功을 세운 將領에게 포상으로 주었는데, 食邑의 戶數는 있으나 조세 징수권만이 부여되었다. 魏晉 이후 점차 虛封으로 실시되었다.

83) 光武帝(BC. 6~57): 이름은 秀, 字는 文叔, 시호는 光武. 전한 경제의 庶子 長沙王 劉發의 후예. 후한의 초대 황제. 왕망 찬위 후 군웅이 앞 다투어 기의할 때 고향인 南陽(지금의 하남성)에서 형 劉縯과 더불어 春陵軍을 조직하여 劉氏 왕조의 부활을 기치로 기의하였다. 처음에는 경시 정권에 참여하여 하남성 昆陽에서 왕망의 40여만 대군을 격파한다. 이로 인해 유수의 세력이 확대되자 경시제는 유수의 형 유연을 살해하였다. 기회를 엿보던 유수는 地皇 4년(23) 신왕조가 멸망하자 河北 평정을 이유로 출정을 청하면서 경시제로부터 이탈하게 된다. 하북 세력의 도움으로 건무 원년(25) 낙양에서 제위에 올라 후한 왕조를 건립하였다. 즉위 후 蜀의 公孫述, 隴西의 隗囂, 河西의 竇融, 산동의 적미 집단을 진압하고 건무 11년(35) 전국을 평정하였다. 廟號는 世祖고, 原陵에 묻혔다.

84) 劉荊(?~67): 후한 광무제의 여덟 번째 아들. 모친은 陰麗華. 明帝의 同母弟. 건무 15년(39) 山陽公이 되었고, 건무 17년(41) 山陽王에 봉해졌다. 광무제 사후 익명의 투서를 작성하여 東海王 劉彊의 舅父 大鴻臚 郭況을 통해 동해왕에게 전달하여 반란을 일으킬 것을 권하였다. 사정이 발각되었지만 명제는 그가 동모제라는

하였으나 슬퍼하지 않았고 익명의 편지[85])를 작성하여 동해왕東海王[86])에게
보내 난을 일으킬 것을 권하였다. 명제明帝(재위 57~75)[87])는 유형이 어머니가
같은 동생이고 (모친인) 음태후陰太后[88])도 건재해 있었기 때문에 그 일을
숨겼다. 이후 광릉왕廣陵王으로 옮겼는데, 유형이 마침내 다시 모반의 죄를
짓고 자살하였다.

章帝時, 竇皇后兄憲以皇后甚幸於上, 故人人莫不畏憲. 憲於是强請奪沁水長公主
田, 公主畏憲, 與之, 憲乃賤顧之. 後上幸公主田, 覺之, 問憲, 憲又上言借之.
上以后故, 但譴敕之, 不治其罪. 後章帝崩, 竇太后攝政, 憲秉機密, 忠直之臣與憲

　　　점 때문에 그 일을 비밀에 부치고 河南의 궁으로 쫓아냈다. 그러나 곧 西羌에
　　　편승해 그들과 결탁하여 반란을 꾀하다가 발각되어 永平 원년(58) 廣陵王으로
　　　옮겨졌다. 영평 10년(67), 신령에 기대 저주를 행하는 祝詛를 행한 죄로 주살이
　　　검토될 때 자살하였다. 시호는 思王이다. 『後漢書』 卷42에 傳이 있다.
85) 『後漢書』 卷10上, 「皇后紀」, 李賢注, "飛書, 若今匿名書也."
86) 東海王(25~58): 이름은 彊, 광무제의 아들, 명제의 異母兄. 건무 2년(26), 모친인
　　　郭氏가 황후가 되며 황태자가 되었다. 그러나 건무 17년(41) 곽황후가 폐위되자
　　　스스로 황태자 폐위를 요청하여 건무 19년 동해왕에 책봉되고 28년(52)에 봉국으로
　　　나갔다. 광무제의 우대로 인해 동해국 외에도 魯郡을 兼食하여 총 29縣을 다스렸다.
　　　『後漢書』 卷42에 傳이 있다.
87) 明帝(28~75): 이름은 莊, 처음 이름은 陽이다. 후한의 두 번째 황제로 광무제의
　　　넷째 아들이다. 모친은 光烈皇后 음려화. 처음에 東海公에 책봉되었다가 후에
　　　동해왕으로 進封되었다. 건무 19년(43) 황태자로 책립되었고, 中元 2년(57) 광무제
　　　사후 즉위하였다. 광무제의 통치를 계승하여 내치에 힘썼다. 유학을 제창하는
　　　한편 刑名文法을 중시하였다. 외척을 비롯한 貴戚의 정치 참여를 억제하였다.
　　　밖으로는 竇固를 보내 北匈奴를 정벌하여 흉노의 화를 제거하였다. 이후 班超를
　　　파견하여 西域을 경영하였다. 통치 기간 동안 吏治가 정돈되었고 가난한 백성들에게
　　　公田 및 종자를 대여하고 수리시설을 확충하여 농업생산을 증대시켰다. 아들인
　　　장제의 치세와 더불어 '明章之治'라 불리는 태평의 시대를 이루었다. 영평 18년(75)
　　　향년 48세로 사망하였다. 시호는 孝明皇帝, 묘호는 顯宗이다. 顯節陵에 묻혔다.
88) 陰太后(5~64): 이름은 여화. 광무제의 황후, 명제의 생모. 남양군 新野縣(지금의
　　　하남성 신야현) 출신. 부친은 陰睦, 모친은 鄧氏. 후덕하고 인자한 성품의 소유자로
　　　알려져 있다. 지황 4년(23) 광무제와 혼인하고 건무 원년(25) 貴人이 되었다.
　　　광무제가 황후로 세우고자 했으나 아들을 둔 곽씨를 황후로 삼을 것을 요청하였다.
　　　건무 17년(41) 곽황후가 폐위되고 황후가 되었다. 외척의 발호를 걱정했던 광무제
　　　에게 陰氏가 명문이 아니고 집안에 高官이 없다는 점이 작용한 결과다. 영평
　　　7년(64) 병사한 후 원릉에 합장되었다. 『後漢書』 卷10上에 傳이 있다.

佞者, 憲多害之, 其後憲兄弟遂皆被誅.

장제章帝(재위 75~88)[89] 때, 두황후竇皇后[90]의 형 두헌竇憲[91]은 황후가 황제에게
크게 총애를 받음으로써 사람들 모두 그를 두려워하지 않는 이가 없었다.
두헌이 이에 심수장공주沁水長公主[92]의 땅을 빼앗고자 억지로 요구함에 공주
가 두헌이 두려워 그에게 주니 두헌이 곧 싼 값으로 그것을 사들였다.
후에 황제가 공주의 땅으로 순행 나갔다가 그 사실을 알고 두헌에게 물으니
두헌은 또 그 땅을 빌렸다고 황제에게 말하였다.[93] 황제가 (모든 일이)

---

89) 章帝(57~88): 이름은 炟으로 후한의 세 번째 황제. 명제 유장의 다섯째 아들로
    모친은 賈貴人이다. 명제 영평 3년(60) 황태자로 冊立되었고, 영평 18년(75) 8월
    제위를 계승하였다. 즉위 후 통치에 힘써 農桑을 중시하고 수리시설을 확충하였으
    며 徭役을 경감하였다. 스스로도 소박하게 생활하며 '與民休息'을 실행하였다. 好儒
    의 황제로 儒者들을 불러 白虎觀에서 五經의 異同을 논의하게 한 것으로 유명하다.
    또한 반초를 기용하여 두 차례에 걸쳐 서역을 경영하였다. 치세 중 정치는 안정되고
    경제는 번영하였으며 학술도 발전하여 부친인 명제의 치세와 더불어 '明章之治'로
    불린다. 다만 '親親'의 이념을 중히 여겨 조부와 부친의 시대와는 달리 외척의
    발호가 시작되었다. 章和 2년(88) 32세의 나이로 사망하였다. 시호는 孝章皇帝며
    묘호는 肅宗이다. 敬陵에 묻혔다.
90) 竇皇后(?~97): 章德竇皇后. 扶風(지금의 섬서성) 출신. 大司空 두융의 증손녀로 장제
    건초 2년(77) 언니와 함께 입궁하여 이듬해 황후가 되었다. 당시 조정에서 두씨의
    세력이 막강하였기 때문에 황제의 총애를 독차지하였다. 장화 2년 장제가 사망하고
    和帝가 즉위하자 황태후가 되어 형인 竇憲을 輔政으로 위촉하여 두씨 專政 시대를
    열었다. 永元 9년(97) 사망한 후 장제의 경릉에 합장되었다. 『後漢書』卷10上에
    傳이 있다.
91) 竇憲(?~92): 字는 伯度, 부풍(지금의 섬서성) 출신. 후한의 개국공신인 두융의
    증손자이자 장덕두황후의 형. 화제가 즉위하고 두황후가 황태후가 되며 臨朝稱制를
    통해 형인 두헌을 보정으로 위촉하였다. 두 차례에 걸친 북흉노 토벌에서 큰
    공을 세우고 개선하여 大將軍이 되었다. 인척을 모두 조정의 요직에 앉히며 권력을
    독점하였고, 크고 작은 모든 일을 처리하였다고 한다. 영원 4년(92) 환관과 결탁한
    화제가 친위쿠데타를 일으켜 대장군의 印綬를 거두고 冠軍侯로 책봉하여 강제로
    봉국으로 나가게 하였다. 이후 황제의 명에 따라 자살하였다. 『後漢書』卷23에
    傳이 있다.
92) 沁水長公主: 후한 명제의 다섯 번째 딸로 이름은 致다. 영평 3년(60) 沁水公主가
    되고 개국공신인 鄧禹의 손자인 高密侯 鄧乾에게 시집갔다. 『後漢書』卷10下 「皇后傳」
    에 傳이 附記되어 있다.
93) 『後漢書』「竇憲傳」에는 "後肅宗駕出過園, 指以問憲, 憲陰喝不得對."라고 하여 말문이
    막혀 답하지 못한 것으로 나와 있다.

황후로 인한 것임을 알아 (두헌을) 견책하고 훈계하기는 했지만 죄로 다스리
지는 않았다. 후에 장제가 붕어하고 두태후竇太后[94]가 섭정攝政을 하여 두헌이
기밀機密을 장악하게 되자 충직한 신하들 중 두헌의 뜻을 거스른 자들은 두헌에
의해 대부분 해를 입었다. 그 후 두헌 형제[95]는 마침내 모두 주살되었다.

桓帝時, 梁冀秉政, 兄弟貴盛自恣, 好驅馳過度, 至於歸家, 猶馳驅入門, 百姓號之
曰「梁氏滅門驅馳」. 後遂誅滅.

환제桓帝(재위 146~167)[96] 때 양기梁冀[97]가 정권을 장악하여 (양기) 형제[98]의
지위와 명성이 높아 거리낌 없이 행동하였는데, (특히) 지나칠 정도로 말을
몰아 달리는 것을 좋아하여 집으로 돌아갈 때조차도 말을 몰아 문으로

---

94) 竇太后(?~97): 章德竇皇后. 竇皇后를 참조.

95) 竇篤·竇景·竇瓌를 말한다.

96) 桓帝(132~167): 이름은 志며, 字는 意. 장제의 증손이자 河間王 劉開의 손자, 蠡吾侯
劉翼의 아들. 후한의 열한 번째 황제. 質帝 사망 후 梁太后와 梁冀에 의해 열다섯
나이로 황제에 옹립되었다. 양태후가 임조칭제하며 양기를 보정으로 세워 권력을
독점하였다. 延熹 2년(159) 單超를 비롯한 환관들과 모의하여 양씨들을 제거하였으
나 권력은 환관의 수중으로 들어갔다. 연희 9년(166) 조정의 대신들과 太學生들이
환관의 정치 참여를 반대하고 공정한 선거를 요구하자, 대표 격인 李膺 등을
포함해 이백여 명을 체포하고 영구히 관직에 나올 수 없는 禁錮刑에 처한다.
이른바 黨錮 사건이다. 불교와 도교에 심취하였고, 여색에 빠져 살았던 것으로
알려져 있다. 永康 원년 12월(167)에 사망하였다. 시호는 孝桓皇帝, 묘호는 威宗이다.
宣陵에 묻혔다.

97) 梁冀(?~159): 字는 伯卓 또는 伯車. 처음에 황문시랑으로 관직에 나가 侍中, 虎賁中郎
將, 步兵校尉, 執金吾 등을 거쳤다. 永和 원년(136) 河南尹을 배수하였다. 성품이
폭력적이며 방자하였다고 한다. 부친 梁商 병사 후 대장군이 되고 乘氏侯를 계승하였
다. 順帝 시기 보정이 되어 권력을 장악하고 순제 사후에는 어린 沖帝를 세우고
보정을 지속하였다. 충제 사후 質帝를 세웠으나 질제가 朝臣들 앞에서 자신을
제멋대로 날뛴다는 의미의 '跋扈將軍'이라며 비난하자 독살하였다. 열다섯 살의
환제를 세우고 조정을 마음대로 하였으며, 당파를 이루어 관직을 독점하고 양씨
일가를 요직에 앉혔다. 3명의 황후와 6명의 귀인, 7명의 侯, 2명의 대장군, 3명의
駙馬를 배출하였고 그 밖에 고위직에 오른 사람이 57명에 이르렀다. 양태후와
梁皇后가 元嘉 2년(152)과 연희 2년(159) 차례로 사망하자, 환관을 앞세운 환제가
쿠데타를 일으켰다. 환제의 공격을 받고 가족과 함께 자살하였다. 『後漢書』 卷34에
傳이 있다.

98) 梁棠, 梁雍, 梁翟를 말한다.

들어가니 백성들이 그것을 일러 말하기를 "양씨가 멸문滅門을 향해 말달려 간다."고 하였다. 후에 마침내 주멸되었다.

淫雨: 절기에 맞지 않는 비

和帝 永元十年, 十三年, 十四年, 十五年, 皆淫雨傷稼.[一]

화제和帝(재위 88~105)[99] 영원永元[100] 10년(98), 13년(101), 14년(102), 15년(103),
모두 절기에 맞지 않은 비가 내려 곡식이 상하였다.

[一] 古今注曰:「光武 建武六年九月, 大雨連月, 苗稼更生, 鼠巢樹上. 十七年, 雒陽暴雨,
壞民廬舍, 壓殺人, 傷害禾稼.」

『고금주古今注』[101]에서 말하였다. "광무제 건무 6년(30) 9월, 큰 비가 몇 달 동안
지속되고 농작물이 다시 자랐으며 쥐가 나무 위에 집을 지었다. 17년(41), 낙양洛
陽[102]에 폭우가 쏟아져 백성들의 가옥이 무너지고 사람이 깔려 죽었으며, 곡식이
상하였다."

安帝 元(年)[初]四年秋, 郡國十淫雨傷稼.[一]

---

99) 和帝(79~105): 이름은 肇, 후한의 네 번째 황제. 장제의 네 번째 아들로 건초
4년(79)에 梁貴人에게서 태어났다. 이후 황후 竇氏의 繼子가 되었다. 건초 7년(82)
장제가 태자 劉慶을 폐위하고 황태자로 삼았다. 장화 2년(88) 장제 사망 후 즉위하였
으나 어린 나이로 인해 두태후가 임조칭제하여 그 형 두헌을 보정으로 위촉하였다.
영원 4년(92) 환관들과 친위쿠데타를 일으켜 두씨를 제거하고 親政하기 시작하였
다. 元興 원년(105) 병이 들어 27세의 나이로 사망하였다. 시호는 孝和皇帝며,
묘호는 穆宗이다. 愼陵에 묻혔다.
100) 永元: 후한 화제의 첫 번째 연호로 89~105년에 해당한다.
101) 『古今注』: 일명 『伏侯古今注』. 후한 伏無忌가 찬술하였다. 한대의 제도·사물 등을
해설한 책으로 원서는 이미 유실되었고, 현재의 것은 『續漢書』를 중심으로 『史記』
등의 주석서와 『六堂書鈔』 등의 類書에 인용되있던 깃을 輯佚한 깃이다. 내용은
천문·제사와 帝號·帝陵 및 재이·瑞祥 등을 중심으로, 그 밖에 秦錢·郡國·赤眉賊·戶口
墾田 등 다방면에 걸쳐 있다.
102) 洛陽: 본래 이름은 洛邑이다. 춘추 시기 成周라고도 불렸다. 周敬王이 王子 朝之의
난을 피해 성주로 옮겼다고 하는데, 바로 이곳을 말한다. 이후 점차 확장되어
춘추 후기에는 매우 번영하게 되었다. 전국 시기 낙양으로 고쳤는데, 洛水의
북쪽에 위치하여 이름을 얻었다. 후한 왕조가 이곳에 定都하였다. 지금의 하남성
洛陽市 동북쪽에 위치한 漢魏故城에 해당한다. 후한 시기 尙德 행위의 하나로
火德과 상극하는 '洛'자 대신 '雒'자를 사용하였으나 삼국 시기 다시 洛陽으로 고쳤다.

안제安帝(재위 106~125)[103] 원초元初[104] 4년(117) 가을, 군국郡國 열 곳에서 절기에 맞지 않는 비가 내려 곡식이 상하였다.

[一] 方儲對策曰:「雨不時節, 妄賞賜也.」

방저가 대책에서 말하였다. "절기가 아닐 때 비가 내리는 것은 문란한 상사賞賜 때문입니다."

永寧元年, 郡國三十三淫雨傷稼.

(안제) 영녕永寧[105] 원년(120), 군국 서른세 곳에서 절기에 맞지 않는 비가 내려 곡식이 상하였다.

建光元年, 京都及郡國二十九淫雨傷稼. 是時羌反久未平, 百姓屯戍, 不解愁苦.

(안제) 건광建光[106] 원년(121) 수도 및 군국 스물아홉 곳에서 절기에 맞지 않는 비가 내려 곡식이 상하였다. 이때 강족羌族[107]의 반란이 오래도록 평정되지 않아 백성들이 (징발되어) 둔수屯戍에 종사하는 수고가 지속되었다.

---

103) 安帝(94~125): 이름은 祜, 후한의 여섯 번째 황제. 장제의 손자며 淸河孝王 유경의 아들로 左小娥와의 사이에서 태어났다. 13세에 즉위하여 친정이 불가능하였기에 鄧太后가 임조칭제하여 그 형 鄧騭를 보정대신으로 위촉하였다. 등태후 사후 등씨를 주멸하고 정권을 장악하는 듯했지만 이번에는 閻皇后와 그 일족, 환관, 그리고 안제의 유모 王聖이 무리를 이뤄 정권을 농단하였다. 延光 4년(125) 宛城에 갔다가 병을 얻어 수도로 돌아오는 중 사망하였다. 향년 32세였다. 시호는 孝安皇帝며, 묘호는 恭宗이다. 恭陵에 묻혔다.

104) 元初: 후한 안제의 두 번째 연호로 114~120년에 해당한다.

105) 永寧: 후한 안제의 세 번째 연호로 120~121년에 해당한다.

106) 建光: 후한 안제의 네 번째 연호로 121년~122년에 해당한다.

107) 羌族: 중국 서북 지역의 오래된 종족 중의 하나. 주로 羊을 길렀기 때문에 羊字 밑에 사람 人字를 결합하여 羌이라 부른 것으로 알려져 있다. 상대부터 기록이 나타나는데 周武王이 상나라를 공격할 때 군사를 보내 회맹에 참가하였다. 춘추 시기 진나라가 섬서, 甘肅에서 발전하자 점차 서쪽으로 이동하였다. 이때부터 강은 자체적으로 발전해 越雋羌, 廣漢羌, 武都羌 등으로 불렸다. 孝公 시기에 진에 굴복했고, 이후 진이 6국을 통일한 후에는 동진하였다. 전한 초기 흉노에 귀부하기도 하고, 교통의 요지인 감숙을 두고 한과 대결을 벌이기도 했다. 후한 초 감숙 섬서 일대로 內遷한 후 漢人들과 雜居하였다. 안제 永初 원년(107) 후한 정부의 강압적인 징발에 반발하여 반란을 일으켰다.

延光元年, 郡國二十七淫雨傷稼.[一]

(안제) 연광延光108) 원년(122), 군국 스물일곱 곳에서 절기에 맞지 않은 비가 내려 곡식이 상하였다.

[一] 案本傳陳忠奏, 以爲王侯二千石爲女使伯榮獨拜車下, 柄在臣妾.

『후한서後漢書』)「진충전陳忠109)傳」을 살펴보니 진충이 주奏를 올려 "왕후王侯, 이천 석二千石 대신들이 여사女使인 백영伯榮110)을 위하여 특별히 예를 갖춰 수레를 내려주었으니 (권력이) 신첩臣妾에게 있는 것입니다."라고 하였다.

二年, 郡國五連雨傷稼.

(연광) 2년(123), 군국 다섯 곳에서 계속 비가 내려 곡식이 상하였다.

順帝 永建四年, 司隸·荊·豫·兗·冀部淫雨傷稼.

순제順帝(재위 125~144)111) 영건永建112) 4년(129), 사례司隸,113) 형주荊州,114) 예주

---

108) 延光: 후한 안제의 다섯 번째 연호로 122~125년에 해당한다.

109) 陳忠(?~125): 字는 伯始, 沛國 洨縣(지금의 안휘성 固鎭縣) 출신. 안제 영초 연간(107~113) 초빙되어 司徒府에 들어갔고 후에 廷尉府의 관리가 되었다. 법률에 정통하여 司徒 劉愷의 천거를 받아 尙書로 승진하여 治獄의 사무를 관장하였다. 등태후 사후 안제에게 수차례 書를 올려 재야에 隱逸하는 인사를 발탁하고 직언의 길을 넓힐 것을 건의하였으며 환관 江京과 李潤, 유모 왕성에 반대하였다. 연광 3년(124) 司隸校尉가 되어 환관과 외척을 엄히 다스렸다. 다음해 江夏太守가 되었지만 나가기 전에 尙書令이 되었고, 얼마 되지 않아 병사하였다. 『後漢書』卷36에 傳이 있다.

110) 伯榮: 안제의 유모 왕성의 딸. 모친과 함께 중상시 강경 등과 결탁하여 정권을 농단하였다. 연광 연간에 劉瓌와 사통한 후 그에게 시집갔다. 유괴는 그로 인해 朝陽侯에 책봉되었지만 왕성 실각 후 亭侯로 강등되었다.

111) 順帝(115~144): 이름은 保, 후한의 여덟 번째 황제. 안제의 아들로 궁인 李氏와의 사이에서 태어났다. 안세 사후 염황후는 내사 濟陽王 유보를 폐위하고 어린 劉懿를 황제로 세우고 임조칭제하여 정권을 장악하였다. 그러나 유의가 7개월 만에 사망하자 염황후와 그의 형 閻顯은 다시 어린 황제를 세우려 하였고, 이에 반대한 환관 孫程과 王康 등이 궁정 정변을 일으켜 11세의 유보를 옹립하여 황제로 세우니 이가 순제다. 궁정 정변으로 염씨는 숙청되었으나 이번에는 환관이 정권을 장악하게 되었고, 후에 외척 梁氏와 결탁하면서 20여년에 걸친 양씨 專政이 시작되었다. 建康 원년(144) 향년 30세로 사망하였다. 시호는 孝順皇帝, 묘호는 敬宗이다. 憲陵에 묻혔다.

112) 永建: 후한 순제의 첫 번째 연호로 126~132년에 해당한다.

豫州,[115] 연주兗州,[116] 기주冀州[117]에 절기에 맞지 않는 비가 내려 곡식이
상하였다.

六年, 冀州淫雨傷稼.
(영건) 6년(131) 기주에서 절기에 맞지 않은 비가 내려 곡식이 상하였다.

桓帝 延熹二年夏, 霖雨五十餘日. 是時, 大將軍梁冀秉政, 謀害上所幸鄧貴人母宣,
冀又擅殺議郎邴尊. 上欲誅冀, 懼其持權日久, 威勢强盛, 恐有逆命, 害及吏民,
密與近臣中常侍單超等圖其方略. 其年八月, 冀卒伏罪誅滅.[一]
환제 연희延熹[118] 2년(159) 여름, 장맛비가 오십 여일 지속되었다. 이때 대장군
大將軍[119] 양기가 정권을 장악하고 있었는데, 주상이 총애하고 있는 등귀인鄧

---

113) 司隸: 司隸校尉部의 簡稱. 전한 무제 征和 4년(BC. 89)에 감찰 구역으로 설치되나
    이후 행정 구역이 된다. 경기 지역을 관할하였다. 후한 건무 11년(35) 사례교위부를
    十三州刺史部(幽州, 冀州, 幷州, 涼州, 司隸, 兗州, 靑州, 徐州, 豫州, 揚州, 荊州, 益州,
    交州)의 하나로 삼으며 1급 행정 구역이 되었고 관아는 낙양에 두었다. 서진
    시기에는 司州로 고쳤다.
114) 荊州: 전한 무제 元封 5년(BC. 106)에 설치한 13주자사부 중 하나. 관할 지역은
    지금의 湖北·湖南 두 성과 하남, 貴州, 廣西, 廣東의 일부에 해당한다. 이후 행정
    구역이 되어 후한 시기 관아를 漢壽縣(지금의 호남성 常德市 동북)에 두었다.
115) 豫州: 전한 무제 원봉 5년(BC. 106) 13주자사부의 하나로 설치. 이후 행정 구역이
    되어 후한 시기 譙縣(지금의 안휘 亳州市)에 관아를 두었다. 관할 지역은 지금의
    하남성 대부분에 해당한다. 조위에서는 安城縣(지금의 하남성 正陽縣 동북)으로
    관아를 옮겼고 서진에서는 陳縣(지금의 하남 淮陽縣)으로 옮겼다. 서진 영가 연간
    (307~313) 이후에는 관아의 소재지가 여러 차례 바뀌어 그 관할 지역 역시 변화가
    심하였다. 前秦에서는 東豫州로 바뀌었으며 북위에서는 洛州로 바뀌었다.
116) 兗州: 전한 무제 원봉 5년(BC. 106) 13주자사부의 하나로 설치. 이후 행정 구역이
    되어 후한 시기 昌邑縣(지금의 산동성 巨野縣 동남)에 관아를 두었다. 관할 지역은
    지금의 산동성 서부와 하남성 동부에 해당한다. 위진 시기 廩丘(지금의 산동
    鄆城縣 서쪽)로 관아를 옮겼으며 차츰 영역이 축소되었다.
117) 冀州: 전한 무제 원봉 5년(BC. 106) 13주자사부의 하나로 설치. 지금의 河北省
    중·남부, 산동성 서단 및 하남성 북단이 관할 구역이었다. 이후 행정 구역이
    되어 후한 시기 高邑縣(지금의 하북성 柏鄉 북쪽)에 관아를 두었다.
118) 延熹: 환제의 여섯 번째 연호. 158~167년에 해당한다.
119) 大將軍: 武官名. 전국 시기 楚懷王 시기에 대장군의 칭호가 보인다. 평상시에는
    설치하지 않았고 전쟁이 나면 설치하였는데, 대군을 이끌고 정벌에 나섰다. 한

貴人[120])의 모친 선宣을 해치고자 모의하였다. 양기가 또 의랑議郎[121]) 병존邴
尊[122])을 멋대로 살해하였다. 주상이 양기를 주멸하고자 하였으나 권력을
장악한 지 오래되고 위세가 강성한 것을 두려워하였으며, 반란이 일어나
관리와 백성에게 해가 미칠 것을 염려하여 몰래 근신近臣 중상시中常侍[123])
선초單超[124]) 등과 방책을 도모하였다. 그 해 8월, 양기가 마침내 죄를 인정하
고 주멸되었다.

대에 가장 높은 장군의 칭호였는데, 한무제 이후 일반적으로 輔政이 兼帶하며
幕府를 개설하여 정무를 처리하였다. 후한 시기에는 질록을 만 석으로 증가시키고
삼공 위에 위치하게 하였다. 서진 시기 八公의 하나였다. 남조에서는 평상시에
설치하지 않았으며, 품계는 1품이었다. 북위와 北齊에서는 모두 제1품이었다.
북주와 수대에는 府兵의 고급 지휘관의 명칭이었으며, 1군을 거느렸다.

120) 鄧貴人(?~165): 鄧猛女, 또는 鄧猛으로도 불린다. 남양군 신야현 출신. 후한 개국공신
   인 鄧禹의 玄孫女며 郎中 鄧香의 딸이다. 고모할머니가 和熹鄧皇后다. 부친인 등향
   사후 모친 宣이 梁紀와 재혼하자 모친을 따라가 양씨에게 의탁하였다. 梁冀 처에
   의해 永興 연간 입궁하여 采女가 되었다가 환제의 총애를 받아 귀인이 되었다.
   연희 2년(159), 懿獻梁皇后가 사망하고 梁冀를 주살한 환제가 등맹을 황후로 삼았다.
   이후 환제의 총애를 받게 된 郭貴人과 상호 모함하며 다투다가 연희 8년(165)에
   폐위되어 暴室에 감금되었다. 오래지 않아 화병으로 사망하였다. 『後漢書』卷10下에
   傳이 있다.
121) 議郎: 郎官의 일종. 진에서 설치하였으며 전한에서도 계승하여 설치하였다. 光祿勳
   에 속해 있으며 질록은 비육백 석이었다. 中郎과 같았으며 侍郎, 낭중보다 높았다.
   顧問應對 및 당직을 담당하였으며 궁중 門戶의 수비에도 충당되었다. 후한 시기
   일반 낭관들은 모두 五官中郎將과 左右中郎將의 관할을 받았으나 의랑만은 예외였
   다. 질록은 육백 석으로 높아졌고 參政하게 되었다.
122) 邴尊: 등맹의 모친 선의 義兄이다. 등맹이 환제의 총애를 받자 양기가 그녀를
   자신의 딸로 삼아 세력을 공고히 하고자 등맹의 성을 양씨로 바꾸려했다. 그
   때 등맹의 모친 선과 병존이 반대할지도 모른다고 여겨 양기가 자객을 보내
   살해하고자 하였다. 어렵사리 화를 피한 선이 환제에게 이 사실을 알리며 환제와
   양기 사이는 돌이킬 수 없는 상태가 되었다.
123) 中常侍: 관직명. 전한 원제 시기 황제의 근신으로 고문, 응대를 남낭하였나. 본래
   中常侍는 虛銜으로 本官에 겸직시키는 加官이었는데 후한 시기가 되면 주로 환관이
   담당하며 구체적인 직무를 가진 관직으로 변모하였다. 질록은 천 석이었으나
   이후 비이천 석의 고위 관료로 변화한다. 인원수는 정해져 있지 않았으나 明帝
   시기 4인이 확인된다. 후한 말에 이르면 12인으로 증가하였다.
124) 單超(?~160): 후한 말 환관의 수뇌. 河南(지금의 하남성 낙양시) 출신. 환제 초에
   중상시가 되었다. 환관 徐璜, 具瑗, 唐衡 등과 모의하여 양기 등을 주멸하였다.
   그 공으로 新豊侯에 책봉되었다. 食邑은 二萬戶에 달하였다. 후에 거기장군을 배수하
   였으나 얼마 되지 않아 사망하였다.

[一] 案公沙穆傳, 永壽元年霖雨, 大水, 三輔以東莫不霑没.

(『후한서』「방술方術」)「공사목전公沙穆[125]傳」에 따르면 "영수永壽[126] 원년(155) 장마가 들어 홍수가 났는데, 삼보三輔[127] 동쪽은 침수되지 않은 곳이 없었다."고 하였다.

靈帝 建寧元年夏, 霖雨六十餘日. 是時大將軍竇武謀變廢中官. 其年九月, 長樂五官史朱瑀等共與中常侍曹節起兵, 先誅武, 交兵闕下, 敗走, 追斬武兄弟, 死者數百人.[一]

영제靈帝(재위 168~189)[128] 건녕建寧[129] 원년(168) 여름, 장맛비가 육십여 일 지속되었다. 이때 대장군 두무竇武[130]가 변란을 일으켜 환관을 축출하고자

---

125) 公沙穆: 字는 文乂, 北海郡 膠東縣(지금의 산동성 平度市) 출신. 일찍이 『韓詩』와 『公羊春秋』를 학습하였으며,『河圖』『洛書』와 천체의 운행을 관측하는 推步之術을 전심으로 연구하였다. 孝廉으로 천거된 후 高第로서 主事가 되었으며, 繒國의 相으로 옮겼다. 繒相으로 있으면서 繒侯 劉敞의 惡政를 고쳤다. 이후 弘農令이 되어서는 蝗蟲이 발생하자 하늘에 기도하여 황충의 해를 물리쳤으며, 홍수를 예고하여 백성들의 피해를 막기도 하였다. 향년 66세로 재임 중에 사망하였다. 『後漢書』卷82下에 傳이 있다.
126) 永壽: 후한 환제의 다섯 번째 연호. 155~158년에 해당한다.
127) 三輔: 三秦으로도 불린다. 양한 시기 경기 지역인 京兆尹, 左馮翊, 右扶風의 合稱. 관아는 장안성(지금의 섬서성 西安市)에 두었다. 관할 지역은 지금의 섬서성 중부 일대에 해당한다. 이후 구획에는 다소의 변동이 있었으나 삼보 제도는 당대까지 지속되었다. 수당 이후로는 '輔'라고만 불렀다.
128) 靈帝(156~189): 이름은 宏, 장제의 玄孫이며 解犢亭侯 劉萇의 아들이다. 후한의 열두 번째 황제. 영강 원년(167) 후사 없이 환제가 사망하자 두태후에 의해 황제로 옹립되었다. 재위 2년째 되는 해(169) 2차 당고가 발생하면서 재위 기간 내내 환관에 의한 지식인 탄압이 자행되었다. 光和 7년(184)에는 黃巾의 난까지 발생하여 사회는 극도로 혼란해진다. 어머니 董太后와 처인 何皇后의 암투와 대장군 何進과 환관의 대립에 휘말려 살다 사망하였다. 시호는 孝靈皇帝고 文陵에 묻혔다.
129) 建寧: 후한 영제의 첫 번째 연호로 168~172년에 해당한다.
130) 竇武(?~168): 字는 游平, 부풍(현재 섬서성) 출신. 후한 초 공신 중 한사람인 安豊侯 두융의 현손. 劉淑, 陳蕃 등과 함께 '三君'으로 불렸다. 젊은 시절 經術과 덕행으로 명성을 얻었다. 연희 8년(165) 딸 竇妙가 황후가 되자 낭중에서 越騎校尉가 되고, 槐里侯에 책봉되었다. 이듬해 城門校尉가 되었다. 많은 名士를 발탁하여 관직에 나가게 한 공으로 조정에서 내린 상금을 태학생들을 위해 내 놓았다. 영제가 즉위하고 딸인 두묘가 태후가 되어 임조칭제하여 두무를 보정대신으로 위촉하였다. 太傅 진번과 함께 환관 曹節, 王甫를 제거할 계획을 세우나 계획이 누설되어 오히려 공격을 받고 살해되었다. 『後漢書』卷69에 傳이 있다.

하였다. 그 해 9월, 장락오관사長樂五官史 주우朱瑀[131] 등이 중상시 조절曹節[132]과 함께 기병하여 우선 두무를 주살하고, 궐闕 아래서 쌍방이 교전을 하였는데 (두무의 군대가) 패하여 도망하자 추격하여 두무의 형제를 베었으니 (이 당시) 죽은 자가 수백 인이었다.

[一]   案武死無兄弟, 有兄子.
살펴보니 두무가 죽었을 때 형제는 없었으며 형의 아들이 있었다.

熹平元年夏, 霖雨七十餘日. 是時中常侍曹節等, 共誣(曰)[白]勃海王悝謀反, 其十月誅悝.
(영제) 희평熹平[133] 원년(172) 여름, 장맛비가 칠십여 일 지속되었다. 이때, 중상시 조절 등이 함께 발해왕勃海王 유회劉悝[134]가 반란을 모의했다고 무고하여 그 10월에 유회를 주살하였다.

中平六年夏, 霖雨八十餘日. 是時靈帝新棄群臣, 大行尙在梓宮, 大將軍何進與佐軍校尉袁紹等共謀欲誅廢中官. 下文陵畢, 中常侍張讓等共殺進, 兵戰京都, 死者數千.

---

131) 朱瑀: 후한의 환관. 조절 등과 모의하여 두무와 진번을 주살한 공으로 都鄕侯에 봉해졌고 후에 華容侯가 되었다. 이후 병사하였으며 봉국은 양자가 계승하였다.
132) 曹節(?~181): 후한의 환관. 字는 漢豊, 남양 출신(지금의 하남성). 가문은 대대로 이천 석 관리를 배출한 명문이다. 순제 시기 소황문이었다가 환제 시기 중상시·奉車都尉로 승진하였다. 건녕 원년(168) 영제를 옹립한 공으로 長安鄕侯에 책봉되었다. 같은 해 왕보 등과 함께 두무와 진번을 주살하고 長樂衛尉가 되었으며, 育陽侯로 改封되었다. 特進, 大長秋를 거쳐 광화 2년(179)에는 상서령이 되었다. 광화 4년(181) 사망 후 거기장군이 추증되었다. 영제 시기 조정을 장악하고 권력을 농단하던 열 명의 환관인 十常侍 중 한 사람으로 알려져 있다. 『後漢書』 卷78에 傳이 있다.
133) 熹平: 후한 영제의 두 번째 연호로 172~178년에 해당한다.
134) 勃海王 劉悝(?~172): 후한의 종실. 장제의 증손이고 하간왕 유개의 손자며, 여오후 유익의 아들이고 환제의 동생이다. 勃海王 劉鴻이 사망하고 후사가 없어 유회가 발해왕에 봉해졌다. 연희 8년(165), 모반에 연루되어 慶陶王으로 옮겨 책봉되었다. 환제 사후 다시 발해왕이 되었다. 희평 원년(172) 7월, 중상시 왕보 등이 모반을 하였다고 무고하여 처자와 함께 자살하였다.

(영제) 중평中平[135] 6년(189) 여름, 장맛비가 팔십여 일 지속되었다. 이때 영제가 막 붕어하여 유체遺體가 아직 관에 있었는데, 대장군 하진何進[136]이 좌군교위佐軍校尉[137] 원소袁紹[138] 등과 함께 환관을 주살하고 축출할 것을 공모하였다. 영제를 문릉文陵에 장례 치른 후 중상시 장양張讓[139] 등이 함께

---

135) 中平: 후한 영제의 네 번째 연호로 184~189년에 해당한다.
136) 何進(?~189): 字는 遂高, 남양(지금의 하남성) 출신이다. 하황후의 이복오빠로 하황 후가 영제의 총애를 받으면서 정계에 입문하였다. 낭중, 潁川太守, 시중을 역임하였 다. 황건의 난 때는 대장군이 되어 수도를 지켰다. 황건의 난을 진압한 공으로 愼侯에 책봉되었다. 영제 사후 하황후의 아들 劉辯(少帝, 이후 弘農王)을 옹립한 후 보정이 되어 권력을 장악하였다. 원소의 건의를 따라 지략이 있는 사대부들을 기용하였다. 원소와 함께 환관을 주살하려고 모의했으나 사전에 누설되어 張讓 등에게 피살되었다. 『後漢書』 卷69에 傳이 있다.
137) 校尉: 관직명. 질록 비이천 석의 장군 다음 가는 武官. 양한 시기 司隸, 城門, 中壘, 屯騎, 越騎, 步兵, 長水, 胡騎, 射聲, 虎賁 등 다수의 교위가 설치되었다. 후한에서는 둔기, 월기, 보병, 사성, 호분의 5교위를 五營이라고 불렀는데, 각기 宿衛兵을 통솔하였다. 본문의 佐軍校尉는 영제 때 설치한 西園八校尉(上軍, 中軍, 下軍, 典軍, 助軍, 佐軍, 左, 右) 중 하나로 8교위 설치 때 원소가 취임하였다. 그러나 李賢이 인용한 「樂資山陽公載記」에 따르면 원소는 중군교위에 임명되었다(樂資山陽公載記 曰:「小黃門蹇碩爲上軍校尉, 虎賁中郎將袁紹爲中軍校尉, 屯騎校尉鮑鴻爲下軍校尉, 議郎曹 操爲典軍校尉, 趙融爲助軍左校尉, 馮芳爲助軍右校尉, 諫議大夫夏牟爲左校尉, 淳于瓊爲右 校尉.」). 교감에서는 중군교위가 맞는 것으로 보았다.
138) 袁紹(?~202): 字는 本初, 여남군(지금의 하남성 蔡縣) 출신. 4대에 걸쳐 다섯 명의 삼공을 배출한 명문 여남 袁氏 집안 출신. 처음에 郎이 되고, 영제 때 侍御史와 호분중랑장을 역임하였다. 영제 사후 대장군 하진과 모의하여 환관을 제거하려 하였지만 사전에 누설되어 오히려 하진이 살해되자 궁으로 들어가 환관 이천 명을 살해하였다. 그러나 뒤늦게 도착한 董卓이 헌제를 옹립하고 권력을 장악하자 반동탁 연합군을 결성하여 맹주가 되어 동탁을 공격하였다. 얼마 안 되어 연합군이 와해되고 원소는 기주(지금의 하북성과 하남·山西·遼寧省 일부를 포함)를 거점으로 청주(지금의 산동성)와 병주(지금의 산서성)를 차례로 장악하며 후한 말 최고의 군웅으로 부상하였다. 건안 4년(199) 유주(지금의 요녕성)의 公孫瓚을 격파하며 최대의 세력을 구가하였다. 그러나 건안 5년(200) 官渡(지금의 하남성)에서 조조에 게 대패하였다. 2년 후 화병으로 사망하였다. 『後漢書』 卷74上에 傳이 있다.
139) 張讓(?~189): 후한의 환관. 潁川郡(지금의 하남성 禹州市) 출신. 小黃門, 중상시 등의 관직을 역임하였다. 교만하고 방자하였으며 탐욕스러워 백성들의 가산을 강제로 약탈하였다. 영제가 지극히 총애하여 "張常侍는 나의 아버지다."라고 말할 정도였다. 光熹 원년(189) 하진이 환관을 주멸하려는 계획을 세웠으나 이를 미리 안 장양과 段珪 등이 하진을 먼저 살해하였다. 하진이 살해된 사실을 안 원소가 입궁하여 이천 명의 환관을 주살하자 도망하였으나 小平津에 이르러 더 이상 도주할 방법이 없음을 알고 물에 빠져 자살하였다. 십상시의 한사람으로 알려져

하진을 살해하고 (원소와) 수도에서 교전하였는데, (이때) 죽은 자가 수천이
었다.

있다. 『後漢書』 卷78에 傳이 있다.

服妖: 기괴한 복장의 유행

<u>更始</u>諸將軍過<u>雒陽</u>者數十輩, 皆幘而衣婦人衣繡擁褤. 時智者見之, 以爲服之不中, 身之災也, 乃奔入邊郡避之. 是服妖也. 其後<u>更始</u>遂爲<u>赤眉</u>所殺.

경시제更始帝[140]의 여러 장군들 중 낙양을 지난 자들이 수십 인이었는데, 모두 두건頭巾을 쓰고 부인의 옷인 채색된 반소매 옷[繡擁褤]을 입었다. 이때 지혜로운 자가 이를 보고 의복이 합당하지 않으니 몸에 재앙이 있을 것이라 여겨, 이에 변군邊郡[141]으로 달아나 피신하였다. 이것은 복요服妖다. 그 후 경시제는 결국 적미군에게 살해되었다.

<u>桓帝</u> 元嘉中, 京都婦女作愁眉·啼糚·墮馬髻·折要步·齲齒笑. 所謂愁眉者, 細而曲折. 啼糚者, 薄拭目下, 若啼處. 墮馬髻者, 作一邊.[一] 折要步者, 足不在體下. 齲齒笑者, 若齒痛, 樂不欣欣. 始自大將軍<u>梁冀</u>家所爲, 京都歙然, 諸夏皆放效. 此近服妖也. <u>梁冀</u>二世上將, 婚媾王室, 大作威福, 將危社稷. 天誡若曰: 兵馬將往收捕, 婦女憂愁, 蹙眉啼泣, 吏卒掣頓, 折其要脊, 令髻傾邪, 雖强語笑, 無復氣味也. 到<u>延熹</u>二年, 擧宗誅夷.

환제 원가元嘉[142] 연간(151~152)에 수도의 부녀들이 수미愁眉를 그리고 제장啼

---

140) 更始帝(?~25): 姓은 劉, 이름은 玄, 字는 聖公, 지금의 호북성 출신. 전한 황실의 후손. 23년 綠林軍(녹림산을 근거지로 봉기한 전한 말의 반란 집단)에 의해 황제로 추대되었다. 연호를 '更始'라고 하여 역사상 '更始帝'로 불린다. 신왕조를 멸망시키고 장안으로 들어가 천자가 되었다. 2년 후 적미군과 광무제 유수의 협공을 받아 정권이 붕괴되었다. 적미군에게 투항한 후 얼마 뒤 살해당하였다. 후에 광무제가 장안 부근 霸陵에다 장사지내 주었다. 『後漢書』卷11에 傳이 있다.

141) 邊郡: 중국 주변 夷狄의 거주지에 설치한 郡을 말한다. 중국 내부에 설치한 內郡과 구별하여 外郡으로도 불렸는데, 중국 외의 공간으로 간주되었다. 따라서 漢法이 관철되지 못하고 이적들의 故俗에 의해 통치되었다. 漢代 변군에 대해서는 金翰奎, 『古代中國的世界秩序研究』(서울: 一潮閣, 1982) 2장 1절 「漢代 邊郡體制의 構造와 性格」을 참조.

142) 元嘉: 후한 환제의 세 번째 연호로 151~152년에 해당한다.

粧을 하며, 타마계墮馬髻를 하고 절요보折要步로 걸으며 우치소齲齒笑를 머금었다. 수미라 하는 것은 (눈썹을) 가늘고 활처럼 굽게 그리는 것을 말한다. 제장이라는 것은 눈 밑을 약간 닦아 마치 눈물 자국처럼 (만드는 것이다.) 타말계라는 것은 (머리칼을) 한쪽으로 (흘러내리게) 한 것이다. 절요보라는 것은 (허리를 흔들며 걸어서) 발이 (마치) 하체에 달리지 않은 것처럼 (보이는 것이다.) 우치소라는 것은 (웃을 때) 마치 치통을 앓는 것처럼 즐거워하되 기쁨을 드러내지 않고 (웃는 것이다.) 처음에 대장군 양기의 집안에서 시작하였는데143) 수도(의 모든 이)가 (이 행위를 따라) 하였고, 온 중국이 모두 모방하였다. 이는 복요와 유사한 것이다. 양기가 두 세대에 걸쳐 상장上將이 되어144) 왕실과 혼인을 맺고 멋대로 상벌을 시행하여 장차 사직을 위태롭게 하려고 하였다. (따라서 부녀들 사이의 유행은) 마치 하늘이 경계하여 (이렇게) 말하는 것 같았다. "병사들이 장차 가서 (양씨들을) 체포하니 (양씨의) 부녀들은 근심과 걱정을 하며[憂愁] 눈살을 찌푸리며 울고[啼泣], 이졸吏卒이 억지로 끌어당겨 그 허리와 척추[要脊]를 꺾으니 머리채[髻]가 기울어져 비록 억지로라도 웃으면서 이야기하고자[語笑] 해도 다시 (그럴) 심정이 들지 않을 것이다." 연희 2년(159) 모든 종족이 주살되었다.

[一]   梁冀別傳曰:「冀婦女又有不聊生髻.」
　　　『양기별전梁冀別傳』145)에서 말하였다. "양기의 부녀 중에는 또 평생 머리채를 틀지 않은 사람도 있었다."

延熹中, 梁冀誅後, 京都幘顔短耳長, 短上長下. 時中常侍單超·左悺·徐璜·具瑗· 唐衡在帝左右, 縱其姦慝. 海內慍曰: 一將軍死, 五將軍出. 家有數侯, 子弟列布州

---

143) 『後漢書』「梁冀傳」에 따르면 양기의 처 孫壽로부터 시작되었다. 『後漢書』 卷34, 「梁冀傳」, "(孫)壽色美而善爲妖態, 作愁眉, 啼粧, 墮馬髻, 折腰步, 齲齒笑, 以爲媚惑."
144) 양기와 그 부친 양상 모두 대장군이 된 것을 말한다.
145) 『梁冀別傳』:『續漢書』「五行志」에 3번,「百官志」에 1번 인용되어 있다. 『通典』, 『太平御覽』, 『文獻通考』에도 인용되어 있으나 모두 『속한서』 유소의 주를 인용한 것이다. 언제 누구에 의해 찬술되었는지 알 수 없다.

郡, 賓客雜襲騰騖, 上短下長, 與梁冀同占. 到其八年, 桓帝因日蝕之變, 乃拜故司
徒韓寅爲司隷校尉, 以次誅鉏, 京都正淸.[一]

(환제) 연희 연간(158~167) 양기가 주멸당한 후 수도에서는 이마[額]부분이
짧고 (양쪽으로 늘어지는) 귀[耳]부분이 긴, 위가 짧고 아래가 긴 책幘이
(유행하였다.) 당시 중상시 선초, 좌관左悺,[146] 서황徐璜,[147] 구원具瑗,[148]
당형唐衡[149]이 황제 곁에서 그 간특함을 멋대로 행하고 있었다. 천하 사람이
분노하여 말하였다. "한 사람의 장군이 죽으니 다섯 명의 장군이 나오는구
나."[150] 집마다 수 명의 후侯가 나오고 자제들은 주군州郡에 퍼져 있으며
빈객賓客들은 (순서를 무시하고) 난잡하게 승진을 하니 위는 짧고(군주의
권위가 감소한 것) 아래는 긴 것(신하의 권력이 증대한 것)이 양기 때와 동일한
징조였다.[151] 연희 8년(165), 환제가 일식의 변고를 이유로 이에 옛 사도司

---

146) 左悺(?~165): 후한의 환관. 하남(지금의 하남성) 출신. 환제 시기 小黃門史가 되었다.
    선초 등과 모의하여 양기를 주멸하고 중상시에 임명되고 蔡侯로 책봉되었다.
    다섯 제후 중 한 사람이다. 司隷校尉 韓寅의 탄핵을 받고 자살하였다. 『後漢書』
    卷78에 傳이 있다.
147) 徐璜(?~164): 후한의 환관. 下邳(지금의 江蘇省) 출신. 환제 초 중상시가 되었다.
    선초, 좌관, 구원, 당형 등과 모의하여 양씨 집단을 주멸한 공으로 같은 날 武原侯에
    책봉되었다. 세간에서 말하던 다섯 제후 중 한 사람이다. 『後漢書』 卷78에 傳이
    있다.
148) 具瑗: 후한의 환관. 魏郡(지금의 하북성) 출신. 환제 시기 중상시가 되었다. 선초
    등과 모의하여 양기를 주멸하고 그 공으로 東武陽侯에 책봉되었다. 다섯 제후
    중 한사람이다. 형제 친척이 모두 州郡의 刺史, 태수가 되어 백성을 핍박하고
    수탈하였다. 후에 사례교위 한인의 탄핵으로 都鄕侯로 강등되었다. 『後漢書』 卷78에
    傳이 있다.
149) 唐衡(?~164): 후한의 환관. 영천군(지금의 하남성) 출신. 환제 시기 소황문이 되었
    다. 선초 등과 모의하여 양기를 주멸하고 그 공으로 汝陽侯에 책봉되었다. 세간에서
    말하는 다섯 제후 중 한사람이다. 탐욕스럽고 사나운 성품의 소유자로 백성들을
    핍박하고 수탈하였다. 연희 7년(164) 사망하였다. 거기장군이 追贈되었다. 『後漢書』
    卷78에 傳이 있다.
150) 다섯 환관 중 실제로 장군을 배수한 것은 선초 한 사람뿐이었다. 그는 거기장군을
    배수하였다. 『後漢書』 卷78, 「宦者 單超傳」, "超病, 帝遣使者就拜車騎將軍."
151) 양기는 輿服 제도를 고칠 때 '折上巾'이라는 巾幘을 만들었는데, 건의 위쪽(上角)이
    접힌 모양을 하였다. 司馬彪는 위가 꺾인 모양이 군주의 권위가 꺾인 것을 상징한다
    고 해석한 것이다.

徒152) 한인韓寅153)을 사례교위司隸校尉154)로 삼아 차례로 (환관들을) 제거하니 수도가 청정淸正해졌다.

[一]　臣昭案: 本傳, 寅誅左悺貶具瑗, 雖剋折姦首, 群閹相蒙, 京都未爲正淸.
　　　신臣 유소劉昭가 살펴보니 (『후한서』) 「한인전韓寅傳」에는 "한인은 좌관을 주살하고 구원을 내쳐, 비록 간사한 무리의 수뇌를 처단하기는 하였지만 환관의 무리들이 서로 감싸줘 수도는 아직 청정해지지 않았다."고 하였습니다.155)

延熹中, 京都長者皆著木屐; 婦女始嫁, 至作漆畫五采爲系. 此服妖也. 到九年, 黨事始發, 傳黃門北寺, 臨時惶惑, 不能信天任命, 多有逃走不就考者, 九族拘繫, 及所過歷, 長少婦女皆被桎梏, 應木屐之象也.
(환제) 연희 연간(158~167), 수도의 장자長者156)들은 모두 나막신을 신었다.

152) 司徒: 관직명. 삼공 중 하나. 哀帝 元壽 2년(BC.1), 丞相을 罷하고 大司徒를 설치하였으며 광무제 건무 27년(51) '大'를 제거하여 사도로 칭하였다. 民政 전반을 관장하였다.
153) 韓寅: 韓演 또는 韓縯으로 불린다. 字는 伯南이고 영천군 舞陽縣(지금의 하남성 무양현) 출신이다. 韓棱의 손자고 韓輔의 아들이다. 순제 때 丹陽太守가 되었고, 환제 시기 太常, 사공을 거쳐 사도를 역임하였다. 양기가 주살될 때 그 黨與로 연루되어 本郡으로 돌아갔다. 이후 정계에 복귀하여 사례교위가 되어 환관들을 처벌하였다. 『後漢書』 卷45, 「韓棱傳」에 傳이 부기되어 있다.
154) 司隸校尉: 한에서 위진까지 수도와 그 주변 지역을 감독하던 감찰관. 京畿 7군(京兆·左馮翊·右扶風·河東·河南·河內·弘農)의 간사한 자들과 百官 이하 범법자들을 체포 감독하는 일을 담당하였다. 자사와 동일한 직무를 담당하였으나 지위는 자사보다 높았다. 소속관으로는 從事, 假佐 등이 있다. 전한에서는 질록이 이천 석이었고 후한에서는 비이천 석에 해당하였다.
155) 현행 『후한서』에 한인은 조부인 한릉의 전에 부기되어 있다. 그러나 "棱孫演, 順帝時爲丹陽太守, 政有能名. 桓帝時爲司徒. 大將軍梁冀被誅, 演坐阿黨抵罪, 以減死論, 遣歸本郡. 後復徵拜司隸校尉."라고 하여 간단한 그의 이력만이 나올 뿐 유소가 말한 내용은 확인할 수 없다.
156) 長者: ① 나이나 항렬이 높은 사람(『孟子』, 「告子下」, "徐行後長者謂之弟, 疾行先長者謂之不弟.") ② 신분이나 지위가 높고 귀한 사람(『史記』 卷56, 「陳丞相世家」, "(陳平)家乃負郭窮巷, 以獘席爲門, 然門外多有長者車轍.") ③ 덕망이 높은 사람(『史記』 卷7, 「項羽本紀」, "陳嬰者, 故東陽令史, 居縣中, 素信謹, 稱爲長者.") ④ 호방하고 의협심이 있는 사람(『後漢書』 卷24, 「馬援傳」, "王氏, 廢姓也. 子石當屏居自守. 而反游京師長者, [李賢注: 長者謂豪俠者也.] 用氣自行, 多所陵折, 其敗必也."). 「五行志」 안에 長者의 상대로 下士가 나오는 것을 미루어 여기서는 ②의 뜻으로 해석하는 것이 적절할 것으로 생각한다.

부녀들은 시집갈 때가 되면 (나막신에) 옻칠을 하고 오색 비단으로 끈을 만들었다. 이는 복요다. (연희) 9년(166)에 이르러 당고黨錮 사건[黨事]157)이 막 발발하여 황문북시黃門北寺158)에 공문[傳]이 이르자, 이때 두렵고 당혹스러워 능히 하늘을 믿고 목숨을 맡길 수 없어 도망하여 심문당하지 않은 자가 많았는데, (그들의) 친족[九族]159)은 구금되고 (그들이) 지나간 곳의 어른과 젊은이 부녀들 모두가 구금되니 나막신을 신는 현상에 조응한 것이다.

靈帝 建寧中, 京都長者皆以葦方笥爲粧具, 下士盡然. 時有識者竊言: 葦方笥, 郡國讞篋也; 今珍用之, 此天下人皆當有罪讞於理官也. 到光和三年癸丑赦令詔書, 吏

---

157) 黨錮 사건[黨事]: 黨錮의 禁. 후한 환·영제 시기 환관의 전횡을 비판하는 사대부들을 朋黨을 이뤘다고 피선거권을 박탈하는 禁錮刑으로 처벌한 사건. 연희 9년(166) 시작되어 李膺을 비롯한 2백여 명이 투옥·파면되었고, 도주자도 많이 발생하여 현상금이 걸리기도 하였다. 영강 원년(167) 금고가 해제되었지만 다음해 건녕 원년(168) 대장군 두무가 환관들에 의해 주살되고 또 다시 2차 당고가 발발하여 진번을 비롯한 7백여 명이 옥사하였다.

158) 黃門北寺: 黃門北寺獄. 牢獄의 이름이다. 黃門署에 속하였다. 『後漢書』卷55, 「千乘貞王伉傳」, "熹平元年, 遂收颯送北寺獄.[李賢注: 北寺, 獄名, 屬黃門署.]" 이후 황문북시의 옥은 전의되어 억울한 옥사를 이르는 말이 되었다.

159) 九族: ① 자신을 기준으로 위로 4세 高祖까지, 아래로 4세 玄孫까지를 의미한다(『尚書』, 「堯典」, "克明俊德, 以親九族.[孔安國傳: 以睦高祖·玄孫之親.]") ② 네 父族(五服의 同族, 姑母와 그 자녀, 姊妹와 그 자녀, 자기 딸과 그 자녀), 세 母族(母親의 父族, 모친의 母族, 모친의 자매족), 두 妻族(처의 부족, 처의 모족)을 합한 것을 의미한다(『詩』, 「王風·葛藟」, "王族刺平王也. 周室道衰, 棄其九族焉.[孔穎達疏: 異義, 九族, 今戴禮·尚書歐陽說云: 九族, 乃異姓有親屬者. 父族四: 五屬之內爲一族, 父女昆弟適人者與其子爲一族, 己女昆弟適人者與其子爲一族, 己之子適人者與其子爲一族. 母族三; 母之父姓爲一族, 母之母姓爲一族, 母女昆弟適人者爲一族. 妻族二: 妻之父姓爲一族, 妻之母姓爲一族.]") ③ 네 父族(부친의 동족, 고모의 자녀, 자매의 자녀, 딸의 자녀), 세 母族(外祖父母, 모친의 형제, 모친 형제의 자녀), 두 妻族(처의 父, 처의 母)을 합한 것을 말한다(『白虎通』, 「宗族」, "尚書曰: 「以親九族.」 族所以九何? 九之爲言究也, 親疏恩愛究竟也, 謂父族四, 母族三, 妻族二. 父族四者, 謂父之姓一族也, 父女昆弟適人有子爲二族也, 身女昆弟適人有子爲三族也, 身女子適人有子爲四族也; 母族三者, 母之父母一族也, 母之昆弟二族也, 母昆弟子三族也; 母昆弟者男女皆在外親, 故合言之. 妻族二者, 妻之父爲一族, 妻之母爲二族, 妻之親略故父母各一族.") ④ 외조부, 외조모, 이모의 자녀, 처의 부친, 처의 모친, 고모의 자녀, 자매의 자녀, 딸의 자녀, 자기의 동족을 합한 것을 말한다(『左傳』, 「桓公六年」, "親其九族, 以致其禋祀.[杜預注: 禋, 潔敬也. 九族謂外祖父·外祖母·從母子及妻父·妻母·姑之子·姊妹之子·女子之子·並己之同族, 皆外親有服而異族者也.]").

民依黨禁錮者赦除之, 有不見文, 他以類比疑者讞. 於是諸有黨郡皆讞廷尉, 人名悉入方笥中.

영제 건녕 연간(168~172)에 경사의 장자들이 갈대로 짠 네모난 상자[葦方笥]를 화장化粧 상자로 사용하였는데, 지위가 낮은 일반인들[下士]160)도 모두 그렇게 하였다. 당시 식견을 갖춘 자들이 은밀히 말하였다. "위방사葦方笥는 군국에서 옥사獄事를 평의評議한 (문서를 보관하는) 함이다. 지금 그것을 진귀하게 사용하니 이는 천하 사람들이 모두 죄를 져 법관들에게 심의 받게 될 것을 (의미하는 것이다.)" 광화光和161) 3년(180) 계축癸丑(14일)162)에 조서로 사면령을 내리며 말하기를 "붕당朋黨에 연루되어 금고형禁錮刑을 받았던 관리와 백성을 사면하는데, 조서에 이름이 보이지 않는 자들이 있다면 다른 사람들과 비교하여 의심스러운 것에 대해서는 심의하도록 하라."하였다. 이에 당인이 있던 모든 군은 모두 (사안을) 정위廷尉163)에 보고하니, 이름을 (쓴 종이는) 모두 상자 안에 넣었다.

靈帝好胡服·胡帳·胡牀·胡坐·胡飯·胡空侯·胡笛·胡舞, 京都貴戚皆競爲之. 此服妖也. 其後董卓多擁胡兵, 塡塞街衢, 虜掠宮掖, 發掘園陵.

---

160) 下士: 벼슬 이름, 재덕을 갖추지 못한 어리석은 사람을 지칭하기도 하지만 여기서는 장자에 대한 상대어로, 신분이 낮은 이들을 의미하는 것으로 생각된다.

161) 光和: 후한 영제의 세 번째 연호로 178~184년에 해당한다.

162) 『後漢書』「靈帝紀」에는 광화 3년(180) 정월 癸酉日에 대사면이 있었던 것으로 기술되어 있다. 그러나 정월에는 계유일이 없고 癸卯, 癸丑, 癸亥日만 있다. 따라서 「오행지」의 서술에 따라 대사면은 광화 3년 정월 계축일, 즉 14일에 행해진 것으로 볼 수 있다.

163) 廷尉: 관직명. 진에서 설치하였다. 구경 중 하나로 刑獄을 관장하였다. 진대 이래로 북제 때까지 司法을 주관하는 최고 관리였다. 전한 경제 中元 6년(BC. 144) 大理로 바꿨다가 무제 建元 4년(BC. 137) 다시 옛 이름을 회복하였다. 애제 元壽 2년(BC. 1) 大理寺로 바꿨다. 후한 시기에는 다시 정위의 이름을 회복하였다. 후한 말에 대리를 거쳐 조위 황초 원년(220)에 정위로 개칭되고 이후 변하지 않았다. 북제 들어 대리시를 관서의 이름으로 하고 大理寺卿을 관직명으로 삼았다. 안사고에 따르면 '廷'은 공평함을 뜻하여 治獄을 담당하는 관리의 이름으로 삼은 것이다. 『漢書』卷19上, 「百官公卿表七上」, "廷尉, 秦官.[師古曰:「廷, 平也. 治獄貴平, 故以爲號.」]"

영제가 호복胡服·호장胡帳·호상胡牀·호좌胡坐·호반胡飯·호공후胡空侯[164]·호적胡笛·호무胡舞를 좋아하니, 수도의 귀척貴戚[165]들이 경쟁적으로 그것을 따라하였다. 이는 복요다. 이후 동탁董卓[166]이 대규모로 호병胡兵을 거느리고 도로를 메우고 궁을 노략질하고 능묘를 파헤쳤다.

靈帝於宮中西園駕四白驢, 躬自操轡, 驅馳周旋, 以爲大樂. 於是公卿貴戚轉相放效, 至乘輜軘以爲騎從, 互相侵奪, 賈與馬齊. 案易曰: 「時乘六龍以御天.」 行天者莫若龍, 行地者莫如馬. 詩云: 「四牡騤騤, 載是常服.」 「檀車煌煌, 四牡彭彭.」 夫驢乃服重致遠, 上下山谷, 野人之所用耳, 何有帝王君子而驂服之乎! 遲鈍之畜, 而今貴之. 天意若曰: 國且大亂, 賢愚倒植, 凡執政者皆如驢也. 其後董卓陵虐王室, 多援邊人以充本朝, 胡夷異種, 跨蹈中國.

영제가 궁 안 서원西園[167]에서 네 마리의 흰 당나귀가 끄는 마차를 타고

---

164) 胡空侯: 空侯는 箜篌로, 서양식 하프와 비슷한 현악기다. 서역으로부터 전래되어 胡空侯로 불린다.

165) 貴戚: 사전적으로 帝王의 친족을 의미한다. 히가시 신지는 특별히 황제의 총애나 신임을 받으며 列侯 이상의 작위를 지닌 帝室 구성원을 의미한다고 하였다. 東晉次, 『後漢時代の政治と社會』(名古屋: 名古屋大, 1995), 108쪽.

166) 董卓(?~192): 후한 말의 양주(지금의 감숙성) 군벌. 字는 仲穎. 영강 원년(167) 羽林郞이 되어 감숙 지역의 羽林軍을 통솔하였다. 얼마 후 軍司馬가 되어 병주 羌族의 반란을 진압하며 두각을 나타내었다. 이때 공으로 낭중이 되고 곧이어 廣武令, 西域戊己校尉를 거쳐 幷州刺史·河東太守가 된다. 광희 원년(189) 대장군 하진이 환관을 주멸하고자 동탁을 낙양으로 부르지만 오히려 환관들에게 역습을 당해 살해당하게 되는데, 이때 동탁은 낙양으로 입성하여 소제를 폐위하고 헌제를 옹립하고 보정이 되어 권력을 장악한다. 원소를 맹주로 하는 반동탁 연합군이 조직되자 낙양을 불태우고 헌제를 데리고 장안으로 천도하였다. 얼마 후 양아들 부장 呂布에게 살해되었다. 『後漢書』 卷72에 傳이 있다.

167) 西園: 上林苑을 말한다. 전한 무제가 진의 舊苑址를 확대하여 건설한 황실 동산이다. 지금의 서안시 長安區·鄠邑區·咸陽·周至縣·藍田縣 등의 지역을 포괄하는 종횡 340里의 규모로 渭·涇水를 비롯한 8개의 물길이 그 안으로 흘러들었다고 한다. 지방에서 헌상한 과수와 초목 3000여 종이 재배되었다고 하며, 궁전 70여 채와 농경지도 있었다고 한다. 가을에서 겨울에는 천자가 신하들을 대동하고 사냥을 하는 사냥터의 역할도 하였다. 후한 때에는 낙양 서쪽에 상림원이 설치되었다고 한다.

스스로 고삐를 쥐고 (서원을) 달려 도는 것을 큰 즐거움으로 삼았다. 이에 공경公卿 귀척들이 점차 서로 모방하여 심지어는 (당나귀가 모는) 휘장을 두른 수레를 타고 (황제를) 따르기도 하였으며 서로 (당나귀를) 가로채니 (당나귀의) 가격이 말의 (가격과) 같아졌다. 살펴보건대 『역易』[168]에서 말하였다. "때로 여섯 용을 타고 하늘을 날아다닌다."[169] 하늘을 다니는 데는 용만한 것이 없고, 땅을 다니는 데는 말만한 것이 없다. 『시詩』[170]에서 말하였다. "네 마리 수말이 건장하고 건장하여 이 상복常服을 (수레에) 싣는다."[171] "박달나무 수레가 휘황하며 네 필의 수말이 건장하도다."[172] 무릇

---

168) 『易』: 일명 『周易』. 五經 중 하나. 經 上·下 2編, 十翼 10篇으로 이루어졌다. 『역』은 본래 占卜·豫言書이지만 儒家에 의해 철학적·도덕적 해석이 가해지며 經書로서 중시되었다. 『역』은 爻와 卦라는 記號와 이것을 설명하는 辭로 이루어졌다. 효는 陰(--)·陽(-)을 표시하는 2개의 기호고 이것이 3개씩 조합된 것이 乾·坤·震·艮·離·坎·兌·巽의 8괘다. 이후 3효 1괘를 上下로 조합시켜 6효 1괘의 重卦를 만들어 64괘를 이루게 되었다. 『역』은 64괘의 圖象(記號)과 그 설명인 卦辭(象辭)와 爻辭(象辭)로 이루어지는데, 괘사(단사)는 1괘 전체의 설명이고 효사(상사)는 괘 중의 효를 하나씩 해설한 것이다. 「十翼」은 본래 「大全」이라 칭하였으며, 象傳(괘사를 해설) 2편, 象傳(괘사와 효사의 해설) 2편, 文言傳(乾·坤 2괘의 해설) 1편, 繫辭傳(陰陽說에 대한 哲學的 설명 및 『易』의 大要 및 語句 해설) 2편, 說卦傳(事物에 적용한 8괘에 대한 설명) 1편, 序卦傳(64괘의 조합과 序列을 설명) 1편, 雜卦傳 1편으로 이루어졌다. 『역』의 도상(기호)은 西周에서 시작되고 괘사·효사는 春秋戰國 시기까지 행해진 占卜·諺·格言의 종류를 모아 성립된 것으로 이해되고 있으며, 「십익」은 전국 시기에서 漢代에 걸쳐 유가들에 의해 이루어진 것으로 추정된다. 易學은 한대 이래 많은 학자들에 의해 수용되었는데 唐代에 孔穎達이 魏 王弼注와 晉 韓康伯注에 의거하여 『周易正義』를 편찬한 후 이것이 역학의 주류가 되었다.

169) 『易』「乾」에 보인다.

170) 『詩』: 일명 『詩經』. 서주 시기부터 춘추 시기까지 각 나라의 가요를 모은 詩歌集. 「國風(周南·召南·邶風·鄘風·衛風·王風·鄭風·齊風·魏風·唐風·秦風·陳風·檜風·曹風·豳風)」 160편, 「大雅」 31편, 「小雅」 80편, 「頌(周頌·魯頌·商頌)」 40편으로 나뉘어져 있다. 국풍은 각국의 민간 가요를 모은 것으로 백성들의 삶의 애환과 관련한 서정가요다. 아는 政事·전쟁·分封·儀禮·饗宴 등 궁중의 樂舞며 송은 宗廟 제사에서 연주된 것이다. 古詩 3000수 가운데서 공자가 305편을 엄선하여 『시경』을 편찬하였다고 전해진다. 한 초 『시경』 28권은 魯의 申培公, 齊의 轅固生, 燕 韓嬰에 의하여 전수된 금문학 계열이었으나 모두 失傳되고 輯佚이 『玉涵山房輯佚書』에 남아 있을 뿐이다. 현존하는 『시경』 중 고문학파의 毛亨의 傳에 정현이 箋을 덧붙인 후 孔穎達이 疏를 단 『毛詩正義』 20권이 가장 유명하다.

171) 『詩』「小雅·南有嘉魚之什」, 〈六月〉에 보인다.

당나귀란 무거운 짐을 지고 먼 곳을 다닐 (때나) 산을 오르고 골짜기를 내려갈 (때 사용하는 것으로) 평민들이 사용하는 것일 뿐인데, 어찌 제왕과 군자에게 있어 (수레를 끄는) 참복驂服[173)]으로 쓴다는 것인가! 느린 축생이건만 지금 (그것을) 귀히 여긴다. 하늘의 뜻이 마치 (이렇게) 말하는 것 같다. "나라에 장차 대란이 일어나 현명하고 어리석은 이의 (지위가) 뒤바뀌니 무릇 집정자들은 모두 당나귀와 같이 (우둔하구나.)" 그 후 동탁이 왕실을 능멸하고 학대하였으며 다수의 변경인邊境人들을 발탁하여 조정을 채우니 오랑캐[胡夷]가 중국을 차지하였다.

熹平中, 省內冠狗帶綬, 以爲笑樂. 有一狗突出, 走入司徒府門, 或見之者, 莫不驚怪.[一] 京房易傳曰:「君不正, 臣欲簒, 厥妖狗冠出.」後靈帝寵用便嬖子弟, 永樂賓客·鴻都群小, 傳相汲引, 公卿牧守, 比肩是也. 又遣御史於西[(鄉)[邸]]賣官, 關內侯顧五百萬者, 賜與金紫; 詣闕上書占令長, 隨縣好醜, 豐約有賈. 强者貪如豺虎, 弱者略不類物, 實狗而冠者也. 司徒古之丞相, 壹統國政. 天戒若曰: 宰相多非其人, 尸祿素餐, 莫能據正持重, 阿意曲從; 今在位者皆如狗也, 故狗走入其門.[二]

(영제) 희평熹平 연간(172~178) 관부 내에서 개에게 관冠을 씌우고 인수印綬를 두르게 하고 웃고 즐겼다. (그러던 중) 개 한 마리가 갑자기 나가 사도부司徒府의 문으로 달려 들어가니 그것을 본 자들 중 놀라고 괴이하게 여기지 않는 이가 없었다. 『경방역전京房[174)]易傳』[175)]에서 이르기를 "군주가 바르지 않으

---

172) 『詩』「大雅·文王之什」, 〈大明〉에 보인다. 원문에는 "駟騵彭彭."으로 되어 있다.

173) 驂服: 驂馬와 服馬. 수레를 끄는 말을 말하는데 참마는 바깥쪽에 복마는 중앙 끌채에 메운다.

174) 京房(BC. 77~BC. 37): 전한의 학자. 본래 姓은 李, 字는 君明, 律을 추산하여 스스로 京氏라 하였다. 東郡 頓丘(지금의 하남 淸豊) 출신. 자칭 『孟喜易』을 학습하였다는 梁의 焦延壽에게서 수학하였다. 역학을 이용하여 災變을 해석하고자 하였는데, 孟喜의 '六日七分法'을 계승하는 한편 『易』의 64卦를 1년에 연속적으로 분담시켰다. 또한 風雨寒溫을 候라 하여 그 추이를 살피는 방법에 의해 재이 해석의 객관적 법칙을 발견하고자 하였다. 효렴으로 선발되어 관리가 된 후 재이 해석에 두각을 나타내 원제에게 총애를 받았으나 당시 환관이었던 石顯과 상서령인 五鹿充宗에게 미움을 사 魏郡太守로 밖으로 나가게 된다. 결국은 그들의 모함에 의해 하옥된

면 신하는 찬탈하고자 하는데, 그 괴이한 징조는 개가 관을 쓰고 나타나는
것이다."하였다. 후에 영제가 편애하는 신하의 자제들을 총애하여 등용하고,
영락궁永樂宮[176])의 빈객과 홍도문학鴻都門學[177])의 소인小人들은 차례로 서로
추천하여 공경公卿·목수牧守가 되니 도처에서 이와 같았다.[178]) 또 어사御史[179])
를 서저西邸에 보내 관직을 팔았는데, 관내후關內侯의 가격은 오백만으로
금인자수金印紫綬를 내렸고, 궐에 와 상서를 올릴 수 있는 자격을 가진 현령縣令
이나 현장縣長[180])은 현縣의 좋고 나쁨에 따라[181]) 많고 적음의 가격 (차이가)
있었다.[182]) (관직을 산 자들 중) 강포한 자들의 탐욕은 마치 승냥이와 범과
같았고, 유약한 자들의 지략은 사물을 구별하지도 못할 정도였으니 실로

후에 살해당하였다. 저서로는 『京氏易傳』을 비롯하여 『周易章句』, 『周易錯卦』, 『周易
妖占』, 『周易占事』, 『周易守林』, 『周易飛候』, 『周易飛候六日七分』 등이 있다. 『漢書』
卷75, 88에 傳이 있다.

175) 『京房易傳』: 재이 해석이 다수 포함되어 있는 것으로 알려져 있다. 『隋書』「經籍志」에
"周易十卷, 漢魏郡太守京房章句."라고 기록되어 있다.

176) 永樂宮: 嘉德殿을 말한다. 南宮 九龍門 안에 있는 궁전으로 영제의 모친이었던
董太后의 거처다. 이에 따라 동태후는 永樂太后로 불렸다.

177) 鴻都門學: 후한 영제 광화 원년(178) 2월 鴻都門에 설치된 문학·예술 전문학교.
처음에는 경학의 능력으로 학생들을 초빙하였지만 곧 영제의 기호에 따라 尺牘·詞賦
를 잘 짓고 篆書와 그 變體인 鳥書를 잘 쓰는 書道에 뛰어난 이들을 발탁하였다.
기존 태학과는 달리 경술에 능통한 이들이 아닌 문학이나 서도에 능한 이들을
선발한 것으로 홍도문이 예술 학교의 성격이 강했음을 알 수 있다.

178) 관련 기사는 다음과 같다. 『後漢紀』卷24,「靈帝紀」,"初置鴻都門生. 本頗以經學相招,
後諸能爲尺牘·詞賦及工書鳥·篆者至數千人. 或出典州郡, 入爲尙書·侍中, 封賜侯爵."

179) 御史: 관직명. 상주 시기에서는 史官이었다. 진대 들어 감찰을 겸직하며 감찰기관으
로서의 모습을 처음 갖게 된다. 御史大夫는 최고 감찰관이자 副丞相이었고 밑으로
御史中丞·시어사·監御史 등이 설치되었다. 한이 진의 제도를 계승하였고, 어사중승
을 御史中執法으로 고쳤다.

180) 한나라는 萬戶 이상의 縣에는 令을, 만호 미만의 현에는 長을 임명했다. 縣令의
질록은 천 석에서 육백 석이고, 縣長의 경우는 오백 석에서 삼백 석이다. 『漢書』
卷19上,「百官公卿表七上」, "縣令·長, 皆秦官, 掌治其縣. 萬戶以上爲令, 秩千石至六百石.
減萬戶爲長, 秩五百石至三百石."

181) 와타나베 요시히로 등은 현의 조세 수입의 많고 적음이라고 해석하였다. 渡邉義浩·
高山大毅·平澤步 篇, 앞의 책, 40쪽.

182) 『後漢書』「靈帝紀」 광화 원년(178) 조에 "初開西邸賣官, 自關內侯·虎賁·羽林, 入錢各有
差. 私令左右賣公卿, 公千萬, 卿五百萬."이라는 賣官에 대한 기사가 보인다.

개가 관을 쓴 것과 같았다. 사도는 고대의 승상丞相으로 국정을 총괄한다. (개가 사도부의 문으로 들어간 것은) 마치 하늘이 경계하여 (이렇게) 말하는 것 같았다. "재상 대부분이 그 (적합한) 인물이 아니어서 직책은 다하지 못하면서 자리만 차지한 채 녹봉만 받아먹으며, 능히 정직하고 신중하지 못하며 (그저) 남의 뜻에 영합하여 환심을 사고 뜻을 굽혀 순종하기만 한다. 지금 자리에 있는 자들 모두가 마치 개와 같음이니, 따라서 개가 그 문으로 달려 들어간 것이다."

[一] <u>袁山松書</u>曰:「光和四年, 又於<u>西園</u>弄狗以配人也.」

　　원산송袁山松[183]의 『후한서後漢書』[袁山松書]에서 말하였다. "광화 4년(181), 또 서원에서 개를 가지고 놀면서 사람과 결혼시켰다."

[二] <u>應劭</u>曰:「靈帝數以車騎將軍過拜嬖臣內孽, 又贈亡人, 顯號加於頑凶, 印綬汙於腐屍. 昔辛有睹被髮之祥, 知其爲戎, 今假號雲集, 不亦宜乎!」

　　응소가 말하였다. "영제가 수차례 (기준을 벗어나) 총애하는 간신과 환관들에게 거기장군車騎將軍[184]을 배수하고 또 죽은 이에게 추증하니, 현달顯達한 칭호가 악인에게 더해지고 인수는 부패한 시체로 더럽혀졌다. 옛날 신유辛有[185]는 산발을 하고 (제사지내는) 모습을 보고 그 땅이 융戎의 땅이 될 것을 알았다고 하였는데,[186] 지금 가짜 봉호封號가 구름처럼 모여드니 또한 마땅히 그렇게 되지 않겠는가!"

---

183) 袁山松(?~401): 袁崧. 字는 橋孫, 陳郡 陽夏(지금의 하남 太康) 사람. 조상이 여러 대에 걸쳐 관직에 있었는데 尙書郎 袁喬가 조부며 『後漢紀』를 저술한 袁宏과는 從兄弟 사이다. 박학다식하였으며 문장에 뛰어났다. 祕書監과 吳郡太守 등의 관직을 역임하였다. 동진 安帝 隆安 3년(399) 孫恩이 五斗米道를 이끌고 반란을 일으키자 滬瀆을 지키다가 패하여 살해되었다. 『後漢書』 100卷을 편찬하였으나 산일되어 지금은 전해지지 않는다. 음악에도 조예가 깊어 羊曇, 桓伊 등과 함께 '三絶'로 꼽혔다. 『晉書』 卷83, 「袁瓌傳」에 傳이 부기되어 있다.

184) 車騎將軍: 한대 서열 3위에 해당하는 장군호. 전한 고제 8년(BC. 199), 靳歙을 거기장군으로 삼은 것을 확인할 수 있다. 『史記』 卷98, 「靳歙傳」, "以騎都尉從擊代, 攻韓信平城下, 還軍東垣. 有功, 遷爲車騎將軍, 幷將梁·趙·齊·燕·楚車騎, 別擊陳豨丞相敵, 破之, 因降曲逆."

185) 辛有: 주나라의 大夫. 周平王이 동천한 후 伊川을 지나다 산발을 하고 제사를 지내는 이를 보고 그곳이 백년이 되기 전에 戎의 땅이 될 것을 예견하고 한탄했다고 한다.

186) 『左傳』 「僖公二十二年」, "初, 平王之東遷也. 辛有適伊川, 見被髮而祭於野者, 曰不及百年, 此其戎乎. 其禮先亡矣."

靈帝數遊戲於西園中, 令後宮采女爲客舍主人, 身爲商賈服. 行至舍, 采女下酒食, 因共飲食以爲戲樂. 此服妖也. 其後天下大亂.[一]

영제가 수차례 서원 안에서 유희를 즐김에 후궁의 채녀采女들에게 객사의 주인처럼 (치장하라) 하였으며, 자신은 장사꾼의 옷을 입었다. 객사로 나가니 채녀들이 술과 음식을 내고, 그로써 함께 술과 음식을 먹고 마시며 (그것을) 유희로 삼았다. 이는 복요다. 그 후 천하의 대란이 일어났다.

[一] 風俗通曰:「時京師賓婚嘉會, 皆作魁欋, 酒酣之後, 續以挽歌.」魁欋, 喪家之樂. 挽歌, 執紼相偶和之者. 天戒若曰: 國家當急殄悴, 諸貴樂皆死亡也. 自靈帝崩後, 京師壞滅, 戶有兼屍, 蟲而相食, 魁欋·挽歌, 斯之效乎?

『풍속통風俗通』187)에서 말하였다. "이때 수도에서 빈객을 대접하거나 혼례와 같은 경사스러운 연회에서 〈괴뢰魁欋〉를 지어 불렀고, 술이 취한 후에는 이어서 만가挽歌를 불렀다. 〈괴뢰〉는 상가喪家의 음악이다. 만가는 (상여를 묶은 끈인) 불紼을 잡고 서로 짝을 이루어 주고받는 노래다. 하늘이 경계하여 마치 이렇게 말하는 것 같다. '나라는 곧 망할 것이고, 모든 고귀한 음악들은 괴멸될 것이다.' 영제 붕어 후 수도는 무너지고 집집마다 시체가 쌓여 벌레들이 서로 먹어치우니 〈괴뢰〉와 만가가 그 징조가 아니었겠는가?"

獻帝 建安中, 男子之衣, 好爲長躬而下甚短, 女子好爲長裙而上甚短. 時益州從事莫嗣以爲服妖, 是陽無下而陰無上也, 天下未欲平也. 後還, 遂大亂.[一]

헌제獻帝(재위 189~220)188) 건안建安189) 연간(196~220)에 남자들의 옷으로는 상

187) 『風俗通』: 일명 『風俗通義』. 후한 말 헌제 시기 응소가 찬술하였다. 고문헌에 기초하여 사물이나 典禮에 대한 고찰을 기본으로 그 연혁·의의를 해설하고, 당시 일반인이 믿고 있던 속설을 訂正하였다. 구체적으로 皇霸·正失·愆禮·山澤 등의 편을 설정하고 137조로 나누어 서술하였다. 한대 풍속을 연구하는 네 귀중한 사료나.

188) 獻帝(181~234): 후한의 마지막 황제. 이름은 協. 영제의 둘째 아들. 소제와는 이복형제다. 동태후에게 길러져 '董侯'로 불렸다. 처음에 渤海王에 봉해졌다가 陳留王으로 고쳐 책봉되었다. 永漢 원년(189) 동탁이 소제를 폐하고 황제로 옹립하였다. 동탁 피살 후 장안을 빠져나와 조조에게 의탁하였다. 건안 25년(220) 정월에 조조가 병사하고, 그 해 10월에 曹丕에게 선양하였다. 靑龍 2년(234), 54세의 나이로 사망하였다. 禪陵에 묻혔다.

189) 建安: 후한 헌제의 세 번째 연호로 196~220년에 해당한다. 220년 3월 15일(建安 25년 정월 23일)에 丞相이자 魏王이던 조조가 죽고 조비가 위왕으로 봉해지자,

의는 길지만 하의는 매우 짧은 것들이 애호되었고, 여자들은 긴 치마에
매우 짧은 상의를 좋아하였다. 이때 익주종사益州[190]從事[191] 막사莫嗣는 (이것
이) 복요고, 이것은 양(의 기운이) 아래로 내려가지 못하고 음(의 기운이)
위로 올라가지 못해 발생한 것으로 천하가 평정되지 않을 것이라 여겼다.
후에 (황제가 낙양으로) 돌아갔지만 결국 큰 난리가 일어났다.

[一]　袁山松[書]曰:「禪位於魏.」
　　원산송의 『후한서』에서 말하였다. "(헌제가) 조위에 선위禪位하였다."

　　연호를 延康으로 바꾸었다. 신하의 封爵이 계승된 것을 기념해서 연호가 바뀐
　　것이었으므로 당시 劉備는 새 연호를 인정하지 않고 자신이 지배하던 지역에서
　　건안을 계속 사용했다.
190)　益州: 전한 무제 원봉 5년(BC. 106) 13주자사부의 하나로 설치. 관할 지역은 지금의
　　사천성 折多山·雲南 怒山과 哀牢山 이동, 감숙 武都·兩當과 섬서 秦嶺 이남, 호북
　　鄖縣·保康 서북 등을 포괄하였다. 왕망이 庸部로 고쳤고 公孫述은 사례교위로 고쳤
　　다. 후한에서 다시 익주로 고치고 雒縣(지금의 사천성 廣漢市)에 관아를 두었다.
191)　從事: 從事史를 의미한다. 다양한 관의 하급 관리를 말한다. 관직명에 從事라는
　　칭호가 붙는다.

雞禍: 닭에 나타난 이변

靈帝 光和元年, 南宮侍中寺雌雞欲化雄, 一身毛皆似雄, 但頭冠尙未變. 詔以問議
郎蔡邕. 邕對曰:「貌之不恭, 則有雞禍. 宣帝 黃龍元年, 未央宮雌雞化爲雄, 不鳴
無距. 是歲元帝初卽位, 立王皇后. 至初元元年, 丞相史家雌雞化爲雄, 冠距鳴將.
是歲后父禁爲(平)陽[平]侯, 女立爲皇后. 至哀帝晏駕, 后攝政, 王莽以后兄子爲大
司馬, 由是爲亂. 臣竊推之, 頭, 元首, 人君之象: 今雞一身已變, 未至於頭, 而上知
之, 是將有其事而不遂成之象也. 若應之不精, 政無所改, 頭冠或成, 爲患玆大.」
是後張角作亂稱黃巾, 遂破壞. 四方疲於賦役, 多叛者. 上不改政, 遂至天下大亂.

영제 광화 원년(178), 남궁南宮 시중시侍中寺192)의 암탉이 수탉으로 변하던
중 몸의 털은 모두 수탉처럼 되었는데 단지 볏[頭冠]만이 여전히 변하지
않았다. 조詔로써 의랑 채옹蔡邕193)에게 (그 까닭을) 물었다. 채옹이 대답하여
말하였다. "(군주의) 용모가 공손치 않으면 계화雞禍가 일어납니다. 선제宣帝
(재위 BC. 74~BC. 49)194) 황룡黃龍195) 원년(BC. 49) 미앙궁未央宮196)의 암탉이 수

---

192) 侍中寺: 시중의 관아. 시중은 본래 궁궐 안을 왕래하며 奏事에 관여하던 관직을
말한다. 한에서는 겸직관이었다. 조위와 兩晉·남조에서는 4인을 두었다. 유송
文帝 이후 梁과 陳에 이르기까지 기밀을 관장했고 宰輔로 인식되었다. 북위와
북제에서는 6인을 두었으며, 관품은 정3품이었다. 諸公과 함께 국정을 논해 북위에
서는 小宰相이라고 불렀다. 북주에서는 御伯·中大夫·納言 등으로 명칭이 바뀌었으며
天官府에 속했다.
193) 蔡邕(132~192): 후한 陳留(지금의 하남 開封) 출신으로, 字는 伯喈. 어려서부터
박학하였고 辭章, 산술, 천문, 음악에도 조예가 깊었다. 영제 때 낭중이 된 후
校書東觀을 거쳐 의랑이 되었다. 후에 모략에 의해 유배되었다가 대사령 이후에도
귀향하지 않고 吳 땅에 머물렀다. 이후 동탁에게 발탁되어 시어사·시중·左中郞將이
되었으나 동탁이 주살되자 투옥되어 옥사하였다. 저서로는 『獨斷』과 『蔡中郞集』이
있다. 『後漢書』卷50下에 傳이 있다.
194) 宣帝(BC. 91~BC. 49): 전한의 아홉 번째 황제. 이름은 詢, 민간에서의 이름은 病己.
한무제의 증손이며 '巫蠱의 禍'로 처형된 戾(衛)太子의 손자다. '무고의 화'로 인해
강보에 쌓인 채 하옥되었다 조모의 집안인 史氏에게서 길러졌다. 元平 원년(BC. 74)
황제로 즉위한 昌邑王이 27일 만에 대장군 霍光에 의해 폐위되자, 뒤를 이어 황제가
되었다. 민가에서 궁중으로 들어와 황제가 되기 위해 먼저 陽武侯로 책봉되었다가

닭으로 변하였는데 울지 않았으며 (수탉 다리 뒤쪽에 있는 돌기인) 며느리발톱이 없었습니다. 이해 원제元帝(재위 BC. 49~BC. 33)[197])께서 막 즉위하시고 왕황후王皇后[198])께서 서게 되었습니다.[199]) 초원初元[200]) 원년(BC. 48)에 이르러 승상사丞相史[201])의 집에서 암탉이 변하여 수탉이 되었는데, 볏도 며느리발톱

제위에 올랐다. 그 때 나이 열일곱 살이었다. 무제를 롤모델로 삼아 한왕조 치국의 도리를 '王道'와 '霸道'에서 찾고자 하였다. 儒術만을 고집했던 아들 원제를 왕조를 망칠 장본인으로 생각하며 시종 대립하였다. 전한 중흥의 군주이자 賢君으로 칭송된다.

195) 黃龍: 전한 선제의 마지막 연호로 BC. 49년에 해당한다.

196) 未央宮: 지금의 섬서성 서안시 장안성 서남쪽에 위치한 전한의 궁전. 西宮으로도 불리며 長樂宮과 함께 한의 2대 궁전 중의 하나. 고제 7년(BC. 200)에 건립되었다. 수당 시기에는 장안성의 禁苑이 되었으며 唐武宗 때 重修하였다. 형태는 정방형으로 각 방향으로 담을 쌓았으며 동서 2,150m, 남북 2,250m, 면적은 5㎢에 달한다. 궁성의 사면에는 문을 설치하였고 동문과 북문 밖에 闕을 세웠다. 궁내에 40여 채의 건축물이 있었으며, 가장 높은 건물은 前殿으로 궁궐 중앙에 위치하며 남북 350m, 동서 200m, 가장 높은 곳은 15m에 달하였다. 이외에도 溫室, 凌室, 織室, 曝室, 天祿閣, 石渠閣, 宣室殿, 麒麟閣, 椒房殿, 金華殿, 承明殿, 高門殿, 白虎殿, 玉堂殿, 宣德殿, 朝陽殿, 柏梁臺 및 魚池, 酒池 등이 있었다. '未央'은 영원무궁함을 뜻하는 말로 '長樂未央'이라는 말에서 유래되었다.

197) 元帝(BC. 75~BC. 33): 전한의 열 번째 황제. 이름은 奭. 선제와 許皇后 사이에서 태어났다. 원제가 태어난 후 몇 개월 후 선제가 황제가 되었다. 2년 후 어머니 허황후가 곽광의 처 霍顯에게 독살되었다. 곽광 사후 地節 3년(BC. 67) 황태자가 되었고, 황룡 원년(BC. 49) 선제 사망 후 황제위에 올랐다. 유학에 조예가 깊었으나 아버지와는 달리 우유부단했던 황제로 기억된다.

198) 王皇后(BC. 71~13): 王政君. 지금의 하북성 출신. 陽平頃侯 王禁의 둘째 딸. 원제의 황후이자 성제의 생모. 元后, 孝元皇太后, 孝元太皇太后로 불린다. 한나라를 찬탈한 왕망의 고모다. 원제 사후 성제가 즉위하고 황태후가 된 왕정군의 도움으로 외척 王氏들이 권력을 잡게 된다. 綏和 2년(BC. 7) 성제가 급사한 후 즉위한 애제의 외척에 의해 잠시 세력이 약화된다. 그러나 애제 사후 어린 平帝가 즉위하자 태황태후로서 조카 왕망을 대사마·보정에 임명하여 왕씨 專斷의 길을 다시 열었다. 왕망이 황제에 즉위한 후 新室文母太皇太后의 칭호를 주었다. 왕망의 찬탈에 반대했다고는 하지만 왕씨 정권 농단의 근저였음은 부정할 수 없다. 『漢書』 卷98에 傳이 있다.

199) 『漢書』 「元后傳」에 따르면 처음 원제가 즉위하였을 때 왕정군은 황후가 아닌 婕妤가 되었다가 3일 뒤 황후가 되었다. 『漢書』 卷98, 「元后傳」, "後三年, 宣帝崩, 太子卽位, 是爲孝元帝. 立太孫爲太子, 以母王妃爲婕妤, 封父禁爲陽平侯. 後三日, 婕妤立爲皇后, 禁位特進, 禁弟弘至長樂衛尉."

200) 初元: 전한 원제의 첫 번째 연호로 BC. 48~BC. 44년에 해당한다.

201) 丞相史: 丞相長史. 丞相府 소속 관리로 질록 천 석의 관리다. 문서 관리를 담당하였다.

도 (모두) 있었고 울음소리 (또한) 장대하였습니다. 이 해 황후의 부친 왕금王禁202)이 양평후陽平侯가 되셨고, 따님은 황후가 되셨습니다. 애제哀帝 (재위 BC. 7~BC. 1)203)께서 붕어하셨을 때 황후께서 섭정을 하셨고 왕망王莽(재 위 8~23)204)이 황후 형의 아들로 대사마大司馬205)가 되어 이로 말미암아 난이 일어났습니다. 신이 삼가 이로써 미루어 보건대 머리란 원수元首이고 군주의 상징입니다. 지금 닭이 몸이 변하였으나 (그 변화가) 머리까지 이르지 않은 상태로 주상께서 그것을 아셨으니 이는 장차 일이 일어나지만 끝내 성사되지 않을 징조입니다. (그러나) 만일 재이에 대한 대응이 견실하지 않고 정치가 고쳐지지 않는다면 (닭에) 볏이 생겨 혹 수탉으로 변할 수 있는데 (그렇게 된다면) 화는 더욱 클 것입니다." 이후 장각張角206)이 난을 일으키고 황건黃巾

---

202) 王禁(?~BC. 42): 字는 稚君, 魏郡 元城(지금의 하북성 大名縣) 사람. 王賀의 아들로 孝元皇后 왕정군의 부친이다. 원제 즉위 직후 陽平侯에 책봉되었고, 시호는 頃侯다. 신왕조 개국 후에 陽平頃王으로 追諡되었다.

203) 哀帝(BC. 26~BC. 1): 이름은 欣, 전한의 열두 번째 황제. 원제의 庶孫이고 定陶恭王의 아들. 후사가 없었던 성제의 태자가 되었다가 성제가 급사함에 따라 19세에 즉위하였다. 즉위년에 師丹의 건의에 따라 諸侯王 이하의 토지 소유와 노비 소유를 제한하기 위한 限田法을 반포하였으나 반대자가 많았고, 본인 역시 寵臣인 환관 董賢에게 광대한 토지를 주었기 때문에 이 법령은 시행되지 않았다. 개혁의 의지는 있었지만 한왕조가 이미 쇠퇴한 상태였으며 단명으로 인해 이룬 것이 없다. 元壽 2년(BC. 1) 향년 26세로 사망하였다. 시호는 孝哀皇帝며 義陵에 묻혔다.

204) 王莽(BC. 45~23): 字는 巨君, 新都哀侯 王曼의 둘째 아들. 원후 왕정군의 조카. 신왕조 (8~23)의 건국자. 일찍 아버지를 여의고 불우하게 성장하였으나 백부인 王鳳의 인정을 받아 왕정군에게 추천된다. 竟寧 원년(BC. 33) 黃門郞이 되었고, 永始 원년 (BC. 16)에는 新野侯에 책봉되었다. 수화 원년(BC. 8)에는 대사마가 되었다. 성제 사후 애제가 즉위하며 잠시 정계에서 축출되었으나 어린 평제가 즉위하며 대사마· 보정으로서 정계에 복귀하였다. 安漢公에 이어 安漢王이 되어 "劉氏 아닌 자 王이 될 수 없다."는 유방의 遺旨를 무력화하였다. 이후 다양한 符命을 이용하여 假皇帝가 되었고, 결국 初始 원년(8) 禪讓에 의해 한을 멸망시키고 신왕조를 건국하여 황제가 되었다. 『漢書』卷99에 傳이 있다.

205) 大司馬: 관직명. 한은 진의 제도를 따라 승상·어사대부·太尉를 설치하였는데, 무제 시기 태위를 폐지하고 대사마를 설치하였다. 군사 전반을 담당하였다. 후한 초에는 삼공 중 하나였는데, 곧 태위로 다시 고쳤다. 후한 말에는 대사마를 별도로 설치하고 삼공 위에 두었다.

206) 張角(?~184): 鉅鹿(지금의 하북성 平鄕縣 平鄕鎭) 출신. 후한 말 농민 기의군인 황건의 영수며 太平道의 창시자. 광화 7년(184) "蒼天은 이미 죽고 黃天이 설 것이며,

이라고 칭하였는데, 결국에는 파괴되었다. 사방의 (백성들이) 부역으로
피폐해지자 반란을 일으키는 자가 많아졌다. (그러나) 주상은 정치를 고치지
않았고 끝내 천하 대란에 이르게 되었다.

甲子世가 되면 천하가 大吉해진다.”라는 구호를 내걸고 자칭 ‘天公將軍’이라 하며
대대적인 반란 활동을 시작하였다. 이것이 ‘황건의 난’ 혹은 ‘황건기의’다. 기의
후 얼마 지나지 않아 장각은 병사하였고, 반란군은 한조정에 의해 진압되었다.

靑眚 : 푸른색의 이물

桓帝 永興二年四月丙午, 光祿勳吏舍壁下夜有靑氣, 視之, 得玉鉤·玦各一. 鉤長七寸二分, [玦]周五寸四分, 身中皆雕鏤. 此靑祥也. 玉, 金類也. 七寸二分, 商數也. 五寸四分, 徵數也. 商爲臣, 徵爲事, 蓋爲人臣引決事者不肅, 將有禍也. 是時梁冀秉政專恣, 後四歲, 梁氏誅滅也.

환제 영흥永興[207] 2년(154) 4월 병오丙午(2일), 광록훈光祿勳[208] 관사 벽 아래 밤에 푸른 기가 나타나 살펴보다 옥구玉鉤와 옥결玉玦 각 하나씩을 얻었다. 옥구는 길이가 7촌寸 2분分이었고 옥결은 둘레가 5촌 4분이었으며 몸체에는 모두 조각이 새겨져 있었다. 이것은 청색의 흉조[靑祥]다. 옥은 금(석)류다. 7촌 2분은 상성商聲[209]의 수數다. 5촌 4분은 치성徵聲[210]의 수다. 상성은 신하를 의미하고 치성은 일[事]을 의미하니,[211] (옥구와 옥결이 나타난 것은) 대개 사안을 결재하는 신하가 공경치 않아 장차 화가 있을 것을 의미하는

---

207) 永興: 후한 환제의 네 번째 연호로 153~154년에 해당한다.
208) 光祿勳: 관직명. 전국 시기 처음 설치되었을 때는 郎中令이라 하였으며, 진에서도 낭중령이라 하였다. 한무제 때 光祿勳으로 개칭하였고, 후한에서는 전한의 제도를 계승하였다. 구경의 하나다. 궁전 門戶에서 宿衛를 담당하는 侍從官이다. 소속 관원으로는 광록대부, 太中大夫, 郎, 謁者, 期門(虎賁), 羽林 등이 있다.
209) 商聲: 五聲의 하나로 『史記索隱』에서는 商은 金이고, 금은 결단하는 것을 속성으로 삼으니 신하의 일이라고 보았다. 또한 商聲은 弦 72絲를 사용하여 宮聲 다음이니 마치 신하가 군주 다음임과 같은 것이라 하였다("商是金, 金爲決斷, 臣事也. 弦用七十二絲, 次宮, 如臣次君也."). 정현 역시 상을 금에 속한다고 보고 궁 다음으로 濁하여 신하의 상징이라 보았다. 그에 따르면 가을의 기운이 화락하면 상성이 조화롭다. 『禮記注』, 「月令」, "商數七十二, 屬金者, 以其濁, 次宮, 臣之象也. 秋氣和則商聲調."
210) 徵聲: 오성의 하나로 『史記索隱』에서는 徵가 여름에 속한다고 하며, 여름에는 생장하여 만물이 모두 형체를 이루니 일[事] 역시 또한 형체가 있어 徵聲을 일과 짝지었다고 하였다. 또한 치성은 弦을 54絲 사용한다고 하였다("徵屬夏, 夏時生長, 萬物皆成形體, 事亦有體, 故配事. 弦用五十四絲."). 한편 『史記正義』는 치성을 오행에 대입하여 火에 속하고, 그 소리가 약간 맑다고 하며 일의 상징이라 하였다("徵屬火, 以其(徵)[微]淸, 事之象也."). 정현에 의하면 여름의 기운이 화락하면 치성이 조화롭다. 『禮記注』「月令」, "夏氣和則徵聲調."
211) 『禮記』「樂記」에 보인다.

것이다. 이때 양기가 권력을 장악하고 함부로 권력을 행사하였고, 이후 4년 뒤 양씨가 주멸되었다.

屋自壞: 건물이 이유 없이 절로 무너짐

<u>延熹五年</u>, 太學門無故自壞. <u>襄楷</u>以爲太學前疑所居,[一] 其門自壞, 文德將喪, 敎化
廢也. 是後天下遂至喪亂.

(환제) 연희 5년(162), 태학太學의 문이 아무런 이유 없이 절로 무너졌다.
양해襄楷212)는 태학이 천자 곁에서 시위 보좌하는 신하[前疑]213)가 거주하는
곳이기에 그 문이 저절로 무너진 것은 문덕文德이 장차 쇠하고 교화敎化가
무너질 (징조라고) 여겼다. 이후 천하가 마침내 상란喪亂에 이르렀다.

[一] 本傳楷書無「前疑」之言也.
　　(『후한서』)「양해전」에 (수록된) 상서에는 '전의前疑'라는 말은 없다.214)

<u>永康元年十月壬戌</u>, 南宮<u>平城門</u>內屋自壞. 金沴木, 木動也. 其十二月, 宮車晏駕.

(환제) 영강永康215) 원년(167) 10월 임술壬戌(12일), 남궁 평성문平城門216) 안쪽
건물이 절로 무너졌다. 금金의 기운이 목木의 기운을 해쳐, 목기가 움직인
것이다. 그 해 12월, 황제께서 붕어하셨다.

---

212) 襄楷: 후한의 저명한 方士. 字는 公矩고 平原 隰陽(지금의 산동성 平原縣) 출신이다.
　　　천문·음양에 뛰어났다. 환제 시기 재이와 관련하여 上疏하였으나 쓰이지 않았다.
　　　영제 때 주장의 타당성을 인정받아 조정의 부름을 받았으나 응하지 않았다. 중평
　　　5년(188), 冀州刺史 王芬 등과 모의하여 영제를 폐하고 合肥侯를 세우려 했으나
　　　실패하였다. 『後漢書』卷30下에 傳이 있다.
213) 前疑: 황제 곁에서 황제를 보좌하는 四輔 혹은 四隣(前疑, 後丞, 左輔, 右弼)의 하나.
　　　황제의 질문에 답하는 역할을 담당하였다.
214) 『後漢書』양해 본전에는 태학이 천자의 교화가 이루어지는 곳이라는 내용만 보인다.
　　　『後漢書』卷30下,「襄楷傳」, "太學, 天子敎化之宮, 其門無故自壞者, 言文德將喪, 敎化廢也."
215) 永康: 후한 환제의 일곱 번째 연호로 167년이다.
216) 平城門: 洛陽城 12문 중 하나로 낙양성의 남문이다. 남궁과 하나로 연결되어 있다.
　　　낙양성에는 총 12개의 문이 있는데 북쪽부터 시계 방향으로 穀門, 上東門, 中東門,
　　　耗門, 開陽門, 平城門, 小苑門, 津門(津陽門), 廣陽門, 雍門, 上西門, 夏門이다.

靈帝 光和元年, 南宮平城門內屋·武庫屋及外東垣屋前後頓壞. 蔡邕對曰:「平城門, 正陽之門, 與宮連, 郊祀法駕所由從出, 門之最尊者也. 武庫, 禁兵所藏. 東垣, 庫之外障. 易傳曰:『小人在位, 上下咸悖, 厥妖城門內崩.』潛潭巴曰:『宮瓦自墮, 諸侯强陵主.』此皆小人顯位亂法之咎也.」其後黃巾賊先起東方, 庫兵大動. 皇后同父兄何進爲大將軍, 同母弟苗爲車騎將軍, 兄弟並貴盛, 皆統兵在京都. 其後進欲誅廢中官, 爲中常侍張讓·段珪等所殺, 兵戰宮中闕下, 更相誅滅, 天下兵大起.

영제 광화 원년(178),[217] 남궁 평성문 안쪽 건물과 무기고의 건물 및 무기고 밖 동쪽 담장 건물이 차례로 무너졌다. 채옹이 대답하여 말하였다. "평성문은 남쪽을 향한正陽 문으로 궁과 이어져 있으며, 교사郊祀를 지낼 때 법가法駕[218]가 나가는 곳으로 문 중에서 가장 존귀한 곳입니다. 무기고는 궁 안에서 병기를 보관하는 곳입니다. 동쪽 담은 무기고의 바깥 방비벽입니다. 『역전易傳』[219]에서 말하기를 '소인이 (관)위에 있으면 군신이 모두 미혹되는데, 그 괴이한 (징조는) 성문 안쪽이 무너지는 것이다.'하였습니다. (又)『춘추잠담파春秋潛潭巴』[220]에서는 '궁궐의 기와가 절로 떨어지면 제후가 강대함을 믿고 군주를 업신여긴다.'하였습니다. 이는 모두 소인이 높은 지위를 차지하고 법도를 어지럽힐 징조입니다." 그 후 황건적이 먼저 동방에서 일어나자 (출병으로 인해) 무고의 병기가 대거 사용되었다. 하황후何皇后[221]의 아버지

---

217) 『後漢書』「靈帝紀」에는 희평 6년(177) 2월의 일로 기록되어 있다.

218) 法駕: 천자의 車駕 중 하나. 천자의 鹵簿는 大駕·法駕·小駕이 3종류가 있는데, 그 행차의 수행원의 많고 적음의 차이가 있다. 후한에서는 郊天 제사하러 나갈 때 법가를 사용했다. 이때 하남윤과 낙양령이 인도하고 奉車郞이 말을 몰며 시중이 參乘하였다.

219) 『易傳』: 『京房易傳』으로 판단된다.

220) 『春秋潛潭巴』: 春秋緯 14종 중 하나. 『春秋緯潛潭巴』로도 불린다. 宋均이 주해하였는데 宋 이후 산일되었다. 재이와 서상 등 天人感應에 대한 글이 많은데, 특히 천문의 이변을 해석한 내용이 많다. 明의 孫穀은 『古微書』에서 潛潭을 물이 매우 깊은 상태로 巴를 물의 굴곡부로 이해하여(潛潭者, 水之深沉也; 巴, 又水之, 屈曲也), 잠담파를 물과 연관하여 해석하였다

221) 何皇后(?~189): 靈思何皇后. 남양군 宛縣(지금의 하남성 남양) 출신. 대장군 하진과 거기장군 하묘의 누이동생으로 후한 영제의 두 번째 황후며, 소제 유변의 생모다. 하황후는 도축업자 집안에서 태어났는데 掖庭에 들어온 후 영제의 총애를 받아

가 같은 형인 하진이 대장군이 되고, (황후와) 어머니가 같은 (하진의) 동생 하묘何苗[222)가 거기장군이 되어 형제가 더불어 지위와 명성이 높아졌으며 모두 수도에서 군대를 통솔하였다. 그 후 하진이 환관들을 주멸하고 축출하고자 하다가 중상시 장양과 단규段珪[223) 등에게 살해당하고, 군사들이 궁중 궐 아래서 교전하며 번갈아가며 서로 주멸하니 (이로부터) 천하의 병사가 크게 일어났다.

三年二月, 公府駐駕廡自壞, 南北三十餘間.

(광화) 3년(180) 2월, 공부公府[224)의 가마를 보관하는 건물이 절로 무너졌는데 (무너진 것이) 남북으로 30여 칸이나 되었다.

中平二年二月癸亥, 廣陽城門外上屋自壞也.

(영제) 중평 2년(185) 2월 계해癸亥(24일), 광양성문廣陽城門[225) 바깥쪽 위 건물이 절로 무너졌다.

獻帝 初平二年三月, 長安 宣平城門外屋無故自壞. 至三年夏, 司徒王允使中郎將

황자 유변을 낳고 귀인에 봉해졌다. 광화 3년(180) 황후가 되었고, 중평 6년(189) 영제 사후 유변이 제위를 계승하며 황태후가 되었다. 동탁이 낙양에 들어와 유변을 폐위하고 오래지 않아 유변과 하황후를 독살하였다. 『後漢書』 卷10下에 傳이 있다.

222) 何苗(?~189): 字는 叔達. 남양군 완현(지금의 하남성 남양) 사람. 영사하황후의 同母兄이다. 대장군 하진과는 異父異母弟다. 본래는 朱氏로 朱苗로 불렸다. 누이동생이 영제의 총애를 받아 황후가 되며 그로 인해 顯貴해졌다. 월기교위, 하남윤을 거쳐 중평 4년(187)에는 거기장군을 배수하고 濟陽侯에 봉해졌다. 하진이 환관에게 주살되자 그의 부장 吳匡이 하묘가 환관과 내통했다 의심하고 朱雀闕 아래서 하묘를 공격, 살해하였다.

223) 段珪(?~189): 후한의 환관. 영제 시기 환관이 되어 중상시가 되었고, 후에 책봉되었다. 장양, 趙忠 등과 결탁하여 권력을 농단하였다. 광희 원년(189) 소제가 즉위하고 대장군 하진이 환관을 제거하려는 것을 미리 알아채고 하진을 살해하였다. 원소가 궁에 들어와 환관을 척살하자 장양과 함께 소제를 인질로 삼아 도주하였으나 황하 소평진에서 河南中部掾 閔貢에게 죽임을 당했다.

224) 公府: 삼공(태위·사도·사공)의 관서를 말한다.

225) 廣陽城門: 낙양성 서측에 설치된 문으로 남쪽을 향해 문이 열린다.

<u>呂布殺太師董卓</u>, 夷三族.[一]

헌제 초평初平²²⁶⁾ 2년(191) 3월, 장안長安 선평성문宣平城門²²⁷⁾의 바깥 건물이 이유 없이 절로 무너졌다. 초평 3년 여름에 사도司徒 왕윤王允²²⁸⁾이 중랑장中郎 將²²⁹⁾ 여포呂布²³⁰⁾로 하여금 태사太師²³¹⁾ 동탁을 살해하게 하고, 그 삼족三

226) 初平: 후한 헌제의 첫 번째 연호로 190~193년에 해당한다.
227) 宣平城門: 장안성 동측에 설치된 문으로 북쪽을 향해 문이 열린다.
228) 王允(137~192): 字는 子師, 太原 祁縣(지금의 산서성 기현) 출신. 후한의 대신. 대대로 관료를 배출한 世家 출신이다. 처음 郡吏가 되어 환관 趙津 및 그 무리를 처벌하였다. 영제 때 豫州刺史를 지냈고, 황건의 난을 진압하였다. 소제 때 대장군 하진이 환관을 죽이려고 그와 상의했다. 從事中郎을 거쳐 하남윤으로 옮겼으며, 헌제 때 太僕과 상서령, 사도를 역임하였다. 초평 3년(192), 尙書僕射 孫緒, 여포 등과 밀모하여 동탁을 죽였다. 헌제는 그를 錄尙書事로 삼아 여포와 함께 조정을 다스리게 했다. 그러나 장안을 공격해 온 동탁의 잔당 李傕과 郭汜 등에 의해 살해되었다. 『後漢書』 卷66에 傳이 있다.
229) 中郎將: 관직명. 진에서 설치하였다. 전한에서는 五官·左·右의 세 중랑장이 설치되었다. 후에는 虎賁·羽林中郎將도 설치되었다. 질록은 비이천 석이다. 모두 광록훈에 속하였고 궁중 수비를 담당하였다.
230) 呂布(?~199): 字는 奉先, 五原郡 九原縣(지금의 內蒙古 包頭市) 출신. 원래는 丁原의 部將이었으나 정원을 살해하고 동탁에게 귀순하였다. 동탁과 부자관계를 맺었으나 후에 사도 왕윤과 모의하여 동탁을 살해하였다. 동탁 사후 장안으로 진격한 이각과 곽사 등에게 패하고 원소에게 의지하였으나 원소에게 시기를 받자 다시 張楊에게 의탁하였다. 흥평 원년(194), 조조가 陶謙을 공격하는 틈을 타서 陳宮 등과 연합하여 연주로 진입하여 濮陽을 점거한 후 2년 동안 조조와 격렬히 대립하였으나 결국 조조에게 격파당하고 유비에게 의부하였다. 서주를 장악한 여포는 袁術과 연합을 추진했지만, 결국에는 조조와 연합하였다. 여포는 조정의 실권을 장악하고 있던 조조에게 左將軍의 직위를 받았다. 건안 3년(198) 여포가 다시 원술과 손을 잡고 유비를 공격하니 조조가 직접 대군을 이끌고 서주를 공격했다. 여포는 下邳城에서 조조의 군대에 포위된 후 3개월 동안 농성전을 벌였지만, 결국 부하인 侯成, 宋憲, 魏續의 반란으로 조조에게 사로잡혀 처형되었다. 『後漢書』 卷75에 傳이 있다.
231) 太師: 관직명. 원래는 樂師였으나 후에 고위 군사 통솔관으로 변화하였다. 상에서 설치하였고, 주 초에는 고급 무관이었다. 서주 초 呂尙, 즉 姜太公이 대표적인 인물이다. 춘추 시기 이후 晉·楚 등의 국가에서 설치하여 公(王)室의 顧問이 되었는데, 太師가 왕실 고문이 된 것은 周成王이 친정을 하게 된 후 周公旦을 태사로 삼은 것에서 비롯한 것으로 알려져 있다. 전한에서는 평제 元始 원년(1)에 설치되었는데, 당시 지위는 태부 위였다. 삼국 시기에는 설치되지 않았고, 진과 남조에서 다시 설치하면서 太宰로 고쳤다. 북조에서는 원래대로 복귀되었으나 대신을 우대하기 위해 수여하는 虛職에 불과하였다. 북위 들어 태부·太保와 함께 三師의 하나가 되었다. 북주에서는 이들 삼사를 삼공이라 하였으나 수대 다시 삼사라고 하였고, 당에서도 이를 따랐다.

族232)을 주살하였다.

[一]　袁山松[書]曰: 「李傕等攻破長安城, 害允等.」

원산송의 『후한서』에서 말하였다. "이각李傕233) 등이 장안성을 공격하여 격파하고
왕윤 등을 살해하였다."

興平元年十月, 長安市門無故自壞. 至二年春, 李傕·郭汜鬥長安中, 傕迫劫天子,
移置傕塢, 盡燒宮殿·城門·官府·民舍, 放兵寇鈔公卿以下. 冬, 天子東還雒陽, 傕·
汜追上到曹陽, 虜掠乘輿輜重, 殺光祿勳鄧淵·廷尉宣璠·少府田苞等數十人.

(헌제) 흥평興平234) 원년(194) 10월, 장안 시문市門이 이유 없이 절로 무너졌다.
흥평 2년 봄, 이각과 곽사郭汜235)가 장안 안에서 싸우다 이각이 천자를
위협하여 자신의 오塢로 옮기고236) 궁전, 성문, 관부, 민가를 모두 불태우고

---

232) 三族: 일반적으로 네 가지 설이 있다. ①부친, 자식, 손자(『周禮』, 「春官·小宗伯」,
"掌三族之別, 以辨親疏.[鄭玄注: 三族, 謂父·子·孫.]" ②부친의 형제, 자신의 형제, 자식
의 형제(『儀禮』, 「士昏禮」, "惟是三族之不虞, 使某也請吉日.[鄭玄注: 三族, 謂父昆弟·己昆
弟·子昆弟.]" ③父族, 母族, 妻族(『大戴禮記』, 「保傅」, "三族輔之.[盧辯注: 三族, 父族·母族·
妻族.]" ④부모, 형제, 처자(『史記』 卷5, 「秦本紀」, "法初有三族之罪.[裴駰集解引張晏曰:
父母·兄弟·妻子也.]"
233) 李傕(?~198): 字는 稚然, 北地郡 泥陽縣(지금의 섬서성 耀縣) 출신. 후한 말 군웅의
한 사람. 본래 동탁의 부장으로 中牟에 파견되어 朱儁과 교전하여 승리하고 진류·영
천군으로 진군하여 약탈하였다. 초평 3년(192) 동탁과 그의 사위 牛輔가 피살되자
동탁의 부장들인 곽사·張濟·樊稠 등과 함께 장안으로 공격해 들어갔다. 여포를
격파하고 왕윤을 살해한 후 장안을 점령하고 조정의 대권을 장악하였다. 후에
여러 장수들과 불화하여 상호 교전하였고 결국 조조에 의해 주살되었다.
234) 興平: 후한 헌제의 두 번째 연호로 194~195년에 해당한다.
235) 郭汜(?~197): 郭多로도 불림. 양주 張掖(지금의 감숙성 張掖市) 출신. 후한 말의
군벌. 원래는 馬賊 출신으로 동탁의 부장이다. 동탁의 사위인 우보의 명으로
이각 등과 중모에 파견되어 주준과 교전하여 승리하고 진류·영천군으로 진군하여
약탈하였다. 동탁 피살 후 동탁의 부장들인 이각·장제·번조 등과 함께 장안을
공격하였다. 여포를 격파 후 장안을 점령하고 조정의 대권을 장악하였다. 몇
년 후 부장 伍習에게 피살되었다.
236) 『後漢書』에 인용된 『山陽公載記』에 따르면 당시 헌제는 南塢에, 이각은 北塢에 있었는
데 빗발치는 화살을 막기 위해 이각이 강제로 헌제를 자신의 북오로 옮겼다고
한다. 『後漢書』 卷9, 「獻帝紀」, "李傕移帝幸北塢[李賢注: 山陽公載記曰: 「時帝在南塢,
傕在北塢. 時流矢中傕左耳, 乃迎帝幸北塢. 帝不肯從, 强之乃行.」]" 塢는 규모가 작은

병사를 풀어 공경 이하의 집을 약탈하였다. 겨울, 천자가 동으로 낙양으로 돌아오니 이각과 곽사가 주상을 추격하여 조양曹陽237)에 이르러 천자의 물품을 약탈하고 광록훈 등연鄧淵,238) 정위 선번宣璠, 소부少府239) 전분田芬 등 수십 인을 살해하였다.

<hr/>

방어용 보루를 말한다.
237) 曹陽: 七里澗, 또는 曹陽墟, 曹陽坑, 曹陽亭으로도 불린다. 지금의 하남성 靈寶市 동북이다.
238) 『後漢書』「獻帝紀」에는 鄧泉으로 되어 있다.
239) 少府: 관직명. 구경의 하나로 황실 재정과 황실 관련 사무를 담당하였다. 전국 시기 처음 설치되어 진과 한에서 모두 설치하였다. 山林水澤에서 나는 세금과 지방에서 올리는 貢獻을 관리하고 궁정에서 필요로 하는 물자를 공급하는 일을 담당하였다. 소부의 기구는 매우 방대하여 때로는 국가 재정 관련 사무를 담당하기 도 하였다.

『後漢書』志第十三, 「五行一」(2)*

言: 말

<u>五行傳</u>曰:「好攻戰,⟦一⟧ 輕百姓,⟦二⟧ 飾城郭,⟦三⟧ 侵邊境,⟦四⟧ 則金不從革.」⟦五⟧ 謂金失其
性而爲災也. 又曰:「言之不從, 是謂不乂.⟦六⟧ 厥咎僭,⟦七⟧ 厥罰恆陽,⟦八⟧ 厥極憂.⟦九⟧
時則有詩妖,⟦一〇⟧ 時則有介蟲之孼,⟦一一⟧ 時則有犬禍,⟦一二⟧ 時則有口舌之痾,⟦一三⟧ 時則有
白眚·白祥, 惟木沴金.」介蟲, <u>劉歆傳</u>以爲毛蟲. 乂, 治也.

『홍범오행전洪範五行傳』에서 말하였다. "(군주가) 전쟁하는 것을 좋아하고
백성(의 목숨)을 가벼이 여기며 성곽을 수축하고 변경을 침략하면 금속이
(사람의 의도대로) 변형되지 않는다." (이는) 금속이 그 본성을 잃어 재이災異
가 된 것을 말함이다. 또 말하였다. "(군주의) 말[言]1)이 순조롭지 않는
것[不從],2) 이를 일러 '다스려지지 않는다[不乂]3)고 한다. 그 흉조[咎徵]는 참람함
[僭](으로 나타나고) 그 벌은 (절기에 맞지 않게) 항상 맑은 것[恆陽]4)이며,

---

* 『後漢書』「五行一」의 분량을 고려하여 편의적으로 2장으로 나눠 구성하였다. 그중
  누 번째 장이다.
1) 言: 五事의 하나로 군주의 말 혹은 명령을 의미한다.
2) 不從: 言의 德, 즉 이상적 상태가 어그러진 것이다. 이상적 상태인 '從'은 『漢書』
  「五行志」에서는 "從, 順也."이라 하여 군주의 말이 순조로운 것, 즉 도리에 합당한
  것으로 보았다.
3) 不乂: 말이 순조로우면 다스려지는데, 말이 순조롭지 않아 다스려지지 않는 것이다.
  따라서 '乂'는 '從(순조로움)'에 의해 실현된 이상적인 상태다.
4) 恆陽: 도를 지나쳐 맑은 날이 계속되어 비가 내리지 않는 것이다. 즉 가뭄을
  말한다.

그 극단[極]은 근심[憂]이다. (이는) 때로는 시요詩妖로 나타나고 때로는 개충介蟲5)의 얼孼로 나타나며, 때로는 견화犬禍로 나타나기도 하고 때로는 입과 혀의 병[口舌之痾]으로 나타나기도 하며, 때로는 백생白眚과 백상白祥으로 나타나기도 하니 목기木氣가 금기金氣를 해친 것이다." 개충은 유흠劉歆6)의 『오행전五行傳』7)에는 모충毛蟲8)으로 되어 있다. 예乂는 '다스린다[治]'는 뜻이다.

[一] <u>鄭玄注曰</u>:「<u>參 伐</u>爲武府, 攻戰之象.」
　　　정현鄭玄이 주해注解하여 말하였다. "삼수參宿9)의 벌성伐星10)은 무부武府로 전쟁을 상징한다."

[二] <u>鄭玄注曰</u>:「輕之者, 不重民命. 春秋傳曰:『師出不正反, 戰不正勝也.』」
　　　정현이 주해하여 말하였다. "가벼이 여긴다는 것은 백성의 목숨을 중히 여기지 않는다는 것이다. 『춘추공양전春秋公羊傳』에서 말하기를 '군대가 출정하여 합당할 때 돌아오지 않는다면 전쟁에서 합당하게 승리할 수 없다.'11)고 하였다."

---

5) 介蟲: 甲蟲. 메뚜기·지네 따위의 벌레를 말한다.
6) 劉歆(?~23): 字는 子駿, 후에 이름을 秀로 字를 穎叔으로 개명하였다. 漢高帝 劉邦의 넷째 동생 楚王 劉交의 후예로 劉德의 손자며 劉向의 아들이다. 古文經學을 학습하였고 일찍이 부친인 유향과 함께 『山海經』을 編訂하였다. 儒學만이 아니라 校勘學, 天文曆學, 史學, 詩 등에도 조예가 깊었다. 부친과 궁정의 장서를 정리하고 六藝의 여러 책을 7종으로 분류하여 최초의 목록인 『七略』을 완성하였다. 『左傳』, 『毛詩』, 『逸禮』, 『古文尚書』를 존숭하여 學官에 博士를 설치하고자 하였으나 실패하고 河內太守로 전출되었다. 王莽 찬탈 후 國師로 초빙되어 그의 국정에 협력하였다. 말년에는 왕망에게 반대하여 모반을 기도하였으나 실패하여 자살하였다. 『漢書』卷36에 傳이 있다.
7) 『五行傳』: 유흠이 기존의 『洪範五行傳』을 기초로 해서 편찬한 것으로 모두 散佚되었다. 다만 『漢書』「五行志」와 『儀禮經傳通解續編』에 인용된 글을 통해 그 일단을 확인할 수 있다. '孼', '禍', '痾' 및 五事를 달[月]에 배당하는 것이 유향이나 鄭玄이 저본으로 삼은 『홍범오행전』과는 다른 것으로 알려져 있다.
8) 毛蟲: 나비나 나방류의 유충을 총칭한다.
9) 參宿: 별자리 이름. 二十八宿의 하나로 오리온성좌의 남쪽 세 별 및 그 부근의 별을 가리킨다. 서방 白虎 7수(奎·婁·胃·昴·畢·觜·參)의 마지막 별자리다. 여섯 개의 별로 이루어져 있는데 그중 세 별이 쟁기 모양과 비슷하여 犁星으로도 불린다.
10) 伐星: 삼수의 중앙 세 별을 말한다. 『晉書』「天文志」에 따르면 하늘의 都尉를 상징한다. 『晉書』卷11, 「天文上」, "中央三小星曰伐, 天之都尉也."
11) 『春秋公羊傳』「僖公二十六年」條에 보인다.

[三] 鄭玄注曰:「昴·畢閒爲天街. 甘氏經曰:『天街保塞, 孔塗道衢.』保塞, 城郭之象也. 月令曰:『四鄙入保.』」

정현이 주해하여 말하였다. "묘수昴宿[12]와 필수畢宿[13] 사이를 천가天街[14]라 한다. 『감씨경甘氏經』[15]에서 말하였다. '천가는 변경의 요새고 대로大路에서는 요충지에 해당한다.' 보새保塞는 성곽城郭의 상징이다. (『예기禮記』)「월령月令」에서 '(이른 여름[孟夏]에 가을의 정령[秋令]을 행하면) 사방 변경의 백성들이 성채로 들어온다.'[16]고 하였다."

[四] 鄭玄曰:「畢主邊兵.」

정현이 말하였다. "필수는 변방의 병사를 주관한다."[17]

[五] 鄭玄注曰:「君行此四者, 爲逆天西宮之政. 西宮於地爲金, 金性從刑, 而革人所用爲器者也, 無故(治)[冶]之不銷, 或入火飛亡, 或鑄之裂形, 是爲不從革. 其他變異, 皆屬沴也.」 洪範曰:「從革作辛.」 馬融曰:「金之性, 從(人)[火]而更, 可銷鑠也.」 漢書音義曰:「言人君言不見從, 則金鐵亦不從人意.」

정현이 주해하여 말하였다. "군주가 이 네 가지를 행하는 것은 하늘 서궁西宮의

---

12) 昴宿: 별자리 이름. 28수의 하나로 서방 백호 7수 중 네 번째 별자리다. 前漢의 蕭何가 이 별의 精靈에서 사람으로 다시 태어났다는 전설이 있어 타인을 기리는 말로 쓰였다.

13) 畢宿: 별자리 이름. 天濁, 罕車로도 불린다. 28수의 하나로 서방 백호 7수 중 다섯 번째 별자리다. 모두 8개의 별을 포함한다.

14) 天街: 묘수와 필수 사이에 있는 별. 이를 기점으로 음양이 나누어진다. 孫炎은 이곳이 日月五星이 출입하는 중요한 길로 마치 물에서는 나루와 다리[津梁] 같은 곳이라 하였고, 張守節은 天街는 국가 간의 경계를 주관한다고 하였다. 『史記』 卷27,「天官書」, "昴·畢閒爲天街.[孫炎云:「昴·畢之閒, 日·月·五星出入要道, 若津梁也.」 正義: 天街二星, 在畢·昴閒, 主國界也. 街南爲華夏之國, 街北爲夷狄之國. 土·金守, 胡兵入也.] 其陰, 陰國; 陽, 陽國."

15) 『甘氏經』: 甘氏는 『史記集解』에 따르면 이름은 甘德이고 字는 逢이다. 戰國 시기 인물로 齊人, 혹은 楚人으로 알려져 있다(『史記』 卷89,「張耳列傳」, "甘公曰[义穎曰: 「善說星者甘氏也.」 索隱: 天官書云齊甘公, 藝文志云楚有甘公, 齊楚不同. 劉歆七略云「字逢, 甘德」. 志林云「甘公一名德」.]…"). 『歲星經』, 『四七法』, 『天之星占』 등의 저작이 알려져 있다. 孫吳의 陳卓은 甘氏·石氏·巫咸 3家가 천문 및 별의 양상을 기술한 것을 기초로 圖錄을 작성하고 그 占과 贊에 주해하였다고 하였는데, 여기서 『甘氏經』이라는 것은 이들 중 하나일 것으로 추정된다.

16) 『禮記』「月令」의 원문은 다음과 같다. "孟夏行秋令, 則苦雨數來, 五穀不滋, 四鄙入保."

17) 『晉書』「天文志」에 다음과 같은 구절이 보인다. "畢八星, 主邊兵, 主弋獵. 其大星曰天高, 一曰邊將, 主四夷之尉也."

다스림에 역행하는 것이다. (하늘) 서궁은 지상에서는 금속[金]에 해당하는데, 금속의 속성은 주형鑄型에 따라 변형되는 것으로 사람들이 (그것을) 이용하여 기물을 만들 수 있다.[18] 이유 없이 (쇠를) 불려도 녹지 않고 혹은 불에 넣어도 사방으로 흩어지며 혹은 주조해도 갈라 터지게 되는 것, 이것이 주형에 따라 변형되지 않는 것이다. 기타 변이變異는 모두 서로 상하게 하는 것[沴]에 속한다." (『상서尚書』) 「홍범洪範」에서 말하였다. "주형에 따라 변형되는 (금속의 성질은) 오미五味 중) 매운맛에 해당한다." 마융馬融[19]이 말하였다. "금속의 성질은 불에 따라 변형되는 것으로 녹일 수 있다."『한서음의漢書音義』에서 말하였다. "군주의 말을 (사람들이) 따르지 않는다면 금철金鐵 역시 사람의 뜻을 따르지 않는다고 말한 것이다."

[六] 鄭玄曰:「乂, 治也. 君言不從, 則是不能治其事也.」

정현이 말하였다. "'예乂'는 다스린다는 의미다. 군주의 말이 순조롭지 않으면 그 일을 다스릴 수 없다."

[七] 鄭玄曰:「君臣不治, 則僭差矣.」

정현이 말하였다. "군신 사이가 다스려지지 않는다면 (신하가) 본분에서 벗어나 (법도를 잃고) 어지러워진다."

[八] 鄭玄曰:「金主秋, 秋氣殺, 殺氣失, 故常陽也.」春秋考異郵曰:「君行非是, 則言不見從; 言不見從, 則下不治; 下不治, 則僭差過制度, 奢侈驕泰. 天子僭天, 大夫僭人主, 諸侯僭上, 陽無以制. 從心之喜, 上憂下, 則常陽從之. 推設其跡, 考之天意, 則大旱不雨, 而民庶大災傷.」淮南子曰:「殺不辜則國赤地.」

정현이 말하였다. "금속은 가을을 주관하고 가을의 기운은 살기殺氣다. 살기가 손상되면 항상 맑아 (가뭄이 든다.)"『춘추고이우春秋考異郵』[20]에서 말하였다.

---

18) 원문은 "金性從刑, 而革人所用爲器者也."로 되어 있으나 문맥에 따라 "金性從刑而革, 人所用爲器者也."로 표점하여 해석하였다.

19) 馬融(79~166): 字는 季長, 扶風 茂陵縣(지금의 陝西省 興平縣) 출신. 後漢 시기 저명한 학자로 名將 馬援의 從孫이다. 安帝 시기 大將軍 鄧騭 幕府에 초빙되었고, 校書郎, 郡功曹, 議郎, 南郡太守 등을 역임하였다. 梁冀 숙청 시 연루되어 머리를 깎이고 유배되었는데 가는 도중 자살하려다 미수에 그쳐 면죄 받고 돌아왔다. 이후 다시 의랑이 되었고 東觀에서 경전을 교감하는 일을 하다 병으로 사직하였다. 桓帝 延熹 9년(166) 향년 88세로 사망하였다. 음악을 좋아하고 사치하여 세인의 비난을 받았으나 학자로서는 인정을 받았다. 『詩』·『尚書』·『易』·『論語』·『孝經』·『淮南子』·『老子』 등을 주해하고, 정현·盧植 등의 제자를 육성하였다. 訓詁學의 조상으로 알려져 있다. 『後漢書』 卷60上에 傳이 있다.

"군주의 행동이 바르지 않으면 (사람들이 군주의) 말에 따르지 않는다. (사람들이 군주의) 말에 따르지 않으면 아래가 다스려지지 않는다. 아래가 다스려지지 않으면 본분에서 벗어나 어지러워져 법도를 넘어서 사치하고 교만하며 방종하게 된다. (그러면) 천자가 하늘에 참람僭濫하고 대부大夫가 군주에게 참람하며, 제후가 주상主上에게 참람해도 양기陽氣가 제어하지 못하게 된다. (아랫사람이) 마음먹은 대로 (행동)하고 윗사람이 아랫사람을 근심하게 되면 항상 맑아 오랫동안 비가 오지 않는 (가뭄이) 발생한다. 그 옛 자취를 돌이켜 하늘의 뜻을 살펴보니 큰 가뭄이 들어 비가 오지 않아 백성들이 커다란 재화災禍를 입었다."『회남자淮南子』에서 말하였다. "죄가 없는 자를 살해하면 (가뭄이 들어) 국토가 붉게 된다."21)

[九]　<u>鄭玄</u>曰：「殺氣失, 故於人爲憂.」
정현이 말하였다. "살기가 손상되면 사람이 근심하게 된다."

[一○]　<u>鄭玄</u>曰：「詩之言志也.」
정현이 말하였다. "시詩는 뜻[志]을 말하는 것이다."22)

[一一]　<u>鄭玄</u>曰：「螽·螽·蜩·蟬之類, 生於火而藏於秋者也, 屬金.」
정현이 말하였다. "연螽23)·종螽24)·조蜩25)·선蟬26) 종류는 불(여름)에서 태어나 가을 동안 (땅 속에 숨어 있는) 동물로 (오행五行으로는) 금속[金]에 속한다.

[一二]　<u>鄭玄</u>曰：「犬畜之以口吠守者, 屬言.」
정현이 말하였다. "개는 입으로 짖어서 지키는 가축으로 (오사五事로는) 말[言]에 속한다."

[一三]　<u>鄭玄</u>曰：「言氣失之病.」

---

20)　『春秋考異郵』: 한대 찬술된 讖緯類 저작으로 春秋緯 14종의 하나다.『春秋緯考異郵』로도 불린다. 宋均이 주해하였는데, 宋 이후에 산일되었다. 하늘의 크기를 주위 107만 1천리로 설명하고 그것과 人事와의 관계에 대해 설명하였다. 주로 기후 및 物象의 변화와 인사의 대응에 대하여 언급하고 있다.

21)　『淮南子』,「天文訓」에 보인다.

22)　『尙書』「虞書·舜典」에 "詩言志."라는 구절이 보인다.

23)　螽: 누리의 애벌레, 또는 흰개미, 장구벌레 등으로 해석된다.

24)　螽: 메뚜기과 곤충의 총칭.

25)　蜩: 매미.

26)　蟬: 매미.

정현이 말하였다. "(입과 혀의 병[口舌之痾]은) 말의 기가 손상되어 발생하는 병이다."

訛言: 헛소문

安帝 永初元年十一月, 民訛言相驚, 司隷·幷·冀州民人流移. 時鄧太后專政. 婦人 以順爲道, 故禮「夫死從子」之命. 今專(王)[主]事, 此不從而僭也.[一]

안제安帝(재위 106~125) 영초永初[27) 원년(107) 11월, 민간에서 헛소문[訛言]이 돌아 (백성들이) 서로 동요하고 두려워하였는데 사례司隷, 병주幷州,[28) 기주冀 州의 백성들이 유랑하였다. 이때 등태후鄧太后[29)가 정치를 독점하였다. 부인 은 순종함을 도리로 삼으니, 따라서 『예기』에서 "남편이 죽으면 아들을 따른다."[30)고 하였다. 지금 (등태후가) 전적으로 정사를 주관하니, 이는 순종하지 않는 것이며 참월僭越이다.

[一]   古今注曰:「章帝 建初五年, 東海·魯國·東平·山陽·濟陰·陳留民訛言相驚有賊, 捕至京 師, 民皆入城也.」

『고금주古今注』에서 말하였다. "장제章帝(재위 75~88) 건초建初[31) 5년(80) 동해군東海 郡,[32) 노국魯國,[33) 동평국東平國,[34) 산양군山陽郡,[35) 제음군濟陰郡,[36) 진류군陳留郡[37)

---

27) 永初: 후한 안제의 첫 번째 연호로 107~113년에 해당한다.
28) 幷州: 十三州刺史部의 하나로 전한 武帝 시기 설치되었다. 관할 지역은 지금의 山西省 대부분과 內蒙古, 河北省 일부에 해당한다. 후한 시기 관아는 太原郡(지금의 산서성 太原市 晉源鎭)에 두었고, 영역은 좀 더 확장되어 지금의 섬서성 북부 및 河套 지구를 포함하게 된다. 삼국 시기에는 다소 축소되었다.
29) 鄧太后(81~121): 和熹鄧皇后. 이름은 鄧綏, 南陽郡 新野縣(지금의 河南省 신야현) 출신. 후한 和帝의 황후. 조부는 후한의 개국공신이자 雲臺二十八將의 수위였던 太傅 高密侯 鄧禹다. 15세에 입궁하여 22세에 황후가 되었다. 화제가 사망한 후 延平 원년(106) 臨朝稱制를 통해 권력을 장악하였다. 형 등즐을 輔政으로 위촉하기는 하였지만 사실상의 통수권자였다. 집정 기간 동안 가뭄과 西羌의 반란 등 국내외 문제가 발발하였으나 탁월한 정치력으로 위기를 극복하였다. 永寧 2년(121)에 사망하였다. 諡號는 和熹며 화제가 묻힌 愼陵에 합장되었다. 『後漢書』 卷10上에 傳이 있다.
30) 『儀禮』「喪服」과 『禮記』「郊特牲」에 보인다.
31) 建初: 후한 章帝의 첫 번째 연호로 76~84년에 해당한다.
32) 東海郡: 秦代 설치하였다. 관아는 지금의 山東省 郯城縣인 郯縣에 두었다. 漢楚 전쟁 때(BC. 206~BC. 202)는 郯郡이었다가 전한 시기 다시 東海郡이 되었다. 관할 지역은

백성들 사이 헛소문이 돌아 서로 동요하고 두려워하였다. 도둑이 있었는데 체포되어 수도로 압송되니,[38] 백성들 모두가 성시城市로 되돌아왔다.

산동성 費縣·臨沂市와 江蘇省 贛榆 이남, 산동 棗莊市·강소 邳縣 이동과 강소 宿遷·灌南 이북에 해당한다. 후한 시기 이후 徐州에 속하였다. 曹魏 黃初 연간(220~226)에 東海國이 되었다가 西晉 시기 군으로 회복되었다.

33) 魯國: 전한 少帝 恭 원년(BC. 187)에 薛郡을 고쳐서 설치하였다. 관아는 지금의 산동성 曲阜市 二星古城村인 魯縣에 두었다. 후한 이후 豫州에 속하였다. 서진 때 魯郡이 되었다.

34) 東平國: 전한 宣帝 甘露 2년(BC. 52) 大河郡을 고쳐 설치하였다. 관아는 無鹽縣(지금의 산동성 東平縣)에 두었다. 『禹貢』의 "동쪽은 평원으로 낮고 평평하다(東原底平)."는 구절에서 이름을 취했다. 관할 지역은 지금의 산동성 濟寧市 및 汶上縣, 동평현을 포함한다. 후한 이후 兗州에 속하였다. 劉宋에서 東平郡으로 고쳤다.

35) 山陽郡: 전한 景帝 中元 6년(BC. 144) 梁國을 나누어 山陽을 설치하고 梁孝王의 아들 定을 山陽王으로 삼았다. 무제 建元 5년(BC. 136) 山陽郡으로 고쳤다. 관아는 昌邑縣(지금의 산동성 巨野縣)에 두었다. 관할 지역은 지금의 산동성 거야현 이남, 成武·曹縣 이동, 單縣 이북, 魚臺 이서 및 鄒城·兗州市 등을 포함하였다. 서진 泰始 초 高平國이 되었다.

36) 濟陰郡: 전한 哀帝 建平 2년(BC. 5) 定陶國을 고쳐 설치하였다. 관아는 定陶縣(지금의 산동성 정도현)에 두었다. 관할 지역은 지금의 산동성 東菏澤市 및 정도현·東明市 등을 포함한다. 후한 이후 연주에, 北魏에서는 西兗州에 속하였다. 北齊 때 폐지되었다.

37) 陳留郡: 전한 무제 元狩 원년(BC. 122) 설치하였다. 관아는 陳留縣(지금의 하남성 開封縣 陳留鎭)에 두었다. 관할 지역은 현재 하남성 民權·寧陵縣 이서, 開封市·尉氏縣 이동, 延津·長垣縣 이남, 杞·睢縣 이북에 해당한다. 元帝 永光 3년(BC. 41), 濟陽國으로 고치고 皇子 康을 濟陽王으로 책봉하였다. 원제 建昭 5년(BC. 34), 제양왕을 산양왕으로 고치고 국을 없애 陳留郡을 설치하였다. 漢魏禪讓 후, 진류군을 陳留國으로 고치고 獻帝를 陳留王으로 삼았다.

38) 본문은 "民訛言相驚有賊, 捕至京師,…"이나 문맥에 따라 "民訛言相驚. 有賊, 捕至京師, …"로 표점하여 해석하였다.

世祖 建武[一]五年夏, 旱. 京房傳曰: 「欲德不用, 茲謂張, 厥災荒, 其旱陰雲不雨,
變而赤因四陰. 衆出過時, 茲謂廣, 其旱不生. 上下皆蔽, 茲謂隔, 其旱天赤三月,
時有雹殺飛禽. 上緣求妃, 茲謂僭, 其旱三月大溫亡雲. 君高臺府, 茲謂犯, 陰侵陽,
其旱萬物根死, 有火災. 庶位踰節, 茲謂僭, 其旱澤物枯, 爲火所傷.」[二] 是時天下僭
逆者未盡誅, 軍多過時.[三]

세조世祖(광무제光武帝 재위 25~57) 건무建武 5년(29) 여름, 가뭄이 들었다. 『경방역
전京房易傳』[39]에서 말하였다. "(군주가) 덕 있는 자를 원한다면서도 쓰지
않는 것, 이를 '(말로만) 떠벌리다[張]'라고 하니 그 재화는 '흉년[荒]'으로
나타나며, 그 가뭄의 (모습은) 검은 구름[陰雲]이 비를 내리지 않고 (하늘이)
적색赤色으로 변하여 이로 인해 사방이 어두워지는 것이다. 군대가 출정하여
기한을 넘기는 것, 이를 '만기가 돼도 돌아오지 않는다[廣]'고 하니 그 가뭄의
(모습은 오곡이) 생장하지 않는 것이다. 위아래가 모두 사리에 어두운 것[蔽],
이를 '막혔다[隔]'고 하니 그 가뭄의 (모습은) 하늘이 석 달 동안 붉은 것이고
때로 우박이 날짐승을 죽이는 것으로 나타난다. 군주가 (스스로) 여러 곳을
돌아다니며[40] 배우자를 구하는 것, 이를 '본분에 지나치다[僭]'라고 하니
그 가뭄의 모습은 석 달 동안 뜨거워 구름이 없는 것이다. 군주가 대臺와
부府를 높이는 것,[41] 이를 '범하다[犯]'라고 하니 음이 양을 침범한 것으로
그 가뭄의 (모습은) 만물이 뿌리까지 말라죽고 화재가 일어나는 것이다.
관리들이 절도를 넘어서는 것, 이를 '참람하다[僭]'고 하니 그 가뭄의 (모습은)
물속 생물이 말라 죽는 것이다. (모두) 불에 의해 상한 것이다." 이때 천하의

---

39) 『京房傳』: 『漢書』「五行志」에 따르면 『京房易傳』을 말한다.
40) 『漢書』「五行志」의 顔師古는 '緣'을 '歷'으로 보고, 여러 곳을 돌아다니는 것(師古曰:
   「緣, 歷也. 言歷衆處而求妃妾也.」)으로 해석하였다.
41) 『漢書』「五行志」에는 '君高臺府'가 '居高臺府'로 나와 화려한 건축물에 起居하는 것으로
   서술되어 있다.

참역자僭逆者들이 아직 다 주멸되지 않아 군대가 대부분 기한을 넘겨 (돌아오지 못하였다.)

[一] 古今注曰:「建武三年七月, 雒陽大旱, 帝至南郊求雨, 即日雨.」

『고금주』에서 말하였다. "건무 3년(27) 7월, 낙양洛陽에 큰 가뭄이 들었는데 황제께서 남교南郊⁴²⁾에 나가 비를 구하니 그날 당일 비가 내렸다."

[二] 春秋考異郵曰:「國大旱, 冤獄結. 旱者, 陽氣移, 精不施, 君上失制, 奢淫僭差, 氣亂感天, 則旱徵見.」又云:「陰厭陽移, 君淫民惡, 陰精不舒, 陽偏不施.」又云:「陽偏, 民怨徵也. 在所以感之者, 上奢則求多, 求多則下竭, 下竭則潰, 君不仁.」管子曰:「春不收枯骨伐枯木而起去之, 則夏旱.」方儲對策曰:「百姓苦, 士卒煩碎, 責甲稅失中, 暴師外營, 經歷三時, 內有怨女, 外有曠夫. 王者熟惟其祥, 揆合於天, 圖之事情, 旱災可除. 夫旱者過日, 天王無意於百姓, 恩德不行, 萬民煩擾, 故天應以無澤.」

『춘추고이우』에서 말하였다. "나라에 큰 가뭄이 드는 것은 억울한 옥사獄事와 관련되어 있다. 가뭄은 양기가 이동하여 (그) 정기가 널리 퍼지지 않아 (일어나는 것이다.) 군주가 위에서 법도를 잃고 본분에서 벗어나 사치하고 방만하면 기가 어지러워져 하늘을 감응시켜 가뭄이라는 흉조가 나타난다." 또 말하였다. "음기가 억압하여 양기가 움직이게 되고 군주가 방만하여 백성이 (그것을) 증오하면 음의 정기가 누그러지지 않아 양기가 치우쳐 널리 퍼지지 않는다." 또 말하였다. "양기가 치우친 것은 백성들이 원망하고 있는 것의 징조다. (하늘이) 감응한 것은 군주가 사치스러우면 구하는 것이 많고 (군주가) 구하는 것이 많으면 백성들은 (재력이) 고갈되며, (백성들의 재력이) 고갈되면 (생활이) 무너지기 때문이다. 군주가 어질지 않은 것이다."『관자管子』에서 말하였다. "봄에 마른 뼈를 거두어 (매장하지 않고) 마른 나무를 벌목하여 없애지 않으면 여름에 가뭄이 든다."⁴³⁾ 방저方儲가 대책對策에서 말하였다. "백성이 고단하고 사졸들이 (잦은 전쟁으로) 번잡하고 힘들며, 세금의 징수가 적합함을 잃고 갑작스런 출정으로 군대가 외지에서 주둔함에 세 계절을 지나면 안에는 (남편의 출병을) 원망하는 부녀가 있게 되고 밖에는 (부녀와 이별하여) 홀로 지내는 남편이 있게 됩니다. 왕자王者가 그 징조를 잘 살피고 하늘의 뜻을 헤아려 부합하며 (처한) 상황을 (개선하려고) 도모한다면 가뭄은 없앨 수 있습니다. 무릇 가뭄이 (긴 시간) 지속되는 것은

---

42) 南郊: 천자가 도읍의 남쪽 들판에서 하늘에 제사를 지내던 곳. 후한에서는 建武 2년(26) 정월 洛陽城 남쪽 7里 지점에 원형의 단을 설치하고 1년에 한 번 정월 첫 번째 丁日 또는 辛日에 하늘에 제사지냈다.

43) 『管子』「度支」에 보인다. 원문은 "春不收枯骨朽脊, 伐枯木而去之, 則夏旱至矣."로 다소 차이가 있다.

천왕天王이 백성들을 생각하지 않고 은덕을 베풀지 않아 만백성이 괴로워하기 때문에 하늘이 (그에) 응하여 은택을 내리지 않아서입니다."

[三]　<u>古今注</u>曰:「<u>建武</u>六年六月, 九年春, 十二年五月, 二十一年六月, <u>明帝</u> <u>永平</u>元年五月, 八年冬, 十一年八月, 十五年八月, 十八年三月, 並旱.」

『고금주』에서 말하였다. "건무 6년(30) 6월, 9년(33) 봄, 12년(36) 5월, 21년(45) 6월, 명제明帝(재위 57~75) 영평永平44) 원년(58) 5월, 8년(65) 겨울, 11년(68) 8월, 15년(72) 8월, 18년(75) 3월, 모두 가뭄이 들었다."

<u>章帝</u> <u>章和</u>二年夏, 旱. 時<u>章帝</u>崩後, <u>竇太后</u>兄弟用事奢僭.[一]

장제 장화章和45) 2년(88) 여름, 가뭄이 들었다. 이때 장제 붕어 후 두태후竇太后46) 형제47)가 집정執政하였는데 방자함이 도를 넘었다.

[一]　<u>古今注</u>曰:「<u>建初</u>二年夏, <u>雒陽</u>旱. 四年夏, <u>元和</u>元年春, 並旱.」案: <u>楊終傳</u>, <u>建初</u>元年大旱, 穀貴, <u>終</u>以爲<u>廣陵</u>·<u>楚</u>·<u>淮陽</u>·<u>濟南</u>之獄徙者數萬人, 吏民怨曠, 上疏云久旱. <u>孔叢</u>曰:「<u>建初</u>元年大旱, 天子憂之, 侍御史<u>孔子豐</u>乃上疏曰:『臣聞爲不善而災報, 得其應也; 爲善而災至, 遭時運也. 陛下卽位日淺, 視民如傷, 而不幸耗旱, 時運之會耳, 非政敎所致也. 昔<u>成湯</u>遭旱, 因自責, 省畋散積, 減御損食, 而大有年. 意者陛下未爲<u>成湯</u>之事焉.』天子納其言而從之, 三日雨卽降. 轉拜黃門郎, 典<u>東觀</u>事.」

『고금주』에서 말하였다. "건초 2년(77) 여름, 낙양에 가뭄이 들었다. (건초) 4년(79) 여름, 원화元和48) 원년(84) 봄에도 모두 가뭄이 들었다." 살펴보니 (『후한서後漢書』) 「양종전楊終49)傳」에 건초 원년(76) 큰 가뭄이 들어 곡식의 가격이 상승하였는데, 양종은 광릉廣陵50)·초楚51)·회양淮陽52)·제남濟南53)의 옥사에서 유배형을 받은 자가

---

44) 永平: 후한 明帝의 연호로 58~75년에 해당한다.

45) 章和: 후한 장제의 세 번째 연호로 87~88년에 해당한다.

46) 竇太后(?~97): (章德)竇皇后를 참조.

47) 누태후의 형 竇憲과 그의 동생들 竇篤·竇景·竇瓌를 말한다.

48) 元和: 후한 장제의 두 번째 연호로 84~87년에 해당한다.

49) 楊終(?~100): 후한의 관리. 字는 子山, 지금의 成都市 출신. 13세에 郡의 小吏가 되었고 이후 낙양에서 『春秋』를 수학하였다. 명제 때 교서랑이 되었다. 화제 永元 12년(100)에 병사하였다. 『後漢書』 卷80에 傳이 있다.

50) 廣陵(郡): 후한 건무 18년(42) 廣陵國을 고쳐 설치하였다. 관아는 廣陵縣(지금의 강소성 揚州市)에 두었다. 이후 몇 차례 관아 소재지의 변동이 있었고 隋 開皇 초에 폐지하였다. 唐 天寶 원년(742) 揚州를 고쳐 廣陵郡을 설치하였다.

51) 楚(國): 전한 고제 5년(BC. 202) 齊王 韓信을 楚王으로 삼고 下邳(지금의 강소성

수만 인으로 관리와 백성이 원망이 커서라고 여겨 상소上疏하여 오래도록 가뭄이
지속되는 것을 말하였다. 『공총孔叢』[54]에서 말하였다. "건초 원년 큰 가뭄이
들어 천자께서 그것을 걱정하시니, 시어사侍御史[55] 공자풍孔子豐[56]이 이에 상소하
여 말하였다. '신이 듣건대 선한 일을 하지 않아 재이가 일어나는 것은 (하늘이
그 악행에) 반응한 것이라고 할 수 있습니다. 선한 일을 했지만 재이가 일어난
것은 시운時運을 만난 것입니다. 폐하께서 즉위하신 지 얼마 되지 않고 백성들을
마치 병자처럼 살피시지만[57] 불행히도 가뭄을 당한 것은 시운에 들어맞은 것뿐이
지 (폐하의) 정교政敎가 초래한 것이 아닙니다. (그러나) 옛날 성탕成湯[58]께서

睢寧縣 古邳鎭)에 도읍시켰다. 관할 지역은 지금의 산동성 남부·하남성 동부 및
강소·安徽 이북에 해당한다. 다음해 國을 없애고 한신을 淮陰侯로 삼고 그 땅을
둘로 나눠 동생 유교를 초왕으로 삼고 彭城(지금의 강소성 徐州市)에 도읍시켰다.
선제 地節 원년(BC. 69) 彭城郡으로 고쳤고 黃龍 원년(BC. 49) 다시 楚國으로 되돌렸
다. 후한 장제 장화 2년(88) 彭城國으로 고쳤다.

52) 淮陽(郡): 秦始皇 25년(BC. 222) 설치하였다. 관아는 吳縣(지금의 강소성 蘇州市)에
두었다. 관할 지역은 지금의 강소성 장강 이남, 上海市, 浙江省 天台山·大盤山, 仙霞嶺
이북 및 皖南 일부에 해당한다. 후한 順帝 永建 4년(129) 관아를 山陰縣(지금의
절강 紹興市)으로 옮겼다. 후한 말 揚州에 속하였다.

53) 濟南(國): 전한 초에 齊郡을 나누어 濟南郡을 설치하고 관아를 東平陵縣(지금의
산동성 章丘市)에 두었다. 관할 지역은 지금의 산동성 濟南, 泰安, 長淸, 肥城, 장구,
濟陽, 鄒平 등을 포함한다. 文帝 16년(BC. 164) 濟南國으로 고쳤다. 경제 3년(BC.
154) 다시 郡으로 고쳤다. 후한 光武帝 건무 15년(39) 다시 국으로 고쳤다. 서진
시기 다시 군이 되었고 관아는 지금의 산동 제남시인 歷城으로 옮겼다.

54) 『孔叢』: 즉 『孔叢子』. 儒家의 문헌으로 진한 시기부터 위진 시기에 걸쳐 성립되었다.
특이한 구성의 책으로 세 종류의 책이 합쳐져 이루어졌다. 모두 23편으로 1~10편과
12~21편은 孔子의 8대 손인 孔鮒가 저술한 것으로 공자 이후 子思, 子上, 子高,
子順, 子魚(즉 공부) 등의 言行·逸事를 모은 책이다. 11편은 『小爾雅』다. 22와 23편은
孔臧이 찬술한 『連叢子』 상하편이다. 주로 전후한의 孔氏 일족에 대해 서술하였다.
『漢書』 「藝文志」에는 기록되어 있지 않고 王肅의 『聖證論』에서 처음으로 인용되어
왕숙 혹은 그 門徒에 의한 僞作으로 보는 견해도 있다.

55) 侍御史: 관직명. 진대 설치하였고 양한에서 계승하여 설치하였다. 御史大夫의 屬官으
로 秩祿 六百石에 해당하였다. 관리의 위법 행위를 탄핵하는 일을 담당하였다.
고급 관리의 경우 侍御史가 御史中丞에게 보고하여 탄핵하게 하였으며 낮은 직급의
관리는 직접 탄핵할 수 있었다.

56) 孔子豐: 공자의 21대손. 학문과 行狀을 평가하는 高第御史가 되었고, 건초 원년(76)에
는 재이와 관련된 疏를 올려 黃門郞이 되었다. 經學과 諸子를 좋아하였다고 한다.
교감에 따르면 汲本과 殿本에는 '孔豐'으로 되어 있다.

57) 周文王의 故事에서 유래하였다. 『孟子』 「離婁下」에 보인다.

58) 成湯: 商湯, 武湯, 殷湯, 天乙, 成唐으로 불리기도 하고, 갑골문에는 成 또는 唐,
大乙, 高祖乙로 나온다. 姓은 子, 이름은 履. 商의 시조 契의 14대손. 主癸의 아들로
상왕조의 개국 군주. 伊尹과 仲虺의 보좌를 받아 인근의 葛國(지금의 하남성 寧陵),

가뭄을 만났을 때 스스로를 책망하시며 사냥을 그치시고 축적한 것을 백성들에게 나누어 주셨으며, 어선御膳을 줄여 먹는 것을 덜어내시니 크게 풍년이 들었습니다. 생각해 보니 폐하께서는 성탕처럼 행동하시지는 않으셨습니다.' 천자가 그 말을 받아들여 따르니 삼 일째 비가 내렸다. (천자께서 공자풍에게) 황문랑黃門郎59)을 배수하시고 동관東觀60)의 일을 전담하게 하셨다."

和帝 永元六年秋, 京都旱. 時雒陽有冤囚, 和帝幸雒陽寺, 錄囚徒, 理冤囚, (牧)[收]令下獄抵罪. 行未還宮, 澍雨降.[一]

화제和帝(재위 88~105) 영원永元 6년(94) 가을, 수도에 가뭄이 들었다. 이때 낙양에 억울한 죄수가 있었는데, 화제가 낙양시洛陽寺61)에 행차하여 죄인의 기록을 살펴 억울한 죄인의 (문제를) 해결하고 낙양령洛陽令을 체포하여 옥에 가두고 죄에 상응하여 처벌하였다. (황제가) 궁으로 돌아오기 전에 단비가 내렸다.

[一] 古今注曰: 「永元二年, 郡國十四旱. 十五年, (丹)[雒]陽郡國二十二並旱, 或傷稼.」
『고금주』에서 말하였다. "영원 2년(90), 군국郡國 열네 곳에 가뭄이 들었다. (영원) 15년(103), 낙양을 비롯한 군국 스물두 곳에 가뭄이 들었고 곡식이 상한 곳이 있었다."

韋國(지금의 하남성 滑縣), 顧國(지금의 하남성 范縣), 昆吾(지금의 하남성 許昌) 등을 차례로 멸망시키며 강력한 세력이 되었다. 夏의 桀과 鳴條에서 싸워 승리하고 3천 제후로부터 천자로 추대되었다고 한다. 亳(지금의 하남성 商丘)에 定都하였다. 〈湯誥〉를 지어 신하들에게 백성을 위해 공을 세우고 나라 일에 힘쓸 것을 명하였다고 한다. 13년 후 사망하였고 둘째 아들 外丙이 왕위를 계승하였다.

59) 黃門郎: 관직명. 黃門侍郎으로도 불린다. 진대 설치되었고 한에서도 설치하였다. 궁문 내에서 시중을 드는 郎官인데, 궁의 문이 황색이라 황문시랑 혹은 黃門郎으로 불렀다. 질록은 육백 석으로 少府에 속하여 황제를 侍從하며 詔命 전달을 담당하였다. 전한 시기에는 별도로 給事黃門郎이 있었으나 후한 시기 들어 합쳤다. 따라서 給事黃門侍郎이라 부르게 되었다. 남조에서는 기밀을 담당하게 되어 점차 중요해졌다.

60) 東觀: 후한 시기 궁정 안에서 문건, 典籍, 행정 문서, 저술 등을 소장했던 곳. 일종의 궁중 문고. 전문적인 관원을 설치하여 서적을 관리하고 교정하는 일을 담당하게 하였다. 또한 보관된 자료를 근거로 저술이 이루어지기도 하였다.

61) 洛陽寺: 『後漢書』「光武帝紀」李賢注에 인용된 『風俗通』에 따르면 "風俗通曰: 「寺, 司也. 諸官府所止皆曰寺.」"라 하여 낙양 縣廳임을 알 수 있다.

<u>安帝</u>[一]<u>永初</u>六年夏, 旱.[二]

안제 영초 6년(112) 여름, 가뭄이 들었다.

[一]　<u>古今注</u>曰:「<u>永初</u>元年, 郡國八旱, 分遣議郎請雨.」案本紀二年五月, 旱, 皇太后幸<u>雒陽</u>寺,
　　　錄囚徒, 卽日降雨. 六月, 京都及郡國四十大水. 雖去旱得水, 無救爲災.

　　　『고금주』에서 말하였다. "영초 원년(107) 군국 여덟 곳에 가뭄이 들어 의랑議郎을
　　　나누어 파견하여 비를 청하는 (의례儀禮를 지냈다.)" (『후한서』) 「안제기安帝紀」에
　　　따르면 (영초) 2년 5월에 가뭄이 들어 황태후가 낙양시에 행차하여 죄인들의
　　　기록을 살펴보니 그날 비가 내렸다. 6월, 수도 및 군국 사십 곳에 홍수가 났다.
　　　비록 가뭄을 없애고 비를 얻었으나 (해결을 위해 적절한) 행위(救62))를 하지 않아
　　　재해가 된 것이다.

[二]　<u>古今注</u>曰:「三年, 郡國八, 四年·五年夏, 並旱.」

　　　『고금주』에서 말하였다. "(영초) 3년(109) 군국 여덟 곳에서, 4년(110)과 5년(111)
　　　여름에도 모두 가뭄이 들었다."

七年夏, 旱.

(영초) 7년(113) 여름, 가뭄이 들었다.

<u>元初</u>元年夏, 旱.

(안제) 원초元初 원년(114) 여름, 가뭄이 들었다.

---

62) 救:『穀梁傳』「莊公二十五年」조에 "六月, 辛未, 朔. 日有食之. 鼓用牲于社. 言日言朔,
　　食正朔也. 鼓, 禮也. 用牲, 非禮也. 天子救日, 置五麾陳五兵五鼓. 諸侯置三麾,
　　陳三鼓三兵. 大夫擊門. 士擊柝. 言充其陽也."라는 구절이 있어 일식을 그치게 하는 구체적인
　　방안으로서 깃발을 설치하고 북을 치는 행위가 천자, 제후, 大夫, 士에 맞춰 서술되어
　　있다. 한편『後漢書』「五行三」에서 劉昭는 蔡邕의 말을 빌려 救災에 대해 말하고
　　있는데 다음과 같다. "蔡邕對曰:「蝗蟲出, 息不急之作, 省賦斂之費, 進淸仁, 黜貪虐,
　　分損承安, (居)[屈]省別藏, 以贍國用, 則其救也. 易曰『得臣無家』, 言有天下者何私家之有!」"
　　즉, 긴급하지 않은 공사는 멈추고 부세를 경감하며, 청렴하고 인자한 이들을
　　채용하고 탐욕스럽고 잔학한 이들을 쫓아내며, 왕실의 비용을 덜고 여분의 축적을
　　줄여서 국가의 비용으로 충당하는 것이 蝗蟲을 없애는 방법으로 서술되어 있다.
　　요컨대 전자의 救는 陽의 기운을 증가시키기 위한 행위이며, 후자의 그것은 재이의
　　원인이 된 정치적 문제를 해소한 것이다.

二年夏, 旱.[一]

(원초) 2년(115) 여름, 가뭄이 들었다.

[一] 三年夏旱, 時西羌寇亂, 軍屯相繼, 連十餘年.

(원초) 3년(116) 여름 가뭄이 들었다. 이때 서강西羌[63]이 침략하여 소요를 일으켜 군대가 주둔하는 것이 지속되었는데, 십여 년이나 계속되었다.

六年夏, 旱.[一]

(원초) 6년(119) 여름, 가뭄이 들었다.

[一] 古今注曰:「建光元年, 郡國四旱. 延光元年, 郡國五並旱, 傷稼.」

『고금주』에서 말하였다. "(안제) 건광建光 원년(121) 군국 네 곳에서 가뭄이 들었다. (안제) 연광延光 원년(122) 군국 다섯 곳에서 모두 가뭄이 들어 곡식이 상하였다.

順帝 永建三年夏, 旱.

순제順帝(재위 125~144) 영건永建 3년(128) 여름, 가뭄이 들었다.

五年夏, 旱.

(영건) 5년(130) 여름, 가뭄이 들었다.

陽嘉二年夏, 旱. 時李固對策, 以爲奢僭所致也.[一]

(순제) 양가陽嘉[64] 2년(133) 여름, 가뭄이 들었다. 이때 이고李固[65]가 대책을

---

63) 西羌: 중국 고대 夷狄의 하나로 三苗의 후예라고 한다. 商周 시기 羌族은 황하 중상류에서 활동하였고, 진한 시기에는 황하와 湟水·洮水·岷江 상류 일대에 분포하였다. 여기서는 한대 지금의 靑海省 부근의 황하와 황수 유역을 중심으로 거주하던 강족을 가리킨다. 한대 강족은 오늘날의 감숙·청해·新疆·티베트 및 내몽고 서부 지역, 그리고 四川省에 널리 분포하였는데, 이중에서도 감숙과 청해의 여러 강족이 한나라와의 관계에서 중요한 역할을 하였다. 한나라는 전한 무제 元鼎 6년(BC. 111)에 護羌校尉를 설치하여 이들을 관리하였다. 후한 시기 東羌과 서강으로 나뉘었는데, 동강은 중국 안으로 이주한 강족들을 지칭하였다. 후한 말 董卓·馬騰·韓遂같은 군벌들은 다수의 강족을 군대에 편입시켰다.

올려 (이 가뭄은 양기梁冀의) 방자함과 참람이 일으킨 것이라 하였다.

[一] 臣昭案: 本紀元年二月, 京師旱. 郎顗傳:「人君恩澤不施於民, 祿去公室, 臣下專權所致也.」又周擧傳:「三年, 河南·三輔大旱, 五穀傷災, 天子親自露坐德陽殿東廂請雨.」

신臣 유소劉昭가 살펴보건대 (『후한서』) 「순제기順帝紀」에 따르면 (양가) 원년(132) 2월, 수도에 가뭄이 들었다고 합니다. 「낭의전郎顗[66]傳」에서는 "(이 가뭄은) 군주의 은택이 백성들에게 베풀어지지 않고 녹祿(을 주는 권한이) 공실公室에서 떠나 신하가 권력을 전횡함으로써 일어난 것입니다."[67]라고 하였습니다. 또 「주거전周擧[68]傳」에는 "(양가) 3년(134), 하남河南[69]과 삼보三輔에 큰 가뭄이 들어 오곡이 상하는 재해가 발생하니, 천자께서 친히 덕양전德陽殿[70] 동상東廂에 앉아 비를

---

64) 陽嘉: 후한 순제의 두 번째 연호로 132~135년에 해당한다.

65) 李固(94~147): 字는 子堅, 漢中(지금의 섬서성) 출신. 후한 중기 名臣이었던 李郃의 아들. 젊어서 今·古文 모두에 박학한 것으로 명성을 얻었다. 대장군 양기의 명에 따라 從事中郎으로 관직에 나왔다. 후에 荊州刺史·泰山太守가 되어 두 지역의 반란을 성공적으로 진압하였다. 조정에 들어와 將作大匠, 大司農, 太尉를 역임하였다. 양기와 대치하며 환제 옹립을 반대하였다. 이후 양기에게 살해당하였다. 『後漢書』 卷63에 傳이 있다.

66) 郎顗: 후한의 학자이자 占術家. 字는 雅光이고 北海 安丘(지금의 산동성 安丘市) 출신. 부친은 『京房易』을 학습하고 천문과 점술에 뛰어났다. 수차례에 걸친 조정의 부름에도 불구하고 재야에서 연구에 몰두하였다. 순제 즉위 후 빈번한 재이로 인하여 公車를 보내 부르니 양가 2년(133) 재이의 원인과 해소에 관한 疏를 올렸다. 올린 건의가 높은 평가를 받고 郎中이 되나 관직에 오래 있지 않았다. 이후 동향의 無賴였던 孫禮에게 살해당하였다. 『後漢書』 卷30下에 傳이 있다.

67) 순제 시기 재이가 빈번하게 발생하자 당시 『京房易』을 학습하고 望氣占候에 능통했던 낭의를 공거로 부르니, 이에 낭의는 양가 2년(133) 上疏하여 당시 재이를 해소하는 방안에 대해 진술하였다. 유소가 인용한 내용은 양가 2년에 낭의가 올렸던 소의 일부다. 자세한 내용은 『後漢書』 卷30下, 「郎顗傳」을 참조.

68) 周擧(105~149): 후한의 관리. 字는 宣光, 汝南 汝陽(지금의 하남성 商水) 출신. 陳留太守를 역임한 周防의 아들. 박학다식하여 '五經을 섭렵한 주선광(五經縱橫周宣光)'이라는 七字評으로 儒者들의 추앙을 받았다. 茂才로 선발되어 平丘令이 되었고 幷州刺史, 冀州刺史, 尙書, 司隸校尉를 역임하였으며, 최종 관직은 光祿大夫였다. 재이와 禮에 밝았다. 『後漢書』 卷61에 傳이 있다.

69) 河南(尹): 전한 고제 2년(BC. 205), 河南國을 고쳐 설치하였다. 관아는 지금의 하남성 낙양시인 洛陽縣에 두었다. 관할 지역은 하남 原陽·中牟 두 현의 이서, 孟津·伊川 두 현의 이동, 맹진에서 滎陽을 잇는 황하의 이남, 여양 臨汝·新密·新鄭縣 등의 이북에 해당한다. 후한, 조위, 서진, 북위가 定都하며 尹이 설치되었다. 수 초에 폐지되었다가 大業 3년(607) 예주를 고쳐 河南郡으로 삼았다. 당 초에 洛州로 고쳤다.

70) 德陽殿: 『後漢書』 이현의 주에 인용된 『漢官儀』에 따르면 낙양성 北宮 崇賢門 내에

청하셨다." 하였습니다.

沖帝 永(嘉)[熹]元年夏, 旱. 時沖帝幼崩, 太尉李固勸太后(及)兄梁冀立嗣帝, 擇年
長有德者, 天下賴之, 則功名不朽. 年幼未可知, 如後不善, 悔無所及. 時太后及冀
貪立年幼, 欲久自專, 遂立質帝, 八歲. 此不用德.[一]

충제沖帝(재위 144~145)[71] 영희永熹 원년(145) 여름, 가뭄이 들었다. 이때 충제가
어려 붕어하니 태위太尉[72] 이고가 양태후梁太后[73]의 형 양기에게 황제의
후계자를 세움에 연장자 중 유덕한 이를 택하여 천하가 그를 의지하게
된다면 (그) 공명功名이 영원할 것이라 건의하였다.[74] 나이가 어린 이는

<hr>

있던 御殿으로 북궁 최대 궁전으로 알려져 있다(『後漢書』卷6, 「順帝紀」, 李賢注引,
"漢官儀曰'崇賢門內德陽殿'也."). 명제 때 수축하였는데, 『續漢書』「禮儀志」에 인용된
蔡質의 『漢儀』에 따르면 덕양전의 둘레는 1만인을 수용할 수 있고 계단의 높이는
2丈이며 모두 무늬 있는 돌로 단을 만들었다고 한다. 또한 전 아래 연못에는
물이 뿜어져 나오고 지붕, 들보, 섬돌, 기둥, 宮掖에는 모두 조각을 하였다고
한다. 그 건물의 위용은 궁에서 43리(18㎞) 떨어진 偃師에서도 보일 정도였다고
한다("蔡質儀曰: 「…德陽殿周旋容萬人. 陛高二丈, 皆文石作壇. 激沼水於殿下. 畫屋朱梁,
玉階金柱, 刻鏤作宮掖之好, 廁以靑翡翠, 一柱三帶, 韜以赤緹. 天子正旦節, 會朝百僚於此.
自到偃師, 去宮四十三里, 望朱崔五闕·德陽, 其上鬱律與天連.」").

71) 沖帝(143~145): 이름은 炳, 字는 明, 순제의 아들. 후한의 아홉 번째 황제로 모친은
虞貴人이다. 建康 원년(144) 4월, 황태자에 책봉되었고 그해 8월 순제 사망 후에
겨우 두 살의 나이로 황제가 되었다. 親政이 불가능한 관계로 황태후 梁氏가
임조칭제하고 형 양기를 보정으로 위촉하여 정권을 장악하게 하였다. 다음해
永熹 원년(145) 1월에 사망하였다. 시호는 孝沖皇帝이 懷陵에 묻혔다.

72) 太尉: 관직명. 전국 시기 진의 國尉로부터 연원하였다. 통일 이후 태위로 改稱되었다.
최고의 군사 장관으로 三公의 하나다. 전한에서 진을 계승하여 설치하였는데,
일이 있으면 설치하고 없으면 설치하지 않았다. 한무제 이후 大司馬로 개칭하였다.
후한에서도 설치하였다. 위진 이후로는 점차 虛銜 혹은 겸직관으로 변하였다.

73) 梁太后(116~150): 順烈梁皇后. 이름은 妠, 安定 烏氏(지금의 감숙성 平涼) 출신. 대장군
梁商의 딸이며 양기의 동생. 순제의 황후. 어려서부터 총명하고 현명하였으며
經史에 정통하였다. 또한 바느질에도 뛰어난 솜씨를 지녔다고 한다. 13세에 입궁하
여 순제의 貴人이 되었고 양가 원년(132)에 황후가 되었다. 건강 원년(144) 순제
사후 어린 충제가 繼位하자 황태후가 되어 임조칭제하고, 형인 양기를 보정으로
위촉하였다. 本初 원년(146) 양기가 質帝를 독살한 후 다시 임조칭제하여 환제를
옹립하였다. 和平 원년(150) 사망하였다. 순제 憲陵에 합장되었다. 『後漢書』卷10下
에 傳이 있다.

74) 당시 이고는 淸河王 蒜이 有德者임을 들어 황제로 옹립할 것을 건의하였으나 양기가

(장래 어떻게 될지를) 알지 못하고 만일 이후에 좋지 않다면 (그 때) 후회해도 소용없기 때문이었다. 이때 태후와 양기는 나이 어린 (황제를) 세우고자 하였는데, 오래도록 스스로 정권을 장악하고자 마침내 질제質帝(재위 145~14 6)[75]를 세우니 (당시 나이가) 여덟 살이었다. 이는 유덕한 이를 쓰지 않은 것이다.[76]

[一] 古今注曰:「本初元年二月, 京師旱.」
『고금주』에서 말하였다. "본초本初[77] 원년(146) 2월, 수도에 가뭄이 들었다."[78]

桓帝 元嘉元年夏, 旱. 是時梁冀秉政, 妻子並受封, 寵踰節.
환제桓帝(재위 146~167) 원가元嘉 원년(151) 여름, 가뭄이 들었다. 이때 양기가 권력을 장악하고 있었는데, 처자가 모두 책봉을 받으니[79] 총애가 절도를 넘어선 것이다.

延熹元年六月, 旱.[一]
(환제) 연희延熹 원년(158) 6월, 가뭄이 들었다.

따르지 않았다. 『後漢書』 卷63, 「李固傳」, "固以淸河王蒜年長有德, 欲立之, 謂梁冀曰: 「今當立帝, 宜擇長年高明有德, 任親政事者, 願將軍審詳大計, 察周·霍之立文·宣, 戒鄧·閻之 利幼弱.」"

75) 質帝(138~146): 이름은 鑽 또는 續. 渤海王 劉鴻의 아들. 후한의 열 번째 황제. 영희 원년(145) 정월, 어린 충제가 사망하자 보정인 양기가 유찬을 황제로 옹립하고 본초로 改元하였다. 총명했던 질제는 양기의 방자함에 불만을 품고 첫 朝會때 양기를 향해 '跋扈將軍'이라 조롱하였는데, 이로 인해 양기의 원한을 사게 된다. 결국 본초 원년(146) 閏6월, 양기에게 독살 당하였다. 시호는 孝質皇帝며 靜陵에 묻혔다.

76) 앞서 광무제 건무 5년(29)년 가뭄에 대해 司馬彪는 『京房易傳』을 인용하여 유덕자를 기용하지 않으면 가뭄이 든다고 하였다. "京房傳曰:「欲德不用, 玆謂張, 厥災荒, 其旱陰 雲不雨, 變而赤因四陰.…」"

77) 本初: 후한 질제의 연호로 146년에 해당한다.

78) 유소가 『古今注』를 인용한 것은 질제 사망 후 환제를 옹립한 것을 '유덕자를 세우지 않은 것(不用德)'으로 판단하였기 때문으로 보인다.

79) 양기의 아들 梁胤은 食邑 萬戶의 襄邑侯에 封해졌고, 처 孫壽는 襄城君에 봉해졌다.

[一] <u>京房占</u>曰:「人君無施澤惠利於下, 則致旱也. 不救, 必蝗蟲害穀; 其救也, 貫譴罰, 行寬大, 惠兆民, 勞功吏, 賜鰥寡, 稟不足.」案<u>陳蕃</u>上疏:「宮女多聚不御, 憂悲之感, 以致水旱之困也.」

『경방점京房占』80)에서 말하였다. "군주가 은택을 베풀어 아래를 이롭게 한 것이 없으면 가뭄이 이른다. (가뭄이 들었는데) 이를 (해결할 적절한) 구제 행위[救]를 하지 않는다면 반드시 황충이 곡식에 해를 끼친다. (적절한) 구제 행위란 형벌을 가볍게 하고 관대한 통치를 행하며, 만민에게 자애롭게 하고 공적이 있는 관리를 위로하며, 홀아비와 과부를 돕고 가난한 자를 구휼하는 것이다." 진번陳蕃81)이 올린 상소를 살펴보니 "궁녀가 많이 모여 있으면서 (임금을) 모시지 못하니 (그) 근심과 슬픔에 감응하여 홍수와 가뭄의 괴로움이 이르는 것입니다."라고 하였다.

靈帝 熹平五年夏, 旱.[一]

영제靈帝(재위 168~189) 희평熹平 5년(176) 여름, 가뭄이 들었다.

[一] <u>蔡邕作伯夷叔齊碑</u>曰「<u>熹平五年</u>, 天下大旱, 禱請名山, 求獲苔應. 時處士平陽 蘇騰, 字玄成, 夢陟首陽, 有神馬之使在道. 明覺而思之, 以其夢陟狀上聞. 天子開三府請雨使者, 與郡縣戶曹掾吏登山升祠. 手書要曰:『君況我聖主以洪澤之福.』天尋興雲, 即降甘雨」也.

채옹蔡邕이 쓴 〈백이숙제비伯夷82)叔齊83)碑〉에 다음과 같은 내용이 있다. "희평

---

80) 『京房占』: 京房의 占書와 관련하여 『隋書』 「經籍志」에 『風角要占』 3卷, 『周易占事』 12卷, 『周易占』 12卷, 『周易逆刺占災異』 12卷이 著錄되어 있다. 『續漢書』 「五行三」에서 유소가 인용한 『京房占』의 "流水化爲血, 兵且起."라는 구절이 『隋書』 「五行志」에는 "京房易曰:「水化爲血, 兵且起.」"라고 되어 있는 것으로 보아 여기서의 『京房占』은 『周易占』일 것으로 생각된다.

81) 陳蕃(?~168): 字는 仲擧, 여남(지금의 하남성) 출신. 竇武, 劉儵과 함께 '三君'으로 불렸다. 어려서부터 큰 뜻을 품고 胡廣에게 학문을 배웠다. 孝廉으로 천거되어 郎中, 豫州別駕從事, 의랑, 安樂太守 등을 역임하였다. 대장군 양기의 청탁을 거절하여 修武縣令으로 좌천되었다. 이후 다시 조정에 들어와 尙書가 되었으나 황제의 총애를 받고 있던 신하들의 죄상을 상소하여 豫章太守로 쫓겨 나가기도 하였다. 연희 8년(165) 태위가 되었으나 환관의 횡포에 대해 수차례 諫言하다 다시 면직되었다. 靈帝가 즉위한 후 태부·領尙書事가 되었으나 대장군 두무와 환관 척결을 모의하다 사전에 누설되어 죽임을 당하였다. 『後漢書』 卷66에 傳이 있다.

82) 伯夷: 상나라 말 孤竹國(지금의 하북성 盧龍) 사람. 성은 子, 이름은 允. 고죽국 군주 亞微의 장자. 처음에 부친이 셋째 아들인 叔齊를 계승인으로 삼고자 하였다. 부친 사망 후 숙제는 형인 伯夷에게 讓位하고자 하였고, 백이는 부친의 명을

5년(176), 천하에 큰 가뭄이 드니 명산에 (비를) 청하는 기도를 올리고 응답을 얻고자 하였다. 이때 평양현平陽縣[84]의 자字가 현성玄成인 처사處士[85] 소등蘇騰이 꿈에서 수양산首陽山[86]에 올랐는데, 신마神馬가 사자使者로서 길에 있는 것을 (보았다.) 꿈을 깬 후 그것을 생각한 뒤 그 꿈의 광경을 황제에게 상서上書하였다. 천자가 삼공부三公府[87]로 하여금 비를 청하는 (의식을 행하게 하고), 사자와 군현郡縣의 호조戶曹[88] 소속 관리들을 산에 오르게 하여 제사를 지내게 하였다.[89] 손수 글을 써서 청하여 말하였다. '신이시여, 우리 성주聖主께 큰 은택의 복록을 내려주소서.'[90] 하늘이 곧 구름을 일으켜 단비를 내려주셨다."

六年夏, 旱.

(희평) 6년(177) 여름, 가뭄이 들었다.

받들고자 이를 거부하고 고죽국을 떠났다. 이에 숙제 역시 군주의 자리에 오르는 것을 거절하고 고죽국을 떠나 형과 함께 서쪽으로 가 西伯昌에게 귀부하였다. 이후 周武王이 상나라를 토벌하는 것을 막고자 하였으나 실패하고 주가 상을 멸망시켰다는 이야기를 듣고서 首陽山에 들어가 주의 곡식을 먹지 않겠다고 하며 고사리로 연명하다 굶어 죽었다. 충신의 대명사로 칭해진다. 『史記』 卷61에 傳이 있다.

83) 叔齊: 상나라 말 고죽국(지금의 하북성 여룡) 사람. 성은 子, 이름은 致. 고죽국 군주 아미의 셋째 아들. 부친이 계승인으로 삼고자 했지만 형인 백이를 생각하여 군주의 자리를 거부하고 형과 함께 서쪽으로 가 서백창에게 귀부하였다. 창 사후 그의 아들 주무왕이 상나라를 토벌하는 것을 막고자 하였으나 실패하고, 주가 상을 멸망시켰다는 이야기를 듣고서 수양산에 들어가 주의 곡식을 먹지 않겠다고 하며 고사리로 연명하다 굶어 죽었다. 충신의 대명사로 칭해진다. 『史記』 卷61에 傳이 있다.

84) 平陽縣: 春秋 시기 晉頃公 12년(BC. 514)에 설치하였다. 관아는 지금의 산서성 臨汾市 金殿鎭에 두었다. 平水의 북쪽에 위치하여 平陽이란 이름을 얻었다. 진과 한에서 모두 설치하였고 河東郡에 속하였다. 조위에서는 平陽郡에 속하게 하였다. 북위 太平眞君 6년(445)에 폐지되었다가 孝文帝 太和 11년(487)에 다시 설치되었다.

85) 處士: 본래 才德을 갖추었으나 隱居하여 입사하지 않은 이를 의미하였는데 점차 관직에 나가지 못한 이를 이르는 용어가 되었다.

86) 首陽山: 陽山으로도 불린다. 지금의 하북성 盧龍縣 동남쪽에 있다. 백이·숙제가 주나라가 상나라를 멸망시켰다는 말을 듣고 들어가 굶어 죽은 산으로 유명하다.

87) 三府: 三公府. 즉 태위, 司徒, 司空의 관서를 말한다.

88) 戶曹: 호적, 제사, 농업을 관할하였다. 『後漢書』 志第24, 「百官」, "戶曹主民戶·祠祀·農桑."

89) 문맥상 "天子開三府請雨, 使者與郡縣戶曹掾吏登山升祠."로 표점하여 해석하였다.

90) 문맥상 "君, 況我聖主以洪澤之福."으로 표점하여 해석하였다. 여기서 況은 韋昭의 『國語注』에 따른다면 賜와 통하여 '내려주다', '하사하다'의 뜻이다.

光和五年夏, 旱.

(영제) 광화光和 5년(182) 여름, 가뭄이 들었다.

六年夏, 旱. 是時常侍·黃門僭作威福.

(광화) 6년(183) 여름, 가뭄이 들었다. 이때 상시常侍[91]와 황문黃門[92](의 환관들이) 월권하여 멋대로 상벌을 시행하였다.

獻帝 興平元年秋, 長安旱. 是時李傕·郭汜專權縱肆.[一]

헌제獻帝(재위 189~220) 흥평興平 원년(194) 가을, 장안長安에 가뭄이 들었다. 이때 이각李傕과 곽사郭汜가 권력을 독점하고 거리낌 없이 방자하게 굴었다.

[一]　獻帝起居注曰:「建安十九年夏四月, 旱.」

　　『헌제기거주獻帝起居注』[93]에서 말하였다. "건안建安 19년(214) 여름 4월, 가뭄이 들었다."

---

91) 常侍: 中常侍 또는 散騎常侍의 簡稱이나 여기서는 중상시를 의미한다. 중상시는 전한 후기 원제 시기에 처음 등장하였는데, 정원은 정해져 있지 않았다. 황제 주변에서 시중을 들며 잡다한 일을 처리하였다. 후한 들어 환관으로 충원되었다. 최초 질록은 천 석이었으나 후한 말에는 이천 석에 이르렀다.

92) 黃門: 황문시랑, 급사황문시랑의 簡稱. 황문시랑은 黃門郎으로도 칭하는데, 진대 처음 설치되었다. 궁문 안에서 일을 처리하는(給事) 郎官이란 의미로 진한 시기에는 대부분의 궁문이 황색으로 칠해져 있어 黃門이란 이름을 얻었다. 황제의 近侍官으로서 詔令의 전달을 전담하였다. 후한 이후 專官이 설치되며 급사황문시랑으로도 불렸다.

93) 『獻帝起居注』: 후한 헌제의 언행을 기록한 책. 『禮記』「玉藻」에 따르면 고대 군주는 左史가 행동(일)[動](事)을 기록하고 右史가 말[言]을 기록한다고 하였다(動則左史書之, 言則右史書之). 이는 과실을 방지하고 후대 王에게 보이기 위함이다. [淸]顧炎武, 『日知錄』,「記注」, "古之人君, 左史記事, 右史記言, 所以防過失, 而示後王."

詩妖: 노래의 재앙

更始時, 南陽有童謠曰:「諧不諧, 在赤眉. 得不得, 在河北.」是時更始在長安, 世祖爲大司馬平定河北. 更始大臣並僭專權, 故謠妖作也. 後更始遂爲赤眉所殺, 是更始之不諧在赤眉也. 世祖自河北興.

경시제更始帝 시기 남양군南陽郡[94]에서는 (다음과 같은) 동요가 불렸다. "(일이) 잘될지 안 될지는 적미赤眉에게 달려있고, (천하를) 얻을지 아닐지는 하북河北(광무제)에 달려있다." 이때 경시제는 장안에 있었고 세조世祖는 대사마大司馬가 되어 하북을 평정하고 있었다. (당시) 경시제와 대신들이 모두 참람하게 권력을 마음대로 휘둘러, 이 때문에 노래의 재앙謠妖이 만들어진 것이다. 후에 경시제는 마침내 적미에게 살해당하였으니, 이것이 경시제가 성공하지 못한 것이 적미에게 달렸다고 한 것이다. 세조는 하북에서 흥기하였다.

世祖 建武六年, 蜀童謠曰:「黃牛白腹, 五銖當復.」是時公孫述僭號於蜀, 時人竊言王莽稱黃, 述欲繼之, 故稱白; 五銖, 漢家貨, 明當復也. 述遂誅滅. 王莽末, 天水童謠曰:「出吳門, 望緹群. 見一蹇人, 言欲上天; 令天可上, 地上安得民!」時隗囂初起兵於天水, 後意稍廣, 欲爲天子, 遂破滅. 囂少病蹇. 吳門, 冀郭門名也. 緹群, 山名也.

세조 건무 6년(30), 촉蜀[95] 지역에서 (다음과 같은) 동요가 불렸다. "황색

---

94) 南陽郡: 秦昭王 35년(BC. 272) 진이 楚의 땅을 획득하고 설치하였다. 관아는 宛縣(지금의 하남성 南陽)에 두었다. 관할 지역은 지금의 하남성 熊耳山 이남 葉縣과 內向 사이, 湖北省 大洪山 이북 應山·郞縣 사이에 해당한다. 전한 때에는 전국 오대 도시 중 하나가 되었는데 왕망이 남양 新都(지금의 신야현)에 책봉되었으며, 更始帝가 이곳에서 즉위하였다. 후한에서 남양은 南都로 被封되어 帝鄕으로 존칭되었다. 수 개황 3년(583)에 철폐되었다가 대업 3년(607)에 다시 설치되었다. 당 초 다시 폐지되었다가 천보~至德 연간(742~758)에 鄧州를 고쳐 남양군으로 삼았다.
95) 蜀: 지역명. 진한 시기 古蜀國 지역의 통칭. 지금의 사천 분지 지역을 말한다.

소와 하얀 배[腹], 오수전五銖錢[96]은 반드시 부활될 것이네." 이때 공손술公孫述[97]이 촉에서 황제를 참칭僭稱하니 당시 사람들은 왕망王莽을 '황黃'이라 은밀히 칭하고, 공손술이 그를 계승하고자 하니 '백白'으로 칭하였다.[98] '오수전'은 한나라의 화폐로 (한나라가) 반드시 부흥할 것을 설명하는 것이다. 공손술은 마침내 주멸되었다. 왕망 말, 천수天水[99] 지역에서 (다음과 같은) 동요가 불렸다. "오문吳門을 나와 제군산緹群山을 바라보네. 한 절름발이가 나타나 하늘에 오르고 싶다고 말하네. 설령 하늘에 오른다 해도 지상에서 어찌 백성을 얻을 수 있을까!" 이때 외효隗囂[100]가 천수에서 막 기병하였는데

秦惠王이 촉국을 멸망시키고 蜀郡을 설치하였다. 삼국 시기에는 劉備가 蜀漢을 건국하였고 五代에는 前蜀, 後蜀이 지역을 확대하여 사천 전 省을 장악하였다. 元代 이후에는 사천성의 별칭이 되었다.

96) 五銖錢: 중국 고대 화폐명. 동전 위에 '五銖'라는 두 글자가 篆書로 쓰여 있다. '오수'라는 글자가 새겨진 동전은 무제 원수 5년(BC. 118)에 처음 만들어졌는데, 동전의 중량을 의미한다. 이로써 五銖錢이라는 호칭이 붙었다.

97) 公孫述(?~36): 字는 子陽, 지금의 섬서성 출신. 新 말~후한 초, 군웅 중 한 사람. 부친의 공적에 의해 郎이 되었다가 淸水縣長에 補되었다. 그가 청수현에 부임한 후 간사한 일과 도적이 사라져 주위에 명성이 자자하였다고 한다. 신왕조가 건국된 후 蜀郡太守가 되었다. 건무 원년(25) 촉에서 황제를 칭하고 국호를 成이라 하였다. 건무 12년(36), 광무제의 공격을 받아 주멸되었다. 『後漢書』卷13에 傳이 있다.

98) 火德을 숭상하던 한왕조를 계승한 왕망이 五行相生說에 따라 土德을 숭상하였기 때문에, 그 뒤를 이은 공손술은 金德을 숭상하였다. 따라서 왕망은 黃色을, 공손술은 白色을 상징색으로 한다.

99) 天水: 전한 무제 원정 3년(BC. 114) 설치. 관아는 지금의 감숙성 通渭縣에 두었다. 관할 지역은 지금의 감숙성 통위, 靜寧, 秦安, 定西, 淸水, 莊浪, 甘谷, 張家川 등의 현과 天水市 서북부, 隴西縣 동부, 楡中縣 동북부를 포함한다. 후한 명제 영평 17년(74) 漢陽郡으로 고치고 관아를 冀縣(지금의 감숙성 甘谷縣)으로 옮겼다. 조위 때 天水郡으로 다시 고쳤다. 수 개황 3년(583)에 폐지하였다가 당 천보~지덕 연간(742~758) 秦州를 고쳐 전수군으로 삼았다.

100) 隗囂(?~33): 字는 季孟, 지금의 감숙성 출신. 大族 출신으로 젊어서 州郡의 관리가 되었다. 모르는 것이 없는 無不通知로 일대에 명성이 자자했다고 한다. 유흠이 그 명성을 듣고 國士로 발탁하였다. 신왕조가 건국되자 고향으로 돌아왔다. 경시가 황제를 칭한 후 경시제에게 귀순하여 右將軍에 배수되었다. 건무 원년(25), 劉秀가 황제에 즉위하자 경시제를 떠나 다시 천수로 돌아왔다. 이후 광무제에게 귀부하여 당시 蜀王을 칭한 공손술의 군대를 여러 차례 격파하였다. 공손술의 영입 제의를 거절하며 광무제를 섬겼지만 광무제가 공손술을 토벌하려고 촉 공격을 명하자 광무제와 공손술 사이에서 이익을 도모하고자 했던 외효는 결국 광무제에게

후에 뜻이 점차 커져 천자가 되고자 하였으나 끝내 파멸하였다. 외효는 어려서 병을 앓고 다리를 절게 되었다. '오문'은 기현冀縣[101] 외곽문外郭門의 이름이다. '제군'은 산 이름이다.

順帝之末, 京都童謠曰:「直如弦, 死道邊. 曲如鉤, 反封侯.」案順帝卽世, 孝質短祚, 大將軍梁冀貪樹疏幼, 以爲己功, 專國號令, 以瞻其私. 太尉李固以爲淸河王雅性聰明, 敦詩悅禮, 加又屬親, 立長則順, 置善則固. 而冀建白太后, 策免固, 徵蠡吾侯, 遂卽至尊. 固是日幽斃于獄, 暴屍道路, 而太尉胡廣封安樂鄕侯·司徒趙戒 廚亭侯·司空袁湯 安國亭侯云.

순제 말, 수도에서 (다음과 같은) 동요가 불렸다. "곧기가 현弦과 같으면 길가에서 (비참하게) 객사하네. 굽기가 갈고리와 같으면 오히려 후侯로 책봉되네." 살펴보건대 순제가 붕어하고 질제(마저) 짧은 재위(로 붕어하자) 대장군 양기는 (황족 중 친속 관계가) 소원疏遠하고 어린 자를 세워 자신의 공적으로 삼고 국가를 장악하고 호령하며 자신의 사사로운 (욕망을) 만족시키고자 하였다. 태위 이고는 청하왕淸河王[102]이 본성이 총명하며 시詩를 숭상하고 예禮를 애호할 (뿐 아니라) 더하여 (황실과) 친속 관계가 가깝고 (청하왕을 옹립하는 것은) 연장자를 세우는 것이어서 (모두가) 순종할 것이

반기를 들고 공손술 밑으로 들어갔다. 이후 광무제의 공격을 받아 곤경에 처하였고 冀縣으로 도주하였다. 건무 9년(33)에 병사하였다. 『後漢書』 卷13에 傳이 있다.

101) 冀縣: 춘추 시기 秦武公 10년(BC. 688) 설치하였다. 관아는 지금의 감숙성 谷縣에 두었다. 진시황 시기 隴西郡에 속하였다. 전한에서는 천수군에 속하였다. 후한 명제 영평 17년(74) 한양군의 郡治가 되었다. 서진 이후 폐지되었다.

102) 淸河王(?~147): 이름은 蒜. 후한 장제의 玄孫이며 淸河恭王 劉延平의 아들. 건강 원년(144), 청하왕의 작위를 계승하였다. 영희 원년(145) 충제 사후, 태위 이고가 황제로 옹립하려고 하였으나 양기의 반대로 帝位에 오르지 못하고 封國으로 돌아갔다. 본래 행동거지에 절도가 있고 신중한 성격이어서 이고를 비롯한 대신들에게 명망을 얻었다. 그러나 중상시 曹騰이 拜謁했을 때 禮遇하지 않아 환관들에게 원한을 샀고, 그 결과 대신들이 추대했을 때 환관들은 양기에게 유산 대신 환제를 옹립할 것을 권유하였다. 建和 원년(147), 劉文과 劉鮪가 모반하여 유산을 황제로 옹립할 계획을 세웠으나 발각되어 주살되었고, 유산 역시 尉氏侯로 貶爵되어 桂陽으로 유배되니 곧 자살하였다. 『後漢書』 卷55에 附記되어 있다.

며, (또한) 선함을 두는 것이어서 (왕조가) 공고해질 것[103]이라 하였다. 그러나 양기는 태후에게 건의하여 책策을 내려 이고를 파면하고 여오후蠡吾 侯[104]를 불러 마침내 지존至尊의 자리에 즉위하게 하였다. 이고는 당일 옥에 갇힌 후 (그곳에서) 죽었고[105] 시체는 도로에 버려졌으나, (함께 청하왕 의 옹립을 주장하였다가 양기에게 투항한) 태위 호광胡廣[106]은 안락향후安樂 鄕侯에, 사도司徒 조계趙戒[107]는 주정후廚亭侯에, 사공司空[108] 원탕袁湯[109]은 안국정후安國亭侯에 책봉되었다고 한다.

---

103) 『左傳』「文公六年」조에 "置善則固, 事長則順."이란 구절이 있으며, 『左傳』「昭公二十六 年」조에 "立長則順, 建善則治."라는 구절이 있다.

104) 蠡吾侯: 劉翼의 아들인 환제를 말한다.

105) 『後漢書』「桓帝紀」에 따르면 이고는 환제 즉위 다음 해인 건화 원년(147)에 옥사하였 다(前太尉李固·杜喬皆下獄死). 한편 「李固傳」에 따르면 이고는 하옥되었지만 일단 석방된 후 양기에 의해 주살되었다. 『後漢書』卷63,「李固傳」, "後歲餘, 甘陵劉文·魏郡劉 鮪各謀立蒜爲天子, 梁冀因此誣固與文·鮪共爲妖言, 下獄. 門生勃海王調貫械上書, 證固之 枉, 河內趙承等數十人亦要鈇鑕詣闕通訴, 太后明之, 乃赦焉. 及出獄, 京師市里皆稱萬歲. 冀聞之大驚, 畏固名德終爲己害, 乃更據奏前事, 遂誅之, 時年五十四."

106) 胡廣(91~172): 字는 伯始, 南郡(지금의 湖南省) 출신. 처음에 효렴으로 추천되었고, 이후 策試에서 일등을 하여 尙書郞을 배수하였다. 尙書僕射, 汝南太守, 대사농, 사도, 태위 등의 관직을 역임하였다. 박학다식하였으며 고금의 예술에도 통달하였던 것으로 알려져 있다. 안제부터 영제까지 여섯 황제를 모셨다. 양기의 정책에 부화뇌동하여 환제를 세우는 데 찬성하였고, 그 공으로 育陽安樂鄕侯에 책봉되었다. 『後漢書』卷44에 傳이 있다.

107) 趙戒: 字는 志伯, 촉군(지금의 사천성) 출신. 후한 말의 대신. 안제부터 환제까지 다섯 황제를 모셨고, 순제 이후로는 지위가 삼공에 이르렀다. 효렴으로 선발되어 관직에 나갔다. 양상의 동생인 梁讓을 탄핵한 후 河間國相에서 南陽太守가 되었다. 환관과 貴戚으로 고관의 자리에 올라 사익을 추구하는 자들을 면직할 것을 上奏하였 다. 이후 尙書令, 하남윤을 거쳐 太常이 되었고 永和 6년(141)에는 사공이 되었다.

108) 司空: 관직명. 西周에서 처음 실치하였다. 춘추전국 시기 각국에서도 설치하였다. 水利, 토목 공사, 관영 수공업 등의 일을 관장하였다. 한에는 본래 사공의 직이 없었으나 성제 때 어사대부를 고쳐 大司空을 설치하였다. 애제 건평 2년(BC. 5) 다시 어사대부를 설치하였으나, 元壽 2년(BC. 1)에 다시 대사공으로 고쳤다. 건무 27년(51) '大'字를 떼고 사공으로 개칭하였다.

109) 袁湯: 字는 仲河, 하남 여양(지금의 하남성 상수) 출신. 名臣 袁安의 손자. 『孟氏易』을 전수받았고 여러 유자들로부터 높은 평가를 받았다. 사공, 사도, 태위 등을 역임하 였다. 永興 원년(153), 재이로 면직되었고 오래지 않아 향년 86세로 사망하였다. 『後漢書』卷35에 傳이 있다.

桓帝之初, 天下童謠曰:「小麥靑靑大麥枯, 誰當穫者婦與姑. 丈人何在西擊胡, 吏買馬, 君具車, 請爲諸君鼓嚨胡.」案元嘉中涼州諸羌一時俱反, 南入蜀·漢, 東抄三輔, 延及幷·冀, 大爲民害. 命將出衆, 每戰常負, 中國益發甲卒, 麥多委棄, 但有婦女穫刈之也. 吏買馬, 君具車者, 言調發重及有秩者也. 請爲諸君鼓嚨胡者, 不敢公言, 私咽語.

환제 초, 천하에 (다음과 같은) 동요가 불렸다. "밀은 푸릇푸릇 무성하고 보리는 시드는데, 누가 베어 수확하나? 며느리와 시어머니.[110] 남편은 어디에 있나? 서쪽 오랑캐를 토벌하네.[111] (징발된) 관리는 말을 사고, 군君께서는 수레를 마련하시네, 청컨대 (누가 징발된) 모든 남자들을 위해 분명히 목청껏 말해주오."[112] 살펴보건대 원가 연간(151~152) 양주涼州[113]의 여러 강羌들이 일시에 함께 반란을 일으킨 후, 남으로 촉군蜀郡[114]과 한중군漢中郡[115]으로 들어가고 동으로는 삼보를 노략질하니 (그 여파가) 이어져

---

110) 해석의 편의를 위해 "誰當穫者, 婦與姑."로 표점하여 해석하였다.

111) 해석의 편의를 위해 "丈人何在, 西擊胡."로 표점하여 해석하였다.

112) 嚨胡: 『史記』「封禪書」'有龍垂胡䫇'라는 구절에 索隱은 『釋名』의 '在咽下垂'라는 구절을 인용하여 嚨胡를 턱수염으로 해석하였다. "釋名云「胡, 在咽下垂」者, 卽所謂嚨胡也." 그러나 턱수염으로 해석하게 되면 '鼓'를 해석하기 어려워져 여기서는 '목청을 울리다'로 해석하였다.

113) 涼州: 전한 무제 元封 5년(BC. 106), 13주자사부의 하나로 설치되었다. 후한 시기 행정 구역이 되면서 관아는 隴縣(지금의 감숙성 張家川 回族自治縣)에 두었다. 관할 지역은 지금의 감숙·寧夏, 청해 湟水 유역, 陝西定邊·吳旗·鳳縣·略陽 및 내몽고 額濟納旗 일대에 해당한다. 조위 黃初 연간(220~226)에 姑臧縣(지금의 감숙 武威市)으로 옮겼다. 위진 시기에는 관할 지역이 축소되어 지금의 감숙 황하 이서 지역에 국한되었다. 16국 시기 前涼, 後涼, 北涼이 모두 이곳에서 건국하였다. 수 대업 초 武威郡으로 고쳤다가 당 武德 2년(619), 다시 涼州로 고쳤다.

114) 蜀郡: 전국 시기 진혜왕 更元 11년(BC. 314), 古蜀國을 멸망시키고 설치하였다. 관아는 지금의 사천성 성도시에 두었다. 전한 시기의 관할 지역은 지금의 사천 松潘 이남, 北川·彭縣·洪雅 이서, 峨邊·石棉 이북, 邛崍山·大波河 이동, 大渡河와 雅礱江 사이·康定 이남·冕寧 이북에 해당한다. 후한 건무 원년(25) 공손술이 촉을 거점으로 삼고 成都尹으로 고쳤으나 건무 12년(36) 다시 촉군으로 고쳤다. 서진 太康 10년(289) 成都國이 되었다가 후에 다시 촉군이 되었다. 수 개황 초에 폐지되었다가 대업 원년(605) 다시 촉군이 되었다.

115) 漢中郡: 전국 시기 진혜왕 경원 13년(BC. 312)에 설치하였다. 관아는 南鄭縣(지금의 섬서성 漢中市)에 두었다. 漢水로 인해 이름을 얻었다. 관할 지역은 지금의 섬서성

병주와 기주까지 미쳤으며 백성들에게 큰 해가 되었다. (조정에서는) 장수들
에게 군대를 출병시킬 것을 명령하였으나 매 전투에서 항상 패배하니 중국에
서는 더욱 (많은) 병졸이 징발되고, (일을 할 남자가 부족해 익은) 보리
대부분이 버려지게 되어 다만 부녀가 그것을 벨 뿐이었다. "관리는 말을
사고, 군께서는 수레를 마련하시네."라는 것은 징발이 무겁고 관리[有秩者][116]
마저도 징발할 정도였음을 말하는 것이다. "청컨대 모든 남자들을 위해
분명히 목청껏 말해주오."라는 것은 감히 공공연히 말하지는 못하고 사사로
이 소곤대고 있음을 (한탄하는 것이다.)

桓帝之初, 京都童謠曰:「城上烏, 尾畢逋. 公爲吏, 子爲徒. 一徒死, 百乘車. 車班班,
入河閒. 河閒姹女工數錢, 以錢爲室金爲堂. 石上慊慊春黃粱. 梁下有懸鼓, 我欲擊
之丞卿怒.」案此皆謂爲政貪也. 城上烏, 尾畢逋者, 處高利獨食, 不與下共, 謂人主
多聚斂也. 公爲吏, 子爲徒者, 言蠻夷將畔逆, 父旣爲軍吏, 其子又爲卒徒往擊之
也. 一徒死, 百乘車者, 言前一人往討胡旣死矣, 後又遣百乘車往.[一] 車班班, 入河
閒者, 言上將崩, 乘輿班班入河閒迎靈帝也.[二] 河閒姹女工數錢,[三] 以錢爲室金爲
堂者, 靈帝旣立, 其母永樂太后好聚金以爲堂也. 石上慊慊春黃粱者, 言永樂雖積
金錢, 慊慊常苦不足, 使人春黃粱而食之也. 梁下有懸鼓, 我欲擊之丞卿怒者, 言永
樂主敎靈帝, 使賣官受錢, 所祿非其人, 天下忠篤之士怨望, 欲擊懸鼓以求見, 丞卿
主鼓者, 亦復謟順, 怒而止我也.

환제 초, 수도에서는 (다음과 같은) 동요가 불렸다. "성 위에 까마귀, 꼬리를

秦嶺 이남, 留垻·勉縣 이동, 乾稿河 유역 및 호북성 鄖縣·保康 이서, 美倉山·大巴山
이북에 해당한다. 전한에서는 관아를 西城縣(지금의 섬서성 安康市)으로 옮겼다.
후한 들어 다시 남정현으로 돌아갔다. 후한 말 張魯가 漢寧郡으로 고쳤다. 건안
20년(215), 다시 漢中郡으로 고쳤다. 수 개황 초에 폐지하였다가 당 천보 초에
梁州를 고쳐 한중군을 설치하였다.

116) 관리[有秩者]:『後漢書』「百官志」에 따르면 有秩은 진한 시기 鄕 5천 戶를 관장하던
벼슬로 질록은 백 석에 해당하였다.『後漢書』 志第28,「百官五」, "鄕置有秩·三老·游徼.
本注曰: 有秩, 郡所署, 秩百石, 掌一鄕人." 그러나 문맥상 여기서는 祿俸을 받는 사람,
즉 관리를 의미하는 것으로 보인다.

파닥이네. 아버지는 군리軍吏요, 아들은 사졸이라. 한 병사가 죽으면 (다시) 백대의 수레가 (전장으로) 가네. (황제가 붕어하니) 수레는 줄지어 하간河間[117] 땅으로 (황제를 영접하러) 들어간다. 하간 땅의 미녀는 돈을 헤아리는 데 능숙하여□ 돈으로 실室을 짓고 금으로 당堂을 짓네. 돌 위의 (영락태후永樂太后는 쌓인 재물에도) 만족하지 못하고 (시종들에게) 누런 좁쌀을 빻게 하네. 들보 아래 북[118]이 달려 있어 내가 그것을 두드리고자 하나 (북을 관리하는) 승丞과 경卿이 노여워하네." 살펴보건대 이것은 위정자為政者의 탐욕을 말한 것이다. "성 위에 까마귀, 꼬리를 파닥이네."라는 것은 높은 자리에 위치하여 이익을 독점하고 아래 사람과 함께 하지 않는 것으로 군주가 많은 것을 모아 거두는 것을 말한다. "아버지는 군리요, 아들은 사졸이라."는 것은 만이蠻夷가 장차 반역하여 아버지는 이미 군리가 되었으며, 그 아들 또한 사졸로 가서 그들을 공격함을 말한다. "한 병사가 죽으면 (다시) 백대의 수레가 (전장으로) 가네."라는 것은 앞서 한 사람이 가서 오랑캐를 토벌하다 죽으면 후에 또 백대의 수레를 파견하여 가게 하는 것을 말한다. "(황제가 붕어하니) 수레는 줄지어 하간 땅으로 들어간다."라는 것은 주상(환제)이 막 붕어함에 수레가 줄을 지어 하간 땅으로 영제를 맞이하러 들어감을 의미한다. "하간 땅의 미녀는 돈을 헤아리는 데 능숙하여 돈으로 실을 짓고 금으로 당을 짓네."라는 것은 영제가 즉위하고 그 모친인 영락태후[119]가 금을 모아 그로써 당을 짓는 것을 좋아한다고 한 것이다.

---

117) 河間: ① 지역명. 전국 시기 원래 趙 땅이었으나 후에 진에 속하였다. 지금의 하북성 獻縣·河間市·靑縣·泊頭市 등을 포함한다. 兩河 사이에 있어 얻은 이름이다. ② 國名. 전한 문제 2년(BC. 178) 河閒郡을 고쳐서 설치하였다. 관아는 樂成縣으로 지금의 하북성 獻縣이다. 관할 지역은 지금의 하북성 헌현 및 박두시 등이다. 후한 초 信都國에 병합되었으나 화제 영원 2년(90)에 다시 설치하였다. 조위 들어 다시 군이 되었다가 서진 시기 또 다시 국이 설치되었다. 북위에서 다시 군이 설치되었다.

118) 들보 아래 북: 『呂氏春秋』, 『淮南子』에 따르면 堯임금이 '諫之鼓' 또는 '敢諫之鼓'를 설치하여 간언을 들었다고 한다. 여기서 '북'은 간언을 하기 위해 울리는 '간지고' 혹은 '감간지고'를 의미할 것이다.

119) 永樂太后(?~189): 하간(지금의 하북성) 출신. 姓은 董. 解犢亭侯 劉萇의 처이자 영제의

"석상은 (쌓인 재물에도) 만족하지 못하고 (시종들에게) 누런 좁쌀을 빻게 하네."라는 것은 영락태후가 비록 금전을 쌓아 놓았지만 만족하지 못하고 항상 부족하다고 괴로워하며 사람들에게 누런 좁쌀을 빻아 그것을 먹게 하였다는 것이다. "들보 아래 북이 달려 있어 내가 그것을 두드리고자 하나 (북을 관리하는) 승과 경이 노여워하네."라는 것은 영락태후가 영제로 하여금 관직을 팔아 돈을 받게 하니 그 (적절한) 인물이 아닌 자가 관리가 되어 천하에 충직하고 후덕한 사인士人이 원망하여 걸려 있는 북을 두드려 (황제를) 뵙기를 구하나 북을 주관하는 승과 경 역시 아첨하고 순종하는 이들이라 노하여 (충직하고 후덕한 사인인) 나를 제지한다는 뜻이다.

[一] 臣昭曰: 志家此釋豈未盡乎? 往徒一死, 何用百乘? 其後驗竟爲靈帝作. 此言一徒, 似斥 <u>桓帝</u>, 帝貴任群閹, 參委機政, 左右前後莫非刑人, 有同囚徒之長, 故言寄一徒也. 且又弟 則廢黜, 身無嗣, 魁然單獨, 非一而何? 百乘車者, 乃國之君. <u>解犢</u>後徵, 正膺斯數, 繼以班 班, 尤得以類焉.

신 유소가 아룁니다. 「오행지」 작자의 이 해석이 어찌 충분하다고 할 수 있겠습니까? (전장에) 나간 한 병사가 죽으면 어째서 백대나 되는 수레를 사용합니까? 이후 (그것에) 대응하여 일어난 일은 결국 영제(를 맞이하기 위해) 한 일입니다. 여기서 말한 1인은 아마도 환제를 가리킬 것입니다. 황제가 여러 환관들을 중용하여 중요한 정무에 참여시켜 좌우전후가 모두 궁형宮刑을 받지 않은 자가 없으니 (마치 황제가) 죄수의 우두머리와 같으므로 1인이라는 표현으로 말한 것입니다. 더하여 또 동생(발해왕渤海王 유회劉悝)은 폐출되고 자신에게는 후사가 없어 홀로 고독하니 1인이 아니라면 무엇이라 할 수 있겠습니까? 백대의 수레라는 것은 곧 국군國君입니다. 해독정후解犢亭侯가 나중에 불려와 제위에 올라 천명을 담당하였으니, (방계가) 계승함이 끊이지 않은 것입니다. (이렇게 해석하는 것이) 더욱 사리에 맞을 것입니다.

생모. 화평 원년(150) 입궁하여 梁太后를 모셨다. 양태후가 사망하자 양기가 순장시키고자 했으나 거부하였다. 유장의 시녀로 하사된 후 총애를 받고 영제를 낳았다. 영제가 즉위한 후 愼園貴人이 되었고 매관으로 조정을 어지럽혔다. 竇太后 사후 황태후가 되었고 永樂宮에 기거하여 永樂太后로 불렸다. 영제가 사망하고 나자 何皇后에 의해 폐출되고 얼마 안 되어 죽임을 당하였다. 愼陵에 합장되었다. 『後漢書』 卷10下에 傳이 있다.

應劭釋此句云: 「徵靈帝者, 輪班擁節入河間也.」

應劭응소는 이 구절을 해석하여 "영제를 부른 자가 수레의 열을 지어 부절符節을 지니고 하간 땅으로 들어갔다."라고 하였다.

[三] 一本作「妖女」.

다른 이본異本에서는 (차녀㛨女를) 요녀妖女라고 썼다.

桓帝之初, 京都童謠曰: 「游平賣印自有平, 不辟豪賢及大姓.」 案到延熹之末, 鄧皇后以譴自殺, 乃以竇貴人代之, 其父名武字游平, 拜城門校尉. 及太后攝政, 爲大將軍, 與太傅陳蕃合心戮力, 惟德是建, 印綬所加, 咸得其人, 豪賢大姓, 皆絶望矣.

환제 초, 경사에서 (다음과 같은) 동요가 불렸다. "두유평竇游平120)은 관인官印을 수여함에121) 공평하였네.122) 사회적 지위나 명망이 있어도 혹 대성大姓이라 해도 (관위에 상응하는 이가 아니라면) 선발되지 않았네." 살펴보건대 연희 연간 말에 이르러 등황후鄧皇后123)가 견책譴責(을 받고) 자살하고 이에 두귀인竇貴人124)이 (그 자리를) 대신하였는데, 그 부친의 이름은 무武며 자字는 유평으로 성문교위城門校尉125)를 배수하였다. (두)태후가 섭정攝政을 하자

---

120) 竇游平(?~168): 竇武를 참조.
121) 원문은 '賣' 즉 '팔다'이나 문맥상 '수여하다'로 해석하였다.
122) 『後漢書』 「竇武傳」에 인용된 『續漢志』의 기사는 그에 대한 七字評이 "游平賣印自有評."으로 되어 있다.
123) 鄧皇后(?~165): 鄧貴人을 참조.
124) 竇貴人(?~172): 桓思竇皇后. 이름은 竇妙, 부풍 平陵(지금의 섬서성 咸陽) 출신. 대장군 두무의 장녀. 후한 환제의 세 번째 황후. 연희 8년(165), 입궁하여 귀인이 되었고, 같은 해 황후로 책립되었다. 그러나 황후가 되었음에도 불구하고 환제의 총애를 받지는 못하였다. 永康 원년(167), 환제 사후 태후가 되었다. 환제가 자식이 없던 관계로 해독정후 劉宏이 황제가 되었는데, 이가 영제이다. 이후 대장군 두무가 환관을 주살하려는 모의가 발각되어 살해되자 두태후의 세력도 약화되어 南宮 雲臺로 옮겨졌다. 熹平 원년(172) 사망하였다. 宣陵에 환제와 합장되었다. 『後漢書』 卷10下에 傳이 있다.
125) 城門校尉: 관직명. 전한 무제 때 처음 설치하였다. 한대 불가결한 군사 역량의 하나로 수도 성문의 수비를 담당하였다. 후한 광무제가 전한의 제도를 계승하여 설치하였다. 질록은 比二千石이었다. 執金吾, 北軍中候와 함께 후한 중앙 宿衛의 한 축을 담당하였다. 수대에는 城門局이 설치되어 門下省에 속하였고 校尉가 두 사람이었다. 煬帝 때 교위를 城門郞으로 고쳤다.

대장군이 되었고 태부太傅126) 진번과 합심하고 노력하여 오직 덕 있는 자만
(관료로) 선발하였고, (관원의) 인수印綬를 더함에도 모두 그 (지위에 적합한)
사람들을 선발하였으니 사회적 지위나 명망이 있는 자와 대성 모두가 절망하
였다.

桓帝之末, 京都童謠曰:「茅田一頃中有井, 四方纖纖不可整. 嚼復嚼, 今年尚可後
年鐃.」[□] 案易曰:「拔茅茹以其彙, 征吉.」茅喩群賢也. 井者, 法也. 于時中常侍管
霸·蘇康憎疾海內英哲,　與長樂少府劉囂·太常許詠·尚書柳分·[□]尋穆·史佟·[□]
司隸 唐珍等, 代作脣齒. 河內 牢川詣闕上書:「汝·穎·南陽, 上采虛譽, 專作威福;
甘陵有南北二部, 三輔尤甚.」由是傳考黃門北寺, 始見廢閣. 茅田一頃者, 言群賢
衆多也. 中有井者, 言雖阨窮, 不失其法度也. 四方纖纖不可整者, 言姦慝大熾,
不可整理. 嚼復嚼者, 京都飮酒相强之辭也. 言食肉者鄙, 不恤王政, 徒耽宴飮歌呼
而已也. 今年尚可者, 言但禁錮也. 後年鐃者, 陳·竇被誅, 天下大壞.

환제 말, 수도에서 (다음과 같은) 동요가 불렸다. "모전茅田 1경頃 가운데
우물[井]이 있네. 사방에 가늘고 작은 것들 (투성이라) 정리를 할 수 없네.
술 마시고 또 마시네. 올해는 아직 (그럭저럭) 괜찮지만 내년에는 더 나빠질
것이다." 살펴보건대 『역』에서 다음과 같이 말하였다. "띠 풀의 엉켜있는
뿌리를 뽑는 것과 같으니 동류와 함께 하면 가는 것이 길하다."127) '띠
풀[茅]'은 뭇 현인賢人의 비유다. '우물'은 법도다. 이때 중상시中常侍 관패管霸128)
와 소강蘇康129)이 천하의 재능과 식견이 탁월한 이들을 미워하고 질시하였는

---

126) 太傅: 관직명. 서주에서 처음 설치하였는데, 周公旦이 태부로 임명되어 어린 成王을
　　 보좌하였다. 삼공의 한 사람으로 예법의 제정과 빈포를 관장하였다. 실제로는
　　 태자를 敎導하는 관으로, 태자의 사부로 일컬어진다. 전한 시기에는 太子太傅로
　　 칭해졌다.
127) 『易』 「泰卦」에 보인다.
128) 管霸: 후한의 환관. 환제의 명령을 받아 재이를 빌어 환제와 환관들을 비판한
　　 李雲을 심리하였다. 환제가 자신을 비판한 이운과 杜衆을 주살하고자 할 때 둘의
　　 사형을 막고자 하기도 하였다. 자못 재략이 있었던 것으로 알려져 있다. 영제
　　 시기 두무가 환관들을 숙청할 때 피살되었다.
129) 蘇康: 후한의 환관. 궁중에서 권력을 농단하다가 영제 시기 두무가 환관들을

데, 장락소부長樂少府[130] 유효劉囂,[131] 태상太常[132] 허영許詠, 상서尚書[133] 유분
柳分·심목尋穆·사동史佟, 사례교위司隸校尉 당진唐珍[134] 등과 번갈아 지속적으
로 긴밀한 (관계를) 맺었다. 하내河內[135] 사람 뇌천牢川[136]이 궐에 와 상서하여
말하였다. "여남汝南,[137] 영천潁川,[138] 남양(의 당인黨人의 경우) 위로는 허명虛

숙청할 때 피살되었다.

130) 長樂少府: 한대 太后宮 관원은 宮名을 冠帶하는 것이 제도였다. 한 초, 長信詹事를
　　 두고 태후궁을 주관하게 하였다. 경제 시기 長信少府로 고쳤고 平帝 시기에는
　　 長樂少府로 다시 고쳤다. 태후가 長信宮에 거처할 때는 장신소부로, 長樂宮에 거처할
　　 때는 장락소부로 불렀다.

131) 劉囂: 후한의 관리. 字는 重寧, 長沙郡(지금의 호남성 長沙市) 출신. 太僕이 되었다가
　　 建寧 2년(169) 사공이 되었다.

132) 太常: 관직명. 宗廟儀禮를 관장하였다. 진에서 처음 설치하였고 최초의 명칭은
　　 奉常으로 九卿의 하나이다. 전한 경제 중원 6년(BC. 144) 太常으로 고쳤다. 일설에는
　　 전한 초 태상이었으나 惠帝가 봉상으로 고치고 경제가 옛 이름으로 회복하였다고
　　 한다. 왕망의 신왕조에서는 秩宗이라고 하였고, 후한 들어 태상으로 고쳤다. 소속
　　 관원으로는 太史, 太祝, 太宰, 太葯, 太医, 太卜六令 및 博士祭酒가 있다.

133) 尚書: 관직명. 전국 시기 齊와 진 등에서 문서와 여러 신하들의 章奏를 관장했던
　　 관직. 진에서는 少府에 속한 질록 육백 석의 하급 관리로 殿中에서 문서의 發布를
　　 주관하였다. 한 초까지 尚冠, 尚衣, 尚食, 尚浴, 尚席 등과 더불어 六尚으로 불렸다.
　　 황제의 곁에서 황제의 일상을 보좌하는 역할을 하였다. 이후 무제 시기부터 중요한
　　 정책을 결정하게 되면서 지위가 높아졌다. 『漢官儀』에 따르면 무제 때 常侍曹尚書(丞
　　 相·御史의 일을 담당), 二千石尚書(刺史·이천 석의 일을 담당), 戸曹尚書(上書에 관한
　　 일을 담당), 主客尚書(外國四夷의 일을 담당) 4인을 두었고, 이후 成帝는 5인을
　　 두어 三公曹, 常侍曹, 二千石曹, 戸曹, 主客曹를 분담하게 하였다. 후한 시기에는
　　 정무가 尚書臺로 집중되어 각조 상서의 역할과 지위가 더욱 중요해졌고 높아졌다.

134) 唐珍: 후한의 관리. 字는 惠伯, 潁川郡 陽翟縣(지금의 하남성 禹州市) 출신. 후한
　　 영제 시기 태상과 사공 등의 관직을 역임하였다.

135) 河內(郡): 전한 고제 2년(BC. 205) 殷國을 고쳐서 설치하였다. 관아는 懷縣(지금의
　　 하남성 武陟縣)에 두었다. 관할 지역은 지금의 하남성 황하 이북, 京漢 철로 이서
　　 지역에 해당한다. 서진 시기 관아를 野王縣(지금의 하남성 沁陽市)으로 옮겼다.
　　 수 개황 3년(583)에 폐지하였다가 대업 3년(607)에 다시 설치하였다. 당 무덕
　　 2년(619) 懷州로 고쳤다가 천보 원년(742) 다시 河內郡으로 되돌렸다. 乾元 원년(758)
　　 다시 회주로 고쳤다.

136) 牢川: 공자 제자 琴牢의 후예.

137) 汝南(郡): 전한 고제 4년(BC. 203) 설치하였다. 관아는 上蔡縣(지금의 하남성 상채현)
　　 에 두었다. 관할 지역은 지금의 하남성 潁河와 淮河 사이, 京廣 철로 서측 이동,
　　 안휘 茨河·西淝河 이서·회하 이북에 해당한다. 수 개황 초에 폐지하였다가 대업
　　 3년(607)에 蔡州로 고쳐 다시 설치하였다. 당 무덕 초에 예주가 되었다가 천보
　　 원년(742)에 汝南郡으로 고쳤다.

名을 구하고 오로지 멋대로 상벌을 행하고 있습니다. 감릉甘陵139)의 (당인은) 남북 두 패로 나눠졌고140) 삼보 (당인의 활동은) 더욱 심합니다." 이로 인해 (당인들은) 황문북시옥黄門北寺獄에 체포되어 신문을 받았고, 처음으로 당고黨錮가 발생하였다. '모전 1경'이라는 것은 현인의 무리가 많다는 말이다. "가운데 우물이 있다."는 것은 비록 어렵고 곤궁하다해도 그 법도를 잃지 않는 것을 말한다. "사방에 가늘고 작은 것들 (투성이라) 정리를 할 수 없다."는 것은 간특한 것이 크게 성하여 정리할 수 없음을 말한다. '술 마시고 또 마신다는 것'은 경사에서 (술을 마시는 이들이) 강권强勸하는 말이다. 고기를 먹는 이들(환관)이 천박하여 국가의 정치는 걱정하지 않고 오히려 연회와 음주, 가무에만 빠져 있을 뿐임을 말하는 것이다. "올해는 아직 (그럭저럭) 괜찮다."는 것은 올해는 단지 당고로 (끝났다는) 말이다. '내년에는 더 나빠질 것'이라는 것은 진번과 두무가 주멸되고 천하가 크게 무너질 것을 (말한 것이다.)

[一]　風俗通作「謠」.
　　『풍속통風俗通』에서는 (요鏡가) '요謠'로 되어 있다.

---

138) 潁川(郡): 진시황 17년(BC. 230) 설치하였다. 관아는 지금의 하남성 우주시인 양적현에 두었다. 전한 고제 5년(BC. 202) 韓國으로 고쳤다가 다음해 다시 潁川郡이 되었다. 관할 지역은 지금의 하남성 登封·寶豊 이동, 尉氏·鄢城 이서, 新密 이남, 葉縣·舞陽 이북에 해당한다. 조위 황초 2년(221) 관아를 許昌으로 옮겼다.

139) 甘陵(縣): 후한 안제 시기 厝縣을 고쳐 설치하였다. 清河國의 國都였다. 지금의 산동성 臨淸甫에 해당한다. 청하국은 본래 甘陵國이었는데 건화 2년(148) 청하국으로 고쳤다.

140) 환제가 즉위 전 蠡吾侯였던 시기, 감릉현의 周福은 그의 가정교사였다. 황제가 된 환제는 은사인 주복을 중앙 행정의 최고 관청인 상서에 발탁하였다. 한편 같은 감릉 출신으로 하남윤이던 房植은 당대 제일의 명사로서 명성이 높았다. 명성이 높았던 방식을 제쳐놓고 행해진 이 인사는 주위 사람들에게 상당히 의외였고, 놀란 하남 사람들은 "천하의 본보기 방식, 선생이었던 덕분에 직위를 얻은 주복(天下規矩房伯武, 因師獲印周仲進)."이라며 주복을 야유하였다. 결국 이 인물평을 계기로 두 집안의 食客들이 서로 비방·중상하였고 결국은 감릉 땅이 남북으로 이분되는 다툼으로 발전하였다.

[二]　袁山松書曰, 柳分權豪之黨, 爲范滂所奏者.

　　원산송의 『후한서』에서 말하였다. "유분은 권세가 있는 호족豪族으로 범방范滂[141]이 상주上奏하여 (탄핵한) 자다."

[三]　佟後亦爲司隷. 應劭曰, 史佟, 左官媮進者也.

　　사동도 후에 역시 사례교위가 되었다. 응소가 말하였다. "사동은 제후국의 관리[左官][142]로 잔꾀에 의해 발탁된 자다."

桓帝之末, 京都童謠曰:「白蓋小車何延延. 河閒來合諧, 河閒來合諧!」案解犢亭屬
饒陽 河閒縣也.[一] 居無幾何而桓帝崩, 使者與解犢侯皆白蓋車從河閒來. 延延, 衆
貌也. 是時御史劉儵建議立靈帝, 以儵爲侍中, 中常侍侯覽畏其親近, 必當閒己,
白拜儵 泰山太守, 因令司隷迫促殺之. 朝廷(必)[少]長, 思其功效, 乃拔用其弟部,
致位司徒, 此爲合諧也.

환제 말, 수도에서 (다음과 같은) 동요가 불렸다. "흰 덮개의 작은 수레,
어찌 계속 이어지는가[延延]. 하간이 와서 서로 섞이는구나, 하간이 와서
서로 섞이는구나!" 살펴보니 해독정解犢亭은 요양饒陽[143]에 속하고, (요양은)
하간국河閒國[144]의 현縣이다. 오래지 않아 환제가 붕어하고 사자使者와 해독후

---

141) 范滂(137~169): 字는 孟博, 여남(지금의 하남성 상채현) 출신. 효렴으로 천거되어
　　淸詔使와 光祿勳主事를 역임하였다. 군현을 감찰하면서 불법을 저지른 관리를
　　색출하고 지역의 권세가를 탄핵하였다. 부패한 정치에 실망하여 사직하고 고향으
　　로 돌아왔다. 이후 여남태수로 부임한 宗資에 의해 발탁되어 功曹가 되었고 엄정하게
　　郡政을 처리하였다. 연희 9년(166) 당고 사건이 발생하여 하옥되었다. 석방되어
　　고향으로 돌아올 때 환영하기 위해 나온 사대부의 수레가 수천 대였다고 한다.
　　2차 당고 사건이 발생하자 스스로 투옥되어 서른셋의 나이로 옥중에서 사망하였다.
　　'江夏八俊'의 1인으로 불린다. 『後漢書』 卷67에 傳이 있다.

142) 『漢書』에는 左官과 관련하여 諸侯國에 입사한 사람이라는 注釋이 있다. "服虔曰:
　　「仕於諸侯爲左官, 絶不得使仕於王侯也.」 應劭曰: 「人道上右, 今舍天子而仕諸侯, 故謂之左
　　官也.」 師古曰: 「左官猶言左道也. 皆辟左不正, 應說是也. 漢時依上古法, 朝廷之列以右爲尊,
　　故謂降秩爲左遷, 仕諸侯爲左官也.」"

143) 饒陽(縣): 전한에서 설치한 현으로 涿郡에 속하였다. 관아는 지금의 하북성 饒陽縣에
　　두었다. 『漢書』 「地理志」에 인용된 應劭의 주석에 따르면 饒河의 북쪽에 위치하여
　　이름을 얻었다. 후한에서는 安平國에 속하였다. 조위에서는 博陵郡에 속하였다가
　　서진 들어 博陵國에 속하였다. 수대에는 河間郡에 속하였고 당에서는 深州에 속하였
　　다.

解犢侯(영제)가 함께 백개거白蓋車를 타고 하간으로부터 왔다. '연연延延'은 많은 모양이다. 이때 어사御史 유숙劉儵[145]이 영제를 세울 것을 건의하였기에 (영제가) 유숙을 시중侍中으로 삼았는데, 중상시 후람侯覽[146]이 (황제와 그가) 친근하여 반드시 (황제와) 자신간의 사이가 벌어질 것을 두려워하여 숙에게 태산태수泰山太守를 배수할 것을 아뢰고 사례교위로 하여금 그를 핍박하여 살해하게 하였다. 황제가 다소 성장하여 (유숙의) 공로를 생각하고 이에 그 동생 유합劉郃[147]을 선발하여 사도의 지위에 오르게 하였으니 이것이 (앞에서 말한) 와서 서로 섞인다는 것이다.

[一] 臣昭案: 郡國志 饒陽本屬涿, 後屬安平. 靈帝旣是河間王曾孫, 謠言自是有徵, 無俟[明]河間之縣爲驗.

신 유소가 살펴보건대, (『속한서』) 「군국지郡國志」에 따르면 요양현은 본래 탁군涿郡[148]에 속하였다가 후에 안평국安平國[149]에 속하였습니다. 영제는 하간왕의 증손

---

144) 河閒國: 河間의 ②를 참조.

145) 劉儵: 河間王의 宗室. 영강 원년(167) 환제가 후사 없이 병사하자 계승자를 물색하던 두무가 종실의 대신이었던 劉儵에게 적합한 후계자를 묻는다. 이때 유숙은 해독정후 유장의 아들 유굉을 추천하게 되고, 두무와 두태후가 동의하여 유굉이 황제로 옹립된다. 두무는 表를 올려 유숙을 광록대부로 삼고 하간으로 가서 유굉을 영접하게 하니 이가 영제다.

146) 侯覽(?~172): 후한의 환관. 지금의 산동 출신. 환제 연희 연간(158~167)에 關內侯가 되고, 양기를 주멸한 공으로 高鄕侯에 봉해졌다. 이후 長樂太僕이 되었다. 관직에 있는 동안 전횡하고 탐욕과 방종이 극에 달해 관리와 백성의 재물과 부녀를 약탈하였다. 영제 초 督郵 張儉이 탄핵하는 글을 올리자 문장을 왜곡하여 장검과 李膺, 杜密이 붕당을 결성하였다고 무고하여, 2차 당고 사건을 일으켰다. 희평 원년(172) 권력 독점과 교만과 사치를 이유로 탄핵을 받아 印綬를 빼앗기자 자살하였다. 十常侍의 한 사람이다. 『後漢書』 卷78에 傳이 있다.

147) 劉郃(?~179): 하간왕의 종실. 유숙의 농생. 일찍이 濟陰太守, 大鴻臚를 역임하였다. 영제 光和 2년(179) 사도가 되었다. 永樂少府 陳球 등과 환관 張讓, 曹節 등을 주살하려고 모의하였다. 그러나 사전에 누설되어 투옥되었고, 옥에서 사망하였다.

148) 涿郡: 전한 고제 유방이 설치하였다. 관아는 지금의 하북성 涿州市인 涿縣에 두었다. 『太平寰宇記』에 따르면 涿水에서 이름을 취했다고 한다. 전한 성제 말 관할 지역은 지금의 北京市 房山 이남, 하북성 易縣·淸苑 이동, 安平·河間 이북, 霸州·任丘 이서 지역에 해당하였다. 조위 황초 7년(226) 范陽郡으로 고쳤다.

149) 安平國: 본래 信都國으로 전한 고제 유방이 설치하였다. 후한 명제 시기 이름을 樂成으로 바꿨다가 안제 延光 원년(122) 安平으로 고쳤다. 관할 지역은 지금의

으로 동요는 이것에 대응한 것이지만 (해독정이) 하간의 현이었다는 것에 대응한 것인지는 명확하지 않습니다.

靈帝之末, 京都童謠曰:「侯非侯, 王非王, 千乘萬騎上北芒.」案到中平六年, 史侯 登躡至尊, 獻帝未有爵號, 爲中常侍段珪等數十人所執, 公卿百官皆隨其後, 到河 上, 乃得來還. 此爲非侯非王上北芒者也.[一]

영제 말, 수도에서 (다음과 같은) 동요가 불려졌다. "후侯라 해도 후가 아니고, 왕이라 해도 왕이 아니니 천승만기千乘萬騎가 북망산北邙山150)을 오르네." 살펴보건대 중평中平 6년(189)에 이르러 사후史侯(소제少帝 재위 189)151)가 지존 의 자리에 올랐고 헌제는 아직 작호爵號가 없었다.152) 중상시 단규段珪 등 수십 인에게 (인질로) 잡히니 공경백관公卿百官들이 모두 그 뒤를 따랐고, 황하 가에 이르러 비로소 돌아올 수 있었다. 이것이 후도 아니고 왕도 아닌 이들이 북망산을 오른다는 의미다.

[一] 英雄記曰:「京師謠歌咸言『河朧叢進』, 獻帝朧日生也. 風俗通曰:『烏朧烏朧.』」案逆臣 董卓滔天虐民, 窮凶極惡, 關東擧兵欲共誅之, 轉相顧望, 莫肯先進, 處處停兵數十萬,

---

하북성 冀州·深州·武邑·棗强·衡水·南宮·景縣 등과 산동성 德州市 일부에 해당한다.

150) 北邙山: 北芒, 邙山, 北山, 平逢山, 太平山, 郟山으로도 불린다. 해발 고도 3백m의 낮은 산으로 하남성 낙양시 북쪽에 위치하였다. 후한 이래로 帝王과 귀척, 대신들의 무덤이 조영되었고, 이로 인해 무덤이 많은 곳, 사람이 죽어서 가는 곳의 대명사처럼 사용되었다.

151) 史侯(176~190): 영제와 하황후 사이에서 태어난 皇子 辯을 말한다. 영제의 아들들이 요절하자 하황후가 황자 변을 道人 史子眇의 집에서 양육하게 하였는데, 이 때문에 '史侯'로 불렸다. 영제 사후 즉위하였으나 나이가 어려 모친인 하황후와 그의 형 何進이 권력을 장악하며 십상시를 수뇌로 하는 환관 집단과 대립하였다. 이후 하진의 환관 주멸 계획을 알아챈 환관들이 먼저 하진을 살해하자, 袁紹 형제가 궁에 들어가 환관들을 주살하였고 환관 장양과 段珪 등은 소제와 그 동생 진류왕을 인질로 삼아 황하가인 小平津으로 도주한다. 뒤늦게 '勤王'을 명분으로 낙양에 도착한 군벌 동탁이 이들의 뒤를 좇았고 사태의 심각성을 느낀 장양 등은 자살하였 다. 동탁은 북망산에서 소제와 진류왕을 맞이하여 낙양으로 환궁하였다. 이후 동탁은 소제를 폐위하여 弘農王으로 삼고, 진류왕을 황제로 세우니 그가 헌제. 동탁은 다음해 홍농왕을 독살하였다.

152) 당시 헌제는 '董太后' 즉 '영락태후'가 키워 '董侯'라 불리고 있었다.

若鳥朦蟲, 相隨橫取之矣.

『영웅기英雄記』153)에서 말하였다. "수도에서 유행하는 노래에서는 모두 '황하의 백납충[朦], 무리지어 앞으로 나간다.'라고 하였다. 헌제는 납일朦日154)에 태어났다. 『풍속통』에서는 '개똥벌레[鳥朦], 개똥벌레.'라고 하였다." 살펴보건대 역신逆臣 동탁이 극악무도하게 백성들을 학대하고 극도로 흉악하게 굴자 관동關東155)이 병사를 일으켜 함께 그를 주멸하고자 하였지만 이리저리 서로 쳐다보기만 하고 먼저 앞으로 나가고자 하지 않았으니 도처에 수십만 군대가 머물러 있는 것이 마치 개똥벌레가 서로 따르며 뒤엉켜 쏠리는 것과 같아서 그렇게 말한 것 같다.

靈帝 中平中, 京都歌曰:「承樂世董逃, 遊四郭董逃, 蒙天恩董逃, 帶金紫董逃, 行謝恩董逃, 整車騎董逃, 垂欲發董逃, 與中辭董逃, 出西門董逃, 瞻宮殿董逃, 望京城董逃, 日夜絶董逃, 心摧傷董逃.」[一] 案「董」謂董卓也, 言雖跋扈, 縱其殘暴, 終歸逃竄, 至於滅族也.[二]

영제 중평 연간(184~189), 수도에서 (다음과 같은) 노래가 불려졌다. "태평의 시대를 계승하고 동董이 도망하네, 사방을 유람하고 동이 도망하네, 천자의 은혜를 입고서 동이 도망하네, 금인자수金印紫綬를 두르고 동이 도망하네, 감사를 표시하고 동이 도망하네, 수레와 기병을 정돈하고 동이 도망하네,

---

153) 『英雄記』:『隋書』「經籍志」에는 "漢末英雄記八卷 王粲撰, 殘缺. 梁有十卷."이라고 기록되어 있다. 王粲은 '建安七子'의 한사람으로 불렸던 이로 후에 조조에게 합류하였다. 책은 후한 말 인물들의 傳記로 헌제 건안 연간(196~220)에 완성된 것으로 알려져 있다. 조조 등의 유명인을 비롯해 55명의 간단한 사적을 1則(箇條) 혹은 2·3則으로 서술하고 있다. 모든 전기가 매우 간단한데 그중에서 呂布·공손찬·원소 3인에 관해서는 비교적 기술이 많아 참고할 만하다. 일찍이 산일되어, 지금은 淸代 黃奭의 輯本이 『王粲英雄記』라는 이름으로 『漢學堂叢書』에 수록되어 있다.

154) 朦日: 섣달에 지내는 朦祭를 지내는 날. 12월 8일에 해당한다. 『荊楚歲時記』, "十二月八日爲朦日." 朦祭에 대해서는 선조와 五祀(門·戶·中霤·竃·行)를 제사한다는 설(『禮記』, 「月令」, "(孟冬之月)朦先祖五祀."), 동지 이후에 여러 신에게 제사한다는 설(『漢書』卷6, 「武帝紀」, "比朦.[顏師古注: 朦者, 冬至後朦祭百神也.]"), 조상에게 지내는 제사라는 설(『後漢書』志第5, 「禮儀中」, "季冬之月, 星迴歲終, 陰陽以交, 勞農大享朦.[劉昭注: 秦靜曰, 古禮, 出行有祖祭, 歲終有蜡朦, 無正月必祖之祀.]") 등이 있다.

155) 關東: 關東은 일반적으로 전국 중기 이후 函谷關과 崤山 동쪽의 6국을 지칭하는 용어로 사용되었다. '관동'이란 표현이 등장하기 이전에는 '山東'이 동방 6국을 지칭하는 용어로 사용되었다. 邢義田, 「試釋漢代的關東·關西與山東·山西」, 『食貨復刊』 13-1·2(1983); 許富文, 「漢代 中央과 地域의 相互關係 硏究 - 특히 關中 및 山東과 西北地域을 중심으로」, 서강대 박사학위논문(1998)을 참조.

출격 직전에 동이 도망하네, 조정과 이별하고 동이 도망하네, 서문을 나와 동이 도망하네, 궁전을 올려다보고 동이 도망하네, 도읍을 바라보고 동이 도망하네, 밤낮 없이 동이 도망하네, 마음이 상하여 동이 도망하네." 살펴보건대 '동'은 '동탁董卓'을 말하는 것으로, 비록 (그가) 발호하고 그 잔폭함을 멋대로 행하였지만 끝내 도망가는 (신세가) 되고 멸족당하는 데 이르게 될 것임을 말하는 것이다.

[一] 楊孚 卓傳曰:「卓改爲董安.」
양부楊孚[156]의 『동탁전董卓傳』에서 말하였다. "동탁은 (동도董逃 즉 '동탁이 도망가네.'의 노랫말을) '동안董安' 즉 '동탁이 편안하네.'로 고쳤다."

[二] 風俗通曰:「卓以董逃之歌主爲己發, 大禁絶之, 死者千數.」 靈帝之末, 禮樂崩壞, 賞刑失中, 毁譽無驗, 競飾僞服, 以濫典制, 遠近翕然, 咸名後生放聲者爲時人. 有識者竊言: 舊曰世人, 次曰俗人, 今更曰時人, 此天促其期也. 其閒無幾, 天下大壞也.
『풍속통』에서 말하였다. "(동)탁이 〈동도지가董逃之歌〉의 작자를 자신이 직접 찾는다고 하며 대대적으로 그것을 금지하였는데, (이때) 죽은 자가 천여 명이나 되었다." 영제 말에 예악禮樂은 붕괴하고 상벌은 적절함을 잃었으며, 비방과 칭찬은 효용이 없었고 경쟁적으로 분수에 맞지 않은 옷으로 몸을 치장하여 제도를 어지럽혔는데, 멀고 가까운 곳이 모두 일제히 그러하였다. (당시) 의견을 말한 젊은 세대를 모두 시인時人이라고 이름 하였다. 식견을 지닌 이들이 몰래 말하였다. "옛날에는 세인世人이라 하였고 그 다음에는 속인俗人이라 하였으며, 지금은 다시 시인이라 한다. 이는 하늘이 그 기한을 조급하게 서두르는 것이다." 그 사이 얼마 되지 않아 천하가 붕괴되었다.

獻帝踐祚之初, 京都童謠曰:「千里草, 何靑靑. 十日卜, 不得生.」案千里草爲董, 十日卜爲卓. 凡別字之體, 皆從上起, 左右離合, 無有從下發端者也. 今二字如此

---

156) 楊孚: 字는 孝元, 후한의 의랑. 南海郡 番禺縣(지금의 廣州市 海珠區) 출신. 장제 건초 2년(77), 조정이 주관한 '賢良對策'에 참가하여 좋은 성적을 거두며 의랑이 되었고 황제의 측근 신하가 되어 議政에 참여하였다. 직언으로 이름을 얻었다. 남해군 출신답게 영남 지역의 육상·해상 산물의 종류와 식물·동물에 대해 연구한 저작인 『異物志』와 『交州異物志』를 남겼다. 본문의 『董卓傳』에 대해서는 알 수 없으나, 시간상 양부의 저술로는 볼 수 없을 것 같다.

者, 天意若曰: 卓自下摩上, 以臣陵君也. 靑靑者, 暴盛之貌也. 不得生者, 亦旋破
亡.[一]

헌제 즉위 초, 수도에서 (다음과 같은) 동요가 불려졌다. "천리의 풀, 어찌
(저리) 파릇파릇한가. 십일의 점은 (오래) 살 수 없다고 하네." 살펴보건대
'천리초千里草'는 '동董'이고, '십일복十日卜'은 '탁卓'이다. 무릇 글자의 형체를
나눔157)에 모두 위로부터 나누기 시작하며 좌우를 나누거나 합하니, 아래로
부터 시작되는 것은 없다. (그러나) 지금 두 글자는 이와 같이 (아래로부터
시작하니) 하늘의 뜻이 마치 (다음과 같이) 말하는 것과 같다. "동탁은
아래로부터 위로 올라가 신하로서 군주를 업신여겼다." 파릇파릇하다는
것은 상태가 왕성한 모습이다. (오래) 살 수 없다는 것은 역시 (동탁이)
오래지 않아 패망할 것임을 의미한다.

[一] 獻帝初童謠曰:「燕南垂, 趙北際, 中央不合大如礪, 唯有此中可避世.」公孫瓚以爲易地
當之, 遂徙鎭焉, 乃修城積穀, 以待天下之變. 建安三年, 袁紹攻瓚, 瓚大敗, 縊其姊妹妻
子, 引火自焚, 紹兵趣登臺斬之. 初, 瓚破黃巾, 殺劉虞, 乘勝南下, 侵據齊地. 雄威大振,
而不能開廓遠圖, 欲以堅城觀時, 坐聽圍戮, 斯亦自易地而去世也.

　헌제 초, (다음과 같은) 동요가 불렸다. "연燕158) 지역의 남쪽 끝, 조趙159) 지역의
북쪽 끝. 중앙이 합쳐지지 않는 곳, 크기가 마치 숫돌과도 같네. 도망칠 수
있는 곳은 오직 (그) 가운데뿐이네." 공손찬公孫瓚160)은 역易161) 땅이 그곳에 해당한
다고 여겨 마침내 (그곳으로) 옮겨 군대를 주둔시키고 이에 성을 보수하고 곡식을
비축하며 천하의 변고를 기다렸다. 건안 3년(198) 원소袁紹가 공손찬을 공격하여
공손찬이 대패하니 그 누이들과 처자를 목 졸라 죽이고 불을 질러 스스로 타죽으려

---

157) 이처럼 글자를 분해하는 것을 '析字'라고 한다.
158) 燕: 본문의 燕은 하북성의 북부. 幽州의 薊(지금의 북경 남서쪽)에 해당한다.
159) 趙: 본문의 趙는 기주(지금의 하북성)를 의미한다.
160) 公孫瓚(?~199): 字는 伯珪, 지금의 하북성 출신. 귀족 출신이나 어머니의 출신이
　　미천하여 군의 말단 관리가 되었다. 용모가 준수하고 지략이 뛰어났으며 언변이
　　좋았던 것으로 알려져 있다. 효렴에 천거되었고, 영제시기 遼東屬國長史가 되었다.
　　初平 2년(191) 黃巾軍을 진압한 공으로 奮武將軍이 되었고, 薊侯에 봉해졌다. 원소와
　　대치하면서 劉虞를 쳐서 유주를 근거지로 삼았다. 건안 4년(199) 원소에게 패하자
　　식솔들을 죽이고 자신도 자살하였다. 『後漢書』卷73에 傳이 있다.
161) 易: 易京. 지금의 하북성 雄縣 서북부에 해당한다.

하였지만 원소의 병사들이 누대樓臺에 뛰어 올라 그를 베어 죽였다. 처음에 공손찬은 황건군黃巾軍을 격파하고 유우劉虞[162]를 살해한 후 승승장구하여 남하해서 제齊 땅을 침략하여 근거지로 삼았다. 강대한 위세를 크게 떨쳤으나 능히 (뜻을) 넓혀 멀리 도모하지는 못하고 (단지) 성을 견고히 하고 시세를 관망하고자 하였기에 앉아서 포위당해 죽임을 당하였으니 이것이야 말로 스스로 역 땅에서 세상을 떠난 것이다.

建安初, 荊州童謠曰: 「八九年閒始欲衰, 至十三年無孑遺.」 言自中興以來, 荊州無破亂, 及劉表爲牧, [民]又豐樂, 至此逮八九年. 當始衰者, 謂劉表妻當死, 諸將並零落也. 十三年無孑遺者, 言十三年表又當死, 民當移詣冀州也.[一]

건안 초, 형주荊州에서 (다음과 같은) 동요가 불렸다. "8년부터 9년(203~204) 사이 쇠퇴하기 시작하여, 13년(208)에 이르면 남은 자가 없을 것이다." (후한) 건립 이래로 형주에서는 전란이 없었고, 유표劉表[163]가 목牧[164]이 되었을 때 백성들 또한 풍요롭고 안락하였는데, 이것이 (건안) 8~9년까지 이르렀음을 말한다.[165] '쇠퇴하기 시작하였다'는 것은 유표의 처가 사망하고 나서

---

162) 劉虞(?~193): 字는 伯安. 동해군 郯縣(지금의 산동성 郯城) 출신. 광무제 유수의 아들 東海恭王 劉强의 후예. 幽州刺史, 甘陵國相, 宗正 등을 역임하였고 지방에 있을 때는 탁월한 공적으로 명망을 얻었다. 中平 5년(188), 幽州牧이 되어 유주에 주둔하며 관대하고 인자한 정치를 펼쳐 백성들을 按撫하였다. 회유와 포용 정책으로 지역의 유목민들에게도 인심을 얻었다. 공손찬과 대립하다 결국 그에게 피살되었다. 『後漢書』 卷73에 傳이 있다.

163) 劉表(142~208): 字는 景升. 산양군 高平縣(지금의 산동성 微山) 출신. 魯恭王 劉餘의 후예. 기골이 장대하고 순후한 성품으로 어린 시절부터 명성이 높았다. 대장군 하진의 초빙으로 大將軍府의 掾이 되었다가 北軍中候가 되었다. 초평 원년(190) 형주자사가 되어, 지역 호족의 협조와 도움으로 지금의 호북과 호남 지역을 장악하였다. 조조와 원소가 官渡에서 대치하고 있을 때 원소의 원조 요청도, 조조의 원조 요청도 들어주지 않아 결국 조조의 공격을 받는다. 조조가 도착하기 전에 병사하였다. 우유부단했다고 평가되지만, 중원이 혼란한 시기 남쪽으로 피난 온 지식인들의 후견인이 되어 형주 문화계를 꽃피우게 하였다. 『後漢書』 卷74下에 傳이 있다.

164) 牧: 州의 長官. 전한 무제 시기 13주를 설치하고 刺史를 파견하였는데, 성제 시기 자사를 州牧으로 고쳤다. 점차 감찰관에서 행정관으로 성격이 변화하였다. 이후 설치와 폐지가 일정하지 않았는데, 후한 영제 시기 황건의 난을 계기로 주목을 설치하였다. 郡守 위에 처하며 주의 軍政 대권을 장악하였다. 이후 양진 남북조 시기를 거치며 폐지되었다.

여러 장수들도 모두 보잘 것 없어졌음을 말한다. '13년에 이르면 남은 자가 없을 것'이라는 것은 (건안) 13년에 유표마저 사망하고 백성들도 (형주를 떠나) 기주로 이주하게 된 것을 말한다.

[一] 王賓 搜神記曰:「是時華容有女子忽啼呼云:『[荊州將]有大喪!』言語過差, 縣以爲妖言, 繫獄百餘日, 忽於獄中哭曰:『劉荊州今日死.』華容去州數(日)[百里], 卽遣馬吏驗視, [而劉表果死. 縣乃出之. 續又歌吟曰:『不意李立爲貴人..』後無幾, 曹公平荊州, 以涿郡李立, 字建賢, 爲荊州刺史.」

간보干寶[166]의 『수신기搜神記』[167]에서 말하였다. "이때 화용현華容縣[168]의 어떤 여자가 갑자기 울면서 부르짖으며 말하였다. '형주에 장차 큰 상사喪事가 있을 것이다.' 말이 지나치자 현縣에서는 요망한 말[妖言]이라고 생각하고 잡아 옥에 가두었다. 백여 일이 지나나 홀연히 옥중에서 곡을 하며 말하였다. '유형주劉荊州(형주목 유표)가 오늘 죽었다.' 화용현과 (형주는) 수백 리 떨어져 있어 즉시 마리馬吏[169]를 파견하여 살피게 하니 유표가 과연 죽었다. 현이 이에 그 여자를 풀어주었다. (그 여자는) 계속해서 또 노래를 불렀다. '생각지 않게 이립李立이 귀인貴人이 되리라.' 이후 얼마 지나지 않아 조공曹公(曹操)[170]이 형주를 평정하고 탁군 출신의

---

165) 『三國志·魏書』「劉表傳」에는 "至建安八年九年當始衰."라고 하여 8~9년이란 건안 8~9
    년임을 알 수 있다.

166) 干寶(?~336): 字는 令升, 新蔡(지금의 하남성 신채현) 출신. 東晉의 문학가이자
    역사가. 어려서부터 여러 서적을 두루 열람하고 元帝 때 著作郎이 되어 명을 받고
    國史를 편찬하였다. 이후 王導가 司徒右長史로 발탁하고 산기상시로 승진한다.
    역사에 정통하였고 易學에도 뛰어났다. 志怪의 대표적 저작인 『搜神記』를 찬술하여
    '중국 지괴소설의 鼻祖'로 칭해진다. 『수신기』 외 『晉紀』, 『周易注』, 『五氣變化論』,
    『周官禮注』 등이 있다. 『晉書』 卷82에 傳이 있다.

167) 『搜神記』: 동진 간보가 찬술한 지괴. 간보가 前代의 책에서 보고 들은 것 가운데
    신령·괴이한 故事들을 편집하였다. 六朝·수당 시대에 성행한 소위 傳奇小說의 초기
    형태로서, 가장 저명하다. 신령스런 인물과 신선 및 오행에 관한 것이 많고 혹
    佛家의 설도 있으며, 민간 전설도 실려 있다. 원서는 오래 전에 산일되었고, 현존본은
    후대인이 『法苑珠林』, 『太平御覽』 등에서 채록한 것이다. '神道가 허망한 것이 아님을
    밝히는 것(發明神道之不誣)'을 목적으로 하였다. 8권 본과 20권 본이 있는데, 둘
    다 明代 刊本을 기본으로 하였다.

168) 華容縣: 전한 시기에 설치하였고 남군에 속하였다. 관아는 지금의 호북성 監利縣에
    두었다. 서진 태강 원년(280)에 폐지되었다가 후에 다시 설치되었으나 北周 때
    폐지되었다.

169) 馬吏: 빠른 말을 타고 임시로 파견된 하급 관리를 말한다.

170) 曹公(曹操, 155~220): 字는 孟德 일명 吉利라고도 불린다. 沛國(지금의 안휘성 亳州市)
    출신. 부친 曹嵩이 환관 조등의 양아들이 되었는데, 本姓은 夏侯氏다. 스무 살

자字가 건현建賢인 이립이 형주자사荊州刺史[171]가 되었다."

<hr />

때 효렴으로 천거되어 郎이 되었다가 頓丘令이 되었다. 騎都尉가 되어 황건 토벌에
공을 세우며 두각을 나타냈다. 동탁의 초빙을 거절하고 원소의 반동탁 동맹에
들어가 동탁을 공격하였다. 동탁 사후 헌제를 맞이하며 북중국의 강자로 등장하였
다. 200년 관도에서 원소에게 승리하며 華北을 평정한다. 건안 13년(208) 단독
丞相이 되고 남하하여 孫權과 유비의 연합군과 赤壁에서 싸웠으나 대패했다. 魏公을
거쳐 魏王이 되었으나 끝내 禪讓에 이르지는 못하고 사망하였다. 정치적 지략
뿐 아니라 문학적으로 뛰어난 능력을 가진 것으로 평가된다. 아들 曹丕가 魏나라를
건국하며 황제가 된 後 武皇帝로 추존되었다.

171) 刺史: 전한 무제 원봉 5년(BC. 106) 설치한 감찰관. 전국을 13개 刺史部로 편제하고
각 부마다 자사를 파견하여 지역의 豪强, 諸侯王, 군수를 감찰하게 하였다. 질록
육백 석의 하급관이었으나 황제로부터 직접 명령을 받아 질록 이천 석의 지방관을
감찰하였다. 관료 기구를 무시했던 무제의 통치를 상징적으로 보여주는 관직으로
이해된다. 원제 시기 대신들의 반발로 잠시 폐지되었으나 다시 설치되었고, 성제
시기에는 주목으로 개칭되었다. 점차 직권이 확대되어 지방 군사·행정 장관으로
변모하였다.

狼食人: 이리가 사람을 잡아먹다

<u>順帝 陽嘉</u>元年十月中, <u>望都</u> <u>蒲陰</u>狼殺童兒九十七人. 時<u>李固</u>對策, 引<u>京房</u>易傳曰「君將無道, 害將及人, 去之深山[以]全身, 厥(災)[妖]狼食人」. 陛下覺寤, 比求隱滯, 故狼災息.[一]

순제 양가 원년(132) 10월 중에 망도현望都縣172)과 포음현蒲陰縣173)에서 이리가 어린 아이 아흔일곱 명을 물어 죽였다. 이때 이고가 대책을 올려『경방역전』을 인용하여 "군주가 무도하면 해가 장차 사람에게 미치니 (사람들이) 떠나 깊은 산에 (들어가) 몸을 보존하게 되는데, 그 괴이한 (징조는) 이리가 사람을 먹는 것이다."라고 하였다. 황제가 (자신의 잘못을) 깨닫고서 은거하고 있거나 승진이 막혀있는 자들을 차례대로 초빙하니 낭재狼災가 멈췄다.

[一]   <u>東觀書</u>曰:「<u>中山</u>相<u>朱遂</u>到官, 不出奉祠<u>北嶽</u>. 詔曰:『災暴緣類, 符驗不虛, 政失厥中, 狼災爲應, 至乃殘食孩幼, 朝廷愍悼, 思惟咎徵, 博訪其故. 山嶽尊靈, 國所望秩, 而<u>遂</u>比不奉祠, 怠慢廢典, 不務懇惻, 淫刑放濫, 害加孕婦, 毒流未生, 感和致災. 其詳思改救, 追復所失. 有不遵憲, 擧正以聞.』」

『동관서東觀書』174)에서 말하였다. "중산국中山國175)의 상相 주수朱遂가 임지에 도착

---

172) 望都縣: 전한 시기 설치하였고 中山國에 속하였다. 관아는 지금의 하북성 唐縣에 두었다. 북위 시기 北平郡에 속하였고 북제에서 폐지하였다.

173) 蒲陰縣: 후한 장제 원화 3년(86)에 曲逆縣을 고쳐서 설치하고 중산국에 속하게 하였다. 관아는 지금의 하북성 順平縣에 두었다. 북위 시기 북평군에 속하였으며 북제 때 폐지하였다.

174) 『東觀書』: 『東觀漢記』를 말한다. 후한의 紀傳體史書. 班固·劉珍 등이 勅을 받들어 찬술하였다. 후한 광무제에서 영제까지의 시대를 기전체로 기술한 역사서로 후한 말에 편찬되었다. 동관은 낙양 남궁 중 修史館이 있던 건물로, 주로 여기에서 편찬되었기(최초에는 蘭臺) 때문에『동관한기』라고 하였다. 후한 시기 몇 차례 편찬·가필되어 영제 희평 연간(172~178)에 일단 완성을 보았다. 처음에 반고 등이 명제의 명을 받고 「世祖本紀」와 列傳·載記 등 28편을 저술하였다. 그 후 유진 등이 안제의 명을 받아 건무·영초 시기의 紀·表 및 「名臣」·「節士」·「儒林」·「外戚」의 4傳을 續修하였고, 그것에 伏無忌 등이 表·傳 및 「地理志」를 더하였다. 元嘉 연간 (151~152), 邊韶·崔寔 등이 「孝穆帝紀」·「崇帝紀」·「順烈帝紀」·「皇后傳」·「百官志」·「順

하고 나서 북악北嶽 항산恒山에 대해 제사를 받들지 않았다. 조조詔를 내려 '재이는 비슷한 부류에 연유하여 발생하고 (재이에 상응하는) 조짐은 (반드시) 있다. 정치가 그 치우침 없는 바름을 잃으면 이리의 재앙이狼災 (발생하여) 조응하고 어린 아이들이 잡아먹히는 데까지 이르게 된다. 조정이 (그것을) 불쌍히 여기고 나쁜 징조를 살핌에 전례에 따라 널리 조사하였다. 산악은 고귀한 신령으로 국가가 망제望祭176)를 지내는 대상이다. 그런데 주수는 근래 제사를 지내지 않고 태만하게도 제도를 폐지하였으며, 성심을 다해 힘쓰지 않고 적절하지 않게 형벌을 남용하여 (그) 해가 임산부에게까지 더해지고 (그) 해독이 아직 태어나지도 않은 것들에게까지 미치니 (이러한 기운이) 어울려 재이가 발생한 것이다. 상세히 잘 생각하여 (행동을) 고쳐 (재이에) 적절히 대응하고 잘못된 것을 회복하라. 이 명령을 준수하지 않는 자가 있다면 죄를 열거하여 법으로 바로잡도록 하라.'고 명하였다."

靈帝 建寧中, 群狼數十頭入晉陽南城門齧人.[一]

영제 건녕 연간(168~172) 때를 지은 이리 수십 마리가 진양晉陽177)의 남쪽 성문으로 들어와 사람을 물어뜯었다.

[一] 袁山松書曰:「光和三年正月, 虎見平樂觀, 又見憲陵上, 齧衛士. 蔡邕封事曰:『政有苛暴, 則虎狼食人.』」

원산송의 『후한서』에서 말하였다. "광화 3년(180) 정월, 호랑이가 평락관平樂觀178)에 나타나고 또 헌릉憲陵179) 위에도 나타나 위사衛士를 물어뜯었다. 채옹이 밀봉한

帝功臣表」 등 다수를 저작하였고, 『漢紀』(114편)라고 명명하였다. 그리고 영제 희평 연간에 채옹 등이 「靈帝紀」 및 10지·24열전 등 42편을 더하여 거의 완성하였다.
175) 中山國: 전한 경제 시기 中山郡을 고쳐서 설치하였다. 관아는 지금의 하북성 盧奴縣에 두었다. 관할 지역은 지금의 하북성 狼牙山 이남, 保定·安國市 이서, 당현·新樂 이동과 滹沱河 이북에 해당한다. 16국 시기 後燕의 慕容垂가 이곳에 建都하고 申山尹으로 고쳤다.
176) 望祭望秩: 山川(五嶽과 四瀆)을 등급에 따라 지내는 제사. 顔師古는 "望이란 멀리서 바라보며 제사지내는 것이다."라고 하였다. 『漢書』 卷25上, 「郊祀上」, "望秩于山川, 徧于羣神.[師古曰:「望, 謂在遠者望而祭之. 秩, 次也. 羣神, 丘陵墳衍之屬.」]"
177) 晉陽(縣): 秦莊襄王 2년(BC. 248), 趙의 晉陽邑을 취하여 설치하였다. 진에서는 太原郡의 군치였다. 지금의 산서성 太原市에 해당한다. 후한에서는 병주의 州治를 겸하였다.
178) 平樂觀: 낙양 서쪽에 위치한 궁전으로 후한 명제가 장안 西郊 飛廉觀의 飛廉(바람을 일으킨다는 상상의 神獸)과 銅馬를 옮겨와 조영하였다.
179) 憲陵: 후한 순제의 능묘다. 지금의 하남성 낙양시 동북 漢魏故城 서북쪽에 위치하

상소문을 올려[封事] 말하기를 '정치가 가혹하고 사나우면 호랑이와 이리가 사람을 먹습니다.'라고 하였다."

였다.

『後漢書』 志第十四, 「五行二」

視: 봄

<u>五行傳</u>曰:「棄法律,［一］逐功臣,［二］殺太子,［三］以妾爲妻,［四］則火不炎上.」［五］謂火失其性而爲災也. 又曰:「視之不明, 是謂不悊,［六］厥咎舒,［七］厥罰常燠,［八］厥極疾.［九］時則有草妖,［一〇］時則有蠃蟲之孽,［一一］時則有羊禍,［一二］時則有赤眚·赤祥, 惟水沴火.」蠃蟲, <u>劉歆傳</u>以爲羽蟲.

『홍범오행전洪範五行傳』에서 말하였다. "(군주가) 법률을 폐기하고 공신을 축출하며, 태자를 살해하고 첩을 처 삼으면 불이 위로 치솟으며 타오르지 않는다." (이는) 불이 그 본성을 잃어 재이災異가 된 것을 말함이다. 또 말하였다. "(군주가) 사물을 보는 것[視]이 밝지 못한 것[不明], 이를 일러 '명철하지 않다[不悊]'1)라고 한다. 그 흉조[咎徵]는 게으름[舒](으로 나타나고) 그 벌은 (절기에 맞지 않게) 계속 따뜻한 것[常燠]이며, 그 극단[極]은 질병[疾]이다. (이는) 때로는 초요草妖로 나타나고 때로는 나충얼蠃蟲2)孼로 나타나며, 때로는 양화羊禍로 나타나기도 하고 때로는 적생赤眚과 적상赤祥으로 나타나기도 하니 수기水氣가 화기火氣를 해친 것이다." 나충蠃蟲은 유흠劉歆의 『오행전

---

1) 『漢書』「五行志」에서는 '悊(알다)'을 '知(알다)'와 같다고 하였다. 『漢書』卷27中之下, 「五行中之下」, "視之不明, 是謂不悊", 悊, 知也."

2) 蠃蟲: 비늘·털·껍질 따위가 없는 벌레. 『漢書』卷27中之下, 「五行中之下」, "師古曰: 蠡·蜿之類無鱗甲毛羽, 故謂之蠃蟲也.."

五行傳』에서는 우충羽蟲[3]이라 하였다.

[一] <u>鄭玄注尙書大傳</u>曰:「東井主法令也.」

정현鄭玄이 『상서대전尙書大傳』에 주注를 달아 말하였다. "동정東井[4]은 법령을 주관한다."

[二] <u>鄭玄</u>曰:「功臣制法律者也. 或曰, 喙主尙食·<u>七星</u>主衣裳, <u>張</u>爲食廚, <u>翼</u>主天倡. 經曰: 『帝曰: 臣作朕股肱耳目, 予欲左右有民, 汝翼. 予欲觀古人之象, 日·月·星辰·山·龍·華蟲, 作繢宗彝, 藻·火·粉·米·黼·黻·絺繡, 以五采章施于五色作服, 汝明. 予欲聞六律·五聲·八音, 在治忽, 以出納五言, 汝聽.』是則食與服樂, 臣之所用爲大功也. <u>七星</u>北有<u>酒旗</u>, 南有<u>天廚</u>, <u>翼</u>南有<u>器府</u>.」

정현이 말하였다. "공신은 법률을 제정하는 자다. 혹 말하기를 유수柳宿[喙][5]는 천자의 어선御膳을 주관하고, 칠성七星[6]은 의상衣裳을 주관한다. 장수張宿[7]는 (하늘의) 주방에 해당하고, 익수翼宿[8]는 하늘의 가무歌舞를 주관한다. 『상서尙書』에서 말하였다. '(순舜)임금이 말하였다. 신하는 짐의 팔다리와 귀와 눈이 되어야 하니, 내가 백성들을 돕고자 하거늘 네가 도와야 한다. 내가 옛 사람의 상象을 관찰하여 해[日], 달[月], 별[星辰], 산[山], 용[龍], 화충華蟲[9]을 그림 그리며, 종이宗彝,[10] 조藻,

----

3) 羽蟲: 새무리, 조류. 여기서 蟲은 동물의 총칭으로 사용되었다.

4) 東井(宿): 별자리 이름. 井宿의 별칭으로 玉井의 동쪽에 있어 이름을 얻었다. 二十八宿의 하나로 남방 朱雀 7수(井·鬼·柳·(七)星·張·翼·軫)에 속한다.

5) 柳宿[喙]: 별자리 이름. 喙는 새의 부리로 여기서는 하늘의 주작 부리를 의미한다. 柳宿에 해당한다. 유수는 28수의 하나로 남방 주작 7수 중 세 번째 별자리다. 모두 여덟 개의 별로 이루어져 있다. 卿·大夫의 부엌을 주관하거나, 하늘의 廚宰로 음식을 주관하는 것으로 알려져 있다.

6) 七星: 별자리 이름. 28수의 하나로 남방 주작 7수 중 넷째로 일곱 개의 별로 이루어져 있다. 衣裳, 冠, 刺繡類를 관장하는 것으로 알려져 있다.

7) 張宿: 별자리 이름. 28수의 하나로 남방 주작 7수 중 다섯 번째로 여섯 개의 별로 이루어져 있다. 일명 鶉尾라고도 한다. 본문에서 언급한 주방 외에도 손님의 접대를 주관한다.

8) 翼宿: 별자리 이름. 28수의 하나로 남방 주작 7수 중 여섯 번째다. 하늘의 五樂, 八佾 등을 주관한다.

9) 華蟲: 꿩 문양을 말한다. 상의에 세 문양을 쓰고, 치마에 네 문양을 쓴다.『通典』卷61,「嘉禮六」,'君臣服章制度條', "冕服享先公, 鷩, 畫鷩翟, 謂華蟲也. 其衣三章, 裳四章, 凡七."

10) 宗彝: 鄭玄에 따르면 털로 호랑이와 원숭이를 그린 것이다(『周禮注』,「春官·司服」. "虎畫虎蜼, 謂宗彝也."). 혹자는 宗廟 彝器 표면에는 호랑이와 원숭이의 모습이 그려져 있으므로, 여기서 宗彝의 문양이란 호랑이와 원숭이를 말하는 것이라 해석하였다

불(火), 분미粉米,[11] 보黼, 불黻[12]을 수놓아[13] 오채五彩의 (12)장章[14]으로써 오색의 비단에 드러내어 옷을 만들려 하거든 네가 밝혀주어야 한다. 내가 육률六律,[15] 오성五聲,[16] 팔음八音[17]을 듣고 다스려짐과 소홀함을 살펴 오언五言[18]을 출납하고 자 한다면 네가 (살펴) 들어야 한다.'[19] 이러한 까닭으로 음식과 의복·음악은 신하가 큰 공을 세울 때 사용하는 것들이다. 칠성의 북쪽에는 주기성酒旗星[20]이 있고 남쪽에는 천주성天廚星[21]이 있으며, 익수의 남쪽에는 기부器府[22]가 있다."

(『三禮圖』, 「冕服·袞冕」, 丁鼎注, "由于宗廟彝器上面有虎·蜼之形, 因以「宗彝」指虎蜼.").

11) 藻·火·粉米: 孔安國에 따르면 藻는 수초 무늬가 있는 것이고, 火는 불 火字 무늬이며, 粉은 탈곡하지 않은 곡식의 무늬고, 米는 낱알이 모여 있는 무늬다(『尙書注』, 「益稷謨」, "藻, 水草有文者, 火爲火字, 粉若粟冰, 米若聚米.").

12) 黼·黻: 공안국에 따르면 黼는 도끼의 형태이고, 黻은 두 개의 己자가 서로 등을 대고 있는 모양이다(『尙書注』 「益稷謨」, "黼若斧形, 黻爲兩己相背.").

13) 이해를 위해 "日·月·星辰·山·龍·華蟲作繢, 宗彝·藻·火·粉米·黼·黻絺繡."로 표점하여 해석하였다.

14) (12)章: 본문에서 거론한 日, 月, 星辰, 山, 龍, 華蟲, 宗彝, 藻, 火, 粉米, 黼, 黻을 말한다. 앞의 여섯 개의 문양은 그려 채색하고, 뒤의 여섯 문양은 수를 놓는다. 앞의 여섯은 상의의 문양이고 뒤의 여섯은 치마(裳)의 문양이다. 『通典』 卷61, 「嘉禮六」, '君臣服章制度條', "日·月·星辰·山·龍·華蟲作繢, 宗彝·藻·火·粉米·黼·黻絺繡."

15) 六律: 『周禮』「春官·大師」와 『漢書』「律曆志」에 의하면 六律은 黃鐘, 太族, 姑洗, 蕤賓, 夷則, 亡射(無射)다. 六呂인 林鐘, 南呂, 應鐘, 大呂, 夾鐘, 中呂 등과 합하여 12율이 된다. 『周禮』, 「大師」, "大師掌六律六同, 以合陰陽之聲. 陽聲, 黃鍾·大蔟·姑洗·蕤賓·夷則·無射."; 『漢書』 卷21上, 「律曆志」, "律十有二, 陽六爲律, 陰六爲呂,…一曰黃鐘, 二曰太族, 三曰姑洗, 四曰蕤賓, 五曰夷則, 六曰亡(無)射. 呂以旅陽宣氣, 一曰林鐘, 二曰南呂, 三曰應鐘, 四曰大呂, 五曰夾鐘, 六曰中呂."

16) 五聲: 『周禮』에 따르면 五聲은 宮, 商, 角, 徵, 羽다. 각기 君, 臣, 民, 事, 物을 상징한다. 『周禮』, 「春官·大師」, "皆文之以五聲, 宮·商·角·徵·羽."; 『禮記』「樂記」, "宮爲君, 商爲臣, 角爲民, 徵爲事, 羽爲物."

17) 八音: 고대 악기의 통칭. 金, 石, 絲, 竹, 匏, 土, 革, 木으로 만든 8종의 악기를 말한다. 『周禮』, 「春官·大師」, "皆播之以八音, 金, 石, 土, 革, 絲, 木, 匏, 竹.[鄭玄注: 金, 鐘鎛也. 石, 磬也. 土, 塤也. 革, 鼓鼗也. 絲, 琴瑟也. 木, 柷敔也. 匏, 笙也. 竹, 管簫也.]" 또는 음악의 총칭 혹은 八卦의 음으로도 사용한다.

18) 五言: 五言에 대하여 정현은 政敎를 五官에 出納하는 것이라 하였고 공안국은 仁, 義, 禮, 智, 信 五德의 말을 출납하는 것이라고 하였다. 차례대로 『史記』 卷2, 「夏本紀」, 集解引, "鄭玄曰, 『智者, 臣見君所秉. 書思對命者也. 君亦有焉, 以出內政敎於五官.』"; 『尙書注』, 「益稷謨」, "出納仁·義·禮·智·信五德之言."

19) 『尙書』「虞書·益稷」에 보인다.

20) 酒旗星: 軒轅 남쪽에 있는 별자리. 연회와 음식을 주관한다. 『晉書』 卷11, 「天文上」, "軒轅右角南三星曰酒旗, 酒官之旗也, 主宴饗飲食."

21) 天廚星: 紫微星 동북에 있는 별자리. 일명 유수. 盛饌을 주관한다. 『晉書』 卷11, 「天文上」, "(紫宮垣)東北維外六星曰天廚, 主盛饌."

[三] 鄭玄曰：「五行火生土, 天文以參繼東井, 四時以秋代夏, 殺太子之象也. 春秋傳曰：『夫千乘之主, 將廢正而立不正, 必殺正也.』」

정현이 말하였다. "오행五行에서는 불[火]이 흙[土]을 낳고 천문에서는 삼수參宿가 동정을 계승하며, 사시四時에서는 가을이 여름을 대신하니 (이것들은) 태자를 살해할 조짐이다. 『춘추공양전春秋公羊傳』23)에서 '천승지국千乘之國의 군주가 장차 적자嫡子를 폐하고 적자가 아닌 이를 세우고자 하면 반드시 적자를 살해할 것이다.' 라고 하였다."24)

[四] 鄭玄曰：「軒轅爲后妃, 屬南宮. 其大星女主之位. 女御在前, 妾爲妻之象也.」

정현이 말하였다. "헌원軒轅25)은 후비后妃를 상징하며 (하늘의) 남궁南宮에 속한다. 그 큰 별은 여주女主26)의 상징이다. 여어女御27)가 그 앞에 있으면 첩이 처가 될 징조다."

[五] 鄭玄曰：「君行此四者, 爲逆天南宮之政. 南宮於地爲火, 火性炎上, 然行人所用烹飪者也, 無故因見作熱, 燔燵爲害, 是爲火不炎上. 其他變異, 皆屬沴.」春秋考異郵曰：「火者, 陽之精也. 人合天氣五行陰陽, 極陰反陽, 極陽生陰, 故應人行以災不祥, 在所以感之,

---

22) 器府: 軫宿 남쪽에 있는 별자리. 樂器를 주관한다. 『晉書』卷11,「天文上」, "軫南三十二星日器府, 樂器之府也."

23) 『春秋公羊傳』: 『公羊春秋』혹은 『公羊』으로도 불린다. 『左傳』, 『穀梁傳』과 함께 『春秋』三傳 중 하나다. 戰國 시기 齊人 公羊高가 구술한 것을 漢 초 그의 玄孫인 公羊壽와 胡毋生이 輯錄한 책이다. 公羊學은 今文學으로서 '尊王攘夷'와 '大一統'을 주장하고, '天人相應'을 설명하였다. 董仲舒 등이 모두 공양학을 배웠고 漢武帝가 좋아하여 융성하게 되었다. 주석서로는 何休의 『解詁』11卷이 있는데 『춘추』의 '微言大義'와 '張三世說'을 해명하였다. 이외 唐人 徐彦의 『公羊傳疏』가 있으며, 淸 孔廣森의 『公羊通義』, 劉逢祿의 『公羊何氏釋例』 『公羊何氏解詁箋』, 凌曙의 『公羊問答』 등이 있다.

24) 『春秋公羊傳』「哀公六年」條에 보인다. 齊나라 景公이 어린 아들 숨를 계승자로 세우고자 하였을 때 대부 陳乞이 찬성을 하니 나이가 많았던 陽生이 진걸에게 자신을 지지하지 않았던 이유를 물었고, 진걸은 이와 같은 대답을 통해 양생을 살리기 위해 지지하지 않았음을 말하였다.

25) 軒轅: 별자리 이름. 북두칠성 북쪽에 있는 17개의 별들을 이른다. 남궁 주작에 속한다. 五帝座 옆에 있으므로 女主를 상징한다. 후에 황후를 이르는 말로 쓰였다.

26) 女主: 헌원 17개 별 중 남단에 위치하는 큰 별. 황후를 의미한다.

27) 女御: 女主星 남쪽의 어두운 별을 말한다. 『周禮』에 따르면 天官에 딸린 女官으로 燕寢에서 시중을 드는 일과 歲時로 獻物을 바치는 일을 담당하였다. 모든 제사에서는 世婦들을 도왔으며 大喪 때에는 목욕에 관한 일을 주관하였다. 『周禮』, 「天官·女御」, "女御掌御敍于王之燕寢, 以歲時獻功事. 凡祭祀贊世婦, 大喪掌沐浴, 后之喪持翣, 從世婦而弔于卿大夫之喪."

萌應轉旋, 從逆殊心也.」

정현이 말하였다. "군주가 이상의 네 가지를 행하는 것은 하늘 남궁의 다스림에 역행하는 것이다. (하늘) 남궁은 지상에서는 불에 해당하는데, 불의 본성은 불길이 치솟으며 불타는 것으로 사람이 사용하여 (음식을) 삶고 익힐 수 있다.[28] 이유 없이 불이 나거나 불길의 기세가 해가 되는 것, 이것은 불이 타오르지 않는 것이다. 기타 변이變異는 모두 상하게 하는 것疹에 속한다." 『춘추고이우春秋考異郵』에서 말하였다. "불은 양陽의 정기精氣다. 사람은 천기天氣인 오행과 음양陰陽이 합쳐진 것이다. 극음極陰은 양으로 전환되고 극양極陽은 음을 낳으니, 이 때문에 사람의 행동에 대응하여 재화災禍와 상서롭지 못한 (이변이) 생겨난다. (이처럼 사람이 하늘을) 감응시켜 전조前兆와 응험應驗이 바뀌며 나타나는 이유는 따르거나 거스르거나 하는 마음이 변하는 데 있다."

[六]   鄭玄曰:「視, 瞭也. 君視不明, 則是不能瞭其事也.」洪範曰:「視曰明.」

정현이 말하였다. "보는 것視은 밝다瞭는 뜻이다. 군주의 살핌이 밝지 않으면 그 사물을 분명히 볼 수 없다." (『상서尙書』) 「홍범洪範」에서 말하였다. "보는 것의 (이상적 상태는) 밝음이다."

[七]   讖曰:「君舒怠, 臣下有倦, 白黑不別, 賢不肖並, 不能憂民急, 氣爲之舒緩, 草不搖.」
鄭玄曰:「君臣不瞭則舒緩矣.」

『참讖』에서 말하였다. "군주가 해이하고 신하가 게으르면 흑백이 분별되지 않고 현명함과 어리석음이 구별되지 않아 백성들의 절박함을 능히 근심할 수 없으니 기가 풀어져 이완되어 풀이 흔들리지 않는다." 정현이 말하였다. "군신이 밝지 않으면 풀어져 이완된다."

[八]   鄭玄曰:「視曰火, 火主夏. 夏氣長, 長氣失, 故常燠.」

정현이 말하였다. "(오사五事 중) 보는 것은 (오행의) 불에 해당하고, 불은 여름을 주관한다. 여름의 기운은 (만물을 성장시키는) 장기長氣인데, 장기가 손상되면 (겨울에도) 계속 따뜻하다."

[九]   鄭玄曰:「長氣失, 故於人爲疾.」

정현이 말하였다. "장기가 손상되면 사람에게 질병이 생긴다."

---

28) 해석을 위해 원문의 "火性炎上, 然行人所用烹飪者也."를 "火性炎上然行, 人所用烹飪者也."로 표점하여 해석하였다.

[一〇] 鄭玄曰:「草, 視之物可見者, 莫衆於草.」

정현이 말하였다. "풀은 (오사에서는) 보는 것에 해당되는 사물이다. 눈에 보이는 것 중 풀보다 많은 것은 없다."[29]

[一一] 鄭玄曰:「蠶螟蟲之類. 蟲之生於火而藏於秋者也.」

정현이 말하였다. "나충蠃蟲[30]은 누에충류다. 누에충은 불에서 생겨나 가을에 (땅 속으로) 숨는 벌레다."

[一二] 鄭玄曰:「羊畜之遠視者也, 屬視.」

정현이 말하였다. "양羊은 가축 중에서 멀리까지 볼 수 있는 것으로 (오사 중) 보는 것에 속한다."

---

29) 해석을 위해 원문의 "草, 視之物可見者, 莫衆於草."를 "草, 視之物. 可見者, 莫衆於草."로 표점하여 해석하였다.
30) 上杉本에는 '蠶'이 '蠃'로 되어 있다. '蠃'가 타당하다고 생각되어 여기서는 상삼본을 따라 해석하였다.

災火: 불로 인한 재해

<u>建武中</u>, <u>漁陽</u>太守<u>彭寵</u>被徵. 書至, 明日<u>潞縣</u>火, 災起城中, 飛出城外, 燔千餘家, 殺人. <u>京房易傳</u>曰:「上不儉, 下不節, 盛火數起, 燔宮室.」儒說火以明爲德而主禮. 時<u>寵</u>與<u>幽州</u>牧<u>朱浮</u>有隙, 疑<u>浮</u>見浸譖, 故意狐疑, 其妻勸無應徵, 遂反叛攻<u>浮</u>, 卒誅滅.[一]

(광무제光武帝) 건무建武 연간(25~56), 어양태수漁陽31)太守 팽총彭寵32)이 (조정으로부터) 부름을 받았다. 조서詔書가 도착하고 다음 날 노현潞縣33)에 불이 났는데 (처음에) 화재가 성 안에서 시작되어 (불씨가) 날아 성 밖으로 나가 천여 가를 태우고 사람을 (태워) 죽였다. 『경방역전京房易傳』에서 말하였다. "윗사람이 검소하지 않고 아랫사람이 절검하지 않으면 큰 불이 수차례 일어나 궁실을 태운다." 유자儒者들은 불은 밝음[明]으로서 덕德에 해당하고 예禮를 주관한다고 하였다.34) 이때 팽총이 유주목幽州35)牧 주부朱浮36)와

---

31) 漁陽(郡): 전국 시기 燕에서 설치하였다. 秦漢 시기 관아는 漁陽縣에 두었는데, 지금의 北京市 密雲縣에 해당한다. 관할 지역은 지금의 河北省 灤河 상류 이남, 薊運河 이서, 天津市 海河 이북, 북경시 懷柔·通縣 이동에 해당한다. 西晉 시기 폐지되어 燕國에 복속되었다가 後趙 石勒이 다시 설치하였다. 隋 開皇 초에 폐지하였다.

32) 彭寵(?~29): 字는 伯通, 南陽郡 宛縣(지금의 河南省 南陽市) 출신. 王莽의 新에서 大司空士를 역임하였고, 更始帝 劉玄이 稱帝한 후 漁陽太守가 되었다. 光武帝와 王郎이 河北에서 쟁투할 때 광무제에게 귀순하여 그가 하북을 평정하는 데 군사와 양식을 제공하며 공헌하였다. 이후 幽州牧 朱浮의 함정에 빠져 광무제의 신임을 잃고 建武 2년(26)에 起兵하여 한에 반대하였다. 스스로 燕王을 칭하였으나 건무 5년(29) 家奴에게 살해당하였다. 『後漢書』 卷12에 傳이 있다.

33) 潞縣: 後漢 시기 路縣을 고쳐서 설치하였다. 어양군 소속으로 관아는 지금의 하북성 三河市에 두었다. 수 大業 초, 涿郡에 속하게 하였고 唐에서는 幽州에 속하게 하였다.

34) 五常의 하나인 禮는 五行의 불[火]에 해당한다. 『白虎通』에 따르면 불의 비추기는 예와 비슷하여 위와 아래가 흐릿함이 없이 똑똑하고 뚜렷해진다고 한다. 『白虎通』, 「情性」, "心所以爲禮何? 心, 火之精也. 南方尊陽在上, 卑陰在下, 禮有尊卑, 故心象火, 色赤而銳也, 人有道尊, 天本在上, 故心下銳也. 耳爲之候何? 耳能遍內外·別音語, 火照有似於禮, 上下分明."

35) 幽州: 고대 九州의 하나로 지금의 북경시, 하북성 북부 및 遼寧省 일대를 포함한다.

틈이 있어 주부가 날로 (자신을) 참소讒訴한다고 의심하여, 이 때문에 (조정의 부름이 주부의 음모가 아닐까 하는) 마음 속 의심이 생겼고 (게다가) 그처가 부름에 응하지 말 것을 권하니 끝내 반역하여 주부를 공격하였고 결국 주멸되었다.

[一] <u>古今注</u>曰:「<u>建武六年十二月, 雒陽市火</u>. 二十四年正月戊子, 雷雨霹靂, 火災高廟北門. <u>明帝 永平元年六月己亥, 桂陽見火飛來, 燒城寺</u>. <u>章帝 建初</u>元年十二月, 北宮火燒壽安殿, 延及右掖門. <u>元和</u>三年六月丙午, 雷雨, 火燒北宮朱爵西闕.」

『고금주古今注』에서 말하였다. "건무 6년(30) 12월, 낙양시洛陽市에 불이 났다. (건무) 24년(48) 정월 무자戊子,[37] 천둥이 치고 비가 내리고 벼락이 떨어져 고묘高廟[38] 북문에 화재가 났다. 명제明帝(재위 57-75) 영평永平 원년(58) 6월 기해己亥(14일), 계양군桂陽郡[39]에서 불씨가 날아올라 성과 관서를 태웠다. 장제章帝(재위 75-88) 건초建初 원년(76) 12월, 북궁北宮[40]에 불이나 수안전壽安殿[41]을 불태우고 우측

前漢 무제 시기에는 十三州刺史部의 하나로 설치되었다. 후한 시기 관아는 지금의 북경시 서남쪽에 해당하는 薊縣에 두었고, 서진 시기에는 涿縣(지금의 하북성 涿州市)으로 옮겼다. 수 대업 초기 탁군이 되었다가 당 武德 원년(618)에 다시 유주가 되었다.

36) 朱浮: 字는 叔元, 沛國 蕭縣(지금의 安徽省 소현) 출신. 처음에 광무제를 따라 종군하여 大司馬主簿가 되었고, 여러 차례 옮겨 장군이 되었다. 邯鄲을 격파한 후 大將軍·유주목이 되어 薊城을 지켰다. 팽총의 악행을 上奏함으로써 반란을 초래하였고, 그와 싸워 대패하였다. 그 벌로 면직되었다가 執金吾에 임명되었고 후에 大司空이 되었다. 건무 22년(46) 죄를 짓고 면직되었다가 新息侯에 봉해졌다. 『後漢書』卷33에 傳이 있다.

37) 건무 24년(48) 정월에는 戊子日이 없고 2월 3일이 무자일이다.

38) 高廟: 전한 高帝 劉邦의 神主를 모신 廟를 말한다. 『後漢書』「光武帝紀」에 따르면 건무 2년(26) 봄 정월에 高廟와 社稷을 낙양에 건립하였다. 전한에서는 황제가 사망하면 각각 별도의 묘를 지어 신주를 모셨다. 『三輔黃圖』에 따르면 고묘는 원래 長安城 서북 성내에 위치하였다(高祖廟, 在長安西北故城中). 후한 건립 후 광무제가 낙양에 도읍을 정했으므로 고묘를 낙양에 새로 건립한 것이다. 낙양 고묘에는 고제 유방을 비롯하여 文帝, 무제, 宣帝, 元帝의 神主가 合祀되었다.

39) 桂陽郡: 전한 고제 시기 설치되었다. 관아는 지금의 湖南省 郴州市인 郴縣에 두었다. 수 개황 9년(589), 郴州로 改稱되었다가 대업 초 다시 桂陽郡이 되었다. 당 무덕 4년(621) 다시 침주로 고쳤다가 天寶 원년(742) 계양군으로 되돌렸다.

40) 전한의 洛陽城을 그대로 이용한 후한의 낙양성은 남북 兩宮制를 채용하였다. 남궁이 광무제에 의해 먼저 증축되고, 북궁은 明帝에 의해 증축되었다.

41) 壽安殿: 후한 낙양성 북궁에 위치한 御殿으로 『河南志』에 따르면 含德殿 뒤, 章德殿 앞에 위치하였다.

협문胁門까지 번졌다. (장제) 원화元和 3년(86) 6월 병오丙午(4일), 천둥이 치고 비가
내렸으며 북궁 주작문朱雀門 서측 고궐高闕이 불탔다."

和帝 永元八年十二月丁巳, 南宮宣室殿火. 是時和帝幸北宮, 竇太后在南宮. 明年,
竇太后崩.

화제和帝(재위 88~105) 영원永元 8년(96) 12월 정사丁巳(16일), 남궁 선실전宣室殿[42]
에서 불이 났다. 이때 화제가 북궁으로 행차하였고, 두태후竇太后[43]가 남궁에
있었다. 다음해 두태후가 붕어崩御하였다.

十三年八月己亥, 北宮盛饌門閣火. 是時, 和帝幸鄧貴人, 陰后寵衰怨恨, 上有欲廢
之意. 明年, 會得陰后挾僞道事, 遂廢遷于桐宮, 以憂死, 立鄧貴人爲皇后.

(영원) 13년(101) 8월 기해己亥(25일), 북궁 성찬문盛饌門 측문에 불이 났다.
이때, 화제가 등귀인鄧貴人[44]을 총애하니 음황후陰皇后[45]는 총애가 식어 원한
을 갖게 되었고, 주상은 (음황후)를 폐위하려는 뜻을 가지고 있었다. 다음해,
마침 음황후가 주술에 빠진 것이 발각되며 결국 폐위되어 동궁桐宮[46]으로
옮겨져 근심 속에 죽었다. 등귀인을 세워 황후로 삼았다.

---

42) 宣室殿: 후한 낙양성 남궁에 위치한 어전으로『河南志』에 따르면 承福殿 앞에 위치하
였다.
43) 竇太后(?~97): (章德)竇皇后를 참조.
44) 鄧貴人(81~121): 和熹鄧皇后. 鄧太后를 참조.
45) 陰皇后(80~103): 남양군 新野(지금의 하남성 신야) 출신. 광무제의 황후였던 光烈皇后
陰麗華의 형 집금오 陰識의 증손녀로 후한 和帝의 첫 번째 황후였다. 어려서부터
총명하고 학문을 좋아하였으며 서예와 기예에도 관심을 가졌었다고 한다. 永元
4년(92) 입궁하여 貴人이 되었고 화제로부터 총애를 받았다. 영원 8년(96) 황후가
되었다. 같은 해 귀인 鄧氏가 입궁하며 총애가 식었고 이로 인해 음황후는 원한을
품고 등씨를 저주하는 주술에 빠지게 된다. 영원 14년(102) 이러한 사정이 드러나게
되어 화제는 음황후를 폐위하고 桐宮으로 幽閉시켰다. 영원 15년(103), 향년 24세의
나이로 울분 속에서 사망하였다.『後漢書』卷10上에 傳이 있다.
46) 桐宮: 본래는 商代 桐 땅에 있었던 궁실을 말한다. 湯임금의 葬地로 伊尹이 太甲을
이곳으로 추방하여 改心할 때까지 3년 동안 유폐시켰다고 전한다. 지금의 하북성
臨漳縣으로 추정한다. 여기서는 특정한 지명을 의미하기보다는 제왕이나 황후가
유폐된 곳이라는 의미다.

十五年六月辛酉, 漢中 城固南城門災. 此孝和皇帝將絶世之象也. 其後二年, 宮車
晏駕, 殤帝及平原王皆早夭折, 和帝世絶.

(영원) 15년(103) 6월 신유辛酉(28일), 한중군漢中郡 성고현城固縣47) 남쪽 성문에
서 화재가 났다. 이는 장차 효화황제孝和皇帝의 후대가 끊어질 징조였다.
2년 뒤, 황제가 붕어하고 상제殤帝(재위 105~106)48)와 평원왕平原王49) 모두
일찍 요절하니 화제의 후대가 끊어졌다.

安帝 永初二年四月甲寅, 漢陽(河)[阿]陽城中失火, 燒殺三千五百七十人. 先是和
帝崩, 有皇子二人, 皇子勝長, 鄧皇后貪殤帝少, 欲自養長立之. 延平元年, 殤帝崩.
勝有厥疾不篤, 羣臣咸欲立之, 太后以前旣不立勝, 遂更立淸河王子, 是爲安帝.
司空周章等心不(掩)[厭]服, 謀欲誅鄧氏, 廢太后·安帝, 而更立勝. 元年十一月, 事
覺, 章等被誅. 其後涼州叛羌爲害大甚, 涼州諸郡寄治馮翊·扶風界. 及太后崩, 鄧
氏被誅.

안제安帝(재위 106~125) 영초永初 2년(108) 4월 갑인甲寅(19일), 한양군漢陽郡50)
아양현성阿陽縣51)城 안에서 실수로 불이 나 3,570명이 불에 타 죽었다. 이보다

---

47) 城固縣: 진에서 설치한 漢中郡 소속의 현. 관아는 지금의 陝西省 城固縣에 두었다.
   삼국 시기 蜀漢에서 樂城縣으로 고쳤다. 서진에서 成固縣으로 고쳤다가 劉宋들어
   城固縣으로 다시 고쳤다.
48) 殤帝(105~106): 이름은 隆, 字는 盛, 후한 화제의 막내아들로 후한의 다섯 번째
   황제. 元興 원년(105)에 태어나 백여 일만에 황제위에 올랐다. 皇子 勝이 長子였으나
   어려서부터 병이 있었고 어린 황제를 대신하여 臨朝稱制를 통해 권력을 장악하고자
   했던 등태후에 의해 유륭이 제위에 올랐다. 그러나 즉위 후 220일이 지난 다음해
   延平 원년(106) 8월에 요절하며 諡號를 孝殤皇帝로 받았다. 康陵에 묻혔다. 중국
   역사상 가장 어린 황제였으며 최단명의 황제다.
49) 平原王(?~114): 이름은 勝, 후한 화제의 장자, 모친은 未詳. 화제 사망 후 어려서부터
   병이 있었다는 이유로 장자임에도 불구하고 제위에 오르지 못하였다. 막내 동생인
   유륭이 제위에 오르며 연평 원년(106) 平原王에 봉해졌다. 책봉 8년 후 사망하였다.
   시호는 懷王이다. 『後漢書』 卷55에 傳이 있다.
50) 漢陽郡: 후한 명제 永平 17년(74) 天水郡을 고쳐 설치하였다. 관아는 지금의 甘肅省
   甘谷縣에 해당하는 冀縣에 두었다. 관할 지역은 지금의 감숙성 定西·隴西·禮縣
   이동, 靜寧·莊浪 이서, 황하 이남, 蟠冢山 북쪽에 해당한다. 曹魏에서 다시 천수군으로
   고쳤다.

먼저 화제가 붕어하고 황자皇子 두 사람이 있었는데, (그중) 황자 승勝[52])이 연장자였으나 등황후鄧皇后[53])는 상제가 어린 것을 탐해 성장할 때까지 자신이 양육하고자 그를 세웠다. 연평延平[54]) 원년(106), 상제가 붕어하였다. (황자) 승에게 병이 있었지만 위독하지 않아 군신들 모두가 그를 세우고자 했으나 태후가 이전에 이미 승을 세우지 않았기에 (이번에도) 마침내 다시 청하왕淸河王[55])의 아들을 세우니 이가 안제다. 사공司空 주장周章[56]) 등이 마음으로 승복하지 않고 등씨鄧氏를 주멸한 후 태후와 안제를 폐위하고 다시 승을 세우고자 모의하였다. (연평) 원년 11월, 일이 발각되어 주장 등이 주살되었다. 그 후 양주涼州의 강족羌族이 반란을 일으켜 해가 매우 심하였으며 양주 여러 군이 관아[治所]를 풍익馮翊[57])과 부풍扶風[58])의 경계로 옮겼다. 태후가

---

51) 阿陽縣: 전한에서 설치하였으며 천수군에 속하였다. 관아는 지금의 감숙성 靜寧縣에 두었다. 후한에서는 한양군에 속하였다. 서진에서 폐지하였으며 北魏에서 다시 설치하여 略陽郡에 속하게 하였다. 수 초에 폐지하였다.

52) 皇子 勝(?~114): 평원왕 劉勝을 말한다. 平原王을 참조.

53) 鄧皇后(81~121): 和熹鄧皇后. 鄧太后를 참조.

54) 延平: 후한 상제의 연호로 106년에 해당한다.

55) 淸河王(78~106): 이름은 慶, 후한 章帝의 셋째 아들로 모친은 宋貴人. 安帝의 부친이다. 장제 建初 4년(79) 황태자로 책봉되었으나 3년 후 두태후의 모함으로 인해 폐위되어 淸河王에 책봉되었다. 책봉된 후 한동안은 낙양에 거주하였지만 상제 연평 원년 (106) 封國으로 나갔다. 안제 즉위 후 넉 달 만에 사망하였다. 시호는 孝王이다. 永寧 2년(121) 안제가 親政하면서 조모 송귀인을 敬隱太后로, 부친인 유경을 孝德皇帝로, 모친 李氏를 孝德皇后로 追贈하였다. 『後漢書』卷55에 傳이 있다.

56) 周章(?~107): 字는 次叔, 일명 次升으로도 불린다. 남양군 隨縣(지금의 湖北省 隨州市) 출신. 처음에 남양군 功曹가 되었는데 마침 실각하여 冠軍侯가 된 竇憲을 찾아가겠다는 南陽太守를 막아 훗날 면직되는 것을 막았던 공로로 태수에게 중용되었다. 이후 孝廉에 발탁되었고 五官中郞將, 光祿勳, 太常을 역임하였다. 永初 원년(107) 尹勤을 대신하여 司空이 되었다. 이때, 등태후가 평원왕 유승이 병이 있는 것을 핑계로 상제를 세웠는데 상제가 요절하자 평원왕을 옹립하고자 하는 대신들의 반대를 무릅쓰고 안제를 세웠다. 이에 周章은 鄧氏 및 환관들을 주살하고 태후를 폐위한 후 평원왕을 세우고자 하였다. 그러나 계획이 탄로나 면직된 후 자살하게 된다. 『後漢書』卷12에 傳이 있다.

57) 馮翊: 행정 구역이자 관명. 三輔 중 하나로 左馮翊으로 불린다. 전한 무제 太初 원년(BC. 104)에 左內史를 고쳐 설치하였다. 『漢書』「百官公卿表」에 인용된 張晏의 설에 따르면 '馮'은 '보좌한다[輔]'는 뜻이고 '翊'은 '돕다[佐]'는 뜻이다(張晏曰:「馮, 輔也. 翊, 佐也.」). 장관은 郡太守에 해당하고 그 관할 지역 역시 군에 상응한다.

붕어한 후 등씨가 주멸되었다.

四年三月戊子, 杜陵園火.

(영초) 4년(110), 3월 무자(4일), 두릉원杜陵園[59]에 불이 났다.

元初四年二月壬戌, 武庫火. 是時羌叛, 大爲寇害, 發天下兵以攻禦之, 積十餘年未
已, 天下厭苦兵役.

(안제) 원초元初 4년(117) 2월 임술壬戌(18일), 무기고에서 불이 났다. 이때
강족이 반란을 일으켜 약탈의 피해가 컸다. 천하의 병사를 징발하여 그들의
공격을 막았는데, 10여 년이 되도록 끝나지 않아 천하가 병역을 고통스러워
하였다.

延光元年八月戊子, 陽陵園寢殿火. 凡災發于先陵, 此太子將廢之象也. 若曰: 不當
廢太子以自翦, 如火不當害先陵之寢也. 明年, 上以讒言廢皇太子爲濟陰王. 後二
年, 宮車晏駕, 中黃門孫程等十九人起兵殿省, 誅賊臣, 立濟陰王.

(안제) 연광延光 원년(122) 8월 무자(4일), 양릉원陽陵園[60] 침전寢殿[61]에서 불이

다만 畿輔에 속하여 군이라는 칭호를 쓰지 않았다. 관아는 지금의 섬서성 西安인
長安城에 두었다. 관할 지역은 지금의 섬서성 渭水 이북, 涇水 이동 洛水 중하류
지역에 해당한다. 조위 시기 馮翊郡으로 삼았다.

58) 扶風: 행정 구역이자 관명. 삼보 중 하나로 右扶風으로 불린다. 전한 무제 태초
원년(BC. 104)에 主爵都尉를 고쳐 설치하였다. 관할 지역은 右內史의 서쪽 부분에
해당한다. 장관의 職掌은 군태수에 해당하고 그 관할 구역 역시 군에 상응한다.
다만 기보에 속하여 군이라는 칭호는 쓰지 않았다. 『漢書』 「百官公卿表」에 인용된
장안의 설에 따르면 '扶'는 '돕다[助]'의 뜻이고 '風'은 '敎化하다[化]'의 뜻이다(張晏曰:
「扶, 助也. 風, 化也.」). 관아는 지금의 서안시 북쪽에 해당하는 長安縣에 있었다.
조위에서 扶風郡으로 삼았다.

59) 杜陵園: 전한 선제의 陵園. 섬서성 서안시 三兆村에 있다.

60) 陽陵: 전한 景帝와 그 황후 王氏의 합장 능원. 지금의 섬서성 咸陽市 渭城區 正陽鎭에
있다. 경제 前元 4년(BC. 153)에 건설하기 시작하여 28년이 지난 무제 元朔 3년(BC.
126)에 준공되었다.

61) 寢殿: 여기서 말하는 寢殿은 궁전이 아닌 陵墓 안에 설치되었던 침전을 말한다.
선조가 살아생전 사용했던 衣冠, 생활 도구, 식사 등을 구비하여 선조의 영혼을

났다. 무릇 선황先皇의 능에서 화재가 발생하였다면 이는 태자가 장차 폐위될 징조다. 마치 (하늘이) "부당하게 태자를 폐위함으로써 스스로를 약화시키는 것이 마치 불이 부당하게 선왕의 능 침전에 해를 입히는 것과 같다."고 말하는 것 같다. 다음 해, 주상이 참언을 믿고 황태자[62]를 폐위하여 제음왕濟陰王으로 삼았다.[63] 2년 후에 황제가 붕어하였다. 중황문中黃門[64] 손정孫程[65] 등 19명이 궁정과 관부에서 병사를 일으켜 적신賊臣들을 주멸하고 제음왕을 세웠다.

四年秋七月乙丑, 漁陽城門樓災.

(연광) 4년(125) 가을 7월 을축乙丑(10일), 어양현漁陽縣[66] 성문 누각에 불이

봉양하는 시설이다. 儒家의 예에 따르면 종묘 내에 선조의 位牌를 모시고 제사지내는 廟와 선조를 생전과 같이 봉양하기 위한 시설인 寢을 설치하는 것이 원칙이다. 진~전한 시기에는 능묘 곁에는 종묘가 설치되고 능묘 안에는 종묘로부터 독립적인 침이 설치되었다. 그러다 후한이 되면 上陵禮가 정착, 유행하게 되면서 능묘 옆 종묘가 폐지되었다.

62) 황태자: 폐위되어 濟陰王이 되었다가 후에 帝位에 오르는 順帝를 말한다.

63) 순제의 모친인 李氏가 閻皇后에 의해 독살된 후 그 유모인 王男 역시 延光 3년(124) 樊豊, 江京, 王聖 등의 참언에 의해 살해되었다. 이후 그 원한을 두려워했던 번풍은 그해 9월 순제마저 모함하여 태자에서 폐위시키고 제음왕으로 삼았다. 『後漢書』 卷5, 「安帝紀」, "九月丁酉, 廢皇太子保爲濟陰王.[李賢注: 常侍江京等譖之也.]" 따라서 본문의 '다음해[明年]'라는 것은 司馬彪의 잘못일 것이다.

64) 中黃門: 한대 설치된 환관명. 『漢書』「百官公卿表」顔師古注에 따르면 禁中 黃門 안에서 일하는 환관을 말한다(師古曰: 「中黃門, 奄人居禁中在黃門之內給事者也.」). 少府의 소속 관으로 秩祿은 比百石이었으나 이후 비삼백 석이 되었다. 평상시에는 宿衛 및 궁중의 잡무를 담당하였고 황제 出行 때에는 말을 타고 隨從하였다. 장관은 中黃門冗從僕射로 질록 육백 석이다.

65) 孫程(?~132): 안제 시기 환관. 字는 稚卿, 탁군(지금의 하북성) 출신. 안제 시기 중황문·給事長樂宮을 지냈다. 외척 閻氏와 환관 강경 등을 주멸하고 순제를 옹립한 공에 의해 宜城侯에 봉해졌다. 陽嘉 원년(132) 奉車都尉를 배수하고 特進에 올랐다. 사망 후 養子인 壽가 爵을 계승하여 환관의 양자가 작을 세습하는 사례를 만들었다. 『後漢書』 卷78에 傳이 있다.

66) 漁陽縣: 진에서 설치한 어양군의 郡治. 지금의 북경시 密縣 서남쪽에 위치한다. 『史記正義』에서 인용한 『括地志』에 따르면 漁水의 북쪽에 위치하여 어양이란 이름을 얻었다(在漁水之陽). 서진 시기 폐지되었다가 후에 다시 설치되었으나 北齊 때 다시 폐지되었다.

났다.

順帝 永建三年七月丁酉, 茂陵園寢災.[一]

순제順帝(재위 125~144) 영건永建 3년(128) 7월 정유丁酉(그믐), 무릉원茂陵園[67]
침전에서 불이 났다.

[一] 古今注曰:「二年五月戊辰, 守宮失火, 燒宮藏財物盡. 四年, 河南郡縣失火, 燒人六畜.」
『고금주』에서 말하였다. "(영건) 2년(127) 5월 무진戊辰(23일), 수궁守宮[68](의 관서)
에서 잘못으로 불이 나 궁에 저장되어 있던 물건이 모두 탔다. (영건) 4년(129),
하남河南 소속 군현郡縣에서 실수로 불이 나 사람과 가축[69]이 탔다.

陽嘉元年, 恭陵廡災, 及東西莫府火.[一] 太尉李固以爲奢僭所致. 陵之初造, 禍及枯
骨, 規廣治之尤飾. 又上欲更造宮室, 益臺觀, 故火起莫府, 燒材木.

(순제) 양가陽嘉 원년(132) 공릉恭陵[70] 곁채에서 불이 났고 동·서 막부幕府[71]에
도 불이 났다. 태위太尉 이고李固는 (이것이) 사치와 참월僭越로 인한 것이라
여겼다. (공)릉을 처음 건설할 때 화禍가 죽은 사람의 썩은 뼈에 미칠 만큼[72]
(그) 규모가 크고 치장도 더욱 화려하게 하였다. 또 주상이 궁실을 더
조성하고 누대樓臺와 궁관宮觀을 더욱 높이고자 하니, 이로써 막부에서 불이
나 목재를 다 태웠다.

---

67) 茂陵園: 전한 무제의 능묘. 섬서성 함양시 서북쪽에 위치하고 있다.
68) 守宮:『續漢書』「百官志」에 소부 소속 질록 육백 석의 守宮令이 등장한다. 황제가
   사용하는 紙·筆·墨 및 封泥 등의 필기 용구를 관리하였다. 여기서는 관부를 의미하는
   것으로 생각된다.『後漢書』志第26,「百官三」, "守宮令一人, 六百石. 本注曰: 主御紙筆墨,
   及尚書財用諸物及封泥. 丞一人."
69) 가축: 원문은 六畜으로 일반적으로 말, 소, 양, 닭, 개, 돼지를 의미한다.『左傳』,
   「昭公二十五年」, "是故爲禮以奉之, 爲六畜[杜預注:馬·牛·羊·雞·犬·豕.]·五牲·三犧, 以奉
   五味爲九文."
70) 恭陵: 후한 안제의 능묘. 하남성 낙양시 偃師區에 있다.
71) 幕府: 본래 뜻은 전쟁 중에 임시로 설치한 장군의 야전 집무소를 의미한다. 여기서는
   능에 참배하러 간 이들이 머무르는 대기소를 의미하는 것으로 생각된다.
72) 공릉의 공사 규모가 커서 다른 이의 무덤을 파헤쳤던 상황을 의미한다.

[一] 古今注曰:「十二月, 河南郡國火燒廬舍, 殺人」也.

　　『고금주』에서 말하였다. "(양가 원년) 12월, 하남 군국郡國에서 불이 나서 가옥이 불타고 사람이 죽었다."

永和元年十月丁未, 承福殿火.[一] 先是爵號阿母宋娥爲山陽君; 后父梁商本國侯, 又多益商封; 商長子冀當繼商爵, 以商生在, 復更封冀爲襄邑侯; 追號后母爲開封君: 皆過差非禮.[二]

(순제) 영화永和[73] 원년(136) 10월 정미丁未(27일), 승복전承福殿[74]에서 불이 났다. 이에 앞서 유모 송아宋娥[75]에게 작호爵號를 내려 산양군山陽君으로 삼았다. 황후의 부친 양상梁商[76]은 본국후本國侯였는데, 또 상의 봉지를 크게 더해주었다. 상의 장자 기冀는 마땅히 상(이 사망한 후 상의) 작을 계승하여야 하는데 상 생전에 또 별도로 기를 양읍후襄邑侯로 삼았다. 황후의 모친은 개봉군開封君으로 추존追尊하였다.[77] 모두 분에 넘치는 것으로 예에 어긋났다.

[一] 臣昭案揚厚傳是災.

　　신신臣 유소劉昭가 살펴보건대 (『후한서後漢書』) 「양후전楊厚[78]傳」에는 ('화火'가) '재災'

---

73) 永和: 후한 순제의 세 번째 연호로 136~141년에 해당한다.

74) 承福殿: 낙양성 남궁의 어전으로 『河南志』에 따르면 宣室殿 뒤, 嘉德殿 앞에 위치한다. 건물의 정확한 기능을 알 수 없으나 제사를 통해 祈福을 하는 공간이 아니었을까 한다.

75) 宋娥: 후한 순제의 유모. 환관 손정 등과 순제 옹립을 모의하였고, 순제 즉위 후 그 공에 의해 食邑 五千戶의 山陽君에 책봉되었다. 이후 환관 黃龍·楊佗 등과 결탁하여 정적이었던 曹騰을 무고하였지만 정치 투쟁에서 실패하여 작을 박탈당하고 고향으로 돌아갔다.

76) 梁商(?~141): 字는 伯夏, 安定(지금의 寧夏) 출신. 어려서 郎中이 되었다가 黃門侍郎으로 옮겼다. 126년 부친의 작을 계승하여 乗氏侯가 되었다. 128년 딸과 누이가 궁으로 들어가며 侍中·屯騎校尉가 되었다. 순제 양가 원년(132) 딸이 황후가 되고 누이가 귀인이 되면서 집금오가 되었다. 134년에는 대장군으로 輔政大臣이 되었다. 순제가 환관에 의해 옹립되고, 황제에 의해 보정에 지명되었기에 정치적으로 근신하고 인재를 발탁하는 데 힘썼다. 『後漢書』 卷34에 傳이 있다.

77) 梁皇后의 모친, 즉 양상의 부인 陰氏는 영화 원년(136) 사망 후 開封君으로 추존되었다.

로 되어있습니다.

[二]　古今注曰:「六年十二月, 雒陽酒市失火, 燒肆, 殺人.」
『고금주』에서 말하였다. "영화 6년(141) 12월, 낙양 주시酒市에 잘못으로 불이나 점포를 다 태우고 사람이 죽었다."

漢安元年三月甲午, 雒陽 劉漢等百九十七家爲火所燒,[一] 後四年, 宮車比三晏駕, 建和元年君位乃定.
(순제) 한안漢安[79] 원년(142) 3월 갑오甲午(16일), 낙양 유한劉漢 등의 집 197가구가 불에 탔다. 그 후 4년 동안 세 황제가 붕어하였고,[80] 건화建和[81] 원년(147)에 서야 제위帝位가 비로소 정해졌다.[82]

[一]　東觀書曰:「其九十家不自存, 詔賜錢廩穀.」 古今注曰:「火或從室屋閒物中, 不知所從起, 數月乃止. 十二月, 雒陽失火.」
『동관서東觀書』에서 말하였다. "그중 90가구는 스스로 생계를 꾸릴 수 없어 조서로써 돈과 곡식을 내려주었다." 『고금주』에서 말하였다. "불이 혹 가옥 사이 사물로부터 일어나기도 했고, 어디서 시작되었는지 알 수 없는 경우도 있었는데 수개월 동안 계속되다 그쳤다. (한안 원년) 12월 낙양에서 잘못하여 화재가 났다."

桓帝 建和二年五月癸丑, 北宮掖庭中德陽殿火, 及左掖門. 先是梁太后兄冀挾姦

---

78) 楊厚(72~153): 후한의 관리. 字는 仲桓, 廣漢郡 新都縣(지금의 四川省 신도현) 출신. 어려서 圖讖에 뛰어났던 부친의 학문을 계승하여 讖緯와 천문에 정통하였다. 永建 2년(127) 순제가 특별히 使者를 파견하여 장안으로 불러 議郎을 배수하였다. 여러 차례 승진하여 시중이 되었다. 재이가 발생할 때마다 上書하여 消救法을 諫言하였으나 환관들의 방해로 채택되지 않았다. 梁冀가 대장군이 되자 병을 이유로 퇴직하고 고향으로 돌아가 門徒에게 敎授하다 향년 82세의 나이로 사망하였다. 文人들이 '文父'라는 私諡를 바쳤다. 文集 2권을 남겼다. 『後漢書』 卷30上에 傳이 있다.
79) 漢安: 후한 순제의 네 번째 연호로 142~144년에 해당한다.
80) 建康 원년(144) 8월에 순제가, 永憙 원년(145) 1월에 沖帝가, 本初 원년(146) 6월에 質帝가 사망하였다.
81) 建和: 후한 桓帝의 첫 번째 연호로 147~149년에 해당한다.
82) 환제는 본초 원년(146)에 즉위하여 다음해 건화로 改元하였다.

枉, 以故太尉李固·杜喬正直, 恐害其事, 令人誣奏固·喬而誅滅之. 是後梁太后崩, 而梁氏誅滅.

환제桓帝(재위 146~167) 건화 2년(148) 5월 계축癸丑(10일), 북궁 액정掖庭(후궁)[83] 안 덕양전德陽殿에서 불이 나서 좌측의 협문에까지 미쳤다. 이에 앞서 양태후梁太后의 형 양기가 (권세에) 기대어 간사하고 바르지 않은 (행동을 했는데), 태위를 지낸 이고와 두교杜喬[84]가 정직하여 그 일들을 방해할까 두려워 사람을 시켜 이고와 두교를 무고하는 주奏를 올려 주멸하였다. 이후 양태후가 붕어하고 양씨는 주멸되었다.

延熹四年正月辛酉, 南宮嘉德殿火. 戊子, 丙署火. 二月壬辰, 武庫火. 五月丁卯, 原陵 長壽門火. 先是毫后因賤人得幸, 號貴人, 爲后. 上以后母宜爲長安君, 封其兄弟, 愛寵隆崇, 又多封無功者. 去年春, 白馬令李雲坐直諫死. 至此彗除心·尾, 火連作.

(환제) 연희延熹 4년(161) 정월 신유辛酉(2일), 남궁 가덕전嘉德殿[85]에 불이 났다. (정월) 무자戊子(29일) 병서丙署[86]에 불이 났다. 2월 임신壬辰(3일), 무기고에 불이 났다. 5월 정묘丁卯(10일), 원릉原陵[87] 장수문長壽門에 불이 났다. 이에

---

83) 掖庭: 관직명. 소부 속관으로 후궁의 귀인과 采女의 일을 관장하였다. 환관이 담당하였으며 질록은 육백 석이다. 여기서는 관직으로 사용된 것이 아니라 후궁을 의미하는 것으로 보인다.

84) 杜喬(?~147): 字는 叔榮, 河內(지금의 하남성) 출신. 효렴으로 선발되어 司徒 楊震 밑에서 관직 생활을 시작하였다. 南郡太守, 東海相을 거쳐 조정으로 들어와 시중이 되었다. 한안 원년(142) 光祿大夫가 되어 兗州를 살펴본 후 泰山太守 李固의 공적을 최고로 평가하였고, 양기 일파의 죄상을 파헤쳐 탄핵하였다. 大司農과 大鴻臚를 역임하였다. 질제 사후 환제를 옹립하려는 양기와 대립하며 청하왕의 옹립을 주장하였다. 환제 즉위 후 양기와 환관의 정권 농단을 간언했다가 讒疏로 인해 투옥되고, 옥에서 사망하였다. 『後漢書』卷63에 傳이 있다.

85) 嘉德殿: 남궁 내 九龍門 안에 있는 어전의 이름. 『河南志』에 따르면 嘉德殿은 낙양성 남궁 안 玉堂殿 앞, 嘉德門 뒤에 위치하고 있으며, 오른쪽으로 蘭臺와 雲臺를 두고 있다.

86) 丙署: 관서명. 『續漢書』「百官志」에 따르면 丙署의 長은 7인이며 질록 사백 석에 해당한다. 환관이 근무하며 中宮의 일을 주관한다.

87) 原陵: 후한 광무제와 황후 음려화의 합장 능원. 하남성 낙양시 孟津縣 白鶴鎮 서남쪽에

앞서 박후薄后[88]는 낮은 신분 출신賤시으로 (주상의) 총애를 받아 귀인貴人으로 책봉되고 황후가 되었다. 주상이 황후의 모친 선宣을 장안군長安君으로 삼고 그 형제를 책봉하여 총애가 크고 두터웠는데, 또 봉작封爵을 받은 대다수가 공이 없는 자였다. 지난 봄, 백마령白馬[89]令 이운李雲[90]이 직간直諫을 한 것에 의해 죽었다. 이때에 이르러 혜성이 심수心宿[91]와 미수尾宿[92]를 쓸 듯이 스쳐 지나가니 화재가 연속으로 일어났다.

五年正月壬午, 南宮丙署火. 四月乙丑, 恭北陵東闕火. 戊辰, 虎賁掖門火. 五月, 康陵園寢火. 甲申, 中藏府承祿署火. 七月己未, 南宮承善闥內火.

(연희) 5년(162) 정월 임오壬午(29일), 남궁 병서에 불이 났다. 4월 을축乙丑,[93] 공북릉恭北陵[94] 동궐東闕에 불이 났다. (4월) 무진戊辰,[95] 호분虎賁[96] (관서) 협문에 불이 났다. 5월, 강릉원康陵園[97] 침전에 불이 났다. (5월) 갑신甲申,[98]

있다.

88) 薄后(?~165): 薄皇后, 즉 鄧皇后며 鄧貴人. 귀인이 된 후 양기에 의해 梁氏로 改姓하였다가 양기가 주멸된 후 양기를 싫어했던 환제가 薄(毫)氏로 성을 고쳤다. 후에 담당 관원이 본래 鄧氏였던 것을 상주하여 그 성을 회복하였다. 鄧貴人(?~165)을 참조.

89) 白馬(縣): 진에서 설치하였다. 東郡에 속하였으며 관아는 지금의 하남성 滑縣에 두었다. 현 내에 있는 白馬山으로부터 이름을 얻었다.

90) 李雲: 字는 行祖고 甘陵(지금의 山東省 臨淸市) 출신. 어려서부터 학문을 좋아하였고 음양의 점술에 정통하였다. 처음에 효렴으로 천거되었고 여러 번 승진하여 白馬令이 되었다. 양기 주멸 후, 환관과 등황후 집안에 대한 책봉에 반대하여 상서한 후 환제의 노여움을 사 투옥된 뒤 옥사하였다. 『後漢書』卷57에 傳이 있다.

91) 心宿: 별자리 이름. 28수의 하나로 동방 蒼龍 7수(角·亢·氐·房·心·尾·箕) 중 다섯 번째 별자리다. 모두 3개의 별을 포함한다. 王者를 의미한다.

92) 尾宿: 별자리 이름. 天鷄, 析木으로도 불린다. 28수의 하나로 동방 창룡 7수 중 여섯 번째 별자리다. 모두 9개의 별을 포함한다. 후궁을 상징한다.

93) 延熹 5년(162) 4월에는 乙丑日이 없고 5월 13일이 을축일에 해당한다.

94) 恭北陵: 후한 순제의 모친인 恭愍皇后 李氏의 능묘. 하남성 낙양시에 있다.

95) 연희 5년(162) 4월에는 戊辰日이 없고 5월 16일이 무진일에 해당한다.

96) 虎賁: 『周禮』「夏官·虎賁氏」에 따르면 왕의 출입 시에 경호와 궁실의 숙직을 담당한다. 전한 무제 때 期門으로 설치하였고, 平帝 元始 원년(1) 虎賁郞으로 개칭하고 질록 비이천 석의 中郞將을 두었다. 후한에서는 전한의 제도를 그대로 계승하였다.

97) 康陵園: 후한 상제의 능묘. 안제의 능묘인 愼陵 내 서쪽에 있다. 섬서성 함양시 위성구에 위치한다.

중장부中藏府[99] 승록서承祿署에 불이 났다. 7월 기미己未(8일), 남궁 승선달承善闥[100] 안쪽에 불이 났다.

六年四月辛亥, 康陵東署火. 七月甲申, 平陵園寢火.

(연희) 6년(163) 4월 신해辛亥(5일), 강릉 동서東署에서 불이 났다. (6년) 7월 갑신甲申(10일), 평릉원平陵園[101] 침전에서 불이 났다.

八年二月己酉, 南宮嘉德署·黃龍·千秋萬歲殿皆火. 四月甲寅, 安陵園寢火. 閏月, 南宮長秋·和歡殿後鉤盾·掖庭朔平署各火. 十一月壬子, 德陽前殿西閤及黃門北寺火, 殺人.[一]

(연희) 8년(165) 2월 기유己酉(13일), 남궁 가덕전嘉德殿,[102] 황룡전黃龍殿,[103] 천추만세전千秋萬歲殿[104]에 불이 났다. (8년) 4월 갑인甲寅(19일), 안릉원安陵園[105] 침전에 불이 났다. (8년) 윤달(7월)에 남궁 장추전長秋殿,[106] 화환전和歡殿[107]에, 후에 구순鉤盾,[108] 액정(후궁) 삭평서朔平[109]署에 각기 불이 났다.

---

98) 연희 5년(162) 5월에는 甲申日이 없고 6월 3일이 갑신일에 해당한다.

99) 中藏府: 관부 이름. 幣帛과 金銀 등의 貨物을 관리하는 관서로 員吏 13인, 吏從官 6인, 丞 1인이 두어졌다.

100) 承善闥: 궁문 이름. 『後漢書』 李賢이 인용한 『廣雅』에 따르면 '闥'은 '闈'와 통하고, 『爾雅』에 따르면 '闈'는 궁중의 문을 말한다(爾雅曰:「宮中門謂之闈.」 廣雅曰:「闈謂之闥.」).

101) 平陵園: 전한 昭帝의 능묘. 섬서성 함양시 秦都區에 있다.

102) 嘉德殿: 원문에는 嘉德署로 되어 있으나 連稱되는 건물들이 모두 殿이라 嘉德殿으로 해석하였다.

103) 黃龍殿: 후한 낙양성 남궁 안의 어전으로 『河南志』에 따르면 서문인 蒼龍門 바로 앞에 위치하고 있다.

104) 千秋萬歲殿: 후한 낙양성 남궁 안의 어전으로 『河南志』에 따르면 中德殿 뒤, 平朔殿 앞에 위치하고 있다.

105) 安陵園: 전한 惠帝의 능묘. 섬서성 함양시 위성구에 있다.

106) 長秋殿: 황후가 거처하던 궁. 낙양성 남궁 서북쪽에 위치하였다.

107) 和歡殿: 낙양성 북궁에 위치한 어전. 『河南志』에 따르면 安福殿 뒤, 德陽門 앞에 위치하였다.

108) 鉤盾: 관직명. 소부 속관으로 近池와 苑囿의 遊覽을 관장하였다. 환관이 담당하였으며 질록은 육백 석이다.

(8년) 11월 임자壬子(21일), 덕양전德陽殿 전전前殿 서문과 황문북시黃門北寺에 불이 나서 사람이 죽었다.

[一] 袁山松書曰:「是時連月有火災, 諸(官)[宮]寺或一日再三發. 又夜有訛言, 擊鼓相驚. 陳蕃·劉(智)[矩]·劉茂上疏諫曰:『古之火皆君弱臣强, 極陰之變也. 前始春而獄刑慘, 故火不炎上. 前入春節連寒, 木冰, 暴風折樹, 又八九州郡並言隕霜殺菽. 春秋 晉執季孫行父, 木爲之冰. 夫氣弘則景星見, 化錯則五星開, 日月蝕. 災爲已然, 異爲方來, 恐卒有變, 必於三朝, 唯善政可以已之. 願察臣前言, 不棄愚忠, 則元元幸甚.』書奏不省.」

원산송袁山松의 『후한서後漢書』에서 말하였다. "이때 연이어 매달 화재가 있었는데 여러 궁전과 관서에서 하루에 두 번 또는 세 번씩 (화재가) 발생하기도 하였다. 또 밤에 헛소문이 돌아 북을 울려 (사람들이) 서로 놀랐다. 진번陳蕃과 유구劉矩,[110] 유무劉茂[111]가 상소上疏하여 간언하였다. '옛날 화재는 모두 군주가 약하고 신하가 강한 극음極陰의 (상태로부터 발생한) 변고입니다. (그러나 이번 화재는) 이전 입춘立春에 재판과 형벌을 잔혹하게 행하였기 때문에 불이 위로 타오르지 않아서 (발생한 것입니다.) 앞서 봄이 되었어도 추운 날이 연속되어 나무가 얼고 폭풍이 나무를 꺾었으며 또 여덟아홉 주군州郡에서 모두 서리가 내려 콩을 죽였다고 보고하였습니다. 『춘추春秋』에서는 진晉이 계손행보季孫行父[112]를 잡을 때 (그 전조로서) 나무가 얼었다고 했습니다.[113] 무릇 기氣가 확장되면 큰 별이 나타나고 조화가 어지러워지면 오성五星이 뿔뿔이 흩어져 일·월식이 일어납니다. 재災는

---

109) 朔平: 관직명. 궁정의 북문을 지키던 武官.

110) 劉矩: 字는 叔方, 패국 소현(지금의 안휘성 소현) 출신. 부친은 순제 때 사도를 지낸 劉光이다. 효렴으로 천거된 후 몇 차례 승진 후 雍丘令이 되었으나 4년 뒤 모친상을 당해 관직에서 물러났다. 이후 太尉 胡廣이 賢良方正으로 추천하여 관직에 돌아온 후 네 차례 승진하여 尙書令이 되었다. 그러나 강직한 성품으로 인해 양기에게 배척되어 常山相이 되었다가 병으로 다시 관직에서 물러났다. 환제 연희 4년(161) 黃瓊을 대신하여 태위가 되어 사공 황경과 사도 种暠와 함께 정치를 담당하며 '賢相'이라 불렸다. 연속된 재이로 인하여 탄핵되었으며 蠻夷 반란의 책임을 지고 다음해 파면되었다. 후에 太中大夫가 되었고 靈帝 초에는 周景을 대신하여 다시 태위가 되었으나 일식으로 인해 다시 파면되었다. 『後漢書』卷76에 傳이 있다.

111) 劉茂: 字는 叔盛, 彭城(지금의 江蘇省 徐州市) 출신. 환제 연희 8년(165) 사공이 되었다.

112) 季孫行父(?~BC. 568): 성은 姬, 春秋 시기 魯國의 公族으로 시호는 文子. 魯桓公의 증손이며 季友의 손자로 이로써 季孫氏가 되었다. 宣·成·襄公을 섬겼다. 집정 기간 동안 노나라의 국정을 안정시켰으며 재화를 축적하였다. 忠貞守節로 평가된다.

113) 『春秋』「成公十六年」조에 의하면 정월에 나무가 얼고(經十有六年. 春, 王正月, 雨木冰), 그 해 9월 晉이 계손행보를 잡았다(九月, 晉人執季孫行父).

216   2부 『후한서』「오행지」 역주

이미 일어난 일에 대한 (반응이며) 이異는 바야흐로 일어날 일에 대한 (전조이니)[114] 끝내 변고가 반드시 조정[三朝[115]]에 일어날까 두렵습니다. 오직 선정善政에 의해서만 그것을 그치게 할 수 있습니다. 원컨대 신들의 이전 말을 살피시어 우둔한 충심을 버리지 않으신다면 백성들에게 심히 행운일 것입니다.' 서書가 상주上奏되었으나 살펴지지 않았다."

九年三月癸巳, 京都夜有火光轉行, 民相驚譟.[一]

(연희) 9년(166) 3월 계사癸巳(4일), 수도에서 밤에 불빛이 나타나 이리저리 돌아다녀 사람들이 서로 놀라 웅성거렸다.

[一] 袁山松書曰:「是時宦豎專朝, 鉤黨事起, 上尋無嗣, 陳蕃·竇武爲曹節等所害, 天下無復紀綱.」

원산송의 『후한서』에서 말하였다. "이때 환관이 조정을 마음대로 하였고 (사인士人들이) 당黨에 연루된 사건(당고黨錮)이 일어났으며, 황제에게는 지속적으로 후계자가 없었고 진번과 두무竇武는 조절曹節 등에 의해 해를 입었다. (이후) 천하의 기강이 회복되지 않았다.

靈帝 熹平四年五月, 延陵園災.

영제靈帝(재위 168~189) 희평熹平 4년(175) 5월, 연릉원延陵園[116]에 불이 났다.

---

114) 한대 災異說의 鼻祖라고 할 수 있는 董仲舒가 災와 異를 구별하지 않고 경미한 것은 재로 심각한 것을 이로 구별한 것(『春秋繁露』, 「必仁且智」, "其大略之類, 天地之物, 有不常之變者, 謂之異, 小者謂之災, 災常先至, 而異乃隨之.")과는 달리 『白虎通』(『白虎通』 「災異」, "春秋潛潭巴曰, 災之爲言傷也, 隨事而誅. 異之爲言怪也, 先發感動之也.") 이후 후한에서는 재를 일어난 일에 대한 譴責으로, 이를 앞으로 일어날 일에 대한 前兆로 구별하고 있음을 알 수 있다.

115) 三朝: 정현의 『周禮注』에 따르면 서주 시기 천자와 제후는 外朝, 內朝, 燕朝를 가지고 있었다(周天子諸侯, 皆有三朝. 外朝一, 內朝二. 內朝之在路門內者或謂之燕朝). 葉夢得의 『石林燕語』에 따르면 외조는 왕궁의 庫門 밖에서, 내조는 路門 밖에서, 연조는 노문 안에서 정사를 보는 곳을 의미한다. 내조는 路門로도 불리고, 연조는 燕寢으로도 불린다고 한다. [宋]葉夢得, 『石林燕語』, "古者, 天子三朝: 外朝·內朝·燕朝. 外朝在王宮庫門外, 有非常之事, 以詢萬民於宮中. 內朝在路門外, 燕朝在路門內. 蓋內朝以見群臣, 或謂之路朝; 燕朝以聽政, 猶之奏事, 或謂之燕寢."

116) 延陵園: 전한 成帝의 능묘. 섬서성 함양시 위성구에 있다.

光和四年閏月辛酉, 北宮東掖庭永巷署災.[一]

(영제) 광화光和 4년(181) 윤달(9월) 신유辛酉(2일), 북궁 동쪽 액정(후궁) 영항서永巷署117)에 불이 났다.

[一] 陳蕃諫云: 「楚女悲而西宮災, 不御宮女, 怨之所致也.」

진번이 간언하여 말하였다. "(춘추春秋 시기 노魯나라에서) 초楚나라 여인이 비통해하여 서궁에 화재가 났으니118) 궁녀로 대우하지 않아 (쌓인) 원한이 초래한 것입니다."

五年五月庚申, 德陽前殿西北入門內永樂太后宮署火.

(광화) 5년(182) 5월 경신庚申(5일), 덕양전德陽殿 전전前殿 서북쪽으로 문을 들어간 안쪽에 (위치한) 영락태후궁永樂太后宮119) 관서에서 불이 났다.

中平二年二月己酉, 南宮雲臺災. 庚戌, 樂(城)[成]門災,[一] 延及北闕, [度]道西燒嘉德·和歡殿. 案雲臺之災自上起, 榱題數百, 同時並然, 若就縣華鐙, 其日燒盡, 延及白虎·威興門·尚書·符節·蘭臺. 夫雲臺者, 乃周家之所造也, 圖書·術籍·珍玩·寶怪皆所藏在也. 京房易傳曰: 「君不思道, 厥妖火燒宮.」 是時黃巾作惡, 變亂天常, 七州二十八郡同時俱發, 命將出衆, 雖頗有所禽, 然宛·廣宗·曲陽尙未破壞, 役起負海, 杼柚空懸, 百姓死傷已過半矣. 而靈帝曾不克己復禮, 虐侈滋甚, 尺一雨布, 騙騎電激, 官非其人, 政以賄成, 內嬖鴻都, 並受封爵. 京都爲之語曰: 「今茲諸侯歲也.」 天戒若曰: 放賢賞淫, 何以舊典爲? 故焚其臺門祕府也. 其後三年, 靈帝暴崩, 續以董卓之亂, 火三日不絕, 京都爲丘墟矣.[二]

---

117) 永巷署: 관서명. 소부에 속하였으며 담당 관원으로는 환관이 임명되었다. 令 1인을 두었으며 질록은 육백 석이다. 궁중 召使의 관리를 담당하였다.

118) 『公羊傳』 「僖公二十年」조에 보인다. 楚女는 僖公이 초나라로부터 첩으로 맞이한 여인이다. 당시 희공은 齊나라의 압력에 의해 제나라에서 들인 첩을 嫡室로 삼아 중궁에 거처하게 하고 초나라 여인을 西宮에 두고 냉대하였다. 그 결과 초나라 여인의 비통함과 원한이 서궁의 화재를 일으켰다고 한다.

119) 永樂太后宮: 永樂宮, 즉 낙양성 남궁의 嘉德殿을 말한다. 靈帝의 모친인 董太后의 거처다.

(영제) 중평中平 2년(185) 2월 기유己酉(10일), 남궁 운대雲臺120)에 불이 났다. (2월) 경술庚戌(11일)에는 낙성문樂成門에서 불이 나서 북궐北闕까지 번졌으며 복도複道를 넘어 서쪽으로 가덕전嘉德殿과 화환전和歡殿을 태웠다. 살펴보니 운대의 화재가 (건물의) 위로부터 일어나 서까래 수백이 동시에 모두 불타서 마치 화려하게 장식한 등불을 걸어 놓은 것 같았는데, (불은) 온 종일을 타다 백호관白虎觀,121) 위흥문威興門, 상서대尙書臺,122) 부절대符節臺,123) 난대蘭臺124)로 번졌다. 무릇 운대라는 것은 주周나라에서 만든 것으로 도서圖書, 방술서方術書, 진기한 완상품玩賞品, 기이한 보물 등이 소장되어 있는 곳이다. 『경방역전』에서 말하였다. "군주가 도를 생각지 않으면 그 괴이한 (징조는) 불이 궁실을 태우는 것이다." 이때 황건黃巾이 난을 일으켜 천도天道를 어지럽혔는데, 7주 28군이 동시에 군사를 징발하고 (조정에서) 장수에게 명하여 군대를 출동하게 하였다. (그로 인해) 비록 자못 사로잡은 이들이 있었지만 완현宛縣,125) 광종현廣宗縣,126) 곡양현曲陽縣127) 등은 여전히 평정되지 않아,

---

120) 雲臺: 낙양성 남궁에 있던 樓臺의 이름.

121) 白虎觀: 白虎門 위에 세워진 누대의 이름이다. 후한 장제 건초 4년(79) 학자들이 모여 五經의 異同을 토론했던 유명한 백호관 회의가 열렸던 곳이다.

122) 尙書臺: 관서명. 尙書의 조직. 상서는 진한 시기 소부 속관으로 문서 수발과 典籍의 보관을 담당하였다. 전한 무제 시기 측근이 기용되며 정책 결정에 관여하면서 권한이 강화되기 시작하였다. 후한 광무제 시기 군주권 강화에 따라 尙書臺가 설치되었고 단순히 詔令을 출납하는 기관이 아닌 국가 정무의 중추를 총괄하는 부서가 되었다. 상서령과 尙書僕射가 장·차관이었으며 六曹(侍·二千石·戶·南主客·北主客·三公)를 설치하였다. 속관으로는 丞, 郞, 令史를 두었다. 조령과 政令의 출납 외에도 朝臣의 선거, 감찰, 정책 결정에 참여하였다. 조위 시기 소부에서 독립되었다.

123) 符節臺: 관서명. 符節과 印章을 관리하던 부서. 처음 진에서 소부 속관으로 符璽令을 설치하였다. 전한에서 계승하여 설치하며 符節令으로 개칭하였다. 丞을 두고 부절을 주관하고 使者의 파견을 담당하게 하였다. 사자가 파견될 때 부절령으로부터 부절을 수령하고 돌아오면 반납하였다. 후한 시기 부절령은 질록 육백석에 해당하였고, 아래로는 符璽郞中과 符節令史를 두었다.

124) 蘭臺: 관서명. 소부에 속하며 상주문 등의 문서 관계 사무를 담당하였다. 질록 백 석의 蘭臺令史 6인이 설치되었다.

125) 宛縣: 진에서 설치하였다. 남양군의 군치로 지금의 하남성 남양시에 해당한다. 서진에서는 南陽國의 國都가 되었다가 유송에서 다시 남양군의 군치가 되었다. 北周 시기 上陌縣과 합해져 上宛縣이 되었다.

126) 廣宗縣: 전한 평제 원시 2년(2) 廣宗國을 설치하고 관아를 지금의 하북성 威縣에

(그 때문에) 바닷가에 (사는 이들까지) 병역에 징발되었으며 (베틀의) 북과 바디[杼柚]는 빈 채 허공에 늘어져 있었고[128] 백성들 중 죽고 다친 자가 이미 반이 넘었다. 그럼에도 영제는 일찍이 자신을 이겨 예로 돌아가지[克己復禮] 않고 포학하고 사치스러움이 더욱 심해졌다. 조서[尺一][129]는 (마치) 비 흩뿌리는 것 같이 (내려졌고) 거마車馬를 모는 기사騎士들은 (마치) 번개처럼 움직였다. 관위官位는 부합하지 않는 이에게 내려졌고 정치는 뇌물에 의해 이뤄졌으니 총신寵臣과 홍도문鴻都門[130](의 학생들)은 모두 봉작을 받았다.[131] 수도에서는 (이러한 상황에 대하여 다음과 같이) 말하였다. "올해는 제후諸侯의 해로구나." 마치 하늘이 "현賢한 자들을 쫓아내고 부화浮華하고 방종한 이들에게 상을 주는 것은 어느 구전舊典에 따른 것인가?"라고 경계하는 것 같다. 따라서 그 운대의 비부祕府를 태운 것이다. 그 후 3년, 영제가 돌연 붕어하였고 계속해서 동탁董卓의 난이 일어났으며, 불은 3일 동안 꺼지지 않았고 경사는 폐허가 되었다.

[一] 南宮中門.

두었다. 이후 폐지하였다가 후한 화제 영원 5년(93) 다시 광종국을 설치하였다. 후에 현으로 고치고 巨鹿郡에 속하게 하였다. 조위에서는 安平郡에 속하였다가 서진에서는 安平國에 속하였다. 북위 때 廣宗郡의 군치가 되었다. 수 文帝 仁壽 원년(601)에 宗城縣으로 고쳤다.

127) 曲陽縣: 전한에서 설치하여 九江郡에 속하게 하였다. 淮曲의 북쪽이라 曲陽이란 이름을 얻었다. 관아는 지금의 안휘성 淮南市에 두었다.

128) 『詩』, 『小雅·谷風之什』, 〈大東〉에는 "杼柚其空."이라 하였다. 『시』의 내용은 "북과 바디가 비었다."라고 하여 북과 바디에 걸 실조차 없는 것을 의미한다. 그러나 본문의 경우 '空懸'이라고 하여 병역과 노역에 징발되느라 베틀에 앉을 사람이 없어 북과 바디가 빈 채 그저 허공에 매달려 있는 것으로 해석하였다.

129) 尺一: 『後漢書』 李賢注에 따르면 '尺一'은 '尺一之板'을 말하는 것으로 詔策을 의미한다 (尺一板謂詔策也).

130) 鴻都門: 여기서는 영제 光和 2년(179) 鴻都門 안에 설치한 학교를 말한다. 鴻都門學을 참조.

131) 『後漢紀』 卷24, 「靈帝紀」, "初置鴻都門生. 本頗以經學相招, 後諸能爲尺牘·詞賦及工書鳥·篆者至數千人. 或出典州郡, 入爲尙書·侍中, 封賜侯爵." 기사에 따르면 당시 홍도문학의 학생들은 外職으로는 州牧·郡太守를 받았고, 중앙에서는 상서·시중이 되었으며 봉작을 받기도 하였다.

(낙성문은) 남궁의 중문中門이다.

[二] 魏志曰:「魏明帝 靑龍二年, 崇華殿災, 詔問太史令高堂隆:『此何咎? 於禮寧有祈禳之義乎?』對曰:『夫災變之發, 皆所以明教誡也, 唯率禮修德可以勝之. 易傳曰:『上不儉, 下不節, 孽火燒其室.』又曰:「君高其臺, 天火爲災.」此人君苟飾宮室, 不知百姓空竭, 故天應之以旱, 火從高殿起也. 上天降監, 故譴告陛下, 陛下宜增崇人道, 以荅天意. 昔太戊有桑穀生於朝, 武丁有雊雉登於鼎, 皆聞災恐懼, 側身修德, 三年之後, 遠夷朝貢, 故號曰中宗·高宗. 此則前代之明鑒也. 今案舊占, 災火之發, 皆以臺榭宮室爲誡. 然今宮室之所以充廣者, 實由宮人猥多之故, 宜簡擇留其淑懿, 如周之制, 罷省其餘. 此則祖己之所以訓高宗, 高宗之所以享遠號也.』詔問隆:『吾聞漢武帝時柏梁災, 而起宮殿以厭之, 其義云何?』對曰:『臣聞西京柏梁旣災, 越巫陳方, 建章是營, 以厭火祥, 乃夷越之巫所爲, 非聖賢之明訓也. 五行志曰:「柏梁災, 其後有江充巫蠱衛太子事.」如志之言, 越巫建章無所厭也. 孔子曰:「災者, 修類應行, 精祲相感, 以戒人君.」是以聖主覩災責躬, 退以修德, 以消復之. 今宜罷散民役, 宮室之制務從約節, 內足以待風雨, 外足以講禮儀, 淸掃所災之處, 不敢於此有所立作, 蓬莆嘉禾, 必生此地, 以報陛下虔恭之德. 疲民之力, 竭民之財, 實非所以致符瑞而懷遠人也.』臣昭曰: 高堂隆之言災, 其得天心乎! 雖與本志所明不同, 靈帝之時有焉, 故載其言, 廣災異也.

『삼국지三國志·위서魏書』(「고당륭전高堂隆傳」)에서 "위명제魏明帝(재위 226~239)[132] 청룡靑龍[133] 2년(234), 숭화전崇華殿[134]에 불이 나니 조령詔令을 내려 태사령太史令[135] 고당륭[136]에게 물었다. '이는 무슨 흉조인가? 예禮에 그와 같은 재앙을 물리치는

---

132) 魏明帝(204~239): 이름은 叡, 字는 元仲, 패국 譙縣(지금의 안휘성 亳州市) 출신. 조위의 두 번째 황제. 文帝 曹丕의 장자, 모친은 文昭甄皇后. 黃初 3년(222), 平原王으로 책봉되고 황초 7년(226) 황태자에 책봉된 후 제위에 올랐다. 재임 기간 동안 曹眞과 司馬懿 등을 지휘하여 孫吳와 촉한의 공격을 성공적으로 막아냈고 鮮卑를 평정하였다. 또한 遼東의 公孫氏 정권을 멸망시킨 후 단절되었던 樂浪과 연결하여 통치를 회복하였다. 律博士를 설치하고 獄訟審理를 중시하였으며 陳群 등으로 하여금 『魏律』18篇을 편찬하게 하였다. 대규모 토목공사를 일으켜 신하들에게 비판을 받았다. 景初 3년(239), 낙양에서 향년 36세로 병사하였다. 시호는 명제고 廟號는 烈祖다. 高平陵에 묻혔다.

133) 靑龍: 조위 명제의 두 번째 연호로 233~237년에 해당한다.

134) 崇華殿: 낙양의 궁전. 화재로 불탔으나 다시 重修하였다. 중수가 끝났을 때 군국에 九龍이 나타나 이름을 九龍殿으로 고쳤다.

135) 太史令: 관직명. 太史로도 불린다. 서주와 춘추 시기에는 文書, 策命을 기초하고 史書를 編寫하였으며 국가의 典籍, 天文曆法 및 제사를 관장하는 조정의 대신이었다. 진한 시기에는 太史令이 설치되었으나 지위는 점차 낮아졌다. 위진 시기 이후 著作郎이 사서 편찬을 담당하면서 태사는 역법 추산만을 담당하게 되었다. 隋代에는 太史監으로 고쳤으며 唐에서는 다시 太史局으로 고쳤다. 唐肅宗 때 다시 司天臺로 고쳤다.

의義가 있는가?' (고당륭이) 대답하여 말하였다. '무릇 재해와 변사變事의 발생은 교령敎令과 경계警戒를 명확하게 하는 것에 달렸으니, 오직 예를 따르고 덕을 닦는 것으로 그것을 제압할 수 있습니다. 『(경방)역전』에서 말하기를 '윗사람이 검소하지 않고 아랫사람이 절약하지 않으면 얼화孽火가 그 건물을 불사른다.' 하였습니다. 또 말하기를 '군주가 그 누대를 높이 올리면 천화天火가 화재를 일으킨다.' 하였습니다. 이는 군주가 다만 궁실을 치장하고 백성의 배고픔과 목마름을 알지 못하면 그 때문에 하늘은 그것에 반응하여 가뭄을 일으키고 불이 높은 전각으로부터 시작된다고 하는 것입니다. 상천上天이 아래를 살피시고 그로 인해 폐하께 꾸짖어 경고하시는 것이니 폐하께서는 마땅히 인도人道를 더욱 존숭尊崇하시어 하늘의 뜻에 답하셔야 합니다. 옛날 상왕商王 태무太戊[137] 시기 조정에 뽕나무와 닥나무[138]가 생기고, 무정武丁[139] 시기에는 꿩이 울며 정鼎에 올랐는데,[140] 모두 재이를 들고 두려워하며 몸을 삼가고 덕을 닦은 결과 삼년 후에는 먼 곳의 이적夷狄도 조공朝貢을 하게 되어 이 때문에 (그들을) 중종中宗, 고종高宗으로 부르게 되었습니다. 이것은 전 왕조의 명확한 귀감입니다. 지금 옛 해석을 살펴보니 화재의 발생은 모두 대사臺榭와 궁실 건축에 대한 경계입니다. 이와 같으니 지금 궁실이 확충되는 것은 실은 궁인들이 터무니없이 많은 것으로부터 연유하는 것입니다. 마땅히 아름다운 것들을 골라 남기시어 주나라의 제도와 같이 하시고 그 나머지는 폐지하십시오. 이것이 조기祖己[141]가 고종을 인도한 것이며, 고종이

---

136) 高堂隆(?~237): 字는 升平, 지금의 산동성 新泰市 출신. 태산태수 薛悌의 명으로 督郵가 되며 관계에 나왔다. 황초 연간(220~229)에 堂陽長이 되었고, 명제 즉위 후 散騎常侍에 이르렀다. 正朔과 服色, 徽號, 器械 등의 개정에 대해 건의하여, 조위의 禮制가 제정되는 데 공헌하였다. 『三國志』 卷25에 傳이 있다.

137) 太戊: 甲骨文에는 大太戊, 天戊 등으로 나오기도 한다. 성은 子고 이름은 佃다. 商王 太甲의 손자며 太庚의 아들이다. 상왕조의 아홉 번째 군주다. 상의 국력이 쇠퇴할 때 즉위하였지만 伊尹의 아들 伊陟을 기용하여 국정을 살피게 하는 한편, 재위 기간 동안 근면히 정사에 임하고 덕을 닦아 백성들을 按撫하였다. 그 결과 국력이 회복되어 제후들이 다시 귀순하게 되어 상왕조의 중흥을 구가하였다. 묘호는 中宗이다.

138) 桑穀: 穀은 『漢書』 「郊祀志」 顔師古注에 따르면 닥나무[楮樹]다. 상나라 태무 시기 조정에 뽕나무와 닥나무가 하루 저녁에 둘레가 한 아름이나 될 정도로 자랐는데 이척의 간언에 따라 덕을 닦았더니 두 나무가 죽었다고 한다. 『漢書』 25上, 「郊祀志」, "後八世, 帝太戊有桑穀生於廷, 一暮大拱師古曰: 「穀卽今之楮樹也, 其字從木. 合兩手曰拱.」 懼. 伊陟曰: 「祅不勝德.」 太戊修德, 桑穀死."

139) 武丁: 성은 子, 이름은 昭다. 상왕 盤庚의 조카며 상왕 小乙의 아들이다. 상왕조의 스물세 번째 군주다. 재위 기간 동안 근면히 정사에 임하였으며 현능한 신하들 - 傅說, 甘盤, 祖己 - 을 기용하여 상왕조의 정치, 경제, 군사, 문화 모든 방면에서 역사적으로 '武丁盛世'로 칭해지는 발전을 이루었다. 묘호는 高宗이다.

140) 무정이 肜祭를 올리려고 하는데 꿩이 우는 이변이 생기자 祖己가 「高宗肜日」을 지어 무정에게 덕을 닦을 것을 간언했다고 한다.

긴 시간 길이 남을 이름을 갖게 된 이유입니다.' 조서로써 고당륭에게 물었다. '내가 듣기에 한무제漢武帝(재위 BC. 141~BC. 87)[142] 때 백량대柏梁臺[143]에 화재가 있었는데 (그때) 궁전을 지어 그것을 진압했다고 하니 그 뜻이 말하는 것은 무엇인가?' 대답하여 말하였다. '신이 듣기에 장안 백량대에 화재가 났을 때 월越의 무인巫人 진방陳方이 건장궁建章宮[144]을 지어 화재의 흉조를 진압하였다고 하였으나 이는 이적인 월의 무자巫者가 행한 것으로 성현聖賢의 밝은 가르침이 아닙니다. (『한서漢書』) 「오행지五行志」에서 말하기를 '백량대에 화재가 났다. 그후 강충江充[145]이 위태자衛太子[146]에게 무고巫蠱의 죄를 뒤집어씌우는 일이 있었다.'

---

141) 祖己: 孝己, 且己로도 불리고 갑골문에는 小王, 兄己로도 등장한다. 상왕 무정의 장자며 祖庚의 형이다. 무정 시기 賢臣으로 무정을 도와 '무정성세'를 이뤘다.

142) 漢武帝(BC. 156~BC. 87): 이름은 徹, 묘호는 世宗. 즉위 후 전대의 權臣들을 면직시키고 文學之士를 등용해 관리의 자질을 향상시켰다. 博士를 두어 儒學을 宣揚하고 BC. 127년부터 諸侯國을 왕의 여러 아들에게 分封해 중앙집권을 강화했다. 이후 전국을 13개 監察州로 나누고, 주마다 刺史를 두어 豪族과 군수를 감독시켰다. 또 운하를 굴착해 농지의 관개와 운송을 도왔다. 대외적으로는 張騫을 大月氏로 파견하고 장군 衛靑, 霍去病, 李廣 등을 시켜 匈奴를 토벌하고 오르도스 지방을 회복해 두 개의 군을 설치했다. BC. 119년에는 위청이 흉노를 고비 북쪽으로 내쫓았다. 河西에 있던 흉노 渾邪王이 항복하자 그 곳에 4군을 설치해 중앙아시아와 연결되는 교통로를 확보하였다. 이후 西域 여러 나라의 入貢이 계속되었고 BC. 104년에는 李廣利를 시켜 파미르 고원 북서에 있는 大宛國(페르가나)을 정벌했다. 흉노에 대한 방어와 서역 교통로 유지를 위해 漢人을 이주시키고 屯田을 두었다. 남으로 閩越과 東越 두 왕국을 병합했다. BC. 111년에는 番禺(지금 廣東)에 도읍한 南越을 멸망시킨 다음 9개의 군을 설치했다. 雲南과 貴州에 있는 冉駹, 嶲, 筰, 夜郎, 滇 등의 종족을 귀순시키고 7개의 군을 설치했다. 동으로는 朝鮮을 공격해 王劍城을 함락시키고 BC. 108년 樂浪·眞番·臨屯·玄菟郡 등 4개의 군을 두었다.

143) 柏梁臺: 未央宮 내 건물. 태초 원년(BC. 104)에 화재가 났다.

144) 建章宮: 전한 무제 태초 원년 건설한 宮苑. 무제의 왕래를 위해 飛閣輦道를 축조하여 미앙궁에서 建章宮까지 바로 연결되게 하였다.

145) 江充(?~BC. 91): 본명은 齊, 字는 次倩, 전한 趙國 邯鄲(지금의 하북성 한단) 출신. 의술에 해박하였고 그의 누이는 歌舞와 鼓琴에 능하여 趙國 세자 劉丹에게 시집갔으며 江充 또한 趙敬肅王 劉彭祖의 上賓이 되었다. 그러나 이후 세자 유단과 대립하였고, 유단이 사람을 보내 강충을 죽이려 하자 장안으로 도주하여 이름을 充으로 바꿨다. 무제를 알현한 후 신임을 얻어 謁者, 直指繡衣使者, 光祿勳中黃門, 水衡都尉를 역임하였다. 황태자에 대해서도 엄격하게 법을 집행하여 무제의 신임을 얻었는데, 이로 인해 무제 사후 황태자에게 주멸될 것을 두려워하여 죄 없는 황태자에게 巫蠱의 죄를 씌웠다가 황태자에게 살해되었다. 이후 황태자의 결백을 알게 된 무제에 의해 三族이 모두 살해되었다. 『漢書』 卷45에 傳이 있다.

146) 衛太子(BC. 128~BC. 91): 이름은 据, 전한 무제의 적장자. 모친은 衛皇后. 소제 劉弗陵의 異母兄. 무제 元狩 원년(BC. 122) 여름, 황태자로 책봉되었다. 성년이 된 후 무제가 수렵을 나가는 동안 국사를 담당하였는데 寬厚하고 공평한 처사로

하였습니다. 「오행지」의 말에 따른다면 월무越巫의 건장궁은 (흉사를) 진압하지 못한 것입니다. 공자孔子[147]께서 말씀하시기를 '재이라는 것은 동류同類를 따르고 행적에 호응하며, 정기精氣와 요기妖氣가 서로 감응하여 일어나 인군을 경계한다.'[148]고 하셨습니다. 이로써 성주聖主는 재이를 만나면 자신을 책망하고 물러나 덕을 닦아 재앙을 잘 수습하고 정상으로 회복시켰습니다. 지금 마땅히 백성들의 노역을 그치고 궁실의 축조를 간소하게 하시는데, 안으로는 바람과 비를 막을 수 있으면 족하고 밖으로는 예의를 행할 수 있으면 족하게 하시며 재이가 생긴 장소를 청소하시고 그 곳에 (궁실을) 세우지 않는다면 (이후) 삽보蔞莆[149]와 가화嘉禾[150]가 반드시 그 땅에서 자라나 폐하의 공경스런 덕에 보응할 것입니다. 백성의 힘을 피로하게 하고 백성의 재물을 고갈시키는 것은 실로 부서符瑞를 이르게 하고, 먼 곳의 사람들을 심복하게 하는 방법이 아닙니다.'라고 하였다." 신 유소가 아룁니다. 고당륭이 재이에 대해 말한 것은 하늘의 뜻에 부합한 것입니다. 비록 본 「오행지」가 밝히고자 하는 것과 같지는 않아도 영제 때에도 (고당륭이 말한 것과 같은 일이) 있었습니다. 따라서 그 말을 (여기에) 기록하여 재이의 설을 확충하고자 하였습니다.

獻帝 初平元年八月, 霸橋災. 其後三年, 董卓見殺.[一]

헌제獻帝(재위 189~220) 초평初平 원년(190) 8월, 패교霸橋[151]에 불이 났다. 그

민심을 얻었다. 征和 2년(BC. 91) 사이가 좋지 않았던 강충과 韓說 등에 의해 무고의 죄를 뒤집어썼다. 스스로 무죄를 입증할 수 없자 기병하여 강충 등을 살해하였다. 상황을 오해한 무제는 태자가 모반했다 여기고 군대를 일으켜 진압하였고 민가에 숨어들어 궁지에 몰린 태자는 자살하였다. 선제 즉위 후 조부인 위태자를 위해 시호를 바치니 '戾'다. 따라서 '戾太子'로도 불린다. 『漢書』 卷63에 傳이 있다.

147) 孔子(BC. 551~BC. 479): 春秋 시기 魯나라 출신. 이름은 丘, 字는 仲尼. 어려서 가난했으며 젊어서 관직에 나가 中都宰가 되었다 하나 분명하지 않다. 魯定公 시기 벼슬이 司寇에 이르나 권력을 장악하고 있던 三桓(孟孫氏·叔孫氏·季孫氏)과 불화하여 노나라를 떠나 14년 동안 諸侯國을 떠돌게 된다. 끝내 정치적으로 성공하지 못하고 말년에 고향으로 돌아와 제자를 양성하며 『詩』, 『書』 등의 고대 문헌을 정리하여 중국 고대 문화 발전에 초석을 놓았다. 『史記』 卷47에 世家가 있다.

148) 현행 『論語』에는 보이지 않는다.

149) 蔞莆: 전설상의 瑞草. 시원한 바람을 일으킨다고 한다. 『白虎通』에 따르면 효도가 지극하면 돋아나는 것으로 그 잎사귀는 문짝보다 크고 흔들지 않아도 저절로 부채질하여 음식을 시원하게 만들어 부모에게 음식을 바치는 일에 보탬이 된다고 한다. 『白虎通』, 「封禪」, "孝道至則以蔞莆者, 樹名也, 其葉大於門扇, 不搖自扇, 於飮食淸凉, 助供養也."

150) 嘉禾: 옛 사람들이 길조로 여기던 특이한 형태의 벼. 일반적으로 잘 자란 벼를 말한다.

후 3년, 동탁이 살해되었다.

[一] 臣昭案: 劉焉傳, 興平元年, 天火燒其城府輜重, 延及民家, 館邑無餘也.

신 유소가 살펴보건대 (『후한서』) 「유언전劉焉[152]傳」에 따르면 흥평興平 원년(194), 자연 발화한 불이 관부와 군수품을 불사르고 민가에까지 미쳐 주거지가 남은 것이 없이 (다 탔습니다.)

---

151) 霸橋: 장안 동쪽 霸水에 놓인 다리.

152) 劉焉(?~194): 字는 君郞, 江夏郡 竟陵縣(지금의 호북성 天門市) 출신. 후한 말 宗室이며, 군웅 중 한 사람. 전한 魯恭王의 후예. 처음에 종실의 신분으로 中郞을 배수하고 이후 현량방정으로 선발되어 洛陽令, 冀州刺史, 남양태수, 宗正, 태상 등을 역임하였다. 영제 시기, 牧伯을 설치할 것을 건의하였고 건의가 받아들여진 후 益州牧이 되었다. 이후 陽城侯에 봉해져 세력을 확대하였다. 興平 원년(194), 征西將軍 馬騰이 李傕을 타도하기 위해 병사를 일으켰을 때 원군을 보냈으나 패퇴하고 아들인 劉範과 劉誕을 잃었다. 이후 의기소침해 있다가 등창으로 사망하였다. 사망 후 그 아들 劉璋이 익주목을 계승하였다. 『三國志』卷31에 傳이 있다.

恆燠: 절기에 맞지 않는 지속적인 따뜻함

庶徵之恆燠, 漢書以冬溫應之. 中興以來, 亦有冬溫, 而記不錄云.[一]

서징庶徵153) 중의 계속 따뜻한 것恆燠에 대해 『한서』는 따뜻한 겨울을 그것에 대응시켰다.154) 중흥中興 이래 역시 따뜻한 겨울이 있었지만 기록에는 전하지 않는다.

[一] 越絶 范蠡曰: 「春燠而不生者, 王者德不完也. 夏寒而不長者, 臣下不奉主令也. 秋暑而復榮者, 百官刑不斷也. 冬溫而泄者, 發府庫賞無功也. 此四者, 邦之禁也.」 管子曰: 「臣乘君威, 則陰侵陽, 盛夏雪降, 冬不冰也.」

『월절서越絶書』155)에서 범려范蠡156)가 말하였다. "봄에 따뜻한데도 (만물이) 나지 않는 것은 왕자王者의 덕이 충분하지 않아서다. 여름에 추워 (만물이) 성장하지 않는 것은 신하가 군주의 명령을 받들지 않아서다. 가을에 무더워 (초목이) 다시 무성해지는 것은 백관百官이 형벌을 올바로 행하지 않기 때문이다. 겨울에

---

153) 庶徵: 洪範九疇의 여덟 번째 항목인 징조로, 善政에 대응하는 休徵과 惡政에 대응하는 咎徵이 있다. 서징에는 雨·暘·燠·寒·風이 있어 휴징은 時雨·時暘·時燠·時寒·時風으로 제 때에 비오고, 볕 나고, 따뜻하고, 춥고, 바람 부는 것이다. 이와는 달리 구징은 恆雨·恆暘·恆燠·恆寒·恆風으로 절기에 맞지 않게 항상 비오고, 볕 나고, 따뜻하고, 춥고, 바람 부는 것이다. 본문의 항상 따뜻한 恆燠는 게으름(舒)에 대한 구징이다.

154) 『漢書』「五行志」에서는 恆燠로 인한 현상을 '亡氷' 또는 '無氷'이라고 표현하고 있다. 『漢書』卷27中之下, 「五行中之下」, "庶徵之恆奧, 劉向以爲春秋亡冰也. 小奧不書, 無冰然後書, 擧其大者也."

155) 『越絶書』: 춘추 말부터 후한 광무제 건무 연간까지 吳越 지방의 정치, 경제, 천문, 역법, 지리, 전승, 사건, 문화 등을 기록한 문헌. 지방 雜史의 성격을 지녔다. 전국 시기 이후 성립되어 한대인에 의해 增補된 것으로 알려져 있다.

156) 范蠡(BC. 536~BC. 448): 字는 少伯, 楚國 宛縣(지금의 하남성 淅川縣) 출신. 춘추 말의 정치가이며 군사가, 경제학자. 중국 고대 상업 이론가로 '商聖'으로 불린다. 楚學의 개척자로 알려져 있다. 출신은 빈천했으나 박학하고 다재다능하여 초나라 宛令이 알아보고 교류하였다. 귀족이 아닌 관계로 입사하지 못하자 越國으로 가 句踐의 신하가 되어 월국을 부강하게 하고 吳를 토벌하였다. 구천을 霸者의 반열에 올려놓았음에도 월을 떠나 齊로 들어갔다. 鴟夷子皮로 이름을 바꾸고 큰 부를 축적하고 재상에까지 올랐으나 부귀와 높은 지위는 상서롭지 못하다고 여겨 사직하고 宋國 陶丘(지금의 산동성 菏澤市)로 들어가 스스로 '陶朱公'이라 하며 다시 큰 부를 모았다고 한다.

따뜻하여 (만물이) 땅 속에서 삐져나오는 것은 창고를 열어 공이 없는 자에게 상을 주었기 때문이다. 이 네 가지는 국가에서 금하는 일이다."157) 『관자管子』에서 말하였다. "신하가 군주의 위세를 업신여기면 음기가 양기를 침범하여 한 여름에도 눈이 내리고 겨울에도 얼음이 얼지 않는다."158)

---

157) 『越絶書』, 「外傳 枕中」에 보인다.
158) 현행 『管子』에서는 찾지 못했다.

草妖: 초목에 나타난 이변

<u>安帝 元初三年</u>, 有瓜異本共生, (一)[八]瓜同蒂, 時以爲嘉瓜. 或以爲瓜者外延, 離本
而實, 女子外屬之象也. 是時閻皇后初立, 後閻后與外親耿寶等共譖太子, 廢爲濟
陰王, 更外迎濟北王子犢立之, 草妖也.[一]

안제 원초元初 3년(116), 다른 뿌리에서 (난) 오이가 (연결되어) 함께 자랐는데
여덟 개 오이가 같은 꽃받침에 달렸다. 이때 (사람들은 이를) 상서로운
오이[嘉瓜]라고 여겼다. (그러나) 혹자는 오이는 바깥으로 뻗어나가는 (덩굴)
식물인데, 뿌리로부터 벗어나 열매가 맺혔으니 여자와 외척의 상징이라
여겼다. 이때 염황후閻皇后[159]가 막 즉위하였는데, 후에 염황후는 외척 경보耿
寶[160] 등과 함께 태자를 무고하여 폐위시켜 제음왕으로 삼았으며 다시
밖에서 제북왕濟北王[161]의 아들 독犢(少帝 재위 125)[162]을 맞아들여 세웠다.

---

159) 閻皇后(?~126): 安思閻皇后. 이름은 姬, 河南郡 榮陽縣(지금의 하남성 榮陽市) 출신.
후한 여섯 번째 황제인 안제의 황후. 재색을 겸비했던 것으로 알려져 있다. 元初
원년(114) 입궁한 후 안제에게 총애를 받아 귀인이 되었고, 이듬해 황후로 책봉되었
다. 시기심이 강해 안제와 궁인 李氏 사이에서 황자 劉保가 태어나자 이씨를
살해하고, 태자가 된 유보를 폐위시켜 제음왕으로 삼았다. 연광 4년(125) 안제가
죽자 장제의 손자 北鄉侯 劉懿를 세우고 황태후로 임조칭제하며 형 閻顯을 輔政으로
삼아 권력을 장악하였다. 그러나 유의가 이백여 일 만에 사망하자 다른 諸侯王의
왕자들 중 황제를 세우고자 계획하였다. 이때 북향후 옹립에서 제외되었던 환관
손정 등이 염씨 집단을 패퇴시키고 유보를 황제로 옹립하였다. 이 사건으로 염태후
는 離宮에 유폐되게 된다. 영건 원년(126) 사망한 후 안제의 공릉에 합장되었다.
『後漢書』 卷10上에 傳이 있다.

160) 耿寶(?~125): 字는 君達, 부풍 茂陵(지금의 섬서성 興平) 출신. 牟平侯 耿舒의 손자다.
부친 耿襲 사후 耿寶가 작위를 계승하였다. 누이인 耿姬가 淸河孝王 유경의 처가
되었고 그 아들인 劉祜가 등태후에 의해 황제로 옹립되니 그가 바로 안제다.
建光 원년(121), 등태후가 죽고 안제가 친정하게 되자 경보가 외삼촌의 신분으로
監羽林左騎가 되었고 후에 대홍려가 되어 환관 및 안제의 유모 왕성과 결탁하여
정권을 농단하였다. 안제 사후 閻太后가 정권을 잡으며 면직, 降爵되었고 封地로
가는 도중 자살하였다. 『後漢書』 卷19 「耿弇傳」에 附傳되어 있다.

161) 濟北王(?~120): 이름은 壽, 후한 장제의 다섯 번째 아들, 모친은 申貴人. 화제 영원
2년(90), 泰山郡의 몇 개 현을 나누어 설치한 濟北國에 책봉되어 濟北王이 되었다.
화제가 즉위한 후 형제들을 모두 수도에 머물게 하였는데, 특히 제북왕을 총애하였

(오이의 이변은 이것을 예견한 징조인) 초요草妖다.

[一]　古今注曰:「和帝 永元七年三月, 江夏縣民舍柱生兩枝, 其一長尺五寸, 分爲八枝, 其一長尺六寸, 分爲五枝, 皆靑也.」

『고금주』에서 말하였다. "화제 영원 7년(95) 3월, 강하군江夏郡[163] 소속 현의 민가 기둥에서 두 갈래 가지가 생겨났다. 그중 하나의 길이가 1척尺 5촌寸이 되었는데 8개의 가지로 갈라졌다. 다른 하나는 길이가 1척 6촌이고 5개의 가지로 갈라졌다. 모두 청색이었다."

桓帝 延熹九年, 雒陽城局竹柏葉有傷者. 占曰:「天子凶.」

환제 연희 9년(166), 낙양성 변두리의 대나무와 측백나무의 잎이 상처를 입었다. 점에서 "황제에게 흉하다."고 하였다.

靈帝 熹平三年, 右校別作中有兩樗樹, 皆高四尺所, 其一株宿夕暴長, 長丈餘, 大一圍, 作胡人狀, 頭目鬢鬚髮備具. 京房易傳曰:「王德衰, 下人將起, 則有木生人狀.」
[一]

영제 희평 3년(174), 우교右校[164]가 별도의 작업을 하는 중에 가죽나무 두 그루가 있었는데, 모두 높이가 4척 가량 되었다. 그중 한 그루가 아침저녁으로 갑자기 자라 길이가 1장丈 여가 되었고 크기는 한 둘레[圍]가 되었으며

다. 화제 사망 후 封國으로 나갔다. 영녕 원년(120)에 사망하였다. 시호는 '惠'다. 『後漢書』卷55에 傳이 있다.

162) (劉)懿(?~125):『後漢書』「安帝紀」에는 이름이 懿로 나온다. 후한의 일곱 번째 황제로 前少帝, 혹은 북향후로 불린다. 제북왕 유수의 아들이다. 연광 4년(125) 3월 안제 사후, 염태후가 국정을 장악하고 형 염현을 보정으로 위촉한 후 유의를 황제로 옹립하고 정권을 독점하였다. 그러나 그해 10월 유의가 사망하자 환관 손정 등이 모의하여 염현 형제를 주살하고 제음왕을 맞이하여 황제로 옹립하니, 그가 순제다.

163) 江夏郡: 전한 고제 6년(BC. 201)에 설치, 관아는 지금의 호북성 新淵縣인 西陵縣에 두었다. 관할 지역은 지금의 호북성 鍾祥市·潛江市·嘉魚縣·蒲圻市 이동, 紅安·新洲·蘄春·陽新縣 이서, 崇陽·通山縣等 이북, 安陸市·하남성 信陽·羅山·光山縣 이남에 해당한다.

164) 右校: 관직명. 右校令을 말한다. 궁중과 능원의 토목 공사를 주관하는 將作大匠의 속관으로 질록 육백 석에 해당한다. 工人들을 총괄한다.

호인胡人의 형상을 하여 머리, 눈, 귀밑 털, 수염, 머리카락 등 모두를 갖추었다. 『경방역전』에서 말하였다. "왕의 덕이 쇠하고 아랫사람이 장차 일어나고자 하면 나무가 인간의 형상으로 자란다."

[一] 臣昭以木生人狀, 下人將起, <u>京房</u>之占雖以證驗, 貌類胡人, 猶未辨了. <u>董卓</u>之亂, 實擁胡兵, <u>催·汜</u>之時, 充斥尤甚, 遂窺閒宮嬪, 剽虐百姓. <u>鮮卑</u>之徒, 踐藉畿封, 胡之害深, 亦已毒矣.

신 유소는 다음과 같이 생각합니다. 나무가 자라며 인간의 형상을 하는 것은 아랫사람이 장차 흥기하려는 것입니다. 경방의 점사는 비록 증험이 될 만하지만 용모가 호인과 같다는 것에 대해서는 역시 정확한 설명이 없습니다. 동탁의 난이 일어났을 때 (동탁이) 실제로 호인 병사들을 거느리고 왔고, 이각李催과 곽사郭汜의 (난) 때는 (그 수가) 많은 것이 더욱 심해 결국 궁빈宮嬪들을 넘보고 백성들을 위협하기까지 하였습니다. (또) 선비鮮卑165)의 무리도 경기京畿 지역의 봉지封地들을 유린하였으니 호인에 의한 피해의 심각함 역시 (아랫사람이 흥기하는 것과 같이) 해악일 것입니다.

五年十月壬午, 御所居殿後槐樹, 皆六七圍, 自拔, 倒豎根在上.[一]

(희평) 5년(176) 10월 임오壬午(24일), 주상이 거처하는 어전御殿 뒤에 심은 홰나무는 모두 둘레가 6~7위圍 정도 되었는데, 저절로 뽑혀 거꾸로 서 뿌리가 위로 향했다.

[一] 臣昭曰:「槐是三公之象, 貴之也. <u>靈帝</u>授位, 不以德進, 貪愚是升, 淸賢斯黜, 槐之倒植, 豈以斯乎?」

신 유소가 말씀드립니다. "홰나무는 삼공三公의 상징166)으로 귀하게 여깁니다.

---

165) 鮮卑: 북아시아의 유목 집단이며, 東胡의 支派이다. 처음에 鮮卑山 부근에 모여 살아 '鮮卑'라는 이름을 얻게 되었다. 후한 시기까지 유목 상태에 있었다. 후에 呼倫池 부근으로 이동하였고 다시 陰山 일대로 이동하여 다른 종족과 접촉하였다. 檀石槐가 선비의 각 부족을 통합하였고, 옛날의 흉노에 필적하는 유목 제국을 세웠다. 단석괴 사후 잠시 분열되었으나, 可比能이 다시 선비 각 부족을 규합하였다. 조위 청룡 3년(235)에 가비능이 조위의 자객에게 살해되며 분열되었고, 후에 황하 유역으로 이주하였다. 兩晉·南北朝 시기에 慕容部가 前燕·後燕·西燕·南燕 등을, 乞伏部가 西秦을, 禿跋部가 南涼을, 拓跋部가 북위를 세웠다. 후에 宇文氏가 북주를 세웠다. 점차 漢人 및 다른 종족들과 융합하였다.

영제가 내린 관위는 덕으로써 발탁한 것이 아니어서, 탐욕스럽고 우둔한 자는 승진하고 청렴하고 현량賢良한 자는 퇴출되었으니 홰나무가 뒤집히는 것은 이 때문일 것입니다."

<u>中平元年</u>夏, <u>東郡</u>, <u>陳留</u> <u>濟陽</u>·<u>長垣</u>, <u>濟陰</u> <u>冤句</u>·<u>離狐縣界</u>,^[一] 有草生, 其莖靡纍腫大如手指, 狀似鳩雀龍蛇鳥獸之形, 五色各如其狀, 毛羽頭目足翅皆具.^[二] 近草妖也. 是歲黃巾賊始起. 皇后兄<u>何進</u>, 異父兄<u>朱苗</u>, 皆爲將軍, 領兵. 後苗封<u>濟陽侯</u>, 進·苗遂秉威權, 持國柄, <u>漢</u>遂微弱, 自此始焉.^[三]

(영제) 중평 원년(184) 여름, 동군東郡,¹⁶⁷⁾ 진류군陳留郡의 제양현濟陽縣¹⁶⁸⁾과 장원현長垣縣,¹⁶⁹⁾ 제음군濟陰郡의 원구현冤句縣¹⁷⁰⁾과 이호현離狐縣¹⁷¹⁾ 경계에서 풀이 자라났는데, 그 줄기가 서로 닿아 휘감으며 종기처럼 (불룩해졌는데) 크기는 (사람의) 손가락 같았고 형상은 마치 비둘기[鳩]·참새[雀], 용龍·뱀蛇과 같은 새와 짐승의 형태였으며, 색깔[五色] (역시) 각기 그 형상과 부합했고 털[毛], 깃[羽], 머리[頭], 눈[目], 다리[足], 날개[翅] 모두를 갖췄다. 초요에 가까운 것이다. 이 해, 황건적이 처음 기병하였다. 황후의 형 하진何進과 아버지가

---

166) 『周禮』「秋官·朝士」에는 "面三槐, 三公位焉."이라고 하여 왕의 정면에 세 그루의 홰나무를 심어 三公의 위치를 표시한다고 하였다. 이로 인하여 홰나무를 삼공의 상징이라 한 것이다.

167) 東郡: 전국 秦王政 5년(BC. 242) 설치, 관아는 濮陽縣(지금의 하남성 복양현)에 두었다. 전한 시기 관할 지역은 지금의 산동성 東阿·梁山 이서, 산동 鄄城·하남성 范縣 이북, 산동 茌平·莘縣과 하남 南樂·淸豐·복양 이남에 해당한다. 후한 시기에는 영역이 축소되었고, 삼국 시기 이후로는 설치와 폐지가 일정하지 않았다. 수 개황 9년(589)에 폐지되었다가 대업 초에 다시 설치되었다. 당 초에 滑州로 고쳤다.

168) 濟陽縣: 진에서 설치하였고 碭郡에 속하였다. 관아는 지금의 하남성 蘭考縣에 두었다. 한에서는 陳留郡에 속하였다. 서진에서는 陳留國에 속하였다. 북위 때는 陽夏郡에 속하였고, 수에서는 濟陰郡에 속하였다. 당 貞觀 원년(627)에 폐지되었다.

169) 長垣縣: 진에서 설치하였고 동군에 속하였다. 관아는 지금의 하남성 長垣縣에 두었다. 한에서는 진류군에 속하였다. 서진에서는 진류국에 속하였다. 북위 太平眞君 8년(447)에 폐지되었다가 景明 3년(502) 다시 설치하였다. 수 개황 16년(596)에 匡城縣으로 고쳤다.

170) 冤句縣: 宛胊 혹은 宛句라고도 불린다. 진에서 설치하였고 동군에 속하였다. 관아는 지금의 산동성 曹縣에 두었다. 한에서는 제음군에 속하였다.

171) 離狐縣: 전한에서 설치하였고 동군에 속하였다. 관아는 지금의 하남성 복양현에 두었다. 후한에서는 제음군에 속하였다.

다른 형 주묘朱苗[172]가 모두 장군이 되어 군대를 통솔하였다. 후에 주묘는 제양후濟陽侯에 책봉되었고 하진과 주묘가 결국 위세와 권력을 장악하고 국가의 권력을 가지니, 한漢이 마침내 쇠약해진 것이 이로부터 시작되었다.

[一] 風俗通曰:「西及城皇 陽武城郭路邊.」
『풍속통風俗通』에서 말하였다. "서로는 성황현城皇縣[173]·양무현陽武縣[174]의 성곽城郭 길가에까지 미쳤다."

[二] 風俗通曰:「亦作人狀, 操持兵弩, 萬萬備具, 非但仿佛, 類良熟然也.」
『풍속통』에서 말하였다. "역시 사람의 형상을 하였는데 병기를 손에 쥐고 제각기 무기를 구비해 (전투태세를 갖춘 것이) 단순히 (병사를) 방불케 할 정도가 아니라 닮은 정도가 매우 상세하고 자연스러웠다."

[三] 應劭曰:「關東義兵先起於宋·衛之郊, 東郡太守橋瑁負衆怙亂, 陵蔑同盟, 忿嫉同類, 以殞厥命. 陳留·濟陰迎助, 謂爲離德, 棄好卽戎, 吏民殲之. 草妖之興, 豈不或信!」
응소應劭가 말하였다. "관동關東 의병義兵이 먼저 송宋·위衛 교외에서 일어났기에 동군태수東郡太守 교모橋瑁[175]는 무리를 이끌고 난을 틈타 동맹을 업신여기고 동족을 증오하여 그들의 목숨을 빼앗았다. 진류군과 제음군은 (교모를) 맞이하여 도왔으니 '덕을 등진 것[離德]'이며 사이가 좋은 이를 버리고 적과 가깝게 지내는 것[棄好卽戎][176]이라 할 수 있다. (그 결과) 관리와 백성이 모두 죽었다. (이와 같으니) 초요가 발생하여 (예견하는 것을) 어찌 믿지 않을 수 있겠는가?"

---

172) 朱苗(?~189):『後漢書』와 『續漢書』 다른 곳에는 何苗로 나온다. 何苗를 참조.
173) 城皇縣:『後漢書』와 『續漢書』에서 찾을 수 없다. 陽武縣과 連稱된 것으로 미루어 하남에 속했을 것으로 생각된다. 『風俗通義校釋』을 찬술한 吳樹平은 成皐인 것 같다고 하였다. [後漢]應劭 撰·吳樹平 校釋,『風俗通義校釋』(天津: 天津人民, 1980), 446쪽.
174) 陽武縣: 진에서 설치하였고 三川郡에 속하였다. 관아는 지금의 하남성 原陽縣에 두었다. 전한에서는 하남군에 속하였고 서진에서는 滎陽郡에 속하였다.
175) 橋瑁(?~190): 字는 元偉, 睢瑁(지금의 하남성 商丘) 출신. 東郡太守와 태위를 역임했던 橋玄의 族子. 영제 말, 兗州刺史로 있으며 위세를 떨쳤고 이후 동군태수로 옮겼다. 동군태수로 있으며 反董卓 동맹에 참여하여 거병하였다. 袁紹를 맹주로 했던 연합군 내에서 연주자사인 劉岱와 불화하다 살해되었다.
176) 『左傳』「襄公二十九年」조의 "弃同卽異, 是謂離德."의 구절을 이용하여 서술한 것이다. 『좌전』의 기사는 "同姓을 버리고 異姓과 친한 것을 德을 등진 것이라 한다."는 뜻이다.

中平中, 長安城西北六七里空樹中, 有人面生鬢.[一]

(영제) 중평 연간(184~189), 장안성 서북 6~7리에 있는 속이 빈 나무 안에 털이 난 사람의 얼굴이 생겼다.

[一] 魏志曰: 「建安二十五年正月, 曹公在雒陽, 起建始殿, 伐濯龍樹而血出. 又掘徙梨, 根傷而血出. 曹公惡之, 遂寢疾, 是月薨.」

『삼국지』「위서」177)에서 말하였다. "건안建安 25년(220) 정월, 조공曹公178)이 낙양에서 건시전建始殿179)을 건설하면서 탁룡濯龍180)의 나무를 베어내니 피가 났다. 또 배나무를 파서 옮길 때 뿌리가 상했는데 피가 났다. 조공이 그것을 불길하다 여겼는데 마침내 병으로 앓아누웠고 그 달에 죽었다[薨]."

獻帝 興平元年九月, 桑復生椹, 可食.[一]

헌제 흥평 원년(194) 9월, (계절에 맞지 않게) 뽕나무에서 다시 오디가 났는데 먹을 수 있었다.

[一] 臣昭曰: 桑重生椹, 誠是木異, 必在濟民, 安知非瑞乎? 時蒼生死敗, 周·秦殲盡, 餓魂餒鬼, 不可勝言, 食此重椹, 大拯危命, 雖連理附枝, 亦不能及. 若以爲怪, 則建武野穀旅生, 麻菽尤盛, 復是草妖邪?

신 유소가 말씀드립니다. "뽕나무에서 두 번 오디가 나는 것은 진실로 나무의 이변[木異]이지만 (그 뜻은) 반드시 사람을 구하는 데 있으니 어찌 서상瑞祥이 아니라고 하겠습니까? 당시 사람들은 (전란으로) 죽고 주周와 진秦의 땅은 괴멸되었으며 굶어죽은 이는 셀 수 없었습니다. (그런데) 이 두 번 열린 오디를 먹음으로써 위태로운 목숨을 크게 건지니 비록 연리連理181)의 가지라도 역시 능히 미치지

---

177) 陳壽의 『三國志』 본문에는 보이지 않는다. 대신 『三國志·魏書』「武帝紀」 裴松之注에 인용된 『世語』, 즉 『魏晉世語』에서 확인된다. 원문은 다음과 같다. "世語曰: 太祖自漢中至洛陽, 起建始殿, 伐濯龍祠而樹血出. 曹瞞傳曰: 王使工蘇越徙美梨, 掘之, 根傷盡出血. 越白狀, 王躬自視而惡之, 以爲不祥, 還遂寢疾."

178) 曹公(155~220): 曹操를 말한다.

179) 建始殿: 고대 낙양의 궁전명. 조조가 건설하였다. 『三國志·魏書』「武帝紀」에 따르면 건안 25년(220) 정월에 漢中으로부터 돌아와 建始殿을 짓기 시작하였다. 『三國志·魏書』 卷1, 「武帝紀」, "建安二十五年春正月至洛陽.[裴松之注引世語: 太祖自漢中至洛陽, 起建始殿.]"

180) 濯龍: 濯龍祠를 말한다. 낙양궁 내 黃老를 제사 지냈던 곳이다.

못할 것입니다. 만일 (이것을) 괴이하다고 여긴다면 건무 연간(25~56)에 들판에서
곡식이 저절로 나고 삼과 콩이 특히 무성했던 것[182]도 또한 초요가 아니겠습니까?"

---

181) 連理: 蓮理木. 연리목은 두 나무의 가지가 서로 맞닿아 이어져서 자란 나무를
    말한다. 『白虎通』에 의하면 덕이 草木에까지 이르면 나타난다. 『白虎通』, 「封禪」,
    "德至草木朱草生, 木連理."
182) 후한 광무제와 관련한 瑞祥으로 『後漢書』 「光武帝紀」에 다음과 같은 기사가 보인다.
    "至是野穀旅生, 麻未尤盛, 野蠶成繭, 被於山阜, 人收其利焉."

羽蟲孼: 괴이한 흉조의 새

安帝 延光三年二月戊子, 有五色大鳥集濟南 臺, 十月, 又集新豐, 時以爲鳳皇. 或
以爲鳳皇陽明之應, 故非明主, 則隱不見. 凡五色大鳥似鳳者, 多羽蟲之孼. 是時安
帝信中常侍樊豐·江京·阿母王聖及外屬耿寶等讒言, 免太尉楊震, 廢太子爲濟陰
王, 不惡之異也. 章帝末, 號鳳皇百四十九見. 時直臣何敞以爲羽孼似鳳, 翺翔殿
屋, 不察也.[一] 記者以爲其後章帝崩, 以爲驗. 案宣帝·明帝時, 五色鳥羣翔殿屋,
賈逵以爲胡降徵也. 帝多善政, 雖有過, 不及至衰缺, 末年胡降二十萬口, (爾)[是]
其驗也. 帝之時, 羌胡外叛, 讒慝內興, 羽孼之時也. 樂叶圖徵說五鳳皆五色, 爲瑞
者一, 爲孼者四.[二]

안제 연광 3년(124) 2월 무자(25일) 오색의 큰 새가 제남국濟南國 대현臺縣[183]에
모여들었고, 10월 또 신풍현新豐縣[184]에 모여들었는데 이때 (사람들은 이것
을) 봉황鳳凰이라 여겼다. 혹자는 봉황은 광휘로운 (덕에 대한) 상서로운
반응이므로 명주明主(의 시대)가 아니라면 숨어 나타나지 않는다고 하였다.
무릇 오색의 큰 새로 봉황과 비슷한 것들의 대부분은 새[羽蟲]의 괴이한
흉조[孼]다. 이때 안제가 중상시中常侍 번풍樊豐[185]과 강경江京,[186] 유모 왕성王

---

183) 臺縣: 전한 시기 臺邑을 侯國으로 삼고 博陽郡에 속하게 하였다. 관아는 지금의
산동성 제남시에 두었다. 경제 3년(BC. 154), 臺國을 폐지하고 다시 현을 설치하였
다. 후한에서는 濟南國에 속하였다. 서진 시기 폐지되었다.

184) 新豐縣: 전한 고제 7년(BC. 200) 진의 驪邑을 고쳐 현을 설치하였다. 처음에는
內史에 속하였으나 후에 京兆尹에 속하였다. 관아는 지금의 섬서성 臨潼縣에 두었다.

185) 樊豐(?~125): 후한의 환관. 안제 시기의 中常侍. 건광 원년(121), 안제 친정 후에
외척 耿寶와 결탁하고 환관 강경과 황제의 유모 왕성 등과 권력을 농단하였다.
강경 등과 모의하여 황태자 유보를 제음왕으로 廢黜하고, 안제가 出行하였을 때
詔書를 조작하여 돈과 곡식, 목재를 징발하여 자신의 저택을 호화롭게 건축하기도
하였다. 태위 楊震이 죄상을 고발하자 오히려 모함한다고 몰아 면직시켰다. 연광
4년(125) 안제 사후 염현에 의해 하옥된 후 처형되었다.

186) 江京(?~125): 후한 안제 시기 환관. 안제의 즉위를 도운 공으로 都鄕侯에 책봉되었다.
중상시 겸 大長秋가 되어 안제의 유모 왕성과 결탁, 조정에 영향력을 행사하였다.
한편 염씨와도 한통속이 되어 태자 유보를 제음왕으로 폐출시켰다. 안제 사후

聖[187] 및 외척 경보 등의 참언을 믿고 태위 양진楊震[188]을 면직시키고 태자를 폐위하여 제음왕으로 삼았으니 (이 새의 출현은 안제의) 명철하지 않음[不悊] 으로 (발생한) 재이다. 장제 말기, 봉황이 149차례 나타났다고 하였다. 그때 강직한 신하였던 하창何敞[189]은 우얼羽孽이라 여기고 봉황과 비슷한 (새가) 궁실 위를 빙빙 도니 (살펴야만 한다고) 하였다.[190] (그러나 당시 태위 송유宋由와 사도司徒 원안袁安은) 살피지 않았다.[191] (사서에 이것을) 기록한 이는 그 후 장제가 붕어한 것이 그것의 응험이라 여긴 것이다. 살펴보건대 (전한) 선제宣帝(재위 BC. 74~BC. 49)와 (후한) 명제 시기, 오색의 새가 무리를 이뤄 궁실 위를 빙빙 돌았을 때, 가규賈逵[192]는 (그것이) 호胡가

북향후 유의를 옹립하였다. 유의 사망 후 순제를 옹립한 손정 등에게 피살되었다.

187) 王聖: 안제의 유모. 안제에게 중용되어 野王君에 봉해졌다. 딸 伯榮, 사위 樊嚴과 조정을 농단하였다. 북향후 즉위 후 실각하여 涸門으로 이주당했다.

188) 楊震(?~124): 字는 伯起, 弘農 華陰(지금의 섬서성 화음) 출신. 어려서 태상 桓郁을 스승으로 모셔 『歐陽尙書』를 배웠다. 經籍에 통달하고 여러 서적을 박람하여 '關西孔 子'로 칭해졌다. 여러 차례에 걸친 주군의 부름을 거절하고 나이 오십이 되어 처음으로 관직에 나갔다. 대장군 鄧騭이 초빙하였고 또 茂才로 선발되어 荊州刺史와 東萊太守를 지냈다. 원초 4년(117) 조정에 들어와 太僕이 되었고 태상으로 옮겼다. 영녕 원년(120), 사도가 되었으며 연광 2년(123)에는 태위가 되었다. 정직하고 권세에 굴하지 않았으며, 수차례 직언을 하여 중상시 번풍 등에게 원한을 샀다. 연광 3년 파면되어 고향으로 돌아가다 鴆毒에 의해 살해되었다. 『後漢書』 卷54에 傳이 있다.

189) 何敞(?~約105): 字는 文高, 부풍 平陵(지금의 섬서성 함양시) 출신. 태위 宋由에게 초빙되었으며 사도 袁安에게도 중용되었다. 후에 상서에 임명되었으나 두헌의 專制를 비판하다 좌천되어 제음왕의 太傅가 되었다. 이후 汝南太守로 옮겨 관대함으로 선정을 베풀었다. 말년에 중랑장이 되었지만 환관 蔡倫과 대립하다 모함에 의해 죄에 연루되었다. 『後漢書』 卷43에 傳이 있다.

190) 『後漢書』 「何敞傳」에 근거하여 "以爲羽孽, 似鳳翔翔殿屋~"으로 표점하여 해석하였다.

191) 이와 관련된 일화가 『後漢書』 「何敞傳」에 나온다. 『後漢書』 卷43, 「何敞傳」, "是時京師及 四方累有奇異鳥獸草木, 言事者以爲祥瑞. 敞通經傳, 能爲天官, 意甚惡之. 乃言於二公曰: 「夫瑞應依德而至, 災異緣政而生. 故鸛鵒來巢, 昭公有乾侯之厄; 西狩獲麟, 孔子有兩楹之噂. 海鳥避風, 臧文祀之, 君子譏焉. 今異鳥翔於殿屋, 怪草生於庭際, 不可不察.」 (宋)由·(袁)安 懼然不敢荅." 여기서는 하창 本傳을 참조하여 해석하였다.

192) 賈逵(30~101): 字는 景伯, 부풍 평릉(지금의 섬서성 함양시) 출신. 후한의 학자이며 천문학자. 전한 賈誼의 9代孫이다. 『左傳』과 『國語』에 통달하여 『左氏解詁』, 『國語解 詁』를 지었다. 이외에도 詩, 頌, 誄, 書 등의 다양한 글을 남겼다. 명제 때 郎이 되어 班固와 함께 궁중의 藏書를 校書하였다. 화제 영원 3년(91) 중랑장이 되었고,

투항할 징조라 여겼다.[193] 황제가 선정을 많이 베풀면 비록 과실이 있다 해도 쇠락하여 이지러질 정도까지는 이르지 않으니, (명제) 말년에 호 20만이 투항한 것이 그 응험이다. (한편) 안제 시기 밖에서 강호羌胡가 반란을 일으키고 안에서 참언과 사특함이 흥기했으니, 우얼(이 나타날 만한) 시국이라 할 만하다. 『악협도징樂叶圖徵』[194]에서 오봉五鳳은 모두 오색(의 깃털을 지녔는데 그중) 서상은 하나고, 요얼妖孼이 넷이라고 하였다.

[一] 臣昭曰: 已論之於敝傳.

신 유소가 말씀드립니다. "(이것에 대해서는) 이미 『후한서』「하창전」에서 서술하였습니다."

[二] 叶圖徵曰: 「似鳳有四, 並爲妖: 一曰鸛鶒, 鳩喙, 圓目, 身義戴信嬰禮膺仁負智, 至則旱役之感也; 二曰發明, 烏喙, 大頸, 大翼, 大脛, 身仁戴智嬰義膺信負禮, 至則喪之感也; 三曰焦明, 長喙, 疏翼, 圓尾, 身義戴信嬰仁膺智負禮, 至則水之感也; 四曰幽昌, 兌目, 小頭, 大身, 細足, 脛若鱗葉, 身智戴信負禮膺仁, 至則旱之感也.」國語曰: 「周之興也, 鸑鷟鳴岐.」說文曰: 「五方神鳥: 東方曰發明, 南方曰焦明, 西方曰鸛鶒, 北方曰幽昌, 中央曰鳳皇.」

『(악)협도징』에서 말하였다. "봉황과 유사한 것이 넷 있는데 모두 요얼이다. 첫 번째는 숙상鸛鶒으로 비둘기의 부리와 둥근 눈을 가졌고 의義를 몸으로 하고 신信을 (머리에) 쓰고 예禮를 (몸에) 두르고 인仁을 (가슴에) 안고 지智를 (등에) 지었다. (그것이) 이르면 가뭄과 전쟁의 감응이 있다. 두 번째는 발명發明으로 까마귀 부리에 넓은 목, 큰 날개, 큰 정강이를 가졌고 인을 몸으로 하고 지를 쓰고 의를 두르고 신을 안고 예를 지었다. (그것이) 이르면 상사喪事의 감응이 있다. 셋째는 초명焦明으로 긴 부리에 듬성한 날개, 둥근 꼬리를 가졌고 의를 몸으로 하고 신을 쓰고 인을 두르고 지를 안고 예를 지었다. (이것이) 이르면 수재의 감응이 있다. 넷째는 유창幽昌으로 날카로운 눈과 작은 머리, 큰 몸과

영원 8년(96) 시중이 되었으며 騎都尉를 兼領하였다. 영원 13년(101) 향년 72세의 나이로 사망하였다. 『後漢書』 卷36에 傳이 있다.

193) 『後漢書』 卷36, 「賈逵傳」에 다음과 같은 기사가 보인다. "時有神雀集宮殿官府, 冠羽有五采色, 帝異之, 以問臨邑侯劉復, 復不能對, 薦逵博物多識, 帝乃召見逵, 問之. 對曰: 「昔武王終父之業, 鸑鷟在岐, 宜帝威懷戎狄, 神雀仍集, 此胡降之徵也.」"

194) 『樂叶圖徵』: 樂緯의 하나. 『汁圖徵』, 『協圖徵』, 『什圖徵』으로도 불린다. 주로 聖王의 樂律 제정과 曆數, 瑞應에 대하여 서술하였다.

가는 다리, 정강이는 비늘로 덮여 있으며 지를 몸으로 하고 신을 쓰고 예를
졌고 인을 안았다. (이것이) 이르면 가뭄의 감응이 있다. 『국어國語』195)에서 말하였
다. "주나라가 흥기할 때 악착鸑鷟196)이 기산岐山197)에서 울었다."198) 『설문設文』199)
에서 말하였다. "오방의 신조神鳥는 다음과 같다. 동방의 발명, 남방의 초명,
서방의 숙상, 북방의 유창, 중앙의 봉황이다."200)

桓帝 元嘉元年十一月, 五色大鳥見濟陰 己氏. 時以爲鳳皇. 此時政治衰缺, 梁冀秉
政阿枉, 上幸亳后, 皆羽孽時也.[一]

환제 원가元嘉 원년(151) 11월, 오색의 큰 새가 제음군 기씨현己氏縣201)에
나타났다. 당시 (사람들은 그 새를) 봉황이라 여겼다. 이때 정치가 쇠락하고
이지러졌는데, 양기는 정권을 잡고 불공정하게 (행동하였고) 주상은 박후亳
后202)를 총애하였으니 모두 우얼(이 일어날만한) 시국이었다.

[一]   臣昭案: 魏朗對策, 桓帝時雉入太常·宗正府. 朗說見本傳注.
       신 유소가 살펴본 내용은 다음과 같습니다. "위랑魏朗203)의 대책문對策文에는 환제

---

195) 『國語』: 『春秋外傳』을 참조.
196) 鸑鷟: 韋昭의 『國語注』에 따르면 봉황의 별칭이다(三君云, 鸑鷟, 鳳之別名也).
197) 岐山: 섬서성 岐山縣 동북 70里에 있는 산으로 산에 두 갈래의 길이 있어 이름을
     얻었다. 주나라의 기틀을 놓은 古公亶父가 豳 땅을 떠나 梁山을 넘어 岐山 아래에
     도읍을 정해 거주하면서 周族이 번성하게 되었다고 한다. 따라서 기산 아래는
     주왕실의 王業이 열린 곳을 의미한다.
198) 『國語』「周語上」에 보인다.
199) 『說文』: 『說文解字』. 字書. 후한 許愼이 찬술하였다. 후한 화제 영원 12년(100)부터
     건광 원년(121)에 걸쳐 완성하였다. 중국 文字學史上 가장 오래된 저작이다. 저작의
     목적은 문자의 형체와 구조를 분석하여 원래의 의의를 탐구하려는 데 있다. 秦始皇
     의 문자 통일 이후 정식화된 字體인 少篆을 기본으로 하였는데, 모든 字頭는 부수의
     배열을 따랐으며, 모두 540부수로 나누어 대체로 의의에 따라 차례를 짓고, '一'에서
     시작해서 '亥'에서 끝난다. 자두에는 篆體를 사용하고, 그 밑에는 글자의 뜻, 다시
     밑에는 形·義·音 사이의 연계에 따랐다. 수록된 '文'이 9,353개이고, '重文'(小篆의
     古體와 籒文의 異體)이 163개다.
200) 『說文解字』 卷4 鳥部 '鸑'조에 보인다.
201) 己氏縣: 전한에서 설치하였고, 梁國에 속하였다. 관아는 지금의 산동성 曹縣에
     두었다. 후한에서는 제음군에 속하였다. 북위에서는 沛郡에 속하였다가 북제
     때 폐지되었다.
202) 亳后: 薄皇后, 즉 鄧皇后. 鄧貴人(?~165)을 참조.

때 꿩이 태상부太常府204)와 종정부宗正府205)로 들어갔다고 하였습니다. 위랑의
설은 (『후한서』) 「위랑전魏朗傳」 주에 있습니다."206)

靈帝 光和四年秋, 五色大鳥見于新城, 衆鳥隨之, 時以爲鳳皇. 時靈帝不恤政事,
常侍·黃門專權, 羽孽之時也. 衆鳥之性, 見非常班駮, 好聚觀之, 至於小爵希見梟
者, 虥見猶聚.

영제 광화 4년(181) 가을, 오색의 큰 새가 신성현新城縣207)에 나타났는데
뭇 새들이 그를 따르니 당시 (사람들은 그 새를) 봉황이라 여겼다. 그
때 영제가 정사를 살피지 않고 상시常侍와 황문黃門이 권력을 멋대로 행사하였
으니, 우얼(이 나타날 만한) 시국이었다. 대부분 새의 속성은 특별히 여러
색깔이 섞인 것이 나타나면 모여서 그것을 바라보는 것은 좋아하는데,
심지어 올빼미를 자주 보지 못한 참새는 (올빼미를 보면) 돌연 나타나
모여든다.

---

203) 魏朗(?~169): 字는 少英, 혹은 叔英. 會稽郡 上虞縣(지금의 浙江 上虞市) 출신. 黨人으로
    八俊의 한 사람이다. 일찍이 형의 복수를 위해 살인을 하고 陳(지금의 하남성
    淮陽)에 망명하여 却仲信에게 『春秋』와 『圖緯』를 배웠고, 이후 太學에 입학하여
    오경을 수학하였다. 박학하고 다재다능했다. 司徒府에서 관직 생활을 시작했고
    승진 후 彭城令이 되었다. 환제 시기 軍功에 의해 의랑에 배수되었고 상서로 승진하
    였다. 외직으로 나가 河內太守가 되어 치적을 쌓았으나 黨錮로 인해 면직되었다.
    영제 시기 陳蕃 등과 환관 숙청을 계획하였으나 계획이 발각되어 竇武가 해를
    입자 자신에게도 화가 미칠 것을 예견하고 자살하였다. 『後漢書』 卷67에 傳이
    있다.
204) 太常府: 관서명. 太常을 참조.
205) 宗正府: 관서명. 宗正은 九卿의 하나로 질록은 中二千石이다. 諸國 왕족의 名簿,
    서열 등을 관리하며, 왕족에 관한 범죄를 관장하였다.
206) 연구에 따르면 劉昭는 사마표의 『續漢書』 志에 주석을 달아 范曄의 『後漢書』를
    補成하였을 뿐 아니라 범엽의 『후한서』 紀傳에도 주석을 달았다. 그러나 기와
    전에 단 주석은 현재 완전히 亡失되어 그 내용을 확인할 수 없는 상태다. 본문에서
    말한 『후한서』 위랑 본전의 주는 망실된 유소의 주를 의미하는 것으로 그 내용을
    알 수 없다. 『후한서』 유소주에 대해서는 小林岳, 「劉昭の『後漢書』注について -『集注後
    漢』の内容をめぐって-」, 『史學雜誌』 106(1997)을 참조.
207) 新城縣: 원래는 新成縣. 전한 혜제 4년(BC. 191) 설치하고 하남군에 속하게 하였다.
    관아는 지금의 하남성 伊川縣에 두었다. 후한 시기 新城縣으로 고쳤다. 위진 시기에
    도 하남군에 속하였으나 東魏에서 新城郡의 군치가 되었다. 수 개황 18년(598),
    伊闕縣으로 고쳤다.

中平三年八月中, 懷陵上有萬餘爵, 先極悲鳴, 已因亂鬥相殺, 皆斷頭, 懸著樹枝枳
棘. 到六年, 靈帝崩, 大將軍何進以內寵外嬖, 積惡日久, 欲悉糾黜, 以隆更始宂政,
而太后持疑, 事久不決. 進從中出, 於省內見殺, 因是有司盪滌虔劉, 後祿而尊厚者
無餘矣. 夫陵者, 高大之象也. 天戒若曰: 諸懷爵祿而尊厚者, 還自相害至滅亡也.
[一]

(영제) 중평 3년(186) 8월에 회릉懷陵208) 위에 만여 마리의 참새가 모여
들었는데, 먼저 지극히 슬피 울더니 (나중에는) 난투 끝에 서로 죽여 모두
목이 잘려 탱자나무와 가시나무 가지에 걸렸다. (중평) 6년(189)에 이르러
영제가 붕어하고, 대장군 하진은 환관과 (그들과 결탁한) 조정의 신하들이
악을 쌓은 날이 오래되었다고 여겨 모두 죄를 밝히고 관직에서 퇴출하여
크게 부패하고 혼란스런 정치를 새롭게 하고자 하였으나 태후가 망설여
일이 오랫동안 결정되지 않았다. (결국 그 사이) 하진이 궁중에서 나와
관서[省內]에 있다 살해되었고 이로 인하여 관련 관원들이 모두 제거되고
살육되어 이후 녹祿을 받고 존귀한 이들은 남은 이가 없었다. 무릇 능陵이라
하는 것은 높고 큰 것의 상징이다. 마치 하늘이 "관록官祿을 받아 존귀하고
부유한 자들 대부분이 오히려 스스로 서로 해쳐서 멸망에 이르게 된다."고
경계하여 말하는 것 같았다.

[一] 古今注曰: 「建武九年, 六郡八縣鼠食稼.」 張璠紀曰: 「初平元年三月, 獻帝初入未央宮,
     翟雉飛入未央宮, 獲之.」 獻帝春秋曰: 「建安七年, 五色大鳥集魏郡, 衆鳥數千隨之.」
     魏志曰: 「二十三年, 禿鶖集鄴宮文昌殿後池.」
     『고금주』에서 말하였다. "건무 9년(33) 6군 8현에서 쥐가 곡식을 갉아먹었다."
     장번張璠209)의 『후한기後漢紀』에서 말하였다. "초평 원년(190) 3월, 헌제가 처음으로
     미앙궁未央宮에 들어가니 꿩이 미앙궁으로 날아들어 그것을 잡았다."『헌제춘추獻
     帝春秋』210)에서 말하였다. "건안 7년(202), 오색의 큰 새가 위군魏郡211)에 모여드니

---

208) 懷陵: 후한 沖帝의 능묘. 하남성 낙양시 邙山에 있다.
209) 張璠: 위진 시기 역사가. 서진 건립 후 虞溥·郭頒과 함께 令史가 되었다. 『後漢紀』를
     찬술하였는데 완성하지 못하였다. 현재 산일되어 『三國志』 배송지 주에 인용된
     것을 통해 그 내용을 알 수 있다.

수천의 많은 새가 그를 따라 모여들었다."『삼국지』「위서」에서 말하였다. "(건안) 23년(218), 독추禿鶖212)가 업鄴213)의 왕궁 문창전文昌殿 뒤 연못에 모여들었다."214)

---

210) 『獻帝春秋』: 원본은 10卷이나 현재 남아 있는 것은 元代 陶宗儀가 輯佚한 1권뿐이다. 작자는 정확하지 않은데 후한인에 의해 찬술되었다고 하기도 하고 혹 손오 袁曄(暐)의 저작이라고도 한다(『隋』卷33,「經籍志」, "獻帝春秋十卷. 袁曄撰."). 후한 헌제 시기의 일들을 기록하였다. 그러나 배송지는 이 책의 기술이 옳고 그름을 판별하지 못한 경솔한 것이고 오류가 많은 것으로 저자는 史籍의 죄인이라 하였다(『三國志』卷6,「袁紹傳」, "臣松之以爲配一代之烈士, 袁氏之死臣, 豈當數窮之日, 方逃身于井, 此之難信, 誠爲易了. 不知(樂)資·(袁)暐之徒竟爲何人, 未能識別然否, 而輕弄翰墨, 妄生異端, 以行其書. 如此之類, 正足以誣罔視聽, 疑誤後生矣. 寔史籍之罪人, 達學之所不取者也.).

211) 魏郡: 전한 고제 12년(BC. 195) 설치하였다. 관아는 鄴縣(지금의 하북성 臨漳縣)에 두었다. 관할 지역은 지금의 하북성 大名·磁縣·涉縣·武安·임장·肥鄉·魏縣·丘縣·成安·廣平·館陶, 하남성 滑縣·浚縣·內黃 및 산동성 冠縣 등을 포함하였다. 서진 시기 司州에 속하였다. 북위 天興 4년(401) 相州에 속하였다. 동위는 이곳에 建都하고 魏尹으로 고쳤다. 북제 때 淸都尹으로 고치고 관아를 安陽城(지금의 하남성 安陽市)으로 옮겼다. 수 개황 초에 폐지하였다가 대업 초에 다시 설치하였다. 당 武德 초에 相州에 속하였다.

212) 禿鶖: 황새목 황새과에 속하는 물새.

213) 鄴: 鄴縣. 戰國 시기 魏에서 설치하였고 진에서는 邯鄲郡에 속하였다. 관아는 지금의 하북성 臨漳縣 서남쪽 鄴鎭에 두었다. 전한 시기에는 위군의 군치였다. 후한 말, 차례로 冀州와 상주의 관아가 설치되었다. 건안 18년(213) 조조가 魏王이 되며 이곳에 定都하였다. 조위 시기 낙양을 수도로 삼으며 업은 5都의 하나가 되었다. 16국 시기 후조, 전연이 이곳을 수도로 삼았고 이후 동위와 북제도 이곳을 수도로 삼았다. 북주 大象 2년(580) 靈芝縣이 되었다가 수 개황 10년(590) 다시 업현이 되었다.

214) 이 내용은 현재『三國志』에서는 찾아 볼 수 없다. 대신『宋書』「五行志」에 나오는데, 조조 죽음의 전조로 해석되어 있다.

羊禍: 양으로 표현된 재이

桓帝 建和三年秋七月, 北地 廉雨肉似羊肋,[一] 或大如手. 近赤祥也. 是時梁太后攝政, 兄梁冀專權, 枉誅漢良臣故太尉李固·杜喬, 天下冤之. 其後梁氏誅滅.

환제 건화 3년(147) 가을 7월, 북지군北地郡215) 염현廉縣216)에 고기가 비처럼 내렸는데 마치 양羊의 갈비 같았고 혹 큰 것은 (사람의) 손만한 (크기였다. 이는) 적색의 흉조[赤祥]에 가깝다. 이때 양태후가 섭정攝政을 하였고 (그) 형 양기가 권력을 독점하여 죄 없는 한의 현명하고 충성스런 신하인 태위를 지낸 이고와 두교를 살해하니, 천하가 그것을 원통해하였다. 그 후 양씨梁氏가 주멸되었다.

[一] 說文曰:「肋, 脅骨也.」
    『설문』에서 말하였다. "'협肋'은 갈비다."

---

215) 北地郡: 전국 시기 진에서 설치하였다. 관아는 義渠縣에 두었는데, 지금의 감숙성 西峰市다. 전한에서는 馬領縣(지금의 감숙성 慶陽縣)으로 관아를 옮겼고, 후한에서 다시 富平縣(지금의 寧夏自治區 吳忠縣)으로 옮겼다. 관할 지역은 지금은 영하 賀蘭山·山水河 이동 및 감숙 環江·馬蓮河 유역이다. 후한 말에 폐지하였다.

216) 廉縣: 전한에서 설치하였고, 北地郡에 속하였다. 관아는 지금의 영하 賀蘭縣 서북 暖泉 부근에 두었다. 후한 말에 폐지하였다.

『後漢書』 志第十五, 「五行三」

聽: 들음

五行傳曰:「簡宗廟, 不禱祠,〔一〕 廢祭祀,〔二〕 逆天時,〔三〕 則水不潤下.」〔四〕 謂水失其性而爲災也.〔五〕 又曰:「聽之不聰, 是謂不謀.〔六〕 厥咎急,〔七〕 厥罰恆寒,〔八〕 厥極貧.〔九〕 時則有鼓妖,〔一〇〕 時則有魚孽,〔一一〕 時則有豕禍,〔一二〕 時則有耳痾,〔一三〕 時則有黑眚·黑祥, 惟火沴水.」魚孽, 劉歆傳以爲介蟲之孽, 謂蝗屬也.〔一四〕

『홍범오행전洪範五行傳』에서 말하였다. "(군주가) 종묘宗廟를 소홀히 하고 (신에게 복을 비는) 도사禱祠를 지내지 않으며, 제사를 폐기하고 천시天時에 역행하면 물水이 젖어들어 아래로 흐르지 않는다." (이는) 물이 그 본성을 잃어 재이災異가 된 것을 말함이다. 또 말하였다. "(군주가) 다른 사람의 말을 잘 듣지 않는 것不聰,1) 이것을 일러 '(함께) 도모할 수 없다不謀'고 한다. 그 흉조咎徵는 도량이 좁음急(으로 나타나고) 그 벌은 (절기에 맞지 않게) 계속 추운 것恆寒이며, 그 극단極은 곤궁함貧이다. (이는) 때로는 고요鼓妖2)로 나타나고 때로는 어얼魚孽로 나타나기도 하며, 때로는 시화豕禍

---

1) 不聰: 듣는 것聽이 그 이상적인 상태에 이르지 못한 것을 말한다. 이상적 상태인 '聰'은 여러 의견을 두루 잘 듣고 사람들의 생각을 이해할 수 있는 것을 말한다.
2) 鼓妖: 북鼓과 관련된 異變이 아니라 들릴 수 없는 소리가 들리는 것을 말한다. 『漢書』「五行志」에 따르면 소牛가 없는 곳에서 소의 울음소리가 들리고 치지 않은 종소리가 들리며 맑은 날 천둥소리가 나는 것 등이 그것이다. 『漢書』卷27中之下,「五行中之下」, 1428~1429쪽을 참조.

로 나타나고 때로는 이아耳疴로 나타나기도 하며, 때로는 흑생黑眚과 흑상黑祥
으로 나타나기도 하니 화기火氣가 수기水氣를 해친 것이다." 어얼은 유흠劉歆의
『오행전五行傳』에는 개충얼介蟲孽로 되어 있는데, 황충류蝗蟲類를 말한다.

[一] 鄭玄注曰:「虛·危爲宗廟.」
      정현鄭玄이 주해注解하여 말하였다. "허수虛宿3)와 위수危宿4)는 종묘를 의미한다."

[二] 鄭玄曰:「牽牛主祭祀之牲.」
      정현이 말하였다. "견우牽牛5)는 제사의 희생犧牲을 주관한다."

[三] 鄭玄曰:「月在星紀, 周以爲正, 月在玄枵, 殷以爲正, 皆不得四時之正, 逆天時之象也.
      春秋 定十五年『夏五月辛(卯)[亥]郊』, 譏運卜三正, 以至失時, 是其類也.」
      정현이 말하였다. "주周나라는 달[月]이 (황도黃道 12궁宮 중) 성기星紀6)에 있을
      때7)를 정월로 삼았으며 은殷(商)나라는 달이 현효玄枵8)에 있을 때9)를 정월로
      삼았는데 모두 사시四時의 법도에 맞지 않으며,10) 천시를 거스르는 도리다. 『춘추春
      秋』「정공定公 15년」조條에 '여름 5월 신해일辛亥日에 교제郊祭를 지냈다.'고 한
      것은 (하력夏曆·은력殷(商)曆·주력周曆)의 세 정월을 점침으로써 시기를 놓치는

---

3) 虛宿: 28宿 중의 하나로 북방 玄武의 7수(斗·牛·女·虛·危·室·壁) 중 넷째 별자리.
    祠廟를 주관한다.
4) 危宿: 28수 중의 하나로 북방 현무의 7수 중 다섯 번째 별자리. 사묘를 주관한다.
5) 牽牛: 牛宿. 28수 중의 하나로 북방 현무의 7수 중 두 번째 별자리. 犧牲을 상징한다.
6) 星紀: 해, 달, 五星의 운행과 절기의 변화를 설명하기 위해 黃赤道 부근의 一周天을
    서쪽에서 동쪽으로 12개로 등분한 星次, 즉 黃道 12宮 중 하나. 12支의 丑에 해당하고
    28수의 斗宿와 우수가 여기에 해당한다. 『左傳』, 「襄公二十八年」, "歲在星紀, 而淫於玄
    枵.[杜預注: 歲, 歲星也. 星紀, 在丑·牛之次.」 참고로 12성차를 제시하면 다음과
    같다. 降婁, 大梁, 實沉, 鶉首, 鶉火, 鶉尾, 壽星, 太火, 析木, 星紀, 玄枵, 娵訾.
7) 月在星紀: 24절기 중 동지를 포함하는 달로 夏曆에서는 11월에 해당한다.
8) 玄枵: 성차의 하나. 12지의 子에 해당하고 28수의 女·虛·危宿에 해당한다. 『左傳』,
    「襄公二十八年」, "歲在星紀, 而淫於玄枵.[杜預注: 玄枵在子, 虛·危之次. 陽伯峻注: 玄枵有三
    宿, 女·虛·危. 虛宿在中.」 분야설에 따르면 齊 땅에 해당한다.
9) 月在玄枵: 24절기 중 大寒을 포함하는 달로 하력에서는 12월에 해당한다.
10) 『漢書』「律曆志」는 『左傳』을 인용하며 "夏數得天, 得四時之正也."라고 하여 殷(商)曆,
    周曆과는 달리 하력이 하늘의 법칙에 부합하고 四時의 법도에 맞다고 하였다.
    하력이 하늘의 법칙에 부합한다는 『좌전』의 기사는 「昭公十七年」條에 "夏數得天."으
    로 나온다.

데 이른 것11)을 비난한 것이니,12) 이것이 (천시를 거스른다고 하는) 그 부류다."

[四]　鄭玄曰:「君行此四者, 爲逆天北宮之政也. 北宮於地爲水. 水性浸潤下流, 人所用灌漑者也. 無故源流竭絶, 川澤以涸, 是爲不潤下. 其他變異皆屬沴.」

정현이 말하였다. "군주가 이상 네 가지를 행하는 것은 하늘 북궁北宮의 다스림을 거스르는 것이다. (하늘) 북궁은 지상에서는 물[水]에 해당한다. 물의 본성은 스며들어 아래로 흐르는 것으로 사람이 이용하여 물댈 수 있다. 이유 없이 물의 근원과 지류가 다 마르고 내와 못의 물이 마르는 것, 이것이 (물이) 스며들어 아래로 흐르지 않는 것이다. 기타 변이變異는 모두 상하게 하는 것[沴]에 속한다."

[五]　太公六韜曰:「人主好破壞名山, 壅塞大川, 決通名水, 則歲多大水, 五穀不成也.」

『태공육도太公六韜』13)에서 말하였다. "군주가 이름난 산을 파괴하고 큰 하천을 막고, 이름난 물길을 터 통하게 하는 것을 좋아하면 (그) 해에는 홍수가 많이 나서 오곡이 익지를 않는다."

[六]　鄭玄曰:「君聽不聽, 則是不能謀其事也.」 洪範曰:「聽作謀.」 孔安國曰:「所謀必成當.」 馬融曰:「上聽則下進其謀.」

정현이 말하였다. "군주가 (다른 사람의 말을) 잘 듣지 않으면 능히 그 일을 도모할 수 없다." (『상서尙書』) 「홍범洪範」에서 말하였다. "(오사五事 중 듣는 것[聽]과 관련하여) 타인의 말을 듣고 밝게 살피면 도모할 수 있다." 공안국孔安國이 말하였다. "(다른 사람의 말을 잘 들으면) 도모한 것이 반드시 이루어진다." 마융馬融이 말하였다. "윗사람이 (다른 사람의 말을) 잘 들으면 아랫사람이 그 계획을 아뢸

---

11) 『禮記』 「郊特牲」 鄭玄注에 따르면 郊祭는 하력 정월, 辛日에 지낸다(三王之郊, 一用夏正, 魯以無冬至祭天於圜丘之事. 是以建子之月郊天, 示先有事也. 用辛日者, 凡爲人君, 當齋戒自新耳). 그런데 魯定公 15년(BC. 495) 교제를 시기를 넘겨 여름 5월에나 지내게 되었는데, 세 번 점을 쳐서 옮겨진 결과였다.

12) 『公羊傳』, 「定公十五年」, "夏, 五月, 辛亥. 郊. 曷爲以夏五月郊. 三卜之運也."

13) 『太公六韜』: 兵書. 西周 시기 일명 姜太公으로 불리는 呂望(呂尙)이 찬술한 것으로 알려져 있다. 여망은 주나라를 도와 商나라를 멸망시킨 공으로 제 땅에 封해졌다. 지략이 뛰어나고 판단이 정확했으며, 用兵을 잘 한 것으로 알려져 있는데 이로 인해 戰國 시대 사람이 그의 이름에 가탁하여 지은 것으로 보인다. 六韜란 文·武·龍·虎·豹·犬으로, 각 1卷씩 총 6권으로 구성되어 있다. '韜'란 활집의 의미로, 용병의 책략을 말한다. 그러나 『漢書』 「藝文志」의 '兵書略'에서 보이지 않고, '諸子略' 儒家의 항에 보인다. 先秦의 군대 편제·관리·훈련·행군·포진·공수·병기 및 군사 이론에 관한 것으로 포괄하지 않은 것이 없다. 周文王 및 武王과 태공 사이의 문답 형식으로 되어 있고 注를 달았다.

수 있다."

[七] 鄭玄曰:「君臣不謀則急矣.」 易傳曰:「誅罰絶理, 不云下也; 顓事有知, 不云謀也.」
정현이 말하였다. "군신이 서로 상의하지 않으면 도량이 좁아진다."『(경방)역전(京房)易傳』에서 말하였다. "주벌하는 것이 도리를 저버리면 (그 주벌을) 아래에 행했다고 할 수 없고, 멋대로 일을 처리함에 지혜를 썼다면 도모했다고 말할 수 없다."[14]

[八] 鄭玄曰:「聽曰水, 水主冬, 冬氣藏, 藏氣失, 故常寒.」
정현이 말하였다. "(오사의) 듣는 것[聽]은 (오행五行의) 물에 해당하고, 물은 겨울[冬]을 주관한다. 겨울의 기氣는 (만물을) 숨기는 기[藏氣]로 장기藏氣가 손상되면 계속 춥게 된다."

[九] 鄭玄曰:「藏氣失, 故於人爲貧.」
정현이 말하였다. "장기가 손상되면 사람이 빈곤하게 된다."

[一〇] 鄭玄曰:「鼓聽之應也.」
정현이 말하였다. "북[鼓]은 (오사의) 듣는 것에 대응한다."

[一一] 鄭玄曰:「魚, 蟲之生水而游於水者也.」
정현이 말하였다. "물고기[魚]는 물에서 생겨나 물속에서 움직이는 동물이다."

[一二] 鄭玄曰:「豕, 畜之居閑衛而聽者也, 屬聽.」
정현이 말하였다. "돼지[豕]는 가로막힌 울타리 안에서 살며 (사람들의 말을 잘) 듣는 가축으로, (오사 중) 듣는 것에 속한다.

[一三] 鄭玄曰:「聽氣失之病.」
정현이 말하였다. "(이아는) 청기聽氣가 손상되어 발생한 병이다."

[一四] 月令章句:「介者, 甲也. 謂龜蟹之屬也.」 古今注曰:「光武 建武四年, 東郡以北傷水. 七年六月戊辰, 雒水盛, 溢至津城門, 帝自行水, 弘農都尉治(折)[析]爲水所漂殺, 民溺,

---

14) 『漢書』「五行上」에는 『京房易傳』의 내용이 "顓事有知, 誅罰絶理, 厥災水,…"라고 되어 있어, 본문의 '不云下也', '不云謀也'라는 구절은 보이지 않는다.

傷稼, 壞廬舍. 二十四年六月丙申, <u>沛國 睢水</u>逆流, 一日一夜止. <u>章帝 建初</u>八年六月癸巳, <u>東昏</u>城下池水變赤如血. 臣昭案: 諸史<u>光武</u>之時, 郡國亦嘗有水災, 而志不載. 本紀「八年秋大水」, 又云「是歲大水」, 今據<u>杜林</u>之傳, 列之<u>孝和</u>之前. <u>東觀書</u>曰:「<u>建武</u>八年閒, 郡國比大水, 涌泉盈溢. <u>杜林</u>以爲倉卒時兵擅權作威, <u>張氏</u>雖皆降散, 猶尚有遺脫, 長吏制御無術, 令得復熾, 元元侵陵之所致也. 上疏曰:『臣聞先王無二道, 明聖用而治. 見惡如農夫之務去草焉, 芟夷蘊崇之, 絕其本根, 勿使能殖, 畏其易也. 古今通道, 傳其法於有根. 狼子野心, 奔馬善驚. <u>成王</u>深知其終卒之患, 故以<u>殷</u>氏六族分<u>伯禽</u>, 七族分<u>康叔</u>, <u>懷</u>姓九宗分<u>唐叔</u>, 撿押其姦宄, 又遷其餘於<u>成周</u>, 舊地雜俗, 旦夕拘錄, 所以挫其强御之力, 詘其驕恣之節也. 及<u>漢</u>初興, 上稽舊章, 合符重規, 徙<u>齊</u>諸田, <u>楚 昭·屈·景</u>, <u>燕·趙·韓·魏</u>之後, 以稍弱六國强宗. 邑里無營利之家, 野澤無兼并之民, 萬里之統, 海內賴安. 後輒因衰麤之痛, 脅以送終之義, 故遂相率而陪園陵, 無反顧之心. 追觀往法, 政皆神道設教, 强幹弱枝, 本支百世之要也. 是以皆永享康寧之福, 無怵惕之憂, 繼嗣承業, 恭己而治, 蓋此助也. 其被災害民輕薄無累重者, 兩府遣吏護送饒穀之郡. 或懼死亡, 卒爲傭賃, 亦所以消散其口救, 瞻全其性命也. 昔<u>魯隱</u>有賢行, 將致國於<u>桓公</u>, 乃留連貪位, 不能早退. 況草創兵長, 卒無德能, 直以擾亂, 乘時擅權, 作威玉食, (⿰犭且)猱之意, 徼幸之意, 曼延無足, <u>張步</u>之計是也. 小民負縣官不過身死, 負兵家滅門殄世. 陛下昭然獨見成敗之端, 或屬諸侯官府, 元元少得舉首仰視, 而尚遺脫, 二千石失制御之道, 令得復昌熾從橫. 比年大雨, 水潦暴長, 涌泉盈溢, 災壞城郭官寺, 吏民廬舍, 潰徙離處, 潰成坑坎. 臣聞水, 陰類也. <u>易</u>卦「地上有水比」, 言性不相害, 故曰樂也. 而猥相毀墊淪失, 常敗百姓安居. 殆陰下相爲蠹賊, 有小大勝負不齊, 均不得其所, 侵陵之象也. 詩云:「畏天之威, 于時保之.」唯陛下留神明察, 往來懼思, 天下幸甚.』」<u>謝承書</u>曰:「<u>陳宣 子興</u>, <u>沛國 蕭</u>人也. 剛猛性毅, 博學, 明<u>魯</u>詩. 遭<u>王莽</u>篡位, 隱處不仕. <u>光武</u>卽位, 徵拜諫議大夫. <u>建武</u>十年, <u>雒水</u>出造津, 城門校尉欲奏塞之, <u>宣</u>曰:『昔<u>周公</u>卜<u>雒</u>以安宗廟, 爲萬世基, 水不當入城門. 如爲災異, 人主過而不可辭, 塞之無益. 昔<u>東郡 金堤</u>大決, 水欲沒郡, 令·吏·民散走; 太守<u>王尊</u>亡身勑以任立不動, 水應時自消. <u>尊</u>人臣, 尙修正弭災, 豈況朝廷中興聖主, 天所挺授, 水必不入.』言未絕, 水去. 上善其言. 後乘輿出, <u>宣</u>列引在前, 行遲, 乘輿欲驅, 鉤<u>宣</u>車蓋使疾行, 御者隨車下. <u>宣</u>前諫曰:『王者承天統地, 動有法度, 車則和鸞, 步則佩玉, 動靜應天. 昔<u>孝文</u>時, 邊方有獻千里馬者, 還而不受. 陛下宜上稽<u>唐 虞</u>, 下以<u>文帝</u>爲法.』上納其言, 遂徐行按轡. 遷爲河堤謁者, 以病免, 卒於家.」

『월령장구<u>月令章句</u>』[15])에서 말하였다. "'개介'는 단단한 껍질[甲]을 의미한다. 거북이

---

15) 『月令章句』: 後漢 蔡邕이 찬술한 「月令」 관련 단편 저작. 「월령」은 본래 『禮記』의 한 편으로 12개월에 따른 政令을 말하는 것이지만 농사에 국한된 것만이 아니라 禮 규범에 근거하여 1년 4계절의 추이와 그에 따라 인간이 지켜야 할 일들을 정한 것이다. 뿐만 아니라 그 정해진 규칙에 따라 행동하면 인간계와 자연계가 모두 순조롭지만 그렇지 않으면 災禍가 일어난다고 믿었는데 이를 '月令思想(時令思想)'이라고 한다. 이 월령 사상은 군주는 자연계의 법칙과 인간의 활동을 배려하여 정령을 제정해야 한다는 사상으로 발전하며 당시 災異說과 결합하였다.

나 게와 같은 부류를 말한다."『고금주古今注』에서 말하였다. "광무제光武帝(재위 25~57) 건무建武 4년(28), 동군東郡 이북에 수해가 났다. (건무) 7년(31) 6월 무진戊辰(6일), 낙수洛水의 물이 불어 넘쳐 진성문津城門16)에까지 이르니 황제가 친히 치수治水를 행하였다. 홍농도위弘農17)都尉18)가 석현析縣19)에서 치수 작업을 하다 물에 휩쓸려 사망하였고 백성들은 물에 빠져 죽었으며, 곡식이 상하였고 가옥이 무너졌다. (건무) 24년(48) 6월 병신丙申(13일), 패국沛國20) 휴수睢水가 역류하다가 하루 낮밤 만에 그쳤다. 장제章帝(재위 75~88) 건초建初 8년(83) 6월 계사癸巳(3일), 동혼현성東昏縣21)城 아래 못의 물이 피처럼 붉은 색으로 변하였다." 신臣 유소劉昭가 살펴보니 다음과 같았습니다. 여러 사서에 따르면 광무제 시기 군국郡國에도 역시 일찍이 수재가 있었지만 (『속한서續漢書』)「오행지五行志」에는 기재되어 있지 않습니다. (대신『후한서後漢書』)「광무제기光武帝紀」에는 '(건무) 8년(32) 가을에 홍수가 났다.'고 하였고 또 '이 해에 홍수가 났다.'고 하였는데, 지금 (『동관서東觀書』)「두림전杜林22)傳」에 근거하여 (『속한서』「오행지」에서 가장 먼저 서술한) 화제和帝(재위

---

16) 津城門: 『後漢書』 顔師古注에 따르면 津門으로 불리는 洛陽城에 있었던 12문 중 남쪽을 향하고 있던 서쪽문인 西頭門을 말하는데, 일명 津陽門으로도 불린다(津門, 洛陽南面西頭門也, 一名津陽門).

17) 弘農(郡): 前漢 元鼎 4년(BC. 113) 설치하였고, 관아는 지금의 河南省 靈寶市에 해당하는 弘農縣에 두었다. 관할 지역은 지금의 하남성 황하 이남·宜陽 이서의 洛水·伊水·浙川 등의 유역과 陝西省 낙수·社川河 상류·丹江 유역에 해당한다. 후한 시기 영역이 다소 축소되었고, 靈帝 시기 恒農郡으로 개칭하였다. 西晉 때 다시 弘農郡이 되었다가 北魏 天安 원년(466), 拓跋弘을 避諱하여 다시 항농군이 되었다. 隋 초에 폐지되었다가 大業 3년(607)에 다시 설치되었다. 唐 武德 원년(618)에 鼎州가 되었다가 天寶 원년(742) 다시 홍농군이 되었다.

18) 都尉: 武官名. 전국 시기 秦·趙 등에서 설치하였다. 전한 景帝 시기 郡尉를 都尉로 改稱하였다. 太守를 도와 郡의 군사를 관장하였다. 변경 지역에는 屯田을 담당하는 農都尉와 夷狄의 통치를 담당했던 屬國都尉가 설치되기도 하였다. 후한 光武帝 建武 7년(31) 內郡의 도위를 폐지하고 그 역할을 태수가 겸하게 하였다. 曹魏에서는 將兵都尉, 撫軍都尉 등이 설치되었다.

19) 析縣: 진에서 설치하고 南陽郡에 속하게 하였다. 관아는 지금의 하남성 西峽縣에 두었다. 전한 시기에는 홍농군에 속하였다. 후한에서는 다시 남양군에 속했으며, 조위에서는 南鄉郡에 속하였다. 劉宋 시기 폐지되었다.

20) 沛國: 후한 광무제 건무 20년(44) 沛郡을 고쳐 설치하였다. 관아는 相縣에 두었는데, 지금의 安徽省 淮北市에 해당한다. 관할 지역은 지금의 안휘성 蕭縣·毫州·固鎭·五河·靈璧·회북·濉溪·宿州·宿縣 및 江蘇省 沛縣·豊縣·하남성 永城 등을 포함하였다. 조위에서는 관아를 지금의 패현(지금의 강소성 패현)으로 옮겼다. 서진 시기 이전 장소로 관아를 옮겼다. 이후 다시 군이 되었다.

21) 東昏縣: 전한에서 설치하고 陳留郡에 속하게 하였다. 관아가 있던 곳은 지금의 하남성 蘭考縣 동북 東昏放園이다. 서진에서 폐지하였다.

22) 杜林(?~47): 字는 伯山, 扶風 茂陵(지금의 섬서성 興平) 출신. 어려서부터 학문을

88~105) 시기의 (사례보다) 앞에 (그 기사들을) 기술하고자 합니다. 『동관서』에서 (다음과 같이) 말하였다. "건무 8년(32) 1년 동안 군국 7곳23)에서 큰 물난리가 나 샘에서 물이 솟구쳐 올라 넘쳤다. 두림은 전란 시에 병사들은 권력을 멋대로 휘두르며 마음대로 형벌을 행하였고, 장씨張氏24)들은 비록 모두 항복하여 흩어졌지만 여전히 (토벌에서) 벗어난 이들이 있었으나 장리長吏25)는 (그것을) 제어할 방법이 없어 (그들의 세력이) 다시 기세를 올려 백성들을 괴롭힌 것이 (큰 홍수를) 이르게 한 이유라고 여겼다. (그러므로 두림이) 상소上疏하여 말하기를 '신이 듣기에 선왕에게는 두 가지 도가 없고, 명철한 성인은 (그 한 가지 도를) 이용하여 다스린다고 합니다. 악을 보기를 마치 농부가 잡초를 제거하는 것에 힘쓰는 것과 같이 하여 그것을 베어내어 높이 쌓아 그 근본을 잘라 능히 증식하지 못하게 하는 것26)은 (악이 쉬이 증식하는 것을) 두려워하기 때문입니다. (이는) 고금의 불변하는 도리로서 근본에 대한 방법으로 전해 내려오는 것입니다. 이리의 새끼에게는 흉포한 마음이 있고27) 잘 달리는 말은 잘 놀란다고 하였습니다.28)

좋아하여 通儒로 불렸다. 隗囂의 간절한 바람에도 동생의 服喪을 핑계로 관직에 나가지 않았다. 이후 광무제에게 입사하여 건무 6년(30) 侍御史가 되었다. 光祿勳을 역임하였고 東海王의 太傅가 되었으며 大司空에 이르렀다. 古文學을 좋아하여 漆書 『古文尙書』를 얻어 항상 몸에 지니고 다닐 정도였다고 한다. 『尙書』보급에 노력하였다. 후한 郊祀制度 제정에 깊이 관여하였다. 『後漢書』卷27에 傳이 있다.

23) 校勘에 따라 원문의 '比'를 '七'로 고쳐 해석하였다.

24) 張氏: 張步의 일당들. 장보(?~32)는 字가 文公이고 琅邪郡 不其縣(지금의 山東省 卽墨市) 출신이다. 王莽 말기 천하에 대란이 일어난 것을 틈타 기병하였다. 齊의 낭야군을 중심으로 한 12군을 근거로 五威將軍을 자칭하였다. 이후 梁王 劉永을 따랐고 輔漢大將軍·忠節侯가 되었다. 유영 사후에는 그의 아들 劉紆를 천자로 옹립하였지만 건무 5년(29) 광무제의 공격을 받고 항복하였다. 건무 8년(32), 광무제가 외효를 정벌하는 사이 세력을 다시 모아 산동에서 기병하였으나 낭야태수 陳俊에게 잡혀 살해당하였다.

25) 長吏: 『漢書』「百官公卿表」에 의하면 "縣令·長, 皆秦官, 掌治其縣. 萬戶以上爲令, 秩千石至六百石. 減萬戶爲長, 秩五百石至三百石. 皆有丞·尉, 秩四百石至二百石, 是爲長吏."라고 하여 萬戶 이상 縣에는 令이, 만호 이하에는 長이 설치되고 하부 관속으로는 縣丞과 縣尉가 있는데 이들을 長吏라 한다고 하였다. 한편 顔師古는 장리를 현의 令長이라 하였다(『漢書』卷1下, 「高祖紀」, "師古曰:「長吏, 謂縣之令長.」"). 이와는 달리 『後漢書』를 注解한 李賢은 "長吏謂縣令長及丞尉也."라 하여 현령, 현장, 현승, 현위 모두를 총칭하는 명칭으로 장리를 이해하고 있다.

26) "惡如農夫之務去草焉~勿使能殖."은 『左傳』「隱公六年」조에 보인다.

27) 『左傳』「宣公四年」조에 보이는 俗諺으로 子文이 楚 司馬子良의 아들 越椒가 그 아비를 죽일 것임을 예언하며 인용하였다. 위험을 일으킬 것은 미리 제거해야만 한다는 의미다.

28) 『左傳』, 「襄公二十八年」조에 "慶氏之馬善驚."이라는 구절이 보인다. 쿠데타가 일어난 것을 慶氏들은 알아채지 못하였는데, 그 말만이 위험을 먼저 알아챘다는 일화를

(주나라) 성왕成王29)은 그 장래에 닥칠 환란을 깊이 깨닫고 은(상)의 유민遺民 6족30)을 백금伯禽31)에게, 7족32)을 강숙康叔33)에게, 회성懷姓 9종宗34)을 당숙唐叔35)에게 나누어 주어 그 분란을 일으키는 행위를 감시하게 하였으며, 또 그 나머지 유민들을 성주成周36)로 옮겼습니다. 옛 땅의 악습에 대해 아침저녁으로 애를 쓴 것은 그 강대한 세력을 꺾고 그 교만한 태도를 굽히고자 한 것입니다. 한漢이

채용한 것이다.

29) (周)成王(?~BC. 1021): 성은 姬, 이름은 誦. 주무왕 姬發의 아들, 모친은 齊太公 여망의 딸인 邑姜이다. 서주의 두 번째 왕으로 22년 동안 재위하였다고 알려져 있다. 어려서 繼位하였기에 숙부인 周公旦이 攝政을 하였고, 이에 불만을 가진 管叔과 蔡叔이 난을 일으켰다. 이른바 三監의 亂이다. 주공의 도움으로 삼감의 난을 평정하였고 親政 후에는 洛邑, 즉 成周를 조영하고 諸侯들을 대대적으로 分封하였으며 주공에게 명하여 禮樂을 제정하게 하는 등 왕조의 통치를 강화하였다. 康王의 시기와 더불어 '成康之治'로 불린다.

30) 六族: 은(商)의 遺民 條氏, 徐氏, 蕭氏, 索氏, 長勺氏, 尾勺氏를 말한다.

31) 伯禽: 성은 희, 이름은 禽이다. 伯은 서열을 나타내는 것으로 존칭은 禽父다. 주문왕 姬昌의 손자며 주무왕 희발의 조카이자 주공단의 장자다. 제후국 魯國의 첫 번째 國君이다. 노 땅에 책봉된 주공이 鎬京에 남아 성왕을 보좌하게 되자 그의 아들인 백금이 대신 노국에 책봉되었다. 재위 기간 동안 徐戎의 반란을 평정하였고 노국의 정치·경제를 안정시켰다. 재위 46년 만에 사망하였고, 이후 그의 아들 魯考公이 계위하였다.

32) 七族: 은(商)의 유민 陶氏, 施氏, 繁氏, 錡氏, 樊氏, 饑氏, 終葵氏를 말한다.

33) 康叔: 주대 제후국인 衛國의 시조. 성은 희고 이름은 封이다. 주문왕의 아홉 번째 아들이며, 주무왕의 동생이다. 처음에 畿內의 康國(지금의 하남성 禹州市)에 책봉되어 康叔 또는 康叔封이라 불렸다. 성왕 즉위 후 삼감의 난이 발생하고 난을 평정한 공으로 상왕조의 수도였던 朝家(지금의 하남성 淇縣)에 改封되어 위나라를 세웠다. 강숙이 封地로 갈 때 주공이 〈康誥〉·〈酒誥〉·〈梓材〉를 지어 치국의 법도로 삼게 한 것은 유명하다. 백성을 사랑하고 관대했던 강숙의 통치로 인하여 위나라는 빠르게 안정되었고 경제적으로도 번영하였다고 한다. 성왕이 성년이 된 후 강숙의 탁월한 공적을 인정하여 그를 司寇로 발탁하여 형옥과 소송 등의 일을 담당하게 하였다. 강숙 사후 그 아들 衛康伯이 계승하였다.

34) 懷姓九宗: 唐, 즉 堯의 遺民으로 懷姓의 9개 종족을 말한다.

35) 唐叔: 주대 제후국 晉國의 시조. 성은 희고 이름은 虞며, 字는 子于다. 주성왕의 동생이다. 주공이 삼감의 난을 진압하는 東征에서 승리한 후, 성왕이 夏나라 옛 도읍지인 夏墟 땅에 책봉하며 회성 9개 종족을 나누어 주어 翼(지금의 山西省 翼城)에 建都하게 하였다. 처음의 국호는 唐이었지만 아들 燮이 계위한 후 남쪽에 있는 晉水로 인하여 晉으로 개칭하였다.

36) 成周: 서주의 도성인 낙읍을 말한다. 西都 宗周, 즉 호경이 주의 종묘를 둔 본거지라면 東都 성주는 동방 경영을 목적으로 건설된 정치 도시다. 무왕이 상나라를 멸하고 주공 책임 하에 중원에 新都를 건립하였는데, 이것이 성주다. 성왕 5년 완성된 후 九鼎을 이곳에 설치하였다고 한다.

처음 흥기한 후 주상主上께서 옛 제도를 상고하여 법도에 부합하고자 제齊의 여러 전씨田氏들37)과 초楚의 소昭·굴屈·경씨景氏38)들 연燕·조趙·한韓·위魏의 후예들을 옮겨39) 6국의 강대한 종족들을 약화시키셨습니다. (그 결과) 읍리邑里에는 사사로운 이익을 꾀하는 집안이 없고, 산야와 초택野澤40)에는 겸병하는 백성들이 없어 만 리가 (황제에 의해) 다스려지고 천하가 (그에) 의존하여 편안해졌습니다. 이후 번번이 삼년상의 슬픔이 일어나면 황제를 추도한다는 명목으로 핍박하였기에 마침내 (호족豪族들은 일족을) 서로 이끌고 원릉園陵 부근으로 이주하였고41) (결국 옛 땅을) 생각하지 않게 되었습니다. (선왕의) 지난 법을 돌이켜보면 정치는 모두 신도神道에 근거하여 교화를 베풀었으니,42) 줄기를 굳세게 하고 가지를 약하게 하는 것[强幹弱枝]은 자손을 백세토록 번창시키는43) 요체입니다. 이로써 모두 영구히 편안함의 복[康寧]44)을 누릴 수 있게 되어 두려워하고 삼가는 우환도

---

37) (齊)諸田氏: 제나라의 왕족 田氏들을 말한다. BC. 481년 제의 田成子는 簡公을 살해하고 平公을 옹립한 후 스스로 相國이 되어 자신의 封邑을 확대한다. 이로부터 제나라는 전씨들에 의해 장악되게 되는데, BC. 391년에는 전성자의 4대손이었던 田和가 康公을 폐위하였고, 5년 뒤 BC. 386년에는 강공을 추방하고 스스로 국군의 자리에 오른 후 같은 해 周安王으로부터 책봉을 받게 된다. 역사상 田齊의 출현이다.

38) (楚)昭·屈·景氏: 전국 시기 楚의 재상을 배출한 집안들이다. 초에는 이들 세 집안을 관리하는 三閭大夫라는 직책이 설치되어 있었다. 『史記』 卷84,「屈原傳」, "漁父見而問之曰:「子非三閭大夫歟?」離騷序曰:「三閭之職, 掌王族三姓, 曰昭·屈·景, 序其譜屬, 率其賢良, 以厲國士.」何故而至此?"

39) 『史記』에 따르면 한고제 9년(BC. 198)에 전국의 豪強들을 대상으로 하는 대대적인 徙民이 실시되었다. 『史記』 卷8,「高祖本紀」, "是歲, 徙貴族楚昭·屈·景·懷·齊田氏關中.";『史記』 卷99,「劉敬列傳」, "臣願陛下徙齊諸田, 楚昭·屈·景, 燕·趙·韓·魏後, 及豪桀名家居關中."

40) 邑里와 野澤은 모두 민간을 비유한 말이다.

41) 황제의 능묘를 조성하고 그 능묘 주위에 능묘 관할의 책임을 지는 邑을 조성하여 지방의 豪族을 강제 이주시킨 陵邑徙民을 말하고 있다. 지역에서 세력을 떨치던 호족을 근거지로부터 유리시켜 그들의 세력을 약화시키는 대표적인 强幹弱支策이라고 할 수 있다. 전한 시기 능읍사민 정책에 대해서는 閔斗基,「前漢의 陵邑徙民策 - 强幹弱支策으로서의 그 구체적 內容에 對한 試考」,『歷史學報』 9(1957)를 참조.

42) 『易』「觀」에 "聖人以神道設敎, 而天下服矣."라는 구절이 있다. 『周易傳義』에서는 "天道가 지극히 神妙하기에 神道라고 하였다(天道至神, 故曰神道)."고 주해하였다.

43) 『詩』「大雅·文王之什」,〈文王〉에 "文王孫子, 本支百世."라는 구절이 있다. 정현에 따르면 본은 本宗이고 支는 支子를 의미한다. 군주의 자손 중 嫡子는 백세토록 天子가 되고 支庶는 백세토록 제후가 되게 하는 것이다 (本, 本宗也. 支, 支子也.…故天下君之其子孫適爲天子, 庶爲諸侯皆百世).

44) 康寧: 五福의 하나. 『尙書』「周書·洪範」에 "五福, 一曰壽, 二曰富, 三曰康寧, 四曰攸好德, 五曰考終命." 六極의 하나인 '憂'의 상대 개념이다. 『史記集解』에서 인용한 정현의 주해에 따르면 '편안하다'는 뜻이다(鄭玄曰:「康寧, 平安.」).

없게 되었고, 후계자는 왕법을 이어 공경하고 근신함으로써 자신을 단속하여 다스려짐을 이뤘으니[45] 대개 이로부터 도움을 받은 것입니다. (이번에) 재해를 입은 백성들 중에 보잘 것 없고 (의지할 만한) 가솔과 재산이 없는 이들은 양부兩府에서 관리를 파견하여 곡식이 넉넉한 군郡으로 호송해야 합니다. 혹 죽는 것을 두려워하여 최후의 (방법으로) 품팔이하고 있는 자들 역시 그 입의 (굶주림을) 해소해 주어 그 생명을 온전하게 구해주어야 합니다.[46] 옛날 노魯나라 은공隱公[47]에게는 훌륭한 행적이 있었고 장차 환공桓公[48]에게 국군國君의 지위를 넘겨주고자 하였지만 (그런 은공도) 질질 끌며 자리를 탐하여 일찍 넘겨주지는 못하였습니다. 하물며 조야粗野한 병단兵團의 장長들은 결국에는 (어떠한) 덕도 능력도 없음에도 다만 전란을 틈타 유리한 시기를 이용하여 멋대로 권세를 부려 형벌을 함부로 행하고 맛있는 음식을 먹으며,[49] 교활한 마음과 요행만을 바라는 생각이 만연하여 만족할 줄 모르니 장보張步의 계책이 이것입니다. 소인小人이 현縣의 관리를 배반하면 자신만 죽는 것에 그치지만 병가兵家를 배신하면 일문이 멸절되어 세계世系가 끊어지게 됩니다. 폐하께서는 분명하게 성공과 실패의 단서를 홀로 깨달으시거나 또는 제후諸侯와 관부에 위임하셔서 백성들이 조금이나마 머리를 들어 (폐하를) 우러러 보게 되었지만, 여전히 벗어난 (잔적殘賊들이 있으나) 태수太守二千石[50]는 (그들을) 제어할 방법을 잃어 다시 창성하고 횡포할 수 있게 되었습니다. 매년 큰 비가 이어져 물웅덩이가 급격하게 늘어나고 샘이 가득 차 넘치며 수재가 성곽과 관사, 관리와 백성의 가옥을 파괴하고 어지러이 흘러 (건물을) 먼 곳으로

---

45) 『論語』「衛靈公」에 따르면 '恭己而治'는 舜임금의 無爲의 통치를 칭송하는 표현이다. "子曰, 無爲而治者其舜也與. 夫何爲哉. 恭己正南面而已矣."

46) 현행 『東觀漢記』에 따라 "亦所以消散其口救, 贍全其性命也."를 "亦所以消散其口, 救贍全其性命也."로 표점하여 해석하였다.

47) 魯隱(?~BC. 712): 노나라 隱公. 성은 희고, 이름은 息姑, 隱은 諡號다. 주공단의 8대 손이며 惠公의 아들이다. 모친이 媵妾으로 嫡夫人보다 지위가 낮아 嫡妻인 宋仲子의 아들인 允이 태자가 되었다. 혜공 사후 태자 윤이 나이가 어린 관계로 은공이 국군의 자리에 올랐다. 후에 윤과 결탁한 公子 揮에게 암살되었다. 은공의 뒤를 이어 윤이 국군에 자리에 오르니 이가 桓公이다.

48) 桓公(?~BC. 694): 노나라 환공. 성은 희고, 이름은 允, 桓은 시호다. 노나라 혜공의 적장자며 은공의 동생으로 노나라 15대 군주다. 은공을 살해하고 BC. 711년 즉위하였다. 후에 제나라 襄公의 누이인 文姜을 부인으로 맞이하였는데, BC. 694년 문강과 제양공의 간통을 발견한 후 제나라 공자 彭生에게 살해되었다.

49) 『尙書』「周書·洪範」에는 "惟辟作福, 惟辟作威, 惟辟玉食. 臣無有作福作威玉食. 臣之有作福作威玉食, 其害于而家, 凶于而國, 人用側頗僻, 民用僭忒."이라 하여 오직 군주만이 복(賞)을 짓고 위엄(罰)을 지으며 맛있는 음식을 먹을 수 있다고 하였다.

50) 원문의 二千石은 秩祿이 이천 석에 해당하는 관원을 말한다. 漢代 지방에서는 군 太守가, 중앙에서는 九卿이 이에 해당하였다. 여기서는 지방관을 의미하기에 태수로 해석하였다.

떠내려가게도 하고 구덩이를 만들기도 합니다. 신이 듣기에 물은 음陰에 속한다고 하였습니다. 『역易』에서 '땅[坤 ☷] 위에 물[坎 ☵]이 있는 것이 비괘比卦[☷]다.'[51]라고 하였습니다. 이는 (땅과 물의) 성질이 서로 해치지 않은 것을 말하는 것이니, 이 때문에 즐거움[樂]이라고 합니다. 그러나 함부로 서로 파괴하고 침몰시켜 잃게 된다면 정말로 백성들의 편안한 삶을 손상시키게 될 것입니다. (이것은) 대개 음이 내려와 서로 (해치는) 좀벌레와 가뢰[蟊賊]가 된 것으로 크기의 크고 작음과 이기고 지는 것은 동일하지 않아도 모두 그 적합한 곳을 얻지 못하고 넘보아 업신여기는 형상입니다. 『시詩』에서 이르기를 '하늘의 위엄을 두려워하여 이제 보전할지어다.'[52]라고 하였습니다. 모쪼록 폐하께서는 마음을 기울여 통찰하시고 되풀이하여 두려워하고 반성하신다면 천하에 매우 다행일 것입니다.'하였다."
사승謝承[53]의 『후한서後漢書』에서 말하였다. "자字가 자홍子興인 진선陳宣[54]은 패국沛國 소현蕭縣[55] 사람이다. 강직하고 용감하며 성품이 굳세고 박학하였는데 (특히) 『노시魯詩』에 뛰어났다. 왕망王莽이 찬위簒位했을 때 은거하고 입사하지 않았다. 광무제가 즉위한 후 불러 간의대부諫議大夫[56]의 벼슬을 주었다. 건무 10년(34)

---

51) 比卦[☷]: 64괘 중 물을 상징하는 坎卦(☵)가 위에 있고, 땅을 상징하는 坤卦(☷)가 아래에 있어 '水地比'라고도 한다.

52) 『詩』, 「周頌·淸廟之什」, 〈我將〉에 보인다.

53) 謝承: 字는 偉平, 會稽郡 山陰縣(지금의 浙江省 紹興市) 출신. 孫權의 부인인 謝夫人의 동생으로 삼국 시기 저명한 역사가. 박학다식하였고 한번 듣고 본 것은 평생 잊지 않았던 기억력의 소유자로 알려져 있다. 五官郞中, 長沙東部都尉, 武陵太守를 역임하였다. 『後漢書』 143卷을 저술하였으나 현재는 散佚되었다.

54) 子興: 輯佚된 『八家後漢書輯注』에는 "陳宣字子興."이라 하여 '자흥'이 陳宣의 字임을 알 수 있다. 한편 『太平御覽』 「地部·救水災」에는 "陳宣字子輿."라고 나와 있다.

55) 蕭縣: 진에서 설치하고 泗水郡에 속하게 하였다. 지금의 안휘성 蕭縣에 해당한다. 전한에서는 沛郡에 속하였고 후한에서는 沛國에 속했다. 조위에서 譙郡에 속했다가 서진 때 다시 패국에 속하였다. 北齊 天保 7년(556) 承高縣으로 고쳤고, 수 開皇 6년(586) 다시 龍城縣으로 고쳤다가 18년(598) 臨沛縣이 되었다. 대업 초에 다시 소현으로 복귀되어 彭城郡에 속하였다. 당에서는 徐州에 속하였다.

56) 諫議大夫: 관직명. 진대 諫議大夫의 관을 설치하여 議論을 전담하게 하였다. 郞中令의 속관으로 십수 명이 있었다. 전한 초에는 설치하지 않았다가 元狩 5년(BC. 118) 처음 설치하였다. 낭중령을 개칭한 광록훈의 속관으로 정원은 없었고 질록은 육백 석이었다. 조위에서는 한을 계승하여 설치하였으나 晉에서는 폐지하였다. 南朝 梁과 陳에서 설치하였으며, 북위에서도 설치하였다. 북위에서는 集書省에 속하였으며 諫諍과 의론을 담당하였다. 從四品으로 북제에서 계승하였다. 수 초에는 門下省에 속하였다가 대업 3년(607) 폐지하였다. 당 초에 復置되면서 正五品上이 되었다. 高宗 龍朔 2년(662) 諫大夫가 되었다가 中宗 神龍 원년(705) 다시 간의대부가 되었다. 德宗 貞元 4년(788) 左右로 나누어 각 4인을 두고 문하성과 中書省에 나누어 배치하였다. 憲宗 元和 원년(806) 좌우의 명칭을 없애고 오직 간의대부로만 칭하였다.

낙수가 범람하여 진문津門에 이르니,57) 성문교위城門校尉가 그 문을 막을 것을 상주上奏하였다. (그 때) 진선이 말하였다. '옛날 주공周公58)은 (성주를 건설하면서) 낙양洛陽(의 적합함을) 점쳐서59) 종묘를 편안하게 하여 만세의 초석이 되게 하니 물이 성문에까지 들어오지 않았습니다. (지금 낙수가 범람하여 진문에 이른 것이) 만일 재이라면 군주의 잘못으로 인한 것으로 피할 수 없으며, 막는다 해도 소용없을 것입니다. 예전에 동군의 금제金堤60)가 크게 터져 군이 수몰될 것 같자 현령縣令·관리·백성이 뿔뿔이 흩어져 도주하였습니다. (그 때) 태수 왕존王尊61)이 몸을 던져[亡身]62) (제방이 무너지는 것을 막기 위해) 애쓰며 서서

---

57) 中華書局 標點本에는 "雒水出造津."이라고 하여 '조진'이 고유명사인 地名으로 처리되어 있다. 그러나 『水經注』 「穀水」조를 주해한 楊守敬은 "建武十年, 雒水出, 造津城門, 校尉欲奏塞之."라고 하여 낙수가 범람하여 津城門에 이른 것으로 보았다. 『太平御覽』에도 동일 기사를 인용하면서 모두 '津城門'이라고 표기하고 있다. 따라서 여기서는 '造津'을 고유명사가 아닌 "津門에 도달하다."로 해석하였다. 진문은 진양성문을 말한다.

58) 周公: 성은 희, 이름은 旦, 叔旦으로도 불린다. 서주의 걸출한 정치가, 사상가. 주문왕 희창의 넷째 아들이자, 周武王 姬發의 동생, '元聖'으로 불리는 儒學의 선구. 처음 周 땅을 采邑으로 받아 周公으로 불린다. 상왕조 멸망 후 曲阜에 책봉 받았지만 周室의 執政이 되어 장자인 백금이 봉국으로 나갔다. 무왕 사망 후 어린 성왕이 즉위하자 攝政하였다. 이때 주공의 섭정을 의심하던 管叔, 蔡叔, 霍叔 등이 상의 귀족인 武庚 및 東夷와 연합하여 반란을 일으키니(三監의 亂) 東征에 나서 반란을 평정하였다. 반란 평정 후 奄을 멸망시키고 그 땅에 衛를 비롯한 諸侯들을 대거 분봉하였다. 성왕의 명으로 성주 洛邑을 조영하였으며 禮樂을 제정하여 서주 典章制度의 기초를 놓았다. 이와 같은 주공의 업적을 『尙書大傳』에서는 "一年救亂, 二年克殷, 三年踐奄, 四年建侯衛, 五年營成周, 六年制禮樂, 七年致政成王."으로 서술하고 있다.

59) 『尙書』 「周書·洛誥」에 "予惟乙卯, 朝至于洛師, 我卜河朔黎水, 我乃卜澗水東, 瀍水西, 惟洛食, 我又卜瀍水東, 亦惟洛食, 伻來以圖, 及獻卜."이라 하여 주공이 성주를 건설할 때 점쳤던 것을 알 수 있다.

60) 金堤: 전한 시기 東郡(지금의 하남성 濮陽市), 魏郡(지금의 하남성 臨漳縣), 平原郡(지금의 산동성 平原縣) 경계 내에 있었던 황하 양 기슭의 돌 제방. 『史記』 「河渠書」와 『漢書』 「王尊傳」에 따르면 文帝 시기와 成帝 시기 황하의 물이 범람하여 金堤가 무너졌다. 『史記』 卷29, 「河渠書」, "孝文時, 河決酸棗, 東潰潰金堤, 于是東郡大興卒塞之."; 『漢書』 卷76, 「王尊傳」, "久之, 河水盛溢, 泛浸瓠子金隄, 老弱奔走, 恐水大決爲害."

61) 王尊: 字는 子贛, 전한 大臣, 涿郡 高陽縣(지금의 河北省 고양현) 출신. 어려서 부친을 여의고 백부와 숙부에게 의지하여 생활하였다. 그러나 백부와 숙부도 빈한하여 羊을 키우며 공부하였다. 학문을 좋아하고 史書에 능통하였다. 후에 군의 小吏가 되었다가 書佐에 補任되었다. 몇 년 후 여러 차례 군수의 자문에 막힘없이 답하며 군수에게 중용되어 감옥에 관한 일을 주관하게 되었다. 병으로 인해 잠시 사직하였다가 郡文學官을 師事하여 『尙書』와 『論語』를 공부하였다. 후에 郡決曹史가 되었다가 곧 幽州刺史從事가 되었다. 여러 차례 上奏와 직언이 평가되어 虢縣令이 되었다.

움직이지 않으니 물이 바로 스스로 **빠졌습니다**.[63] 왕존은 (비록) 신하였으나 항상 바른 행실을 닦아 수재를 그치게 하였습니다. 하물며 (폐하는) 조정의 중흥 성주聖主시며 하늘이 낳아 내려주신 분이시니 물은 반드시 들어오지 않을 것입니다.' (이) 말이 끝나기도 전에 물이 빠졌다. 주상이 그 말을 좋게 여겼다. 후에 (광무제가) 수레를 타고 외출할 때 진선이 (앞장서서 길을 인도하는) 선도先導로서 앞에 있었는데, 행렬이 지체되자 주상이 빨리 나가고자 하여 진선의 수레 덮개에 갈고리를 걸어 빨리 나가게 하니 말을 몰던 어자御者가 수레 아래로 떨어졌다. 진선이 (황제) 앞으로 나가 간언諫言하여 말하였다. '왕자王者는 하늘을 계승하고 땅을 거느리는 이로 거동에는 법도가 있어, 수레를 (타고 나갈 때는) 방울로 속도를 맞추고 걸을 때는 패옥佩玉으로 걸음을 조절하여[64] 동정動靜을 하늘에 조응합니다. 옛날 효문제孝文帝(재위 BC. 180-BC. 157)[65] 때, 변방에서 천리마를 헌상하였으나 돌려보내고 받지 않았습니다. 폐하께서는 마땅히 고대로는 당우唐虞[66]를 거울삼고 근래로는 문제를 모범으로 삼으십시오.' 주상이 그 말을

이후 출세와 좌천, 면관을 반복하다 성제 시기 도적에 대한 對策에 의해 東郡太守가 되었다. 『漢書』 卷76에 傳이 있다.

62) 亡身: 『藝文類聚』와 『太平御覽』에는 모두 "昔王尊正身, 金堤水退."로 되어 있다.

63) 자세한 내용은 『漢書』 本傳에서 확인할 수 있다. 『漢書』 卷76, 「王尊傳」, "久之, 河水盛溢, 泛浸瓠子金隄, 老弱奔走, 恐水大決爲害. 尊躬率吏民, 投沈白馬, 祀水神河伯. 尊親執圭璧, 使巫策祝, 淸以身填隄金隄, 因止宿, 廬居隄上. 吏民數千萬人爭叩頭救止尊, 尊終不肯去. 及水盛隄壞, 吏民皆奔走, 唯一主簿泣在尊旁, 立不動."

64) 『禮記』 「經解」에 "行步, 則有環佩之聲. 升車, 則有鸞和之音."이라는 구절이 있다. 정현에 따르면 環佩는 몸에 두르는 玉이고 鸞과 和는 모두 수레에 다는 방울이다. 걸을 때는 몸에 두른 玉의 소리로 걸음의 완급을 조절하고 수레를 타고 나갈 때는 방울 소리로 완급을 조절한다(環佩, 佩環佩玉也, 所以爲行節也.⋯鸞和皆鈴也, 所以爲車行節也).

65) 孝文帝(BC. 203~BC. 157): 이름은 恒, 한고제 劉邦의 네 번째 아들. 모친은 薄姬, 惠帝 劉盈의 동생. 전하의 다섯 번째 황제. BC. 196년 유방이 陳豨의 반란을 진압한 후 유항을 代王으로 책봉하였다. 呂后 사망 후 太尉 周勃, 丞相 陳平 등이 呂氏의 반란을 진압하고 황제로 옹립하였다. 즉위 후 與民休息 정책을 펼쳤으며 農桑을 권장하였고 조세를 경감하였다. 절검을 강조하였으며 肉刑을 폐지하는 등 善政을 펼쳤다. 그의 치세는 다음 황제 경제의 治世와 더하여 '文景之治'로 불린다. 시호는 孝文皇帝고 廟號는 太宗이다. 霸陵에 묻혔다.

66) 唐虞: 陶唐氏 堯와 有虞氏 舜을 이른다. 요는 성은 伊祁, 이름은 放勛으로 古唐國 사람이다. 黃帝(軒轅), 顓頊(高陽), 帝嚳(高辛), 虞舜과 더불어 五帝 중 한 사람이다. 제곡의 아들로 모친은 陳鋒氏다. 13세에 陶(지금의 산동성 菏澤市)에 책봉되었고 15세에 帝摯를 보좌하며 唐地에 개봉되었다. 이로써 號를 도당씨라 하였다. 20세에 천자가 되었다. 70세에 순을 얻었고, 讓位하였다. 羲和에게 명하여 曆法을 만들었으며 四時를 제정하였고, 백성들을 위해 時令을 반포하였다. 요임금과 더불어 오제 중 한 사람인 순임금은 姓은 姚, 이름은 重華, 字는 都君으로 알려져 있다. 요임금으로

받아들여 마침내 서행하며 말고삐를 당겼다. (이후 진선은 전임되어) 하제알자河堤
謁者[67]가 되었다가 병으로 사직하였고, 집에서 사망하였다.”

부터 선양을 받아 천하를 다스렸다. 국호는 유우. 맹인이었던 아버지와 악랄했던
계모에게 효성을 다했던 일화는 유명하다. 말년에 요임금과 동일하게 아들에게
양위하지 않고 황하의 범람을 막아 치수에 성공했던 禹임금에게 선양하였다.
(67) 河堤謁者: 관직명. 전한 시기 설치되어 治河·관개·제방의 일을 담당하였는데, 일상
적으로 설치된 것은 아니었다. ‘河堤使者’ 혹은 ‘護都水使者’로도 불렸다. 질록은
천 석이었다. 후한에서도 설치하였는데, 일반적으로 三府의 하급 관리들이 담당하
였다. 조위에서는 都水使者의 하부 소속관이 되어 都水臺에 예속되었으며 정원은
5명이었다. 전국에 나누어 파견되어 천하의 河渠를 순시하였다.

大水: 홍수

和帝 <u>永元</u>元年七月, 郡國九大水, 傷稼.⌐一⌐ 京房易傳曰:「顓事有知, 誅罰絶理,
厥災水. 其水也, (而)[雨]殺人, 隕霜, 大風, 天黃. 飢而不損, 茲謂泰, 厥水水殺人.
辟遏有德, 茲謂狂, 厥水水流殺人, 已水則地生蟲. 歸獄不解, 茲謂追非, 厥水寒殺
人. 追誅不解, 茲謂不理, 厥水五穀不收. 大敗不解, 茲謂皆陰, 厥水流入國邑,
隕霜殺穀.」⌐二⌐ 是時和帝幼, <u>竇太后</u>攝政, 其兄<u>竇憲</u>幹事, 及<u>憲</u>諸弟皆貴顯, 並作威
虐虐, 嘗所怨恨, 輒任客殺之. 其後<u>竇</u>氏誅滅.⌐三⌐

화제 영원永元 원년(89) 7월, 군국 아홉 곳에서 홍수大水가 나 곡식이 상하였다.
『경방역전』에서 말하였다. "정사를 (멋대로) 처리함에 지혜를 사용하고[68]
주벌함에 도리를 저버리면, 그 재이는 물[水]로 (나타난다). 물이라 하면
비가 내려 사람이 죽고 서리가 떨어지며, 큰 바람이 불고 하늘이 황색으로
변하는 것 등이다. (천하가) 굶주리는데도 (군주가 자신의 음식을) 줄이지
않는 것, 이것을 일러 '사치스럽다[泰]'고 하는데 그 수재는 사람이 물에
빠져 죽는 것이다. 임금이 유덕자를 막아 등용하지 않는 것, 이것을 일러
거리낌 없는 오만함[狂]이라 하며 그 수재는 범람에 의해 사람이 죽는 것이며
물이 그쳐도 땅에서 벌레가 생긴다. 무고한 사람에게 죄를 전가하고도
(누명을) 벗겨주지 않는 것, 이를 일러 '잘못을 그대로 따름[追非]'이라 하며
그 수재는 사람이 얼어 죽는 것이다. 주멸을 지속하며 그치지 않는 것,
이를 일러 '적절하게 처리하지 않았다[不理]'고 하며 그 수재는 오곡이 익지
않는 것이다. (적을) 대패시킨 후에도 (공격을) 멈추지 않는 것, 이를 일러
'음기로 가득 찼다[皆陰]'고 하는데 그 수재는 물이 국읍國邑으로 흘러들고
서리가 떨어져 곡식이 죽는 것이다." 이때 화제가 어려 두태후竇太后가 섭정攝
政을 하고 그 형 두헌竇憲이 정사를 장악했는데, 헌의 여러 동생들이 지위가

---

68) 『晉書』「五行志」에는 '顓事者加'로 되어 있다.

높고 귀해져[69] 모두 형벌을 멋대로 행사하며 포학하게 굴었으며 일찍이 원한을 품은 이가 있다면 번번이 빈객賓客을 고용하여 살해하였다. 그 후 두씨竇氏가 주멸되었다.

[一]　穀梁傳曰:「高下有水災曰大水.」
　　　『곡량전穀梁傳』[70]에서 말하였다. "높고 낮은 곳 모두에 수재가 난 것을 홍수라 한다."[71]

[二]　春秋考異郵曰「陰監臣逆, 民悲情發, 則水出河決」也.
　　　『춘추고이우春秋考異郵』에서 "음[72]이 국정을 대리하고 신하가 패역悖逆하여 백성들의 비통한 감정이 밖으로 발현되면 홍수가 나고 황하가 터진다."고 하였다.

[三]　東觀書曰:「十年五月丁巳, 京師大雨, 南山水流出至東郊, 壞民廬舍.」
　　　『동관서』에서 말하였다. "(영원) 10년(98) 5월 정사丁巳(24일), 수도에 큰 비가 내렸는데 남산南山에서 물이 흘러 나와 동쪽 교외까지 이르러 백성들의 가옥을 무너뜨렸다."

十二年六月, 潁川大水, 傷稼. 是時和帝幸鄧貴人, 陰有欲廢陰后之意, 陰后亦懷恚怨. 一日, 先是恭懷皇后葬禮有闕, 竇太后崩後, 乃改殯梁后, 葬西陵, 徵舅三人皆

---

69) 憲의 동생 篤, 景, 瓌를 말한다. 『後漢書』「竇憲傳」에 따르면 章帝의 遺詔에 따라 두독은 虎賁中郎將이, 두경과 두괴는 中常侍가 되었다고 하나(肅宗遺詔以篤爲虎賁中郎將, 篤弟景·瓌並中常侍) 校勘에서는 중상시는 환관의 직으로 오류라고 파악했다.

70) 『穀梁傳』:『春秋穀梁傳』. 『春秋』 三傳 중 하나. 『漢書』「藝文志」에 「穀梁傳」 11편으로 기록되어 있으며 그 찬자에 대해서는 魯人 穀梁子라고 하였다. 그러나 주해를 한 안사고는 穀梁喜라고 하였다. 찬자에 대해서는 이외에도 異說이 많은데, 桓譚은 『新論』에서 穀梁赤이라 하였고 阮孝는 「七錄」에서 穀梁俶이라 했으며, 王充은 『論衡』에서 穀梁眞이라 하였다. 成書 과정은 불분명한데 일반적으로 公羊學派 계통에서 나온 것으로 간주되고 있다. 한편 淸의 崔適은 劉歆의 僞作이라고 하였다. 尊王主義의 입장에서 군주의 義를 중심으로 『춘추』를 해석하여 法家的 관점과 현실적 입장이 많이 드러난다.

71) 같은 기사가 『穀梁傳』「桓公元年」,「莊公七年」,「莊公十一年」,「莊公二十五年」조에 보인다.

72) 陰: 여기서는 여성과 환관을 의미한다.

爲列侯, 位特進, 賞賜累千金.[一]

(영원) 12년(100) 6월, 영천군潁川郡에 홍수가 나서 곡식이 상했다. 이때 화제가 등귀인鄧貴人[73]을 총애하여 은밀히 음황후陰皇后를 폐위하려는 뜻을 가지고 있었으니, 음황후 또한 원한을 품게 되어 (홍수가 난 것이다). 일설에서는 (이보다) 먼저 공회황후恭懷皇后[74]의 장례에 미비한 점이 있어 (홍수가 났다고 하였다.) 두태후 붕어崩御 후 이에 양황후梁皇后로 고쳐 장사지내고 서릉西陵에 묻었으며, (양황후의) 형제 세 사람을 모두 열후列侯로 삼고[75] 특진特進[76]의 자리를 주었으며 수천 금을 상으로 내렸다.

[一] 廣州先賢傳曰:「和帝時策問陰陽不和, 或水或旱, 方正鬱林布衣養奮, 字叔高, 對曰:『天有陰陽, 陰陽有四時, 四時有政令. 春夏則予惠布施寬仁, 秋冬則剛猛盛威行刑. 賞罰殺生各應其時, 則陰陽和, 四時調, 風雨時, 五穀升. 今則不然, 長吏多不奉行時令, 爲政擧事干逆天氣, 上不卹下, 下不忠上, 百姓困乏而不卹哀, 衆怨鬱積, 故陰陽不和, 風雨不時, 災害緣類. 水者陰盛, 小人居位, 依公營私, 讒言誦上. 雨漫溢者, 五穀有不升而賦稅不爲減, 百姓虛竭, 家有愁心也.』」

『광주선현전廣州先賢傳』[77]에서 말하였다. "화제 때 음양이 조화롭지 않아 혹 수해가

73) 鄧貴人(81~121): 和熹鄧皇后. 鄧太后를 참조.
74) 恭懷皇后(62~83): 성은 梁, 이름은 未詳. 襃親愍侯 梁竦의 딸로 16세에 후한 장제의 貴人이 되었다. 귀인이 된 2년 뒤 和帝를 낳았으나, 화제는 竇皇后의 양자가 되었다. 建初 8년(83) 비방에 의해 부친인 양송이 주살되자 근심 끝에 사망하였다. 梁貴人을 미워하던 두태후가 사망하자 화제가 생모인 양귀인을 추도하여 恭懷皇后로 追尊하고 西陵에 장사지냈다.
75) 梁棠은 樂平侯에, 梁雍은 乘氏侯에, 梁翟은 單父侯에 책봉되었다. 모두 食邑이 五千戶에 해당하였다.
76) 特進: 전한 후기 설치한 관직으로 列侯 중 특별히 공덕이 있는 이들에게 주었다. 지위는 三公 아래였다. 본래 정식 관명은 아니고 황제를 謁見할 수 있게 주었던 칭호였다. 전한 성제가 늙어 병으로 퇴직하는 張禹를 위해 열후의 신분으로 朔望에 朝見할 수 있게 特進의 지위를 주고 禮는 승상과 같이 하였다. 후한 이후 南北朝 시기에는 겸직관이 되어 實職은 없었다. 당대 이후에는 散官名으로 쓰였다.
77) 『廣州先賢傳』: 책 이름. 『舊唐書』「經籍志」에는 "廣州先賢傳七卷, 陸胤撰."으로 나와 있으며, 『新唐書』「藝文志」에는 "陸胤志, 廣州先賢傳七卷. 劉芳, 廣州先賢傳七卷."으로 나와 있다. 지역명 앞에 붙은 先賢傳, 耆舊傳은 지역의 선현이나 기구의 사적을 기록한 인물전으로 후한~兩晉 시기에 대량으로 출현하였다. 그 저작 이유에 대해서는 자기 지역에 대한 강렬한 향토 의식의 발현으로 이해하기도 하고, 지역 호족들의 자기 顯示 또는 존재 과시로 보기도 한다. 이에 대해서는 永田拓治, 「「先賢傳」

일어나기도 하고, 혹 가뭄이 들기도 하는 것에 대해 책문策問하니 방정方正으로 (선발된) 울림군鬱林郡78)의 자字가 숙고叔高인 서민 양분養奮79)이 대답하여 말하였다. '하늘[天]에는 음양이 있고 음양에는 사시四時가 있으며, 사시에는 (그 계절에 상응하는) 정령政令이 있습니다. 봄과 여름은 은혜로운 계절로 관대하고 어진 정치를 널리 베풀어야 하며, 가을과 겨울은 굳세고 사나운 계절로 한껏 위세로써 형벌을 집행해야 합니다. 상벌과 살생이 각기 그 시기에 적당하면 음양이 화합하고 사시가 조화로우며, 바람과 비가 때에 맞춰 불고 내려 오곡이 무르익습니다. (그러나) 지금은 그렇지 않으니 장리의 대다수는 시령時令을 받들어 행하지 않고, 정사를 처리하는 것은 천기天氣를 범하며 역행하고 있습니다. 윗사람은 아랫사람을 가엾이 여기지 않고 아랫사람은 윗사람에게 충성하지 않으며, 백성들이 궁핍해도 가엾이 여기고 불쌍히 생각지 않으니 많은 원한과 울분이 쌓여 음양이 조화를 이루지 못하게 되고 바람과 비가 제 때에 내리지 않아 재해가 동류同類에 따라 일어나는 것입니다.80) 물이라는 것은 음이 왕성한 것으로 소인이 높은 자리에 있고 공권公權에 의지하여 사익을 추구하며, 참언讒言으로 (누군가를) 윗사람에게 헐뜯는 것(에 대응합니다.) 비가 (많이 와) 넘쳐흐르는 것은 흉년이 들었음에도 부세를 감면하지 않아 백성들이 궁핍해지고, 집집마다 시름겨워하기 때문입니다."

殤帝 延平元年五月, 郡國三十七大水, 傷稼. 董仲舒曰:「水者, 陰氣盛也.」是時帝 在襁抱, 鄧太后專政.[一]

상제殤帝(재위 105~106) 연평延平 원년(106) 5월, 군국 서른일곱 곳에서 홍수가 나 곡식이 상했다. 동중서董仲舒81)가 말했다. "수재라는 것은 음기가 왕성하

「耆舊傳」の歷史的性格 - 漢晉時期の人物と地域の敍述と社會」,『中國 - 社會と文化』 21 (2006)을 참조.

78) 鬱林郡: 전한 무제 원정 6년(BC. 111)에 설치, 관아는 지금의 廣西省 桂平縣인 布山縣에 두었다. 관할 지역은 지금의 광서성 三江·鹿寨·계평 이서, 邕寧·上思·寧明 이북, 貴州 榕江 및 베트남 까오방 일대에 해당한다. 삼국 시기 孫吳 永安 6년(263) 廣州에 속하였다. 점차 영역이 축소되었고, 수 개황 9년(589)에 폐지되었다.

79) 養奮:『續漢書』劉昭注에 세 번 인용되는 養奮은 字가 叔高로 鬱林郡에서 方正으로 선발된 庶人이다.

80) '同類感應' 또는 '同類相動'을 의미한다. 만물이 그 자신과 다른 것을 피하고 같은 것을 따른다는 입장으로 사물의 유사한 부류는 서로 움직이게 한다는 것이다. 예컨대 본문의 여성·소인·신하(陰)의 권력 장악→ 백성의 원한(陰)→ 水災(陰)의 발생이 대표적인 '동류감응'에 해당한다.

81) 董仲舒(BC. 179~BC. 104): 전한의 학자. 廣川(지금의 하북성 景縣) 출신. 전한 경제 시기 博士에 임명되었고『公羊春秋』를 講學하였다. 무제 元光 원년(BC. 134), 무제의

여 (일어난 것이다.)"82) 이때 황제가 강보에 있었고, 등태후鄧太后가 권력을
독점하였다.

[一] 臣昭案: 本紀是年九月, 六州大水. 袁山松書曰:「六州河·濟·渭·雒·洧水盛長, 泛溢傷秋
      稼.」
      신 유소가 살펴보았습니다. (『후한서』)「상제기」의 같은 해 9월 기사에 따르면
      여섯 개 주州에서 홍수가 났습니다. 원산송袁山松의 『후한서後漢書』에서는 "여섯
      개 주의 황하, 제수濟水, 위수渭水, 낙수, 유수洧水의 물이 증가하여 범람해서 가을
      농작물이 상하였다."고 하였습니다.

安帝 永初元年冬十月辛酉, 河南 新城山水瀑出, 突壞民田, 壞處泉水出, 深三丈.
是時司空周章等以鄧太后不立皇太子勝而立淸河王子, 故謀欲廢置. 十一月, 事
覺, 章等被誅. 是年郡國四十一水出, 漂沒民人.[一] 讖曰:「水者, 純陰之精也. 陰氣
盛洋溢者, 小人專制擅權, 妒疾賢者, 依公結私, 侵乘君子, 小人席勝, 失懷得志,
故涌水爲災.」
안제安帝(재위 106~125) 영초永初 원년(107) 겨울 10월 신유辛酉(22일), 하남윤河南
尹83) 신성현新城縣 산에서 물이 갑자기 나와 백성들의 경지를 파괴하였고,
파괴된 곳에서 물이 솟구쳐 나왔는데 깊이가 3장丈(이나) 되었다. 이때

책문에 대하여 유명한 「(擧)賢良對策」을 올린다. 儒家思想을 통해 당면한 국가,
사회 문제를 해결하려고 하였다. "罷黜百家, 獨尊儒術."을 주장하여 儒學을 국가의
정통 사상으로 하는 儒敎 官學化의 길을 열었다고 평가받는다. 당시 유행하던
'天人相關說'에 따라 陰陽說에 기초한 災異說을 확립하여 군주권 강화에 기여하였다.
江都易王 劉非의 國相을 지냈으며 膠西王 劉端의 국상을 역임하였다. 宗儒로 불리는
것과는 달리 중앙의 높은 관직에 기용된 적 없어, 동중서에 대한 내용은 후한
시기 조작되었다는 견해가 있다. BC. 121년 은퇴하여 저작에 힘썼다. 이후 조정에
서는 중요한 일이 있을 때마다 관원을 보내 동중서에게 문의했다고 한다. BC.
104년 향년 76세의 나이로 사망하였다. 『漢書』 卷56에 傳이 있다.
82) 『漢書』「五行上」五行 중 水條에 보인다.
83) 河南尹: 후한 지방 행정 구획이자 河南郡의 장관. 전한 초 진의 三川郡을 하남군으로
    고치고 휘하에 河南과 낙양 두 縣을 두었다. 광무제가 낙양에 定都하면서 建武
    15년(39) 하남군을 하남윤으로 고쳤다. 관할 지역은 하남성 原陽·中牟 두 현의
    이서, 孟津·伊川 두 현의 이동, 맹진에서 滎陽을 잇는 황하의 이남, 汝陽·臨汝·新密·新
    鄭縣 등의 이북에 해당한다. 질록은 中二千石으로 군수에 해당한다.

사공司空 주장周章 등이 등태후가 황태자 승勝[84]을 (황제로) 세우지 않고 청하왕淸河王의 아들(안제)을 세운 것을 알고서, (안제를) 폐위시키고 (황태자 승을) 세우고자 모의하였다. 11월, 일이 발각되어 주장 등이 주살되었다. 이해 군국 마흔 한 곳에서 물이 솟구쳐 사람들이 물에 휩쓸려 죽었다. 『참讖』에서 말하였다. "물은 순음純陰의 정화精華다. 음기가 왕성하여 (물이) 흘러넘치는 것은 소인이 권력을 장악하여 멋대로 처리하고 현자賢者를 질시하며, 공권公權을 이용하여 사당私黨을 조직하고 군자를 침범하고 능욕하였기 때문이다. 소인이 유리한 형세에 놓이고 백성을 생각하는 은혜로운 마음을 잃고 자신의 야욕만을 성취하면 물이 솟구쳐 재해가 된다."

[一]　謝沈書曰:「死者以千數.」
　　사침謝沈[85]의 『후한서後漢書』에서 말하였다. "죽은 자가 천千으로 헤아렸다."

二年, 大水.[一]
(영초) 2년(108), 홍수가 났다.

[一]　臣昭案: 本紀京師及郡國四十(有)[大]水. 周嘉傳是夏旱, 嘉收葬客死骸骨, 應時澍雨, 歲乃豐稔, 則水不爲災也.
　　신 유소가 살펴보니 (『후한서』) 「안제기」에는 수도와 군국 사십여 곳에 홍수가 났다고 하였습니다. (그러나) 「주가전周嘉[86]傳」에는 그 해 여름 가뭄이 들어 주가가

---

84) 皇太子勝(?~114): 平原王 劉勝을 말한다. 平原王을 참조.
85) 謝沈: 晉의 文學家. 字는 行思, 회계 산음(지금의 절강성 소흥시) 출신. 증조부 斐는 손오의 豫章太守였고, 부친 秀는 손오의 翼正都尉를 지냈다. 어려서 고아가 되어 모친 손에 길러졌는데 효성이 지극하였다. 박학다식하였고 經史에 밝았다고 한다. 군의 主簿, 功曹를 거쳐 孝廉으로 선발되었으며 태위 郗鑒에게 초빙되었으나 나가지 않았다. 會稽內史 何充에 의해 參軍이 되었으나 노쇠한 모친으로 인해 관직에서 물러나왔다. 이후 여러 차례 조정의 부름에도 나가지 않고 모친을 모시며 농사를 지으며 학문에 몰두하였다. 모친 사망 후 尚書度支郎이 되었고 이후 著作郎으로 옮겼다. 『晉書』30여 권을 남겼으며 『後漢書』를 저술하였다. 『晉書』卷82에 傳이 있다.
86) 周嘉: 字는 惠文, 汝南郡 安城縣(지금의 江西省 安福縣) 출신. 군의 주부로 입사하였다. 왕망 말, 도적이 汝陽城에 난입하였을 때 목숨을 걸고 태수 何敞을 지켰다. 이후

객사한 해골들을 수습하여 장례지내니 때마침 단비가 내려 그 해 풍년이 들었다 하였습니다. 그러니 수해가 난 것은 아닙니다.

三年, 大水.[一]

(영초) 3년(109), 홍수가 났다.

[一] 臣昭案: 本紀京師及郡國四十一雨水.

　　신 유소가 살펴보니 『후한서』 「안제기」에는 수도 및 군국 마흔 한 곳에 비가 와 수재가 났다고 되어 있습니다.[87]

四年, 大水.[一]

(영초) 4년(110), 홍수가 났다.

[一] 臣昭案: 本紀云三郡.

　　신 유소가 살펴보니 『후한서』 「안제기」에는 세 군(에서 홍수가 났다고) 되어 있습니다.[88]

五年, 大水.[一]

(영초) 5년(111), 홍수가 났다.

[一] 臣昭案: 本紀郡國八.

　　신 유소가 살펴보니 『후한서』 「안제기」에는 군국 여덟 곳(에서 홍수가 났다고) 되어 있습니다.[89]

태수 寇恂이 효렴으로 선발하였고, 尙書侍郎을 배수하였다. 이후 零陵太守가 되어 재직하다 7년 뒤 사망하였다. 영릉군에서는 관리와 백성이 함께 사당을 세워 그의 공적을 기렸다. 『後漢書』 卷71에 傳이 있다.

87) 『後漢書』 「安帝紀」에는 "是歲, 京師及郡國四十一雨水雹."이라 하여 '雹'자가 있다. 한편 「五行三」에는 "(安帝 永初) 三年, 雨雹."이라고 되어 있다.

88) 『後漢書』 「安帝紀」, "秋七月乙酉, 三郡大水."라고 되어 있다.

89) 『後漢書』 「安帝紀」의 기록은 다음과 같다. "是歲, 九州蝗, 郡國八雨水."

六年, <u>河東池水變色</u>, 皆赤如血.^[一] 是時<u>鄧太后</u>猶專政.^[二]

(영초) 6년(112), 하동군河東郡⁹⁰⁾의 연못의 물이 변색되어 모두 피와 같이 붉게 되었다. 이때 등태후가 여전히 정권을 독점하고 있었다.

[一] 水變. 占曰: 「水化爲血者, 好任殘賊, 殺戮不辜, 延及親戚, 水當爲血.」

물의 변색에 대하여. 점占에서 말하였다. "물이 변화해서 피가 된 것은 잔적을 즐겨 임용하며 죄 없는 자를 살육하고 그 친척에게까지 (살육을) 미치게 한 (결과로, 이 경우) 물이 응당 피로 변한다."

[二] <u>古今注</u>曰: 「<u>元初</u>二年, <u>潁川 襄城</u>(臨)[流]水化爲血, [不流]. 」<u>京房</u>占曰: 「流水化爲血, 兵且起, 以日辰占與其色.」<u>博物記</u>曰: 「<u>江 河</u>水赤. 占曰, 泣血道路, 涉蘇於何以處.」

『고금주』에서 말하였다. "원초元初 2년(115), 영천군 양성현襄城縣⁹¹⁾의 흐르는 물이 피로 변하여 흐르지 않았다." 『경방점京房占』에서 말하였다. "흐르는 물이 변하여 피가 되면 장차 병란兵亂이 일어날 것이니, 간지干支로써 그 색을 추측한다."⁹²⁾ 『박물기博物記』⁹³⁾에서 말하였다. "(장)강과 (황)하의 물이 붉게 변한 것에 대하여 점에서는 '피눈물泣血이 도로에 흘러 풀까지 적시는데, 어디에 처할 것인가?'라고 말하였다."⁹⁴⁾

---

90) 河東郡: 전국 시기 魏에서 설치하였다. 후에 진에 속하게 되었는데 관아는 지금의 산서성 夏縣인 安邑縣에 두었다. 관할 지역은 지금의 산서성 沁水 이서, 霍山 이남에 해당한다. 東晉 義熙 14년(418) 관아를 蒲坂縣(지금의 산서성 永濟市)으로 옮겼고 영역이 축소되었다. 수 개황 초에 폐지되었다가 대업 3년(607)에 다시 설치되었고, 관아를 河東縣(지금의 산서성 永濟市 蒲州鎭)으로 옮겼다. 당 무덕 원년(618)에 폐지하였다가 천보 원년(742) 다시 蒲州를 고쳐 河東郡으로 삼았다.

91) 襄城縣: 진에서 설치하고 潁川郡에 속하게 하였다. 관아는 지금의 하남성 襄城縣에 두었다. 서진 시기에는 襄城郡의 군치가 되었다. 수대에는 다시 영천군에 속하였다. 당에서는 汝州에 속하였다.

92) 『隋書』「五行下」에는 "京房易占曰: 「水化爲血, 兵且起.」"로 되어 있다. 干支로 색을 추측한다는 것은 물색깔이 변한 날의 간지에 따라 색에 차이가 있음을 말한 것으로 생각된다.

93) 『博物記』: 동진 張華가 찬술한 『博物志』가 아닐까 한다. 실제로 현행 『박물지』에는 "江河水赤, 名曰泣血. 道路涉骸, 於河以處也."라는 기사가 등장한다. 그러나 『四庫提要辨證』의 余嘉錫은 劉昭『續漢書』志에 『博物記』라는 책이 29조 등장하는 것을 근거로 『박물기』가 진한 사이에 존재하였던 古書라고 보았으며, 장화가 이 책에서 이름을 따서 『박물지』를 지은 것이라 하였다.

94) 문맥을 위해 "占曰, 泣血道路涉蘇, 於何以處."로 표점하여 해석하였다.

<u>延光三年</u>, 大水, 流殺民人, 傷苗稼. 是時<u>安帝</u>信<u>江京</u>·<u>樊豐</u>及<u>阿母王聖</u>等讒言, 免太尉<u>楊震</u>, 廢皇太子.[一]

(안제) 연광延光 3년(124), 홍수가 나 백성들이 떠내려가 죽었고, 작물이 상하였다. 이때 안제가 강경江京, 번풍樊豐 및 유모 왕성王聖 등의 참언을 믿고 태위太尉 양진楊震을 면직시키고 황태자를 폐위하였다.

[一] 臣昭案: <u>左雄</u>傳 <u>順帝 永建</u>四年, <u>司 冀</u>二州大水, 傷禾稼. <u>楊厚</u>傳 <u>永和</u>元年夏, <u>雒陽</u>暴水, 殺(十)[千]餘人.

　　신 유소가 살펴보니 다음과 같았습니다. (『후한서』) 「좌웅전左雄95)傳」에서는 "순제順帝(재위 125~144) 영건永建 4년(129), 사례司隸와 기주冀州 두 주에 홍수가 나서 곡식이 상하였다."하였고, 「양후전楊厚傳」에서는 "(순제) 영화永和 원년(136) 여름, 낙양에 홍수가 나서 천여 명이 죽었다"고 하였습니다.

<u>質帝 本初元年</u>五月, 海水溢<u>樂安</u>·<u>北海</u>, 溺殺人物. 是時帝幼, <u>梁太后</u>專政.[一]

질제質帝(재위 145~146) 본초本初96) 원년(146) 5월, 바닷물이 낙안국樂安國97)과 북해국北海國98)에까지 넘쳐흘러 사람들과 가축이 빠져 죽었다. 이때 황제가 어려99) 양태후梁太后가 정권을 장악하였다.

---

95) <u>左雄</u>(?~138): 후한 順帝 때 관리. 字는 伯豪, 남양군 涅陽縣(지금의 하남성 鄧州市 穰東鎭) 출신. 어려서부터 큰 뜻을 품었으며 박학다식하였다. 성품은 敦厚하여 군현에서 명성이 자자했다. 安帝 시기 효렴으로 선발되었고 후에 冀州刺史가 되었다. 호족과 결탁한 군수를 파면하는 등 엄격하게 일을 처리하였다. 이후 虞詡의 천거로 尙書令이 되었고, 太學의 정비와 관리 선발 제도를 완비하는 데 힘썼다. 司隸校尉가 되었다가 말년에 다시 상서가 되었다. 『後漢書』 卷61에 傳이 있다.

96) 本初: 후한 質帝의 연호로 146년에 해당한다.

97) 樂安國: 후한 화제 永元 7년(95) 千乘郡을 고쳐 설치하였다. 國都는 臨濟縣에 있었는데, 지금의 산동성 高靑縣이다. 관할 지역은 지금의 산동성 濱州市 및 商靑·博興·廣饒·桓臺·壽光 등을 포괄하였다. 질제 본초 원년(146) 樂安郡이 되었고, 관아는 高苑縣(지금의 산동성 鄒平縣)으로 옮겼다. 서진 시기 다시 樂安國이 되었다가 유송 때 다시 군으로 돌렸다.

98) 北海國: 본래는 군으로 전한 경제 2년(BC. 155) 齊郡을 나누어 설치하였다. 관아는 지금의 산동성 昌樂縣인 營陵縣에 두었다. 관할 지역은 지금의 산동성 東濰坊·安丘·창락·수광·昌邑 등에 해당한다. 후한 시기 국으로 고치며 관아를 劇縣(지금의 창락현)으로 옮겼다. 魏晉 시기 국이었던 시기도 있었고 군이었던 시기도 있었다. 북제에서 高陽郡으로 바꿨다.

[一] 春秋漢含孳曰:「九卿阿黨, 擠排正直, 驕奢僭害, 則江 河潰決.」 方儲對策曰:「民悲怨則
陰類強, 河決海澐, 地動土涌.」

『춘추한함자春秋漢含孳』100)에서 말하였다. "구경九卿101)이 사당을 조직하고 정직한
인물을 배제하며 교만하고 사치스러워 (군주에게) 참월僭越하고 해를 끼치게
되면 장강과 황하의 둑이 무너져 흘러넘치게 된다." 방저方儲가 대책對策에서
말하였다. "백성이 비통해하고 원망하면 음류陰類가 강해져, 황하가 터지고 바다가
요동치며 땅이 흔들리고 흙이 솟구칩니다."

桓帝 建和二年七月, 京師大水. 去年冬, 梁冀枉殺故太尉李固·杜喬.
환제桓帝(재위 146~167) 건화建和 2년(148) 7월, 수도에 홍수가 났다. 지난 해
겨울, 양기梁冀가 죄 없는 전前 태위 이고李固와 두교杜喬를 살해하였다.

三年八月, 京都大水. 是時梁太后猶專政.
(건화) 3년(149) 8월, 수도에 홍수가 났다. 이때 양태후가 여전히 정권을
독점하고 있었다.

永興元年秋, 河水溢, 漂害人物.[一]
(환제) 영흥永興 원년(153) 가을, 황하의 물이 넘쳐 사람과 가축들이 (물에)
떠내려가는 해를 당하였다.

---

99) 당시 질제는 아홉 살이었다.
100) 『春秋漢含孳』: 春秋緯의 하나. 유방에 의해 한왕조가 창건될 것을 서술하였고,
이외 천자의 正道, 천재지변과 人事의 대응 관계에 대하여 서술하였다.
101) 九卿: 『禮記』에 따르면 하왕조 시기부터 설치되었던 천자의 관리다(『禮記』,「明堂
位」, "夏后氏官百, 天子有三公·九卿·二十七大夫·八十一元士."). 『漢書』「百官公卿表」에
따르면 天官冢宰, 地官司徒, 春官宗伯, 夏官司馬, 秋官司寇, 冬官司空, 少師, 少傅, 少保를
말한다. 그러나 실제로는 진에서 설치한 것이 확인된다. 奉常(宗廟儀禮), 郎中令(宮殿
掖門), 衛尉(宮門侍衛), 宗正(親屬), 太僕(輿馬), 廷尉(刑罰), 典客(蠻夷), 治粟內史(穀貨),
少府(山澤稅)를 설치하여 각기 직무를 분담하게 하였다. 전한에서는 진의 제도를
계승한 후 봉상을 太常으로, 낭중령을 광록훈으로, 전객을 大鴻臚로, 치속내사를
大司農으로 고쳤으나 직무의 차이는 없었다. 후한에서는 전한의 제도를 계승하였으
나 다만 三司에 배속시켜 태위가 태상·광록훈·위위를, 司徒가 태복·정위·대홍려를,
司空이 종정·대사농·소부를 관할하게 하였다.

[一] 臣昭案: 朱穆傳云「漂害數(千)[十]萬戶」. 京房占曰:「江 河溢者, 天有制度, 地有里數, 懷容水澤, 浸漑萬物.」今溢者, 明在位者不勝任也, 三公之禍不能容也, 率執法者利刑罰, 不用常法.

신 유소가 살펴보니 다음과 같았습니다. (『후한서』) 「주목전朱穆[102]傳」에서 "수십 만 호戶가 떠내려가는 해를 당하였다." 하였습니다. 『경방점』에서는 "장강과 황하가 넘친 것은 하늘에는 법도가 있고 땅에는 이치가 있어 강과 호수를 (그 안에) 품고 있으며 만물을 적시기 때문이다."라고 하였습니다. (영흥 원년(153)의) 이 범람은 제위帝位에 있는 자는 그 직임을 감당하지 못하고 삼공三公은 재이를 자신의 잘못으로 능히 받아들이지 않으며,[103] 법을 집행하는 자는 형벌을 (자기의 이익을 위해) 이용하고 법규를 (올바로) 적용하지 않았기 때문에 (발생한 것이) 분명합니다.

二年六月, 彭城 泗水增長, 逆流.[一]

(영흥) 2년(154) 6월, 팽성국彭城國[104] 내에 있는 사수泗水의 물이 불어나

---

102) 朱穆(100~163): 후한의 관리. 字는 公叔, 또는 文元이다. 남양군 宛縣(지금의 하남성 南陽市) 출신으로 승상 朱暉의 손자다. 어려서부터 효행으로 알려졌고 이후 효렴에 선발되었다. 순제 말, 大將軍 梁冀가 발탁하여 兵事의 일을 전담시켰다. 文武에 뛰어났고 재이에 정통하여 종종 양기에게 諫하였다. 桓帝 시기 시어사가 되었고, 永興 초(153), 기주자사로 나갔는데 환관과 대립하여 형도가 되었으나 많은 사람들의 上書로 인해 사면되어 귀향하였다. 수 년 후 다시 尚書를 배수하였으나 환관을 숙청하라는 간언이 받아들여지지 않자 울분 속에 사망하였다. 조정에서는 益州刺史를 追贈하였고, 채옹은 文忠先生이란 私諡를 바쳤다. 『後漢書』 卷43에 傳이 있다.

103) 삼공이 재이에 대해 책임을 지는 것에 대해서는 『韓詩外傳』을 참고할 수 있다. 『한시외전』에 따르면 삼공은 사공, 司馬, 사도를 말한다. 이 중 사마는 하늘을, 사공은 땅을, 사도는 사람을 주관한다. 그래서 음양이 조화롭지 못하고 사시가 절도를 잃으며 별의 운행이 常軌를 벗어나고 재이가 발생하면 그 책임을 사마에게 묻는다. 마찬가지로 山陵이 무너지고 하천이 흐르지 않으며 오곡이 자라지 않고 초목이 무성해지지 않으면 사공에게 책임을 묻는다. 사도는 사람을 주관하기에 군신이 부정하고 人道가 조화롭지 않으며 나라에 도적이 많고 아랫사람이 윗사람을 원망하면 책임을 지게 된다. 『韓詩外傳』 卷8, "三公者何? 曰: 司空·司馬·司徒也. 司馬主天, 司空主土, 司徒主人. 故陰陽不和, 四時不節, 星辰失度, 災變異常, 則責之司馬. 山陵崩竭, 川谷不流, 五穀不植, 草木不茂, 則責之司空. 君臣不正, 人道不和, 國多盜賊, 下怨其上, 則責之司徒."

104) 彭城國: 후한 장제 章和 2년(88) 楚國을 고쳐 설치하였다. 관아는 지금의 강소성 徐州市에 해당하는 彭城縣에 두었다. 관할 지역은 지금의 강소성 서주시·銅山縣·패현 동남부·邳縣 서북부, 안휘성 濉溪縣 동부 및 산동성 微山縣에 해당한다. 유송 永初 2년(421) 彭城郡으로 고쳤다.

역류하였다.

[一] 梁冀別傳曰:「冀之專政, 天爲見異, 衆災並湊, 蝗蟲滋生, 河水逆流, 五星失次, 太白經天, 人民疾疫, 出入六年, 羌 戎叛戾, 盜賊略平[民], 皆冀所致.」 敦煌實錄 張衡對策曰:「水者, 五行之首, 滯而逆流者, 人君之恩不能下及而敎逆也.」 潯潭巴曰:「水逆者, 反命也, 宜修德以應之.」

『양기별전梁冀別傳』에서 말하였다. "양기의 정권 독점으로 인하여 하늘이 이변을 보이시니 여러 재이들이 모여들어 황충蝗蟲이 일어나고 황하의 물이 역류하며, 오성五星의 운행이 어지러워지고 태백太白(金星)이 하늘을 가로지르며, 백성들이 역병에 걸린 것이 6년이나 지속되고 강羌·융戎이 반란을 일으키며, 도적들이 백성들을 강탈하는 것 모두 양기로부터 이른 것이다." 『돈황실록敦煌實錄』[105]에 "장형張衡[106]이 대책을 올려 말하기를 '물은 오행의 필두인데,[107] 막혀서 역류하는 것은 군주의 은혜가 능히 아래에 미치지 못해서 역류하게 된 것이다.'라고 하였다." 고 기록되어 있다. 『춘추잠담파春秋潛潭巴』에서 말하였다. "물이 역류하는 것은 (천)명을 어겼기 때문이니 마땅히 덕을 닦아 그에 대응해야 한다."

永壽元年六月, 雒水溢至津陽城門, 漂流人物.[一] 是時梁皇后兄冀秉政, 疾害忠直, 威權震主. 後遂誅滅.

(환제) 영수永壽 원년(155) 6월, 낙수가 범람하여 진양성문津陽城門[108]에 이르렀고 사람과 가축들이 떠내려갔다. 이때 양황후梁皇后[109]의 형 양기가 정권을

---

105) 『敦煌實錄』: 북위 劉昞이 지은 중국 최초의 實錄體 사서. 河西 지역의 史事와 인물 및 풍속, 학술, 지역 문화 등에 대해 서술하였다. 『隋書』「經籍志」에는 "敦煌實錄十卷, 劉景撰."으로 되어 있다.

106) 張衡(78~139): 후한의 천문학자, 수학자, 문학가. 字는 平子로 남양군 西鄂縣(지금의 하남성 남양시 石橋鎭) 출신. '科聖'이라 하여 謨聖 姜子牙, 商聖 范蠡, 医聖 張仲景, 智聖 諸葛亮과 더불어 남양 五聖으로 칭해졌으며 司馬相如, 揚雄, 班固와 더불어 漢賦四大家로도 불린다. 郎中, 太史令, 侍中, 河間相 등을 역임하였다. 천문학 및 기계 기술, 지질학에 뛰어나 渾天儀, 地動儀 등을 발명하였고 후한 중기 渾天說의 대표 인물 중 하나다. 천문학 방면의 저술로는 『靈憲』, 『渾儀圖注』 등이 있고 수학 방면에도 『算罔論』이란 저작이 있다. 『後漢書』 卷59에 傳이 있다.

107) 『尙書』「周書·洪範」은 五行을 나열하며 水부터 시작하고 있다. "一五行, 一曰水, 二曰火, 三曰木, 四曰金, 五曰土."

108) 津陽城門: 津城門을 참조.

109) 梁皇后(?~159): 이름은 女瑩, 安定 烏氏(지금의 甘肅省 平凉) 출신. 대장군 梁商의 딸이며 대장군 양기 및 順烈梁皇后 梁妠의 동생. 후한 환제의 첫 번째 황후다.

장악하고 있었는데, 충직한 신하들을 시기하고 해쳤고 (그) 위세와 권력이
주상을 흔들 정도였다. 후에 마침내 주멸되었다.

[一] 臣昭案: 本紀又南陽大水.
　　신 유소가 살펴보니 (『후한서』) 「환제기」에는 "또 (그 해에) 남양군에 홍수가
　　났다."고 되어 있었습니다.

　　建和 원년(147) 황후가 되었다. 특별한 재주도 덕도 없고 용모도 평범했었으나
　　양기 집권 시에는 총애를 독차지하였다. 오빠와 언니의 권세에 힘입어 內宮을
　　장악하고 사치스러운 생활을 하였다. 언니 梁太后 사망 후 환제의 냉대를 받아
　　양기 실각 전에 憂死하였다. 사후 懿獻皇后의 시호를 받고 懿陵에 묻혔으나, 양기가
　　주살된 후 의릉을 폐지하고 貴人塚家으로 삼았다. 『後漢書』卷10下에 傳이 있다.

水變色: 물의 변색

延熹八年四月, 濟北 [河]水淸. 九年四月, 濟陰·東郡·濟北·平原 河水淸. 襄楷上
言:「河者諸侯之象, 淸者陽明之徵, 豈獨諸侯有規京都計邪?」其明年, 宮車晏駕,
徵解犢亭侯爲漢嗣, 卽尊位, 是爲孝靈皇帝.

(환제) 연희延熹 8년(165) 4월, 제북국濟北國[110] 황하의 물이 맑아졌다. (연희)
9년(166) 4월, 제음군濟陰郡, 동군, 제북국, 평원국平原國[111]의 황하가 맑아졌다.
양해襄楷가 상언上言하였다. "황하는 제후의 상징이고 맑음[淸]은 양명陽明의
징조니, 어찌 제후가 수도를 엿보는 계책을 가지고만 있다고 하겠습니까?"[112]
그 다음해 황제가 붕어하고 해독정후解犢亭侯를 불러 한실漢室의 후계자로
삼아, 존위尊位에 즉위하게 하니 이가 효령황제孝靈皇帝(재위 168~189)다.

永康元年八月, 六州大水, 勃海海溢, 沒殺人. 是時桓帝奢侈淫祀, 其十一月崩,
無嗣.

(환제) 영강永康 원년(167) 8월, 여섯 주에 홍수가 났으며 발해군勃海郡[113]에서

---

110) 濟北國: 전한 고제 원년(BC. 206), 項羽가 田安景을 책봉하며 설치되었다. 수도는
지금의 산동성 泰安市인 博陽에 두었다. 관할 지역은 지금의 산동 濟南, 德州,
泰安, 萊蕪 등의 지역을 포괄한다. 고제 2년 국이 없어졌다가 문제 2년(BC. 178)
濟北郡에 東牟侯 興居를 책봉하여 濟北王으로 삼았으며 盧(지금의 산동성 長淸縣)에
도성을 두었다. 다음 해 국이 없어졌다가 문제 16년(BC. 164) 齊悼惠王의 아들
安都侯를 제북왕으로 삼았다. 이때 영역이 축소되었다. 後元 2년(BC. 162) 국이
다시 폐지되었다. 후한 화제 영원 2년(90) 泰山郡을 나누어 다시 제북국을 설치하고
수도를 盧縣(지금의 산동성 長淸縣)에 두었다. 유송에서 제북군이 되었다.

111) 平原國: 후한 永寧 원년(120) 平原郡을 고쳐 국으로 삼았다. 국도는 平原縣(지금의
산동성 평원현)이었다. 관할 지역은 지금의 산동성 평원, 陵縣, 禹城, 濟河, 臨邑,
商河, 惠民, 陽信 등의 시와 현을 포함한다. 獻帝 建安 11년(206) 다시 군으로 삼았다.
조위 黃初 3년(222) 다시 국으로 삼았고, 7년(226) 다시 군으로 돌렸다. 서진에서는
국으로, 유송에서는 군으로 유지되다 북위에서 폐지되었다.

112) 현행 『後漢書』「襄楷傳」에는 보이지 않는다. 다만 "河當濁而反淸者, 陰欲爲陽, 諸侯欲爲
帝也."라고 하여 황하가 맑아진 것을 제후가 제왕이 되고자 하는 의도의 조짐으로
해석하였다.

바닷물이 넘쳐 사람들이 빠져 죽었다. 이때 환제가 비용을 많이 들여 음사淫祀를 지냈다.114) 그 11월에 붕어하였는데, 후사가 없었다.

靈帝 建寧四年二月, 河水清.[一] 五月, 山水大出, 漂壞廬舍五百餘家.[二]

영제靈帝(재위 168~189) 건녕建寧 4년(171) 2월, 황하의 물이 맑아졌다. 5월, 산에서 물이 대량 분출되어 가옥 오백여 채가 떠내려가 부서졌다.

[一] 袁山松書曰:「禱于龍㙻.」

원산송의 『후한서』에서 말하였다. "용라龍㙻115)에 기원祈願하였다."

[二] 袁山松書曰是河東水暴出也.

원산송의 『후한서』에서 말하였다. "이것은 하동군에서 물이 돌연 분출한 것이다."116)

熹平二年六月, 東萊·北海海水溢出, 漂沒人物.

(영제) 희평熹平 2년(173) 6월, 동래군東萊郡117)과 북해국의 바닷물이 넘쳐흘러

---

113) 渤海郡: 전한 고제 5년(BC. 202)에 설치하였다. 渤海에 닿아있어 이름을 얻었다. 관아는 지금의 하북성 舊州鎭인 浮陽縣에 두었다. 관할 지역은 지금의 天津市·하북 安次縣 이남, 文安·阜城 이동, 산동성 無棣·樂陵·寧津 이북에 해당한다. 후한 시기 관아를 南皮縣(지금의 하북성 남피현)으로 옮겼다. 이후 영역이 차츰 줄어들었고 수 개황 초에 폐지되었다.

114) 『後漢書』「桓帝紀」에 따르면 "設華蓋以祠浮圖·老子."라고 하여 환제가 부처와 노자를 제사했던 것을 알 수 있다. 이것을 본문에서 淫祀로 표현한 것 같다.

115) 㙻는 『史記索隱』에 따르면 흙을 퍼 나를 때 사용하는 竹籠이다(㙻音路禾反, 小竹籠, 以盛土). 사전적 의미 역시 흙을 퍼 나를 때 사용하는 삼태기다. 龍㙻라 하였으니 용 모양임을 짐작할 수 있는데, 정확히 어떤 것인지는 알 수 없다. 다만 祈雨 때 土龍을 사용한 것(『後漢書』 志第5, 「禮儀中」, "其旱也, 公卿官長以次行零禮求雨. 閉諸陽, 衣皁, 興土龍.")과 같이 河清 때도 용과 관련한 기물을 사용한 것이 아닌가 한다.

116) 『後漢書』「靈帝紀」에 "五月, 河東地裂, 雨雹, 山水暴出."이란 구절이 있다.

117) 東萊郡: 전한 고제 시기 齊郡을 나누어 설치하고 관아를 掖縣(지금의 산동성 東萊市)에 두었다. 관할 지역은 지금의 산동성 膠萊河 이동, 嶇隅山 이북과 乳山河 이동을 포함한다. 후한 시기에는 관아를 黃縣(지금의 산동성 龍口市)으로 옮겼다. 서진에서 東萊國으로 삼으며 관아를 다시 액현에 두었다. 유송에서 다시 군으로 삼았다.

사람들과 가축들이 빠져 죽었다.

三年秋, 雒水出.

(희평) 3년(174) 가을, 낙수의 물이 넘쳤다.

四年夏, 郡國三水, 傷害秋稼.

(희평) 4년(175) 여름, 군국 세 곳에 홍수가 나 가을걷이 할 곡식이 상했다.

光和六年秋, 金城 河溢, 水出二十餘里.

(영제) 광화光和 6년(183) 가을, 금성군金城郡[118]의 황하가 넘쳤는데, 이십 여리에 걸쳐 물에 잠겼다.

中平五年, 郡國六水大出.[一]

(영제) 중평中平 5년(188), 군국 여섯 곳에서 물이 대량으로 분출하였다.

[一]　臣昭案: 袁山松書曰「山陽·梁·沛·彭城·下邳·東海·琅邪」, 則是七郡.
　　　　신 유소가 살펴보니 다음과 같았습니다. 원산송의 『후한서』에서 "산양군山陽郡·양국梁國[119]·패국·팽성국·하비국下邳國[120]·동해군東海郡·낭야국琅邪國[121]이다."라

수 개황 초에 폐지되었다가 대업 초에 萊州로 고쳐 설치하였다. 당 천보 연간에 東萊郡이 되었다.

118)　金城郡: 전한 始元 6년(BC. 81) 설치하였다. 관아는 允吾縣(지금의 靑海省 民和縣)에 두었다. 관할 지역은 지금의 감숙성 蘭州市 이서, 청해성 靑海湖 이동의 황하 湟水 유역과 大通河 하류 지역이었다. 후한 시기 대통하 하류 이동까지로 영역의 서부가 다소 축소되었다. 서진 시기 관아를 楡中縣(지금의 감숙성 난주시)으로 옮겼다. 16국 시기 前涼이 관아를 金城縣(지금의 난주시 서북)으로 옮겼다. 북위 때는 관할 지역이 더 축소되어 지금의 난주시와 그 이남 일대로 국한되었다. 수 개황 3년(583)에 폐지되었다가 대업 초에 蘭州로 復置되었고 관아는 금성현에 두었다.

119)　梁國: 전한 고제 5년(BC. 202), 碭郡을 고쳐서 梁國으로 삼고 陶(지금의 산서성 陶縣)를 수도로 삼았다. 문제 때 지금의 하남성 商丘縣으로 옮겼다. 성제 永始 연간(BC. 16~BC. 13)의 관할 지역은 지금의 하남성 商丘市와 상구현·虞城縣·民權縣·안휘성 碭山縣 등에 해당한다. 왕망 始建國 초에 梁郡으로 고쳤다가 후한 장제

고 하였으니, (여섯 개 군국이 아니라) 일곱 개 군(국)입니다.

<u>獻帝</u> 建安二年九月, <u>漢水</u>流, 害民人. 是時天下大亂.[一]

헌제獻帝(재위 189~220) 건안建安 2년(197) 9월, 한수漢水가 범람하여 백성들을 해쳤다. 이때 천하에 대란이 일어났다.

[一] <u>袁山松書</u>曰:「<u>曹操</u>專政. 十七年七月, 大水, <u>洧水</u>溢.」

원산송의『후한서』에서 말하였다. "조조曹操가 권력을 장악하였다. (건안) 17년 (212) 7월, 홍수가 났으며 유수가 범람하였다."

十八年六月, 大水.[一]

(건안) 18년(213) 6월, 홍수가 났다.

[一] <u>獻帝起居注</u>曰:「七月, 大水, 上親避正殿; 八月, 以雨不止, 且還殿.」

『헌제기거주獻帝起居注』에 "(건안 18년) 7월, 홍수가 나 주상이 친히 정전正殿을 피하셨다.[122] 8월, 비가 그치지 않았지만 우선 (정전으로) 돌아오셨다."고 하였다.

건초 4년(79)에 다시 양국이 되었다. 조위 黃初 연간(220~226)에 양군이 되었다가 서진 때 양국으로 복귀시켰다. 유송에서 다시 군이 되었다.

120) 下邳國: 후한 明帝 永平 15년(72) 臨淮郡을 고쳐서 설치하고 서주에 속하게 하였다. 도읍은 下邳縣(지금의 강소성 睢寧縣)에 두었다. 관할 지역은 지금의 강소성 邳州市·沭陽縣 이남, 漣水縣과 淮安市 이서, 盱眙縣과 안휘성 明光市 이서, 강소성 휴녕현과 안휘성 이북에 해당한다. 헌제 건안 11년(206) 군으로 고쳤고, 서진 太康 초에 다시 국이 되었다. 유송에서 下邳郡으로 고쳤다.

121) 琅邪國: 琅邪國. 처음에는 진에서 군으로 설치하였다. 관아는 지금의 산동성 臨沂인 開陽縣에 두었다. 전한에서 東武縣(지금의 산동 諸城市)으로 관아를 옮겼다. 관할 지역은 지금의 산동 靑島·膠州·膠南·卽墨·諸城·日照市 및 沂水·五蓮·海陽·莒南縣 및 강소성 贛楡縣 등에 해당한다. 후한 장제 건초 5년(80) 琅邪國으로 고치고 開陽(지금의 산동성 臨沂市)을 국도로 삼았다. 동진에서 다시 군으로 고쳤다. 수 개황 연간에 폐지되었다가 대업 초에 다시 沂州를 고쳐 琅邪郡으로 삼았다. 唐 초에 다시 기주가 되었다가 천보 초에 다시 낭야군이 되었다.

122) 재이를 제왕의 정치에 대한 하늘의 경계로 이해하는 '천인상관설'에 따라 군주가 자신의 허물을 반성하기 위한 방법으로 節儉을 하거나 素服을 입고 일정한 기간 동안 正殿에서 물러나는 행위를 하는 것을 의미한다. 전한에서는 宣帝가 本始 4년(BC. 70) 4월에 지진으로 정전을 피한 것이『漢書』에 기록되어 있으며, 후한에서

二十四年八月, <u>漢水溢流</u>, 害民人.[一]

(건안) 24년(219) 8월, 한수가 넘쳐흘러 백성들이 해를 입었다.

[一] 　<u>袁山松書</u>曰「明年禪位于<u>魏</u>」也.

　　원산송의 『후한서』에는 "다음해 위魏에 선위禪位하였다."고 기록되어 있다.

는 광무제, 장제, 순제, 헌제가 일식과 화재 등을 이유로 정전을 피한 것이 기록되어 있다.

274　2부 『후한서』 「오행지」 역주

大寒: 큰 추위

庶徵之恆寒.

징조는 항상 추운 것[恆寒]123)으로 (나타난다.)

<u>靈帝</u> 光和六年冬, 大寒, <u>北海</u>·<u>東萊</u>·<u>琅邪</u>井中冰厚尺餘.[一]

영제 광화 6년(183) 겨울, 큰 한파로 북해국, 동래군, 낭야국의 우물물이
1척여 두께로 얼었다.

[一] 袁山松書曰:「是時羣賊起, 天下始亂. 讖曰:『寒者, 小人暴虐, 專權居位, 無道有位,
適罰無法, 又殺無罪, 其寒必暴殺.』」

원산송의『후한서』에서 말하였다. "이때 도적의 무리들이 일어나 천하가 바야흐로
어지러워졌다.『참』에서 말하기를 '추운 것[寒]은 소인이 잔학한데도 정치를 독점하
는 존귀한 지위에 있거나, 무도한 자가 높은 자리에 있으며 법에 맞지 않은
벌을 내리고 또 죄 없는 자를 살해하기 때문에 (생긴 것이다). 그 추위는 반드시
난폭해져서 (만물을) 해치게 된다.'고 하였다."

<u>獻帝</u> 初平四年六月, 寒風如冬時.[一]

헌제 초평初平 4년(193) 6월, 겨울처럼 찬바람이 불었다.

[一] 袁山松書曰:「時帝流遷失政.」 養奮對策曰:「當溫而寒, 刑罰慘也.」

원산송의『후한서』에서 말하였다. "이때 (헌)제가 유랑하여 정치권력을 상실하고
있었다." 양분이 대책을 올려 말하였다. "마땅히 따뜻해야 (하는 시기에) 추운
것은 형벌이 참혹하기 때문입니다."

---

123) 항상 추운 恆寒은 도량이 좁은 것[急]에 대한 흉조다.

雹: 우박

和帝 <u>永元</u>五年六月, 郡國三雨雹, 大如雞子.⁻⁽ᐟ⁾ 是時<u>和帝</u>用酷吏<u>周紆</u>爲<u>司隸</u>校尉,
刑誅深刻.⁻⁽ᐟᐟ⁾

화제 영원 5년(93) 6월, 군국 세 곳에서 우박이 내렸는데, 크기가 달걀만
했다. 이때 화제가 혹리酷吏 주우周紆124)를 기용하여 사례교위司隸校尉를 삼았
는데, (그는) 형벌을 내려 죽이는 것이 매우 모질고 각박하였다.

[一] <u>春秋考異郵</u>曰:「陰氣之專精凝合生雹. 雹之爲言合也. 以妾爲妻, 大脅重, 九女之妃闕而
不御, 坐不離前, 無由相去之心, 同輿參駒, 房祗之內, 歡欣之樂, 專政夫人, 施而不博,
陰精凝而見(滅)[成].」<u>易讖</u>曰:「凡雹者, 過由人君惡聞其過, 抑賢不揚, 內與邪人通, 取財
利, 蔽賢, 施之, 並當雨不雨, 故反雹下也.」

『춘추고이우』에서 말하였다. "음기의 정수가 엉기어 합쳐지면 우박이 내린다.
'박雹'은 '합쳐진다[合]'는 말이다. 첩을 처로 삼아 크게 존중하고, (정식의) 9명의
비妃125)들에게는 건너뛰고 거둥하지 않으며 앉아서는 (그 첩만을 눈) 앞에 두고
서로 떨어질 마음이 없어 같은 수레에 동승하고 한 이불 안에서 음악을 즐기며,
부인에게 정치를 독점하게 하고 (천하에 은혜를) 베풂에 널리 펴지 않으면 음기의
정수가 엉겨 (우박이) 내린다." 『역참易讖』126)에서 말하였다. "무릇 우박이라는
것은 군주가 악행을 저지르거나 그 (자신의) 과오에 귀를 기울이는 것을 싫어하
고,127) 현자를 억압하여 등용하지 않으며 안으로는 악인과 결탁하여 재물과

---

124) 周紆(?~97): 후한의 관리. 字는 文通이고 하비국 徐縣(지금의 강소성 泗洪縣) 출신.
韓非의 학문을 좋아하였고 젊어서 廷尉史가 되었다. 후에 御史中丞이 되었는데
각박한 일처리로 면직되었다. 사람들에게 은혜를 베풀 줄 모르고 맹목적으로
엄격하게만 법을 집행하였다. 그 결과 무고한 이들을 처형하여 수차례 강등되기도
하였다. 화제 영원 5년(93) 다시 어사중승이 되었다가 司隸校尉가 되었다. 『後漢書』
卷77에 傳이 있다.

125) 『公羊傳』「莊公十九年」조에 "諸侯壹聘九女."란 구절이 있다. 이에 대하여 張晏은
九가 極陽의 수기 때문에 아홉 명을 맞아들인다고 하였고, 臣瓚은 이를 하·상
시기의 제도라고 하였다(張晏曰:「陽數─三五七九, 九, 數之極也.」臣瓚曰:「天子一娶九
女, 夏殷之制也, 欽故舉前代之約以刺今之奢也..」).

126) 어떤 책인지 분명하지 않다. 安居香山·中村璋八의 『重修緯書集成』중에는 『易緯』에
이 구절이 輯錄되어 있다. "凡雹者, 過由人君惡聞, 其過抑賢不揚, 內與邪人通, 取財利,
蔽賢施之, 並當雨不雨, 故反雹下也."

이익을 강제로 **빼앗고** 현자를 막아 가리는 과오로부터 발생하는 것으로, 그것들을 행하면 비가 내려야 할 때 내리지 않고 오히려 우박이 내린다."

[二] <u>古今注</u>曰:「<u>光武</u> <u>建武</u>十年十月戊辰, <u>樂浪</u>·<u>上谷</u>雨雹, 傷稼. 十二年, <u>河南</u> <u>平陽</u>雨雹, 大如杯, 壞敗吏民廬舍. 十五年十二月乙卯, <u>鉅鹿</u>雨雹, 傷稼. <u>永平</u>三年八月, 郡國十二雨雹, 傷稼. 十年, 郡國十八或雨雹, 蝗.」<u>易緯</u>曰:「夏雹者, 治道煩苛, 繇役急促, 敎令數變, 無有常法. 不救爲兵, 强臣逆謀, 蝗蟲傷穀. 救之, 擧賢良, 爵有功, 務寬大, 無誅罰, 則災除.」

『고금주』에서 말하였다. "광무제 건무 10년(34) 10월 무진戊辰,[128] 낙랑군樂浪郡[129] 과 상곡군上谷[130]에 우박이 내려 곡식이 상하였다. (건무) 12년(36), 하남윤 평양현平陽縣[131]에 크기가 잔杯만한 우박이 내려 관리와 백성의 가옥이 파괴되었 다. (건무) 15년(39) 12월 을묘乙卯(12일), 거록군鉅鹿郡[132]에 우박이 내려 곡식이 상하였다. (명제明帝) 영평永平 3년(60) 8월, 군국 열두 곳에 우박이 내려 곡식이 상하였다. (영평) 10년(67), 군국 열여덟 곳에 혹 우박이 내리고 황해蝗害가 있었다."

---

127) 원문은 '過由人君惡聞其過'이나 문맥에 따라 '過由人君, 惡聞其過'로 표점하여 해석하 였다.

128) 광무제 건무 10년(34) 10월에는 戊寅(5일), 戊子(15일), 戊戌(25일) 밖에는 없다. 戊辰日은 9월 25일이다.

129) 樂浪郡: 전한 무제 元封 3년(BC. 108) 衛滿朝鮮을 멸망시키고 설치하였다. 관아는 현재 북한 평양시 대동강 南岸에 있는 王儉城이었던 것으로 알려져 있다. 관할 지역은 평안남북도·황해도·강원도 일부, 함경남북도 일부로 알려져 있다. 후한과 서진 시기 관할 지역이 변화되기도 하였지만 400년 동안 유지되며 한반도 서북부 지역을 통치하였다. 313년 高句麗 美川王에 의해 축출되어 사라졌다.

130) 上谷郡: 전국 시기 燕에서 설치하였다. 진에서는 관아를 沮陽縣(지금의 하북성 懷來縣)에 두었다. 관할 지역은 지금의 하북성 張家口市·小五臺山 이동, 赤城縣·北京市 延慶縣 이서, 內長城과 昌平縣 이북에 해당하였다. 조위에서는 幽州에 속하였으며 관아는 지금의 북경시 연경현인 居庸縣에 두었다. 북위 때 폐지하였다.

131) 平陽縣: 후한 시기 하남윤 소속의 平陽縣은 확인되지 않는다. 평양현은 春秋 시기 晉頃公 12년(BC. 514)에 처음 설치되었는데, 관아는 지금의 산서성 臨汾市 金殿鎭에 두었다. 平水의 북쪽에 위치하여 平陽이란 이름을 얻었다. 진과 한에서 모두 설치하 였고 하동군에 속하였다. 후한 하남윤 소속으로는 平陰縣이 있었다.

132) 鉅鹿郡: 秦始皇 25년(BC. 222) 설치하였다. 관아는 지금의 하북성 平鄕縣인 巨鹿縣에 두었다. 관할 지역은 지금의 하북성 白洋淀·文安窪 이남, 南運河 이서, 高陽·寧晉·任縣 이동, 平鄕 및 산동성 臨淸 이북에 해당한다. 전한에서는 영역이 다소 축소되었으며, 후한 때는 관아를 虞陶縣(지금의 영진현)으로 옮겼다. 晉에서는 鉅鹿國이 되었다가 북위 때 다시 군이 되었다. 북위 永安 연간(528~530) 둘로 나눠 하나는 관아를 曲陽縣(지금의 하북성 晉州市)에 두고 定州에 속하게 하였고, 다른 하나는 관아를 虞遙縣에 두고 殷州에 속하게 하였다. 각기 북제와 수 때 폐지되었다.

『역위易緯』에서 말하였다. "여름에 우박이 내리는 것은 다스림의 법도가 번잡하고 가혹하며, 노역이 조급하게 (부과되고) 교령敎令이 빈번하게 바뀌며 정해진 일정한 법이 없기 때문이다. (그 재이에) 바르게 대처하지 못하면 전쟁이 일어나고 강력한 신하가 역모를 꾀하고 병충해가 곡식을 상하게 한다. (그 재이에) 적절히 대처하기 위해 현량賢良한 자를 선발하고 공있는 자에게 작爵을 내리며 관대한 (정치에) 힘쓰고 주벌을 행하지 않으면 재이가 소멸된다."

<u>安帝</u> 永初元年, 雨雹. 二年, 雨雹, 大如雞子. 三年, 雨雹, 大如鴈子, 傷稼. <u>劉向</u>以爲雹, 陰脅陽也. 是時<u>鄧太后</u>以陰專陽政.

안제 영초 원년(107), 우박이 내렸다. 2년(108) 우박이 내렸는데, 크기가 달걀만 했다. 3년(109) 크기가 기러기 알만한 우박이 내려 곡식을 상하게 하였다. 유향劉向133)은 우박이 내리는 것은 음기가 양기를 핍박하였기 때문이라고 하였다. 이때, 등태후가 여자陰면서 (남자陽가 담당해야 할) 나라의 정사를 독점하였다.

延光元年四月, 郡國二十一雨雹, 大如雞子, 傷稼. 是時<u>安帝</u>信讒, 無辜死者多.[一]

(안제) 연광 원년(122) 4월, 군국 스물한 곳에 크기가 달걀만한 우박이 내려 곡식이 상하였다. 이때 안제가 참언을 믿어 죄 없이 죽은 자가 많았다.

[一]　臣昭案: <u>尹敏傳</u>是歲河西大雨雹, 如斗. <u>安帝</u>見<u>孔季彦</u>, 問其故, 對曰「此皆陰乘陽之徵也. 今貴臣擅權, 母后黨盛, 陛下宜修聖德, 慮此二者」也.

　　신 유소가 살펴보니 다음과 같았습니다. (『후한서』) 「윤민전尹敏134)傳」에 기록되어

---

133) 劉向(BC. 77~BC. 6): 字는 子政, 原名은 更生으로 성제 시기 向으로 改名하였다. 유방의 異母弟인 楚王 劉交의 4대 손으로 劉歆의 부친이다. 선제 시기 간대부가 되었고 元帝 때 종정이 되었다. 환관 弘恭·石顯과 대립하여 하옥되었다가 석방되었지만 다시 그들에게 반대하다 면직된 후 서인이 되었다. 성제 시기 다시 임용되어 光祿大夫가 되고 향으로 개명하였다. 관직은 中壘校尉에 이르렀다. 학문에 두루 능통하였다. 조정의 藏書를 교정하고 만든 「書錄」을 모은 「別錄」 및 「新序」, 『說苑』, 『列女傳』 등의 저작이 있다. 『漢書』 卷36에 傳이 있다.

134) 尹敏: 字는 幼季, 남양 堵陽(지금의 하남성 方城縣) 출신. 후한 초기 학자. 처음에는 『歐陽尚書』를 익혔으나 점차 『古文』, 『毛詩』, 『穀梁傳』, 『左傳』을 학습하여 성과를 냈다. 건무 2년(26), 광무제에게 『尚書』 「洪範」의 재이 소멸 방법을 진술한 후

있길 "이 해에 하서河西에 큰 우박이 내렸는데, (크기가) 말[斗]만하였다. 안제가 공계언孔季彦135)을 보고 그 이유를 물으니 대답하길, '이는 모두 음이 양을 능멸할 징조입니다. 지금 고위의 신하들이 멋대로 권력을 농단하고 모후母后의 친족들이 강성하니, 폐하께서는 마땅히 성덕聖德을 닦으셔야 하고 이 두 가지를 헤아리셔야 합니다.'라고 하였다."136)고 하였습니다.

三年, 雨雹, 大如雞子.[一]

(안제 연광) 3년(124), 달걀만한 크기의 우박이 내렸다.

[一] 古今注曰:「順帝 永建五年, 郡國十二雨雹. 六年, 郡國十二雨雹, 傷秋稼.」
『고금주』에서 말하였다. "순제 영건 5년(130), 군국 열 두 곳에 우박이 내렸다. (영건) 6년(131), 군국 열 두 곳에 우박이 내려 가을걷이 할 곡식이 상했다."

桓帝 延熹四年五月己卯, 京都雨雹, 大如雞子. 是時桓帝誅殺過差, 又寵小人.
환제 연희 4년(161) 5월 기묘己卯(22일), 수도에 크기가 달걀만한 우박이 내렸다. 이때 환제가 주살하는 것이 과도하였으며, 또 소인들을 총애하였다.

七年五月己丑, 京都雨雹. 是時皇后鄧氏僭侈, 驕恣專幸. 明年廢, 以憂死, 其家皆誅.
(환제 연희) 7년(164) 5월 기축己丑(19일), 수도에 우박이 내렸다. 이때 황후 등씨鄧氏137)가 분수에 넘치게 사치하였고 교만 방자하였으며 총애를 독차지 하였다. 나음 해 폐위되어 근심 속에 죽었으며 그 가족 (역시) 모두 주살되었다.

발탁되어 낭중, 長陵令, 간의대부 등을 역임하였다. 그러나 讖緯에 대해 반대한 결과 학문이 뛰어남에도 중용되지 못하였다. 『後漢書』卷79上에 傳이 있다.

135) 孔季彦: 후한의 학자. 孔安國의 자손이자 孔僖의 아들. 대대로 『古文尚書』와 『毛詩』에 뛰어났다. 부친의 家業을 이어 수 백인의 門徒를 거느렸다. 효렴으로 선발되었으나 관직에 나가지 않고 향년 47세로 집에서 사망하였다.

136) 이 기사는 「孔僖傳」에 보인다.

137) 皇后鄧氏(?~165): 薄皇后. 鄧貴人을 참조.

靈帝 建寧二年四月, 雨雹.
영제 건녕 2년(169) 4월, 우박이 내렸다.

四年五月, 河東雨雹.
(건녕) 4년(171) 5월, 하동군에 우박이 내렸다.

光和四年六月, 雨雹, 大如雞子. 是時常侍·黃門用權.
(영제) 광화 4년(181) 6월, 달걀만한 크기의 우박이 내렸다. 이때 상시常侍와
황문黃門이 권력을 장악하고 있었다.

中平二年四月庚戌, 雨雹, 傷稼.
(영제) 중평·2년(185) 4월 경술庚戌(12일), 우박이 내려 농작물이 상했다.

獻帝 初平四年六月, 右扶風雹如斗.[一]
헌제 초평 4년(193) 6월, 우부풍右扶風에 말[斗]만한 크기의 우박이 내렸다.

[一] 袁山松書曰:「雹殺人. 前後雨雹, 此最爲大, 時天下潰亂.」
   원산송의 『후한서』에서 말하였다. "우박이 사람을 죽였다. 앞뒤로 우박이 내렸는
   데, 이때의 것이 가장 컸고 당시 천하가 붕괴되어 어지러워졌다."

冬雷: 겨울 우레

和帝 元興元年冬十一月壬午, 郡國四冬雷. 是時皇子數不逢, 皆隱之民閒. 是歲, 宮車晏駕, 殤帝生百餘日, 立以爲君; 帝兄有疾, 封爲平原王, 卒, 皆夭無嗣.[一]

화제 원흥元興138) 원년(105) 겨울 11월 임오壬午(3일), 군국 네 곳에서 겨울 우레가 쳤다.139) 이때 황자皇子 다수가 요절하여 모두 민간에서 숨겨 양육하였다.140) 이해 황제가 붕어하고 상제가 태어난 지 백여 일밖에 되지 않았지만 그를 옹립하여 황제로 삼았다. 황제의 형에게는 병이 있었는데, 평원왕平原王으로 책봉되고 (곧) 사망[卒]하니 모두 요절하여 후사가 없었다.

[一] 古今注曰:「光武 建武七年, 遼東冬雷, 草木實.」
『고금주』에서 말하였다. "광무제 건무 7년(31), 요동군遼東郡141)에서 겨울 우레가 있었는데 초목이 열매를 맺었다."

殤帝 延平元年九月乙亥, 陳留雷, 有石隕地四.[一]
상제 연평 원년(106) 9월 을해乙亥(1일), 진류군陳留郡에서 우레가 쳤고 운석 네 조각이 땅에 떨어졌다.

---

138) 元興: 후한 화제의 두 번째 연호로 105년에 해당한다.
139) 『漢書』「五行志」에서 인용한 유향의 말에 따르면 우레는 2월에 시작하여 8월에 끝나는 것이 절기에 맞는 것이다. 『漢書』卷27中之上,「五行中之上」, "於易, 雷以二月出, 其卦日豫, 言萬物隨雷出地, 皆逸豫也. 以八月入, 其卦日歸妹, 言雷復歸."
140) 『後漢書』卷10上,「皇后紀上」, "元興元年, 帝崩, 長子平原王有疾, 而諸皇子夭沒, 前後十數, 後生者輒隱秘養於人閒."
141) 遼東郡: 전국 시기 연에서 설치하였다. 관아는 襄平(지금의 遼寧省 遼陽市)에 두었다. 연의 장수 秦開가 東胡를 격파한 후 朝鮮을 공격하여 遼水 이동을 확보한 후 설치하였다. 관할 지역은 지금의 요녕성 大凌河 이동, 開原市 이남, 淸川江 하류 이북에 해당한다. 서진 시기 遼東國이 되었다가 후에 다시 군으로 회복되었다. 16국 시기 後燕 때 고구려에 편입되었다. 北燕에서 지금의 요녕성 西都에 僑置하였다. 북위에서 폐지하였다.

[一] 臣昭案: 天文志末已載石隕, 未解此篇所以重記. 石(以)[與]雷隕俱者, 九月雷未爲異, 桓
帝亦有此隕, 後不兼載, 於是爲(長)[常]. 古今注曰:「章帝 建初四年五月戊寅, 潁陰石從天
墜, 大如鐵鑽, 色黑, 始下時聲如雷.」

신 유소가 살펴보니 다음과 같았습니다. (『속한서』)「천문지天文志」말미에 이미
운석에 대해 기재하였는데, 이 편(「오행지」)에 다시 기재한 것에 대해서는 잘
알지 못하겠습니다. 운석과 우레가 친 것이 함께 기록되어 있는 것은 9월에
우레가 친 것만으로는 이상한 일이 아니기 때문일 것입니다. 환제 때도 역시
이와 같이 (운석과 우레가) 친 일이 있지만 후에 (「천문지」와 「오행지」에) 중복하여
기록하지 않았는데, 이것(「오행지」에 중복해서 기재하지 않는 것)이 일반적인 것이기
때문입니다. 『고금주』에서는 "장제 건초 4년(79) 5월 무인戊寅(24일), 영음현潁陰
縣142)에서 (허리에 채우는 형구인) 철질鐵鑕만한 돌이 하늘로부터 떨어졌는데,
색은 흑색이고 떨어질 때 우레 같은 소리가 났다."고 하였습니다.

安帝 永初六年十月丙戌, 郡六冬雷.[一]

안제 영초 6년(112) 10월 병술丙戌(17일), 군 여섯 곳에서 겨울 우레가 쳤다.

[一] 京房占曰:「天冬雷, 地必震.」又曰:「敎令擾.」又曰:「雷以十一月起黃鍾, 二月大聲,
八月闔藏. 此以春夏殺無辜, 不須冬刑致災. 蟄蟲出行, 不救之, 則冬溫風, 以其來年疾病.
其救也, 恤幼孤, 振不足, 議獄刑, 貰謫罰, 災則消矣.」古今注曰:「明帝 永平七年十月丙
子, 越巂雷.」

『경방점』에서 말하였다. "하늘에서 겨울 우레가 치면 땅에서는 반드시 지진이
일어난다." 또 말하였다. "교령이 어지러워진다." 또 말하였다. "우레는 11월에
황종黃鍾143)의 (음을 울리고) 2월에는 큰 소리를 내며, 8월에는 (지하로) 숨어든다.
이로써 봄과 여름에 무고한 사람을 살해하거나 겨울을 기다리지 않고 형벌을
행하면 재이가 발생하니 겨울잠을 자야하는 벌레가 지상으로 나와 활동한다.

---

142) 潁陰縣: 진에서 설치하고 영천군에 속하게 하였다. 관아는 지금의 하남성 許昌市에
두었다. 전한 고제 6년(BC. 201), 灌嬰을 潁陰侯에 봉하였다. 북위 太武帝 太平眞君
7년(446), 臨潁縣과 병합하였다. 東魏 元象 2년(539)에 다시 설치하고 鄭州와 영천군
의 군치로 삼았다. 북제 천보 원년(550), 長社縣으로 고쳤다.
143) 黃鍾: 樂律 12律 중 하나로 6율에 속하며 제일 첫 번째 율이다. 방위는 子, 節候는
11월에 해당한다. 『國語』에 따르면 황종은 六氣를 양육하고 九功之德(水·火·金·木·土
·穀·正德·利用·厚生)의 근본이 된다. 『國語』,「周語下」."黃鍾, 所以宣養六氣·九德也.」
참고로 12율을 12달에 배당하면 다음과 같다.

배당월	11	12	1	2	3	4	5	6	7	8	9	10
12律	黃鍾	大呂	太族	夾鍾	姑洗	中呂	蕤賓	林鍾	夷則	南呂	亡射	應鍾

(적절한 방법으로) 대처하지 않으면 겨울에 따뜻한 바람이 불고 다음 해에 역병이 일어난다. (적절한 방법으로) 대처한다함은 어린 고아를 보살피고 가난한 자들을 구제하며, 형벌을 심의하여 처리하고 죄인을 사면하는 것으로 (이와 같이 하면) 재이가 소멸한다."『고금주』에서 말하였다. "명제(재위 28-75) 영평 7년(64) 10월 병자丙子(27일), 월수군越嶲郡[144]에 우레가 쳤다."

七年十月戊子, 郡國三冬雷.

(영초) 7년(113) 10월 무자戊子(25일), 군국 세 곳에서 겨울 우레가 쳤다.

元初元年十月癸巳, 郡國三冬雷.

(안제) 원초 원년(114) 10월 계사癸巳(6일), 군국 세 곳에서 겨울 우레가 쳤다.

三年十月辛亥, 汝南·樂浪冬雷.

(원초) 3년(116) 10월 신해辛亥(5일), 여남군汝南郡과 낙랑군樂浪郡에서 겨울 우레가 쳤다.

四年十月辛酉, 郡國五冬雷.

(원초) 4년(117) 10월 신유辛酉(21일), 군국 다섯 곳에서 겨울 우레가 쳤다.

六年十月丙子, 郡國五冬雷.

(원초) 6년(119) 10월 병자丙子(18일), 군국 다섯 곳에서 겨울 우레가 쳤다.

---

144) 越嶲郡: 越巂郡 또는 越雋郡으로도 불린다. 전한 무제 원정 6년(BC. 111) 西南夷의 邛都國을 개척하고 설치하였다. 관아는 지금의 四川省 西昌市에 두었다. 『漢書』「地理志」에 인용된 應劭의 말에 따르면 嶲水를 넘어 큰 나무가 무성하여 붙여진 이름이라고 하고(有嶲水, 言越此水以章休盛也), 『後漢書』「西南夷傳」의 이현 주에 따르면 嶲水너머 군을 설치하였기에 붙여진 이름이라고 한다(言其越嶲水以置郡, 故名焉). 관할 지역은 지금의 雲南省 麗江 納西族自治縣 이동, 金沙江 이서, 祥雲·大姚 이북과 사천성 木里·石棉·甘洛·雷波 이남 지역에 해당한다. 전한 시기 益州刺史部에 속하였다. 왕망 때 集嶲로 개명되었다.

永寧元年十月, 郡國七冬雷.

(안제) 영녕永寧 원년(120) 10월, 군국 일곱 곳에서 겨울 우레가 쳤다.

建光元年十月, 郡國七冬雷.

(안제) 건광建光 원년(121) 10월, 군국 일곱 곳에서 겨울 우레가 쳤다.

延光四年, 郡國十九冬雷. 是時太后攝政, 上無所與. 太后旣崩, 阿母王聖及皇后兄閻顯兄弟更秉威權, 上遂不親萬機, 從容寬仁任臣下.[一]

(안제) 연광 4년(125), 군국 열아홉 곳에서 겨울 우레가 쳤다. (안제) 재위 시기 동안145) (등)태후가 섭정을 하였고 주상은 관여하는 일이 없었다. 태후가 붕어하고 유모 왕성과 황후의 형 염현閻顯146) 형제147)가 다시 권세를 장악하여 주상은 끝내 여러 업무[萬機]를 친히 처리하지 못하였고 느긋하고 너그러우며 인자하게 신하들에게 위임하였다.

[一] 　古今注曰:「順帝 永和四年四月戊午, 雷震擊高廟·世祖廟外槐樹.」
　　　『고금주』에서 말하였다. "순제 영화 4년(139) 4월 무오戊午(23일), 벼락이 고묘高廟와 세조묘世祖廟148) 밖 홰나무에 떨어졌다."

---

145) 원문의 '是時'를 '이때' 즉, 延光 4년(125)으로 본다면 문제가 발생한다. 섭정을 하던 鄧太后가 建光 원년(121)에 이미 사망하였기 때문이다. 문맥에 맞게 해석하려면 '是時'는 안제 재위 시기로 봐야 할 것이다.

146) 閻顯(?~125): 후한 안제의 황후 閻姬의 장형. 하남윤 榮陽縣(지금의 하남성 榮陽市) 출신. 건광 원년(121) 등태후가 사망하고 안제가 친정을 시작하면서 외척으로서 권세를 장악하기 시작하였다. 안제의 태자 劉保를 廢黜하고 연광 4년(125) 3월 안제 병사 후에는 北鄕侯 劉懿를 즉위시켰다. 북향후가 어려 친정이 불가능하자 輔政이 되어 권력을 장악하였다. 그러나 그해 10월 북향후가 사망하자 궁중의 문을 잠그고 비밀리에 發喪도 하지 않은 채 염태후와 모의하여 다시 어린 황제를 세우고자 하였다. 그러나 환관 孫程 등에게 발각되어 살해당하였다. 손정들은 태자에서 폐위당해 濟陰王이 된 유보를 황제로 옹립하였다. 이가 순제로, 순제는 자신의 옹립에 공을 세운 손정을 비롯한 19인을 侯로 책봉하였다.

147) 閻顯 형제: 閻景, 閻耀, 閻晏을 말한다. 이들은 각각 벼슬이 衛尉, 城門校尉, 執金吾에 이르렀다.

148) 世祖廟: 광무제의 신주를 모신 묘를 말한다. 『後漢書』「顯宗明帝紀」에 따르면 중원

桓帝 建和三年六月乙卯, 雷震憲陵寢屋. 先是梁太后聽兄冀枉殺李固·杜喬.

환제 건화 3년(149) 6월 을묘乙卯(19일), 벼락이 헌릉憲陵 침전寢殿에 떨어졌다. 앞서 양태후梁太后는 (그) 형 양기가 죄 없는 이고와 두교를 살해하는 것을 허락하였다.

靈帝 熹平六年冬十月, 東萊冬雷.

영제 희평 6년(177) 겨울 10월, 동래군東萊郡에 겨울 우레가 쳤다.

獻帝 初平三年五月丙申, 無雲而雷.

헌제 초평 3년(192) 5월 병신丙申(9일), 구름도 없는데 우레가 쳤다.

四年五月癸酉, 無雲而雷.

(초평) 4년(193) 5월 계유癸酉(22일), 구름도 없는데 우레가 쳤다.

2년(57) 3월 광무제를 原陵에 장사지내고 世祖라는 묘호를 올린 것으로 되어 있다.

山鳴: 산 울음소리

建安七八年中, 長沙 醴陵縣有大山常大鳴如牛呴聲, 積數年. 後豫章賊攻沒醴陵縣, 殺略吏民.[一]

(헌제) 건안 7~8년(202~203) 사이, 장사군長沙郡149) 예릉현醴陵縣150)의 큰 산151)에서 마치 소가 우는 소리 같은 큰 소리가 항상 났는데, 수년 동안 이어졌다. 후에 예장군豫章郡152)의 도둑들이 예릉현을 공격하여 함락하고 관리와 백성들을 살육하고 약탈하였다.

[一] 王寶曰:「論語摘輔像曰:『山(亡)[土]崩, 川閉塞, 漂淪移, 山鼓哭, 閉衡夷, 庶桀合, 兵王作.』時天下尙亂, 豪桀並爭: 曹操事二袁於河北; 孫吳創基於江外; 劉表阻亂象於襄陽, 南招

---

149) 長沙郡: 전국 시기 진에서 설치하였다. 관아는 臨湘縣(지금의 湖南省 長沙市)에 두었다. 『史記』와 『方輿勝覽』에 따르면 長沙星이라는 이름에서 군의 이름을 따왔다. 관할 지역은 지금의 호남성 대부분과 廣東省 連縣·陽山 등을 포괄하였다. 전한 고제 5년(BC. 202) 長沙國으로 고쳤다. 후한 시기 다시 군이 설치되었으나 영역은 축소되었다. 수 개황 연간(581~600)에 폐지되었다가 대업 초에 潭州를 고쳐서 長沙郡으로 삼았으며, 관아가 있던 임상현도 長沙縣으로 고쳤다. 당 무덕 4년(621)에 다시 담주가 되었다가 천보 원년(742) 다시 장사군으로, 乾元 원년(758) 다시 담주로 바뀌었다.

150) 醴陵縣: 후한에서 설치하고 장사군에 속하게 하였다. 관아는 지금의 호남성 醴陵市에 있었다. 현 북쪽에 구릉이 있고, 그 구릉 위에 우물이 있는데 술처럼 단 물이 솟구친다고 하여 이름을 얻었다 한다. 수대 장사현에 합쳐졌다. 당 무덕 4년(621) 다시 설치되어 담주에 속하였다.

151) 大山: 『續漢書』 「郡國四」 예릉현 조에 유소는 『荊州記』를 인용하여 다음과 같이 大山을 설명하고 있다. "荊州記曰:「縣東四十里有大山, 山有三石室, 室中有石牀石臼. 父老相傳, 昔有道士學仙此室, 卽合金沙之曰.」"

152) 豫章郡: 전한 고제 6년(BC. 201) 九江郡의 남쪽 경계를 나누어 설치하였다. 관아는 지금의 강서성 南昌市 동쪽에 해당하는 南昌縣에 두었다. 『水經注』 「贛水」에 인용된 응소의 『漢舊儀』에 따르면 '豫章'이란 이름은 녹나무[樟樹]가 庭 가운데 자라 그로써 군의 이름을 삼은 것이라 한다(豫章, 樟樹生庭中, 故以名郡矣). '예장'은 枕木과 樟木을 병칭해서 부르는 이름이다. 관할 지역은 한대에는 대체로 지금의 강서성 지역에 해당하였는데, 조위 시기에 영역이 축소되었다. 수 개황 9년(589) 豫章郡을 폐지하고 洪州를 설치하였다가 대업 2년(606) 다시 예장군을 설치하였다. 당 무덕 5년(622) 다시 군을 폐지하고 홍주를 설치하였다가 천보 원년(742) 다시 예장군으로 고쳤다.

霽·桂, 北割漢川, 又以黃祖爲爪牙, 而祖與孫氏爲深讎, 兵革歲交. 十年, 曹操破袁譚於南皮; 十一年, 走袁尙於遼東. 十三年, 吳禽黃祖. 是歲, 劉表死. 曹操略荊州, 逐劉備於當陽. 十四年, 吳破曹操於赤壁. 是三雄者, 卒共參分天下, 成帝王之業, 是所謂『庶桀合, 兵王作』者也. 十六年, 劉備入蜀, 與吳再爭荊州, 於時戰爭四分五裂之地, 荊州爲劇, 故山鳴之異作其域也.」

간보干寶가 말하였다. "『논어적보상論語摘輔像』153)에서 말하기를 '산과 땅이 무너지고 내가 막히며, 물결에 휩쓸려 떠내려가고 산에서 울음소리가 나며 평지를 막으면 여러 영걸英桀들이 모여들고 병왕兵王(패왕霸王)이 일어난다.'고 하였다. 이때 천하가 여전히 어지러웠고 호걸豪傑들이 더불어 다투었다. 조조는 원소袁紹·원술袁術154)과 하북河北에서 전쟁하였고, 손오孫吳는 강남江外에서 (국가의) 기반을 만들었다. 유표劉表는 양양襄陽155)에서 폭도들을 막아내고 남으로 영릉零陵156)과

---

153) 『論語摘輔像』: 한대 만들어진 論語緯 중 하나. 『摘輔象』 혹은 『摘象輔』라고도 불린다. 주로 孔子 및 그 제자들의 용모, 성격을 다루고 있으며 더하여 용모와 성격에 근거하여 聖王의 輔佐를 선발하는 것을 서술하였다. 이 때문에 『적보상』, 『적상보』라는 이름을 얻었다고 한다. 宋均이 주해하였으나 당 이후 산일되어 소량의 佚文만이 남아 있다. 明 孫穀의 『古微書』, 淸 馬國翰의 『玉函山房輯佚書』, 喬松年의 『緯捃』 등의 輯本이 있다.

154) 袁術(?~199): 字는 公路, 여남군 汝陽縣(지금의 하남성 商水縣) 출신. 사공 袁逢의 嫡次子로 태복 袁基와 冀州牧이었던 袁紹의 異母弟다. 효렴으로 선발되어 하남윤, 호분중랑장을 지냈다. 董卓이 낙양에 들어온 후 後將軍이 되었으나 동탁의 황제 廢立 계획을 알고 후환을 두려워하여 남양군으로 도주하였다. 初平 원년(190) 원소·曹操 등과 연합하여 동탁 토벌군을 조직하였다. 이후 원소, 조조와 대립하였으나 패배하고 구강군으로 도주하여 揚州에서 割據하였다. 헌제 건안 2년(197) 참위를 근거로 壽春에서 황제를 僭稱하고 仲氏로 建號하였다. 교만하고 사치스러웠으며, 간사하였고 폭정을 일삼아 江淮 지역의 피해가 심했으며 많은 백성들이 굶주려 죽었다. 이 때문에 부하들 사이에서도 離心이 생겨 呂布와 조조의 공격을 받았을 때 사기가 크게 떨어져 대패하였다. 세력이 쇠진한 후 원소의 아들 袁譚에게 의탁하려 하였으나, 劉備의 방해로 뜻을 이루지 못하고 건안 4년(199) 江亭에서 피를 토하며 죽었다. 『三國志·魏書』卷6에 傳이 있다.

155) 襄陽(郡): 후한 헌제 건안 13년(208)에 설치하였다. 관아는 襄陽縣에 두었는데, 지금의 湖北省 襄樊市에 해당한다. 『太平御覽』에서 인용한 『荊州圖副』에 따르면 襄水의 북쪽에 위치하였기 때문에 얻은 이름이라고 한다(襄陽郡, 以地在襄水之陽爲名). 관할 지역은 지금의 호북성 양번·양양·宜城·遠安 등의 시와 현을 아울렀다. 서진에서는 관아를 宜城縣(지금의 호북성 의성시)로 옮겼으나 유송에서 다시 양양현으로 옮겼다. 西魏에서 襄州로 고쳤으며 수 대업 3년(607) 다시 襄陽郡으로 삼았다. 당대 들어 여러 차례 변동이 있었으나 건원 원년(758) 최종적으로 양주가 되었다.

156) 零陵(郡): 전한 무제 원정 6년(BC. 111), 桂陽郡을 나누어 설치하였다. 관아는 零陵縣(지금의 광서성 全州縣)에 두었다. 관할 지역은 지금의 호남성 邵陽市·衡陽縣 이남, 永州市·寧遠縣 이서, 武岡市와 광서성 桂林市 이동, 陽朔縣과 호남성 道縣 이북 지역에

계양桂陽을 초무招撫하였으며 북으로는 한천漢川[157)을 분할하고 또 황조黃祖[158)를 수하瓜牙로 삼았는데, 황조와 손씨가 철천지원수가 되어 전쟁이 매년 이어졌다. (건안) 10년(205) 조조가 원담袁譚[159)을 남피南皮[160)에서 격파하고, 11년(206) 원상袁尙[161)을 요동遼東[162)으로 패주시켰다. 13년(208) 손오는 황조를 사로잡았다. 이해

해당한다. 후한에서는 관아를 泉陵縣(지금의 호남성 영주시)으로 옮겼다. 조위 때는 영역이 축소되었다. 수 개황 9년(589) 農州로 改置되었으나 대업 초에 다시 零陵郡이 되어 관아를 지금의 호남성 영주시인 영릉현에 두었다. 당 무덕 4년(621)에 永州로 고쳤다가 천보 원년(742)에 다시 영릉군이 되었지만 건원 원년(758) 다시 영주가 되었다.

157) 漢川: 漢中을 말한다.

158) 黃祖(?~208): 후한 말 荊州牧 劉表의 부하 장수. 초평 2년(191), 孫策·손권이 부친 孫堅과 양양을 포위하고 유표를 공격할 때 유표를 도와 손견 등을 공격하였다. 교전 중에 그의 부하가 손견을 활로 쏴 죽이면서 손씨들과 철천지원수가 되었다. 이후 江夏太守가 되었다. 헌제 건안 13년(208), 손권과 교전 중에 살해되었다.

159) 袁譚(?~205): 字는 顯思 혹은 顯恩, 顯忠. 여남군 여양현(지금의 하남성 상수현) 출신. 후한 말 군웅인 원소의 장자로 헌제 건안 원년(196) 田楷와 孔融을 격파하고 靑州를 완전히 점령하였다. 이후 조조의 表에 의해 靑州刺史가 되었다. 원소 사후 審配 등이 遺令을 위조하여 袁尙을 계승자로 옹립한 것에 원한을 갖고 원상과 적대관계가 되었다. 조조와 연합하여 원상을 공격하여 유주로 敗走시키는 데 성공한다. 이후 조조를 배신하고 남피를 공격하여 탈취한 후 거점으로 삼았지만, 건안 10년(205) 조조의 남피 공격 때 패배하고 斬殺당한다. 『三國志·魏書』卷6에 傳이 있다.

160) 南皮(縣): 진에서 설치하고 거록군에 속하게 하였다. 관아는 지금의 하북성 남피현에 두었다. 전한 시기에는 勃海郡에 속하였다. 후한에서는 발해군의 군치가 되었다.

161) 袁尙(?~207): 字는 顯甫, 여남군 여양현(지금의 하남성 상수현) 출신. 후한 말 군웅 중 한 사람인 원소의 셋째 아들. 원소로부터 편애를 받았고 원소 사후에는 원소의 관위와 작위를 계승하였다. 이로 인해 장형인 원담으로부터 원한을 사 형제 사이가 좋지 못했으며 심지어 군사적으로 대립하게 된다. 이후 원씨 형제 모두가 조조에게 패배하자 원상은 둘째 형 袁熙와 함께 遼西로 도주하여 烏桓 수령 踏頓에게 귀부한다. 그러나 오래지 않아 조조가 오환을 평정하자 두 사람은 다시 公孫康에게 귀부하나 공손강에 의해 피살되어 그 머리가 조조에게 보내졌다. 『三國志·魏書』卷6에 傳이 있다.

162) 遼東: 협의로는 遼水 부근에 위치한 遼東城이나 요동군 등 행정 단위나 구역을 가리키고 광의로는 山海關 이동, 현재 한반도 북부 이서의 광범한 공간을 의미한다 (金翰奎, 「歷史上 '遼東' 槪念과 '中國史' 範疇」, 『吉玄益敎授停年紀念 史學論叢』, 서울: 吉玄益敎授停年紀念史學論叢刊行委員會, 1996). 한편 일반적으로 요수의 서쪽을 요서, 요수의 동쪽을 요동으로 이해하고 있지만 실상은 요동(머나먼 동쪽)이라는 기존 지명에 의해 요서라는 이름이 작명되었다고 본 연구도 있다(權五重, 「古代 遼東郡의 位置問題 試論」, 『吉玄益敎授停年紀念 史學論叢』, 서울: 吉玄益敎授停年紀念史學論叢刊行委員會, 1996). 이에 따른다면 遼山과 요수 역시 요동에서 유래하였을 가능성이

유표가 사망하였다. 조조는 형주荊州를 공략하여 유비劉備(재위 221~223)[163]를 당양當陽[164]으로 쫓아냈다. 14년(209) 손오는 조조를 적벽赤壁[165]에서 격파하였다. 이 세 영웅은 마침내 함께 천하를 삼분하고 제왕帝王의 공업功業을 이루었으니 이것이 이른바 '여러 영웅이 모여들고 병왕이 일어난다.'는 것이다. 16년(211) 유비가 촉蜀으로 들어가 손오와 다시 형주를 다투었으니 이때 천하를 사분오열하는 전쟁 중에 형주가 가장 (쟁탈이) 극심한 땅이었다. 따라서 산이 소리를 내는 이변異變이 이 일대 지역에서 일어난 것이다."

높다. 한편 王先謙은 『後漢書集解』에서 요동을 平壤城이라고 해석하였다.

163) 劉備(161~223): 字 玄德, 후한 말 유주 탁군 涿縣(지금의 하북성 涿州市) 출신. 삼국 시기 蜀漢의 개국 황제, 역사에서는 先主로 칭한다. 전한 中山靖王 劉勝의 후예로 알려져 있지만 분명하지 않다. 어려서 盧植을 스승으로 모셨고 후에 黃巾 기의 진압과 동탁 토벌에 참여하였다. 군웅들의 혼전 속에서 수차례 실패하며 義弟인 關羽와 張飛를 이끌고 傭兵처럼 公孫瓚·陶謙·조조·원소·유표 등을 전전하였다. 이후 제갈량을 맞이하면서 손권과 연합하게 되고, 손오와의 연합으로 赤壁戰을 승리로 이끈 후 연이어 荊州와 益州를 차지하며 촉한 정권을 건립하였다. 손권과 형주를 두고 쟁투하다 관우를 잃은 후 군신들의 만류에도 불구하고 손오와의 전투를 강행하였다가 夷陵에서 패배하고 章武 3년(223) 향년 63세로 白帝城에서 사망하였다. 시호는 昭烈皇帝고 묘호는 烈祖다. 惠陵에 장사지냈다. 『三國志·蜀書』 卷32에 傳이 있다.

164) 當陽: 전한에서 설치하고 南郡에 속하게 하였다. 관아는 지금의 호북성 荊門市에 두었다. 동진 시기에 관아를 호북성 當陽市에 두었다. 당왕조에서는 형주에 속하게 하였다.

165) 赤壁: 후한 헌제 건안 13년(208) 손권과 유비가 조조를 격파한 곳으로 정확하게 어디인지에 대해서는 定論이 없다. 일반적으로 두 곳으로 比定되는 데 『荊州記』와 『水經注』 「江水」에 따르면(『荊州記』, "蒲圻縣(지금의 호북성 蒲圻市)沿江一百里南岸名赤壁, 周瑜·黃蓋此乘大艦, 上破魏武兵于烏林. 烏林, 赤壁其東西一百六十里.";『水經注』, 「江水」, "江水左逕百人山(지금의 호북성 武漢市 서남쪽 紗帽山)南. 右逕赤壁山北, 昔周瑜與黃蓋詐魏武大軍所起也.") 지금의 호북성 武昌縣 서쪽 赤磯山과 紗帽山 사이 강 양쪽이다. 다른 한 곳은 『括地志』와 『元和郡縣志』에 근거한 것으로(『括地志』, "鄂州蒲圻縣有赤壁山, 卽曹公敗處.";『元和郡縣志』, 「蒲圻縣」, "(赤壁山)在縣西一百二十里, 北臨大江, 其北岸卽烏林, 與赤壁相對, 卽周瑜用黃蓋策焚曹公舟船, 敗走處.") 지금의 호북성 포기시 赤壁鎭 북쪽 赤壁山이다.

魚孼: 재앙을 예고하는 물고기의 출현

靈帝 熹平二年, 東萊海出大魚二枚, 長八九丈, 高二丈餘. 明年, 中山王 暢·任城王 博並薨.[一]

영제 희평 2년(173), 동래군 바다에서 큰 물고기 두 마리가 나왔는데, 길이는 8~9장이고 두께 2장이 넘었다. 다음 해, 중산왕中山王 창暢166)과 임성왕任城王 박博167)이 모두 죽었다[薨].

[一] 京房易傳曰: 「海出巨魚, 邪人進, 賢人疏.」臣昭謂此占符靈帝之世, 巨魚之出, 於是爲徵, 寧獨二王之妖也!

『경방역전』에서 말하였다. "바다에서 거대한 물고기가 나오면 간사한 이가 나아가고, 현명한 이가 소외된다." 신 유소가 생각하기에 이 점괘는 영제 시기에 부합하는 것으로 거대한 물고기가 나온 것은 (영제 시기 악정에 대한) 징험徵驗이니 어찌 오직 두 왕에 대한 요사스런 이변에 불과하겠습니까!

---

166) 中山王 暢: 中山王 劉暢이다. 부친인 劉弘 사후 중산왕을 계승하였다. 34년간 재위하였다. 시호는 穆王이다.

167) 任城王 博: 任城王 劉博이다. 임성왕 劉崇이 후사 없이 사망하고 임성왕국은 일시적으로 단절되게 되었는데, 유숭 사후 10년 만에 환제가 河間孝王 劉開의 아들 參戶亭侯 유박을 임성왕으로 삼아 임성왕국의 宗廟를 받들게 하였다. 효행으로 알려지며 3천 호를 加增받기도 하였다. 13년 동안 재위하다 후사 없이 사망하였다.

蝗: 누리의 해

和帝 永元四年, 蝗.[一]

화제 영원 4년(92), 누리의 해가 있었다.

[一] 臣昭案: 本紀光武 建武六年詔稱「往歲水旱蝗蟲爲災.」 古今注曰:「建武二十二年三月,
京師·郡國十九蝗. 二十三年, 京師·郡國十八大蝗, 旱, 草木盡. 二十八年三月, 郡國八十
蝗. 二十九年四月, 武威·酒泉·淸河·京兆·魏郡·弘農蝗. 三十年六月, 郡國十二大蝗.
三十一年, 郡國大蝗. 中元元年三月, 郡國十六大蝗. 永平四年十二月, 酒泉大蝗, 從塞外
入.」 謝承書曰:「永平十五年, 蝗起泰山, 彌行兗·豫.」 謝沈書 鍾離意議起北宮表云:「未
數年, 豫章遭蝗, 穀不收. 民飢死, 縣數千百人.」

신 유소가 살펴보니 다음과 같았습니다. 『후한서』 「광무제기」 건무 6년(30)
조서詔書에서 "지난 해 있었던 수해와 가뭄, 그리고 누리의 해는 재해가 되었다."고
하였습니다. 『고금주』에서는 "(광무) 건무 22년(46) 3월, 수도와 군국 열여홉
곳에서 누리의 해가 있었다. 23년(47) 수도와 군국 열여덟 곳에서 큰 누리의
해와 가뭄이 들어 초목이 모두 죽었다. 28년(52) 3월, 군국 여든 곳에서 누리의
해가 있었다. 29년(53) 4월, 무위군武威郡,[168] 주천군酒泉郡,[169] 청하군淸河郡,[170]

---

168) 武威郡: 전한 무제 원수 2년(BC. 121) 설치하였다. 관아는 지금의 감숙성 武威市인
姑臧縣에 두었다. 관할 지역은 지금의 감숙성 황하 이서, 무위시 이동 및 大東河·大西
河 유역에 해당한다. 16국 시기 전량·後涼·南涼·北涼이 이곳에 建都하였다. 북위에서
는 涼州에 속하였고 관아는 林中縣에 두었다. 서위에서는 다시 고장현으로 관아를
옮겼다. 수 개황 3년(583)에 폐지하였다가 대업 초에 양주를 고쳐 武威郡으로
삼았다. 당 무덕 초에 다시 양주가 되었다가 천보 초 무위군으로 돌려졌고, 건원
초에 다시 양주가 되었다. 廣德 연간(763~764) 吐蕃에 함락되었다.
169) 酒泉郡: 전한 무제 원수 2년(BC. 121) 설치하였다. 관아는 지금의 감숙성 酒泉市인
祿福縣에 두었다. 관할 지역은 지금의 감숙성 疏勒河 이동, 高臺縣 이서 지구에
해당한다. 『漢書』 「地理志」 주에 인용된 응소의 설에 따르면 그 물맛이 마치 술과
같아 酒泉이라고 하였다고 한다(應劭曰:「其水若酒, 故曰酒泉也.」). 안사고 역시 옛
전설에 성 아래 金泉이 있었는데, 물맛이 마치 술과 같았다고 하였다(師古曰:
「舊俗傳云城下有金泉, 泉味如酒.」). 16국 시기 西涼의 李暠가 初初 원년(405) 敦煌에서
이곳으로 천도하였다. 북위 태무제 시기 폐지하였다가 孝明帝 孝昌 연간(525~527)
다시 설치하였다. 수 개황 3년(583) 폐지하였다가 당 천보 원년(742) 다시 설치하였
고, 건원 원년(758) 肅州로 고쳤다.
170) 淸河郡: 전한 고제 시기 설치하였다. 관아는 지금의 하북성 淸河縣인 靑陽縣에
두었다. 관할 지역은 지금의 하북성 청하 및 棗強·南宮의 일부분, 산동성 臨淸·夏津·

경조윤京兆尹,[171] 위군魏郡, 홍농군弘農郡에서 누리의 해가 있었다. 30년(54) 6월, 군국 열두 곳에서 큰 누리의 해가 있었다. 31년(55) 군국에 큰 누리의 해가 있었다. 중원中元 원년(56) 3월, 군국 열여섯 곳에서 큰 누리의 해가 있었다. (명제) 영평 4년(61) 12월, 주천군에서 큰 누리의 해가 있었는데, 새외塞外로부터 들어온 것이다." 라고 하였습니다. 사승의 『후한서』에서는 "영평 15년(72), 누리의 해가 태산군泰山郡 에서 시작하여 널리 연주兗州와 예주豫州로 번져 나갔다."고 하였습니다. 사침의 『후한서』「종리의전鍾離意[172]傳」에 수록된 북궁北宮 건설을 비판하는 표[諫起北宮表] 에서는 "수년이 채 되지 않아 예장군이 누리의 해를 입어 곡식을 수확할 수 없었습니다. 백성 중 굶어 죽는 자가 현마다 수천 수백 명입니다."라고 하였습니다.

八年五月, 河內·陳留蝗. 九月, 京都蝗. 九年, 蝗從夏至秋. 先是西羌數反, 遣將軍 將北軍五校征之.

(영원) 8년(96) 5월, 하내군河內郡과 진류군에 누리의 해가 있었다. 9월 수도에 누리의 해가 있었다. 9년 여름부터 가을까지 누리의 해가 있었다. 이에 앞서 서강西羌이 수차례 반란을 일으켜 장군을 파견하여 북군오교北軍五校[173]

武城 및 高唐·平原의 각 일부분에 해당한다. 후한 환제 시기 淸河國이 되었고, 관아는 甘陵縣(지금의 산동성 임청시)으로 옮겨졌다. 조위에서는 淸河郡으로 되돌렸으나 서진에서 다시 청하국으로 삼았다. 이때 관아는 청하현(지금의 임청시 동쪽)에 두었다. 그 후 관할 지역이 축소되었다. 북위에서 다시 군이 되었다. 수 개황 초에 폐지되었다가 이후 다시 설치되었다.

171) 京兆尹: 지방 행정 구역임과 동시에 관직명. 전한 무제 太初 원년(BC. 104) 右內史를 고쳐서 설치하고 司隸校尉部에 속하게 하였다. 좌풍익·우부풍과 함께 경기 지역을 담당하는 三輔의 하나였다. 관할 지역은 지금의 섬서성 秦嶺 이북, 西安市 이동, 渭水 이남 및 하남 일부를 포함하였다. 본래 진에서는 內史를 설치하여 수도를 관장하게 하였는데 한무제 시기 내사를 좌우내사로 나누어 설치하였다. 경조윤은 우내사의 동반부를 그 관할 지역으로 담당하였는데, 職掌은 군태수에 해당하지만 경기 지역인 관계로 군이라고 칭하지 않았다. 조위에서는 京兆郡이라 하였고, 北周 때 다시 京兆尹이 되었다. 수 개황 3년(583)에 폐지되었다.

172) 鍾離意: 字는 子阿, 회계 산음(지금의 절강성 소흥시) 출신. 광무제 건무 연간(25~56) 회계군 督郵가 되어 역병이 돌 때 救恤에 힘썼다. 이후 효렴에 선발되어 瑕丘縣令, 堂邑縣令을 거쳐 명제 시기 尙書僕射가 되었다. 이후 魯相이 되었다가 재임 중에 사망하였다. 일생 동안 청렴하였고 直諫하는 것을 두려워하지 않았다고 한다. 명제 영평 3년(60), 가뭄의 원인으로 北宮 건설을 지적하며 북궁 건설을 중지할 것을 건의하였고, 명제가 받아들이자 곧 비가 내렸다는 기사가 『後漢書』本傳에 보인다. 『後漢書』 卷41에 傳이 있다.

173) 北軍五校: 후한 시기 수도를 경비하던 五營의 禁兵을 통솔하던 兵官의 合稱이다. 즉 屯騎·越騎·步兵·長水·射聲校尉를 말한다. 질록은 비이천 석이었고 직장은 北軍

를 이끌고 정벌하게 하였다.

安帝 永初四年夏, 蝗. 是時西羌寇亂, 軍衆征距, 連十餘年.[一]

안제 영초 4년(110) 여름, 누리의 해가 있었다. 이때 서강이 노략질을 하고 난을 일으켜 군대가 정벌하고 토벌한 것이 십여 년 지속되었다.

[一] 讖曰:「主失禮煩苛, 則旱之, 魚螺變爲蝗蟲.」

『참』에서 말하였다. "군주가 예禮를 잃어 번잡하고 가혹하면 가뭄이 들고, 어패류가 누리[蝗蟲]가 된다."

五年夏, 九州蝗.[一]

(영초) 5년(111) 여름, 아홉 주에 누리의 해가 있었다.

[一] 京房占曰:「天生萬物百穀, 以給民用. 天地之性人爲貴. 今蝗蟲四起, 此爲國多邪人, 朝無忠臣, 蟲與民爭食, 居位食祿如蟲矣. 不救, 致兵起; 其救也, 擧有道置於位, 命諸侯試明經, 此消災也..」

『경방점』에서 말하였다. "하늘은 만물萬物 백곡百穀을 낳아 백성들에게 주어 사용하게 한다. 천지天地의 본성은 사람을 귀하게 여기는 것이다. 지금 황충蝗蟲이 사방에서 일어난 것은 나라에 사악한 이들이 많고 조정에 충신이 없기 때문이다. 벌레는 백성들과 먹을 것을 두고 다투는데, (그래서) 관직에 있으며 봉록(만)을 탐하는 자들은 마치 벌레와 같다. (적절한 방법으로) 대처하지 않으면 병란兵亂이 일어나게 된다. (적절하게) 대처하는 방법은 유도(지사)有道174)(之士)를 선발하여 관직에 나가게 하고 제후에게 명하여 명경(지사)明經175)(之士)를 임용하게 하는 것이니, 이렇게 (하면) 재이가 소멸된다."

내 지정된 宿營을 통제하는 것이었다. 매 교위 휘하에는 질록 천 석의 司馬가 1인 배치되었다. 위진남북조 시기까지 지속적으로 설치되었다.

174) 有道 ① 재능이 있거나 도덕이 있는 사람을 말한다. 『周禮』, 「春官·大司樂」, "凡有道者, 有德者, 使敎焉.[鄭玄注: 道, 多才藝者.]" ② 한대 인재를 선발하는 덕목 중 하나. 『後漢書』 卷37, 「桓榮傳」, "後擧孝廉·有道·方正·茂才, 三公並辟, 皆不應."

175) 明經: ① 經術, 즉 經書에 밝은 사람. ② 한대 인재 선발 방식의 하나로 경서에 밝은 사람을 策問에 답하게 하여 선발하던 방식.

六年三月, 去蝗處復蝗子生.[一]

(영초) 6년(112) 3월, 누리의 해가 지나간 곳에서 다시 누리의 유충이 생겼다.

[一] 古今注曰:「郡國四十八蝗.」
　　『고금주』에서 말하였다. "군국 마흔 여덟 곳에서 누리의 해가 있었다."

七年夏, 蝗.

(영초) 7년(113) 여름, 누리의 해가 있었다.

元初元年夏, 郡國五蝗.

(안제) 원초 원년(114) 여름, 군국 다섯 곳에 누리의 해가 있었다.

二年夏, 郡國二十蝗.

(원초) 2년(115) 여름, 군국 스무 곳에서 누리의 해가 있었다.

延光元年六月, 郡國蝗.

(안제) 연광 원년(122) 6월, 군국에 누리의 해가 있었다.

順帝 永建五年, 郡國十二蝗. 是時鮮卑寇朔方, 用衆征之.

순제 영건 5년(130), 군국 열두 곳에서 누리의 해가 있었다. 이때 선비鮮卑가
삭방군朔方郡[176]을 노략질하니 군대를 동원하여 그들을 정벌하였다.

永和元年秋七月, 偃師蝗. 去年冬, 烏桓寇沙南, 用衆征之.

---

176) 朔方郡: 전한 무제 元朔 2년(BC. 127)에 설치하였다. 관아는 지금의 內蒙古自治區
　　杭錦旗 북쪽 什拉召 일대인 朔方縣에 두었다. 관할 지역은 지금의 내몽고 伊克昭盟
　　서북부 및 巴彦淖爾盟 河套 지역에 해당한다. 후한 시기에는 관아를 臨戎縣(지금의
　　내몽고 磴口縣 동북)으로 옮겼다. 순제 영화 5년(140) 五原縣(지금의 烏拉特前旗
　　동남)으로 관아를 다시 옮겼다. 헌제 건안 20년(215) 폐지하였다. 이후 後趙가
　　朔方故城에 朔州 朔方郡을 설치하였으나, 前秦에서 폐지하였다.

(순제) 영화 원년(136) 가을 7월, 언사현(偃師縣177))에 누리의 해가 있었다. 지난해 겨울, 오환烏桓178)이 사남현沙南縣179)을 노략질하니 군대를 동원하여 그들을 토벌하였다.

桓帝 永興元年七月, 郡國三十二蝗. 是時梁冀秉政無謀憲, 苟貪權作虐.[一]
환제 영흥 원년(153) 7월, 군국 서른 두 곳에 누리의 해가 있었다. 이때 양기가 정권을 잡았으나 본보기가 되는 것이 없이 다만 권력을 탐하고 잔혹하게 굴 뿐이었다.

[一]　春秋考異郵曰:「貪擾生蝗.」
　　『춘추고이우』에서 말하였다. "탐욕스러움과 (세상을) 어지럽히는 것이 누리의 해를 만든다."

二年六月, 京都蝗.
(영흥) 2년(154) 6월, 수도에 누리의 해가 있었다.

永壽三年六月, 京都蝗.
(환제) 영수 3년(157) 6월, 수도에 누리의 해가 있었다.

---

177) 偃師縣: 전한 시기 설치하였다. 하남군에 속하였으며 관아는 지금의 하남성 偃師市에 두었다. 『元和郡縣志』에 따르면 주무왕이 紂王을 토벌하고 이곳에 성을 쌓은 후 군사들을 휴식하게 하였다는 것(息偃戎師)에서 이름이 유래하였다. 서진 시기 폐지하였다가 수 개황 16년(596)에 다시 설치하고 洛州에 속하게 하였다. 대업 초에는 하남군에 속하게 하였으며 당대 들어 다시 낙주에 속하게 하였다.

178) 烏桓: BC. 4~3세기경 지금 내몽고자치구 동부 老哈河의 상류 지대에서 동남으로는 遼寧省 大陵河와 小陵河 유역까지 즉 내몽고자치구 赤峰市·요녕성 朝陽市 및 錦州市와 그 주변 지대에서 번성했던 東胡의 한 支派다. 동호의 일부가 BC. 206년 흉노 冒頓單于의 기습을 받고 괴멸한 가운데 생존한 일부 무리가 烏桓山(지금의 내몽고 阿魯科爾沁旗 북부의 大興安嶺 산맥 남단)으로 달아나 그 곳에 새로운 근거지를 마련하는데, 그 곳의 이름을 따서 烏桓이라 불렸다. 유목과 사냥을 주업으로 삼았고 수공업과 粗放農業도 함께 영위했다.

179) 沙南縣: 전한 시기 설치하고 雲中郡에 속하게 하였다. 관아는 지금의 내몽고자치구 准格爾旗 동북 황하 西岸에 두었다.

延熹元年五月, 京都蝗.[一]

(환제) 연희 원년(158) 5월, 수도에 누리의 해가 있었다.

[一] 臣昭案: 劉歆傳「皆逆天時, 聽不聰之禍也」. 養奮對策曰:「佞邪以不正食祿饗所致.」謝
沈書曰「九年, 揚州六郡連水·旱·蝗害」也.

신 유소가 살펴보니 다음과 같았습니다. 유흠의 『오행전』에서 "(이와 같은 누리의 해는) 모두 천시天時에 역행하고 (군주가) 다른 사람의 말을 잘 듣지 않는 것聽不聰 때문에 일어난 재화다."라고 하였습니다. 양분이 대책을 올려 말하기를 "누리의 해는) 아첨하고 간사한 이들이 부당하게 녹봉祿俸을 받아 향유하고 있기에 발생한 것입니다."라고 하였습니다. 사침의 『후한서』에서는 "(연희) 9년(166), 양주揚州180) 여섯 군에서 수재, 가뭄, 누리의 해가 연이어 일어났다."고 하였습니다.

靈帝 熹平六年夏, 七州蝗. 先是鮮卑前後三十餘犯塞, 是歲護烏桓校尉夏育·破鮮卑中郎將田晏·使匈奴中郎將臧旻將南單于以下, 三道並出討鮮卑. 大司農經用不足, 殷斂郡國, 以給軍糧. 三將無功, 還者少半.

영제 희평 6년(177) 여름, 일곱 주에서 누리의 해가 있었다. 이에 앞서 선비가 차례로 30여 차례 변새邊塞181)를 침범하였고, 이해 호오환교위護烏桓校尉182)

---

180) 揚州: 전한 무제 시기 13주자사부의 하나로 설치되었다. 관할 지역은 지금의 안휘성 准水와 강소성 장강 이남 및 강서·절강·福建 3성, 호북성 英山·黃梅·廣濟, 하남성 固始·商城 등을 포괄한다. 후한 시기 관아를 曆陽縣(지금의 안휘성 和縣)에 두었으며 후한 말에는 壽春縣(지금의 안휘성 壽縣), 合肥縣(지금의 안휘성 合肥市)으로 옮겼다. 삼국 시기에는 조위와 손오가 각기 揚州를 두었는데, 조위는 수춘에 관아를 두었고 손오는 建業(지금의 南京市)에 두었다. 서진은 손오를 멸한 후 관아를 建鄴(본래의 建業)에 두었다. 수 개황 9년(589) 蔣州로 바꿨으며 대업 초에 폐지하였다. 당 무덕 3년(620) 양주로 설치하였다가 무덕 7년(624) 장주로 개명한 후 몇 년이 지나 다시 양주로 되돌렸다.

181) 邊塞: 변경에 설치한 방어시설을 말한다. 모미야마 아키라에 따르면 兩漢 시기 塞는 변군에서만 발견되는 접경 수비 시설이다. 한편 홍승현는 새를 그 자체로 장성을 구성하는 요소이면서, 다른 한편 방어 시설의 연속된 집합체라고 보았다. 籾山明, 「漢代エチナ=オアシスにおける開發と防衛線の展開」, 『流沙出土の文字資料: 樓蘭·尼雅出土文書を中心に』(京都: 京都大, 2001), 446쪽; 홍승현, 「중국 고대 長城 개념과 역할 - 秦漢時期 장성을 중심으로 -」, 『史林』 62(2017), 19쪽.

182) 護烏桓校尉: 관직명. 전한 무제 원수 4년(BC. 119) 霍去病이 흉노의 동부 지구를 격파하고 귀부한 내몽고자치구 昭烏達盟 일대에 거주하고 있던 오환을 上谷郡, 漁陽郡, 右北平郡, 遼西郡 그리고 요동군의 塞外로 徙民한 후 설치한 관직. 질록

하육夏育,[183] 파선비중랑장破鮮卑中郎將[184] 전안田晏,[185] 사흉노중랑장使匈奴中郎將[186] 장민臧旻[187]이 남선우南單于[188] 이하를 이끌고 세 길[189]로 모두 나와 선비를 토벌하였다. 대사농大司農의 경비가 부족하여 군국에서 빈번히 세금을 거둬 군량으로 지급하였다. 세 장수가 공을 세우지 못하였고, (살아) 돌아온 자는 절반에도 미치지 못하였다.

비이천 석으로 귀부한 오환을 통치, 감독하고 그들과 흉노가 교통하는 것을 감시하였다. 이후 匈奴中郎將과 합쳐졌으나 후한 광무제 건무 25년(49)에 상곡군 寧城에 護烏桓校尉를 설치하여 오환에 대한 賞賜, 質子, 그리고 歲時互市 등의 업무를 담당하게 하였다.

183) 夏育: 후한의 장수. 熹平 3년(174) 鮮卑를 격파한 공적으로 호오환교위가 되었다. 희평 6년(177) 선비가 한의 북부 변새를 공격하자 선비 토벌을 上奏하고 破鮮卑中郎將 田晏·使匈奴中郎將 臧旻 등과 선비를 공격하였으나 종군한 군사의 10중 7·8이 죽으며 대패하였다. 이후 귀환하여 투옥되었다가 贖刑되어 서인이 되었다.

184) 破鮮卑中郎將: 관직명. 雜中郎將의 하나. 선비를 격파할 때 임시로 설치한 중랑장으로 생각된다. 『後漢書』에서는 오직 전안의 사례만이 확인될 뿐이다.

185) 田晏: 원래는 護羌校尉 段熲의 사마로 영제 建寧 2년(169) 羌族과의 전쟁에서 공을 세웠다. 이후 호강교위가 되어 강족을 방어하였다. 희평 6년(177), 죄를 지었으나 마침 선비가 북방에서 소란을 일으키자 중상시 王甫에게 뇌물을 써 영제로 하여금 선비에 대해 선전포고하게 하였다. 그 결과 파선비중랑장이 되어 호오환교위 하육·사흉노중랑장 장민 등과 병사를 나눠 세 갈래 길로 선비를 공격하였지만 대패하였다. 귀환 후 削爵되어 서인이 되었다.

186) 使匈奴中郎將: 관직명. 줄여서 中郎將이라고 하기도 하고 흉노중랑장이라고도 한다. 또한 護匈奴中郎將, 領中郎將, 行中郎將, 北中郎將이라는 칭호로도 사서에 등장한다. 질록은 비이천 석이고 주요 직장은 南單于를 보호하는 것이다. 휘하에 從事 2인을 두었으나 유사시에는 增官하기도 하였다.

187) 臧旻: 후한의 장수. 廣陵 射陽(지금의 강소성 寶應) 출신. 어려서 학식이 풍부하였고 재주가 있었으며 큰 뜻을 품었다고 한다. 환제 시기 徐州從事가 되었으며 司徒府에 초빙된 후 雍奴令이 되었다. 영제 시기 吳郡太守를 거쳐 희평 초에 揚州刺史가 되었다. 양주자사 재직 시 회계군에서 許生·許昭가 일으킨 반란을 진압하였다. 그 공으로 사흉노중랑장이 되었다. 서역의 정세를 비롯하여 습속, 동식물에 조예가 깊었던 것으로 알려져 있다. 희평 6년(177) 선비 토벌에 실패한 후 귀환하여 투옥되었으나 속형된 후 서인이 되었다.

188) 南單于: 남흉노 16대 선우인 伊陵尸逐就單于의 아들 屠特若尸逐就單于를 말한다. 172~178년 동안 재위하였다. 이름은 알려져 있지 않다.

189) 세 길: 호오환교위 하육은 유주 代郡 高柳縣으로부터, 파선비중랑장 전안은 幷州 雲中郡으로부터, 사흉노중랑장 장민은 남흉노 선우와 함께 幷州 雁門郡으로부터 각기 萬騎씩을 거느리고 塞外 이천여 리의 길을 나갔다.

光和元年詔策問曰:「連年蝗蟲至冬踊, 其咎焉在?」蔡邕對曰:「臣聞易傳曰:『大作不時, 天降災, 厥咎蝗蟲來.』河圖祕徵篇曰:『帝貪則政暴而吏酷, 酷則誅深必殺, 主蝗蟲.』蝗蟲, 貪苛之所致也.」是時百官遷徙, 皆私上禮西園以爲府.[一]

광화 원년(178) (영제가) 조詔를 내려 책문策問하여 말하였다. "몇 년간 지속된 누리의 해가 겨울까지 창궐하고 있는데 무엇에 대한 재앙인가?" 채옹蔡邕이 대답하여 말하였다. "신이 듣기에 『역전易傳』에서 말하기를 '(군주가) 대규모의 토목공사를 시기에 맞지 않게 일으키면 하늘이 재이를 내리는데, 그 재앙은 황충이 오는 것이다.'라고 하였습니다. (또한) 『하도비징편河圖祕徵篇』190)에서 말하기를 '제왕이 탐욕스러우면 정치가 포악해지고 관리가 잔혹하게 되며, (관리가) 잔혹해지면 처벌이 각박해지고 반드시 (사람을) 죽이게 되는데 (이에 대한 재앙은) 황충으로 예시된다.'고 하였습니다. 황충은 탐욕스러움과 가혹함의 결과입니다." 이때 여러 관리의 이동이 있었는데, 모두 사사로이 서원西園에 예물을 보내 (서원이 마치 황제의) 창고처럼 되었다.191)

[一] 蔡邕對曰:「蝗蟲出, 息不急之作, 省賦斂之費, 進淸仁, 黜貪虐, 分損承安, (居)[屈]省別藏, 以贍國用, 則其救也. 易曰『得臣無家』, 言有天下者何私家之有!」

채옹이 답하여 말하였다. "황충이 출현하였을 때 긴급하지 않은 공사는 멈추고 세금을 경감하며, 청렴하고 인자한 이들을 채용하고 탐욕스럽고 잔학한 이들을 쫓아내며, 왕실의 비용을 덜고 여분의 축적을 줄여서 국가의 비용으로 충당한다면 적절하게 대처하게 될 것입니다. 『역易』에서 말하기를 '신하를 얻음이 집안에서만이 아니니라.'192)하였으니 천하를 통치하는 자가 어찌 사사로운 집안만의 (소유가)

---

190) 『河圖祕徵篇』: 『河圖』의 하나. 『河圖祕徵』이라고도 한다. 제왕과 대신의 失德·失政에 대응하여 발생하는 재이에 대해 서술하고 있다.

191) 『後漢書』「靈帝紀」에는 "初開西邸賣官, 自關內侯·虎賁·羽林, 入錢各有差. 私令左右賣公卿, 公千萬, 卿五百萬."이라고 하여 賣官이 이루어졌음을 기록하고 있는데, 이에 대해 안사고가 인용한 『山陽公載記』의 기록에 따르면 이렇게 매관을 통해 얻은 돈은 西園에 府庫를 세워 축적하였다고 한다. 『山陽公載記曰:「時賣官, 二千石二千萬, 四百石四百萬, 其以德次應選者半之, 或三分之一, 於西園立庫以貯之.」

192) 『易』「損」에 보인다. '得臣'은 人心이 歸附함을 의미하며, '無家'는 遠近과 內外의 한계가 없음을 이른다.

있겠는가를 말한 것입니다."

<u>獻帝 興平元年夏</u>, 大蝗. 是時天下大亂.
헌제 흥평興平 원년(194) 여름, 큰 누리의 해가 있다. 이때 천하에 대란이
일어났다.

<u>建安二年五月</u>, 蝗.
(헌제) 건안 2년(197) 5월, 누리의 해가 있었다.

『後漢書』 志第十六, 「五行四」¹⁾

思心: 생각

<u>五行傳</u>曰:「治宮室, 飾臺榭, 內淫亂, 犯親戚, 侮父兄, 則稼穡不成..」謂土失其性而爲災也. 又曰:「思心不容, 是謂不聖. 厥咎霿, 厥罰恆風, 厥極凶短折. 時則有脂夜之妖, 時則有華孽, 時則有牛禍, 時則有心腹之痾, 時則有黃眚·黃祥, 惟金·水·木·火沴土.」華孽, <u>劉歆傳</u>爲嬴蟲之孽, 謂螟屬也.

『홍범오행전洪範五行傳』에서 말하였다. "(군주가) 궁실宮室을 수리하고 대臺와 사榭²⁾를 꾸미며, 음란함을 가까이 하고 친척을 능욕하며 부형을 업신여기면 곡식이 익지 않는다." 흙[土]이 그 본성을 잃어 재이災異가 된 것을 말한다. 또 말하였다. "(군주가 백성을) 염려하는 마음이[思心]³⁾ 관대하지 않은 것[不

---

1) 현행 『後漢書』에 결합된 『續書』 「五行志」 중 4권의 경우 「天文志」 하권과 마찬가지로 劉昭의 注가 결락되어 있다. 오직 "永康元年五月丙午, 雒陽高平永壽亭·上黨汦."이란 기사의 汦字에 대해 "工과 玄의 反切이다[工玄反]."라는 주가 있지만 이것이 유소의 주인지는 단정할 수 없다. 「五行四」와 「天文下」 두 지 부분의 유소주가 결락된 것에 대해서 唐 초기 유소주가 망실되면서 唐代人과 五代人들이 劉昭注本과는 별개로 전해져 오던 司馬彪의 『續漢書』로부터 해당 부분을 발췌하여 輔成하였다는 주장이 최근에 개진되었으나 확정할 수는 없는 상태다. 다만 망실된 「오행지」도 序 부분만큼은 대부분 「洪範五行傳」의 鄭玄注를 인용하였을 것이라는 추정은 타당하다고 생각한다. 渡邉義浩·高山大毅·平澤步 篇, 『全譯後漢書 第七冊 志(五) 五行』(東京: 汲古書院, 2012), 185쪽.

2) 臺와 榭: 흙으로 높이 쌓아 사방을 바라볼 수 있게 만든 곳. 『爾雅』에서는 망루로 보았으며, 나무로 만들었을 때 榭라 한다고 하였다. 『爾雅』, 「釋宮」, "闍, 謂之臺. 有木者, 謂之榭." 臺와 榭는 모두 높은 건축물인 樓臺를 의미하는 것으로 생각된다.

容)⁴⁾ 이를 일러 성스럽지 않다고 한다[不聖].⁵⁾ 그 흉조[咎徵]는 우매함[霧]⁶⁾으로 (나타나고) 그 벌은 항상 바람이 부는 것[恆風]⁷⁾이며, 그 극단[極]은 일찍 죽는 것[凶短折]⁸⁾으로 나타난다. 때로는 지야요脂夜妖⁹⁾로 나타나기도 하고 때로는 (꽃이 제철이 아닐 때 피는) 화얼華孽¹⁰⁾로 나타나기도 하며, 때로는 우화牛禍¹¹⁾로도 나타나고 때로는 심복아心腹痾¹²⁾로 나타나기도 하며, 때로는

---

3) 『尙書』「洪範」에 '思心'은 '思'로 되어 있다. 五事의 하나다.

4) '容'은 『尙書』「洪範」에는 '睿'로, 『漢書』「五行志」에는 '容'로 되어 있다. 鄭玄에 따르면 '容'은 '睿'이고, '睿'는 '通한다'는 뜻이다(容, 當爲睿. 睿, 通也). 이하 정현의 해석은 모두 『尙書大傳』의 주를 인용한 것이다.

5) 『尙書』「洪範」에 따르면 오사의 하나인 '思(心)'의 德은 '容(睿)'이며, 用(작용)은 '聖'이다. 각 단계의 이상적인 상태[正]를 의미한다. 정현에 따르면 '聖'은 마음이 밝은 것이고, 貌·言·視·聽의 이상적인 상태를 겸비하고 있는 상태다(心明曰, 聖. 孔子說休徵曰, 聖者, 通也, 兼四而明, 則所謂聖. 聖者, 包貌言視聽, 而載之以思心者, 通以待之君. 思心不通, 則是不能心明其事也). 여기서는 不正의 상태가 기술되어 있다.

6) 정현은 '霧'을 '감추다[冒]'로 해석하고, 군신의 마음이 명확하지 않으면 서로 숨기고 감추게 된다고 하였다(霧, 冒也. 君臣心有不明, 則相蒙冒矣).

7) 정현에 따르면 오사의 하나인 사심은 五行 중 흙[土]에 해당하고, 흙은 四時에 군림하며 消息, 生殺, 長藏의 기를 주관하니 바람[風] 역시 그 안에서 나온다. 또한 비오고 맑으며 춥고 따뜻한 현상은 모두 만물의 性命을 번성하게 하는 원인이 된다. 따라서 흙이 그와 같은 번성하게 하는 기를 상실하면 항상 바람 부는 것이라 하였다(思心曰, 土. 土王四時, 主消息生殺長藏之氣, 風亦出內. 雨暘寒燠之徵, 皆所以殖萬物之性命者也. 殖氣失, 故恆風).

8) 凶短折: 洪範九疇의 마지막 항목인 六極의 하나로 短命을 의미한다. 『漢書』「五行志」에 따르면 사람에게 凶이라 하고, 짐승에게 短이라 하며, 草木에 대해 折이라 한다. 혹은 흉은 夭를 말하고 동생이 형보다 먼저 죽는 것을 短, 아들이 아비보다 먼저 죽는 것을 折이라고 하기도 한다(傷人曰凶, 禽獸曰短, 屮木曰折. 一曰, 凶, 夭也; 兄喪弟曰短, 父喪子曰折).

9) 脂夜妖: 마음 속 우매함이 밤에 어두움이 되어 나타나는 것. 『漢書』「五行志」에 따르면 사람의 배 속에 지방이 있어 심장을 싸고 있는데 이것을 일러 脂라고 하였고, 마음이 우매해지면 어두워지니 이를 脂夜의 재앙이라고 하였다. 또한 일설에는 지방이 밤에 괴이하게 되는 것, 예를 들어 기름기가 밤에 사람의 옷을 오염시키는 것과 같은 것이라고 하였으며, 혹 구름과 바람이 함께 일어나 어두워지는 것을 말한다고도 하였다. 『漢書』卷27下之上, 「五行志七下之上」, "在人腹中, 肥而包裹心者脂也, 心區霧則冥晦, 故有脂夜之妖. 一曰, 有脂物而夜爲妖, 若脂水夜汙人衣, 淫之象也. 一曰, 夜妖者, 雲風並起而杳冥, 故與常風同象也."

10) 정현은 '華'를 '夸'로 읽고 흙에서 태어나 흙에서 움직이는 지렁이로 해석하였다(華, 當爲夸. 夸, 蚓蟲之生於土而遊於土者).

11) 정현에 따르면 땅[土]은 두터운 덕을 지니고 만물을 (자신에게) 얹는다. 역시

황생黃眚와 황상黃祥으로 나타나기도 하는데 금기金氣, 수기水氣, 목기木氣, 화기火氣가 토기土氣를 해친 것이다."[13] 화얼은 유흠劉歆의 『오행전五行傳』에서는 나충얼臝蟲孽이라고 하였는데, 명아류螟蛾類(해충)를 말한다.

소는 무거운 물건을 지는 가축으로 思心에 속한다(地厚德載物. 牛畜之任重者也, 屬思心).

12) 心腹痾: 심장과 배에 병이 생기는 것으로 정현은 思心의 기가 손상되어 발생한 것이라 하였다(思心氣失之病).

13) 정현에 따르면 四氣(金·水·木·火)가 土氣를 해치면 땅이 움직이게 되는데, 신하가 끊임없이 반역을 할 象이고 군주가 일에 通하지 않아 생긴 것이다(今四行來沴土, 地乃動, 臣下之相帥爲畔逆之象, 君不通於事所致也). 「洪範五行傳」은 "惟木·金·水·火沴土."라고 하여 본문의 순서와 차이가 있다.

地震: 땅의 흔들림과 갈라짐

世祖 建武二十二年九月, 郡國四十二地震, 南陽尤甚, 地裂壓殺人. 其後武谿蠻夷反, 爲寇害, 至南郡, 發荊州諸郡兵, 遣武威將軍劉尙擊之, 爲夷所圍, 復發兵赴之, 尙遂爲所沒.

세조世祖(광무제光武帝 재위 25~57) 건무建武 22년(46) 9월, 군국郡國 마흔 두 곳에서 지진이 일어났는데, 남양군南陽郡에서 특히 심하여 땅이 갈라져 사람들이 압살당했다. 그 후 무계만이武谿[14]蠻夷가 반란을 일으켜 노략질의 해를 입었는데 (그 피해가) 남군南郡[15]에까지 이르니, (조정에서는) 형주荊州 여러 군에서 군사를 징발하고 무위장군武威將軍[16] 유상劉尙[17]을 보내 그들을 격퇴하게 하였으나 (오히려) 이적夷狄에게 포위당하였다. (조정은) 다시 군대를 징발하여 보냈지만 유상은 결국 죽임을 당하였다.

章帝 建初元年三月甲(申)[寅], 山陽·東平地震.

장제章帝(재위 75~88) 건초建初 원년(76) 3월 갑인甲寅(12일), 산양군山陽郡과 동평

---

14) 武谿: 일명 武水로 불리며 또 盧溪로도 불린다. 沅江의 支流로 지금의 湖南省 서부에 위치한다. 花垣縣 경계에서 발원하여 동남쪽으로 흘러 吉首市·盧溪縣을 경유하여 武溪鎭에서 沅江으로 유입된다. 양 기슭에 위치한 盤瓠 부락이 武谿蠻의 거주지다. 光武帝 建武 22년(46) 單程 등이 郡縣을 노략질하자 漢朝廷에서 武威將軍 劉尙을 보내 南郡·長沙·武陵에서 병사 만여 인을 징발하여 무계만을 공격하게 하였다.

15) 南郡: 秦昭襄王 29년(BC. 278)에 설치하였다. 관아는 郢縣(지금의 湖北省 荊沙市)에 두었다. 후에 江陵縣(지금의 형사시 荊州區 故江陵縣城)으로 옮겼다. 前漢 시기 관할 지역은 지금의 호북성 襄樊市·南漳縣 이남, 松滋縣·公安縣 이북, 洪湖市 이서, 利川縣 및 四川省 巫山縣 이동에 해당한다. 隋 開皇 초에 폐지되었다가 大業 초에 다시 설치되었다. 당에서는 荊州로 고쳤다.

16) 武威將軍: 雜號將軍의 하나.

17) 劉尙(?~48): 郡縣의 지방관으로 출발하여 후에 大司馬 吳漢의 副將이 되었다. 점차 두각을 나타내며 무위장군에 올랐다. 隗囂와 公孫述을 평정하는 전투에 참가하였으며, 이후 서북의 羌族과 西南夷를 여러 차례 평정하기도 하였다. 건무 23년(47) 12월, 남군 무계만이의 반란을 평정하러 출정하였다가 다음해 1월 沅水(즉 원강)에서 사망하였다.

국東平國에서 지진이 일어났다.

和帝 永元四年六月丙辰, 郡國十三地震. 春秋漢含孳曰:「女主盛, 臣制命, 則地動
坼, 畔震起, 山崩淪.」是時竇太后攝政, 兄竇憲專權, 將以是受禍也. 後五日, 詔收
憲印綬, 兄弟就國, 逼迫皆自殺.

화제和帝(재위 88~105) 영원永元 4년(92) 6월 병진丙辰(19일), 군국 열세 곳에서
지진이 일어났다. 『춘추한함자春秋漢含孳』에서 말하였다. "여주女主(의 힘이)
강성하고 신하가 명령을 결정하여 내리게 되면 땅이 움직여 갈라지고 해안海
岸이 흔들려 솟으며 산이 무너져 내려앉는다." 이때 두태후竇太后가 섭정攝政을
하고 (그) 형 두헌竇憲이 권력을 독점하였는데, 장차 이 때문에 화를 입게
되었다. 5일 후, 조詔를 내려 두헌의 인수印綬를 거두고 (두헌) 형제[18]를
(자신의) 봉국封國으로 가게 하였으며 핍박하여 모두 자살하게 하였다.

五年二月戊午, 隴西地震. 儒說民安土者也, 將大動, 行大震. 九月, 匈奴單于於除
(難)鞬叛, 遣使發邊郡兵討之.

(영원) 5년(93) 2월 무오戊午(25일), 농서군隴西郡[19)]에서 지진이 일어났다. 유자
儒者들의 말에 따르면 백성은 토지에 편안히 거처하는 이들로[20)] 장차 (그들
이) 대규모로 움직이게 된다면 (땅이) 크게 흔들리게 된다. 9월, 흉노匈奴[21)]

---

18) 竇篤, 竇景, 竇瓌를 말한다.
19) 隴西郡: 戰國 시기 진소양왕 28년(BC. 279)에 설치하였다. 관아는 狄道縣으로 지금의
    甘肅省 臨洮縣이다. 隴山의 서쪽에 있어 그로 인해 이름을 얻었다. 관할 지역은
    지금의 감숙성 농산 이서, 황하 이동, 西漢水와 白龍江 상류 이북, 祖厲河와 六盤山
    이남을 포괄하였다. 後漢 이후 차츰 영역이 축소되었다. 曹魏에서는 관아를 지금의
    감숙성 隴西縣인 襄武縣으로 옮겼다. 北魏 말 渭州의 州治가 되었다. 수 개황 초에
    폐지되었다가 대업 3년(607) 隴西郡으로 회복되었다. 당대 다시 위주가 되었다.
20) 『後漢書』「楊終傳」에 "安土重居, 謂之衆庶."라고 하여 토지에 편안히 거처하는 이들을
    일러 백성이라 부른다는 내용이 나온다.
21) 匈奴: BC. 3세기말 몽골 초원을 통일하고 북아시아 최초로 유목 국가를 건설해
    발전했다. 한왕조와 대립과 和親을 되풀이 하다가 내분으로 기원후 1세기경에
    남북으로 분열되었다. 이후 내부 갈등의 증폭과 한의 羈縻政策으로 인해 국가가
    붕괴되었다. 南匈奴는 중국 북방으로 내려와 삼국 시기까지 중국의 藩屛으로 존재했

선우單于[22) 어제건於除鞬[23)이 반란을 일으키자 사자使者를 파견하여 변군邊郡의 군사를 징발하여 토벌하였다.

七年九月癸卯, 京都地震. 儒說奄官無陽施, 猶婦人也. 是時和帝與中常侍鄭衆謀奪竇氏權, 德之, 因任用之, 及幸常侍蔡倫, 二人始並用權.

(영원) 7년(95) 9월 계묘癸卯(25일), 수도에서 지진이 일어났다. 유자들은 환관들이 양기陽氣를 발산하지 못하니 마치 부인婦人과 같다고 하였다. 이때 화제가 중상시中常侍 정중鄭衆[24)과 모의하여 두씨竇氏의 권력을 탈취하고, (정중의 도움에) 감사하여 그를 (높이) 임용하였다. (또한) 상시常侍 채륜蔡倫[25)까지 총애하여 두 사람이 함께 권력을 장악하였다.

고, 西晉 永嘉 연간 시작된 五胡의 이동 중에 漢과 前趙, 北涼 등을 건설하면서 활동하였다. 흔히 북아시아 유목 민족의 전형으로 이해된다.

22) 單于: 흉노 군주의 칭호였지만 흉노의 약화와 함께 각 지역의 소규모 군장들이 사용하였다. 이로 인해 더 이상 최고 군주로서의 권위를 갖는 명칭으로 사용되지 못하게 되면서 군주의 칭호는 可汗으로 대체되었다.

23) 於除鞬: 후한 和帝 시기 북선우의 동생인 右谷蠡王. 永元 3년(91) 북선우가 후한 右校尉 耿夔에게 격파된 후 도주하여 소재를 알 수 없게 되자 그 아우인 우곡려왕 於除鞬이 자립하여 북선우가 되었다. 그는 部衆 수천 명을 이끌고 浦類海 연안에 머무르며 후한에 사신을 파견하여 우호 관계를 맺었다. 당시 大將軍 竇憲의 건의에 따라 후한에서는 그를 북선우로 책봉하였다.

24) 鄭衆: 字는 季産, 南陽郡 犨縣(지금의 河南省 魯山縣) 출신. 후한의 환관. 章帝 시기 小黃門에서 中常侍가 되었다. 화제 시기에는 鉤盾令을 더하여 황실의 花園을 관리하였다. 당시 최고 권력자였던 두헌에게 복종하지 않고 전심으로 황실에 충성을 하며 화제의 신임을 얻었다. 이후 두헌을 축출하는 화제의 친위쿠데타에서 중심이 되었다. 쿠데타 성공 후 大長秋가 되었고, 영원 14년(102) 鄭鄕侯에 책봉되었다. 『後漢書』 卷78에 傳이 있다.

25) 蔡倫(?~121): 字는 敬仲, 桂陽郡(지금의 호남성 郴州市) 출신. 후한의 환관. 후한 明帝 永平 말에 입궁한 후 화제 章和 2년(88), 竇太后에게 공을 세우며 중상시가 되었고 다시 황실 기구 제작 및 기술을 담당하는 尙方令을 겸임하였다. 화제 사후에도 殤帝를 대신해 攝政하던 鄧太后와 결탁하여 권세를 이어나갔고, 安帝 元初 원년(114)년에는 龍亭侯에 封해졌으며 長樂太僕이 되었다. 그러나 안제가 親政을 하게 되며 지난날 두태후와 결탁하여 안제의 조모인 宋貴人을 모함했던 채륜은 자살하게 된다. 儉과 무기의 제작에 뛰어났으며, 종이의 개량으로도 유명하다. 『後漢書』 卷78에 傳이 있다.

九年三月庚辰, 隴西地震. 閏月, 塞外羌犯塞, 殺略吏民, 使征西將軍劉尙擊之.

(영원) 9년(97) 3월 경진庚辰(10일), 농서군에 지진이 일어났다. 윤달(8월) 변새邊塞 밖의 강족羌族이 새를 침범하여 관리와 백성을 살해하고 약탈하니 정서장군征西將軍26) 유상劉尙27)을 보내 그들을 공격하였다.

安帝 永初元年, 郡國十八地震. 李固曰:「地者陰也, 法當安靜. 今乃越陰之職, 專陽之政, 故應以震動.」是時鄧太后攝政專事, 訖建光中, 太后崩, 安帝乃得制政, 於是陰類並勝, 西羌亂夏, 連十餘年.

안제安帝(재위 106~125) 영초永初 원년(107), 군국 열여덟 곳에서 지진이 일어났다. 이고李固가 말하였다.28) "땅은 음陰으로 통상적인 이치는 마땅히 안정됨이다. 지금 이처럼 (음의 기운이) 음의 직분을 넘어 양陽(이 담당하는) 정치를 독점했기 때문에 이에 감응하여 지진이 일어난 것이다." 이때 등태후鄧太后가 섭정하여 정치를 독점하였는데 건광建光 연간(121)에 이르러 태후가 붕어崩御하니 안제가 비로소 국정을 맡아 다스렸으며 이에 음류(환관과 유모 왕성王聖)가 더불어 흥성하게 되었고, 서강西羌이 중국에서 반란을 일으킨 것이 10여 년 지속되었다.

二年, 郡國十二地震.

(영초) 2년(108), 군국 열두 곳에서 지진이 일어났다.

---

26) 征西將軍: 四征將軍의 하나. 사서를 통해서는 후한 광무제 건무 연간(25~56) 馮異를 정서장군으로 임명한 것을 최초 사례로 확인할 수 있다. 삼국 시기에도 계승하여 설치하였는데, 주로 長安에 주둔하며 雍州와 涼州를 統領하였다. 지위가 높은 경우에는 征西大將軍으로 불렸다.

27) 劉尙: 宜春侯 劉匡의 아들. 화제 영원 연간(89~105) 정서대장군이 되었다.

28) 李固는 94년에 출생하여 대장군 梁冀의 명에 따라 從事中郎으로 처음 관직에 나온다. 따라서 그가 활동한 시기는 안제 永初 연간(107~113)이 아닌 順帝 시기(125~144)라고 할 수 있다. 이 시기는 그의 부친인 李郃이 활동하던 시기다. 따라서 시기상으로 이고가 발생한 지진에 대해 諫言을 하는 것은 불가능하다. 참고로 양기가 대장군이 된 것은 永和 6년(141)이다.

三年十二月辛酉, 郡國九地震.

(영초) 3년(109) 12월 신유辛酉(1일) 군국 아홉 곳에서 지진이 일어났다.

四年三月癸巳, 郡國四地震.

(영초) 4년(110) 3월 계사癸巳(9일), 군국 네 곳에서 지진이 일어났다.

五年正月丙戌, 郡國十地震.

(영초) 5년(111) 정월 병술丙戌(7일), 군국 열 곳에서 지진이 일어났다.

七年正月壬寅, 二月丙午, 郡國十八地震.

(영초) 7년(113) 정월 임인壬寅(28일), 2월 병오丙午,29) 군국 열여덟 곳에서 지진이 일어났다.

元初元年, 郡國十五地震.

(안제) 원초元初 원년(114), 군국 열다섯 곳에서 지진이 일어났다.

二年十一月庚申, 郡國十地震.

(원초) 2년(115) 11월 경신(9일), 군국 열 곳에서 지진이 일어났다.

三年二月, 郡國十地震. 十一月癸卯, 郡國九地震.

(원초) 3년(116) 2월, 군국 열 곳에서 지진이 일어났다. 11월 계묘(28일), 군국 아홉 곳에서 지진이 일어났다.

四年, 郡國十三地震.

(원초) 4년(117), 군국 열세 곳에서 지진이 일어났다.

---

29) 2월 丙午: 안제 영초 7년(113) 2월에는 丙子(9일), 丙戌(19일), 丙申(29일)은 있으나 丙午日은 없다.

五年, 郡國十四地震.

(원초) 5년(118), 군국 열네 곳에서 지진이 일어났다.

六年二月乙巳, 京都·郡國四十二地震, 或地坼裂, 涌水, 壞敗城郭·民室屋, 壓人.
冬, 郡國八地震.

(원초) 6년(119) 2월 을사乙巳(12일), 수도와 군국 마흔두 곳에서 지진이 일어났
는데 곳에 따라 땅이 갈라지고 물이 솟구쳤으며 성곽과 민가가 무너져
사람이 깔렸다. 겨울, 군국 여덟 곳에서 지진이 일어났다.

永寧元年, 郡國二十三地震.

(안제) 영녕永寧 원년(120), 군국 스물세 곳에서 지진이 일어났다.

建光元年九月己丑, 郡國三十五地震, 或地坼裂, 壞城郭室屋, 壓殺人. 是時安帝不
能明察, 信宮人及阿母聖等讒(云)[言], 破壞鄧太后家, 於是專聽信聖及宦者, 中常
侍江京·樊豐等皆得用權.

(안제) 건광 원년(121) 9월 기축己丑(11일),30) 군국 서른다섯 곳에서 지진이
있었는데 곳에 따라 땅이 갈라지고 성곽과 가옥이 무너져 사람들이 깔려
죽었다. 이때 안제가 똑똑히 살피지 못하여 궁인과 유모 왕성王聖 등의
참언讒言을 믿고 등태후의 집안을 파괴하였다. 이때 (안제가) 오로지 왕성과
환관들(의 말만을) 듣고 믿어 중상시 강경江京과 번풍樊豐 등이 모두 권력을
장악할 수 있었다.

延光元年七月癸卯, 京都·郡國十三地震. 九月戊申, 郡國二十七地震.

(안제) 연광延光 원년(122) 7월 계묘(1일), 수도와 군국 열세 곳에서 지진이
일어났다. 9월 무신戊申(7일), 군국 스물일곱 곳에서 지진이 일어났다.

---

30) 『後漢書』「安帝紀」에는 '冬十一月己丑'으로 되어 있다.

二年, 京都·郡國三十二地震.

(연광) 2년(123), 수도와 군국 서른두 곳에서 지진이 일어났다.[31]

三年, 京都·郡國二十三地震. 是時以讒免太尉楊震, 廢太子.

(연광) 3년(124), 수도와 군국 스물세 곳에서 지진이 있었다. 이때, (안제가) 참언에 의해 태위太尉 양진楊震을 면직시키고 태자[32]를 폐위하였다.

四年十[一]月丁巳, 京都·郡國十六地震. 時安帝旣崩, 閻太后攝政, 兄弟閻顯等並用事, 遂斥安帝子, 更徵諸國王子, 未至, 中黃門遂誅顯兄弟.

(연광) 4년(125) 11월 정사丁巳(4일), 수도와 군국 열여섯 곳에서 지진이 일어났다. 이때 안제가 이미 붕어하여 염태후閻太后[33]가 섭정하며 (그의) 형제 염현閻顯 등이 더불어 권력을 장악하였다. 결국 안제의 아들을 배척하고 다시 여러 왕국의 왕자들을 불렀는데, 도착 전에 중황문中黃門(환관)이 마침내 현 형제를 주살하였다.[34]

順帝 永建三年正月丙子, 京都·漢陽地震. 漢陽屋壞殺人, 地坼涌水出. 是時順帝阿母宋娥及中常侍張昉等用權.

순제順帝(재위 125~144) 영건永建 3년(128) 정월 병자丙子(6일), 수도와 한양군漢陽郡에서 지진이 일어났다. 한양군에서는 가옥이 무너져 사람이 죽었으며 땅이 갈라져 물이 솟구쳐 나왔다. 이때, 순제의 유모 송아宋娥와 중상시 장방張昉 등이 권력을 장악하였다.

陽嘉二年四月己亥, 京都地震. 是時爵號宋娥爲山陽君.

---

31) 『後漢書』「安帝紀」延光 2年條에는 "京師及郡國三地震."이라고 되어 있다.
32) 태자: 후의 순제를 말한다.
33) 閻太后(?~126): 閻皇后를 참조.
34) 환관 孫程 등이 閻氏 집단을 패퇴시키고 劉保, 즉 순제를 황제로 옹립한 것을 말한다.

(순제) 양가陽嘉 2년(133) 4월 기해己亥(그믐), 수도에서 지진이 일어났다. 이때 (유모) 송아에게 작호爵號를 내려 산양군山陽君으로 삼았다.

四年十二月甲寅, 京都地震.

(양가) 4년(135) 12월 갑인(그믐), 수도에서 지진이 있었다.

永和二年四月(庚)[丙]申, 京都地震. 是時宋娥構姦誣罔, 五月事覺, 收印綬, 歸田里. 十一月丁卯, 京都地震. 是時太尉王龔以中常侍張昉等專弄國權, 欲奏誅之, 時龔宗親有以楊震行事諫之止云.

(순제) 영화永和 2년(137) 4월 병신丙申(19일), 수도에서 지진이 일어났다. 이때 (유모) 송아가 사악한 일을 꾸며 (정적政敵인 조등曹騰과 맹분孟賁 등을) 무고하고자 하였는데, 5월에 일이 발각되어 인수印綬를 거둬들이고 봉지封地로 돌려보냈다. 11월 정묘丁卯(23일), 수도에서 지진이 일어났다. 이때 태위 왕공王龔[35]은 중상시 장방 등이 국권國權을 마음대로 농단한다고 여겨 (주상에게) 상주上奏하여 그들을 주멸하고자 했는데, 당시 왕공의 종친이 양진의 사례[36]로서 충고하여 그쳤다고 한다.

三年二月乙亥, 京都·金城·隴西地震裂, 城郭·室屋多壞, 壓殺人. 閏月己酉, 京都

---

35) 王龔: 字는 伯宗, 山陽郡 高平縣(지금의 山東省 微山縣 兩城鎭) 출신. 孝廉으로 선발된 후 靑州刺史가 되었다. 탐욕스런 지방관들을 탄핵하며 안제에게 표창을 받고 중앙으로 들어와 尙書가 되었다. 司隷校尉, 汝南太守 등의 관직을 거쳤는데, 여남태수 재직 시절에는 擧賢과 善政으로 칭찬을 받았다. 永建 원년(126), 入朝하여 太僕이 되었다가 太常으로 옮겼다. 이후 司空, 太尉의 직임을 수행하면서 엄숙하고 근신하였다. 환관의 권력 장악을 증오하여 그들을 추방하라고 上疏하였다가 환관들에 의해 誣告를 당하였는데, 당시 대장군 梁商의 도움으로 죄를 면할 수 있었다. 永和 5년(140), 병으로 인하여 관직에서 물러난 후 집에서 사망하였다. 『後漢書』 卷80에 傳이 있다.

36) 楊震이 수차례 時政의 폐단을 直言하는 上疏를 올리자 당시 中常侍 樊豊·江京과 安帝의 유모 王聖 등이 그를 모함하여 파면시키고, 귀향길에 鴆毒으로 살해한 것을 말한다.

地震. 十月, <u>西羌</u>二千餘騎入<u>金城塞</u>, 爲<u>涼州</u>害.

(영화) 3년(138) 2월 을해乙亥(3일), 수도·금성군金城郡·농서군에서 지진과 땅 갈라짐이 일어나 다수의 성곽과 (민간의) 가옥이 무너져 사람이 깔려 죽었다. 윤달(4월) 기유己酉(8일), 수도에서 지진이 일어났다. 10월, 서강 2천여 기병騎兵이 금성새金城塞37)를 침입하여 양주涼州가 해를 입었다.

四年三月乙亥, 京都地震.

(영화) 4년(139) 3월 을해(9일), 수도에서 지진이 일어났다.

五年二月戊申, 京都地震.

(영화) 5년(140) 2월 무신(17일), 수도에서 지진이 일어났다.

<u>建康</u>元年正月, <u>涼州</u>(都)[部]郡六, 地震. 從去年九月以來至四月, 凡百八十(日)[地] 震, 山谷坼裂, 壞敗城寺, 傷害人物. 三月, 護<u>羌</u>校尉<u>趙沖</u>爲叛胡所殺. 九月丙午, 京都地震. 是時順帝崩, <u>梁太后</u>攝政, 欲爲順帝作陵, 制度奢廣, 多壞吏民冢. 尙書 <u>欒巴</u>諫事, 太后怒, 癸卯, 詔書收<u>巴</u>下獄, 欲殺之. 丙午地震, 於是太后乃出<u>巴</u>, 免爲庶人.

(순제) 건강建康38) 원년(144) 정월, 양주부涼州部 소속 여섯 개 군39)에서 지진이 일어났다. 작년 9월부터 올해 4월에 이르도록 모두 180회의 지진이 일어나 산과 골짜기가 갈라지고 성과 관서가 무너졌으며 사람과 가축이 상해를

---

37) 金城塞: 金城郡에 설치한 방어 시설. 금성군은 전한 昭帝 始元 6년(BC. 81)에 설치한 변군으로 관아는 지금의 靑海省 允吾縣에 두었다. 관할 지역은 지금의 감숙성 蘭州市 이서, 청해성 靑海湖 이동의 河·湟水 유역 및 大通河 하류 유역에 해당한다. 건무 12년(36) 폐지되었다가 이듬해 다시 설치되었으나 영역은 축소되었다.

38) 建康: 후한 순제의 다섯 번째 연호로 144년에 해당한다.

39) 『後漢書』「順帝紀」건강 원년(144) 정월조에 "隴西·漢陽·張掖·北地·武威·武都, 自去年 九月已來, 地百八十震, 山谷坼裂, 壞敗城寺, 殺害民庶.."로 시작하는 詔書가 기록되어 있어, 지진이 난 涼州의 여섯 군이 농서, 한양, 장액, 북지, 무위, 무도군임을 알 수 있다.

당했다. 3월, 호강교위護羌校尉[40] 조충趙沖[41]이 반란을 일으킨 호胡(강족)에게 살해되었다. 9월 병오(12일), 수도에서 지진이 일어났다. 이때 순제가 붕어하고 양태후梁太后가 섭정하였는데, 순제를 위해 능묘를 만들고자 하였으나 그 규모가 매우 커서 관리와 백성들의 무덤을 다수 허물었다. 상서尙書 난파欒巴[42]가 (그) 일에 대해 간언하니 태후가 노하여, 계묘(9일)에 조서를 내려 난파를 잡아들여 하옥시키고 그를 죽이고자 하였다. (그러나 4일 뒤) 병오(12일)에 지진이 일어나니 이에 태후가 비로소 난파를 석방하고 면직한 후 서인으로 삼았다.

桓帝 建和元年四月庚寅, 京都地震. 九月丁卯, 京都地震. 是時梁太后攝政, 兄冀持權. 至和平元年, 太后崩, 然冀猶秉政專事, 至延熹二年, 乃誅滅.

환제桓帝(재위 146~167) 건화建和 원년(147) 4월 경인庚寅(11일), 수도에서 지진이 일어났다. 9월 정묘(21일), 수도에서 지진이 일어났다. 이때 양태후가 섭정하고 (그) 형 양기梁冀가 권력을 장악하였다. 화평和平[43] 원년(150)에 이르러 태후가 붕어하였으나 양기가 여전히 정권을 장악하고 (모든) 일을 독점하였

---

40) 護羌校尉: 관직명. 涼州 令居縣(지금의 감숙성 永登縣)에 주둔하면서 西羌과 관련한 일들을 담당하였다. 처음에는 임시적인 파견의 성격을 가졌으나 차츰 河西 지역의 정식 관원이 되었다. 강족 부락의 반란 진압, 강족과 흉노의 교통 단절 등을 담당하였다. 秩祿은 比二千石이다.

41) 趙沖: 후한 순제 영화 6년(141) 武威太守가 되었다. 무위태수로 있는 동안 鞏唐羌의 침략을 막아 격파하였다. 그 공으로 護羌校尉가 되었다. 하서 4군(무위·酒泉·장액·敦煌)의 군대를 통솔하며 강족을 회유하거나 격파하였다. 건강 원년(144), 투항했다가 재차 반란을 일으키고 도주하던 강족을 추격하다 복병을 만나 전사하였다.

42) 欒巴(?~168): 字는 叔元, 魏郡 內黃縣(지금의 하남성 湯陰縣) 출신. 질박한 성품을 지녔고 널리 경전을 학습하였다. 荊州刺史 이고의 추천으로 議郎이 되었다. 豫章太守, 沛相을 역임하였다. 지방에서 선정을 베풀어 그 공적으로 尙書가 되어 조정에 들어왔다. 그 후 순제의 憲陵 건설시 백성들의 묘지를 훼손하는 것과 관련하여 간언하였다가 梁太后의 노여움을 사서 庶人이 되었다. 靈帝가 즉위하고 대장군 竇武와 太傅 陳蕃이 그를 조정으로 불러 의랑으로 삼았다. 두무와 진번이 환관에 의해 살해되었을 때 그것에 대해 강하게 간언하여 영제의 노여움을 샀고 廷尉에 의해 죄가 논해지며 결국 자살하였다. 『後漢書』 卷80에 傳이 있다.

43) 和平: 후한 桓帝의 두 번째 연호로 150년에 해당한다.

는데, 연희延熹 2년(159)이 되서야 비로소 주멸되었다.

三年九月己卯, 地震, 庚寅又震.
(건화) 3년(149) 9월 기묘己卯(14일), 지진이 일어났고 경인(25일)에 또 지진이
일어났다.

元嘉元年十一月辛巳, 京都地震.
(환제) 원가元嘉 원년(151) 11월 신사辛巳(28일), 수도에서 지진이 일어났다.

二年正月丙辰, 京都地震. 十月乙亥, 京都地震.
(원가) 2년(152) 정월 병진,44) 수도에서 지진이 일어났다. 10월 을해(28일),
수도에서 지진이 일어났다.

永興二年二月癸卯, 京都地震.
(환제) 영흥永興 2년(154) 2월 계묘(4일), 수도에서 지진이 일어났다.

永壽二年十二月, 京都地震.
(환제) 영수永壽 2년(156) 12월, 수도에서 지진이 일어났다.

延熹四年, 京都·右扶風·涼州地震.
(환제) 연희 4년(161), 수도, 우부풍右扶風, 양주에서 지진이 일어났다.

五年五月乙亥, 京都地震. 是時桓帝與中常侍單超等謀誅除梁冀, 聽之, 並使用事
專權. 又鄧皇后本小人, 性行無恆, 苟有顏色, 立以爲后, 後卒坐執左道廢, 以憂死.
(연희) 5년(162) 5월 을해(23일), 수도에서 지진이 일어났다. 이때 환제가

---

44) 元嘉 2년 정월에는 丙戌(5일), 丙申(15일), 丙午(25일)만이 있다. 丙辰은 2월 5일이다.

중상시 선초單超 등과 모의하여 양기를 주살하여 제거하고, 그들의 뜻을 따라서 (그들) 모두가 권력을 장악하고 독점하게 하였다. 또 등황후鄧皇后[45]는 본래 평민으로 성정과 행동에 일관됨이 없었으나 다만 아름다운 용모로 인해 황후가 되었다. 후에 결국 무술巫術에 빠져 처벌받고 폐위되어 근심으로 인해 사망하였다.

八年九月丁未, 京都地震.
(연희) 8년(165) 9월 정미丁未(15일), 수도에서 지진이 일어났다.

靈帝 建寧四年二月癸卯, 地震. 是時中常侍曹節·王甫等皆專權.
영제靈帝(재위 168~189) 건녕建寧 4년(171) 2월 계묘(13일), 지진이 일어났다. 이때 중상시 조절曹節, 왕보王甫[46] 등이 모두 권력을 독점하였다.

熹平二年六月, 地震.
(영제) 희평熹平 2년(173) 6월, 지진이 일어났다.

六年十月辛丑, 地震.
(희평) 6년(177) 10월 신축辛丑,[47] 지진이 일어났다.

光和元年二月辛未, 地震. 四月丙辰, 地震. 靈帝時宦者專恣.
(영제) 광화光和 원년(178) 2월 신미辛未(21일), 지진이 일어났다. 4월 병진(7일), 지진이 일어났다. 영제 시기 환관들이 전횡을 행하였다.

---

45) 鄧皇后: 鄧貴人(?~165)을 참조.
46) 王甫(?~179): 후한의 환관. 영제 시기 黃門令으로 曹節 등과 함께 두무, 진번을 살해하고 중상시에 올랐다. 이후 조절과 渤海王 劉悝가 모반을 꾀한다고 무고하여 그들을 주살하고, 그 공으로 冠軍侯에 책봉되었다. 조정을 장악하고 자제를 모두 고관에 임명하였다. 이후 楊彪 등이 그 죄상을 고발하여 하옥되어 옥 중에서 죽었다.
47) 熹平 6년 10월에는 辛酉(9일), 辛未(19일), 辛巳(그믐)만이 있다.

二年三月, 京兆地震.

(광화) 2년(179) 3월, 경조京兆에 지진이 일어났다.

三年自秋至明年春, 酒泉 表氏地八十餘動, 涌水出, 城中官寺民舍皆頓, 縣易處,
更築城郭.

(광화) 3년(180) 가을부터 다음해 봄까지 주천군酒泉郡 표씨현表氏縣48)에서
80여 차례나 지진이 일어나 물이 솟구치고 성 안의 관서와 민가가 모두
부서졌다. 현은 관아官衙를 옮기고 다시 성곽을 축조하였다.

獻帝 初平二年六月丙戌, 地震.

헌제獻帝(재위 189~220) 초평初平 2년(191) 6월 병술(23일), 지진이 일어났다.

興平元年六月丁丑, 地震.

(헌제) 흥평興平 원년(194) 6월 정축丁丑(2일), 지진이 일어났다.

---

48) 表氏縣: 전한에서 설치한 表是縣을 후한에서 고쳐 설치하고 酒泉郡에 속하게 하였다.
    관아는 지금의 감숙성 高臺縣 서쪽 駱駝城에 두었다. 北周에서는 建康郡에 속하게
    하였다. 수대 폐지하였다.

山崩·地陷: 산의 붕괴·땅 꺼짐

和帝 永元元年七月, 會稽南山崩. 會稽, 南方大名山也. 京房易傳曰: 「山崩, 陰乘陽, 弱勝强也.」 劉向以爲山陽, 君也; 水陰, 民也; 君道崩壞, 百姓失所也. 劉歆以爲崩猶(地)[弛]也. 是時竇太后攝政, 兄竇憲專權.

화제 영원 원년(89) 7월, 회계산會稽山 남측이 무너졌다. 회계는 남쪽의 이름난 큰 산이다. 『경방역전京房易傳』에서 말하였다. "산이 무너지는 것은 음기陰氣가 양기陽氣를 넘어선 것이며 약한 것이 강한 것을 이긴 것이다." 유향劉向은 산은 양으로 군주를 의미한다고 하였고 물은 음으로 백성을 의미한다고 하였으며, 군도君道가 무너지면 백성들은 처신할 곳을 잃는다고 하였다. 유흠은 무너진다는 것[崩]은 차츰 차츰 무너지는 것[弛]과 같다고 하였다.[49] 이때 두태후가 섭정하고 (그의) 형 두헌이 권력을 독점하였다.

七年七月, 趙國 易陽地裂. 京房易傳曰: 「地裂者, 臣下分離, 不肯相從也.」 是時南單于衆乖離, 漢軍追討.

(영원) 7년(95) 7월, 조국趙國[50] 역양현易陽縣[51]의 땅이 갈라졌다. 『경방역전』

---

49) 『漢書』「五行志」에는 "崩, 弛崩也."라고 되어 있고, 이에 대해 顔師古는 차차로 흩어지는 것을 말한다고 하였다(言漸解散也).

50) 趙國: 전한 高帝 4년(BC. 203) 張耳를 趙王으로 삼으며 설치하였다. 수도는 襄國縣(지금의 河北省 邢臺市)이다. 진의 邯鄲·鉅鹿·常山 세 군을 포함하였다. 9년(BC. 198) 장이의 아들 張敖를 폐하고 代王 劉如意를 조왕으로 삼았고, 國都는 지금의 邯鄲市인 邯鄲縣에 두었다. 진의 雲中·鴈門·代 세 군을 겸하여 포함하였다. 이후 영역이 축소되는데 전한 시기 영역은 지금의 하북성 한단·형대·沙河 세 시와 한단·형대·永年縣 등의 서부를 포함하였다. 景帝 3년(BC. 154) 邯鄲郡이 되었다가 5년(BC. 152) 다시 趙國이 되었다. 후한 建安 17년(212)에 다시 군이 되었다가 조위 太和 6년(232) 다시 국이 되었다.

51) 易陽縣: 전한에서 설치하였다. 조국에 속하였다. 관아는 지금의 하북성 永年縣에 두었다. 『漢書』「地理志」顔師古注에 따르면 易水의 북쪽에 위치하여 이름을 얻었다. 후한 건안 17년(212) 魏郡에 속하게 되었다. 조위에서는 廣平郡에 속하였다. 북위 초 폐지되었다가 孝文帝 시기 다시 설치되었다. 수 개황 6년(586) 한단현으로

에서 말하였다. "땅이 갈라지는 것은 신하가 떠나 함께 하지 않게 됨을 의미한다." 이때 남선우南單于의 무리가 배반하여 한나라 군사가 추격하여 토벌하였다.52)

十二年夏, 閏四月戊辰, 南郡 秭歸山高四百丈, 崩塡谿, 殺百餘人. 明年冬, (至)[巫] 蠻夷反, 遣使募荊州吏民萬餘人擊之.

(영원) 12년(100) 여름 윤4월53) 무진戊辰(16일),54) 남군 자귀현秭歸縣55) 높이 사백 장 높이의 산이 붕괴하여 계곡이 메워지고 백여 인이 죽었다. 다음해 겨울 무현巫縣56)의 만이蠻夷가 반란을 일으키니 사자를 파견하여 형주의 관리와 백성 만여 인을 모집하여 그들을 토벌하였다.

元興元年五月癸酉, 右扶風 雍地裂. 是後西羌大寇涼州.

(화제) 원흥元興 원년(105) 5월 계유癸酉(21일), 우부풍 옹현雍縣57)에서 땅이

고쳤다.

52) 남흉노 10대 선우인 亭獨尸逐侯鞮單于 師子가 영원 6년(94) 즉위하자 북흉노에서 투항한 흉노인들이 이전 선우 屯屠何의 아들 逢侯를 선우로 삼고 관리와 사람들을 죽이고 朔防郡으로 나갔다가 漠北으로 도주하고자 하였다. 이에 한조정에서는 行車騎將軍 鄧鴻, 越騎校尉 馮柱, 行度遼將軍 朱徽 등을 보내 군사를 이끌고 이들을 토벌하게 하였다. 자세한 내용은 『後漢書』 「南匈奴傳」을 참조.

53) 화제 영원 12년의 윤달은 4월이 아닌 5월이다.

54) 4월 戊辰의 날짜다. 閏5월의 무진은 5일이다.

55) 秭歸縣: 전한에서 설치하여 남군에 속하게 하였다. 관아는 지금익 호북성 秭歸縣에 두었다. 孫吳 永安 3년(260) 建平郡에 속하게 하였다. 북주에서 長寧縣으로 고쳤고, 수 개황 초에 다시 자귀현으로 고쳐 信州에 속하게 하였다. 대업 초 巴東郡에 속하게 하였다. 당에서는 歸州의 주치가 되었다.

56) 巫縣: 진소양왕 30년(BC. 277) 楚의 巫郡을 고쳐 설치하고 남군에 속하게 하였다. 관아는 지금의 사천성 巫山縣에 두었다. 『漢書』 「地理志」에 따르면 鹽官이 설치되어 있었다. 蜀漢에서는 巴東郡에 속하였다. 서진에서는 建平郡의 치소가 되었으며, 수 개황 초에 무산현이 되었다.

57) 雍縣: 전국 시기 진의 舊都였던 雍邑에 설치하였다. 관아는 지금의 陝西省 風翔縣에 두었다. 『元和郡縣志』에 따르면 사면이 높아, 또 사면에서 바라봐도 사방이 보이지 않아 雍이라 하였다고 한다(四面高曰雍, 又四望不見四方, 故謂之雍). 진에서는 內史에 속하였으며 한에서는 右扶風에 속하였다. 조위에서는 扶風郡에 속하였다. 西魏에서는 岐山郡의 郡治가 되었고 당에서는 岐州의 주치가 되었다. 至德 2년(757) 풍상현이

갈라졌다. 이후 서강이 양주를 대대적으로 노략질하였다.

<u>殤帝 延平</u>元年五月壬辰, <u>河東</u>(恒)[垣]山崩. 是時鄧太后專政. 秋八月, 殤帝崩.
상제殤帝(재위 105~106) 연평延平 원년(106) 5월 임진壬辰(16일), 하동군河東郡 원현
垣縣58)에서 산59)이 무너졌다. 이때 등태후가 정치를 독점하고 있었다. 가을
8월, 상제가 붕어하였다.

<u>安帝 永初</u>元年六月丁巳, <u>河東</u>楊地陷, 東西百四十步, 南北百二十步, 深三丈五
尺.
안제 영초 원년(107) 6월 정사(17일), 하동군 양현楊縣60)에서 땅이 꺼졌는데
동서로 140보, 남북으로 120보, 깊이가 3장 5척尺(이나) 되었다.

六年六月壬辰, <u>豫章</u>員谿 原山崩, 各六十三所.
(영초) 6년(112) 6월 임진(21일), 예장군豫章郡 원계員谿61) 원산原山62)이 붕괴하
였는데, 각각 예순 세 곳이 무너졌다.

되었다.
58) 垣縣: 전한에서 설치하고 河東郡에 속하게 하였다. 관아는 지금의 山西省 垣曲縣에
   두었다. 후한 시기에 東垣縣이 되었다.
59) 『續漢書』「地理志」에 따르면 "垣有王屋山."이라 하여 垣縣에 王屋山이 있었음을 알
   수 있다.
60) 楊縣: 전한에서 楊氏縣을 고쳐 설치하고, 하동군에 속하게 하였다. 관아는 지금의
   산서성 洪洞縣에 두었다. 조위에서는 楊國으로 고치고 平陽郡에 속하게 하였다.
   서진에서 다시 楊縣이 되었다. 북주에서는 永安郡에 속하였고, 수에서는 臨汾郡에
   속하였다. 수 말에 홍동현이 되었다.
61) 豫章郡 소속 현으로 생각되나 員谿縣은 확인되지 않는다.
62) 原山은 兗州 泰山郡에 있는 산이다. 따라서 예장군의 원산이라고 할 수 없다.
   中華書局本 『後漢書』「安帝紀」에는 '豫章·員谿·原山'으로 세 지명을 중점을 이용하여
   병렬적으로 처리하고 있다. 여기서도 각기 다른 세 지명으로 해석하였다. 다만
   이렇게 해석할 경우 이때 발생한 재이를 '崩'이라고 하여 산이 붕괴된 것으로
   서술한 것과 호응하지 않는다는 문제가 있다.

元初元年三月己卯, 日南地坼, 長百八十二里. 其後三年正月, 蒼梧·鬱林·合浦盜
賊羣起, 劫略吏民.

(안제) 원초 원년(114) 3월 기묘(18일), 일남군日南郡[63]의 땅이 갈라졌는데,
길이가 182리(나) 되었다. 그 후 (원초) 3년(116) 정월, 창오군蒼梧郡,[64] 울림군
鬱林郡, 합포군合浦郡[65]에서 도적이 떼 지어 일어나 관리와 백성을 약탈하였다.

二年六月, 河南 雒陽 新城地裂.

(원초) 2년(115) 6월, 하남河南 낙양洛陽과 신성현新城縣에서 땅이 갈라졌다.

延光二年七月, 丹陽山崩四十七所.

(안제) 연광 2년(122) 7월, 단양현丹陽縣[66]에서 산의 붕괴가 마흔 일곱 곳에서
일어났다.

---

63) 日南郡: 전한 武帝 元鼎 6년(BC. 111)에 설치하였다. 관아는 西播縣(지금의 베트남
Tỉnh Bình Trị Thiên)에 두었다. 후한에서는 交州에 속하였다. 손오 赤烏 11년(248)
관아를 朱吾縣으로 옮겼으며 서진 太康 초에는 다시 盧容縣으로 옮겼는데 모두
지금의 베트남에 속한다. 南齊 이후 폐지되었다.

64) 蒼梧郡: 전한 무제 원정 6년(BC. 111)에 설치하였다. 관아는 지금의 광서성 梧州市인
廣信縣에 두었다. 관할 지역은 지금은 광서성 都龐嶺·大瑤山 이동, 廣東省 肇慶·羅定
이서, 호남성 江永·江華 이남, 광서성 藤縣·광동성 信宜 이북에 해당하였다. 南朝에서
는 영역이 축소되어 지금의 광서성 오주시·창오현 및 蒙江 하류에 국한되었다.
수 개황 9년(589) 이후 폐지되었다.

65) 合浦郡: 전한 무제 원정 6년(BC. 111)에 설치하였다. 관아는 徐聞縣(지금의 광동성
서문현)에 두었다. 관할 지역은 지금의 광동성 新興·開平 서남부, 광서성 容縣·玉林·
橫縣 이남 지역에 해당한다. 후한에서는 관아를 合浦縣(지금의 광서성 浦北縣)으로
옮겼다. 손오 黃武 7년(228), 珠官郡으로 고쳤다가 孫亮 시기에 다시 合浦郡이 되었다.
수 개황 9년(589) 폐지하였다가 대업 초에 祿州를 고쳐서 합포군을 설치하였다.
당 武德 5년(622) 越州가 되었다. 天寶 원년(742) 廉州를 합포군으로 고쳤다가
乾元 원년(758) 다시 염주로 되돌렸다.

66) 丹陽縣: 丹楊縣으로도 불린다. 진에서 설치하고 鄣郡에 속하게 하였다. 관아는
지금의 安徽省 當涂縣에 두었다. 전한에서는 丹陽郡에 속하였다. 수 개황 9년(589)
폐지하고 溧水縣에 편입시켰다. 당 무덕 3년(620) 다시 설치한 후 南豫州에 소속시켰
다. 貞觀 원년(627) 다시 당도현에 편입시켰다.

三年六月庚午, 巴郡 閬中山崩.

(연광) 3년(123) 6월 경오庚午(3일), 파군巴郡[67] 낭중현閬中縣[68]에서 산이 붕괴하였다.

四年十月丙午, 蜀郡 越嶲山崩, 殺四百餘人. 丙午, 天子會日也. 是時閻太后攝政. 其十一月, 中黃門孫程等殺江京, 立順帝, 誅閻后兄弟, 明年, 閻后崩.

(연광) 4년(125) 10월 병오(22일), 촉군蜀郡 월수군越嶲郡에서 산이 무너져 사백여 명이 죽었다. 병오일은 천자(가 여러 신하와 만나는) 조회일朝會日이다. 이때 염태후가 섭정을 하고 있었다. 그해 11월 중황문 손정孫程 등이 강경을 죽이고 순제를 세웠으며 염태후의 형제를 주멸하였다. 다음해 염태후가 붕어하였다.

順帝 陽嘉二年六月丁丑, 雒陽 宣德亭地坼, 長八十五丈, 近郊地. 時李固對策, 以爲「陰類專恣, 將有分離之象, 所以附郊城者, (事)[是]上帝示象以誡陛下也」. 是時宋娥及中常侍各用權分爭, 後中常侍張逵·蘧政與大將軍梁商爭權, 爲商作飛語, 欲陷之.

순제 양가 2년(133) 6월 정축(8일), 낙양 선덕정宣德亭 땅이 갈라져 (그) 길이가

---

67) 巴郡: 전국 시기 진에서 설치하였다. 관아는 江州縣(지금의 사천성 重慶市)에 두었다. 전한 시기 관할 지역은 지금의 사천성 旺蒼·西充·永川·綦江 이동, 大巴山 이남, 巫山 이서 지역에 해당하였다. 永興 원년(194) 劉璋이 永寧郡으로 고쳤다. 건안 6년(201) 다시 巴郡으로 고치고 益州에 소속시켰다. 서진에서는 梁州에 속하였다. 劉宋에서 다시 익주에 소속시켰으며 남제에서는 巴州에 속하게 하였다. 수 개황 3년(583) 폐지하였다가 대업 3년(607) 渝州를 고쳐 파군으로 삼았다. 당 무덕 원년(618) 다시 투주가 되었다.

68) 閬中縣: 전국 시기 秦惠文王이 巴國의 別都였던 閬中에 설치하고 파군에 속하게 하였다. 관아는 지금의 사천성 閬中市에 두었다. 『元和郡縣志』에 따르면 현이 閬水 사이에 있어 이름을 얻었다. 후한 건안 6년(201) 巴西郡의 군치가 되었다. 삼국 시기 촉한에서는 대장군 張飛가 巴西太守로 재직하면서 閬中縣을 鎭守하였다. 東晉 말에는 北巴西郡의 군치가 되었다. 수 개황 3년(583) 隆州의 주치가 되며 関內縣으로 이름을 고쳤다. 대업 3년(607) 다시 파서군의 군치가 되었다. 당 무덕 원년(618)에는 다시 낭중현으로 이름을 고치며 융주의 주치가 되었다.

85장이나 되었는데, (선덕정은 낙양) 근교의 땅이다. 이때 이고가 대책對策을 올려 말하였다. "음류陰類(부녀, 외척, 환관)가 권력을 함부로 휘두르니 장차 분리될 징조입니다. 낙양성 교외에서 (땅이 갈라진 이유는) 상제上帝가 징조를 보여 폐하를 경계하려는 것입니다."[69] 이때 (유모) 송아와 중상시가 각기 권력을 행사하며 갈라져 다퉜고, 후에는 중상시 장규張逵, 거정蘧政[70]이 대장군大將軍 양상梁商과 권력을 다퉜는데, 양상에 대한 유언비어를 만들어 그를 모함하고자 하였다.

桓帝 建和元年四月, 郡國六地裂, 水涌出, 井溢, 壞寺屋, 殺人. 時梁太后攝政, 兄冀枉殺李固·杜喬.
환제 건화 원년(147) 4월, 군국 여섯 곳에서 땅이 갈라져 물이 솟구쳐 나왔으며 우물이 넘치고 관청과 민가가 무너져 사람이 죽었다. 이때 양태후가 섭정하였으며 (그의) 형 양기가 죄 없는 이고와 두교杜喬를 죽였다.

三年, 郡國五山崩.
(건화) 3년(149), 군국 다섯 곳에서 산이 무너졌다.

和平元年七月, 廣漢 梓潼山崩.
(환제) 화평 원년(150) 7월, 광한군廣漢郡[71] 신동현梓潼縣[72]에서 산이 무너졌다.

---

69) 지역적으로 수도 부근에서 땅의 갈라짐이 발생한 것을 하늘이 황제에게 경고하려고 했다는 뜻으로 해석한 것이다.

70) 張逵·蘧政: 후한의 환관들. 대장군 양상과 대립하여 양상이 중상시 曹騰과 모반을 꾀한다고 무고하였으나 사람들이 믿지 않자 거짓 詔令으로 조등을 체포하여 순제의 노여움을 샀다. 모두 주살되었다.

71) 廣漢郡: 전한 고제 6년(BC. 201)에 설치하였다. 처음에는 治乘鄕(지금의 사천성 金堂縣)에, 후에는 梓潼縣(지금의 사천성 재동현)에 관아를 두었다. 관할 지역은 지금의 감숙성 文縣·섬서성 寧强 이남, 사천성 旺蒼·劍閣·蓬溪 이서, 潼南·遂寧·新都 이북, 什邡·北川 이동에 해당한다. 공손술이 子同郡으로 이름을 바꿨다. 후한 건국 후 다시 廣漢郡이 되었다. 안제 영초 2년(108) 관아를 治洛縣(지금의 사천성 綿陽市)로 옮겼다가 다시 雒縣(지금의 사천성 廣漢市)으로 옮겼다. 서진 泰始 2년(266) 新都郡으

永興二年六月, 東海 朐山崩. 冬十二月, 泰山·琅邪盜賊羣起.
(환제) 영흥 2년(154) 6월, 동해군東海郡 구현朐縣73)에서 산이 무너졌다. 겨울 12월, 태산군泰山郡과 낭야국琅邪國에서 도적이 떼 지어 일어났다.

永壽三年七月, 河東地裂, 時梁皇后兄冀秉政, 桓帝欲自由, 內患之.
(환제) 영수 3년(157) 7월, 하동군에서 땅이 갈라졌다. 이때 양황후梁皇后의 형 양기가 정권을 장악하고 있었는데, 환제가 자신의 뜻대로 (정치를) 행하고자 하여 내심 그것을 걱정하였다.

延熹元年七月乙巳, 左馮翊 雲陽地裂.
(환제) 연희 원년(158) 7월 을사(1일), 좌풍익左馮翊 운양현雲陽縣74)에서 땅이 갈라졌다.

三年五月[戊申][甲戌], 漢中山崩. 是時上寵恣中常侍單超等.
(연희) 3년(160) 5월 갑술甲戌(11일), 한중군漢中郡에서 산이 무너졌다. 이때 주상이 중상시 선초 등을 총애하여 멋대로 하도록 내버려 두었다.

四年六月庚子, 泰山 博 尤來山判解.
(연희) 4년(161) 6월 경자庚子(13일), 태산군 박현博縣75) 우래산尤來山76)이 갈라

로 이름을 바꾸고 梁州에 소속시켰다. 晉武帝 태강 6년(285)다시 광한군이 되었다. 유송에서는 익주에 소속되었다. 수 개황 3년(583) 폐지되었다.

72) 梓潼縣: 전한 무제 원정 원년(BC. 116) 설치하고 광한군의 군치로 삼았다. 관아가 있던 곳은 지금의 사천성 재동현이다. 현 동쪽에 梓林이, 서쪽에 潼水가 있어 여기서 이름이 유래했다고 한다. 후한 獻帝 건안 22년(217) 梓潼郡의 군치가 되었다.

73) 朐縣: 진에서 설치하고 東海郡에 소속시켰다. 관아는 지금의 江蘇省 連雲港市에 두었다. 유송에서 폐지하였고, 蕭梁에서는 招遠縣으로 고쳐서 다시 설치하였다. 東魏 武定 7년(549) 朐縣으로 이름을 회복하였고 琅邪郡에 소속되었다. 北齊에서는 海州의 주치가 되었다. 북주 建德 6년(577) 胸山縣으로 고쳤다.

74) 雲陽縣: 진에서 설치하고 內史에 소속시켰다. 관아는 지금의 섬서성 淳化縣에 두었다. 한에서는 左馮翊에 소속되었다. 후한 말 폐지되었다.

졌다.

八年六月丙辰, 緱氏地裂.

(환제 연희) 8년(165) 6월 병진(10일), 구씨현緱氏縣[77)]에서 땅이 갈라졌다.

永康元年五月丙午, 雒陽 高平 永壽亭·上黨 泫[一]氏地各裂. 是時朝臣患中常侍王
甫等專恣. 冬, 桓帝崩. 明年, 竇氏等欲誅常侍·黃門, 不果, 更爲所誅.

(환제) 영강永康 원년(167) 5월 병오(12일), 낙양, 고평현高平縣, 영수정永壽亭,[78)]
상당군上黨郡[79)] 현씨현泫氏縣[80)]의 땅이 갈라졌다. 이때 조정의 신하들은 중상

---

75) 博縣: 전한에서 博陽縣을 고쳐 설치하고 태산군에 속하게 하였다. 관아는 지금의
산동성 泰安市에 두었다. 북위에서 博平縣으로 이름을 바꿨다.

76) 尤來山: 徂來山 또는 徂徠山이라고도 한다. 지금의 산동성 태안시 동남쪽에 있다.
新王朝 말 농민 기의군의 수령이었던 樊崇이 이곳을 근거지로 삼았다.

77) 緱氏縣: 진에서 설치하고 三川郡에 소속시켰다. 관아는 지금의 하남성 偃師市에
두었다. 경내의 산 이름에서 현의 이름이 유래하였다고 한다. 전한에서는 河南郡에
속했다. 북위 太和 17년(493)에 폐지되었다가 동위 天平 원년(534)에 다시 설치되어
洛陽郡에 속하였다.

78) 본문에는 '雒陽高平永壽亭'이라 하여 표점이 되어 있지 않은 상태다. '洛陽, 高平의
永壽亭'으로 분절해야 할지, '낙양, 고평현, 영수정'으로 분절해야 할지 판단하기
어렵다. 여기서는 후자로 분절하여 해석하였다. 후한 시기 고평현은 두 곳이
확인된다. ① 安定郡의 군치. 전한에서 설치하였다. 관아는 지금의 寧夏自治區
固原縣에 두었다. 후한 말에 폐지되었다가 16국 시기 다시 설치되며 後趙 朔州의
주치가 되었다. 북위 太延 2년(436) 高平鎭으로 고쳐 설치되었다. 북위 正光 5년(524)
다시 현이 되어 高平郡의 군치가 되었다. 서위 廢帝 때 平高縣이 되었다. ② 山陽郡
소속 현. 후한 章帝 시기 橐縣을 고쳐서 설치하였다. 관아는 지금의 산동성 鄒城市에
두었다. 고평이라는 산 이름에서 그 이름이 유래한 것으로 알려져 있다. 晉에서는
高平國에 속하였고, 북위와 동위에서는 고평군의 군치가 되었다. 북제 시기 폐지되
었다. 영수정은 찾지 못했다.

79) 上黨郡: 전국 시기 韓에서 설치하였다. 진한 시기의 관아는 지금의 산서성 長予縣에
두었다. 후한 말 관아를 壺關縣(지금의 산서성 長治市)으로 옮겼다. 서진에서는
潞縣(지금의 산서성 潞城縣)으로 옮겼다. 북위에서는 다시 壺關城으로 옮기고 幷州에
소속시켰다. 수 개황 초 폐지하였다가 대업 초에 다시 上黨郡을 설치하고 관아를
上黨縣(지금의 산서성 장치시)에 두었다. 당 무덕 원년(618)에 潞州로 고쳤다가
천보 초에 다시 상당군으로 되돌렸다. 乾元 원년(758) 다시 노주가 되었다.

80) 泫氏縣: 전한에서 설치하고 상당군에 속하게 하였다. 관아는 지금의 산서성 高平市에
두었다. 북위 永安 연간에 玄氏縣으로 고쳤다. 『元和郡縣志』에 따르면 泫水 위에

시 왕보 등이 권력을 함부로 휘두르는 것을 걱정하였다. 겨울, 환제가 붕어하였다. 다음 해, 두씨竇氏 등이 상시와 황문黃門을 주멸하려고 하였으나 이루지 못하고 도리어 주멸되었다.

[一]　工玄反.
　　(현泫의 발음은) '공工'과 '현玄'의 반절反切이다.[81]

靈帝 建寧四年五月, 河東地裂十二處, 裂合長十里百七十步, 廣者三十餘步, 深不見底.

영제 건녕 4년(171) 5월, 하동군에서 땅 갈라짐이 열두 곳에서 일어났는데, 갈라진 곳의 길이를 합하면 10리 170보, 너비 30여 보였고 깊이는 바닥이 보이지 않았다.

위치하여 그로 인해 이름을 얻었다고 한다.
81) 『續漢書』「五行四」의 유일한 주다. 그러나 발음의 제시만이 있어 다양한 異說을 제시하는 것을 특징으로 삼았던 유소의 다른 주들과 차이가 있다. 反切은 두 글자의 음을 반씩 따서 합쳐 한 소리로 표현하여 읽는 법을 말한다.

大風拔樹: 큰 바람에 나무가 뽑히다

和帝 永元五年五月戊寅, 南陽大風, 拔樹木.

화제 영원 5년(93) 5월 무인(戊寅)(16일), 남양군에서 큰 바람(大風)이 불어 나무가 뽑혔다.

安帝 永初元年, 大風拔樹. 是時鄧太后攝政, 以淸河王子年少, 號精耳, 故立之, 是爲安帝. 不立皇太子勝, 以爲安帝賢, 必當德鄧氏也; 後安帝親讒, 廢免鄧氏, 令郡縣迫切, 死者八九人, 家至破壞. 此爲骰霧也, 是後西羌亦大亂涼州十有餘年.

안제 영초 원년(107), 큰 바람이 불어 나무가 뽑혔다. 이때 등태후가 섭정하였는데, 청하왕淸河王의 아들이 나이가 어리고 총명하다고[82] 일컬어져 그를 세우니 이가 안제다. 황태자 승勝[83]을 세우지 않은 것은 안제가 현명해서 반드시 장성하여 등씨鄧氏에게 보은報恩할 것이라 여겨서다. (그러나) 후에 안제가 참언을 믿고 등씨를 파면하고 (그들의 봉지가 있는) 군현으로 하여 핍박하게 하여 (자살하여) 죽은 자가 8~9명이고 집안이 파괴되었다. 이것은 어리석음[骰霧]이니, 이후 서강이 역시 양주에서 대란을 일으켜 10여 년이 지속되었다.

二年六月, 京都及郡國四十大風拔樹.

(영초) 2년(108) 6월, 수도와 군국 사십 곳에서 큰 바람이 불어 나무가 뽑혔다.

三年五月癸酉, 京都大風, 拔南郊道梓樹九十六枚.

---

82) 교감은 원문의 '精耳'는 '精敏'이 아니었을까 하면서도 '耳'자는 본래 '聰'자였는데, 오른쪽 부분이 탈루된 것으로 보았다. 여기서는 교감기를 따라 '총명하다'로 해석하였다.

83) 황태자 勝: 平原王 劉勝. 平原王을 참조.

(영초) 3년(109) 5월 계유,84) 수도에 큰 바람이 불어 남교南郊 길의 개오동나무 아흔여섯 그루가 뽑혔다.

七年八月丙寅, 京都大風拔樹.

(영초) 7년(113) 8월 병인丙寅(2일), 수도에 큰 바람이 불어 나무가 뽑혔다.

元初二年二月癸亥, 京都大風拔樹.

(안제) 원초 2년(115) 2월 계해癸亥,85) 수도에 큰 바람이 불어 나무가 뽑혔다.

六年夏四月, 沛國·勃海大風, 拔樹三萬餘枚.

(원초) 6년(119) 여름 4월, 패국沛國과 발해군勃海郡에서 큰 바람이 불어 나무 삼만여 그루가 뽑혔다.

延光二年三月丙申, 河東·潁川大風拔樹. 六月壬午, 郡國十一大風拔樹. 是時安帝親讒, 曲直不分.

(안제) 연광 2년(123) 3월 병신86) 하동군과 영천군潁川郡에 큰 바람이 불어 나무가 뽑혔다. 6월 임오壬午(15일), 군국 열한 곳에서 큰 바람이 불어 나무가 뽑혔다. 이때 안제가 참언을 신임하여 옳고 그름을 분별하지 못하였다.

三年, 京都及郡國三十六大風拔樹.

(연광) 3년(124), 수도와 군국 서른여섯 곳에서 큰 바람이 불어 나무가 뽑혔다.

---

84) 안제 영초 3년 5월에는 癸巳(4일), 癸卯(14일), 癸丑(24일)만 있다. 癸酉는 4월 14일 또는 6월 15일이다.

85) 안제 원초 2년 2월에는 癸巳(7일), 癸卯(17일), 癸丑(27일)만 있다. 癸亥는 정월 7일 또는 3월 8일이다.

86) 안제 연광 2년 3월에는 丙午(7일), 丙辰(17일), 丙寅(27일)만 있다. 丙申은 2월27일 또는 4월 28일이다.

靈帝 建寧二年四月癸巳, 京都大風雨雹, 拔郊道樹十圍已上百餘枚. 其後晨迎氣黃郊, 道於雒水西橋, 逢暴風雨, 道鹵簿車或發蓋, 百官霑濡, 還不至郊, 使有司行禮. 迎氣西郊, 亦壹如此.

영제 건녕 2년(169) 4월 계사(22일), 수도에 큰 바람이 불고 우박이 내려 교郊로 향하는 길의 (둘레가) 10위圍 이상 되는 나무 백여 그루가 뽑혔다. 그 후 새벽 (영제가) 영기례迎氣禮[87]를 위해 황교黃郊[88]로 나감에 낙수洛水 서교西橋를 건널 때, 돌연 바람과 비를 만나 노부거鹵簿車 중 덮개가 날아간 것이 있었으며 백관들도 (비에) 젖어 (거가車駕가) 황교에 이르지 못하고 돌아와 담당관원으로 하여금 예를 행하게 하였다. 서교西郊[89]에 영기하러 갈 때도 역시 하나같이 이와 같았다.

中平五年六月丙寅, 大風拔樹.

(영제) 중평中平 5년(188) 6월 병인(16일), 큰 바람이 불어 나무가 뽑혔다.

獻帝 初平四年六月, 右扶風大風, 發屋拔木.

헌제 초평 4년(193) 6월, 우부풍에서 큰 바람이 불어 가옥 (지붕이) 날아가고 나무가 뽑혔다.

---

87) 迎氣禮: 각 계절에 대응하는 방위의 郊에 나가 계절의 氣를 맞이하며, 각 계절과 방위에 해당하는 神祇를 제사하는 의례. 黃郊의 의례는 立秋 18일 전에, 西郊의 의례는 立秋에 거행한다.

88) 黃郊: 中兆. 黃帝에게 郊제사를 지내기 위해 마련한 祭場으로, 낙양성에서 서남으로 5里 떨어진 곳, 남교의 끝자락에 위치하였다고 한다. 『後漢書』卷2, 「明帝紀」, "是歲始迎氣於五郊[李賢注: 續漢書曰, 迎氣五郊之兆. 四方之兆各依其位. 中央之兆在未, 壇皆三尺. …先立秋十八日, 迎黃靈於中兆, 祭黃帝后土, 車服皆黃, 歌朱明, 八佾舞雲翹·育命之舞.]" 기록에 따르면 황제에게 지내는 교제사는 立秋 18일 전에 거행한다.

89) 西郊: 五郊 중 하나로 서쪽에 조영하였다. 立秋에 秋氣를 西郊에서 맞이하며 白帝蓐收에게 제사지낸다(『後漢書』卷2, 「明帝紀」, 李賢注, "續漢書曰:「…立秋之日, 迎秋於西郊, 祭白帝蓐收, 車服皆白, 歌白藏, 八佾舞育命之舞.」").

脂夜之妖: 기름과 어둠의 재앙

中興以來, 脂夜之妖無錄者.

후한後漢 건국 이래 기름[脂]과 어둠[夜]의 재앙은 기록된 것이 없다.

螟: 마디충의 해

章帝七八年閒, 郡縣大螟傷稼, 語在魯恭傳, 而紀不錄也. 是時章帝用竇皇后讒, 害宋·梁二貴人, 廢皇太子.

장제 7~8년 사이,[90] 군현에 크게 마디충의 해가 발생하여 곡식이 상하였는데, (『한서漢書』) 「노공전魯恭[91]傳」에 나와 있으며 「장제기章帝紀」에는 기록되어 있지 않다. 이때 장제가 두황후竇皇后의 참언을 믿고 송귀인宋貴人[92]과 양귀인 梁貴人[93]을 해하고 황태자[94]를 폐위하였다.

靈帝 熹平四年六月, 弘農·三輔螟蟲爲害. 是時靈帝用中常侍曹節等讒言, 禁錮海內淸英之士, 謂之黨人.

영제 희평 4년(175) 6월, 홍농군弘農郡과 삼보三輔에서 마디충의 해가 있었다. 이때 영제가 중상시 조절 등의 참언을 믿고 천하의 인품이 맑고 영특한 사인士人들을 금고禁錮에 처하니, 이들을 일러 당인黨人이라 하였다.

---

90) 建初 7~8년으로 생각되며, 서력으로는 82~83년에 해당한다.
91) 魯恭(32~112): 字 仲康, 부풍 平陵縣(지금의 섬서성 咸陽市) 출신. 후한 장제 건초 초, 군현의 관리가 되었다가 樂安相이 되었다. 『魯詩』를 수학하여 博士가 되었으며 白虎觀會議에도 참여하였다. 中牟令으로 재직할 때 도덕을 중시하며 형벌로 죄인을 다스리지 않았다고 한다. 선정을 베푼 결과 건초 7년(82)에 있었던 蝗害에도 중모현 만은 피해가 없었다고 한다. 三公으로 재임 시에는 才學이 뛰어난 자들을 다수 선발하였고 이들 중 대부분이 卿相 및 郡守에 올랐다고 한다. 향년 81세로 집에서 사망하였다. 『後漢書』 卷25에 傳이 있다.
92) 宋貴人(?~82): 敬隱皇后 宋氏. 송귀인의 부친은 宋揚으로 전한 文帝 때 공신이었던 宋昌의 8대 손으로 그의 고모가 馬太后(후한 명제의 妃)의 외조모였다. 마태후는 송양의 두 딸이 才藝가 뛰어나다는 소문을 듣고 태자궁에 입궁하게 하였다. 명제 영평 말, 태자궁에 입궁하였고 장제가 즉위하자 귀인이 되었다. 황태자 慶을 낳았으나 竇皇后의 참언을 믿은 장제가 폐위하자 음독자살하였다. 이후 상제가 사망하고 경의 장자인 祜가 황제가 되었는데 이가 안제. 안제 建光 원년(121) 3월, 안제가 조모인 송귀인을 경은황후로 追尊하였다.
93) 梁貴人(62~83): 화제의 친모 恭懷皇后를 말한다. 恭懷皇后를 참조.
94) 皇太子: 淸河王 劉慶이다. 淸河王을 참조.

<u>中平</u>二年七月, <u>三輔</u>螟蟲爲害.

(영제) 중평 2년(185) 7월, 삼보에서 마디충의 해가 있었다.

牛疫: 소의 전염병

<u>明帝 永平</u>十八年, 牛疫死. 是歲遣<u>竇固</u>等征西域, 置都護·戊己校尉. <u>固</u>等適還而<u>西域</u>叛, 殺都護<u>陳睦</u>·戊己校尉<u>關寵</u>. 於是大怒, 欲復發興討, 會秋<u>明帝</u>崩, 是思心不容也.

명제明帝(재위 57~75) 영평永平 18년(75), 소가 전염병[瘟疫]으로 죽었다. 이 해 두고竇固[95] 등을 파견하여 서역西域을 정벌하고 서역도호西域都護[96]와 무기교위戊己校尉[97]를 설치하였다. 두고 등이 막 돌아왔을 때 서역에서 반란이 일어나 서역도호 진목陳睦[98]과 무기교위 관총關寵[99]을 살해하였다. 이에 (주상이) 크게 노하여 다시 (군대를) 징발하여 토벌하고자 하였으나 마침

---

95) 竇固(?~88): 字는 孟孫, 부풍 평릉현(지금의 섬서성 함양시) 출신. 후한의 名將으로 大司空 竇融의 조카다. 어려서부터 독서를 좋아했는데, 그중에서도 특히 兵法을 좋아하였다. 광무제의 딸인 涅陽公主를 맞이하였고 黃門侍郎이 되었다. 후에 부친의 작위를 계승하여 顯親侯가 되었다. 일찍이 中郎將이 되어 馬武와 함께 강족을 격파하였다. 후에 堂兄 竇穆의 죄에 연루되어 10년의 禁錮刑을 받았다. 명제 영평 16년(73), 奉車都尉가 되어 흉노를 정벌하였고, 西域을 한의 지배하에 두었다. 영평 17년, 耿秉 등을 이끌고 나가 車師國을 항복시키고 西域都護와 戊己校尉를 설치하였다. 장제 즉위 후 大鴻臚, 光祿勳, 衛尉 등의 직을 역임하였다. 장화 2년(88) 사망하였다. 시호는 文이다. 『後漢書』 卷23에 傳이 있다.

96) 西域都護: 한대 서역에 설치된 최고 軍政 장관. 전한 宣帝 시기 설치되어 서역 여러 국가의 領護를 담당하였다. 질록은 비이천 석이었다. 王莽 시기 단절되었다가 후한 명제 시기 다시 설치하였지만 장제 때 召還되었다. 이후 화제 시기에 다시 설치되어 班超가 임명되었다.

97) 戊己校尉: 戊校尉와 己校尉의 總稱. 전한 元帝 初元 원년(BC. 48)에 설치하였다. 거사국에서 屯田을 행하고 주변을 鎭護하는 일을 담당하였다(『後漢書』 卷88, 「西域 傳」, "元帝又置戊己二校尉, 屯田於車師前王庭."). 왕망 시기 단절되었다가 후한 명제 시기 다시 설치하였다. 장제 때 소환되었다가 화제 시기 다시 설치되었다. 질록은 비이천 석이었다. 무기교위에 대해서는 久保靖彦,「戊己校尉設置の目的について」,『史苑』26-2·3(1966)을 참조.

98) 陳睦: 후한의 서역도호. 명제 영평 18년(75), 焉耆와 龜玆의 공격으로 都護府가 전멸될 때 사망하였다.

99) 關寵: 耿恭과 함께 무기교위가 되어 거사국에서 둔전을 행하였다. 영평 말, 흉노에게 포위되어 저항하다 사망하였다.

그 가을 명제가 붕어하였다. 이것이 (군주가 백성을) 염려하는 마음이[思心]
관대하지 않은 것[不容]이다.

章帝 建初四年冬, 京都牛大疫. 是時竇皇后以宋貴人子爲太子, 寵幸, 令人求伺貴
人過隙, 以讒毁之. 章帝不知竇太后不善, 厥咎霧也. 或曰, 是年六月馬太后崩,
土功非時興故也.

장제 건초 4년(79) 겨울, 수도에서 소가 전염병으로 죽었다. 이때 두황후가
송귀인의 아들을 태자로 삼았는데, (송귀인이 장제에게) 총애를 받자 사람들
로 하여금 귀인의 잘못과 약점을 구하여서 그녀를 참소하여 비방하였다.
장제가 두태후의 악행을 알지 못한 것으로 그 흉조는 어리석음이다. 혹자가
말하였다. "이 해 6월 마태후馬太后[100]가 붕어하였는데, 토목공사가 부적절한
시기에 진행된 까닭이다."

---

100) 馬太后(40~79): 明德皇后 馬氏, 이름은 未詳. 부풍 茂陵(지금의 섬서성 興平市) 출신.
伏波將軍 馬援의 막내딸이며 후한 명제의 황후. 광무제 건무 28년(52) 13세의
나이로 태자궁에 입궁하였다. 성품이 恭順하여 태자의 모친 陰皇后를 잘 모셨으며
다른 妃嬪들에게도 성실하게 대하여 모든 궁인들에게 칭찬을 받았다. 명제가
즉위하고 貴人이 되었으며 영평 3년(60) 황후가 되었다. 일생을 소박하게 살았으며
巫祝을 믿지 않았다. 건초 4년(79) 사망하였다. 시호는 明德이며, 명제의 顯節陵에
합장되었다. 『後漢書』 卷10上에 傳이 있다.

『後漢書』 志第十七, 「五行五」

皇極: 군주의 치우침 없는 올바른 원칙

<u>五行傳</u>曰:「皇之不極, 是謂不建.⌈一⌋ 厥咎眊,⌈二⌋ 厥罰恆陰,⌈三⌋ 厥極弱.⌈四⌋ 時則有射
妖,⌈五⌋ 時則有龍蛇之孽,⌈六⌋ 時則有馬禍,⌈七⌋ 時則有下人伐上之痾,⌈八⌋ 時則有日月亂
行, 星辰逆行.」⌈九⌋ 皇, 君也. 極, 中也. 眊, 不明也. 說云: 此沴天也. 不言沴天者,
至尊之辭也. <u>春秋</u>「王師敗績」, 以自敗爲文.

『홍범오행전洪範五行傳』에서 말하였다. "군주에게 (통치의) 치우침 없는 올바
른 원칙이 없는 것[不極], 이를 일러 (법도를) 세우지 않았다[不建]고 한다.
그 흉조[咎徵]는 명철하지 못한 것眊(으로 나타나고) 그 벌은 비 없이 오랫동안
흐린 것[恆陰]1)이며 그 극단[極]은 약해지는 것[弱]2)이다. (이는) 때로는 사요[射
妖]3)로 나타나고, 때로는 용사얼龍蛇孽로 나타나며, 때로는 마화馬禍로 나타나
기도 하고 때로는 아래 사람이 위 사람을 정벌하는 병[下人伐上之痾]으로 나타나

---

1) 恆陰: 『尚書』 「洪範」의 咎徵, 즉 나쁜 징조는 恆雨, 恆暘, 恆燠, 恆寒, 恆風으로 恆陰은
   없다. 王(皇)極에 대응시키기 위해 집어넣은 것으로 생각된다. 『漢書』에 따르면
   恆陰은 오랫동안 흐리면서 비 내리지 않는 것을 말한다. 『漢書』 卷27下之上, 「五行中之
   下」, "天久陰而不雨."
2) 弱: 洪範九疇 아홉 번째 항목인 六極의 하나. 『書經集傳』에서는 유순함이 과도한
   것으로 해석하였다. "弱者, 柔之過也."
3) 射妖: 활과 화살에 관한 이상 현상이나 『漢書』에서는 사람을 무는 蜮(물여우)가
   나타나는 것을 射妖로 보았다. 『漢書』 卷27下之上, 「五行中之下」, "蜮猶惑也, 在水旁,
   能射人, 射人有處, 甚者至死. 南方謂之短弧, 近射妖, 死亡之象也."

며 때로는 해와 달의 운행이 어지러워지는 것으로 나타나기도 하고 별이
역행하는 것으로 나타나기도 한다.” ‘황황皇皇’은 ‘군주’다. ‘극極’은 ‘치우침 없는
올바른 원칙’이다.4) ‘모眊’는 ‘명철하지 못한 것’이다.5) 설설說에서 말하였다.
“이는 천기天氣를 해친 것이다. (그러나) 천기를 해쳤다고 말하지 않은 것은
지존에 대한 (공경의) 말이기 때문이다. 『춘추春秋』에서 ‘천자의 군대가
패하였다.’6)고만 하여 (누가 천자의 군대를 패배시켰는지를 적지 않고)
스스로 패한 것처럼 쓴 것과 (같은 것이다.)

[一] 尚書大傳「皇」作「王」. 鄭玄曰:「王, 君也. 不名體而言王者, 五事象五行, 則王極象天也.
天變化爲陰爲陽, 覆成五行. 經曰:『曆象日月星辰, 敬授民時.』論語曰:『爲政以德,
譬如北辰.』是則天之道於人政也. 孔子說春秋曰:『政以不由王出, 不得爲政.』則王君出
政之號也. 極, 中也. 建, 立也. 王象天, 以情性覆成五事, 爲中和之政也. 王政不中和,
則是不能立其事也.」古文尚書:「皇極, 皇建其有極.」孔安國曰:「大中之道, 大立其有中,
謂行九疇之義.」馬融對策曰:「大中之道, 在天爲北辰, 在地爲人君.」

『상서대전尚書大傳』에서는 ‘황황皇’자를 ‘왕王’자로 적었다. 정현鄭玄이 말하였다. “왕은
군주다. 구체적인 이름을 말하지 않고 왕이라고 한 것은 오사五事가 오행五行에
대응하는 것처럼 왕극王極은 하늘[天]에 대응하기 때문이다. 천天이 변화하여 음陰이
되기도 하고 양陽이 되기도 하며 거듭 오행이 된다. 『상서尚書』에서 말하였다.
‘일월성신日月星辰의 운행을 관측하고 추산하여 백성들에게 농시農時를 공경히
주셨다.’7) 『논어論語』8)에서 말하였다. ‘덕德으로써 정치를 하는 것은 마치 북극성

4) 『漢書』「五行志」에 보인다. 『漢書』卷27下之上, 「五行中之下」, “皇, 君也. 極, 中; 建,
    立也.”
5) 眊: 顔師古는 眊를 명철하지 못한 것으로 해석하였다. 師古曰:「眊, 不明也.」
6) 『春秋』「成公元年」條에는 “秋. 王師敗績于茅戎.”이라고 하여 왕의 군사를 패퇴시킨
    주체가 서술되어 있지 않다. 이에 대해 『公羊傳』에서는 “秋. 王師敗績于貿戎. 孰敗之?
    蓋晉敗之. 或曰, 貿戎敗之. 然則曷爲不言晉敗之. 王者無敵, 莫敢當也.”라고 하고, 『穀梁傳』
    에서도 “秋. 王師敗績于貿戎. 不言戰. 莫之敢敵也. 爲尊者諱.”라고 하여 모두 周天子를
    위해 왕의 군대와 전투했던 상대를 서술하지 않았음을 말하고 있다.
7) 『尚書』「虞書·堯典」에 보인다. 『상서』에는 ‘民時’가 아니라 ‘人時’로 되어있다.
8) 『論語』: 孔子의 제자와 후학이 공자의 언행과 사상을 기록한 책. 學而·爲政·八佾·里仁
    ·公冶長·雍也·述而·泰伯·子罕·鄕黨·先進·顔淵·子路·憲問·衛靈公·季氏·陽貨·微子·子
    張·堯曰 등 모두 20편으로 구성된 어록체 형식의 언행록이다. 戰國 시기 초에
    지어진 것으로 보이며 편찬자에 대해서는 弟子說, 仲弓·子夏·子遊說, 曾子弟子說
    등이 있는데 淸의 崔述은 공자의 제자들이 모아놓은 것을 후에 儒家들이 편집한
    것이라고 하였다. 『漢書』藝文志에 따르면 漢代에는 今文『魯論』20편·『齊論』22편과

과 같은 것이다.'⁹⁾ 이것이 곧 천도天道를 인간의 정치에 행한다는 것이다. 공자孔子께서는 『춘추』에 대해 '정치가 왕으로부터 나오지 않는다면 정치를 한다고 할 수 없다.'¹⁰⁾고 하셨다. 즉, 왕과 군주는 정치를 발생시키는 이들의 호칭이다. '극極'은 '치우침 없는 올바름'이다. '건建'은 '세운다'는 뜻이다. 왕은 하늘에 대응해서 성정性情으로써 거듭 오사를 이루어 치우치지 않는 (화평한) 중화中和의 정치를 이룬다. 왕의 정치가 치우치고 화평하지 않으면 그 (오)사를 세울 수 없게 된다." 『고문상서古文尙書』에서 (말하였다.) "황극皇極이란 군주가 크게 그 치우침 없는 올바름을 세우는 것이다."¹¹⁾ 공안국孔安國이 말하였다. "치우침 없는 올바른 도는 크게 그 치우침 없는 올바름을 세우는 것으로 홍범구주洪範九疇의 뜻을 행하는 것이라고 할 수 있다." 마융馬融은 대책對策에서 "치우침 없는 올바른 도는 하늘에서는 북극성이고 땅에서는 군주다."라고 하였다.

[二] 尙書大傳作「瞀」. 鄭玄曰:「瞀與思心之咎同耳, 故[子駿]傳曰眊. 眊, 亂也. 君臣不立, 則上下亂矣.」字林曰:「目少精曰眊.」

『상서대전』에서는 (모眊를) '무瞀'로 썼다. 정현이 말하였다. "무는 생각[思心]의 흉조와 동일하여,¹²⁾ 그 때문에 유자준劉子駿(유흠劉歆)¹³⁾의 『오행전五行傳』에서는 '모眊'라고 하였다. '모'는 '어지럽다'는 뜻이다. 군신(이 올바로) 서지 않으면 상하가 어지러워진다." 『자림字林』¹⁴⁾에서 말하였다. "보는 것[目]이 정밀하지 않은 것이 '모'다."

[三] 鄭玄曰:「王極象天, 天陰養萬物, 陰氣失, 故常陰.」

정현이 말하였다. "왕극은 하늘에 대응한다. 하늘의 음기陰氣는 만물을 키우니 음기가 상실되면 그 때문에 흐린 날이 계속된다."

古文『古論』 21편 등 세 종류의 판본이 있었다. 前漢 말 安昌侯 張禹가 『노론』과 『제론』을 합하여 『張侯論』 21편을 편집하였으며, 후한 말 鄭玄이 『장후론』과 『고론』을 합하여 현행본 『論語』가 되었다.

9) 『論語』 「爲政」에 보인다. 군주의 德治에 모든 사람들이 마음으로 복종하는 것을 별들이 북극성을 중심으로 운행하는 것에 비유한 것이다.

10) 같은 내용이 『春秋公羊傳』 「隱公元年」조 何休注에 보인다.

11) 『尙書』 「周書·洪範」에 같은 내용이 보인다.

12) 五事 중 思心의 구징은 霿으로 '어리석다'는 의미다.

13) 杜預의 『左傳注』에 따르면 子駿은 劉歆의 字다(子駿劉歆字).

14) 『字林』: 고대 字書. 晉의 呂忱이 『說文解字』의 부수 배열에 따라 찬술하였다. 모두 12,824자로 『설문해자』보다 3,000여 자가 더 많다. 전체 7권으로 구성되었다. 현재 散佚되었다.

[四] 鄭玄曰:「天爲剛德, 剛氣失, 故於人爲弱. 易說亢龍之行曰:『貴而無位, 高而無民, 賢人在下位而無輔.』此之謂弱. 或云儒, 不(敬)[毅]也.」

정현이 말하였다. "하늘은 강건한 덕이니, 강기剛氣가 상실되면 그 때문에 사람에게 약함이 생긴다. 『역易』에서 항룡亢龍의 본성에 대해 말하기를 '귀하나 지위가 없고 높으나 백성이 없으며, 현인賢人이 아래 자리에 있지만 도와주는 이가 없다.'15)고 하였다. 이것을 일러 약하다고 한다. 혹자는 나약한 것으로 의연하지 않은 것이라고 한다."

[五] 鄭玄曰:「射, 王極之度也. 射人將發矢, 必先於此儀之, 發則中於彼矣. 君將出政, 亦先於朝廷度之, 出則應於民心. 射, 其象也.」

정현이 말하였다. "활쏘기[射]는 왕극의 표준이다. 사인射人16)이 장차 화살을 쏘려 할 때 반드시 먼저 위의威儀를 (갖추고) 활을 쏘면 (맞추려 하는 대상에) 명중시킬 수 있다. 군주가 장차 정령政令을 내리려고 할 때, 역시 먼저 조정에서 헤아려 (본 후 정령을) 내면 민심에 부합할 수 있다. 활쏘기는 (먼저 스스로를 바르게 하는 것의) 상징이다."

[六] 鄭玄曰:「龍, 蟲之生於淵, 行[於]無形, 遊於天者也, 屬天. 蛇, 龍之類也, 或曰龍無角者曰蛇.」

정현이 말하였다. "용은 못에서 생겨난 동물로 형체가 없는 가운데 돌아다니다 하늘에서 노는 것으로 하늘에 속한다. 뱀[蛇]은 용의 부류로 혹자는 용 중에 뿔이 없는 것을 뱀이라 한다고 말하였다."

[七] 鄭玄曰:「天行健. 馬, 畜之疾行者也, 屬王極.」

정현이 말하였다. "하늘의 운행은 굳세다.17) 말[馬]은 가축 중에서 빠르게 달리는 것으로 왕극에 속한다."

[八] 鄭玄曰:「夏侯勝說『伐』宜爲『代』, 書亦或作『代』. 陰陽之神曰精氣, 情性之神曰魂魄, 君行不由常, 倚張無度, 則是魂魄傷也, 王極氣失之病也. 天於不中之人, 恆著其[味], 厚其[毒], 增以爲病, 將以開賢代之也, 春秋傳所謂『奪伯有魄』者是也. 不名病者, 病不著於

---

15) 『易』「乾卦·文言傳」에 보인다.
16) 射人: 관직명. 射禮를 주관한다. 『周禮』에 따르면 夏官 司馬에 속하였다. 下大夫 2인, 上士 4인, 下士 8인이 배속되었다. 그 아래로는 府·史·胥·徒 등의 인원이 있었다.
17) 『易』「乾卦·象傳」에 보인다.

身體也..」

정현이 말하였다. "하후승夏侯勝[18]은 '벌伐'이 마땅히 '대代'가 되어야 한다고 말했는데, 책 중에 역시 혹 '대代'로 쓴 것도 있다. 음양陰陽의 정수를 정기精氣라고 하고, 성정性情의 정수를 혼백魂魄이라고 한다. 군주의 행위가 상도常道로부터 말미암지 않고 기만이 도를 넘어서면 혼백이 상하고 왕극의 기가 상실되어 병이 생긴다. 하늘은 치우침 없이 바르지 않은 이에게 늘 그 맛을 즐기게 하고 그 독을 두텁게 하여 병을 심각하게 하니 장차 현賢한 이들을 이끌어 대신하게 하고자 하는 것이다. 『춘추좌씨전春秋左氏傳』에서 말한 '(하늘이) 백유伯有의 백을 빼앗으셨다.'[19]고 한 것이 바로 그것이다. 어떤 병인지를 지칭하지 않은 것은 병이 몸에 현저하지 않기 때문이다."

[九] 鄭玄曰:「亂謂薄食鬥並見, 逆謂[贏]縮反明, 經天守舍之類也..」太公六韜曰:「人主好武事兵革, 則日月薄蝕, 太白失行.」

정현이 말하였다. "(해와 달의 운행이) 어지럽다는 것은 (빛이) 옅어지거나, 일식 또는 월식이 일어나거나, 서로 부딪히거나, 동시에 보이는 것을 말한다. (해와 달의 운행이) 역행한다는 것은 (운행이) 빠르거나, 혹은 느리거나, 동으로 운행한 후 다시 서쪽에서 보이는 것을 말하며 하늘을 가로지른 별이 하나의 별자리에 계속 머무르는 것을 말하는 것이다." 『태공육도太公六韜』에서 말하였다. "군주가 전쟁을 좋아하면 해와 달의 빛이 옅어지고 일·월식이 일어나며 태백太伯(금성金星)의 운행이 (법도를) 잃는다."

---

18) 夏侯勝: 字는 長公, 寧陽(지금의 山東省 寧陽縣) 출신. 夏侯始昌의 族子. 前漢의 『今文尚書』 계열 大夏侯學의 창시자. 어린 시기 부친을 여의고 학문에 매진하였다. 일찍이 하후시창으로부터 『상서』를 전수받았으며 倪寬의 제자인 簡卿과 歐陽氏에게도 배웠다. 또한 災異學에도 능통하여 陰陽災異로 時政의 득실을 추단하였다. 宣帝 시기 博士가 되었다가 光祿大夫로 옮겼다. 선제가 武帝를 위해 廟樂을 제정하려 하자 반대하였다가 투옥되었다. 후에 사면을 받아 諫大夫給事中이 되었다가 太子太傅가 되었다. 『尚書大小夏侯章句』, 『尚書大小夏侯解故』, 『論語魯夏侯說』을 지었지만 산일되어 전하지 않는다. 『玉函山房輯佚書』에 『상서대소하후장구』가, 『皇淸經解續編』에 『尚書歐陽夏侯遺說考』가 輯佚되어 있다. 『漢書』 卷75에 傳이 있다.

19) 『左傳』「襄公二十九年」조에 보인다. 鄭大夫 裨諶이 장차 子産이 정치를 담당하게 될 것이라고 예언하면서 그 때문에 伯有가 하늘에 의해 제거되었다고 하였다.

恆陰: 비 없이 오랫동안 흐린 것

恆陰, 中興以來無錄者.[一]

비 없이 오랫동안 흐린 것[恆陰]에 대해서는 후한後漢 건국 이래 기록된 것이 없다.

[一]　臣昭案: 本傳陽嘉二年, 郎顗上書云:「正月以來, 陰闇連日. 久陰不雨, 亂氣也. 得賢不用, 猶久陰不雨也.」

신臣 유소劉昭가 살펴보니 다음과 같았습니다. 「낭의전郎顗傳」에 따르면 양가陽嘉 2년(133) 낭의가 상서上書하여 "정월 이래 그늘지고 어두운 것이 연일 계속되고 있습니다. '오랫동안 날이 흐리면서도 비가 오지 않는 것은 기氣가 어지러워진 것이다.'[20](라는 말이 있습니다.) 현한 자를 얻고도 쓰지 않는 것은 마치 오랫동안 날이 흐리면서도 비가 오지 않는 것과 같습니다."라고 말하였습니다.

---

20)『後漢書』「郎顗傳」에는 公車徵召된 郎顗가 올린 上書에 인용된『易內傳』의 내용으로 나온다. 따라서 작은따옴표를 이용하여 번역하였다.『後漢書』卷30下,「郎顗傳」, "易內傳曰:「久陰不雨, 亂氣也, 蒙之比也. 蒙者, 君臣上下相冒亂也.」"이『역내전』이 어떤 책인지는 명확하지 않은데,『全譯後漢書』역자들은『京房易傳』으로 이해하였다. 渡邉義浩·高山大毅·平澤步 篇,『全譯後漢書 第七冊 志(五) 五行』(東京: 汲古書院, 2012), 215쪽.

射妖: 활(화살)과 관련한 이변

<u>靈帝</u> 光和中, <u>雒陽</u>男子<u>夜龍</u>以弓箭射北闕, 吏收考問, 辭「居貧負責, 無所聊生, 因買弓箭以射」. 近射妖也.[一] 其後車騎將軍<u>何苗</u>, 與兄大將軍進部兵還相猜疑, 對相攻擊, 戰於闕下. 苗死兵敗, 殺數千人, <u>雒陽</u>宮室內人燒盡.[二]

영제靈帝(재위 168~189) 광화光和 연간(178~184), 낙양洛陽 남자 야룡夜龍이 활과 화살로 북궐北闕을 쏘아 관리에게 잡혀 조사받았는데 말하기를 "빈곤하고 부채가 있어서 의지하여 생활할 방편이 없기 때문에 활과 화살을 사서 (북궐을) 쏘았다."고 하였다. 사요射妖에 가까운 것이다. 그 후 거기장군車騎將軍 하묘何苗가 형 대장군大將軍 하진何進의 부병部兵과 서로 의심하여 상호 공격하여 궐 아래서 싸웠다.21) 하묘는 전사하고 (그의) 병사들은 패배하였는데 살해된 자가 수천 명이었고, 낙양 궁실과 궁인들이 죄다 불탔다.

[一] <u>風俗通</u>曰:「<u>龍</u>從兄<u>陽</u>求贖錢, <u>龍</u>假取繁數, 頗厭患之, <u>陽</u>與錢千, <u>龍</u>意不滿, 欲破<u>陽</u>家, 因持弓矢射<u>玄武</u>東闕, 三發, 吏士呵縛首服. 因是遣中常侍·尚書·御史中丞·直事御史·謁者·衛尉·<u>司隸</u>·<u>河南</u>尹·<u>雒陽</u>令悉會發所. <u>劭</u>時爲太尉議曹掾, 白公<u>鄧盛</u>:「夫禮設闕觀, 所以飾門, 章於至尊, 懸諸象魏, 示民禮法也. 故車過者下, 步過者趨. 今<u>龍</u>乃敢射闕, 意慢事醜, 次於大逆. 宜遣主者參問變狀.」公曰:「府不主盜賊, 當與諸府相候.」<u>劭</u>曰:「丞相<u>邴吉</u>以爲道路死傷, 旣往之事, <u>京兆</u>·<u>長安</u>職所窮逐, 而往車問牛喘吐舌者, 豈輕人而貴畜哉, 頗念陰陽不和, 必有所害. 掾史爾乃悅服, <u>漢書</u>嘉其達大體. 令<u>龍</u>所犯, 然中外奔波, <u>邴吉</u>防患大豫, 況於已形昭晰者哉! 明公旣處宰相大任, 加掌兵戎之職, 凡在荒裔, 謂之大事, 何有近目前而致逆節之萌者? <u>孔子</u>攝<u>魯</u>司寇, 非卑卿也. 折僭溢之端, 消纖介之漸, 從政三月, 惡人走境, 邑門不闔, 外收强<u>齊</u>侵地, 內隳<u>三桓</u>之威. 區區小國, 尚於趣舍, 大<u>漢</u>之朝, 焉可無乎? 明公恬然謂非己. <u>詩</u>云:「儀刑<u>文王</u>, 萬國作孚.」當爲人制法,

21) 『後漢書』「何進傳」에 따르면 何進의 部曲將 吳匡이 본래 하묘에게 원한이 있었고, 그가 환관들과 함께 모의한다고 의심하고 있었다. 그러던 차에 하진이 피살되자 군대를 이끌고 董卓의 동생 董旻과 함께 하묘를 공격하여 살해하였다. 『後漢書』 卷69,「何進傳」,"吳匡等素怨苗不與進同心, 而又疑其與宦官同謀, 乃令軍中曰:「殺大將軍者卽車騎也, 士吏能爲報讎乎?」進素有仁恩, 士卒皆流涕曰:「願致死!」匡遂引兵與董卓弟奉車都尉旻攻殺苗, 弃其屍於苑中."

何必取法於人!」於是公意大悟, 遣令史謝, 申以鈴下規應掾自行之, 還具條奏. 時靈帝詔報, 惡惡止其身, 龍以重論之, 陽不坐.」

『풍속통風俗通』에서 말하였다. "야룡이 형 야양夜陽에게 납제臘祭[22]를 지낼 돈을 요구하였는데, 야룡이 빈번히 돈을 빌려가자 (야양이) 자못 그것을 싫어하고 염려하였다. 야양이 전錢 천千을 주니 야룡이 불만을 품고 (자신의 죄에 연좌連坐시켜) 야양의 집안을 파멸시키고자 활과 화살을 가지고 현무문玄武門의 동궐東闕을 향해 세 발을 쏘니 이졸吏卒이 소리를 지르며 포박하여 꿇어앉혔다. 이로 인해 중상시中常侍, 상서尙書, 어사중승御史中丞,[23] 직사어사直事御史, 알자謁者,[24] 위위衛尉,[25] 사례司隸, 하남윤河南尹, 낙양령洛陽令 등을 보내 모두 화살 쏜 곳으로 모이게 하였다. 응소應劭는 당시 태위太尉 의조연議曹掾으로 (이 사실을 태위인) 등성鄧盛[26]에게 아뢰었다. '무릇 예禮에 따라 궐闕과 관觀을 설치하여 문을 꾸미는 이유는 지존을 분명히 드러내기 위함이고 교령敎令을 상위象魏[27]에 걸어 백성들에게 예법을 보이기 위해서입니다. 그래서 수레를 타고 가는 자는 내려 (지나가고), 걸어가는 자는 종종 걸음으로 (지나갑니다. 그런데) 지금 야룡이 감히 궐을

---

22) 臘祭: 고대 여러 신 또는 선조에게 지내는 제사를 말한다. 臘祭에 대해서는 ① 선조와 五祀(門·戶·中霤·竈·行)를 제사한다는 설(『禮記』,「月令」, "(孟冬之月)臘先祖五祀."), ② 동지 후에 여러 신에게 제사한다는 설(『漢書』卷6,「武帝紀」, "比臘.[顔師古注: 臘者, 冬至後臘祭百神也.]"), ③ 조상에게 지내는 제사라는 설(『後漢書』志第5,「禮儀中」, "季冬之月, 星迴歲終, 陰陽以交, 勞農大享臘.[劉昭注: 秦靜曰, 古禮, 行事有祖祭, 歲終有蜡臘, 無正月必祖之祀.]" 등이 있다. 동지 후 셋째 戌日에 지내기 때문에 납 제사가 있는 歲末 즉, 음력 12월을 臘月이라고 한다.

23) 御史中丞: 관직명. 진에서 처음 설치하였다. 御史大夫의 副職. 국가의 도서와 문서의 보관 및 군주의 장주 처리를 담당하였으며, 다른 한편 관리들을 감찰하기도 하였다. 전한 哀帝 때, 어사대부를 大司空으로 삼고 御史中丞을 御史臺의 장관으로 삼아 전적으로 감찰만을 담당하게 하였다.

24) 謁者: 관직명. 春秋戰國 시기 군주의 측근에서 전달 등의 업무를 관장하던 近侍官이다. 진한 시기 郎中令에 속하였다. 전한 때 정원은 70인이었으나 후한에서 절반으로 줄였다. 질록 비천 석의 謁者僕射가 主官이었다.

25) 衛尉: 진에서 처음 설치하였고 한에서 계승하였다. 中二千石 九卿의 하나로 궁궐을 지키는 衛士를 통솔하였다. 전한 景帝 때 일시적으로 中大夫令으로 이름이 바뀌었지만 후에 다시 옛 이름을 회복하였다. 王莽의 新王朝에서는 大衛로 고쳤으나 후한에서 다시 衛尉가 되었다. 隋代 들어서는 軍器와 儀仗 등의 일을 전담하였다.

26) 鄧盛: 字는 伯能, 弘農(지금의 하남성 靈寶縣) 출신. 후한의 대신. 환제 때 幷州刺史를 역임하고 후에 太僕으로 옮겼다. 光和 7년(184) 4월, 楊賜를 대신하여 太尉가 되었다. 다음 해 5월 오랜 병으로 관직에서 물러났다.

27) 象魏: 고대 천자나 제후의 궁문 밖에 있던 높은 건축물로 闕 혹은 觀으로 불렸다. 이곳에 敎令을 내걸었다. 『周禮』「天官·太宰」, "正月之吉, 始和布治於邦國都鄙, 乃縣治象之法於象魏, 使萬民觀治象, 挾日而斂之.[鄭玄注: 鄭司農云, 象魏, 闕也.]" [賈公彦疏: 鄭司農云, 象魏, 闕也者, 周公謂之象魏, 雉門之外, 兩觀闕高巍巍然. 孔子謂之觀.]

향해 화살을 쏘았으니 뜻은 오만한 것이고 행위는 사악한 것으로 대역죄에 버금갑니다. 마땅히 담당자를 보내 사건의 상황을 알아보게 하셔야 합니다.' 공이 말하였다. '(태위)부는 도적을 주관하지 않으니 마땅히 여러 관부에 물어봐야 할 것이오.' 응소가 말하였다. '승상 병길邴吉[28]은 도로에서 (사람들이 싸우다) 죽고 다친 것에 대해서는 이왕 일어난 일로 경조윤京兆尹과 장안長安의 관직을 가진 자가 끝까지 조사할 일이라고 여겨 (그 자초지종을 묻지 않았지만), 소가 숨을 헐떡거리고 혀를 내밀고 있는 이유에 대해서는 수레를 멈추고 물었는데 어찌 사람을 경시하고 축생畜生을 중히 여겨서이겠습니까. (아직 더운 시기가 아님에도 소가 헐떡거리는 것으로부터) 음양이 조화롭지 못하면 반드시 해로운 일이 있을 것임을 자못 걱정했기 때문입니다. 연사掾史[29]는 (병길의 설명을 듣고) 그제야 (병길에 태도에) 기쁘게 승복했고『한서漢書』에서는 (그가) 큰 도리에 이르렀다고 칭찬하였습니다.[30] 지금[31] 야룡이 저지른 일이 궁의 안팎으로 퍼져나갔습니다. 병길은 재난을 미리 막으려 했는데, 하물며 이미 형세가 환히 드러난 것에 대해서 (대처하지 않으면 안 될 것입니다). 명철하신 공[明公]께서는 재상이라는 대임을 맡고 계시고 더하여 군사의 직도 장악하고 계십니다. 무릇 변경에서 (이 일이 일어났다면) 큰일이라고 할 것인데 어찌 가까운 목전에서 반역의 싹을 방치하십니까? 공자께서 노魯나라에서 맡았던 사구司寇[32]의 직은 임시의 경卿이었습니다. (그럼에도 공자께서는) 월권의 단서를 자르시고 사소한 나쁜 일의 조짐을 소멸시키시어 정치에 종사한 지 석 달 만에 악인은 변경으로 도망갔고 (사람들은) 읍문邑門을

---

28) 邴吉(?~BC. 55): 丙吉, 字는 少卿, 魯國(지금의 산동성) 출신. 전한의 대신. 어려서 律令을 배워 본국의 獄史가 되었다가 여러 차례 승진하여 廷尉監이 되었다. 무제 시기 巫蠱獄을 처리하면서 皇曾孫인 劉詢(이후 선제)을 보호하였다. 후에 대장군 霍光의 長史가 되어 선제를 옹립할 것을 건의하고 이로써 關內侯가 되었다. 선제 地節 3년(BC. 67) 태자태부가 되었다가 어사대부가 되었고 元康 3년(BC. 63) 博陽侯에 책봉되었다. 神爵 3년(BC. 59) 승상이 되었다. 그의 정치는 관대한 것으로 정평이 났다. 五鳳 3년(BC. 55) 사망하였다. 諡號는 '定'이고 甘露 3년(BC. 51) 麒麟閣 11공신의 한 명이 되었다.『漢書』卷74에 傳이 있다.

29) 掾史: 한대 이래 관아에서 장관의 업무를 보좌하던 이들의 총칭이다. 唐宋 이후로는 胥吏를 지칭하였다.

30) 이상의 내용은『漢書』「丙吉傳」의 내용을 참고하여 해석하였다. 괄호의 내용은 『한서』의 내용에 따른 것이다.

31) 校勘記에 따르면 汲本과 殿本에는 '令'이 '今'으로 되어있다. 여기서는 '금'으로 고쳐 해석하였다.

32) 司寇: 중국 고대 刑獄을 관장하던 관. 西周 시기 이미 왕조의 高官이 되었고, 춘추 시기 주왕실을 비롯하여 각 제후국에 설치되었다. 도적의 追捕, 대신의 誅戮 등을 담당하였다. 宋과 魯에서는 大司寇와 少司寇가 있었는데, 孔子는 定公 때 魯나라의 대사구를 역임하였다. 전국 시기까지 대부분의 국가에서 형옥을 담당하던 관을 사구라고 했으나, 진한 시기 정위가 설치되며 사구는 폐지된다.

닫지 않게 되었으며,[33] 밖으로는 강한 제齊나라가 침탈했던 땅을 되찾아 왔고[34] 안으로는 삼환三桓[35]의 위세를 무너뜨렸습니다. 작고 작은 소국이라도 취사선택을 중히 여기는데 위대한 한나라에서 어찌 없을 수 있겠습니까? (그런데) 명공明公께서는 태연히 자신의 일이 아니라고 하십니다. 『시詩』에서 말하기를 '문왕文王을 본받으면 만국이 분발하여 따를 것이다.'[36]하였습니다. (공께서는) 마땅히 다른 사람의 모범이 되셔야 할 것인데 어찌하여 반드시 다른 사람을 모범으로 삼으려 하십니까!' 이에 (등성)공이 크게 깨닫고 영사令史[37] 사신謝申을 보내 문지기를 통해 (상황이) 연掾(응소)이 말한 것에 상응하는지 살피게 하고, (영사) 스스로 가서 (조사하고) 돌아와 조목을 갖춰 보고하게 하였다.[38] 이때 영제가 조서詔書를 내려 악을 증오하는 것은 본인에게만 미치게 한다[39]고 판결하니, 야룡은 중형에 처하고 야양은 연좌하지 않았다."

[二]　應劭曰:「龍者陽類, 君之象也. 夜者, 不明之應也. 此其象也.」

응소가 말하였다. "용은 양의 부류로, 군주의 상징이다. 밤夜은 밝지 않은 것의 대응이다. 이것은 (군주가 사리에 어두운 것의) 상징이다."[40]

---

33) 『史記』「孔子世家」에는 "與聞國政三月, 粥羔豚者弗飾賈; 男女行者別於塗; 塗不拾遺; 四方之客至邑者不求有司, 皆予之以歸."라고 하는 기사가 보인다. 본문의 악인이 변경으로 도망하고, 사람들이 邑門을 닫지 않게 되었다는 내용은 없다.

34) 魯定公 10년(BC. 500) 齊나라로부터 鄆·汶陽·龜陰의 땅을 반환받은 것을 말한다.

35) 三桓: 춘추 시기 노나라의 卿大夫 孟孫氏, 叔孫氏, 季孫氏를 말한다. 魯桓公에게는 네 아들이 있었는데, 그중 적장자인 莊公은 國君의 지위를 계승하였다. 나머지 세 아들 庶長子 慶父(맹손씨), 庶次子 叔牙(숙손씨), 嫡次子 季友(계손씨)는 모두 卿이 되어 후대 대가족을 이루어 노나라의 권력을 장악하였다. 이들 세 집안은 모두 환공의 후예로 사람들은 이들을 三桓이라 칭하였다.

36) 『詩』「大雅·文王之什」〈文王〉에 보인다.

37) 令史: 전국 시기 진에서 설치한 縣府의 屬史를 의미한다. 한에서는 蘭臺, 尙書臺, 三公府 및 大將軍府에 설치되었다. 지위는 諸曹掾의 아래에 처한다. 『續漢書』「百官志」에 따르면 太尉府에는 23명이 설치되었는데, 上章文 등을 관장하는 記室令史, 威儀를 담당하는 閤下令史, 관서의 문을 지키는 門令史 등이 있었다.

38) 원문과는 달리 해석의 편의를 위해 "遣令史謝申, 以鈴下規應掾, 自行之, 還具條奏."로 표점하여 해석하였다.

39) 『公羊傳』「昭公二十年」조에 "君子之善善也長, 惡惡也短, 惡惡止其身, 善善及子孫."이라는 구절이 있어 군자는 善을 기릴 때는 그 자손에게까지 미치게 하지만, 죄는 본인에게만 미치게 한다는 것을 알 수 있다.

40) 사건을 다분히 신비주의적 입장에 따라 보고 있는 이 해석은 應劭의 설이 아니라 사건의 신비성을 조작하기 위해 유소 혹은 유소주를 집록한 이에 의해 첨가된 것으로 평가되고 있다. 黃啓書, 「應劭《風俗通·服妖》所見災異說及其意義」, 『國文學報』 55(2014), 41쪽.

龍蛇孽: 용과 뱀의 흉조

安帝 延光三年, 濟南言黃龍見歷城, 琅邪言黃龍見諸. 是時安帝聽讒, 免太尉楊震, 震自殺. 又帝獨有一子, 以爲太子, 信讒廢之. 是皇不中, 故有龍孽, 是時多用佞媚, 故以爲瑞應. 明年正月, 東郡又言黃龍二見濮陽.

안제安帝(재위 106~125) 연광延光 3년(124), 제남국濟南國에서 황룡이 역성현歷城縣41)에 나타났다고 하였고, 낭야국琅邪國에서도 황룡이 도처에 나타났다고 하였다. 이때 안제가 참언讒言을 듣고 태위 양진楊震을 파면하자, 양진이 자살하였다. 또 황제에게 오직 아들이 하나 있어 태자로 삼았으나 참언을 믿고 그를 폐위하였다.42) 이는 (『홍범오행전』에서 말한) 군주에게 치우침 없는 올바른 원칙이 없는 것에 해당하고 (이로써) 용얼龍孽이 나타난 것이다. (그러나) 이때 아첨하는 자들을 대거 중용했기 때문에 (흉조라 말하지 않고) 서응瑞應이라고 보고하였다. 다음해 정월, 동군東郡에서 또 황룡이 복양현濮陽縣43)에 두 차례 나타났다고 보고하였다.

桓帝[一]延熹七年六月壬子, 河內 野王山上有龍死, 長可數十丈.[二] 襄楷以爲夫龍者爲帝王瑞, 易論大人. 天鳳中, 黃山宮有死龍, 漢兵誅莽而世祖復興, 此易代之徵也. 至建安二十五年, 魏文帝代漢.[三]

환제桓帝(재위 146~167) 연희延熹 7년(164) 6월 임자壬子(13일), 하내군河內郡 야왕

---

41) 歷城縣: 진에서 설치하고 濟北郡에 속하게 하였다. 관아는 지금의 산동성 濟南市에 두었다. 성 남쪽에 歷山이 있어 이름을 얻었다. 전한 시기에는 濟南郡에 속하였다가 후한 때 濟南國에 속하였다. 西晉 시기 제남군에 속하였다가 永嘉 이후 제남군의 郡治가 되었다.

42) 安帝 永寧 원년(120) 皇子 劉保를 태자로 삼았다가 延光 3년(124) 폐위하여 濟陰王으로 삼았다. 황자 유보는 후의 順帝다.

43) 濮陽縣: 진에서 설치한 東郡의 군치로 관아는 지금의 하남성 濮陽縣 放縣村에 두었다. 『水經注』에 따르면 濮水가 그 남쪽을 지나가 濮陽이라 하였다고 한다. 서진에서는 濮陽國의 國都가 되었고, 北魏에서는 濮陽郡에 속하였다. 수대 다시 동군에 속하였다가 唐代 때 濮州에 속하였다.

현野王縣44) 산45) 위에 용이 죽어 있었는데 길이가 수십 장丈이 되었다. 양해襄楷는 "무릇 용은 제왕의 길한 징조瑞이며『역』에서도 (용을) 대인大人에 (비유하여) 논하였습니다.46) (왕망王莽) 천봉天鳳47) 연간(14~19)에 황산궁黃山宮48)에서 죽은 용이 발견되었는데,49) (이후) 한漢의 병사가 왕망을 주살하고 세조世祖(광무제光武帝 재위 25~57)가 (한왕조를) 부흥시켰으니 조대朝代가 바뀔 징조입니다."라고 하였다. 건안建安 25년(220)에 이르러 위문제魏文帝(재위 220~226)50)가 한을 대신하였다.

[一]   王寶 搜神記曰「桓帝卽位, 有大蛇見德陽殿上, 雒陽市令淳于翼曰:『蛇有鱗, 甲兵之象

44) 野王縣: 진에서 설치하고 河內郡에 속하게 하였다. 관아는 지금의 하남성 沁陽市에 두었다. 서진 시기 河內郡의 군치가 되었다.

45) 野王(縣)山:『淮南子』「氾論訓」高誘의 注에 따르면 지금 山西省과 河北省 접경에 있는 五行山, 즉 太行山을 말한다.『淮南子』,「氾論訓」,"武王克殷, 欲築宮於五行之山.[高誘注: 五行山, 今太行山也, 在河內野王縣北上黨關也.]"

46)『易』「乾」에 "見龍在田, 利見大人."(九二 爻辭), "飛龍在天, 利見大人."(九五 爻辭), "飛龍在天, 大人造也."(象傳)라는 구절이 보인다. 모두 용을 大人에 비유하였는데, 여기서 대인은 帝王을 의미한다.

47) 天鳳: 왕망의 두 번째 연호. 14~19년에 해당한다.

48) 黃山宮: 부풍 槐里縣(지금의 섬서성 흥평시)에 있던 離宮으로 전한 惠帝가 建造하였다.『漢書』卷28上,「地理志」,"槐里, 周曰犬丘, 懿王都之. 秦更名廢丘. 高祖三年更名. 有黃山宮, 孝惠二年起."

49)『漢書』「王莽傳」에 따르면 천봉 2년(15) 황룡이 黃山宮에 떨어져 죽었다는 소문이 퍼져서 이를 보려고 몇 만의 백성이 쇄도하였다고 한다. 土德, 즉 黃德을 표방하였던 왕망은 이를 증오하여 백성들을 체포하여 소문의 출처를 조사하게 하였으나 끝내 출처를 알지 못하였다고 한다. "訛言黃龍墮死黃山宮中, 百姓犇走往觀者有萬數. 莽惡之, 捕繫問語所從起, 不能得."

50) 魏文帝(187~226): 이름은 丕, 字는 子桓, 沛國 譙縣(지금의 安徽省 亳州市) 출신. 曹魏의 개국 황제. 魏武帝 曹操의 次子로 正室 卞夫人의 적장자다. 어려서부터 文武 모두에서 뛰어났으며 서적을 두루 섭렵하여 諸子의 학설에 밝았다. 建安 22년(217) 동생 曹植과의 대결에서 승리하여 세자가 되었으며 건안 25년(220) 정월, 조조 사망 후 丞相·魏王을 계승하였다. 같은 해, 10월 受禪하여 위왕조를 창건하였다. 즉위 후 陳群의 건의를 받아들여 九品中正制를 시행하였고, 환관과 외척의 발호를 막기 위한 정책을 실시하였다. 문학에도 뛰어난 재능을 보여 부친 조조, 동생 조식과 더불어 '建安三曹'로 불린다. 詩와 賦에 능하였는데, 〈燕歌行〉은 후대 七言詩에 큰 영향을 끼쳤다. 또한 문학평론집인『典論』을 편찬하였다. 黃初 7년(226) 낙양에서 향년 40세로 사망하였다. 시호는 文帝며 廟號는 高祖. 陽陵에 묻혔다.

也. 見於省中, 將有椒房大臣受甲兵之誅也.』乃棄官遁去. 到延熹二年, 誅大將軍梁冀,
捕治宗屬, 揚兵京師」也.

간보干寶가 『수신기搜神記』에서 말하였다. "환제가 즉위하고 큰 뱀이 덕양전德陽殿
위에 나타나니 낙양시령洛陽市令51) 순우익淳于翼이 '뱀에게는 비늘이 있으니 군병軍
兵의 상징이다. 이것이 궁중에 나타났으니 장차 외척椒房52)인 대신이 군병에게
주살될 것이다.'라고 하였다. 이에 관직을 버리고 은거하였다. 연희 2년(159)에
이르러 대장군 양기梁冀가 주멸되고 그 일족이 체포되어 처벌받으니 수도에 병사의
기세가 세찼다."

[二] 袁山松書曰:「長可百餘丈.」
원산송袁山松의 『후한서後漢書』에서는 "(용의 길이가) 백여 장은 되었다."고 하였다.

[三] 臣昭曰: 夫屈申躍見, 變化無方, 非顯死之體, 橫强之畜. 易況大聖, 實類君道. 野王之異,
豈桓帝將崩之表乎? 妖等占殊, 其例斯衆. 苟欲附會以同天鳳, 則帝涉三主, 年踰五十,
此爲迂闊, 將恐非徵矣.
신 유소가 아룁니다. "무릇 (용은 몸을) 굽혔는가 하면 뻗거나 뛰어오르는 등
변화무쌍하고 (죽어도 그) 사체를 드러내거나 함부로 강하기만 한 짐승도 아닙니
다. 『역』에서는 (용을) 대성大聖에 비유하였고 실제로도 군도君道에 속하는 부류입
니다. (그러니) 야왕현에서 일어난 이변이 어찌 환제가 장차 붕어할 조짐이
아니었겠습니까? 동일한 재앙妖이 발생해도 해석占이 다른 것이 있을 수 있는데,
그 예는 많습니다. 만일 천봉 연간(의 황산궁에 죽은 용이 있었던 일과) 동일하다고
억지로 끌어다 붙이고자 해도 (한위漢魏 교체까지는) 3인의 황제를 지나야 하고
연수로는 50년을 건너뛰어야만 하니 이는 (시간적으로) 너무 멀어 필시 (왕조
교체의) 징조는 아니지 않을까 합니다."

永康元年八月, 巴郡言黃龍見. 時史傅堅以郡欲上言, 內白事以爲走卒戲語, 不可.
太守不聽. 嘗見堅語云:「時民以天熱, 欲就池浴, 見池水濁, 因戲相恐『此中有黃
龍』, 語遂行人閒, 聞郡欲以爲美, 故言.」時史以書帝紀. 桓帝時政治衰缺, 而在所

---

51) 洛陽市令: 市令은 시장을 관리하는 직책을 의미한다. 흔히 市長으로 불렸다. 당시
    낙양에는 남과 북에 두 곳의 시장이 있었다.
52) 椒房: 후비가 거처하는 궁실이나 轉意되어 후비를 의미하기도 한다. 점차 외척을
    지칭하는 말로 쓰였다. 후비의 방을 주로 꽃과 산초 혹은 고추씨를 섞은 풀로
    벽을 발라 온기와 향을 낸 것에서 유래하였다. 『漢書』卷66,「車千秋傳」顏師古注,
    "師古曰:「椒房, 殿名, 皇后所居也. 以椒和泥塗壁, 取其溫以芳也.」

多言瑞應, 皆此類也. 又先儒言: 瑞興非時, 則爲妖孽, 而民訛言生龍語, 皆龍孽也.

(환제) 영강永康 원년(167) 8월, 파군巴郡53)에서 황룡이 나타났다고 보고하였다. 이때 관리 부견傅堅은 군군에서 (황룡 출현을) 상언上言하고자 하기에, 은밀히 보고하기를 졸개들의 우스개 소리니 (조정에 보고하는 것은) 불가하다고 하였다. (그러나) 태수는 듣지 않았다. 일찍이 (태수가) 부견을 접견하였을 때 말하기를 "당시 백성들이 날이 더워 목욕을 하고자 못으로 갔는데, 못의 물이 탁한 것을 보고 이로써 장난으로 서로 겁을 주려 '이 속에 황룡이 있다.'고 하였고 (그) 말이 마침내 사람들 사이에 퍼져, 이것이 군에 보고된 것입니다."54) 하였다. (그러나) 군에서는 서상瑞祥이라고 여겨 (조정에) 보고하였고, 이때 사관은 (이 일을) 제기帝紀에 기록하였다. 환제 시기 정치가 쇠퇴하고 이지러졌음에도 도처에서 서응이 나타났다는 보고가 많았는데 모두 이와 같은 종류였다. 또 선유先儒가 말하였다. "길한 징조가 나타난 것이 시기가 맞지 않으면 요얼妖孽이다." 백성들이 용이 나타났다고 거짓말한 것은 모두 용얼이다.

<u>熹平元年四月甲午, 靑蛇見御坐上. 是時靈帝委任宦者, 王室微弱.</u>[一]

(영제) 희평熹平 원년(172) 4월 갑오甲午(10일), 푸른 뱀이 어좌御座 위에 나타났다. 이때 영제가 환관들에게 (권력을) 위임하여 왕실이 쇠미해졌다.

[一] 楊賜諫曰:「皇極不建, 則有龍蛇之孽. 詩云:『惟虺惟蛇, 女子之祥.』宜抑皇甫之權, 割豔妻之愛, 則蛇變可消者也.」案張奐傳, 建寧二年夏, 靑蛇見御坐軒前. 奐上疏:「陳蕃·竇氏未被明宥, 妖眚之來, 皆爲此也.」敦煌實錄曰:「蛇長六尺, 夜於御前當軒而見.」
양사楊賜55)가 간언諫言하여 말하였다. "(『홍범오행전』에서) 군주의 치우침 없는

---

53) 巴郡: 전국 시기 周赧王 원년(BC. 314)에 진에서 설치하였다. 관아는 지금의 四川省 重慶市에 두었다. 전한 시기 관할 지역은 지금의 사천성 旺蒼·西充·永川·綦江 이동, 大巴山 이남, 巫山 이서에 해당한다. 興平 원년(194) 劉璋이 永寧郡으로 고쳤으나 건안 6년(201) 다시 巴郡이 되었으며, 益州에 속하였다.

54) 문맥에 따라 "語遂行人聞, 聞郡."으로 표점하여 해석하였으며, 여기까지를 傅堅의 말로 파악하였다.

올바른 원칙이 서지 않으면 용과 뱀의 재앙이 나타난다고 하였습니다. 『시』에서는 '살무사와 뱀은 여자의 징조다.'[56]라고 하였는데, 마땅히 총신寵臣[皇甫][57]의 권한을 제한하고 후비[孽妻][58]에게 준 지나친 사랑을 나눈다면 뱀의 이변이 사라질 것입니다."[59] (『후한서』)「장환전張奐[60]傳」을 살펴보니 건녕建寧 2년(169) 여름, 푸른 뱀이 어좌 난간 앞에 나타났다. 장환이 상소하여 "진번陳蕃·두무竇武가 아직 분명히 사면 받지 못하였습니다.[61] 괴이한 재이가 나타난 것은 모두 이 때문입니다."라고 하였다. 『돈황실록敦煌實錄』에서 말하였다. "뱀의 길이는 6척尺이고 밤에 어좌

---

55) 楊賜(?~185): 字 伯獻 또는 伯欽 혹은 子獻. 弘農郡 華陰縣(지금의 섬서성 華陰市) 출신. 후한의 대신으로 조부 楊震과 부친 楊秉은 모두 벼슬이 태위에 이르렀다. 어려서 家學인 『歐陽尙書』를 수학하고 재야에서 敎學에 힘쓰다 대장군 양기에게 초빙되었다. 이후 高弟로 선발되었고 侍中, 越騎校尉, 光祿勳을 거쳐 司空이 되었으나 재이로 인해 파면되었다. 建寧 3년(169), 광록대부가 되고 司徒로 승진하였으나 직언으로 인해 면직되었다. 광화 원년(178) 반복되는 재이에 대해 下問받고 의랑 蔡邕과 함께 時事를 진술하였다. 이후 少府, 太常 등을 역임하고 광화 5년(182) 태위가 되었다. 중평 2년(185) 사공이 되었다가 오래지 않아 사망하였다. 驃騎將軍을 추증받았다. 시호는 文烈이다. 『後漢書』 卷54에 傳이 있다.

56) 『詩』「小雅·鴻雁之什」〈斯干〉에 보인다.

57) 寵臣[皇甫]: 皇父. 周宣王 혹은 幽王의 卿士로 嬖寵에 의해 관직에 올라 정치를 혼란스럽게 한 인물이다. 후에 寵臣을 지칭하는 말이 되었다. 『漢書』 卷85, 「谷永傳」 顏師古注, "師古曰:「皇父, 周卿士也. 小雅十月之交詩曰「皇父卿士, 番惟司徒」, 刺厲王淫於色, 故皇父之屬因嬖寵而爲官也.」";『後漢書』 卷54, 「楊賜傳」 李賢注, "皇甫卿士等皆后之黨, 用后嬖寵而居位也."

58) 孽妻: 주여왕 혹은 유왕의 후비인 褒姒를 말한다. 이후 후비를 지칭하는 말이 되었다. 『漢書』 卷27下之下, 「五行下之下」 顏師古注, "美色曰孽. 孽妻, 褒姒也.";『後漢書』 卷54, 「楊賜傳」 李賢注, "孽妻, 周幽王后褒姒也."

59) 전한 成帝 建始 3년(BC. 30)에 발생한 일식과 지진에 대해 谷永 역시 救除 방안으로 총신을 멀리하는 것과 외척의 권한을 줄이는 것을 건의하였다. 『漢書』 卷85, 「谷永傳」, "以遠皇父之類, 損妻黨之權, 未有閨門治而天下亂者也."

60) 張奐(104~181): 字는 然明, 敦煌郡 淵泉縣(지금의 甘肅省 安西縣) 출신. 후한의 名將이자 학자로 '涼州三明' 중 일인이다. 어려서 태위 朱寵을 事師하여 『歐陽尙書』를 익혔다. 환제 때 賢良으로 추천되어 의랑이 되었다. 外職으로 나가 安定屬國都尉, 武威太守, 度遼將軍 및 護匈奴中郎將 등을 지내며 夷狄을 按撫하고 변경을 안정시키는 데 큰 공을 세웠다. 그 공으로 大司農에 임명되었다. 靈帝 시기 환관의 음모에 의해 대장군 竇武를 공격 포위하여 자살하게 하였다. 이후 그 일을 수치스러워하며 두무 등의 누명을 벗기기 위해 상소하였다. 얼마 뒤 태상으로 옮기고 환관과 대립하다 무고에 의해 禁錮刑을 받았다. 광화 4년(181) 향년 78세로 사망하였다. 『後漢書』 卷65에 傳이 있다.

61) 장환은 建寧 원년(168)에 주살된 陳蕃과 두무를 사면하여 改葬하고 일족을 복권시켜 주며 黨錮를 그칠 것을 諫言하였다. 『後漢書』 卷65, 「張奐傳」, "今武·蕃忠貞, 未被明宥, 妖眚之來, 皆爲此也. 宜急爲改葬, 徙還家屬. 其從坐禁錮, 一切蠲除."

앞 난간에 나타났다."

馬禍: 말에게 생긴 이변

更始二年二月, 發雒陽, 欲入長安, 司直李松奉引, 車奔, 觸北宮鐵柱門, 三馬皆死. 馬禍也. 時更始失道, 將亡.

경시更始 2년(24) 2월, (경시제가) 낙양을 출발하여 장안으로 들어가고자 할 때, 사직司直(62) 이송李松(63)이 수레를 인도하였는데 수레가 달려 나가 북궁北宮 철주문鐵柱門에 부딪혀 세 마리 말이 모두 죽었다. (이것은) 마화馬禍 다. 이때 경시제가 도리를 잃어 장차 멸망하게 되었다.

桓帝 延熹五年四月, 驚馬與逸象突入宮殿. 近馬禍也. 是時桓帝政衰缺.

환제 연희 5년(162) 4월, 놀란 말과 달아나던 코끼리가 세찬 기세로 궁전으로 들어왔다. (이것은) 마화에 가깝다. 이때 환제의 정치가 쇠퇴하고 이지러졌다.

靈帝 光和元年, 司徒長史馮巡馬生人.[一] 京房易傳曰:「上亡天子, 諸侯相伐, 厥妖馬生人.」 後馮巡遷甘陵相, 黃巾初起, 爲所殘殺, 而國家亦四面受敵. 其後關東州郡各舉義兵, 牟相攻伐, 天子西移, 王政隔塞. 其占與京房同.

영제 광화 원년(178), 사도장사司徒長史(64) 풍순馮巡의 말이 사람을 낳았다.

---

62) 司直: 전한 무제 元狩 5년(BC. 118) 처음 司直官을 설치하였는데, 丞相府에 소속시켜 '丞相司直'이라 하였다. 질록은 비이천 석으로 지위는 司隸校尉보다 위였다. 승상을 도와 범법자를 검거하는 일을 담당하였으며 諸州 刺史를 감찰하였다. 후한에서도 설치하였는데, 司徒府에 소속시켜 '司徒司直'이라 하였다. 사도를 도와 州郡의 上奏를 관장하고 지방을 감찰하는 일을 담당하였다. 광무제 건무 18년(42) 철폐하였다가 獻帝 건안 8년(203) 다시 설치하였는데 이때는 소속이 없었다. 수도의 百官을 감찰하는 일을 담당하였다.

63) 李松: 更始帝의 관원이자 將領. 南陽郡 宛縣(지금의 하남성 南陽市)의 豪强으로 후한 固始侯 李通의 從弟다. 경시 정권에서 승상사직을 거쳐 승상이 되어 右大司馬 趙萌과 함께 조정을 주재하였다. 건무 원년(25) 赤眉軍과의 전투에서 전사하였다.

64) 司徒長史: 후한에서 처음 설치하였다. 질록은 천 석으로 사도부 관원의 수장이다. 사도사직이 폐지되면서 설치되었다. 사도를 도와 사도부 내의 모든 관부를 총괄하였으며 功課, 郊祭, 喪事 등의 일을 처리하였다. 삼국 시기 조위에서는 左·右長史를

『경방역전京房易傳』에서 말하였다. "위에서 천자가 군림하지 못하고 제후가 서로 공벌攻伐하게 되면 그 흉조는 말이 사람을 낳는 것이다." 후에 풍순이 감릉상甘陵[65]相으로 옮겨 갔을 때 황건黃巾이 처음으로 흥기하여 (그들에게) 피살되었으며, 한왕조 역시 사방에서 적의 (공격을) 받았다. 그 후 함곡관函谷關[66] 동쪽 주군州郡이 각기 의병을 일으켜 끝내 서로 공벌하니 천자는 서쪽(장안)으로 천도하고 왕정王政은 막히게 되었다. 그 징조(가 의미하는 내용)와 경방의 (해석은) 일치하였다.

[一]   風俗通曰:「巡馬生胡子, 問養馬胡蒼頭, 乃好此馬以生子.」
       『풍속통』에서 말하였다. "(풍)순의 말이 호인胡人의 아이를 낳자 말을 돌보는 호인 노복奴僕에게 물으니, 이에 이 말을 좋아하여[67] 아이를 낳았다고 하였다."

光和中, 雒陽水西橋民馬逸走, 遂齧殺人. 是時公卿大臣及左右數有被誅者.
(영제) 광화 연간, 낙양을 흐르는 내의 서쪽 다리에서 백성의 말이 도망하여 마침내 사람을 물어 죽였다. 이때 공경 대신 및 측근이 수차례 주살되었다.

설치하였다. 『後漢書』卷27, 「吳良傳」李賢注, "哀帝改丞相爲大司徒, 司直仍舊, 中興因之不改. 建武十一年省司直, 置長史."

65) 甘陵(國): 후한 환제 建和 2년(148) 淸河國을 고쳐서 설치하였다. 관아는 지금의 산동성 臨淸市인 甘陵縣에 두었다. 관할 지역은 지금의 하북성 淸河 및 棗强·南宮 일부, 산동성 臨淸·夏津·武城·高唐·平原의 일부에 해당한다. 삼국 시기 조위에서는 淸河郡이 되었다.

66) 函谷關: 關中과 중원(당시 산동으로 표현)을 가르는 관문으로 지금의 하남성 靈寶市 동북쪽에 위치하고 있다. 秦孝公 때 관문이 처음 세워졌다. 진나라의 동쪽 경계로 천하 險關으로 알려져 있는데, 길의 너비가 마차 한 대 지나갈 정도밖에는 되지 않았다고 한다. 『元和郡縣志』에 인용된 『西征記』에 따르면 깊고 험하기가 마치 술잔과 같아 이름을 얻었다고 한다(函谷關城, 路在谷中, 深險如函, 故以爲名).

67) 『風俗通義校釋』의 吳樹平은 '好'를 '姦'으로 봐야 한다고 하였다. 그렇다면 "이 말과 간통하여 아이를 낳았다."고 해석할 수 있다.

人痾: 사람에게 생긴 고질병

安帝 永初元年十一月戊子, 民轉相驚走, 棄什物, 去廬舍.

안제 영초永初 원년(107) 11월 무자戊子(20일), 백성들이 차례로 서로 놀라 달아났는데, 물건을 버리고 집을 떠났다.

靈帝 建寧三年春, 河內婦食夫, 河南夫食婦.[一]

영제 건녕 3년(170) 봄, 하내군의 부녀가 남편을 먹었고 하남군河南郡에서는 남편이 부인을 먹었다.

[一] 臣昭曰: 案此二食, 夫妻不同, 在河南北, 每見死異, 斯豈怪妖復有徵乎? 河者, 經天亘地之水也. 河內, 河之陽也. 夫妻參配陰陽, 判合成體. 今以夫之尊, 在河之陽, 而陰承體卑, 吞食尊陽, 將非君道昏弱, 無居剛之德, 遂爲陰細之人所能消毀乎? 河南, 河之陰. 河視諸侯, 夫亦惟家之主, 而自食正內之人. 時宋皇后將立, 而靈帝一聽閹官, 無所厝心. 夫以宮房之愛惡, 亦不全中懷抱, 宋后終廢, 王甫挾姦, 陰中列侯, 實應厥位. 天戒若曰, 徒隨嬖豎之意, 夫噉其妻乎?

신 유소가 아룁니다. 살피건대 (하내군과 하남군에서 발생한) 두 차례의 인육식人肉食은 (주체가) 남편과 처로 같지 않고 (장소도) 황하의 남과 북으로 (다르지만) 모두 죽음의 이변을 보이고 있으니 이 어찌 괴이하고 요사스러운 것에 다른 징조가 있겠습니까? 황하는 하늘을 지나 땅을 관통하는 물입니다. 하내는 황하의 북쪽 땅입니다. 부부는 각기 음양에 해당하고 결합하여 한 쌍이 됨으로써 형체를 이룹니다. 지금 남편이 존귀하니 황하의 북쪽에 해당합니다. 그럼에도 음에 해당하여 낮은 지위를 가진 (처가) 높은 지위의 양(에 해당하는 남편을) 먹은 것은 장차 군도君道가 어둡고 허약해지고 양의 자리에 위치할 덕이 없어 마침내 음의 위치에 있는 하찮은 사람에 의해서 능히 훼멸되게 되는 것이 아니겠습니까? 하남은 황하의 남쪽 땅입니다. 황하는 제후에 해당합니다.[68] 남편 역시 집안의 주인인데, 집안을 다스리는 사람인 (처를) 스스로 먹었습니다. 당시에 송황후宋皇后[69]가 막 황후로 책립冊立되었는데, 영제가 환관들의 말만 듣고서 (황후에게)

---

68) 『禮記』에는 군주가 名山大川에 제사를 지낼 때 五嶽은 三公의 禮로 행하며 四瀆은 諸侯의 예로 지낸다는 구절이 나온다. 『禮記』, 「王制」, "天子祭天下名山大川. 五嶽視三公. 四瀆視諸侯. 諸侯祭名山大川之在其地者." 사독은 黃河, 長江, 淮水, 濟水다.

관심을 두지 않았습니다. 후궁의 애증에 의해 역시 (영제가 후궁들에 대한 총애를) 온전하게 치우침 없이 마음에 갖지 못하여 송황후는 끝내 폐위되었습니다. (또) 왕보王甫가 간사한 마음을 품고 환관 중에서 열후列侯가 나온 것은 실로 그 (하남의) 위치에 대응하는 것입니다. 하늘이 마치 "쓸데없이 환관의 뜻을 따르니 남편이 그 처를 먹었구나!"라며 경계하여 말하는 듯합니다.

熹平二年六月, 雒陽民訛言虎賁寺東壁中有黃人, 形容鬢眉良是, 觀者數萬, 省內悉出, 道路斷絶.[一] 到中平元年二月, 張角兄弟起兵冀州, 自號黃天, 三十六方, 四面出和, 將帥星布, 吏士外屬, 因其疲餧, 牽而勝之.[二]

(영제) 희평 2년(173) 6月, 낙양의 백성 사이에 호분시虎賁寺 동쪽 벽 안에 황인黃人이 있는데 수염과 눈썹이 아름다운 것이 실제인 것 같다는 유언비어가 돌아 (그것을 보기 위한) 구경꾼이 수만이 되었고 관청 안 모두가 (보러) 나가 도로가 끊길 정도였다. 중평中平 원년(184) 2月, 장각張角 형제가 기주冀州에서 기병하며 스스로 황천黃天으로 부르니 36방方[70]이 사방에서 나와 호응하였다. (이로 인해) 장수들은 (마치) 별(처럼) (각지에) 포진하고 관리와 병사들이 출정하였으며 (황건의) 피로함과 굶주림을 틈타 그들에게 승리하였다.

[一] 應劭時爲郞. 風俗通曰:「劭故往視之, 何在其有人也! 走漏汙處, 膩赭流瀝, 壁有他剝數寸曲折耳. 劭又通之曰: 季夏土黃, 中行用事, 又在壁中, 壁亦土也. 以見於虎賁寺者, 虎賁國之祕兵, 扞難禦侮. 必(是)[示]於東, 東者動也, 言當出師行將, 天下搖動也. 天之以類告人, 甚於影響也.」

응소가 당시 낭郞[71]으로 있었다. 『풍속통』에서 말하였다. "(나) 응소가 일부러

---

69) 宋皇后(?~178): 후한 영제의 첫 번째 황후. 부풍 平陵(지금의 섬서성 咸陽市) 출신, 후한 章帝 宋貴人의 從曾孫女며 執金吾 宋酆의 딸. 건녕 3년(170), 掖庭에서 선발되어 귀인이 되었으며, 이듬해 황후가 되었다. 그러나 총애를 받지 못했으며 총애를 받았던 여러 후궁들에 의해 讒訴를 당했다. 광화 원년(178), 중상시 王甫 등의 誣告로 인하여 황후에서 폐출되었다. 『後漢書』 卷10下에 傳이 있다.

70) 方: 太平道의 조직 이름. 모두 36개가 있었다. 큰 방의 경우 만여 인이, 작은 방의 경우 6~7천인으로 구성되어 있었으며, 각 방마다 渠帥를 두어 이끌게 하였다.

71) 郞: 전국 시기 설치된 군주의 侍從官. 진한 시기 낭중령의 속관으로 정원은 정해져 있지 않았다. 의랑, 中郞, 侍郞, 郞中이 있었는데, 주로 궁궐의 門戶를 수비하고

가서 그것을 보았는데, 어찌 그곳에 사람이 있겠는가! 가서 (자세히 보니) 물이 새서 더러웠고 끈적거리는 붉은 흙이 흘러내려 말라있었으며, 벽의 다른 곳은 몇 촌 정도 (칠이) 벗겨져 굽어져 있을 뿐이었다. 응소가 또 그것을 해석하여 말한다. 계하季夏(6월)는 (오행과 오색 중) 흙土과 황黃에 해당하고 중앙의 도리를 집행한다.72) 또 (황인은) 벽 가운데 있었는데, 벽 역시 흙이다. (그것이) 호분시에 나타난 것(과 관련하여 보면) 호분은 국가의 비병祕兵73)으로 국난을 막고 외적을 막는다. (황인이) 다름 아닌 동쪽에 나타난 것(과 관련하여 보면) 동쪽은 움직임에 해당하니,74) 군대를 출병시키고 장수를 내보내 천하가 요동치게 되는 것을 말한다. 하늘이 동류로써 사람들에게 말한 것은 영향력이 크기 때문이다."

[二]　物理論曰:「黃巾被服純黃, 不將尺兵, 肩長衣, 翔行舒步, 所至郡縣無不從, 是日天大黃也.」

　　『물리론物理論』75)에서 말하였다. "황건은 순수한 황색의 옷을 입고 무기를 들지 않은 채 긴 옷을 어깨에 걸치고 유유자적 다니고 느긋하게 걸어 다닌다. (그들이) 이르는 군현에서는 따르지 않는 자들이 없었으니 그날 하늘은 황색으로 물들었다."

光和元年五月壬午, 何人白衣欲入德陽門, 辭「我梁伯夏, 教我上殿爲天子」. 中黃門桓賢等呼門吏僕射, 欲收縛何人, 吏未到, 須臾還走, 求索不得, 不知姓名. 時蔡邕以成帝時男子王襃絳衣入宮, 上前殿非常室, 曰「天帝令我居此」, 後王莽簒位. 今此與成帝時相似而有異, 被服不同, 又未入雲龍門而覺, 稱梁伯夏, 皆輕於言. 以往況今, 將有狂狡之人, 欲爲王氏之謀, 其事不成. 其後張角稱黃天作亂, 竟破壞.[一]

(영제) 광화 원년(178) 5월 임오壬午(3일), 누군가 백의白衣를 입고 덕양문德陽

궁을 나가서는 車騎를 충원하기도 하였다. 질록 육백 석 이하였다.

72) 『淮南子』「時則訓」 季夏 조에 따르면 6월의 방위는 중앙이고 길일은 戊日과 己日이며 土德이 왕성한 시기다. 이외에도 계하조에는 6월에 행해야 하는 중앙의 時令이 나열되어 있어, 여기서는 중앙의 도리를 집행한다고 해석하였다.

73) 祕兵: 여기서 '祕'는 임금과 관계되는 사물에 붙이는 말로, 祕兵은 군주의 군대를 의미한다.

74) 『易』,「說卦」,"震, 東方也,…震, 動也."

75) 『物理論』: 삼국 시대 孫吳의 저명한 道家學者인 楊泉이 지은 책. 揚雄·王充·張衡 등의 유물주의 전통을 계승한 유물주의 사관의 책으로 우주 발생론에 대한 책이다. 梁代까지 16권으로 전해졌으나 당대 산일되었다.

門[76]으로 들어가려고 하며 말하기를 "나 양백하梁伯夏가 나를 전殿에 올려 천자로 삼는다."하였다. 중황문中黃門 환현桓賢 등이 문리門吏인 복야僕射[77]를 불러 그 사람을 잡아 결박하려 하였지만 관리가 도착하기 전 잠깐 사이에 몸을 돌려 달아났다. 수색을 하였지만 찾지 못하여 이름도 알 수 없었다. 이때 채옹蔡邕은 "(전한前漢) 성제成帝 시기 왕포王襃라는 남자가 붉은 옷을 입고 궁중에 들어와 전전前殿 비상실非常室[78]에 올라 '천제天帝가 나에게 이곳에 거처하라 하셨다.'라고 한 일[79]이 있은 후 왕망이 제위帝位를 찬탈하였다. 지금 이 일과 성제 때의 일은 서로 유사하기는 하지만 다른 점이 있는데, 입은 옷이 같지 않고 또 (지금은) 운룡문雲龍門[80]에 들어가기 전에 발각되었으며, (천자가 되라고 한 주체를 천제가 아니라) 양백하라고 한 것 등 모두 (성제 시기의 상황보다) 정도가 가볍다. 예전 일로써 지금의 일을 살펴보면 멋대로 행동하는 교활한 사람이 있어 왕망과 같은 모략을 꾸미고자 하지만 그 일은 성공하지 못할 것이다."하였다. 그 후 장각이 황천을 자칭하며 난을 일으켰으나 결국 멸망하였다.

---

76) 德陽門:「靈帝紀」에는 '德陽殿門'으로 되어 있다. 덕양전은 후한 낙양 北宮 중 가장 컸던 殿閣으로 崇賢門 안에 있었던 御殿이다.

77) 僕射: 진에서 처음 설치한 후 한에서 계승하였다. 전한 성제 建始 4년(BC. 29) 처음으로 尙書 5인을 설치하고 그중 1인을 僕射로 삼아 尙書令 아래 두었다. 후한에서는 尙書僕射, 謁者僕射, 黃門宂從僕射, 期門僕射 등이 있었는데, 여기서는 黃門宂從僕射가 아닐까 한다. 질록 육백 석으로 宿直을 담당하고 문호를 지키거나 騎馬하여 輿車를 호위하는 일 등을 담당하였다.

78) 非常室:『漢書』에 인용된 如淳의 말에 따른다면 殿 위의 室의 이름이다(如淳曰:「殿上室名.」).

79) 전한 성제 綏和 2년(BC. 7) 8월의 일로 鄭縣 通里의 王襃가 붉은 옷을 입고 검을 차고 궁에 들어와 前殿 비상실에 들어가 天帝가 자신에게 그곳에 거처하라 하셨다고 외친 사건이다.『漢書』卷27下之上,「五行七下之上」에 보인다. "成帝綏和二年八月庚申, 鄭通里男子王襃衣絳衣小冠, 帶劍入北司馬門殿東門, 上前殿, 入非常室中, 解帷組結佩之, 招前殿署長業等曰:「天帝令我居此.」業等收縛考問, 襃故公車大誰卒, 病狂易, 不自知入宮狀, 下獄死."

80) 雲龍門: 李賢이 인용한 戴延之의『西征記』에 따르면 端門 동쪽 崇賢門 밖에 있는 宮門이다(戴延之記曰:「端門東有崇賢門, 次外有雲龍門.」).

[一] 風俗通曰:「光和四年四月, 南宮中黃門寺有一男子, 長九尺, 服白衣. 中黃門解步呵問:『汝何等人? 白衣妄入宮掖.』曰:『我梁伯夏後, 天使我爲天子.』步欲前收取, 因忽不見. 劭曰: 尚書·春秋左傳曰, 伯益佐禹治水, 封於梁. 麔叔安有裔子曰董父, 實甚好龍, 龍多歸之, 帝舜嘉之, 賜姓董氏. 董氏之祖, 與梁同焉. 到光熹元年, 董卓自外入, 因閒乘輿, 廢帝殺后, 百官總己, 號令自由, 殺戮決前, 威重於主. 梁本安定, 而卓隴西人, 俱涼州也. 天戒若曰, 卓不當專制奪矯, 如白衣無宜闌入宮也. 白衣見黃門寺, 及卓之末, 中黃門誅滅之際, 事類如此, 可謂無乎? 袁山松曰:「案張角一時狡亂, 不足致此大妖, 斯乃曹氏滅漢之徵也.」案劭所述, 與志或有不同, 年月舛異, 故俱載焉. 臣昭注曰:「檢觀前通, 各有未直. 尋梁卽魏地之名, 伯夏明於中夏, 非溥天之稱, 以內臣孫(夫)[未]得稱王, 徵驗有應, 有若符契. 復云「伯夏敎我爲天子」, 後曹公曰「若天命在吾, 吾爲周文王矣」, 此乃魏文帝受我成策而陟帝位也. 風俗通云「見中黃門寺曹騰之家」, 尤見其證.

『풍속통』에서 말하였다. "광화 4년(181) 4월, 남궁南宮 중황문시中黃門寺에 키가 9척이 되는 흰 옷을 입은 남자가 나타났다. 중황문의 해보解步가 꾸짖으며 물었다. '너는 누구냐? 흰 옷을 입고 망령되이 궁 안에 들어오다니.' (그가) 말하였다. '나는 양백하의 후손으로 하늘[天]이 나를 천자로 삼았다.' 해보가 앞으로 나가 그를 잡으려 하니 홀연히 보이지 않게 되었다. 응소가 말하였다. '『상서尚書』와 『춘추좌전春秋左傳』에서 말하기를 백익伯益[81]이 우禹[82]임금을 도와 물을 다스리고 양梁땅에 봉封해졌다. 요麔[83]나라 숙안叔安[84]의 후예는 동보董父라 하는데 정말 용을 매우 좋아하여 용들이 대부분 그에게 귀부하니, 순舜임금이 그를 가상히 여겨 동씨董氏 성을 하사하였다.[85] 동씨의 조상은 양씨와 같다.[86] 광희光熹 원년

---

81) 伯益: 伯翳 또는 大費로도 알려져 있다. 顓頊의 후예로 禹임금을 도와 治水를 담당하였으며 그 공적을 인정받아 舜임금으로부터 嬴姓을 하사받았다. 우임금이 사망하면서 군주의 자리를 讓位하였으나 三年喪 후 우임금의 아들인 啓에게 양위하고 箕山 부근에 은둔하였다. 『史記』에 따르면 전국 시기 秦과 趙가 伯益의 자손이다.

82) 禹: 姒姓, 夏后氏, 이름은 文命으로 安邑(지금의 산서성 夏縣) 사람으로 알려져 있다. 하후씨의 수령이며 夏王朝의 개국 군주로 黃帝의 玄孫이며 鯀의 아들이다. 전설에 따르면 치수에 성공하여 순임금으로부터 禪讓을 받았다. 치수 성공 후 중국을 九州로 획정하였다고 한다. 사후 會稽山(지금의 浙江省 紹興市)에 묻혔다고 한다.

83) 麔: 蓼 또는 廖로도 불린다. 하왕조의 먼 지류가 중원에 건립한 국가. 지금의 하남성 남양시 唐河縣 부근에 위치하였다. BC.639년 楚에 의해 멸망하였다. 멸망 후 종실들이 安豐, 固始 등지에서 여러 개의 麔國을 세웠는데, 사서에서는 東麔라고 하고 이전 국가를 西麔라고 하여 구분한다.

84) 叔安: 廖叔安. 요국의 개국 군주. 廖姓의 시조. 하왕조의 종실로 황제의 후예다. 지금의 하남성 濮陽에서 태어났으며 하왕조 시기 요땅에 분봉되었다고 한다. 후에 國名으로 성씨를 삼았다.

85) 이 내용은 『左傳』『昭公二十九年』조에 다음과 같이 보인다. "昔有麔叔安有裔子, 曰董父, 實甚好龍, 能求其耆欲以飮食之. 龍多歸之, 乃擾畜龍以服事帝舜. 帝賜之姓, 曰董氏, 曰豢龍."

(189),[87] 동탁董卓이 밖으로부터 들어와 기회를 틈타 황제를 폐하고 황후를 살해했으며,[88] (복상服喪으로 인해 황제가 통치하지 않는 동안) 백관百官을 다스리고[89] (모든) 호령을 자신이 발하였으며, (판결) 전에 살육을 행하였으니 위세는 주상보다 더 무거웠다. 양씨梁氏는 본래 안정安定[90] (출신)이고,[91] 동탁은 농서隴西 사람이니 (안정과 농서) 모두 양주涼州에 속한다. 하늘이 경계하여 마치 이렇게 말하는 것 같았다. 동탁이 멋대로 제도를 운영하고 황권을 탈취해서는 안 되는 것은 마치 흰 옷 입은 사람이 함부로 궁에 들어와서는 안 되는 것과 같다. 흰 옷 입은 사람이 황문시黃門寺에 나타난 것은 동탁 말기에 중황문이 주멸될 때의 일과 유사한 부류의 사건이라고 말할 수 있지 않을까?" 원산송은 말하였다. "살펴보건대 장각은 일시적으로 해를 끼치고 어지럽힌 것일 뿐 이처럼 큰 재이를 이르게 하는 것에는 부족하다. 이 사건은 곧 조씨曹氏가 한을 멸망시킬 징조였다." 살펴보면 응소가 서술한 것은 「오행지五行志」와 혹 같지 않은 곳이 있으니 (사건이 일어난) 연월이 어그러져 다르기에 여기 (주注에) 갖춰 게재하였다. 신 유소가 주해하여 말합니다. "이전 사람들의 진술을 살펴보면 각기 옳지 않은 점이 있습니다. 생각해 보면 양梁은 위魏의 땅 이름이며, 백하는 중하中夏(중국)가 분명하고 너른 천하 (전체)를 일컫는 명칭은 아닙니다. 환관의 손자가 아직 왕을 칭하지 못하였으니 징조와 일의 감응은 마치 부절符節처럼 합치하고 있습니다. 또 말하기

---

86) 『後漢書』「梁統傳」에 따르면 梁氏의 선조는 춘추 시기 晉國의 大夫 梁益耳다(晉大夫梁益耳, 卽其先也). 李賢이 인용한 『東觀漢記』에 따르면 양씨의 선조는 진과 동일하게 伯益이다(東觀記曰：「其先與秦同祖, 出於伯益, 別封於梁.」).

87) 189년 4월 영제 사후 少帝 劉辯이 즉위하고 光熹로 改元하였다. 그해 8월 다시 昭寧으로 개원하였으나 9월 동탁이 낙양에 入城하여 소제를 弘農王, 陳留王 劉協을 헌제로 삼고 永漢으로 다시 개원하였다. 그해 12월 동탁이 相이 된 후 중평으로 연호를 회복하였다.

88) 낙양에 들어와 환관들을 주살하고 北邙山에서 환관에게 납치되었던 소제와 진류왕을 맞이한 동탁은 그해(189) 가을 소제를 폐위하고 진류왕을 황제로 옹립하였으며, 소제의 모친인 何太后를 독살하였다. 폐위되어 홍농왕이 된 소제 역시 다음해 初平 원년 정월에 동탁에게 살해당했다.

89) 원문은 '百官總己'로 『論語』「憲問」편에 따르면 임금이 服喪으로 인해 政事를 살피지 못할 때 백관들이 저마다 자신의 직책을 맡아 삼년 동안 冢宰의 지휘에 따르는 것을 말한다. 여기서는 동탁이 헌제가 복상하는 동안 萬機를 장악하였던 것을 의미한다.

90) 安定(郡): 전한 무제 元鼎 3년(BC. 114)에 설치하였다. 관아는 지금의 寧夏 固原縣인 高平縣에 두었다. 관할 지역은 지금의 감숙성 景泰·靖遠·會寧·平涼·涇川·鎭原 및 영하 中寧·中尉·同心·固原·彭陽 등을 포함하였다. 후한에서는 涼州에 속하였고 관아는 지금의 감숙성 진원현에 두었다. 수 開皇 3년(583)에 폐지하였다가 大業 3년(607)에 涇州를 고쳐 다시 安定郡을 설치하였으나 당 초 다시 경주를 회복하였다.

91) 양씨가 안정 출신인 것은 『後漢書』「梁統傳」의 "梁統字仲寧, 安定烏氏人."이라는 구절에서 알 수 있다.

를 '(양)백하가 나를 천자로 삼았다.'하였고, 후에 조공曹公92)이 '만일 천명이
나에게 있다면 나는 주문왕周文王93)이 될 것이다.'하니, 이것은 곧 위문제가 자신의
큰 계책을 계승하여 천자의 자리에 오를 것을 말한 것입니다. 『풍속통』에서
말한 '중황문의 관부에 나타났다.'94)는 것은 (조조가) 조등曹騰95)의 집안이라는
것에 부합하는 증거가 특별히 나타난 것입니다."

二年, <u>雒陽</u> <u>上西門</u>外女子生兒, 兩頭, 異肩共胸, 俱前向, 以爲不祥, 墮地棄之.
自此之後, 朝廷霧亂, 政在私門, 上下無別, 二頭之象. 後董卓戮太后, 被以不孝之
名, 放廢天子, 後復害之. 漢元以來, 禍莫踰此.

(광화) 2년(179), 낙양 상서문上西門96) 밖에서 (사는) 여인이 아이를 낳았는데,
머리가 둘이고 어깨까지는 두 사람이나 가슴 아래는 한 사람이었다. 모두
앞을 향하고 있었는데, 상서롭지 않다고 여겨 땅에 떨어뜨려 버렸다. 이후로
부터 조정은 혼란해졌고 권력은 신하에게 있었으며, 상하의 분별이 없어졌으
니 머리가 둘인 (이변에 대응하는) 현상이었다. 후에 동탁이 하태후何太后97)

---

92) 曹公(155~220): 曹操를 참조.
93) 周文王: 성은 姬, 이름은 昌. 岐周(지금의 섬서성 岐山縣) 출신. 周太王 古公亶父의
   손자, 季歷의 아들이자 周武王의 부친. 주왕조의 기틀을 놓았다. 역사적으로 周侯
   혹은 西伯, 姬伯, 周方伯으로 불린다. 노인을 공경하였고 어린아이에게 자애로웠으
   며 禮로써 인재를 발탁하였다고 알려져 있다. 商王 紂의 폭정에 대해 간언하다
   羑里(지금의 하남성 湯陰)에 수감되기도 하였다. 洛西의 땅을 바치고 잔혹한 炮烙의
   형벌을 없애고자 했던 일화는 유명하다. 豊邑에 建都한 후 여러 정치체를 병합하여
   영역을 확장하였다. 즉위한 지 55년 되던 해 97세의 나이로 사망하였다고 전한다.
   조조가 스스로 周文王이 되겠다고 한 것은 새로운 왕조의 기틀을 닦기는 하지만
   황제가 되지 못할 것임을 말한 것이다.
94) 원문은 『風俗通』에서 인용한 내용을 '見中黃門寺曹騰之家'라고 하였으나, 문맥에
   따라 『풍속통』의 인용문을 '見中黃門寺'로 한정하여 해석하였다.
95) 曹騰(100~159): 字는 季興, 패국 초현(지금의 안휘성 박주시) 출신. 후한의 환관,
   태위 曹嵩의 養父다. 안제 시기 黃門으로 궁에 들어와 황태자(후의 順帝)의 學友로
   발탁되었다. 순제 즉위 후 小黃門, 중상시를 역임하였다. 환제를 옹립한 공으로
   費亭侯에 봉해지고 大長秋가 되어 特進을 더하였다. 30여년 동안 4명의 황제를
   모시며 특별한 과실이 없었으며 사대부들을 적극적으로 추천하여 환관임에도
   사대부들과 좋은 관계를 유지하였다. 魏明帝 曹叡 즉위 후 황제로 추존되었다.
   시호는 高다. 『後漢書』 卷78에 傳이 있다.
96) 上西門: 洛陽城 서북서 방위에 위치한 문이다.
97) 何太后(?~189): 靈思皇后 何氏를 말한다. 何皇后를 참조.

를 살해하고 불효不孝하다는 오명을 씌웠고98) 천자를 내쳐 폐위하였으며, 후에 다시 그에게 해를 끼쳤다. 한왕조가 건국한 이래 화가 이보다 더했던 적은 없었다.

四年, 魏郡男子張博送鐵盧詣太官, 博上書室殿山居屋後宮禁, 落屋讙呼. 上收縛考問, 辭「忽不自覺知」.[一]

(광화) 4년(181), 위군魏郡 남자 장박張博이 철로 만든 그릇盧99)을 태관太官100)에 보내고, 서실전書室殿의 산에 오른 후 후궁 안 지붕에까지 올랐다가 지붕에서 떨어져 떠들썩하게 하였다. 주상이 (장박을) 체포하여 취조하니, "갑자기 (어떤 상황인지) 알 수 없었다."고 진술하였다.

[一] 臣昭曰: 魏人入宮, 旣奪漢之徵, 至後宮而讙呼, 終亦禍廢母后.

신 유소가 아룁니다. "위 땅의 사람이 궁에 들어온 것은 (위가) 머지않아 한을 찬탈할 징조입니다. 후궁에까지 이르러 떠들썩하게 하였다는 것은 끝내 역시 화가 모후母后를 폐위하는 데 이를 것임을 말하는 것입니다."

中平元年六月壬申, 雒陽男子劉倉居上西門外, 妻生男, 兩頭共身.

(영제) 중평 원년(184) 6월 임신壬申,101) 낙양 상서문上西門 밖에 살고 있던 남자 유창劉倉의 처가 남자아이를 낳았는데, 하나의 몸에 머리가 둘이었다.

---

98) 『後漢書』卷10下, 「何皇后傳」, "董卓又議太后跡迫永樂宮, 至令憂死, 逆婦姑之禮, 乃遷於永安宮, 因進酖, 弑而崩." 동탁은 何太后가 시어머니인 董太后를 핍박해서 울분 속에 죽게 하였으므로 姑婦의 禮를 어긴 것이라고 하였다.

99) 盧: 『漢書』「司馬相如傳」의 郭璞注에서는 酒盧라고 하였고, 顔師古注에는 술동이를 올려놓은 臺처럼 설명하기도 하였다. "郭璞曰: 「盧, 酒盧.」 師古曰: 「賣酒之處累土爲盧以居酒甕, 四邊隆起, 其一面高, 形如鍛盧, 故名 盧耳.…」"

100) 太官: 진에서 太官令과 丞을 설치하고 소부에 속하게 하였다. 兩漢에서 모두 계승하여 설치하였다. 황제의 膳食과 燕享의 일을 담당하였다. 후한에서는 태관령 1인과 승 4인이 설치되었다.

101) 중평 원년 6월에는 壬申日은 없고, 7월 29일이 임신일이다.

人化: 동물로 변한 사람

靈帝時, 江夏 黃氏之母, 浴而化爲黿, 入于深淵, 其後時出見. 初浴簪一銀釵, 及見,
猶在其首.[一]

영제 때, 강하군江夏郡 황씨黃氏의 모친이 목욕을 하다가 자라[黿]로 변하여
깊은 못으로 들어갔는데, 그 후로 때때로 나타났다. 처음에 목욕할 때
은비녀를 꽂고 있었는데, 나타났을 때 그 머리에 그대로 (비녀가 꽂혀)
있었다.

[一] 臣昭曰: 黃者, 代漢之色. 女人, 臣妾之體. 化爲黿, 黿者元也. 入于深淵, 水實制火.
夫君德尊陽, 利見九五, 飛在于天, 乃備光盛. 俯等龜黿, 有愧潛躍; 首從戴釵, 卑弱未盡.
後帝者(三)[王], 不專權極, 天德雖謝, 蜀猶傍續. 推求斯異, 女爲曉著矣.

　　신 유소가 아룁니다. "황黃이라는 것은 한을 대신하는 (왕조의) 색입니다. 여인은
　　복종하는 존재입니다. 자라로 변하였다고 하였는데, 자라는 군주[元]를 상징합니
　　다. 깊은 못으로 들어갔다는 것은 물이 가득하여 불을 제압한다는 의미입니다.
　　무릇 군주의 덕은 고귀한 양陽으로 (이와 관련하여 『역』에서는) '군주의 자리[九
　　五][102]에 오른 (대인을) 만나봄이 이롭고 하늘에서 (용이) 난다.'[103]고 하였으니,
　　이에 광영과 번성이 갖춰집니다. (그러나 그 고귀한 양의 기운이 낮게) 구부러져
　　거북이나 자라와 같아지고 부끄러움이 있는 경우 자맥질하거나 떠오르는데,
　　머리에 여태껏 비녀를 꽂고 있었다는 것은 낮아지거나 약해지는 것이 아직 다하지
　　않은 것입니다. (실제로) 후에 황제가 되는 이가 세 명 나타나 (어느 누구도)
　　권력의 정점을 완전히 장악하지 못하였습니다.[104] (한이 받은) 천덕天德은 비록
　　쇠락하였지만 촉蜀이 여전히 변두리에서 (그 명맥을) 이었습니다. 이 이변을
　　살펴보면 여인이라는 것이 분명히 (그 의미를) 보여주는 것입니다."

---

102) 九五: 『周易』 卦爻에서 아래로부터 다섯 번째 효. 陽爻로 임금의 자리를 상징한다.
103) 『周易』 「乾」의 내용이 변용된 것으로 원문은 다음과 같다. "九五, 飛龍在天, 利見大人."
　　이에 대하여 孔穎達은 다음과 같이 注解하였다. "言九五, 陽氣盛至於天, 故云飛龍在天.
　　此自然之象, 猶若聖人有龍德, 飛騰而居天位. 德備天下, 爲萬物所瞻覩, 故天下利見此居王位
　　之大人." 요컨대 덕이 천하에 구비되면 만물이 우러르니 천하가 왕위에 있는 군주를
　　만나는 것이 이롭다고 한 것이다.
104) 曹魏, 蜀漢, 孫吳 세 나라가 병립하게 된 것을 말한다.

死復生: 죽은 뒤 다시 살아남

獻帝 初平中, 長沙有人姓桓氏, 死, 棺斂月餘, 其母聞棺中聲, 發之, 遂生. 占曰: 「至陰爲陽, 下人爲上.」其後曹公由庶士起.

헌제獻帝(재위 189~220) 초평初平 연간(190~193), 장사군長沙郡의 성이 환씨桓氏인 사람이 죽어 염殮을 하여 입관入棺한 지 한 달이 넘었다. 그 모친이 관 속에서 소리가 들리는 것을 듣고 관을 열어 주니 (환씨가) 마침내 살아났다. 점에서 말하였다. "음기가 지극하여 양기로 변하면 아랫사람이 윗자리에 오른다." 그 후 조공(조조)이 낮은 벼슬아치[庶士]에서 일어났다.

建安四年二月, 武陵 充縣女子李娥, 年六十餘, 物故, 以其家杉木槥斂, 瘞於城外數里上, 已十四日, 有行聞其冢中有聲, 便語其家. 家往視聞聲, 便發出, 遂活.[一]

(헌제) 건안 4년(199) 2월, 무릉군武陵郡105) 충현充縣106)의 여자 이아李娥가 나이 육십여 세로 사망하니 그 가족들이 삼나무로 관을 만들어 시신을 염하고 성 밖 수 리 밖에 묻었는데, 14일이 지난 날 지나가던 이가 무덤 속에서 소리가 나는 것을 듣고 즉시 그 가족에게 알렸다. 가족들이 가서 보니 소리가 나 곧바로 무덤을 파헤치니 (죽었던 이아가) 마침내 살아났다.

[一] 王寶 搜神記曰: 「武陵 充縣女子李娥, 年六十餘, 病死, 埋於城外, 已十四日. 娥比舍有蔡仲, 聞娥富, 謂殯當有金寶, 盜發冢剖棺. 斧數下, 娥於棺中言曰: 『蔡仲, 汝護我頭.』驚遽, 便出走. 會爲吏所見, 遂收治, 依法當棄市. 娥兒聞, 來迎出娥將去. 武陵太守聞娥

---

105) 武陵郡: 전한 高帝 시기 黔中郡을 고쳐서 설치하였다. 관아는 지금의 湖南省 漵浦縣인 義陵縣에 두었다. 관할 지역은 지금의 호남성 沅江 유역 이서, 貴州省 동부 및 廣西省 龍勝各族自治縣, 사천성 秀山土家族·苗族自治縣, 湖北省 鶴峰·來鳳·長陽土家族自治縣·五峰土家族自治縣 등을 포함한다. 후한 때 臨沅縣(지금의 호남성 常德市)으로 관아를 옮겼다. 수 개황 9년(589) 朗州로 바꿨다가 대업 초 다시 武陵郡으로 돌렸다

106) 充縣: 전한에서 설치하고 무릉군에 속하게 하였다. 관아는 지금의 호남성 桑植縣에 두었다. 서진 太康 4년(283) 臨澧縣으로 고쳤다.

死復生, 召見問事狀. 娥對曰:『聞謬爲司命所召, 到得遣出, 過西門, 適見外兄劉伯文,
爲相勞問, 涕泣悲哀. 娥語曰:『伯文, 一日誤見召, 今得遣歸, 旣不知道, 又不能獨行,
爲我得一伴不? 又我見召在此, 已十餘日, 形體又當見埋藏, 歸當那得自出?』伯文曰:
『當爲問之.』卽遣門卒與戶曹相問:「司命一日誤召武陵大女李娥, 今得遣還. 娥在此積
日, 尸喪又當殯斂, 當作何等得出? 又女弱獨行, 豈當有伴邪? 是吾外妹, 幸爲便安之.」
荅曰:「今武陵西界民李黑, 亦得遣還, 便可爲伴.」輒令黑過, 勑娥比舍蔡仲, 令發出娥也.
於是娥遂得出, 與伯文別. 伯文曰:「書一封以與兒佗.」娥遂與黑俱歸, 事狀如此.』太守
慨然嘆曰:『天下事眞不可知也!』乃表以爲『蔡仲雖發冢, 爲鬼神所使, 雖欲無發, 勢不得
已. 宜加寬宥.』詔書報可. 太守欲驗語虛實, 卽遣馬吏於西界推問李黑得之. 黑語協,
乃致伯文書與佗. 佗識其紙, 乃是父亡時送箱中文書也. 表文字猶在也, 而書不可曉. 乃
請費長房讀之, 曰:『告佗: 當從府君出案行, 當以八月八日日中時, 武陵城南溝水畔頓,
汝是時必往.』到期, 悉將大小於城南待之. 須臾果至, 但聞人馬隱隱之聲, 詣溝水, 便聞
有呼聲曰:『佗來! 汝得我所寄李娥書不邪?』曰:『卽得之, 故來至此.』伯文以次呼家中大
小問之, 悲傷斷絶. 曰:『死生異路, 不能數得汝消息. 吾亡後, 兒孫乃爾許人!』良久謂佗
曰:『來春大病, 與此一丸藥, 以塗門戶, 則辟來年妖厲矣.』言訖忽去, 竟不得見其形.
至前春, 武陵果大病, 白日見鬼, 唯伯文之家, 鬼不敢向. 費長房視藥曰:『此方相腦也.』」
博物記曰:「漢末關中大亂, 有發前漢宮人冢者, 宮人猶活. 旣出, 平復如舊. 魏郭后愛念
之, 錄置宮內, 常在左右. 問漢時宮中事, 說之了了, 皆有次緒. 郭后崩, 哭泣哀過, 遂死.
漢末, 發范明友奴冢, 奴猶活. 明友, 霍光女婿. 說光家事, 廢立之際, 多與漢書相應.
此奴常(且)[遊]走居民閒, 無(正)[止]住處, 遂不知所在.」

간보 『수신기』에서 말하였다. "무릉군 충현의 여자 이아가 나이 60여 세로 병으로
죽어 성 밖에 묻힌 지 이미 14일이 지난 날이었다. 이아의 이웃집에 살던 채중蔡仲이
이아(의 집이) 부자라고 듣고 장사지낼 때 반드시 금과 보물을 묻었을 것이라고
여겨 몰래 무덤을 파 해치고 관을 부수었다. 도끼질을 몇 차례 하자 이아가
관 속에서 다음과 같이 말하였다. '채중, 자네 내 머리는 보호해주게.' (채중이)
깜짝 놀라 곧바로 뛰쳐나갔다. (이때) 마침 관리가 (이것을) 보고 마침내 (그를)
잡아 다스렸는데, 법에 따라 기시棄市에 처해지게 되었다. 이아의 아들이 (모친이
살아서 말을 했다는 소식을) 듣고 (무덤으로) 와서 이아를 꺼내 데리고 돌아왔다.
무릉태수武陵太守가 이아가 죽었다가 다시 살았다는 것을 듣고 불러 사정을 물어보
았다. 이아가 대답하였다. '사명신司命神이 (저를) 잘못 불렀다는 말을 들었는데,
(시간이 되어) 풀려나와 서문西門을 지나다 외사촌 오빠 유백문劉伯文을 만나
서로 위로하고 안부를 물으며 눈물을 흘리며 슬퍼하였습니다. 제가 오빠에게
말하였습니다. 「백문 (나는) 어느 날 잘못 불려왔다가 지금 풀려나 되돌아가게
되었는데 (가는) 길도 모르고 또 혼자서는 갈 수가 없으니 나를 위해 같이 갈
수 없겠소? 또 내가 이곳에 불려온 지 이미 십여 일이 지나 몸 또한 마땅히
매장되었을 것이니 돌아간다 해도 어떻게 나갈 수 있겠습니까?」백문이 말하였습
니다. 「(이는) 마땅히 (이곳 신들에게) 물어봐야 할 것이다.」즉시 문지기를

호조戶曹에 보내 물어보게 하였습니다. 「사명신이 어느 날 무릉에 사는 대녀大女 이아를 잘못 불러 지금 풀려나 돌아가게 되었습니다. 이아는 이곳에서 며칠을 보냈기 때문에 시신은 장례를 치르고 또 빈렴殯殮도 끝났으니 어떤 방법으로 나갈 수 있겠습니까? 또 여자의 약한 몸으로 혼자서 가야하니 어떻게 반려가 있어야 하지 않을까요? 이 여자는 나의 외사촌동생이니, 편안하게 갈 수 있으면 다행이겠습니다.」 (호조에서) 답하여 말하였습니다. 「지금 무릉 서쪽 남자 이흑李黑이라는 자 역시 (죽었다 살아) 되돌아가게 되었으니 (그와) 함께 가면 좋을 것이다.」 (그리고) 바로 이흑이 지나는 곳에 명령을 내리고 이아의 이웃집에 사는 채중에게 칙勅을 내려 무덤을 파놓아 이아가 나갈 수 있게 하였습니다. 이로써 이아가 마침내 나올 수 있었는데, 백문과 헤어질 때 백문이 말하였습니다. 「편지 한 통을 내 아들 타佗에게 전해다오.」 이아는 마침내 이흑과 함께 돌아왔습니다. 사정은 이와 같습니다.' 태수가 감정이 복받쳐 탄식하며 말하였다. '천하의 일이란 정말 알 수 없구나!' 이에 표表를 올려 말하였다. '채중이 비록 무덤을 파 헤쳤으나 이는 귀신이 시킨 일이고, 비록 하지 않으려고 해도 형세로 보아 부득이한 일이었습니다. 마땅히 관용을 베풀어주십시오.' 조서로 허락한다는 답이 왔다. 태수가 (이) 말이 사실인지 아닌지를 시험해 보고 싶어 즉시 마리馹吏를 서쪽 경계로 보내 이흑에 대해 수소문하여 그를 만났다. 이흑의 말도 (이아의 말과) 같아, 이에 유백문의 편지를 유타에게 주었다. 유타는 그 종이가 바로 부친이 죽었을 때 무덤에 넣은 상자 속의 문서라는 것을 알았다. (종이) 표면에 글자는 여전히 남아있었지만 글의 내용은 알 수 없었다. 이에 비장방費長房[107]에게 그것을 해독해 줄 것을 청하니, (비장방이) 말하였다. '타에게 고한다. (나는 이곳) 부군府君[108]을 따라 순찰을 하기 위해 나서는데, 8월 8일 해가 남중하였을 때 무릉성 남쪽 구수溝水 가에서 잠시 머무를 것이니 너는 그 때 반드시 (그곳으로) 오거라.' 기일이 되어 모든 식구를 다 데리고 성의 남쪽에서 그를 기다렸다. 잠시 후 과연 (유백문이) 이르렀으나 사람과 말馬의 은은한 소리만 들릴 뿐이었다. 구수에 가까이 다가가자 문득 부르는 소리가 들렸다. '타야, 왔느냐! 너는 내가 이아에게 맡긴 편지를 받았느냐?' (유타가 대답하여) 말하였다. '받았습니다. 그래서 이곳에 온 것입니다.' 유백문이 차례로 집안의 모든 이들을 불러 물어보면서

---

107) 費長房: 후한의 方士. 지금의 하남성 平輿縣 부근인 汝南 출신. 일찍이 市掾을 지냈고 전설에 따르면 호리병 속 仙人을 만나 仙學을 배웠다고 한다. 선인으로부터 符를 받아 중병을 능히 고치고 百鬼를 혼내주었으며 재앙을 소멸시킬 수 있었다고 한다. 축지법을 쓰기도 하였다고 한다. 『後漢書』卷82下에 傳이 있다.

108) 府君: 泰山府君을 말한다. 사람이 죽은 후에 亡者들이 간다는 태산은 인간의 생사와 魂魄을 주관한다고 알려져 있다. 특히 태산 아래 위치한 蒿里는 망자들의 聚居地로 알려져 있다. 연구에 따르면 태산은 治鬼의 기능을 수행하는 최고의 冥府이자 神格으로 현세의 관료 조직과 동일한 구조로 이루어진 地官 조직을 구축하여 치귀의 일을 담당하였다고 한다. 尹在碩, 「중국 고대 死者의 書와 漢代人의 來世觀 - 鎭墓文을 중심으로 - 」, 『中國史研究』 90(2014), 36쪽.

슬픔을 이기지 못하였다. (그리고) 말하였다. '죽음과 삶은 길이 달라[109] 자주 너희들 소식을 들을 수 없었다. 내가 죽고 나서 아들과 손자들이 이와 같아졌구나!' 한참 뒤 유타에게 말하였다. '오는 봄에 큰 병이 돌 것이다. 이 환약 하나를 주니 문설주에 바르면 내년에 오는 괴한 화를 피할 수 있을 것이다.' 말을 마치자 홀연히 사라졌고 끝내 그 모습을 나타내 보이지 않았다. 이어서 봄이 오자 과연 무릉에 큰 병이 돌았고 대낮에 귀신이 나타나기도 하였는데, 오직 유백문의 집에만 귀신이 감히 찾아오지 않았다. 비장방이 약을 보고 '이는 방상씨方相氏[110]가 살피는 것이다.'하였다. 『박물기博物記』[111]에서 말하였다. "한 말, 관중關中에서 대란이 일어난 틈을 타서 어떤 자가 전한 궁인의 무덤을 파헤쳤는데, 궁인 하나가 그대로 살아있었다. (이를) 꺼내어 놓자 당시 옛날처럼 평상 생활을 하였다. 조위曹魏의 곽후郭后[112]가 그녀를 아끼고 생각하여 (궁녀로) 등록하여

---

109) 死生異路: 산 자와 죽은 자를 엄격히 분리하고 거처나 귀속처를 달리하고 간여하지 않는다는 관념이다. 친구인 張劭의 장례식에서 움직이지 않는 관을 향해 范式이 "行矣元伯! 死生路異, 永從此辭."라고 하니, 곧이어 관이 움직였다는 『後漢書』「范式傳」의 일화는 당시 민간에서 '生死異路'의 관념이 일반적이었음을 말해준다. 이 '생사이로'의 관념은 죽은 자의 혼령을 鎭魂하고자 제작된 鎭墓文에 빈번히 등장하는데, 귀신으로부터 산 자를 보호하려는 목적이 있었던 것으로 생각된다. 이해를 위해 몇 가지 예시를 들면 다음과 같다. 〈後漢建和三年(149)鎭墓文〉, "生人有里, 死人有鄕."; 〈後漢熹平元年(172)陳叔敬鎭墓文〉, "生人上就陽, 死人下歸陰, 生人上高臺, 死人深自藏, 生死各自異路."; 〈後漢熹平四年(175)胥氏鎭墓文〉, "生人屬西長安, 死人屬東大山."; 〈後漢初平元年(190)郭氏鎭墓文〉, "生人入城, 死人生郭."; 〈後漢密縣后土郭鎭墓文〉, "死人行陰, 生人行陽, 各自有分畫, 不得復交通."; 〈後漢延熹九年(166)韓祇輿鎭墓文〉, "生人自有宅舍, 死人自有棺塚, 生死異處, 無與生人相索." 이상은 饒宗頤 主編·劉昭瑞 著, 『漢魏石刻文字繫年』(臺北: 新文豊, 2001)에서 인용.

110) 方相氏: 『周禮』에 따르면 夏官에 속한 관으로 역귀와 산천의 精怪를 驅除하는 일을 담당하였다. 주로 武人으로 충임하였다. 의식을 치를 때 곰의 가죽을 뒤집어쓰고 네 개의 황금색 눈을 단 가면을 썼으며, 검은 색의 상의와 붉은 색 하의를 입고 창과 방패를 들었다. 이후 민간에서 악귀 또는 역질을 물리친다는 신으로 신앙의 대상이 되었다.

111) 『博物記』: 서진 張華가 찬술한 志怪인 『博物志』로 추정한다. 실제로 원문에 서술된 궁인과 노비가 부활한 異聞은 현행 『박물지』에서 모두 확인할 수 있다. 王嘉의 『拾遺記』에 따르면 장화가 400권의 『博物志』를 지어 武帝에게 進上하였으나 무제가 헛된 말이 많다고 하여 10권으로 고쳐지었다고 한다. 여러 나라의 산천·산물·풍습·짐승·곤충·초목을 비롯하여 異聞·異事 등을 기록하였다.

112) 郭后(184~235): 文德郭皇后. 字는 女王으로 安平郡 廣宗縣(지금의 하북성 광종현) 출신이다. 후한 남군태수 郭永의 차녀로 魏文帝 曹丕의 황후다. 어려서부터 뛰어나 부친이 곽영이 자신의 딸 중 왕이 될 것이라며(此乃我女中王也) 자를 여왕으로 지었다고 한다. 일찍이 부모를 여의고 고생하였으나 조조가 魏公이었을 때 동궁에 입궁하여 문제의 총애를 받았다. 건안 25년(220) 문제가 위왕에 즉위한 후 夫人이

궁 안에 살게 하고 항상 옆에 두었다. 한나라 때의 궁중 일을 묻자 분명하게 설명하였는데 모두 두서가 있었다. 곽후가 붕어하자 (그 궁인은) 울다 슬픔이 지나쳐 결국 죽었다. 한 말 범명우范明友 집안의 노비 무덤을 팠더니 노비가 여전히 살아있었다. 범명우는 곽광霍光113)의 사위였다. (살아난 노비가) 곽광 집안의 일과 (황제) 폐립廢立의 사정을 말하였는데, 대부분 『한서』에 (쓰인 것과) 상응하였다. 이 노비는 항상 민간을 떠돌아다녔기에 정해진 거처가 없었는데, 결국 그 소재를 알 수 없게 되었다."

七年, 越巂有男化爲女子. 時周羣上言, 哀帝時亦有此異, 將有易代之事. 至二十五年, 獻帝封于山陽.

(건안) 7년(202) 월수군越巂郡의 남자가 변하여 여자가 되었다. 이때 주군周羣114)이 상언하기를 (전한) 애제哀帝(재위 BC. 7~BC. 1) 때 역시 이와 같은 이변이 있었는데,115) 장차 왕조가 바뀌는 일이 있을 것이라 하였다. 건안 25년(220)에 이르러 헌제가 산양山陽에 책봉되었다.116)

建安中, 女子生男, 兩頭共身.

건안 연간(196~220), 여자가 남자 아이를 낳았는데, 하나의 몸에 머리가 둘이었다.

되었으며 같은 해 조위 건국 후 貴嬪이 되었다. 황초 3년(222) 황후로 冊立되었다. 明帝 靑龍 3년(235) 許昌에서 사망하였다. 낙양 首陽陵에 묻혔다. 『三國志』 卷5에 傳이 있다.

113) 霍光(?~BC. 68): 字는 子孟, 河東郡 平陽縣(지금의 산서성 臨汾市) 출신. 전한의 權臣. 大司馬 霍去病의 異母弟로 전한 昭帝 上官皇后의 外祖父. 門蔭으로 입사하여 郎官으로 선발된 후 시중, 奉車都尉, 광록대부를 역임하였다. 무제 임종 시 대장군·대사마를 배수하고 輔政으로 위촉되었다. 소제 즉위 후 儒生들을 동원하여 鹽鐵會議를 개최하여 무제 시기 통치 방법에 대해 문제를 제기하였다. 소제 사후 昌邑王 劉賀를 옹립하였다가 폐위하였고, 다시 선제를 옹립하며 권력을 독점하였다. 선제 地節 2년(BC. 68) 사망하였다. 시호는 宣成이다. 무제 茂陵에 陪葬되었다. 『漢書』 卷68에 傳이 있다.

114) 周羣: 字는 仲直, 巴西郡 閬中縣(지금의 사천성 閬中市) 출신. 占候에 밝았다. 劉璋에게 입사하였다가 劉備가 蜀을 평정한 후 그의 儒林校尉가 되었다. 『三國志』 卷42에 傳이 있다.

115) 애제 建平 연간(BC. 6~BC. 2) 豫章郡에서 있었다. 『漢書』 卷27下之上, 「五行七下之上」, "哀帝建平中, 豫章有男子化爲女子, 嫁爲人婦, 生一子."

116) 헌제가 위문제 조비에게 선양을 하고 山陽公에 봉해진 것을 말한다. 『後漢書』 卷9, 「獻帝紀」, "冬十月乙卯, 皇帝遜位, 魏王丕稱天子. 奉帝爲山陽公."

疫: 역병

安帝 元初六年夏四月, 會稽大疫.[一]

안제 원초元初 6년(119) 여름 4월, 회계군會稽郡에 역병이 크게 돌았다.

[一] 公羊傳曰:「大災者何? 大瘠也. 大瘠者何? 痀也.」何休曰:「民疾疫也, 邪亂之氣所生.」
古今注曰:「光武 建武十三年, 揚 徐部大疾疫, 會稽 江左甚.」案傳, 鍾離意爲督郵, 建武
十四年會稽大疫. 案此則頻歲也. 古今注曰:「二十六年, 郡國七大疫.」

『공양전公羊傳』에서 말하였다. "큰 재앙[大災]이라는 것은 무엇인가? 대척大瘠이다.
대척이란 무엇인가? 염병[痀]이다." 하휴何休[117]가 (주해하여) 말하였다. "(대역
大疫이라는 것은) 백성들 사이에 역병이 유행하는 것으로, 사악하고 어지러운
기운에 의해 생기는 것이다."『고금주古今注』에서 말하였다. "광무제 건무建武
13년(37), 양주揚州와 서주徐州에 역병이 크게 유행하였는데, 회계會稽와 강좌江左[118]
가 심하였다." (『후한서後漢書』)「종리의전鍾離意傳」을 살펴보니 종리의가 (회계군
의) 독우督郵[119]였던 건무 14년(38) 회계에 역병이 크게 돌았다. 이에 따른다면
(역병은) 여러 해 계속 발생한 것이다.『고금주』에서 말하였다. "(건무) 26년(50),
일곱 군국에서 역병이 크게 돌았다."

延光四年冬, 京都大疫.[一]

연광 4년(125) 겨울,[120] 수도에 역병이 크게 돌았다.

---

117) 何休(129~182): 후한의 학자. 字는 邵公, 任城國 樊縣(지금의 산동성 兗州市 서남쪽)
출신. 질박한 성품의 소유자로 박학하였으며 六經에 통달하였을 뿐 아니라 음양·산
술·讖緯까지 다방면에 뛰어났다. 낭중을 배수하였으나 뜻에 맞지 않는다며 병을
이유로 사직하였다. 太傅 진번의 권유로 관직에 나갔으나 당고 사건으로 인해
실각되었다. 금고 10년 동안『春秋公羊傳解詁』를 저술하였으며,『孝經』·『論語』 등도
주해하였다. 사면 후 司徒掾屬을 거쳐 의랑이 되었으며 다시 諫議大夫로 옮겼다.
『後漢書』卷79에 傳이 있다.
118) 江左: 장강 하류의 동쪽 지역, 곧 江東을 말한다. 일반적으로 蕪湖市, 南京市 사이
장강 하류 이동 지역을 말한다. 晉이 南遷하여 이곳에 수도를 두었기 때문에
東晉을 가리켜 江左로 칭하지만, 그 밖에 동진 및 宋·齊·梁·陳 등 남쪽에 세워진
5개 왕조를 일컫기도 한다.
119) 督郵: 관직명. 督郵書掾·督郵曹掾의 簡稱. 한대 군의 중요 속리로 현의 속리들을
감찰하였다.

[一] 張衡明年上封事: 「臣竊見京師爲害兼所及, 民多病死, (上幷興)死有滅戶. 人人恐懼, 朝廷 焦心, 以爲至憂. 臣官在於考變禳災, 思(在)[任]防救, 未知所由, 夙夜征營. 臣聞國之大事 在祀, 祀莫大於郊天奉祖. 方今道路流言, 僉曰『孝安皇帝南巡路崩, 從駕左右行惡之臣 欲徵諸國王子, 故不發喪, 衣車還宮, (優)[爲]遣大臣, 並禱請命』. 臣處外官, 不知其審, 然尊靈見罔, 豈能無怨! 且凡(夫私)[大祀]小有不蠲, 猶爲譴讁, 況以大穢, 用禮郊廟? 孔子 曰: 『曾謂泰山不如林放乎!』天地明察, 降禍見災, 乃其理也. 又聞者, 有司正以冬至之後, 奏開恭陵神道. 陛下至[孝], 不忍距冲, 或發冢移민. 月令: 『仲冬土事無作, 愼無發蓋, 及起大衆, 以固而閉. 地氣上泄, 是謂發天地之房, 諸蟄則死, [民必]疾疫, 又隨以喪.』 厲氣未息, 恐其殆此二(年)[事], 欲使知過改悔. 五行傳曰: 『六沴作見, 若時共禦, 帝用不 差, 神則不怒, 五福乃降, 用章于下.』臣愚以爲可使公卿處議, 所以陳術改過, 取媚神祇, 自求多福也..」

장형張衡이 다음 해[121] 밀봉한 상소문封事을 올려 말하였다. "신이 삼가 살펴보건대 수도에 해가 거듭 미쳐 백성들 중에는 병사하는 자가 많으며, 죽어 호戶가 없어지는 지경에 이르는 경우도 있습니다. (따라서) 사람들은 두려워하고 조정은 마음을 졸이니 지극히 우려스럽습니다. 신의 직무는 변고를 살피고 재이를 제거하는 것입니다. (그러나) 재이를 막고 제거하고자 하나 (그것이) 어디로부터 연유하는 지 알지 못해 밤낮 없이 두려워하고 있습니다. 신이 듣기에 나라의 중대사는 제사에 있고, 제사 중에서 하늘에 지내는 교제郊祭와 선조에게 지내는 묘제廟祭보다 큰 것은 없다고 합니다. 바야흐로 지금 길에 떠도는 말은 모두 '효안황제孝安皇帝께 서 남순南巡 도중에 붕어하시고[122] 어가御駕를 따르던 좌우의 악신惡臣들은 여러 왕국의 왕자들을 불러 (제위에 올리고자) 하여 발상發喪도 하지 않고 수레에 휘장을 치고 궁으로 돌아와 거짓으로 대신을 보내 (황제의) 연명을 위해 기도를 하였다.'[123]고 하고 있습니다. 신은 외직에 있기에 그 자세한 내용은 알지 못합니 다. 그러나 존귀한 신령이 기만당한다면 어찌 능히 원망이 없겠습니까! 또 무릇 큰 제사에 사소한 미흡함이라도 있다면 곧 견책이 생기건만 하물며 큰 추악함에 의해 교묘郊廟에서 예를 행함에야 (어떻겠습니까?) 공자께서 말씀하시기를 '어찌 태산泰山(의 신)이 임방林放만도 못하단 말인가!'[124]하셨습니다. 천지는 (사람들의

---

120) 연광 4년(125) 3월 안제가 사망하였고 그 뒤를 이었던 北鄕侯 역시 즉위하자마자 그 해 10월에 사망하였다. 따라서 연광 4년 겨울이라면 順帝가 즉위한 시기라 할 수 있을 것 같다. 여기서는 확정할 수 없어 황제명을 제외하고 연호만을 적시하였다.

121) 永建 원년(126)을 말한다.

122) 연광 4년(125) 宛城에 갔던 안제가 병을 얻어 수도로 돌아오는 중 사망한 일을 말한다.

123) 안제 사후에 황후·외척·환관이 이를 숨기고 司徒를 郊廟에 보내 황제의 쾌유를 빌게 한 것을 말한다. 자세한 내용은 『後漢書』 「安思閻皇后傳」을 참조.

124) 『論語』 「八佾」에 나오는 기사다. 노나라 大夫인 季孫氏가 왕만이 지낼 수 있는

행위를) 명확하게 살펴 화를 내리시고 재이를 보이시니 바로 그 이치입니다. 또 요사이 담당 관원이 바로 동지 후에 공릉恭陵의 신도神道를 넓힐 것을 상주하였습니다. 폐하께서는 지극하신 효심으로 차마 거절하지 못하시어 (허락하시니 공사를 하면서) 혹 (주위의) 무덤을 파헤치고 시체를 옮기기도 하였습니다. 「월령月令」125)에선 '중동仲冬126)에는 토목공사를 일으키지 않고 삼가 (곡식을 덮은) 덮개를 열지 말며 많은 사람을 동원하는 일도 하지 않음으로써 (만물을) 굳게 닫아 가둔다. 지기地氣가 위로 새 나오면 이를 천지의 방房을 연 것이라 말하니, (땅 속에서) 겨울잠을 자는 벌레들은 죽고 사람들은 반드시 역질에 걸리며 또한 죽음의 재난이 따르게 될 것이다.'127)라고 하였습니다. 역병의 기가 아직 멈추지 않은 것은 아마도 이 두 가지 일 때문일 것이니 과실을 깨닫고 뉘우쳐 고치게 하십시오. 『홍범오행전』에서 말하기를 '여섯 가지 서로 해치는 것(六沴)이 나타났을 때 만일 삼가 근신하며 엄숙히 하고 제왕이 통치를 행함에 의심하지 않는다면 신이 노하지 않고 오복을 내려 지상에 드러나게 하신다.'하였습니다. 신이 우둔하나마 생각하기에 모쪼록 공경들을 논의에 참가하게 하여 (재이를 소멸시킬) 방법을 진술케 하시고 과오를 고칠 수 있게 하시어, 신들의 마음에 들어 스스로 더 많은 복을 구할 수 있게 하십시오."

桓帝 元嘉元年正月, 京都大疫. 二月, 九江·盧江又疫.

환제 원가元嘉 원년(151) 정월, 수도에 역병이 크게 돌았다. 2월, 구강군九江郡128)과 여강군盧江郡129)에 또 역병이 돌았다.

태산의 제사를 지내려고 하자 공자가 맹손씨에게 벼슬하고 있던 제자 冉有에게 말리도록 권하였다. 그러나 염유가 말리지 못하자 공자가 한탄하며 한 말이다. 林放은 예의 근본을 물었던 공자의 제자로, 공자는 임방보다 예에 밝은 태산의 신이 왕도 아닌 계손씨가 바친 祭物을 거들떠보지 않을 것임을 말한 것이다.

125) 『禮記』「月令」에 보인다.
126) 仲冬: 한참 추울 때. 음력 11월을 말한다.
127) 皇侃은 '又隨以喪'을 백성들이 도주하는 것으로 해석하였다. "皇氏云: 又隨以喪者, 謂逃亡, 人爲疾疫皆逃亡, 故雲又隨以喪."
128) 九江郡: 진대 설치하였다. 관아는 지금의 안휘성 壽縣인 壽春縣에 두었다. 관할 지역은 지금의 안휘, 하남성 淮水 이남, 호북성 黃區 이동 및 江西省 전체에 해당한다. 경내에 '九江'이란 강이 있어 군의 이름으로 삼았다고 한다. 진나라 말에 서쪽 지역을 잘라 衡山郡을 설치하였으며, 이후 漢楚 전쟁 시기(BC. 206~BC. 202)에 남쪽 지역을 나눠 盧江郡과 豫章郡을 설치하였다. 고제 4년(BC. 203) 淮南國이 되었다가, 武帝 원수 초 다시 구강군이 되었다. 조위 황초 2년(221)에 구강군을 회남국으로 삼았다.
129) 盧江郡: 한초 전쟁 시기 진의 구강군을 나눠 설치하였다. 관할 지역은 지금의 안휘성 장강 이남, 涇縣·宣州 이서와 강서성 信江 유역 및 그 이북에 해당한다.

延熹四年正月, 大疫.[一]

(환제) 연희 4년(161) 정월, 역병이 크게 돌았다.

[一]　太公六韜曰:「人主好重賦役, 大宮室, 多臺遊, 則民多病溫也.」

　　『태공육도』에서 말하였다. "군주가 부역賦役을 무겁게 하고 궁실을 크게 만들며, 누대樓臺에서 자주 유흥을 즐기는 것을 좋아하면 백성들 중 전염병에 걸리는 자가 많아진다."

靈帝 建寧四年三月, 大疫.

영제 건녕 4년(171) 3월, 역병이 크게 돌았다.

熹平二年正月, 大疫.

(영제) 희평 2년(173) 정월, 역병이 크게 돌았다.

光和二年春, 大疫.

(영제) 광화 2년(179) 봄, 역병이 크게 돌았다.

五年二月, 大疫.

(광화) 5년(182) 2월, 역병이 크게 돌았다.

中平二年正月, 大疫.

(영제) 중평 2년(184) 정월, 역병이 크게 돌았다.

獻帝 建安二十二年, 大疫.[一]

헌제 건안 22년(217), 역병이 크게 돌았다.

　　한무제 이후 관아를 舒縣(지금의 안휘성 廬江縣)에 두었다.

[一]　魏文帝書與吳質曰:「昔年疾疫, 親故多離其災.」魏 陳思王常說疫氣云:「家家有强尸之痛, 室室有號泣之哀, 或闔門而殪, 或擧族而喪者.」

　　위문제가 서신을 오질吳質[130]에게 보내 말하였다. "예전에 역병이 돌아 친척과 오랜 친구들 다수가 그 병[災]에 걸렸다."[131] 조위 진사왕陳思王[132]이 일찍이 전염병에 대해 말하기를 "가家마다 비명횡사한 죽음의 고통이 있고, 실室마다 곡읍哭泣의 애통함이 있다. 혹은 일문一門이 쓰러지거나 혹은 일족一族이 죽은 경우도 있다."고 하였다.

130) 吳質(177~230): 字는 季重, 兖州 濟陽(지금의 산동성 菏澤市) 출신. 삼국 시기 조위의 문학가. 뛰어난 文才로 인하여 조비에게 총애를 받았다. 조비가 태자로 책봉되는 데 큰 공을 세웠다. 司馬懿, 陳群, 朱鑠과 더불어 조비의 '四友'로 불린다. 관직은 振威將軍·假節都督河北諸軍事에 이르렀고, 列侯에 책봉되었다. 『三國志』 卷21에 傳이 있다.

131) 건안 21년(216)에 창궐했던 역병으로 인해 徐幹, 陳琳, 應瑒, 劉楨 등이 병에 걸려 사망한 것을 말한다. 『三國志·魏書』 卷21, 「阮瑀傳」, "瑀以十七年卒. 幹·琳·瑒·楨二十二年卒. 文帝書與元城令吳質曰: 「昔年疾疫, 親故多離其災, 徐·陳·應·劉, 一時俱逝.…」"

132) 陳思王(192~232): 曹植. 字는 子建, 패국 초현(지금의 안휘성 박주시) 출신. 조조와 武宣卞皇后의 셋째 아들. 건안 문학을 대표하는 문학가. 뛰어난 문학적 재능으로 조조에게 신임을 얻었으나 조조 사후 조비가 위왕에 즉위하면서 박해를 받으며 불운한 삶을 살다 41세에 병사하였다. 조조·조비와 더불어 '三曹'로 불렸으며 이후 李白·蘇軾과 더불어 仙才로 불렸다. 대표작으로는 「洛神賦」, 「白馬篇」, 「七哀詩」 등이 있다. 시호는 思王이다. 『三國志』 卷19에 傳이 있다.

投蜺: 무지개의 출현

靈帝 光和元年六月丁丑, 有黑氣墮北宮溫明殿東庭中, 黑如車蓋, 起奮訊, 身五色, 有頭, 體長十餘丈, 形貌似龍. 上問蔡邕, 對曰:「所謂天投蜺者也. 不見足尾, 不得稱龍. 易傳曰:『蜺之比無德, 以色親也..』潛潭巴曰:『虹出, 后妃陰脅王者.』又曰:『五色迭至, 照于宮殿, 有兵革之事.』演孔圖曰:『天子外苦兵, 威內奪, 臣無忠, 則天投蜺..』[一] 變不空生, 占不空言.」[二] 先是立皇后何氏, 皇后每齋, 當謁祖廟, 輒有變異不得謁. 中平元年, 黃巾賊張角等立三十六方, 起兵燒郡國, 山東七州處處應角. 遣兵外討角等, 內使皇后二兄爲大將統兵. 其年, 宮車宴駕, 皇后攝政, 二兄秉權. 譴讓帝母永樂后, 令自殺. 陰呼幷州牧董卓欲共誅中官, 中官逆殺大將軍進, 兵相攻討, 京都戰者塞道. 皇太后母子遂爲太尉卓等所廢黜, 皆死. 天下之敗, 兵先興於宮省, 外延海內, 二三十歲, 其殃禍起自何氏.[三]

영제 광화 원년(178) 6월 정축丁丑(29일), 흑기黑氣가 북궁 온명전溫明殿[133] 동정東庭 가운데로 떨어졌다. 흑색이 마치 수레의 덮개 같았는데 격렬하게 신속히 일어나니 몸은 오색이고 머리가 있었으며, 몸길이는 10여 장으로 형상은 마치 용과 같았다. 주상이 채옹에게 (그것에 대해) 물으니, 대답하여 말하였다. "이른바 하늘이 (천하가 어지러워질 조짐을 보이기 위해) 띄운 무지개라는 것입니다. 발과 꼬리가 보이지 않으니 용이라고 부를 수는 없습니다. 『역전易傳』에서 말하기를 '무지개와 같은 부류에 덕이 없다고 하는 것은 색 때문에 (사람들이) 좋아하기 때문이다.'[134]라고 하였습니다. 『춘추잠담파春秋潛潭巴』에서는 '무지개의 출현은 후비가 은밀히 왕을 핍박하는 것의 조응이다.'라고 하였습니다. 또 말하기를 '오색이 번갈아 나타나

---

133) 『後漢書』「靈帝紀」에는 '溫德殿'으로 나온다.

134) 『後漢書』「楊賜傳」에 인용된 동일 구절에 대해 李賢은 『易稽覽圖』「中孚經」의 문장이라고 주해하였다. 『後漢書』 卷54, 「楊賜傳」, "於中孚經曰:『蜺之比, 無德以色親.』[李賢注: 易稽覽圖中孚經之文.]"

궁전을 비추면 전쟁[兵革]이 일어난다.'라고 하였습니다. 『춘추연공도春秋演孔圖』135)에서는 '천자가 밖에서 전쟁으로 괴로워하고 안에서 권위를 탈취당하며 신하에게 충의가 없으면 하늘에서 무지개를 띄운다.'고 하였습니다. 변이는 이유 없이 생기지 않고 점괘는 근거 없이 말해지지 않습니다."
앞서 황후 하씨何氏를 세웠는데, 황후가 매번 재계齋戒하고 조묘祖廟에 배알拜謁하러 갈 때마다 번번이 변이가 생겨 배알을 할 수 없게 되었다. 중평원년(184) 황건적 장각이 36방을 세우고 병사를 일으켜 군국을 불태우니 산동山東 7주 곳곳에서 장각에게 호응하였다. (영제는) 밖으로는 군대를 파견하여 장각 등을 토벌하고, 안으로는 황후의 두 형136)을 대장으로 삼아 병사를 통솔하게 하였다. 그해 황제가 붕어하고 황후가 섭정攝政하니 (황후의) 두 형이 권력을 장악하였다. (하진은) 영제의 모친인 영락태후永樂太后를 책망하고 자살하게 하였다. (또한) 은밀히 병주목幷州牧 동탁을 불러 함께 환관을 주살하고자 하였으나 환관들이 역으로 대장군 하진을 살해하였고, 각 병력들이 서로 공격하여 수도에는 전투하는 병사들이 도로를 메웠다. 황태후 모자137)는 마침내 태위 동탁에게 폐출되어 모두 사망하였다. 천하의 패망은 우선 병사가 궁전과 관서에서 일어나고 밖으로 천하로 확대된 20~30년 사이에 일어났으며, 그 재앙은 하씨로부터 일어났다.

[一] 案邕集稱曰:「演孔圖曰:『蜺者, 斗之精也. 失度投蜺見態, 主惑於毀譽.』合誠圖曰:

---

135) 『春秋演孔圖』: 春秋緯 중 하나. 『孔演圖』로도 불린다. 宋均이 注를 달았으나 宋代 이후 산일되었다. 公羊學派가 『春秋』와 공자를 신비화하기 위해 저술한 것으로 알려져 있다. 고대 성인들과 관련한 感生帝說과 瑞祥에 관한 내용이 많다. 『禮記』孔穎達疏에 인용된 何休의 주해에 따르면 魯哀公 14년(BC. 481) 獲麟 이후 노의 正門에 미래를 예언한 血書가 출현하였고 그것이 변화해서 『演孔圖』가 되었다고 하였다. 『禮記注疏』, 「中庸」, "何休云, 得麟之後, 天下血書魯端門曰: 作法, 孔聖沒, 周姬亡, 彗東出, 秦政起, 胡破術, 書記散, 孔不絕. 子夏明日往視之, 血書飛爲赤烏, 化爲白書, 署曰演孔圖, 中有作圖制法之狀. 孔子仰推天命, 俯察時變, 卻觀未來, 豫解無窮, 知漢當繼大亂之後, 故作撥亂之法以授之."
136) 하진과 하묘를 말한다.
137) 何太后와 少帝(弘農王)를 말한다.

『天子外苦兵者也.』」

『채옹집蔡邕集』[138]을 살펴보니 (다음과 같이) 말하였다. "『춘추연공도』에서 말하기를 '무지개는 북두칠성의 정화精華다. 절도를 잃으면 (하늘이 띄운) 무지개가 형태를 드러내는데, 군주가 비방과 칭찬에 현혹되었기 때문이다.'라고 하였으며, 『춘추합성도春秋合誠圖』[139])에서는 '천자가 밖에서 전쟁으로 괴로워한다.'고 하였다."

[二] 邕對又曰:「意者陛下樞機之內, 衽席之上, 獨有以色見進, 陵尊踰制, 以昭變象. 若羣臣有所毁譽, 聖意低迴, 未知誰是. 兵戎未息, 威權漸移, 忠言不聞, 則虹蜺所在生也. 抑內寵, 任中正, 決毁譽, 分直邪, 各得其所; 勒守衛, 整武備, 威權之機不以假人, 則其救也.」

채옹이 또 답하여 말하였다. "생각하옵건대 폐하께서는 정치적 중추와 후궁을 오직 용모와 안색만으로 등용하시고 윗사람을 침해하고 규정을 벗어나는 자가 (임용되어 있기에) 이변의 징조가 드러난 것입니다. 만일 뭇 신하가 비방하고 칭찬하는데 군주의 마음이 정해지지 않고 오락가락한다면 누가 옳은지 알 수 없습니다. 전란은 아직 그치지 않고 권위는 점차 (신하에게로) 옮겨가며 충언은 들리지 않으니, 하늘이 (경계의 징표로 띄우는) 무지개가 생긴 것입니다. 총애하는 자를 억누르시고 치우침 없이 바른 이를 임용하시며 비방과 칭찬을 (분명히) 구별하시고 바른 것과 간사한 것을 분별하시어 각기 적절하게 처우하십시오. 방비를 단속하시고 군비를 정돈하시며, 권위의 핵심을 (스스로 장악하시고) 다른 사람에게 주지 않으신다면 (재이를) 해소하실 수 있을 것입니다."

[三] 袁山松書曰:「是年七月, 虹晝見御坐玉堂後殿前庭中, 色靑赤也.」

원산송의 『후한서』에서 말하였다. "이해 7월, 무지개가 낮에 어좌御座와 옥당후전玉堂後殿 전정前庭에 나타났다. 색은 청색과 적색이었다."

---

138) 『蔡邕集』: 『蔡中郎集』을 말한다. 『隋書』「經籍志」에 "後漢左中郎將蔡邕集十二卷."으로 著錄되어 있다.

139) 『春秋合誠圖』: 春秋緯 중 하나. 宋均이 注를 달았으나 산일되었다. 고대 성왕들과 관련된 감생제설과 특이한 용모에 관한 내용 및 천문의 변이에 대해 기술하였다.

『後漢書』 志第十八, 「五行六」

日蝕: 해의 먹힘

<u>光武帝</u>[一]建武二年正月甲子朔, 日有蝕之. 在<u>危</u>八度.[二] <u>日蝕說</u>曰: 「日者, 太陽之精, 人君之象. 君道有虧, 爲陰所乘, 故蝕. 蝕者, 陽不克也.」 其候雜說, <u>漢書五行志</u>著之必矣.[三] 儒說諸侯專權, 則其應多在日所宿之國.[四] 諸象附從, 則多爲王者事. 人君改修其德, 則咎害除.[五] 是時<u>世祖</u>初興, 天下賊亂未除. <u>虛·危</u>, 齊也. 賊<u>張步</u>擁兵據<u>齊</u>, 上遣<u>伏隆</u>諭步, 許降, 旋復叛稱王, 至五年中乃破.

광무제光武帝(재위 25~57) 건무建武 2년(26) 정월 갑자甲子 초하루, 일식이 위수危宿 8도에서 일어났다. 『일식설日蝕說』에서 말하였다. "해日는 왕성한 양陽의 정화精華로, 군주의 상징이다. 군주의 치도治道에 어그러짐이 있으면 음기가 상승하기 때문에 일식이 일어난다. 일식은 양기가 (음기를) 이기지 못한 것이다." 그 (일식에 대한) 징후와 관련한 다양한 설은 『한서漢書』「오행지五行志」에 모두 기록되어 있다. 유자儒者들이 말하기를 제후諸侯가 권력을 마음대로 하면 그 응험의 대부분은 해가 위치한 (분야에 해당하는) 제후국에서 발생한다.1) 다양한 이변이 뒤따르는데, 대다수는 왕에 대한 것이다. 군주가 (반성하여) 그 덕을 고쳐 닦으면 재해는 해소될 수 있다. 이때 세조世祖(광무제)가 막 흥기하여 천하의 도적들이 아직 평정되지 않았다. 허수虛宿와 위수는

---

1) 分野說을 말하는 것으로 중국을 하늘의 十二星次 혹은 二十八宿에 배당하고, 배당된 별의 위치에 따라 각 나라의 길흉을 점치는 점성술의 일종이다.

제齊 땅에 해당한다. 적도賊徒 장보張步가 군대를 보유하고 제 땅을 점거하였는데, 주상이 복륭伏隆[2]을 보내 장보를 회유하니 항복하기로 하였다가 태도를 바꿔 다시 배반하여 왕을 칭하였다. (건무) 5년(29)에 이르러서야 겨우 격파하였다.

[一] 古今注曰:「建武元年正月庚午朔, 日有蝕之.」 即更始三年.

『고금주古今注』에서 말하였다. "건무 원년(25) 정월 경오庚午 초하루, 일식이 있었다." 곧, 경시更始 3년이다.

[二] 杜預曰:「曆家之說, 謂日光以望時遙奪月光, 故月蝕. 日月同會, 月奄日, 故日蝕. 蝕有上下者, 行有高下. 日光輪存而中食者, 相奄密, 故日光溢出. 皆旣者, 正相當而相奄閒疎也. 然聖人不言月食日, 而以自蝕爲文, 關於所不見.」 春秋潛潭巴云:「甲子蝕, 有兵敵強.」 臣昭案: 春秋緯六旬之蝕, 各以甲子爲說, 此偏擧一隅, 未爲通證, 故於事驗不盡相符. 今依日例注, 以廣其候耳. 京房占曰:「北夷侵, 忠臣有謀, 後大水在東方.」

두예杜預[3]가 말하였다. "역가曆家의 설에 따르면 해의 빛이 만월滿月 때 멀리서 달의 빛을 빼앗기 때문에 월식이라고 한다. 해와 달이 동일한 (위치에서) 만나 달이 해를 가리면 일식이라고 한다. (해가) 침식당한 것에 위아래가 있는 것은 (달의) 운행에 위아래가 있기 때문이다. 해의 빛이 바퀴처럼 (가장자리만이) 남고 가운데만 가려진 것은 서로 덮어 가린 것이 가깝기 때문에 해의 빛이 넘쳐 나온 것이다.[4] 개기일식皆旣日蝕은 정확하게 겹친 상태로 서로 덮어 가린

---

2) 伏隆(?~27): 後漢의 관리. 字는 伯文, 琅邪 東武(지금의 山東省 諸城) 출신. 大司徒 伏湛의 장자. 어려서부터 절개와 지조로 유명하였다. 郡의 督郵로 관직에 나갔고 建武 2년(26) 光武帝에게 발탁되어 다음해 太中大夫로 靑·徐 2州의 반란 세력을 회유하는 일을 담당하였다. 그해 겨울 光祿大夫 張步에게 파견되었으나 장보에게 구금되었다가 피살되었다. 『後漢書』 卷26에 傳이 있다.

3) 杜預(222~284): 字는 元凱, 京兆郡 杜陵縣(지금의 陝西省 西安市) 출신. 魏晉 시기 학자며 역사가. 曹魏 散騎常侍 杜恕의 아들. 처음 조위에서 입사하여 尙書郎이 되었다. 후에 司馬昭의 막료가 되어 豊樂亭侯에 봉해졌다. 西晉 건국 후 河南尹, 秦州刺史, 度支尙書 등의 관직을 역임하였다. 武帝 咸寧 4년(278) 羊祜를 이어 鎭南大將軍이 되어 荊州에 나가 鎭守하였다. 이듬해 孫吳 정벌 시에 공을 세우고 陽縣侯로 進封되었다. 太康 5년(284), 司隷校尉를 拜受하였으나 임지로 가는 도중 鄧縣에서 사망하였다. 향년 63세였다. 사후 征南大將軍·開府儀同三司를 받았으며 謚號는 成이다. 어려서부터 博學으로 알려졌고 역사학에서도 뛰어난 업적을 남겼다. 저서로는 『春秋左氏傳集解』 및 『春秋釋例』 등이 있다. 『晉書』 卷34에 傳이 있다.

4) 金環日蝕을 의미한다. 태양의 視直徑(지구에서 본 천체의 겉보기 지름)이 달의

것이 멀 때 (발생한다.) 그러나 성인이 달이 해를 먹는다[月食日]고 말씀하지 않고 (해) 스스로 먹혔다[日蝕]고 표현한 것[5]은 보이지 않는 (달에 대해서) 기술하지 않으신 것이다."[6] 『춘추잠담파春秋潛潭巴』에서 말하였다. "갑자일에 일식이 있으면 병사가 강적과 대적하게 된다."[7] 신臣 유소劉昭가 살펴보니 다음과 같았습니다. 『춘추위春秋緯』[8]에서는 60일의 일식 (모두)에 대하여 각기 간지[甲子]에 따라 설을 서술하였습니다만, 여기서는 일부만을 거론하였을 뿐 모든 것을 증명한 것은 아닙니다. 따라서 (일어난) 사건과 (일식의) 증험이 모두 서로 부합하지 않습니다. 지금 해에 대한 사례에 의거하여 (어떤 일에 조응하여 일식이 일어났는지를) 주해注解하여 그 징후에 대한 (해석을) 널리 펴고자 합니다. 『경방점京房占』에서 말하였다. "(갑자일에 일식이 발생하면) 북이北夷가 침략하고 충신에게는 (나쁜 일을 꾸미려는) 계책이 있으며, 후에 동방에서 홍수가 일어난다."[9]

[三] 春秋緯曰：「日之將蝕，則斗第二星變色，微赤不明，七日而蝕.」

『춘추위』에서 말하였다. "장차 일식이 일어나려면 두수斗宿[10]의 두 번째 별의 색이 변하는데, 미세하게 붉은 색으로 어두워지고 7일 뒤 일식이 일어난다."

[四] 春秋漢含孶曰：「臣子謀，日乃蝕.」孝經鉤命決曰：「失義不德，白虎不出禁，或逆枉矢射，山崩日蝕.」管子曰：「日掌陽，月掌陰，星掌和. 陽爲德，陰爲刑，和爲事. 是故日蝕，則失德之國惡之；月蝕，則失刑之國惡之；彗星見，則失和之國惡之. 是故聖王日蝕則修

시직경보다 커서 달이 태양의 안쪽으로 들어가서 가리게 되는 형태다.

5) 『春秋』에서 일식 기사는 '日有食之' 혹은 '日食'의 형태로 표현되지 '月食日'의 형태로 기술되지 않는다.

6) 이상의 내용은 『春秋左傳正義』의 孔穎達疏에 인용된 張衡의 『靈憲』의 내용과 같다. 이해를 위해 원문을 소개하면 다음과 같다. "張衡靈憲曰：…是言日奪月光，故月食也. 若是日奪月光，則應每望常食，而望亦有不食者，由其道度異也. 日月異道，有時而交，交則相犯，故日月遞食. 交在望前，朔則日食，望則月食；交在望後，望則月食，後月朔則日食. 交正在朔，則日食旣前，後望不食；交正在望，則月食旣前，後朔不食. …日月同會，道度相交，月掩日光，故日食；日奪月光，故月食. 言月食是日光所沖，日食是月體所映，故日食常在朔，月食常在望也. 「食有上下者，行有高下」，謂月在日南，從南入食，南下北高，則食起于下. 月在日北，從北入食，則食發於高，是其行有高下，故食不同也. …日月之體，大小正同. 相掩密者，二體相近，正映其形，故光得溢出而中食也. 相掩疏者，二體相遠，月近而日遠，自人望之，則月之所映者廣，故日光不復能見而日食旣也. 日食者，實是月映之也. 但日之所在則月體不見. 聖人不言月來食日，而云有物食之，以自食爲文，闕於所不見也."

7) 『春秋潛潭巴』의 干支에 따른 일식에 대한 해석을 표로 정리하면 다음과 같다. 표는 中村璋八 編，『重修 緯書集成 卷四下(春秋下)』(東京: 明德, 1992), 78-82쪽의 내용을 정리한 것이다. 필요에 따라 『開元占經』을 이용하여 내용을 고친 곳도 있으나 別記하지 않는다.

德, 月蝕則修刑, 彗星見則修和.」

甲子	有兵, 狄强起	己卯	地賊起, 砂石踊, 以有壅	甲午	大蟲蚨蝗興, 主貪暴, 民流亡	己酉	妃死子不葬, 以內亂相怨疑
乙丑	大旱, 大父執綱	庚辰	彗星東出, 有寇兵	乙未	天下多邪氣, 鬱鬱蒼蒼	庚戌	臣相侵
丙寅	久旱, 多有徵	辛巳	妃謀王子用兵	丙申	諸侯相功	辛亥	子爲雄
丁卯	旱有兵	壬午	久雨旬望	丁酉	侯侵王	壬子	女謀主
戊辰	地動陰強	癸未	仁義不明	戊戌	有殃主后死, 天下諒陰	癸丑	水湯湯
己巳	地動, 火災數降	甲申	蟲四月大霜	己亥	小人用事	甲寅	雷擊殺人, 骨肉爭功
庚午	後火燒後宮, 有兵行	乙酉	仁義不明, 賢人消	庚子	君疑其男	乙卯	雷不行, 霜不殺草, 長人入宮
辛未	大水湯湯	丙戌	臣憎主, 獄不理, 多冤訟	辛丑	主疑三公	丙辰	山水淫淫
壬申	水盛, 陽漬陰欲朔	丁亥	匿謀滿王室	壬寅	天下苦兵, 大臣橫	丁巳	下有聚兵
癸酉	連陰不解, 淫雨水出, 有兵	戊子	宮室內淫, 必惑雄	癸卯	諸侯非共天子不順, 司徒亡國, 後有大蟲羣翔禽入國, 外伐內, 主危亡	戊午	久旱穀不傷
甲戌	草木不滋, 王令不行	己丑	臣代其主, 天下皆亡	甲辰	四騎脅	己未	失名主
乙亥	陽不明, 冬無冰	庚寅	誅相大水, 多死傷	乙巳	東國發兵	庚申	夷狄內攘
丙子	五月大霜	辛卯	臣伐其主	丙午	民多流亡	辛酉	女謁且興
丁丑	誅三公	壬辰	河決海溢, 久霜連陰	丁未	主者崩	壬戌	群山崩
戊寅	天下大風, 而無園菓	癸巳	在陽位者, 權不行	戊申	地動搖宮, 外侵兵强	癸亥	大人崩

8) 『春秋緯』: 『春秋潛潭巴』를 말한다.

9) 『開元占經』에 인용된 『京房占』의 내용은 다음과 같다. "京氏曰: 「甲子日蝕, 北夷欲殺中臣, 有謀; 不者大水, 在東方.」" 『경방점』의 干支에 따른 일식의 해석은 표와 같다.

甲子	北夷欲殺中臣, 有謀; 不者大水, 在東方	己卯	東夷欲殺, 後有大蟲	甲午	南夷欲弒其君, 後有大旱	己酉	西夷欲弒, 後大兵, 必西行
乙丑	諸侯之臣欲弒其君, 在西北, 兵行不勝, 後有小兵, 五穀頗蟲傷	庚辰	君易賢以剛. 卒以自傷, 後有水, 在東北	乙未	君貴衰, 庶暴虐, 黎民背叛, 後地動	庚戌	司觀之卿欲殺, 有小旱
丙寅	司待欲弒君, 後小旱, 在東南	辛巳	諸侯外親欲弒其君, 兵行暴, 至期衝, 兵起西北	丙申	君暴死, 臣下橫恣, 上下相賊, 後大水	辛亥	司馬之大夫欲弒君, 反受其殃, 後有蟲害
丁卯	旱, 有兵	壬午	三公與諸侯相賊, 弱其君王, 天應而蝕, 三公失國, 後旱且水	丁酉	諸侯之臣, 欲弒其主, 身反獲傷, 後有大兵, 起西北	壬子	諸侯同姓任政者, 欲弒其君, 大夫害
戊辰	同姓近臣欲弒君, 後有地動, 變在東南	癸未	諸侯上侵, 下臣欲弒其君, 在東北, 後有小蟲	戊戌	婚家欲弒, 後旱, 馬驂運	癸丑	寇盜行, 兵恐; 君王目爲不明

『춘추한함자春秋漢含孳』에서 말하였다. "신하에게 음모가 있으면 일식이 일어난다." 『효경구명결孝經鉤命決』11)에서 말하였다. "의를 잃고 부덕하면 백호白虎가 금중禁中에 나타나지 않거나 쏜 화살이 휘어 역행하며, 산이 무너지고 일식이 일어난다." 『관자管子』에서 말하였다. "해는 양을 관장하고 달은 음을 관장하며, 별은 조화[和]를 관장한다. 양은 덕이 되고 음은 형벌이 되고 조화는 일[事]이 된다. 이 때문에 일식이 일어나면 덕을 잃은 나라는 그것을 꺼려한다. 월식이 일어나면 형벌을 적절히 집행하지 않은 나라는 그것을 꺼려한다. 혜성이 나타나면

己巳	婚家欲弑君, 後有諸侯謀, 後在西南	甲申	司馬大夫欲弑君, 後有小水, 在晉	己亥	主弱, 小人持政, 欲心成, 天應日蝕, 誡使精	甲寅	同姓大臣欲弑其君, 後有旱
庚午	司徒欲弑其主, 兵必行, 後有大旱, 在南方	乙酉	君弱臣强, 司馬將兵去徵其主	庚子	庶子欲弑嫡, 卒不得, 守臣征伐, 後有大水	乙卯	必有專政欲殺, 不出三年, 身被其誅, 後有大蟲
辛未	司空欲弑君, 後有大蟲, 在東方	丙戌	同姓近臣欲弑其君, 後有大旱, 火從天墮	辛丑	賢者離散, 小人盛, 常欲弑主	丙辰	帝命之極, 武王乃得
壬申	諸侯相弑, 在東北方, 後有小兵, 寇盜並行	丁亥	君臣無別, 司馬牧民, 司徒將兵, 後有蟲在西北方	壬寅	諸侯欲弑主, 反亡國, 在東南, 後有小旱, 在東南	丁巳	天乃去惡依聖人, 後有小兵
癸酉	上强, 天下謀, 兵不出其年, 大兵行始於西方	戊子	妻欲害夫, 九族夷滅, 後有大水, 在東方	癸卯	諸侯非其天, 子不順, 司徒亡國, 後有大蟲	戊午	有婚家執政, 賊由妻始, 後有旱
甲戌	近臣欲弑君, 反爲戮辱, 後有小時, 在西南	己丑	婚家欲弑, 後有小兵, 在西方	甲辰	王後爵命絶, 後有水	己未	臣不安居, 君陰謀, 欲侵, 後地大動
乙亥	子欲弑父, 身獲虜, 後有陰雨; 一日日蝕陰, 天下大亂	庚寅	臣將兵, 誅過職, 身被刑罰, 後有小旱, 在東南方	乙巳	諸侯上侵以自益, 近臣盜竊以爲積, 天子不知, 日爲之蝕	庚申	骨肉相賊, 後有水
丙子	諸侯欲相弑, 兵必行, 在東, 後有大水	辛卯	天子微弱, 諸侯誅兵, 欲弑其主, 卒反得其殃, 後有小蟲, 在東方	丙午	親戚爭嗣, 同姓欲弑其主, 後有大旱, 在南方	辛酉	昆弟相殺, 更有國家, 後有兵行, 三年不息
丁丑	諸侯近臣欲弑其君, 在西北方, 後有小兵	壬辰	諸侯欲弑其君, 當誅, 日複蝕之, 後有大水在東方	丁未	執政欲弑, 司徒不肖, 後有蟲, 地震動	壬戌	諸侯欲殺, 在西南
戊寅	異姓近臣欲弑其君, 後歲旱, 土沸騰	癸巳	諸侯隔絶, 轉相伐, 兵稍出	戊申	臣欲弑君, 意在王位, 後必有小水	癸亥	天下命終極, 聖人更起, 不可救止, 後大雨水

10) 斗宿: 별자리 이름. 南斗로도 불린다. 28수 중 하나, 북방 玄武 7수의 첫 번째 별자리. 여섯 별을 포함한다. 천문의 斗宿는 지상의 江湖에 해당한다.

11) 『孝經鉤命決』: 孝經緯의 하나. 고대 聖王의 제도 및 感生, 孔子의 特異容貌, 瑞祥 및 災異와 人事와의 관계에 대해 서술하였다.

조화를 잃은 나라는 그것을 꺼려한다. 이 때문에 성왕聖王은 일식이 일어나면 덕을 닦고 월식이 일어나면 형정刑政을 닦고 혜성이 출현하면 조화를 닦는다."12)

[五] 孝經鉤命決曰: 「日蝕修孝, 山崩理惑.」
『효경구명결』에서 말하였다. "일식이 일어나면 효를 닦고, 산이 무너지면 미혹함을 다스린다."

三年五月乙卯晦, 日有蝕之,[一] 在柳十四度. 柳, 河南也. 時世祖在雒陽, 赤眉降賊樊崇謀作亂, 其七月發覺, 皆伏誅.[二]
(건무) 3년(27) 5월 을묘乙卯 그믐, 유수柳宿 14도에서 일식이 일어났다. 유수는 (분야설分野說에서) 하남河南에 해당한다. 이때 세조가 낙양洛陽에 있었는데, 적미赤眉 집단의 항복한 수령인 번숭樊崇이 난을 일으키려 모의하였다가 그 7월에 발각되어 모두 죽음을 당하였다.

[一] 潛潭巴曰: 「乙卯蝕, 雷不行, 雪殺草不長, 姦人入宮.」
『춘추잠담파』에서 말하였다. "을묘일에 일식이 있으면 우레가 치지 않고 눈이 내려 초목을 죽여 자라지 못하게 하며, 간사한 사람이 입궁하게 된다."13)

[二] 古今注曰: 「四年五月乙卯晦, 日有蝕之.」
『고금주』에서 말하였다. "(건무) 4년(28) 5월 을묘 그믐, 일식이 있었다."

六年九月丙寅晦, 日有蝕之.[一] 史官不見, 郡以聞.[二] 在尾八度.[三]
(건무) 6년(30) 9월 병인丙寅 그믐, 일식이 있었다. 사관史官14)은 보지 못하였고, 군郡에서 보고하였다. 미수尾宿 8도에서 발생하였다.

---

12) 『管子』「四時」편에 보인다.
13) 『重修 緯書集成 卷四下(春秋下)』에 수록된 『春秋潛潭巴』에는 "雷不行, 霜不殺草, 長人入宮."으로 되어 있다.
14) 史官: 太史를 말하는 것으로 천문 관측 및 曆法을 관장하였다. 災異나 瑞祥의 기록을 담당하기도 하였다. 太史令을 참조.

[一] 潛潭巴曰：「丙寅蝕, 久旱, 多有徵.」京房曰：「有小旱災.」

『춘추잠담파』에서 말하였다. "병인일에 일식이 있으면 오랫동안 가뭄이 들고, (일식에 대응하는) 많은 징조가 발생한다." 경방이 말하였다. "작은 가뭄이 든다."

[二] 本紀「都尉詡以聞」.

「광무제기光武帝紀」에는 "도위都尉 후후詡가 보고했다."고 되어 있다.15)

[三] 朱浮上疏, 以郡縣數代, 羣陽騷動所致, 見浮傳.

주부朱浮가 상소上疏하여 군현郡縣(의 장長)이 수차례 교체되어 뭇 양기가 떠들썩하게 움직여 발생한 것이라고 하였다. (자세한 내용은 『후한서後漢書』)「주부전」에 보인다.16)

七年三月癸亥晦, 日有蝕之,[一] 在畢五度. 畢爲邊兵. 秋, 隗囂反, 侵安定. 冬, 盧芳所置朔方·雲中太守各擧郡降.[二]

(건무) 7년(31) 3월 계해癸亥 그믐, 필수畢宿 5도에서 일식이 있었다. 필수는 변경의 병사에 해당한다. 가을, 외효隗囂가 반란을 일으켜 안정安定을 침입하였다. 겨울, 노방盧芳17)이 임명한 삭방朔方과 운중雲中18)의 태수太守들19)이

---

15) 淸의 錢大昭는 范曄의 『後漢書』「光武帝紀」에 기사가 등장하지 않는 것과 관련하여 『續漢書』「광무제본기」일 것이라 추정하였다. [淸錢大昭, 『續漢書辨疑』卷2(『叢書集成初編』)(上海: 上海商務, 1936) 所收), 18쪽. 그러나 劉昭가 『속한서』를 인용할 경우 특별히 '續漢書曰'이라고 特記하는 것을 근거로 이를 부정하는 연구도 있다. 渡邉義浩·高山大毅·平澤步 篇, 『全譯後漢書 第七冊 志(五) 五行』(東京: 汲古書院, 2012), 253쪽을 참조.

16) 이해를 위해 『後漢書』「朱浮傳」의 원문을 제시하면 다음과 같다. "而閒者守宰數見換易, 迎新相代, 疲勞道路. 尋其視事日淺, 未足昭見其職, 旣加嚴切, 人不自保, 各相顧望, 無自安之心. 有可或因睚眦以騁私怨, 苟求長短, 求媚上意. 二千石及長吏迫於擧劾, 懼於刺譏, 故爭飾詐僞, 以希虛譽. 斯皆羣陽騷動, 日月失行之應."

17) 盧芳: 후한 초 군웅. 字는 君期, 安定郡 三水縣(지금의 寧夏 자치구 同心縣) 출신. 王莽 시기, 前漢 武帝의 증손을 자처하며 백성들을 미혹하고, 왕망 말 삼수현의 羌胡들과 함께 기병하였다. 更始 2년(24), 更始帝가 불러 騎都尉로 삼았다. 건무 원년(25) 경시제 피살 후 삼수현의 호걸들이 공동으로 盧芳을 上將軍·平西王으로 옹립하였다. 이후 匈奴와 결탁하여 漢帝가 되었고, 李興·田颯·隨昱 등과 결탁하여 세력을 확장하였다. 건무 12년(36) 수욱의 배반으로 흉노로 도주하였다가 건무 16년(40) 광무제에게 투항하여 代王에 책봉되었다. 오래지 않아 광무제를 배반하고 다시 흉노로 도주하였다. 그곳에서 10여 년 후 병사하였다. 『後漢書』 卷12에 傳이

각기 군을 들어 항복하였다.

[一] 潛潭巴曰：「癸亥日蝕, 天人崩.」鄭興曰：「頃年日蝕, 每多在晦, [皆月]行疾也. 君亢急, 臣下促迫.」

『춘추잠담파』에서 말하였다. "계해일에 일식이 일어나면 천자가 붕어崩御한다." 정흥鄭興[20]이 말하였다. "요사이 일식은 매번 그믐에 일어난 것이 많았는데, 모두 달의 운행이 빨랐기 때문이다. 군주가 지나치게 성급하면 신하가 촉박하게 된다."

[二] 古今注曰：「九年七月丁酉, 十一年六月癸丑, 十二月辛亥, 並日有蝕之.」

『고금주』에서 말하였다. "(건무) 9년(33) 7월 정유丁酉,[21] 11년(35) 6월 계축癸丑(15일), 12월 신해辛亥(15일), 모두 일식이 있었다."

十六年三月辛丑晦, 日有蝕之,[一] 在昴七度. 昴爲獄事. 時諸郡太守坐度田不實, 世祖怒, 殺十餘人, 然後深悔之.

(건무) 16년(40) 3월 신축辛丑 그믐, 묘수昴宿 7도에서 일식이 있었다. 묘수는 옥사獄事를 상징한다. 이때 여러 군의 태수가 토지를 측량한 것이 실제와 맞지 않은 죄에 연루되어 세조가 노하여 십여 인을 죽이고 후에 매우 후회하였다.[22]

있다.

18) 雲中(郡)：戰國 시기 趙武靈王이 설치하였다. 秦에서 관아를 지금의 內蒙古 托克托縣인 雲中縣에 두었다. 관할 지역은 지금의 내몽고 土默特右旗 이동, 大靑山 이남, 卓資縣 이서, 황하 남안 및 장성 이북에 해당한다. 전한 시기 지역이 축소되었고, 후한 때 幷州에 속하였다가 후한 말 폐지되었다.

19) 당시 朔方郡 太守는 田颯이고, 운중군 태수는 喬扈다. 노방과 결탁하였다가 건무 6년(30) 五原太守 이흥이 주살되는 것을 보고 두려워 배반하고 광무제에게 귀순하였다.

20) 鄭興：字는 少贛, 河南 開封縣(지금의 하남성 개봉시) 출신. 兩漢 교체기의 저명한 학자. 젊어서는 『公羊傳』을 수학하고 이후 『左傳』을 수학하여 今古文 모두에 정통하였다. 특히 그중에서도 『좌전』에 뛰어나, 후한 『좌전』 학자 대부분이 정흥 휘하에서 나왔다. 이외에도 『周禮』와 三通曆에도 뛰어났다. 경시제와 隗囂에게 입사하였다가 광무제에게 부름을 받고 大中大夫가 되었다. 그러나 讖緯를 좋아하는 광무제의 기대에 미치지 못해 중용되지는 못하였다. 『後漢書』卷36에 傳이 있다.

21) 건무 9년(33) 7월에는 丁酉日이 없고, 丁巳日(7), 丁卯日(17), 丁丑日(27)일이 있다.

[一] 潛潭巴曰: 「辛丑蝕, 主疑(王)[臣].」
『춘추잠담파』에서 말하였다. "신축일(에 발생한) 일식은 군주가 신하를 의심하는 것(의 조응이다.)"

十七年二月乙未晦, 日有蝕之,[一] 在胃九度. 胃爲廩倉. 時諸郡新坐租之後, 天下憂怖, 以穀爲言, 故示象. 或曰: 胃, 供養之官也. 其十月, 廢郭皇后, 詔曰「不可以奉供養」.

(건무) 17년(41) 2월 을미乙未 그믐, 위수胃宿23) 9도에서 일식이 있었다. 위수는 창고를 상징한다. 이때 모든 군이 막 조세 문제로 처벌을 받은 직후라 천하가 우려하고 두려워하며 곡식을 화두로 삼았기에, (하늘이) 징조를 보인 것이다. 혹자는 다음과 같이 말하기도 하였다. "위수는 공양供養을 상징하는 별자리다." 그 10월, 곽황후郭皇后24)를 폐하며 조詔를 내려 말하였다. "(종묘에) 공양을 올리지 말라."

[一] 潛潭巴曰: 「乙未蝕, 天下多邪氣, 鬱鬱蒼蒼.」 京房曰: 「君責衆庶暴害之.」
『춘추잠담파』에서 말하였다. "을미일(에 발생한) 일식은 천하 도처에 요사스런 나쁜 기운이 무성한 것의 조응이다." 경방이 말하였다. "(을미일에 발생한 일식은) 군주가 뭇 백성을 책망하고 사납게 그들의 (이익을) 침해하는 것의 조응이다."

二十二年五月乙未晦, 日有蝕之, 在柳七度, 京都宿也. 柳爲上倉, 祭祀穀也. 近輿鬼, 輿鬼爲宗廟. 十九年中, 有司奏請立近帝四廟以祭之, 有詔「廟處所未定, 且就

---

22) 『後漢書』「光武帝紀下」에 다음과 같은 기사가 보인다. "秋九月, 河南尹張伋及諸郡守十餘人, 坐度田不實, 皆下獄死." 기사에 따르면 3월이 아닌 9월의 일이다.

23) 胃宿: 별자리 이름. 28수의 하나로 서방 白虎 7수(奎·婁·胃·畢·觜·參)중 세 번째 별자리다. 모두 3개의 별을 포함한다.

24) 郭皇后(?~52): 光武郭皇后. 이름은 聖通, 후한 광무제 劉秀의 첫 번째 황후. 전한 황족의 후예로 외조부가 景帝의 7대손인 眞定王 劉普다. 24년 유수가 河北을 평정하고 자 세력을 모으면서 진정왕 劉陽의 조카딸인 곽성통과 혼인하게 된다. 광무제 즉위 후 황후로 책봉되었다. 그러나 광무제가 곧 貴人 陰麗華를 총애하게 되며 건무 17년(41) 폐위되어 中山王太后가 되었다. 건무 28년(52) 병사하였다. 北邙山에 묻혔다. 『後漢書』卷10上에 傳이 있다.

<u>高廟祫祭之</u>」. 至此三年, 遂不立廟. 有簡墮心, 奉祖宗之道有闕, 故示象也.

(건무) 22년(46) 5월 을미(23일) 그믐, 유수 7도에서 일식이 있었는데 (유수는) 수도에 해당하는 별자리다. 유수는 상창上倉을 상징하는데, (상창은) 제사에 사용하는 곡식을 (저장하는 곳이다.) 여귀수輿鬼宿25)와 가까운데, 여귀수는 종묘를 상징한다. (건무) 19년(43)에 담당 관원이 (광무제와) 가까운 황제 4인26)의 묘廟를 세우고 제사할 것을 주청奏請하였는데, 조를 내려 "묘(를 세울) 장소를 아직 정하지 못하였으니 잠시 고묘高廟27)에서 합제祫祭28)를 지내도록 하라."29)고 하였다. 지금 3년이 지났지만 결국 묘를 세우지 못하였다.30) 소홀하고 태만한 마음이 있어 조종祖宗을 받드는 도에 허물이 있었기에 (하늘이) 징조를 보인 것이다.

二十五年三月戊申晦, 日有蝕之,〔一〕在畢十五度. 畢爲邊兵. 其冬十月, 以<u>武谿蠻夷</u>爲寇害, 伏波將軍<u>馬援</u>將兵擊之.〔二〕

(건무) 25년(49) 3월 무신戊申 그믐, 필수 15도에서 일식이 있었다. 필수는 변경의 병사를 의미한다. 그 겨울 10월, 무계만이武谿蠻夷가 침범하여 해를 입히니 복파장군伏波將軍31) 마원馬援32)이 병사를 이끌고 가서 격퇴하였다.

---

25) 輿鬼(宿): 鬼宿. 28수 중 하나로 남방 朱雀 7수의 두 번째 별자리.

26) 平帝, 哀帝, 成帝, 元帝를 말한다.

27) 광무제 건무 2년(26) 洛陽에 세운 高帝 劉邦의 廟를 말한다.

28) 祫祭 : 천자나 제후가 자신 이전까지의 선황제나 선왕들의 神主를 太祖廟에서 태조의 신주와 함께 제사지내는 것을 말한다. 『春秋公羊傳』 「文公二年」條에는 "大祫者何, 合祭也."라고 하여 신주를 함께 모아 지내는 제사를 '大祫'이라 함을 알 수 있다. 한편 『說苑』 「修文」에서는 "祫者, 大合祭於祖廟也."라고 하여 합제사가 祖廟에서 지내는 大合祭라고 하였다.

29) 후한의 경우 陵園 외부 근처에 廟를 세우고, 능원 내부에 寢을 설치하는 이른바 '陵旁立廟' 제도와는 달리 하나의 廟에 여러 황제의 신주를 함께 모시는 '同堂異室' 제도를 채택하였다.

30) 최종적으로 高帝·文帝·武帝·宣帝·元帝의 신주는 낙양의 고묘에 合祀하였고, 成帝·哀帝·平帝의 신주는 長安의 고묘에서 합사하기로 하였다.

31) 伏波將軍: 고대 將軍號로 雜號將軍 중 하나. 伏波는 풍파를 가라앉힌다는 뜻이다. 전한 무제 시기 南越을 토벌하면서 路博德을 임명하였다.

32) 馬援(BC. 13~49): 字는 文淵이고 扶風郡 茂陵縣(지금의 섬서성 興平市) 출신. 전한

[一] 潛潭巴曰:「戊申蝕, 地動搖, 侵兵強. 一曰: 主兵弱, 諸侯(爭)[強].」

『춘추잠담파』에서 말하였다. "무신일에 일식이 일어나면 땅이 움직여 흔들리고 강한 군대가 침입하게 된다. 일설에는 군주의 병사가 약하고 제후가 강한 것의 (조응이라고 하였다.)"

[二] 古今注曰:「二十六年二月戊子, 日有蝕之, 盡.」

『고금주』에서 말하였다. "(건무) 26년(50) 2월 무자戊子,33) 일식이 있었는데 (달이 태양을) 모두 가렸다."

二十九年二月丁巳朔, 日有蝕之,[一] 在東壁五度. 東壁爲文章, 一名娵訾之口. 先是皇子諸王各招來文章談說之士, 去年中, 有人上奏:「諸王所招待者, 或眞僞雜, 受刑罰者子孫, 宜可分別.」於是上怒, 詔捕諸王客, 皆被以苛法, 死者甚多. 世祖不早爲明設刑禁, 一時治之過差, 故天示象. 世祖於是改悔, 遣使悉理侵枉也.

(건무) 29년(53) 2월 정사丁巳 초하루, 동벽수東壁宿34) 5도에서 일식이 있었다. 동벽수는 문장文章을 의미하는데,35) 일명 추자娵訾36)의 입이다. 앞서 황자皇子인 여러 왕들이 각기 문장이 뛰어나고 담론에 능한 사인들을 초빙하였다. 지난해에 어떤 사람이 상주上奏하였다. "여러 왕들이 초대한 자들 중에는 혹 진위가 잡스럽게 섞여 형벌을 받은 자의 자손도 있으니 마땅히 분별해야 할 것입니다." 이에 주상이 노하여 여러 왕들의 빈객賓客들을 체포하여

말~후한 초의 저명한 장군이자 후한의 개국공신으로, 明德馬皇后가 그의 딸이다. 왕망 말 외효에게 투신하여 중히 여겨졌으나 후에 광무제에게 귀순하여 후한 건립에 큰 공을 세웠다. 후한 건립 후 서로는 隴右의 羌族을 토벌하였고 남으로는 交趾를 정벌했으며, 북으로는 烏桓을 격파하였다. 여러 관직을 거쳐 伏波將軍이 되었고 新息侯에 책봉되었다. 건무 25년(49) 五溪蠻을 토벌하던 중 향년 64세로 병사하였다. 『後漢書』 卷24에 傳이 있다.

33) 건무 26년(50) 2월에는 戊子日이 없다. 戊申日(5일), 戊午日(15일), 戊辰日(25일)이 있을 뿐이다. 무자일은 3월 15일에 해당한다.

34) 東壁宿: 별자리 이름. 28수의 하나로 북방 현무 7수의 마지막 별자리. 두 별을 포함한다.

35) 『晉書』「天文志」에 따르면 동벽수 두 별은 文章을 주관하고, 천하 도서를 보관하는 祕府를 상징한다. 『晉書』 卷11, 「天文上」, "東壁二星, 主文章, 天下圖書之祕府也."

36) 娵訾: 별자리 이름. 黃道 十二宮의 雙魚宮에 해당한다.

모두 가혹한 법률로 처리하니 죽은 자가 매우 많았다. 세조는 일찍이 형벌과 금령禁令을 명백하게 제정하지 않았는데, 별안간 다스림에 과도함이 있어 이로써 하늘이 징조를 보인 것이다. 세조가 이에 대해 뉘우치고 생각을 바꿔 사자使者를 파견하여 억울하게 침해받은 이들을 모두 바로잡았다.

[一] 潛潭巴曰:「丁巳蝕, 下有敗兵.」
『춘추잠담파』에서 말하였다. "정사일에 일식이 있으면 아래 사람들이 패전한다."[37]

三十一年五月癸酉晦, 日有蝕之,[一] 在柳五度, 京都宿也. 自二十一年示象至此十年, 後二年, 宮車晏駕.
(건무) 31년(55) 5월 계유癸酉 그믐, 유수 5도에서 일식이 있었는데, (유수는) 수도에 해당하는 별자리다. (건무) 21년(45)부터 징조가 보이기 시작하여[38] 지금까지 10년이 되었는데, 2년 후 황제가 붕어하였다.

[一] 潛潭巴曰:「癸酉蝕, 連陰不解, 淫雨毁山, 有兵.」
『춘추잠담파』에서 말하였다. "계유일에 일식이 있으면 흐린 날이 계속되는 것이 그치지 않으며 절기에 맞지 않은 비淫雨가 산을 무너뜨리며 전쟁이 일어난다."

中元元年十一月甲子晦, 日有蝕之, 在斗二十度. 斗爲廟, 主爵祿. 儒說十一月甲子, 時王日也, 又爲星紀, 主爵祿, 其占重.
(광무제) 중원中元 원년(56) 11월 갑자 그믐, 두수 20도에서 일식이 있었다. 두수는 묘廟를 상징하고 작록爵祿을 주관한다. 유자들이 말하기를 11월 갑자일은 사시의 기운이 왕성한 날이라고 하였다. 또 (일식이 일어난 곳이 성차星次로는) 성기星紀[39]인데, (성기는) 작록을 주관하니 그 징조는 중요

---

37) 『開元占經』에서 인용한 『春秋潛潭巴』에는 "下有聚兵."으로 되어 있다. 宋均은 "不勝敵日敗."라고 주해하였다.
38) 건무 21년(45)의 일식 기사는 없다. 22년(46)의 일식 기사가 있을 뿐이다.
39) 星紀: 星次의 하나. 28수 중 두수와 牛宿가 여기에 해당한다. 『左傳』, 「襄公二十八年」,

하다.

明帝 永平三年八月壬申晦, 日有蝕之,〔一〕 在氐二度. 氐爲宿宮. 是時明帝作北宮.〔二〕
명제明帝(재위 58~75) 영평永平 3년(60) 8월 임신壬申 그믐, 저수氐宿[40] 2도에서
일식이 있었다. 저수는 궁궐에 해당한다. 이때 명제가 북궁北宮을 건설하였다.

〔一〕　潛潭巴曰: 「壬申蝕, 水(滅)[盛], 陽潰陰欲翔.」
　　『춘추잠담파』에서 말하였다. "임신일(에 발생한) 일식은 물(의 기운이) 왕성해져
　　양이 무너지고 음이 높이 날고자 하는 것의 조응이다."

〔二〕　古今注曰: 「四年八月丙寅, 時加未, 日有蝕之. 五年二月乙未朔, 日有蝕之, 京師候者不
　　覺, 河南尹·郡國三十一上. 六年六月庚辰晦, 日有蝕之, 時雒陽候者不見.」
　　『고금주』에서 말하였다. "(영평) 4년(61) 8월 병인(그믐), 시간이 미시未時[41]를 넘었
　　을 때 일식이 있었다. 5년(62) 2월 을미 초하루, 일식이 있었는데 수도의 천문을
　　살피는 자는 알지 못하고 하남윤河南尹과 군국郡國 서른한 곳에서 보고하였다.
　　6년(63) 6월 경진庚辰 그믐, 일식이 있었는데 이때 낙양의 천문을 살피는 자는
　　알지 못하였다.

八年十月壬寅晦,〔一〕 日有蝕之, 旣,〔二〕 在斗十一度. 斗, 吳也. 廣陵於天文屬吳.
後二年, 廣陵王 荊坐謀反自殺.
(영평) 8년(65) 10월 임인壬寅 그믐, 두수 11도에서 일식이 있었는데 개기일식
이었다. (분야설에서) 두수는 오吳 땅에 해당한다. 광릉廣陵은 천문 분야에서
오에 속한다. 2년 뒤, 광릉왕劉陵王 유형劉荊이 모반죄를 짓고 자살하였다.

〔一〕　古今注曰十二月.
　　『고금주』에서 말하였다. "(영평 8년) 12월(의 일)이다."

　　"歲在星紀, 而淫於玄枵.[杜預注: 歲, 歲星也. 星紀, 在丑斗·牛之次.]
40)　氐宿: 별자리 이름. 28수의 하나로 동방 蒼龍 7수 중 세 번째 별자리다. 모두
　　4개의 별을 포함한다. 角宿와 亢宿 아래 달려 있어 마치 그 형상이 나무의 뿌리와
　　같아 보여 天根으로도 불린다.
41)　未時: 하루를 열둘로 나눈 시간 중 여덟 번째로 오후 1~3시다.

[二] 潛潭巴曰:「壬寅蝕, 天下苦兵, 大臣驕橫.」

『춘추잠담파』에서 말하였다. "임인일(에 발생한) 일식은 천하가 병란으로 고통받고 대신이 교만하고 횡포한 것에 대한 조응이다."

十三年十月[一]甲辰晦, 日有蝕之,[二] 在尾十七度.[三]

(영평) 13년(70) 10월 갑진甲辰 그믐,[42] 미수 17도에서 일식이 있었다.

[一] 古今注曰閏八月.

『고금주』에서 말하였다. "(영평 13년) 윤閏8월(의 일)이다."

[二] 潛潭巴曰:「甲辰蝕, 四騎脅大水.」

『춘추잠담파』에서 말하였다. "갑진일에 일식이 있으면 사기四騎[43]가 위협당하고 홍수가 일어난다."

[三] 京房占曰:「主后壽命絶, 後有大水.」

『경방점』에서 말하였다. "(갑진일에 일식이 있으면) 군주의 수명이 끊기고 후에 홍수가 일어난다."

十六年五月戊午晦, 日有蝕之,[一] 在柳十五度. 儒說五月戊午, 猶十一月甲子也, 又宿在京都, 其占重. 後二歲, 宮車晏駕.

(영평) 16년(73) 5월 무오戊午 그믐, 유수 15도에서 일식이 있었다. 유자들이 말하기를 5월 무오는 마치 11월의 갑자와 같다고 하였다. 또 유수의 분야는 수도에 해당하여 그 점조가 중요하다고 하였다. 2년 후 황제가 붕어하였다.

---

42) 校勘에 따르면 永平 13년(70) 10월 甲辰은 그믐이 아닌 초하루였다고 한다. 이 해 8월 合朔이 갑진이어서 윤7월 그믐에 일식을 볼 수 있었다고 한다. 따라서 紀・志・『古今注』가 모두 잘못이라고 하였다. "依時曆, 是年閏七月, 十月甲辰爲朔, 非晦, 亦無壬辰. 今推是年八月合朔甲辰, 卽時曆閏七月晦, 日蝕可見."

43) 四騎: 정확하게 무엇인지 알 수 없다. 『詩』에 등장하는 四騏로 보고 夷狄을 토벌하러 가는 장군이 타는 말로 해석한 연구도 있으나(渡邉義浩・高山大毅・平澤步 篇, 앞의 책, 262쪽) 명확하지 않다.

[一] 潛潭巴曰: 「戊午蝕, 久旱穀不傷.」

『춘추잠담파』에서 말하였다. "무오일에 일식이 있으면 오래 가뭄이 들어도 곡식이 상하지 않는다."

十八年十一月甲辰晦, 日有蝕之, 在斗二十一度. 是時明帝既崩, 馬太后制爵祿, 故陽不勝.

(영평) 18년(75) 11월 갑진 그믐, 두수 21도에서 일식이 있었다. 이때 명제가 붕어하고 마태후馬太后가 작록을 주관하니 양이 (음을) 이기지 못한 것이다.

章帝 建初五年二月庚辰朔, 日有蝕之,[一] 在東壁八度. 例在前建武二十九年. 是時羣臣爭經, 多相非毀者.[二]

장제章帝(재위 75-88) 건초建初 5년(80) 2월 경진 초하루, 동벽수 8도에서 일식이 있었다. 예전 건무 29년(53)에 사례가 있다. 이때 여러 신하들이 경전經典에 대해 논쟁하였는데44) 상호 비방하고 험담하는 일이 많았다.

[一] 潛潭巴曰: 「庚辰蝕, 彗星東至, 有寇兵.」

『춘추잠담파』에서 말하였다. "경진일에 일식이 있으면, 혜성이 동쪽으로부터 이르고 외적이 침입한다."

[二] 又別占云: 「庚辰蝕, 大旱.」

또 다른 해석에는 "경진일에 일식이 있으면 큰 가뭄이 든다."고 하였다.

---

44) 建初 4년(79)에 개최된 白虎觀會議를 말한다. '五經의 異同'을 바로잡는다는 목적 하에 章帝와 今古文 학자들이 백호관에 모여 진행한 회의다. 당시 經書의 底本은 다양한 來源을 가지고 있었고, 학자들은 서로 다른 저본을 가지고 각자의 방식으로 경서를 이해하였다. 또한 經學의 전수는 각기 다른 師法을 통해 행해졌다. 經에도 正本이 없고 說에도 正論이 없었던 상태였다. 백호관회의는 이러한 문제를 해결함과 동시에 경전의 정리를 통해 국가 통치 이념의 통일성을 완결하고자 한 것이다. 백호관회의에 대해서는 반고 저/신정근 역주, 『백호통의』, 「해제」(서울: 소명, 2005)와 윤대식, 「백호관(白虎觀) 회의를 통한 이념의 제도화와 공(公)의 독점 - 염철(鹽鐵) 회의와 석거각(石渠閣) 회의와의 비교 -」, 『동양정치사상사』11-2(2012)를 참조.

六年六月辛未晦, 日有蝕之,[一] 在翼六度. 翼主遠客. 冬, 東平王 蒼等來朝, 明年正
月, 蒼薨.[二]

(건초) 6년(81) 6월 신미辛未 그믐, 익수翼宿45) 6도에서 일식이 있었다. 익수는
먼 곳에서 온 빈객을 주관한다. 겨울 동평왕東平王 창蒼46) 등47)이 내조來朝하였
고, 다음해 정월 창이 사망하였다[薨].

[一]   潛潭巴曰:「辛未蝕, 大水.」
       『춘추잠담파』에서 말하였다. "신미일에 일식이 있으면 홍수가 일어난다."

[二]   古今注曰:「元和元年九月乙未, 日有蝕之.」
       『고금주』에서 말하였다. "(장제) 원화元和 원년(84) 9월 을미(12일), 일식이 있었다."

(元)[章]和元年八月乙未晦, 日有蝕之. 史官不見, 佗官以聞. 日在氐四度.[一]
(장제) 장화章和 원년(87) 8월 을미 그믐, 일식이 있었다. 사관은 보지 못하고
다른 부서에서 보고하였다. 해는 저수 4도에 있었다.

[一]   星占曰:「天下災, 期三年.」
       『성점星占』에서 말하였다. "(을미일에 일식이 일어나면) 천하에 재해가 3년 안에
       일어난다."

和帝 永元二年二月壬午, 日有蝕之.[一] 史官不見, 逐郡以聞. 日在奎八度.[二]
화제和帝(재위 88~105) 영원永元 2년(90) 2월 임오壬午(2일), 일식이 있었다. 사관은

---

45) 翼宿: 별자리 이름. 28수의 하나로 남방 주작 7수 중 여섯 번째 별자리. 모두
    22개의 별을 포함한다.
46) 東平王 蒼(?~83): 東平憲王으로 광무제의 여덟 번째 아들, 劉蒼이다. 明帝의 同母弟로
    모친은 光烈皇后 陰麗華다. 건무 15년(39)에 東平公에 봉해지고 건무 17년(41)에
    동평왕으로 進封되었다. 명제 永平 원년(58), 驃騎將軍으로 輔政이 되어 南北郊祀의
    冕冠, 車服, 光武廟에 登歌하는 八佾舞의 수 등 禮制를 정비하였다. 장제 건초 8년(83)
    정월에 사망하였다. 『後漢書』卷42에 傳이 있다.
47) 『後漢書』「章帝紀」에 따르면 건초 7년(82) 정월에 沛王 輔, 濟南王 康, 東平王 蒼,
    中山王 焉, 東海王 政, 琅邪王 宇가 來朝하였다.

보지 못하고 탁군涿郡에서 보고하였다. 해는 규수奎宿[48] 8도에 있었다.

[一] 潛潭巴曰:「壬午蝕, 久雨, 旬望.」

『춘추잠담파』에서 말하였다. "임오일에 일식이 있으면 오랫동안 비가 내리는데 10일 동안 지속된다."

[二] 京房占曰:「三公與諸侯相賊, 弱其君王, 天應而日蝕. 三公失國, 後旱且水.」臣昭以爲三公宰輔之位, 卽竇憲.

『경방점』에서 말하였다. "삼공三公과 제후가 서로 공격하고 그 군왕을 약하게 하면 하늘이 (그에) 응하여 일식이 일어난다. 삼공이 나라를 제대로 다스리지 못하면 후에 가뭄 또는 수재가 난다." 신 유소가 생각건대 삼공은 재보宰輔의 지위로, 곧 두헌竇憲을 가리키는 것입니다.

四年六月戊戌朔, 日有蝕之,[一] 在七星二度, 主衣裳. 又曰行近軒轅, 在左角, 爲太后族. 是月十九日,[二] 上免太后兄弟竇憲等官, 遣就國, 選嚴能相, 於國蹙迫自殺.
(화제 영원) 4년(92) 6월 무술戊戌 초하루, 칠성수七星宿[49] 2도에서 일식이 있었는데 (칠성수는) 의상衣裳을 주관한다. 또 헌원軒轅과 가까이서 운행하고 왼쪽 모퉁이에 있으니 태후의 일족을 의미한다고 한다. 이달 19일 주상이 태후의 형제 두헌 등의 관을 면직시키고 봉국封國으로 가게 하였으며 엄정하고 유능한 국상國相을 선발하여 국에서 핍박하여 자살하게 하였다.

[一] 潛潭巴曰:「戊戌蝕, 有土殃, 主后死, 天下諒陰.」京房占曰:「婚嫁家欲戮.」

『춘추잠담파』에서 말하였다. "무술일에 일식이 있으면 토지와 관련된 재앙이 있고 천자가 사망하여 천하가 상을 치르게 된다." 『경방점』에서 말하였다. "(무술일에 일식이 있으면) 혼인한 (사돈)집에서 (일족을) 살육하고자 한다."

[二] 案本紀: 庚申幸北宮, 詔捕憲等. 庚申是二十三日.

---

48) 奎宿: 별자리 이름. 天豕 또는 封豕로도 불린다. 28수 중 하나로 서방 백호 7수 중 첫 번째 별자리다. 14개의 별을 포함한다.
49) 七星宿: 별자리 이름. 28수 중 하나로 남방 주작 7수 중 네 번째 별자리다. 모두 7개의 별을 포함한다.

(『후한서』)「화제기」를 살펴보니 다음과 같았다. (화제가) 경신일庚申日에 북궁으로 행차하여 조를 내려 두헌 등을 체포하였다. 경신일은 (19일이 아니라) 23일이다.

七年四月辛亥朔, 日有蝕之,⎡¹⎤ 在觜觿, 爲葆旅, 主收斂. 儒說葆旅宮中之象, 收斂貪妬之象. 是歲鄧貴人始入. 明年三月, 陰皇后立, 鄧貴人有寵, 陰后妬忌之, 後遂坐廢. 一曰是將入參, 參·伐爲斬刈. 明年七月, 越騎校尉馮柱捕斬匈奴 溫禺犢王 烏居戰.

(영원) 7년(95) 4월 신해 초하루, 자휴觜觿50)에서 일식이 있었다. (자휴는) 야생 나물[葆旅]51)을 의미하고 거둬들임을 주관한다. 유자들은 보려葆旅는 궁중宮中의 상징이고 거둬들임은 탐욕과 질투의 상징이라고 하였다. 이해 등귀인鄧貴人52)이 처음 (궁에) 들어왔다. 다음 해 3월, 음황후陰皇后가 (황후에) 올랐으나 등귀인에게 총애가 있어 음황후가 그녀를 시기하여 후에 마침내 죄를 지어 폐위되었다.53) 일설에는 (해가) 장차 삼수參宿로 들어간다고 하였는데, 삼수參宿의 벌성伐星은 베어 죽임을 상징한다. 다음 해 7월, 월기교위越騎校尉54) 풍주馮柱55)가 흉노匈奴 온우독왕溫禺犢王56) 오거전烏居戰57)을 잡

---

50) 觜觿: 별자리 이름. 觜宿를 말한다. 28수의 하나로 서방 백호 7수 중 여섯 번째 별자리다. 모두 3개의 별을 포함한다.

51) 葆旅:『漢書』「天文志」顔師古注에서 인용한 如淳은 뽕나무나 느릅나무 그루터기에서 자라는 풀을 '葆'라고 보았고, 晉灼은 '旅'를 야생 벼라고 하였다. "如淳曰:「關中俗謂桑楡蘖生爲葆.」晉灼曰:「禾野生曰旅, 今之飢民采旅也.」"

52) 鄧貴人(81~121): 和熹鄧皇后. 鄧太后를 참조.

53) 永元 14년(102) 6월에 황후 陰氏를 폐위하였다.『後漢書』卷4,「和帝紀」, "(永元十四年) 六月辛卯, 廢皇后陰氏, 后父特進綱自殺."

54) 越騎校尉: 전한 무제 시기 설치한 八校尉 중 하나. 여순은 內附한 越人으로 편성한 騎兵을 越騎라고 보았고, 진작은 그 材力이 일반인을 초월한 것을 의미한다고 하였다(如淳曰:「越人內附, 以爲騎也.」晉灼曰:「取其材力超越也.」). 후한 광무제 시기 靑巾(左·右)校尉를 월기교위로 고치고 北軍中候에 소속시켰다.『續漢書』「百官志」에 따르면 宿衛兵을 관장하였으며 秩祿은 比二千石이다. 휘하에 丞과 司馬를 두고 병사 7백인과 吏員 127인을 統領하였다.

55) 馮柱: 和帝 시기 越騎校尉. 어려서 侍中이 되었으며 명제 獲嘉長公主와 혼인하였다. 漢이 南單于 師子를 도와 南匈奴의 내분에 개입할 때 큰 공을 세웠다. 이후 將作大匠에 올랐다.

56) 溫禺犢王: 교감에서는 '溫禺犢王'을『漢書』「匈奴傳」에 등장하는 '溫偶騠王'의 同音異寫

아 참살하였다.

[一] 潛潭巴曰:「辛亥蝕, 子爲雄.」
『춘추잠담파』에서 말하였다. "신해일에 일식이 있으면 아들이 패자霸者가 된다."

十二年秋七月辛亥朔, 日有蝕之, 在翼八度, 荊州宿也. 明年冬, 南郡蠻夷反爲寇.
(영원) 12년(100) 가을 7월 신해 초하루, 익수 8도에서 일식이 있었는데
(익수는 분야설에서) 형주荊州에 해당하는 별자리다. 다음해 겨울, 남군南郡의
만이蠻夷가 반란을 일으켜 침략하였다.

十五年四月甲子晦, 日有蝕之, 在東井二十二度. 東井, 主酒食之宿也. 婦人之職,
無非無儀, 酒食是議. 去年冬, 鄧皇后立, 有丈夫之性, 與知外事, 故天示象. 是年水,
雨傷稼.
(영원) 15년(103) 4월 갑자 그믐, 동정수東井宿 22도에서 일식이 있었다.
동정수는 술과 음식을 주관하는 별자리다. 부인의 직임은 잘못함도 없고
잘함도 없어야 하는지라 (오직) 술과 음식이 의논거리다.[58] 지난 겨울,
등황후鄧皇后[59]가 섰는데 장부의 품성을 지니고 있어 조정의 일에 관여하니
하늘이 징조를 보인 것이다. 이해 수재가 있었고 비가 곡식을 상하게 하였다.

安帝 永初元年三月二日癸酉, 日有蝕之, 在胃二度. 胃主廩倉. 是時鄧太后專政,

로 보았다.
57) 烏居戰: 후한 시기 남흉노의 將領. 右溫禺犢王에 봉해졌다. 이전 單于였던 安國과
   모의하여 師子를 죽이고자 하였는데, 안국 사후 사자가 亭獨尸逐侯鞮單于가 되어
   자신을 고문하려 하자 화제 영원 8년(96) 5월 무리 수천인을 이끌고 반란을 일으키고
   塞를 넘어 도망하였다. 7월, 후한의 度遼將軍 龐奮 및 월기교위 풍주에게 주살되었다.
58) 『詩』, 「小雅·祈父之什」, 〈斯干〉, "無非無儀, 唯酒食是議." 여자는 순종함을 正道로 삼으
   니 잘못함이 없으면 족할 뿐이고, 너무 잘하는 것도 吉祥으로 원할만한 일이
   아니라는 말이며, 오직 술과 밥을 주된 의논거리로 삼아 부모에게 근심을 끼치지
   않으면 된다는 의미다.
59) 鄧皇后(81~121): 和熹鄧皇后. 鄧太后를 참조.

去年大水傷稼, 倉廩爲虛.[一]

안제安帝(재위 106~125) 영초永初 원년(107) 3월 2일 계유, 위수 2도에서 일식이
있었다. 위수는 창고를 주관한다. 이때, 등태후鄧太后가 정권을 독점하였는
데, 작년 홍수로 인하여 곡식이 상해 창고가 비었다.

[一] 古今注曰:「三年三月, 日有蝕之.」
    『고금주』에서 말하였다. "(영초) 3년(109) 3월, 일식이 있었다."

五年正月庚辰朔, 日有蝕之, 在虛八度. 正月, 王者統事之正日也. 虛, 空名也.
是時鄧太后攝政, 安帝不得行事, 俱不得其正, 若王者位虛, 故於正月陽不克, 示象
也. 於是陰預乘陽, 故夷狄並爲寇害, 西邊諸郡皆至虛空.

(영초) 5년(111) 정월 경진 초하루, 허수 8도에서 일식이 있었다. 정월은
왕자王者가 정사를 총괄하여 처리하는 정일正日이다. 허虛는 비어있음空의
이름이다. 이때 등태후가 섭정攝政을 하고 있어 안제가 친정親政을 하지
못하니 모두 정상적인 상황이 아닌 것이 마치 왕자의 자리가 비어있음과
같기 때문에 이에 정월의 양기가 (음기를) 이기지 못해 (하늘이) 징조를
보인 것이다. 이때 음기가 양기를 간섭하고 이겼기 때문에 이적夷狄이 더불어
침략하여 해를 입혔는데, 서쪽 변경 여러 군이 모두 텅 비게 되었다.

七年四月丙申晦, 日有蝕之, 在東井一度.[一]

(영초) 7년(113) 4월 병신丙申 그믐, 동정수 1도에서 일식이 있었다.

[一] 潬潭巴曰:「丙申蝕, 諸侯相攻.」 京房占曰:「君臣暴虐, 臣下橫恣, 上下相賊, 後有地動.」
    『춘추잠담파』에서 말하였다. "병신일에 일식이 있으면 제후가 서로 공격한다."
    『경방점』에서 말하였다. "(병신일에 일식이 있으면) 군신이 포학하고 신하가
    멋대로 방자하게 굴어 위아래가 서로 해를 입히고 후에 땅이 움직인다."

元初元年十月戊子朔, 日有蝕之,[一] 在尾十度. 尾爲後宮, 繼嗣之宮也. 是時上甚幸

閻貴人, 將立, 故示不善, 將爲繼嗣禍也. 明年四月, 遂立爲后. 後遂與江京·耿寶等
共讒太子廢之.

(안제) 원초元初 원년(114) 10월 무자 초하루, 미수 10도에서 일식이 있었다.
미수는 후궁을 상징하니, 후계자의 궁을 의미한다. 이때 주상이 염귀인閻貴
人[60]을 매우 총애하여 장차 황후로 세우고자 하니 (하늘이 그녀가) 나쁜
자로 장차 후계자에게 화가 될 것임을 보인 것이다. 다음해 4월 마침내
(염귀인을) 세워 황후로 삼았다. 후에 결국 (염황후가) 강경江京·경보耿寶
등과 함께 태자를 참소讒疏하여 폐위하였다.

[一] 潛潭巴曰:「戊子蝕, 宮室內婬, 雌必成雄.」京房占曰:「妻欲害夫, 九族夷滅, 後有大水.」
『춘추잠담파』에서 말하였다. "무자일에 일식이 있으면 궁실에 음탕한 자가 들어오
고, 암컷이 반드시 수컷이 된다." 『경방점』에서 말하였다. "(무자일에 일식이
있으면) 처가 지아비를 해치고자 하여 구족九族이 섬멸되고 후에 홍수가 일어난다."

二年九月壬午晦, 日有蝕之, 在心四度. 心爲王者, 明久失位也.
(원초) 2년(115) 9월 임오 그믐, 심수心宿 4도에서 일식이 있었다. 심수는
왕을 의미하니 (군주가 존재하기는 하지만) 오랜 기간 동안 지위를 상실하게
될 것을 밝힌 것이다.

三年三月二日辛亥, 日有蝕之, 在婁五度. 史官不見, 遼東以聞.
(원초) 3년(116) 3월 2일 신해, 누수婁宿[61] 5도에서 일식이 있었다. 사관은
보지 못하였고, 요동군遼東郡에서 보고하였다.

四年二月乙(亥)[巳]朔, 日有蝕之,[一] 在奎九度. 史官不見, 七郡以聞. 奎主武庫兵.
其[月]十(月)八日壬戌, 武庫火, 燒兵器也.

---

60) 閻貴人(?~126): 安思閻皇后. 閻皇后를 참조.
61) 婁宿: 별자리 이름. 28수의 하나로 서방 백호 7수 중 두 번째 별자리다. 모두
     3개의 별을 포함한다.

(원초) 4년(117) 2월 을사乙巳 초하루, 규수 9도에서 일식이 있었다. 사관은 보지 못하였고 일곱 군에서 보고하였다. 규수는 무기고의 병기를 주관한다. 그달 18일 임술壬戌, 무기고에 불이 나서 병기가 불탔다.

[一] 潛潭巴曰:「乙亥蝕, 東國(發)兵.」 京房占曰:「諸侯上侵以自益, 近臣盜竊以爲積, 天子未知, 日爲之蝕.」

『춘추잠담파』에서 말하였다. "을사일62)에 일식이 있으면 동국東國에서 군대를 발동한다."63) 『경방점』에서 말하였다. "제후가 윗사람을 침해하여 스스로 이롭게 하고 측근의 신하가 도둑질을 하여 (재산을) 축적해도 천자가 알지 못하면 일식이 일어난다."

五年八月丙申朔, 日有蝕之, 在翼十八度. 史官不見, 張掖以聞.[一]

(원초) 5년(118) 8월 병신 초하루, 익수 18도에서 일식이 있었다. 사관은 보지 못하였고 장액군張掖郡64)에서 보고하였다.

[一] 潛潭巴曰:「丙申蝕, 夷狄內攘.」 石氏占曰:「王者失禮, 宗廟不親, 其歲旱.」

『춘추잠담파』에서 말하였다. "병신일에 일식이 있으면 이적이 (중국) 안으로 침입한다." 『석씨점石氏占』에서 말하였다. "(익수에서 일식이 발생하면) 왕자가 예를 잃고 종묘에 몸소 제사지내지 않으며 그 해에 가뭄이 든다."

六年十二月戊午朔, 日有蝕之, 幾盡, 地如昏狀.[一] 在須女十一度, 女主惡之. 後二歲三月, 鄧太后崩.[二]

---

62) 원문은 '乙亥蝕'이라고 되어 있으나 '東國發兵'은 『春秋潛潭巴』의 乙巳日에 발생한 일식에 대한 해석이다. 따라서 '을사일'로 해석하였다. 함께 인용된 『京房占』의 해석 역시 을사일에 발생한 일식에 대한 해석이다.

63) 원문은 "東國(發)兵."이라 하여 '發'字를 衍文으로 보았으나 『開元占經』에 인용된 『春秋潛潭巴』에는 '發'자가 있어 『개원점경』의 인용을 따라 해석하였다.

64) 張掖郡: 전한 무제 元鼎 6년(BC. 111) 武威郡을 나누어 설치하였다. 관아는 지금의 甘肅省 張掖市 서북쪽에 해당하는 觝得縣에 설치하였다. 『漢書』「地理志」 顏師古注에 인용된 應劭의 注解에 따르면 나라의 팔과 겨드랑이를 펼친다는 '張國臂掖'에서 이름을 얻었다(應劭曰, 張國臂掖, 故曰張掖郡). 관할 지역은 지금의 감숙성 永昌縣이서, 高臺縣 이동에 해당한다.

(원초) 6년(119) 12월 무오 초하루, 일식이 있었는데 거의 개기일식에 가까워 지상은 마치 해질녘과 같이 (어두운) 상태가 되었다. 수녀수須女宿(여수女宿)[65] 11도에서 일어나, 여주女主(등태후)가 그것을 싫어하였다. 2년 뒤 3월, 등태후가 붕어하였다.

[一] 古今注曰:「星盡見.」春秋緯曰:「日蝕旣, 君行無常, 公輔不修德, 夷狄强侵, 萬事錯.」
『고금주』에서 말하였다. "(낮임에도 불구하고) 별이 다 나타났다." 『춘추위』에서 말하였다. "개기일식은 군주의 행동에 상도常道가 없고 공보公輔[66]는 덕을 닦지 않으며, 이적이 강포하게 침략하는 등 만사가 어지러운 것의 조응이다."

[二] 李氏家書, 司空李郃上書曰:「陛下祗畏天威, 懼天變, 克己責躬, 博訪羣下. 咎皆在臣, 力小任重, 招致咎徵. 去[年]二月, 京師地震, 今月戊午日蝕. 夫至尊莫過乎天, 天之變莫大乎日蝕, 地之戒莫重乎震動. 今一歲之中, 大異兩見, 日蝕之變, 旣爲尤深, 地動之戒, 搖宮最醜. 日者陽精, 君之象也. 戊者土主, 任在中宮. 午者火德, 漢之所承. 地道安靜, 法當(坤)[由]陽, 今乃專恣, 搖動宮闕. 禍在蕭牆之內, 臣恐宮中必有陰謀其陽, 下圖其上, 造爲逆也. 災變終不虛生, 推原二異, 日辰行度, 甚爲較明, 譬猶指掌. 宜察宮闕之內, 如有所疑, 急摧破其謀, 無令得成. 修政恐懼, 以荅天意. 十月辛卯, 日有蝕之, 周家所忌, 乃爲亡徵, 是時妃后用事, 七子朝令. 戊午之災, 近相似類. 宜貶退諸后兄弟輩從內外之寵, 求賢良, 徵逸士, 下德令, 施恩惠, 澤及山海.」時度遼將軍鄧遵多興師重賦出塞妄攻之事, 上深納其言. 建光元年, 鄧[太]后崩. 上收考中人趙任等, 辭言地震日蝕, 任[在]中(官)[宮], 竟有廢[立]之謀, 郃乃自知其言驗也.
『이씨가서李氏家書』[67]에서 말하였다. "사공司空 이합李郃[68]이 상서上書하여 '폐하께서 하늘의 위엄을 공경히 두려워하시고 하늘이 보이신 이변을 두려워하시어 사욕을 이겨내시고 자신을 책망하시며 널리 뭇 신하들에게 (재이를 소멸시킬

---

65) 須女宿: 별자리 이름. 28수의 하나로 북방 현무 7수의 세 번째 별자리다.
66) 公輔: 천자를 보좌하는 三公(太尉·司徒·司空)과 四輔(疑·後丞·左輔·右弼)를 이른다. 이후 뜻이 변하여 일반적으로 宰相을 의미하게 되었다. 重臣 또는 近臣의 가능성을 제기한 연구도 있다. 渡邉義浩·高山大毅·平澤步 篇, 앞의 책, 276쪽.
67) 『李氏家書』: 『隋書』「經籍志」에 『李氏家書』 8卷으로 著錄되어 있다. 『後漢書』에는 세 차례 劉昭注에 인용되었는데, 그 내용은 모두 李郃의 上書다.
68) 李郃: 字는 孟節, 漢中 南鄭(지금의 섬서성 南鄭市) 출신. 후한의 대신으로 國子博士 李頡의 아들이며 李固의 부친이다. 安帝 시기 公車徵召되었고 대장군 鄧騭의 掾屬으로 관직에 나갔다. 화제 시기 한중 戶曹史로 나갔다가 孝廉으로 선발되었다. 太守, 尚書令, 太常卿을 역임하고 元初 4년(117) 司空이 되었다. 順帝 때 司徒가 되었으나 연로하여 귀향하였다. 『後漢書』 卷82上에 傳이 있다.

방법을) 물으셨습니다. (그러나) 허물은 모두 신에게 있으니 미천한 능력으로
중책을 맡아 재앙을 초래하였습니다. 작년 2월에는 수도에서 지진이 발생하였고,
이번 달 무오일에는 일식이 일어났습니다. 무릇 지존이라 하여도 하늘을 능가할
수는 없으며, 하늘이 보인 이변 중에서 일식보다 큰 것은 없고 땅이 보인 경계
중에서 지진보다 중대한 것은 없습니다. 지금 한 해 동안 큰 이변이 두 차례나
나타났는데 일식의 이변은 개기일식으로 특히 심한 것이었으며, 지진의 경계는
궁궐이 흔들린 것으로 가장 나쁜 것이었습니다. 해[日]는 양기의 정화로 군주의
상징입니다. (천간天干의) 무戊⁶⁹⁾는 (오행五行으로는) 흙[土]에 해당하고 (황후의
거처인) 중궁中宮을 담당합니다. 오午는 화덕火德으로 한왕조漢王朝가 계승한 덕운德
運입니다. 땅의 도리는 안정에 있고 마땅히 양을 따라야 하는데, 지금 오히려
제멋대로 (움직여) 궁궐을 요동치게 하였습니다. 화가 궁궐 담 안쪽에서 일어났기
에 신은 궁중에서 반드시 음이 그 양을 도모하고 아랫사람이 윗사람을 도모하며
반역을 꾸미려는 음모가 있을까 두렵습니다. 재변은 언제나 이유 없이 발생하지는
않습니다. 두 가지 재이의 원인을 살펴보건대 일월성신의 운행 법칙은 매우
분명한 것이 비유하자면 마치 손바닥을 가리키는 것과 같습니다. 마땅히 궁궐
안을 조사하셔서 의심스러운 점이 있다면 신속히 그 음모를 분쇄하여 성공하지
못하게 하십시오. 정사를 닦고 두려워하셔서 하늘의 뜻에 답하십시오. (서주西周
말) 10월 신묘일辛卯日에 발생한 일식은 주왕조가 꺼렸던 것으로 결국 멸망의
징조가 되었는데, 당시 후비가 권력을 장악하고 일곱 신하⁷⁰⁾가 정령政令을 처리하
였습니다. (이번) 무오일의 재이는 (이것과) 유사한 종류입니다. 마땅히 모든
후비의 형제들과 추종자들, 내외 총신들의 벼슬을 강등하거나 면직시키십시오.
현량賢良한 자들을 구하시고 은둔한 사인을 부르시며, 아래에 덕정을 펴시고
은혜를 베푸시며 은택을 천하 구석구석까지 미치게 하십시오.'라고 하였다. 이때
도료장군度遼將軍⁷¹⁾ 등준鄧遵⁷²⁾이 여러 차례 군대를 일으켜 무거운 세금을 걷고
새塞를 나가 터무니없는 공격을 하였기에 주상이 (이합의) 말을 가납嘉納하였다.
건광建光 원년(121) 등태후가 붕어하였다. 주상이 환관 조임趙任 등을 체포하여
심리하였는데, 기록에는 '지진과 일식의 책임은 환관에게 있다.'고 하였다. (이후)
결국 (황제를) 폐립하려는 음모가 있었으니 이합은 이에 그 말의 징험이 있었음을

---

69) 戊: 天干의 다섯째. 五行에서 土, 五方에서 中央에 해당한다.

70) 일곱 신하: 周幽王의 신하로 皇父(皇甫), 番, 家伯, 仲允, 棸, 蹶, 楀를 말한다. 이들의
    지위는 서로 달랐지만 徒黨을 이루어 권력을 장악하고 세력을 떨쳤다.

71) 度遼將軍: 북방 夷狄을 鎭撫하는 장군호. 전한 昭帝 元鳳 3년(BC. 78) 中郞將 范明友를
    임명하여 烏桓을 토벌하게 하였던 것이 시작이다. 遼水를 건너 전투했기 때문에
    '度遼'라는 이름이 붙었다. 후한에서는 명제 永平 8년(65)에 설치되었다.

72) 鄧遵(?~121): 南陽郡 新野縣(지금의 하남성 신야) 출신. 高密侯·大司徒 鄧禹의 손자.
    鄧太后의 堂弟라는 이유로 원초 원년(114) 烏桓校尉에서 도료장군이 되었다. 武陽侯
    에 봉해졌다.

자연히 깨닫게 되었다."

永寧元年七月乙酉朔, 日有蝕之,[一] 在張十五度. 史官不見, 酒泉以聞.[二]
(안제) 영녕永寧 원년(120) 7월 을유乙酉 초하루, 장수張宿73) 15도에서 일식이
있었다. 사관은 보지 못하고 주천군酒泉郡에서 보고하였다.

[一] 潘潭巴曰:「乙酉蝕, 仁義不明, 賢人消.」京房占曰:「君弱臣强, 司馬將兵, 反征其王.」
『춘추잠담파』에서 말하였다. "을유일(에 발생한) 일식은 인의仁義가 드러나지
않고 현인賢人이 사라진 것에 대한 조응이다."『경방점』에서 말하였다. "(을유일에
발생한 일식은) 군주가 약하고 신하가 강하며, 사마司馬가 병사를 이끌고 반란을
일으켜 그 왕을 정벌하는 것에 대한 조응이다."

[二] 石氏占曰:「日蝕張, 王者失禮.」
『석씨점』에서 말하였다. "장수에서 일식이 일어난 것은 왕자가 예를 잃었기
때문이다."

延光三年九月庚(寅)[申]晦, 日有食之,[一] 在氐十五度. 氐爲宿宮. 宮, 中宮也. 時上
聽中常侍江京·樊豐及阿母王聖等讒言, 廢皇太子.
(안제) 연광延光 3년(124) 9월 경신 그믐, 저수 15도에서 일식이 있었다.
저수는 궁전을 의미한다. (여기서) 궁은 (황후가 거처하는) 중궁이다. 이때
주상이 중상시中常侍 강경과 번풍樊豐 및 유모 왕성王聖 등의 참언讒言을 믿고
황태자를 폐위하였다.

[一] 京房占曰:「骨肉相賊, 後有水.」
『경방점』에서 말하였다. "(경신일에 일식이 일어나면) 골육骨肉이 서로 해치고
후에 홍수가 발생한다."

四年三月戊午朔, 日有蝕之, 在胃十二度. 隴西·酒泉·朔方各以狀上, 史官不覺.[一]

---

73) 張宿: 별자리 이름. 鶉尾로도 불린다. 28수의 하나로 남방 주작 7수의 다섯 번째
별자리다. 모두 6개의 별을 포함한다.

(연광) 4년(125) 3월 무오 초하루, 위수 12도에서 일식이 있었다. 농서군隴西郡, 주천군, 삭방군朔方郡에서 각기 장狀을 올려 (보고했으나) 사관은 알아차리지 못하였다.

[一] 案馬融集, 是時融爲許令, 其四月庚申, 自縣上書曰:「伏讀詔書, 陛下深惟禹·湯罪己之義, 歸咎自責. 寅畏天戒, 詳延百僚, 博問公卿, 知變所自, 審得厥故, 修復往術, 以荅天命. 臣子遠近, 莫不延頸企踵, 苟有隙空一介之知, 事願自效, 貢納聖聽. 臣伏見日蝕之占, 自昔典籍『十月之交』, 春秋傳記·漢注所載, 史官占候, 羣臣密對, 陛下所觀覽, 左右所諷誦, 可謂詳悉備矣. 雖復廣問, (陷)[昭]在前志, 無以復加. 乃者孛氣干參, 臣前得敦朴之(人)[徵], 後三年二月, 對策北宮端門. 以爲參者西方之位, 其於分野, 并州是也, 殆謂西戎·北狄. 其後種羌叛戾, 烏桓犯上郡, 并·涼動兵, 驗略效[矣]. 今復見大異, 申誡重(諱)[譴], 於此二城, 海內莫見. 三月一日, 合辰在婁. 婁又西方之宿, 衆占顯明者. 羌及烏桓有悔過之辭, 將吏策勳之名. 臣恐受任典牧者, 苟脫目前, 皆粗圖(身)[伸]一時之權, 不顧爲國百世之利. 論者美近功, 忽其遠, 則各相(不大)[美其]疾病. 伏惟天象不虛, 老子曰:『圖難於其易也, 爲大於其細也.』消災復異, 宜在於今. 詩曰:『日月告凶, 不用其行. 四國無政, 不用其良.』傳曰:『國無政, 不用善, 則自取謫于日月之災, 故政不可不愼也. 務三而已:一曰擇人, 二月安民, 三曰從時.』臣融伏惟方今有道之世, 漢典設張, 侯甸采衛, 司民之吏, 案繩循墨, 雖有殿最, 所差無幾. 其陷罪辟, 身自取禍, 百姓未被其大傷. 至邊郡牧御失和, 吉之與凶, 敗之與成, 優劣相懸, 不誠不可. 審擇其人, 上以應天變, 下以安民隷. 竊見列將子孫, 生長京師, 食仰租奉, 不知稼穡之艱, 又希遭阨困, 故能果毅輕財, 施與孤弱, 以獲死生之用, 此其所長也. 不拘法禁, 奢泰無度, 功勞足以宣威, 踰濫足以傷化, 此其所短也. 州郡之士, 出自貧苦, 長於撿押, 雖專賞罰, 不敢越溢, 此其所長也. 拘文守法, 遭遇非常, 狐疑無斷, 畏首畏尾, 威恩纖薄, 外內離心, 士卒不附, 此其所短也. 必得將兼有二長之才, 無二短之累, 參以吏事, 任以兵法. 有此數姿, 然後能折衝厭難, 致其功實, 轉災爲福. 孔子曰:『十室之邑, 必有忠信如丘者焉.』以天下之大, 四海之衆, 云無若人, 臣以爲誣矣. 宜特選詳譽, 審得其眞, 鎭守二方, 以應用良擇人之義, 以塞大異也.」

『마융집馬融集』74)을 살펴보니 이때 마융은 허현령許縣75)令으로 그 해 4월 경신(3일) 현으로부터 상서하여 말하였다. "엎드려 조서를 받자오니 폐하께서는 우禹임금과

---

74) 『馬融集』: 『隋書』「經籍志」에 '後漢南君太守馬融集九卷'으로 저록되어 있다. 『舊唐書』와 『新唐書』를 마지막으로 찾아 볼 수 없는데 '馬融集五卷'으로 저록되어 이미 4권이 亡失되었음을 알 수 있다. 北宋 이후 散佚된 것으로 생각된다. 현재 明代 輯佚된 『馬季長集』이 있다.

75) 許縣: 진에서 설치하고 潁川郡에 속하게 하였다. 관아는 지금의 하남성 許昌市에 두었다. 후한 헌제 건안 원년(196) 조조가 헌제를 낙양으로부터 맞이하면서 이곳으로 도읍을 옮겼다. 魏文帝가 낙양에서 建都하면서 許昌縣이 되었다.

탕湯임금이 자신에게 죄가 있다고 자책하였다[76]는 뜻을 깊이 생각하시고 (재이의) 허물을 자신의 죄라고 자책하셨습니다. 하늘의 경계를 삼가 두려워하며 모든 관료들에게 의견을 받으시고 공경公卿에게 널리 물으시어 재변의 원인을 아시며 그 원인을 밝히셔서 이전의 통치술을 회복하시고 천명에 부응하시고자 합니다. 신하는 멀고 가까움을 불문하고 목을 길게 늘이고 발꿈치를 들어 바라보지 않는 적이 없습니다. 진실로 좁은 변변치 않은 소견이나마 (어떤) 일이든 정성을 다하기를 원하며 폐하께 말씀드리고자 합니다. 신이 삼가 일식을 관찰한 해석에 대해 살펴보니 고대 경전 중 (『시詩』 「소아小雅·절남산지십節南山之什」의) 〈시월지교十月之交〉부터 『춘추春秋』의 전기傳記, 『한주漢注』[77]에 게재된 것과 사관의 점후占候와 여러 신하들이 비밀리에 응대한 것, 폐하께서 보신 것, 지금의 신하가 암송한 것 등 상세하게 구비되어 있다고 할 수 있습니다. (따라서) 비록 다시 (신하들에게) 널리 물으신다 해도 이전 기록[前志][78]에 분명히 기재되어 있기에 더 이상의 것을 얻으실 수는 없습니다. 이전 혜성彗氣이 삼수參宿를 범했을 때 신은 전에 돈박敦朴[79]으로 선발된지라 이후 (연광) 3년(124) 2월, 북궁의 단문端門에서 '삼수는 서방에 위치하고 그 분야로는 병주幷州에 해당합니다. 대개 서융西戎·북적北狄을 가리킨다 할 수 있습니다.'라고 대책對策을 올렸습니다. 그 후 종강種羌[80]이 반란을 일으키고 오환烏桓이 상군上郡을 침범하여 병주와 양주涼州의 군대를 동원하였으니 효험이 대략 드러난 것입니다. 지금 (하늘이) 다시 큰 재이를 보이시어 훈계하시고

---

76) 『左傳』 「莊公十一年」조에 따르면 宋나라에 홍수가 났을 때 魯莊公이 사신을 보내 위문하자 宋閔公이 자신의 부덕으로 하늘이 재앙을 내린 것인데 위로를 보내주어 감사하다고 하였다. 이에 臧文仲이 송나라는 부흥할 것이라며 禹·湯임금은 죄를 자신에게 돌려 흥성함이 성대하였고, 桀·紂는 죄를 남에게 돌려 망하는 것이 빨랐다고 하였다. 『左傳』, 「莊公十一年」, "秋, 宋大水. 公使吊焉, 曰: 「天作淫雨, 害於粢盛, 若之何不吊?」 對曰: 「孤實不敬, 天降之災, 又以爲君憂, 拜命之辱.」 臧文仲曰: 「宋其興乎! 禹·湯罪己, 其興也悖焉; 桀·紂罪人, 其亡也忽焉.」"

77) 『漢注』: 정확하게 어떤 것인지 알 수 없다. 漢代 역사 기록을 지칭하는 것이 아닐까 추정한 연구도 있다. 渡邉義浩·高山大毅·平澤步 篇, 앞의 책, 280쪽.

78) 『詩』 「小雅·節南山之什」의 〈十月之交〉, 『春秋』의 傳記, 漢注, 史官의 占候, 群臣의 密對를 말한다.

79) 敦朴: 후한 시기 증가된 관리 선발의 덕목으로 성실하고 꾸밈이 없다는 뜻이다. 『後漢書』 卷61, 論曰, "中興以後, 復增敦朴·有道·賢能·直言·獨行·高節·質直·淸白·敦厚之屬."

80) 種羌: 西羌의 한 지류. 지금의 靑海省 海南州 황하 이남과 감숙성 남부에서 유목 생활을 하였다. 안제 시기 先零羌과 연합하여 대군을 이끌고 내침하여 隴西로 향하는 길을 막았다. 永初 2년(108) 봄, 種羌 수천인이 冀縣 서쪽을 급습하여 등즐이 이끄는 漢軍을 격파하고 천여 인을 살해하였다. 겨울에 다시 平襄에서 征西校尉 任尙이 이끄는 한군과 전투하여 8천여 인을 살해하였다. 영초 3년에는 臨洮縣(지금의 감숙성 岷縣)을 격파하고 隴西南部都尉를 생포하며, 많은 수의 종강이 농서로 이주하였다. 羌族 중 가장 강력했던 종강은 후한 말까지 변방의 우환이 되었다.

반복하여 꾸짖으심에 이 두 성城(병주와 양주)에만 국한되고 전국에서는 나타나지 않았습니다. 3월 1일에는 해와 달이 누수에서 합쳐졌습니다. 누수는 서방의 별자리로 (이 현상에 조응하는 사건은) 여러 해석이 분명하게 밝히고 있습니다. 강과 오환은 잘못을 후회하는 말을 서술하였고 군관軍官들은 공훈을 책서策書에 기록하는 명예를 얻었습니다. (그러나) 신은 임명된 지방관들이 단지 눈앞의 일에서만 벗어나려 하고 모두 겨우 한순간의 임시방편(權)만을 도모할 뿐이며 나라의 영구한 이익에 대해서는 돌아보지 않는 것을 두려워합니다. (또) 의논하는 자가 가까운 공적만을 중시하고 그 장구한 (계책)은 홀시하니, 각기 서로 재이를 중히 여기지 않습니다.[81] 신이 삼가 살피건대 천상天象에는 의미 없는 (현상이) 없습니다. 『노자老子』[82]에서 말하기를 '어려운 일은 그것이 아직 쉬울 때 도모하고, 큰일은 그것이 아직 미세할 때 행하라.'[83]하였습니다. 재災를 소멸시키고 이異를 되돌리는 것은 마땅히 지금 해야만 합니다. 『시』에서 말하기를 '해와 달이 흉함을 알리니 그 길을 쓰지 않은 것이다. 사국四國에 (바른) 정사가 없고 선량한 사람을 쓰지 않아서 (생긴 일이다.)'[84]라고 하였습니다. 『좌전左傳』에서는 '나라에 (바른) 정사가 없고 선한 이를 등용하지 않으면 견책하는 일월의 재이를 초래하게 된다. 따라서 정사는 삼가지 않으면 안 된다. 세 가지에 힘쓸 뿐이니 첫째 인재를 선택해야 하고, 둘째 백성을 편안히 해야 하며, 셋째 때에 따라 (정사를 펼쳐야 한다.)'[85]고 하였습니다. 신 융이 엎드려 생각하옵건대 바야흐로 지금은 정치가 맑고 깨끗한 치세로 한漢의 제도는 완비되어 있으며 후복侯服·전복甸服·채복采服·위복衛服[86]에는 백성을 다스리는 지방관들이 법도에 의거하고 준칙에 따라 (백성들

---

81) 원문은 "則各相(不大)[美其]疾病."이지만 문맥에 따라 "則各相不大疾病."으로 해석하였다.
82) 『老子』: 일명 『道德經』 혹은 『道德眞經』. 上·下 2편 5천 자로 '老子五千文'이라고도 불린다. 道敎 經典으로 春秋 말 李耳가 편찬하였다고 한다. 그러나 문체가 일치되지 않고, 모순이나 중복된 내용으로 볼 때 일시에 지어진 것은 아니며 戰國 시기의 용어가 포함된 것으로 보아 전국 시기의 작품으로 보인다. 이이는 楚나라 苦縣(지금의 河南省 鹿邑 동쪽) 사람으로 老聃 또는 老子라고 한다. 東周의 史官을 지내다가 은거하였는데, 孔子가 찾아가 師事하였다고 하나 믿기 어렵다. 전한 시기 河上公이 『老子章句』 81장을 지으며 前 37장을 道經, 後 44장을 德經이라고 하여 『道德經』이란 이름이 붙었다. 이후 도교에서 노자를 太上老君으로 받들며 『도덕경』을 경전을 삼았다.
83) 『老子』 「恩始」에 보인다.
84) 『詩』, 「小雅·節南山之什」, 〈十月之交〉에 보인다.
85) 『左傳』 「昭公七年」조에 보인다. 『좌전』에는 '安民'이 '因民'으로 되어 있다.
86) 고대 중국인들이 생각한 이상화된 지역 지배 범주들로, 5백 里를 기준으로 한다. 문헌 마다 다소의 차이가 있는데, 『國語』 「周語」에서는 甸服 - 侯服 - 賓服 - 要服 - 荒服의 순으로 도식화 하였고, 『尙書』 「禹貢」에서는 전복 - 후복 - 綏服 - 요복 - 황복으로 도식화하였다. 『周禮』는 편마다 조금씩 차이가 있는데, 「秋官」에는 邦畿 - 후복 -

을 다스리니) 비록 (고과考課에는) 하등[殿]과 우등[殿]이 있기는 하지만 그 차이는 거의 없습니다. 죄를 범한 자는 본인 자신만 벌을 받을 뿐이며 백성들에게 큰 화가 미치는 경우는 없습니다. 변군邊郡의 장관이 온화함을 잃었을 경우 그 길흉과 성패는 우열에 따라 차이가 나니 경계하지 않으면 안 됩니다. 그 (적절한) 인재를 살펴 선발하여 위로는 하늘의 재변에 대응하고 아래로는 백성들을 편안하게 할 수 있습니다. (신이) 열장列將의 자손들을 은밀히 살펴보니 수도에서 나고 자라 녹봉으로 받는 세곡稅穀을 받들어 먹기만 하여 농사의 어려움을 알지 못합니다. 거의 곤란에 부딪힌 적이 없는지라 능히 과감하게 재물을 가벼이 여겨 고아와 약자에게 베풀어 생활과 장례에 비용으로 사용하게 하는 것은 그들의 장점입니다. (한편) 법금法禁에 구애되지 않고 사치와 방만함이 도를 넘었으며, 공로로 족히 위세를 선양하고 지나침으로 족히 교화를 손상시키는 것은 그들의 단점입니다. (이와는 달리) 주군州郡 출신의 인사들은 빈곤한 환경에서 태어나 억제함 속에서 자라났기에 비록 상벌을 전적으로 담당한다고 해도 감히 월권越權을 행하지 않으니 이것은 그들의 장점입니다. (그러나) 글귀에 얽매이고 법을 지키는 것에 구애되어 비상상태를 마주하면 망설이며 결단을 내리지 못하고 시종 두려워만 하며 위엄과 은혜도 두텁지 못해 내외가 심복하지 못하고 사졸은 복종하지 않으니 이것이 그들의 단점입니다. 반드시 두 가지 장점을 갖추고 두 가지 단점이 없는 이를 얻어서 관리의 사무에 참여시키고 병법을 담당하게 해야 할 것입니다. 이와 같은 몇 가지 자질이 있는 연후에야 능히 곤란을 극복하고 공적과 실적을 올려 재이를 복으로 바꿀 수 있습니다. 공자孔子께서 말씀하시기를 '10호戶밖에 되지 않는 작은 마을에도 반드시 나처럼 충성스럽고 신의 있는 사람이 있을 것이다.[87] 라고 하셨습니다. (하물며) 천하는 크고 사해에는 사람이 많으니 그러한 사람이 없다는 말은 신은 거짓이라고 생각합니다. 모쪼록 평판이 좋은 자를 자세히 헤아려 특별히 선발하고 그중에서도 진정 우수한 자를 살펴 얻어 (양주와 병주) 두 곳을 진수鎭守하게 하셔서 어진 이를 등용하고 인재를 발탁했다는 뜻에 부합하게 하시고 이변을 막으십시오."

順帝 永建二年七月甲戌朔, 日有蝕之,[一] 在翼九度.

순제順帝(재위 125~144) 영건永建 2년(127) 7월 갑술甲戌 초하루, 익수 9도에서 일식이 있었다.

전복 - 男服 - 采服 - 衛服 - 要服의 순이고, 「夏官」은 國畿 - 侯畿 - 甸畿 - 男畿 - 采畿 - 衛畿 - 蠻畿 - 夷畿 - 鎭畿 - 藩畿의 순으로 도식화하였다. 본문은 『주례』「추관」의 도식을 일부 차용한 것으로 생각된다. 여기서는 지방을 의미한다.
87) 『論語』「公冶長」에 보인다.

[一] 潛潭巴曰：「甲戌蝕，草木不滋，王命不行.」京房占曰：「近臣欲戮，身及戮辱，後小旱.」
『춘추잠담파』에서 말하였다. "갑술일(에 발생한) 일식은 초목이 무성해지지 않고, 왕명이 행해지지 않는 것의 조응이다."『경방점』에서 말하였다. "(갑술일에 일식이 있으면) 측근의 신하가 살육하고자 하여 몸에 형벌과 치욕이 미치게 되고, 후에 작은 가뭄이 든다."

陽嘉四年閏月丁亥朔, 日有蝕之,[一] 在角五度. 史官不見, 零陵以聞.[二]
(순제) 양가陽嘉 4년(135) 윤달(8월) 정해丁亥 초하루, 각수角宿 5도에서 일식이 있었다. 사관은 발견하지 못하고 영릉군零陵郡에서 보고하였다.

[一] 潛潭巴曰：「丁亥蝕, 匿謀滿玉堂.」京房占曰：「君臣無別.」
『춘추잠담파』에서 말하였다. "정해일(에 발생한) 일식은 음모가 옥당玉堂[88]에 가득 찬 것의 조응이다."『경방점』에서 말하였다. "(정해일에 발생한 일식은) 군신 간의 분별이 없는 것의 (조응이다)."

[二] 案張衡爲太史令, 表奏云：「今年三月朔方覺日蝕, 此郡懼有兵患. 臣愚以爲可勑北邊須塞郡縣, 明烽火, 遠斥候, 深藏固閉, 無令穀畜外露.」不詳是何年三月.
장형張衡이 태사령太史令일 때 표表로써 주청한 것을 살펴보니 (다음과 같았다.) "올해 3월 삭방군에서 일식을 발견하였는데, 이 군에서는 병란이 발발할 것을 두려워하였습니다. 신의 어리석은 생각으로는 북변 요충지의 군현에 칙勑을 내려 봉화를 확실히 (준비하고) 멀리까지 척후병을 내보내며, 깊이 숨기고 견고하게 잠가 곡식과 가축이 밖으로 나가지 않게 하는 것이 좋을 듯합니다." 이때가 어느 해 3월인지는 상세하지 않다.

永和三年十二月戊戌朔, 日有蝕之, 在須女十一度. 史官不見, 會稽以聞. 明年, 中常侍張逵等謀譖皇后父梁商欲作亂, 推考, 逵等伏誅也.
(순제) 영화永和 3년(138) 12월 무술 초하루, 수녀수 11도에서 일식이 있었다. 사관은 발견하지 못하고 회계군會稽郡에서 보고하였다. 다음해, 중상시 장규張逵 등이 모의하여 황후의 부친 양상梁商이 난을 일으키려 한다고 참소하였는데, 조사하여 사실을 밝히니 장규 등이 벌을 받아 죽음을 당하였다.

---

88) 『漢書』 顔師古注에 따르면 총애하는 愛妾의 거처를 말한다(玉堂, 嬖幸之舍也).

五年五月己丑晦, 日有蝕之,[一] 在東井三十三度. 東井, 三輔宿. 又近輿鬼, 輿鬼爲宗廟. 其秋, 西羌爲寇, 至三輔陵園.

(영화) 5년(140) 5월 기축己丑 그믐, 동정수 33도에서 일식이 있었다. 동정수는 삼보三輔에 해당하는 별자리다.[89] 또 여귀수와 가까운데, 여귀수는 종묘를 상징한다.[90] 그 가을, 서강西羌이 노략질하였는데 삼보의 능원陵園까지 미쳤다.

[一]　潛潭巴曰:「日蝕己丑, 天下唱之.」
　　『춘추잠담파』에서 말하였다. "기축일에 발생한 일식은 천하가 소란스러운 것의 조응이다."[91]

六年九月辛亥晦, 日有蝕之, 在尾十一度. 尾主後宮, 繼嗣之宮也. 以爲繼嗣不興之象.

(영화) 6년(141) 9월 신해 그믐, 미수 11도에서 일식이 있었다. 미수는 후궁을 주관하고, 후계자의 궁에 해당한다. (이는) 후계자가 번영하지 못할 징조로 여겨진다.

桓帝 建和元年正月辛亥朔, 日有蝕之, 在營室三度. 史官不見, 郡國以聞. 是時梁太后攝政.

환제桓帝(재위 146~167) 건화建和 원년(147) 정월 신해 초하루, 영실수營室宿[92] 3도에서 일식이 있었다. 사관은 보지 못하고 군국에서 보고하였다. 이때 양태후梁太后가 섭정하였다.

---

89) 『史記』「天官書」에 따르면 東井과 輿鬼는 雍州에 배당되었다(東井·輿鬼, 雍州).
90) 『史記』卷27,「天官書」, "輿鬼, 鬼祠事."
91) 『重修 緯書集成 卷四下(春秋下)』에 집록된 『春秋潛潭巴』의 기축일 발생한 일식에 대한 해석은 이와는 달리 "臣代其主, 天下皆亡."이다.
92) 營室宿: 별자리 이름. 28수의 하나로 북방 현무 7수의 여섯 번째 별자리다.

三年四月丁卯晦, 日有蝕之,[一] 在東井二十三度. 例在永元十五年. 東井主法, 梁太后又聽兄冀枉殺公卿, 犯天法也. 明年, 太后崩.

(건화) 3년(149) 4월 정묘丁卯 그믐, 동정수 23도에서 일식이 있었다. (화제) 영원 15년(103)에 사례가 있다.93) 동정수는 법을 주관하는 데,94) 양태후가 또 형 양기梁冀가 멋대로 공경을 살해하는 것을 허락하였으니 (이는) 하늘의 법[天法]을 범한 것이다. 다음해 태후가 붕어하였다.

[一] 潛潭巴曰:「丁卯蝕, 有旱有兵.」 京房占曰:「諸侯欲戮, 後有裸蟲之殃.」
『춘추잠담파』에서 말하였다. "정묘일에 일식이 있으면 가뭄이 들거나 병난이 발생한다." 『경방점』에서 말하였다. "(정묘일에 일식이 발생하면) 제후가 살육하고자 하고, 후에 (몸에 비늘, 털, 껍질 등이 없는) 나충裸蟲의 재앙이 있게 된다."

元嘉二年七月二日庚辰, 日有蝕之, 在翼四度. 史官不見, 廣陵以聞.[一] 翼主倡樂. 時上好樂過.[二]

(환제) 원가元嘉 2년(152) 7월 2일 경진, 익수 4도에서 일식이 있었다. 사관은 보지 못하고 광릉군廣陵郡에서 보고하였다. 익수는 노래와 춤을 주관한다. 이때 주상이 음악을 좋아하는 것이 지나쳤다.

[一] 京房占曰:「庚辰蝕, 君易賢以剛, 卒以自傷, 後有水.」
『경방점』에서 말하였다. "경진일에 일식이 있으면 군주가 현자賢者를 강자强者로 교체하여 끝내 스스로가 상하게 되며, 후에 홍수가 발생한다."

[二] 阮籍 樂論曰:「桓帝聞琴, 悽愴傷心, 倚扆而悲, 慷慨長息曰:『善乎哉! 爲琴若此, 一而足矣.』」

---

93) 영원 15년(103) 東井宿에서 발생한 일식을 등태후의 정치 관여에 조응하는 징조로 해석하였는데, 여기서 영원 15년의 사례를 언급한 것은 建和 3년(149)의 일식을 梁太后의 정치 관여에 조응하는 징조로 해석하기 위해서다.

94) 『開元占經』에 인용된 『皇帝占』에 따르면 東井은 天府의 법령이다. "黃帝占曰:「東井, 天府法令也, 天讒也, 一名東陵, 一名天井, 一名東井, 一名天關, 一名天闕, 一曰天之南門, 三光之正道.…」"

완적阮籍95)이 「악론樂論」에서 말하였다. "환제는 거문고 소리를 듣고 슬퍼 마음을 아파하였고 병풍에 의지하여 비통해하며 슬픔에 복받쳐 말하기를 '훌륭하구나! 거문고를 연주하는 것이 이와 같다면 이것만으로 충분하다.'96)고 하였다."

永興二年九月丁卯朔, 日有蝕之, 在角五度. 角, 鄭宿也. 十一月, 泰山盜賊羣起, 劫殺長吏. 泰山於天文屬鄭.

(환제) 영흥永興 2년(154) 9월 정묘 초하루, 각수 5도에서 일식이 있었다. 각수는 (분야설에서) 정鄭나라에 해당하는 별자리다. 11월, 태산泰山에서 도적들이 무리를 이뤄 일어나 장리長吏를 위협하여 죽였다. 태산은 천문 (분야설)에서 정에 속한다.

永壽三年閏月庚辰晦, 日有蝕之, 在七星二度. 史官不見, 郡國以聞. 例在永元四年. 後二歲, 梁皇后崩, 冀兄弟被誅.

(환제) 영수永壽 3년(157) 윤월閏月(5월) 경진 그믐, 칠성수 2도에서 일식이 있었다. 사관은 보지 못하였고 군국에서 보고하였다. (화제) 영원 4년(92)의 사례가 있다.97) 2년 후, 양황후梁皇后가 붕어하고 양기 형제가 주멸되었다.

延熹元年五月甲戌晦, 日有蝕之, 在柳七度, 京都宿也.[一]

(환제) 연희延熹 원년(158) 5월 갑술 그믐, 유수 7도에서 일식이 있었는데

---

95) 阮籍(210~263): 字 嗣宗, 陳留(지금의 하남성 開封市) 출신. 조위의 詩人으로 竹林七賢 중 한 사람. 門蔭에 의해 입사하고 여러 차례 승진하여 步兵校尉가 되어 세간에서는 阮校尉로 불렸다. 老莊學을 숭상하였고 술과 음악을 사랑하였다. 東平國의 相이 되었으나 禮敎를 따르지 않고 기행을 일삼았다. 스스로를 方外 인사로 자처했고 任誕으로 유명하였다. 景元 4년(263) 향년 54세로 사망하였다. 『阮籍集』에 유명한 「大人先生傳」, 「詠懷八十二首」 등이 수록되어 있다. 『晉書』 卷49에 傳이 있다.
96) 『呂氏春秋』 「愼行·察傳」에 나오는 일화로 舜임금이 重黎의 추천으로 夔를 얻어 樂正으로 삼으니 六律을 바로잡고 五聲을 바로 조화시켜 八風이 통하도록 하여 천하를 크게 교화시켰다. 이에 중려가 다시 사람을 구하여 추천하고자 하니 순임금이 기와 같은 사람은 한 사람이면 족하다(若夔者一而足矣)고 하였다.
97) 영원 4년(92)의 일식은 竇太后 일족의 몰락을 의미한다고 해석되었다. 따라서 永壽 3년(157)의 일식 역시 외척의 몰락을 의미한다고 해석한 것이다.

(유수는 분야설에서) 수도에 해당하는 별자리다.[98]

[一] 梁冀別傳曰:「常侍徐璜白言:『臣切見道術家常言, 漢死在戊亥. 今太歲在丙戌, 五月甲戌, 日蝕柳宿. 朱雀, 漢家之貴國, 宿分周地, 今京師是也. 史官上占, 去重見輕.』璜召太史陳授詰問, 乃以實對. 冀怨授不爲隱諱, 使人陰求其短, 發摘上聞. 上以亡失候儀不肅, 有司奏收殺獄中.」

『양기별전梁冀別傳』에서 말하였다. "상시常侍 서황徐璜이 상언上言하였다. '신이 삼가 도술가道術家[99]들 사이에서 전해 내려오는 말을 들어보니 한나라는 술해년戊亥에 멸망한다고 하였습니다. 지금 태세성太歲星[100]이 병술丙戌에 있고,[101] 5월 갑술에는 일식이 유수에서 일어났습니다. (유수는 남궁 주작朱雀에 속하고) 주작은 한왕조가 귀히 여기는 것이며, (분야설에 따라) 나라로는 주周나라에 해당하니[102] 지금 수도가 그곳입니다. 사관이 올린 점괘는 중요한 내용은 빼버리고 경미한 것만을 해석한 것입니다.' 서황이 태사太史 진원陳授을 불러 힐문하니 비로소 사실을 답하였다. 양기는 진원이 숨김없이 모두 말한 것을 원망하며 몰래 사람을 보내 (그의) 약점을 찾아 들추어내 주상에게 보고하였다. 주상은 (진원이) 관측 기기를 잃어버린 것[103]을 공경스럽지 못하다고 여겼는데, 담당 관원이 상주하여 체포된 후 옥중에서 살해되었다."

八年正月丙申晦, 日有蝕之, 在營室十三度. 營室之中, 女主象也. 其二月癸亥, 鄧皇后坐酗, 上送暴室, 令自殺, 家屬被誅. 呂太后崩時亦然.

(연희) 8년(165) 정월 병신 그믐, 영실수 13도에서 일식이 있었다. 영실수의 중앙은 여주의 상징이다. 그 2월 계해(27일), 등황후鄧皇后[104]가 술주정의

---

98) 『史記』「天官書」張守節의 주석에 따르면 柳宿는 周의 分野로 三河(낙양 주변)에 해당한다(柳·星·張, 周之分野, 三河).

99) 道術家: 道人. 天文曆數 및 陰陽·재이 해석에 뛰어난 사람을 말한다. 『後漢書』卷5, 「安帝紀」, "有道術明習灾異陰陽之度旋機之數者."

100) 太歲星: 木星의 다른 이름. 천문학에서 假設한 歲星으로 12년에 하늘을 한 바퀴 돈다 하여 이 별이 머무는 방위로 그 해의 年紀로 삼았다. 太歲가 머물거나 그 반대되는 방위는 凶神이 있는 곳으로 이해된다.

101) 연희 원년(158)은 丙戌年이 아니라 戊戌年이다.

102) 문맥에 따라 해석하기 위해 "漢家之貴, 國宿分周地."로 분절하였다.

103) 천문 현상에 대한 해석이 틀린 것으로 본 연구도 있다. 渡邉義浩·高山大毅·平澤步 篇, 앞의 책, 289쪽.

104) 鄧皇后(?~165): 鄧貴人을 참조.

죄를 지어 주상이 폭실暴室105)로 보내고 자살을 명령했으며 가족도 주살하였
다.106) 여태후呂太后107)가 붕어하였을 때 역시 그러하였다.108)

九年正月辛卯朔, 日有蝕之,〔一〕 在營室三度. 史官不見, 郡國以聞. 谷永以爲三朝尊
者惡之. 其明年, 宮車晏駕.

(연희) 9년(166) 정월 신묘 초하루, 영실수 3도에서 일식이 일어났다. 사관은
보지 못하고 군국에서 보고하였다. 곡영谷永109)은 삼조三朝110)(에 재이가
발생하면) 존귀한 이가 그것을 싫어한다고 하였다. 그 다음해 주상이 붕어하
였다.

---

105) 暴室: 원래는 염색을 담당하던 工坊이었다. '暴'은 '曝'으로 염색 제품을 햇빛에
말린다는 뜻을 가졌다. 그러다 궁중의 부녀나 병자 및 황후나 귀인 중에 죄가
있는 자가 이곳에 幽閉됨에 따라 暴室獄으로 불리게 되었고, 이후 폭실은 황후나
귀인이 수감되는 곳을 이르는 말이 되었다.

106) 鄧皇后의 조카인 鄧統은 暴室에 갇혔다가 官爵을 박탈당하고 재산이 몰수당하였으
며, 숙부인 鄧萬世와 鄧會는 모두 하옥된 후 옥사하였다.

107) 呂太后(BC. 241~BC. 180): 성은 呂, 이름은 雉, 자는 娥姁. 呂后, 또는 高后로 불린다.
현재 산동성 출신이나 죄를 짓고 도망 다니던 무뢰 출신 아버지를 따라 유방의
고향인 沛縣으로 이주하였다. 관상을 잘 봤던 아버지 呂文에 의해 유방에게 시집가
嫡妻가 된다. 한고조 사후 병약했던 아들 惠帝를 대신하여 권력을 장악하였고,
혜제 사후에는 어린 황제를 세워 臨朝稱制를 통해 사실상 황제 역할을 하였다.
"劉氏 아닌 자 왕이 될 수 없다"는 고조의 유언을 무시하고 呂氏들을 왕으로 세워
이른바 '여후의 禍'를 만들게 된다.

108) 전한 高后 7년(BC. 181) 정월 己丑 그믐, 營室宿 9도에서 일식이 일어났다. 그
때 여태후는 그 일식이 자신에 대한 응징이라고 생각하고 혐오하였는데, 다음해
붕어하였다. 『漢書』卷27下之下, 「五行七下之下」, "七年正月己丑晦, 日有食之, 旣, 在營室
九度, 爲宮室中. 時高后惡之, 曰:「此爲我也!」明年應."

109) 谷永(?~BC. 11): 전한의 관리. 字는 子雲, 京兆 장안(지금의 섬서성 서안시) 출신으로
尉司馬 谷吉의 아들이다. 才德이 뛰어나 효렴으로 선발되고 장안 小吏로 관직에
나왔다. 원제 建昭 연간(BC. 38~BC. 33) 御史大夫 韓延壽의 屬吏가 되었다가 여러
차례 승진하여 太常寺의 丞이 되었다. 성제 즉위 후 大司馬 王鳳에게 의부하여
安定太守, 涼州刺史를 역임하였고 太中大夫, 光祿大夫, 給事中을 지냈다. 元延 원년(BC.
12) 大司農이 되었고 다음해 죄에 연루되어 면직된 후 집에서 사망하였다. 재이
해석에 능했던 것으로 알려져 있다. 『漢書』卷85에 傳이 있다.

110) 三朝: 정월 초하루 아침을 말한다. 『漢書』卷81, 「孔光傳」, "歲之朝曰三朝.[師古曰:
「歲之朝, 月之朝, 日之朝, 故曰三朝.」]";『漢書』卷27下之下, 「五行七下之下」, "谷永以爲歲
首正月朔日, 是爲三朝, 尊者惡之."

[一] 潛潭巴曰:「辛卯蝕, 臣代其主.」
『춘추잠담파』에서 말하였다. "신묘일에 일식이 있으면 신하가 그 군주를 대신하게
된다."111)

永康元年五月壬子晦, 日有蝕之,[一] 在輿鬼一度. 儒說壬子淳水日, 而陽不克, 將有
水害. 其八月, 六州大水, 勃海(盜賊)[海溢].
(환제) 영강永康 원년(167) 5월 임자壬子 그믐, 여귀수 1도에서 일식이 있었다.
유자들이 말하기를 임자는 순수한 물[水]의 날로 양기가 (음기를) 이기지
못하여 (일식이 일어난 것으로) 장차 수해가 일어난다고 하였다. 그 8월,
여섯 주州에 큰 수재가 났으며 발해勃海에서는 바닷물이 넘쳤다.

[一] 潛潭巴曰:「壬子蝕, 妃后專恣, 女謀主.」
『춘추잠담파』에서 말하였다. "임자일(에 발생한) 일식은 후비가 권력을 함부로
휘두르고, 여자가 주군을 도모하는 것에 대한 조응이다."

靈帝 建寧元年五月丁未朔, 日有蝕之.[一] 冬十月甲辰晦, 日有蝕之.
영제靈帝(재위 168~189) 건녕建寧 원년(168) 5월 정미丁未 초하루, 일식이 있었다.
겨울 10월 갑진 그믐, 일식이 있었다.

[一] 潛潭巴曰:「丁未蝕, 王者崩.」
『춘추잠담파』에서 말하였다. "정미일(에 발생한) 일식은 왕자가 붕어할 징조다."

二年十月戊戌晦, 日有蝕之. 右扶風以聞.
(건녕) 2년(169) 10월 무술 그믐, 일식이 있었다. 우부풍右扶風에서 보고하였다.

三年三月丙寅晦, 日有蝕之. 梁相以聞.
(건녕) 3년(170) 3월 병인 그믐, 일식이 있었다. 양국梁國의 상相이 보고하였다.

---

111) 『開元占經』에 인용된 『春秋潛潭巴』에는 "辛卯日蝕, 臣伐其主."로 되어있다.

四年三月辛酉朔, 日有蝕之.[一]

(건녕) 4년(171) 3월 신유辛酉 초하루, 일식이 있었다.

[一] 潛潭巴曰:「辛酉蝕, 女謀主.」谷永上書:「飮酒無節, 君臣不別, 姦邪欲起.」傳曰:「酒無節, 玆謂荒, 厥異日蝕, 厥咎亡.」靈帝好爲商估, 飮於宮人之肆也.

『춘추잠담파』에서 말하였다. "신유일의 일식은 여인이 군주를 도모하는 것에 대한 조응이다." 곡영이 상서하여 "술 마심에 절도가 없고 군신 간에 분별이 없으면 간사한 자가 일어나고자 합니다."라고 하였다. 『역전易傳』에서 말하였다. "술을 마심에 절도가 없는 것, 이를 일러 탐닉하다[荒]라고 말하며 그 이변은 일식으로 나타나고 그 재앙은 멸망하는 것이다." 영제가 장사하는 것을 (흉내 내길) 좋아하고 궁인의 가게에서 술을 마셨다.112)

熹平二年十二月癸酉晦, 日有蝕之, 在虛二度. 是時中常侍曹節·王甫等專權.[一]

(영제) 희평熹平 2년(173) 12월 계유 그믐, 허수 2도에서 일식이 있었다. 이때 중상시 조절曹節과 왕보王甫 등이 권력을 독점하였다.

[一] 蔡邕上書曰:「四年正月朔, 日體微傷, 羣臣服赤幘, 赴宮門之中, 無救, 乃各罷歸. 天有大異, 隱而不宣求御過, 是已事之甚者.」

채옹蔡邕이 상서하여 "(희평) 4년(175) 정월 초하루, 해의 형태가 미세하게 어그러져 신료들이 붉은 책幘을 쓰고113) 궁문 가운데로 나갔지만 (재이를) 해소하지는 못하고 결국 각기 그치고 돌아갔습니다. 하늘에 큰 이변이 있을 때 (그것을) 숨기고 공표하지 않은 채 재이를 막을 수 있는 방법만을 구하였으니, 이는 종래 있었던 일 중에서도 꽤 심한 경우입니다."라고 하였다.

---

112) 「五行一」에 보인다. 『後漢書』志第13, 「五行一」, "靈帝數遊戲於西園中, 令後宮采女爲客舍主人, 身爲商賈服. 行至舍, 采女下酒食, 因共飮食以爲戲樂. 此服妖也. 其後天下大亂."

113) 일식은 음이 양을 침범한 것이기에 일식이 일어나면 양기를 돕고 음기를 누르기 위해 음의 최고신인 社를 붉은 실로 둘러치거나 사람들 모두 붉은색 두건을 착용하였다. 『公羊傳』, 「莊公二十五年」, "日有食之, 鼓用牲于社. 日食則曷爲鼓用牲于社, 求乎陰之道也. 以朱絲營社, 或曰脅之, 或曰爲闇.";『後漢書』志第4, 「禮儀志上」, "決疑要注曰:「凡救日食, 皆著赤幘, 以助陽也. 日將食, 天子素服避正殿, 內外嚴. 日有變, 伐鼓聞音, 侍臣著赤幘, 帶劍入侍, 三臺令史已(下)[上]皆持劍立其戶前, 衛尉卿驅馳繞宮, 察巡守備, 周而復始. 日復常, 乃皆罷(之).」"

六年十月癸丑朔, 日有蝕之, 趙相以聞.[一]

(희평) 6년(177) 10월 계축 초하루, 일식이 있었는데 조국趙國의 상이 보고하
였다.

[一] 谷永上書: 「賦斂滋重, 不顧黎民, 百姓虛竭, 則日蝕, 將有潰叛之變.」

곡영이 상서하여 "세금이 더욱 무거워지고 백성들을 돌아보지 않아 그들이 궁핍하
게 되면 일식이 일어납니다. 장차 (천하에) 반란이 일어나 뿔뿔이 흩어질 변고가
있을 것입니다."라고 하였다.

光和元年二月辛亥朔, 日有蝕之. 十月丙子晦, 日有蝕之, 在箕四度. 箕爲後宮口
舌. 是月, 上聽讒廢宋皇后.[一]

(영제) 광화光和 원년(178) 2월 신해 초하루, 일식이 있었다. 10월 병자丙子
그믐, 기수箕宿[114] 4도에서 일식이 있었다. 기수는 후궁의 참언을 상징한다.
이 달, 주상이 참언을 믿고 송황후宋皇后를 폐하였다.

[一] 案: 本傳盧植上書, 丙子蝕自巳過午, 旣蝕之後, 雲霧晻曖, 陳八事以諫. 蔡邕對問曰:
「詔問踐阼以來, 災眚屢見, 頻歲日蝕·地動, 風雨不時, 疫癘流行, 勁風折樹, 河·雒盛溢.
臣聞陽微則日蝕, 陰盛則地震, 思亂則風, 貌失則雨, 視闇則疾, 簡宗廟, (上)水不潤下,
川流滿溢. 明君臣, 正上下, 抑陰尊陽, 修五事於聖躬, 致精慮於共御, 其救之也.」

살펴보니 「노식전盧植[115]傳」(에 수록된) 상서에는 "병자일에 발생한 일식은 사시巳
時[116]로부터 오시午時[117]를 너머 일어났으며 일식이 일어난 후에는 운무雲霧가

114) 箕宿: 별자리 이름. 28수의 하나로 동방 창룡 7수 중 마지막 별자리. 모두 4개의
별을 포함한다.
115) 盧植(139~192): 후한 말 경학가. 字는 子幹, 涿郡 涿縣(지금의 河北省 涿州市) 출신.
太尉 陳球와 大儒 馬融 등의 밑에서 수학하였으며 鄭玄·管寧·華歆 등과 동문으로
금고문 모두에 통달하였다. 九江 및 廬江太守를 차례로 역임하면서 蠻夷의 반란을
평정하였다. 이후 馬日磾·蔡邕 등과 함께 東觀에서 경전을 교감하였고,『東觀漢記』
제작에 참여하였다. 黃巾亂 당시 北中郎將이 되어 張角과 교전하였다. 이후 모함에
의해 하옥되었으나 皇甫嵩의 救命으로 석방되어 다시 尙書에 임명되었다. 少帝
폐립을 반대하는 간언으로 董卓을 격노시키고 면직된 후 袁紹의 청으로 反동탁
연합군의 軍師가 되었다. 獻帝 初平 3년(192) 사망하였다. 강직하고 고상한 품격으로
이름이 높았으며 文武를 겸비하였다.『後漢書』卷64에 傳이 있다.
116) 巳時: 오전 9시부터 11시 사이를 말한다.

해를 가려 어두워졌습니다."라고 하며 (마땅히 해야 할) 여덟 가지 일을 진술하여 간언하였다. 채옹은 책문策問에 답하여 "조로써 물으시길 즉위 이래 재이가 여러 차례 일어났는데, 근년에는 일식과 지진이 일어났고 바람과 비는 때에 맞지 않으며 역병이 유행하였고 강한 바람이 나무를 부러뜨렸으며 황하와 낙수洛水는 (홍수로) 범람하였으니 (어째서인가) 하셨습니다. 신이 듣기에 양기가 약하면 일식이 일어나고 음기가 왕성하면 지진이 일어나며, 생각[思心]이 어지러우면 바람이 불고 용모[貌]가 (공경함을) 잃으면 비가 오며, 보는 것[視]이 몽매蒙昧하면 질병이 유행한다고 합니다. (또한) 종묘를 가벼이 여기면 물[水]이 젖어들어 아래로 흐르지 않게 되니 하천이 범람한다고 합니다. 군신 (간의 분별을) 명확히 하고 상하의 (규율을) 바르게 하며, 음기를 억제하고 양기를 존중하며, 오사五事를 성스러운 몸에 실천하시고 어심御心을 (기울이시어) 꼼꼼하게 사려하신다면 재이를 해소하실 수 있으실 것입니다."라고 하였다.

二年四月甲戌朔, 日有蝕之.
(광화) 2년(179) 4월 갑술 초하루, 일식이 있었다.

四年九月庚寅朔, 日有蝕之,[一] 在角六度.
(광화) 4년(181) 9월 경인庚寅 초하루, 각수 6도에서 일식이 있었다.

[一]   潛潭巴曰:「庚寅蝕, 將相誅, 大水, 多死傷.」
      『춘추잠담파』에서 말하였다. "경인일에 일식이 있으면 장차 재상이 주멸되고, 홍수가 나 많은 이가 죽거나 다친다."

中平三年五月壬辰晦, 日有蝕之.[一]
(영제) 중평中平 3년(186) 5월 임진壬辰 그믐, 일식이 있었다.

[一]   潛潭巴曰:「壬辰蝕, 河決海[溢], 久霧連陰.」
      『춘추잠담파』에서 말하였다. "임진일에 일식이 있으면 황하가 터지고 바다가 넘치며, 오랫동안 안개가 껴 흐린 날이 계속된다."

---

117) 午時: 오전 11시부터 오후 1시 사이를 말한다.

六年四月丙午朔, 日有蝕之. 其月浹辰, 宮車晏駕.

(중평) 6년(189) 4월 병오丙午 초하루, 일식이 있었다. (일식이 있은 후) 그
달 12일이 되기 전에 주상이 붕어하였다.

獻帝 初平四年正月甲寅朔, 日有蝕之, 在營室四度.[一] 是時李傕·郭汜專政.[二]

헌제獻帝(재위 189~220) 초평初平 4년(193) 정월 갑인甲寅 초하루, 영실수 4도에서
일식이 있었다. 이때 이각李傕과 곽사郭汜가 정권을 독점하였다.

[一] 潛潭巴曰:「甲寅蝕, 雷電擊殺, 骨肉相攻.」

『춘추잠담파』에서 말하였다. "갑인일에 일식이 있으면 우레와 번개가 (사람을)
쳐 죽이고 친족이 서로 공격한다."

[二] 袁宏紀曰:「未蝕八刻, 太史令王立奏曰:『日晷過度, 無有變也.』於是朝臣皆賀. 帝密令
尚書候焉, 未晡一刻而蝕. 尚書賈詡奏曰:『立伺候不明, 疑誤上下; 太尉周忠, 職所典掌,
請皆治罪.』詔曰:『天道遠, 事驗難明, 且災異應政而至, 雖探道知機, 焉能無失, 而欲歸咎
史官, 益重朕之不德也.』弗從. 於是避正殿, 寢兵, 不聽事五日.」

원굉袁宏[118]의 『후한기後漢紀』[119]에서 말하였다. "일식이 일어나기 8각刻[120] 전에
태사령 왕립王立이 상주하여 말하였다. '시간이 지났으나 일식은 일어나지 않았습
니다.' 이에 조정의 신하들 모두가 축하하였다. 황제가 은밀히 상서尚書로 하여금
관측하게 하니 해지기 1각 전에 일식이 일어났다. 상서 가후賈詡[121]가 상주하여

---

118) 袁宏(約328~約376): 東晉의 문학가, 역사가. 字는 彦伯이고 어릴 때 이름은 虎다.
   陳郡 陽夏縣(지금의 하남성 太康縣) 출신. 謝尚의 參軍이었다가 桓溫의 記室 겸 東陽太守
   가 되었다. 당시 몇 종의 『後漢書』가 찬술되었으나 그에 만족하지 못하여 荀悅의
   『漢紀』를 이어 『後漢紀』를 찬술하였다. 이외에도 『竹林名士傳』과 〈東征賦〉, 〈北征賦〉,
   〈三國名臣頌〉 등의 작품이 있다. 『晉書』 卷92에 傳이 있다.

119) 『後漢紀』: 원굉이 찬술한 全 30권의 編年体 後漢史. 新 왕망 元鳳 4년(17) 綠林起義부터
   시작하여 헌제 延康 원년(220) 조위 禪代까지 기록하였다.

120) 刻: 시간의 단위. 전한에서는 주야를 더하여 하루를 100각으로 구분하였다. 동절기
   와 하절기 차이가 있었는데 동지는 낮 시간을 40각으로 밤 시간을 60각으로
   구분하였으며, 하지는 낮 시간을 60각 밤 시간을 40각으로 구분하였다. 이후
   애제가 120각으로 고쳤다가 후한 광무제가 다시 100각으로 돌렸다. 위진에서는
   후한의 기준을 그대로 적용하였다.

121) 賈詡(147~223): 字는 文和, 武威郡 姑臧縣(지금의 감숙성 武威市) 출신. 후한의 관료며
   조위의 개국공신. 軍事戰略家. 지략이 뛰어나 "張良과 陳平의 奇才를 지녔다."고

말하였다. '왕립의 관측이 정확하지 않아[122] 위아래 (모두)를 그릇된 길로 이끈 것이 아닐까 합니다. 태위太尉 주충周忠[123]이 총괄 담당자이니 청컨대 잘못을 가리어 처벌하십시오.' 조를 내려 말하였다. '천도는 멀고 일의 효험은 분명하지 않다. 게다가 재이는 정치에 조응하여 발생하는 것이니, 비록 도에 심오하고 징조를 안다고 하여도 어찌 능히 실수가 없겠는가. 그럼에도 허물을 사관에게 돌리는 것은 짐의 부덕을 더욱 무겁게 하는 것이다.' (가후의 상주를) 따르지 않았다. 이에 정전正殿을 피하고 군사軍事를 정지시켰으며 5일 동안 정무를 보지 않았다."

興平元年六月乙巳晦, 日有蝕之.

(헌제) 흥평興平 원년(194) 6월 을사 그믐, 일식이 있었다.

建安五年九月庚午朔, 日有蝕之.[一]

(헌제) 건안建安 5년(200) 9월 경오庚午 초하루, 일식이 있었다.

[一]   潛潭巴曰:「庚午蝕, 後火燒官兵.」
       『춘추잠담파』에서 말하였다. "경오일에 일식이 있으면 후에 불이 관병官兵을 사른다."

六年(十月癸未)[二月丁卯]朔, 日有蝕之.

(건안) 6년(201) 2월 정묘 초하루, 일식이 있었다.

평가받았다. 輕騎將軍 賈襲의 아들로 효렴으로 선발되어 郎官으로 관직에 나왔다. 武威郡守 張奐 휘하에 있다가 동탁의 部將이 되었다. 동탁 사후에는 李催, 郭汜에게 장안 공격을 건의하여 성공한 후 尙書에 임명되었다. 후에 張繡에게 입사하였고 장수와 함께 曹操에게 귀순하여 都亭侯에 책봉되었으며 冀州牧이 되었다. 魏의 세자 책봉 당시 曹丕를 추천하였고, 文帝 즉위 후 太尉에 올랐다. 黃初 4년(223) 향년 77세로 사망하였다. 시호는 肅이며 위문제 廟에 配享되었다. 『三國志』卷10에 傳이 있다.

122) 『後漢書』「獻帝紀」에는 '立司候不明'으로 되어 있다.

123) 周忠: 字 嘉謀, 廬江郡 舒縣(지금의 안휘성 廬江縣) 출신. 후한의 관료. 어려서 관직에 나가 여러 차례 승진하여 大司農이 되었다. 이각과 곽사가 장안을 침공할 때 皇甫嵩을 대신하여 太尉·錄尙書事가 되었다. 이후 재이로 인해 면직되었다가 다시 衛尉로 복귀하여 헌제를 따라 낙양으로 돌아왔다. 『後漢書』卷45, 「周榮傳」에 傳이 附記되어 있다

十三年十月癸未朔, 日有蝕之,[一] 在尾十二度.

(건안) 13년(208) 10월 계미癸未 초하루, 미수 12도에서 일식이 있었다.

[一]　潘潭巴曰:「癸未蝕, 仁義不明.」
　　『춘추잠담파』에서 말하였다. "계미일(에 발생한) 일식은 인의가 명확히 드러나지
　　않은 것의 조응이다."

十五年二月乙巳朔, 日有蝕之.

(건안) 15년(210) 2월 을사 초하루, 일식이 있었다.

十七年六月庚寅晦, 日有蝕之.

(건안) 17년(212) 6월 경인 그믐, 일식이 있었다.

二十一年五月己亥朔, 日有蝕之.[一]

(건안) 21년(216) 5월 기해己亥 초하루, 일식이 있었다.

[一]　潘潭巴曰:「己亥蝕, 小人用事, 君子縶.」
　　『춘추잠담파』에서 말하였다. "기해일에 일식이 있으면 소인이 권력을 장악하고
　　군자가 포박된다."

二十四年二月壬子晦, 日有蝕之.

(건안) 24년(219) 2월 임자 그믐, 일식이 있었다.

凡漢中興十二世, 百九十六年, 日蝕七十二: 朔三十二, 晦三十七, 月二日三.
후한後漢 12세世, 196년 간 일식이 72회 있었다. 초하루에 32번, 그믐에
37번, 달의 둘째 날에 3번 있었다.

日抱: 햇무리

光武 建武七年四月丙寅, 日有暈抱, 白虹貫暈, 在畢八度.[一] 畢爲邊兵. 秋, 隗囂反, 侵安定.[二]

광무제 건무 7년(31) 4월 병인(3일), 필수 8도에서 햇무리인 운훈124)과 포포125)가 나타났고, 백홍白虹126)이 (그 중) 운을 관통하였다. 필수는 변경의 병사를 의미한다. 가을, 외효가 반란을 일으켜 안정군을 침입하였다.

[一]　古今注曰:「時日加卯, 西面東面有抱, 須臾成暈, 中有兩鉤, (征)[在]南北面, 有白虹貫暈, 在西北南面, 有背在景, 加巳皆解也.」
『고금주』에서 말하였다. "때는 묘시卯時127)로 서쪽과 동쪽에서 햇무리 포포가 나타났고, 잠시 후 운훈이 되었는데 가운데 갈고리 모양 두 개가 생겨나 남쪽에서 북쪽으로 향했다. 백홍白虹이 서북쪽에서 남쪽으로 운을 관통하였고 햇빛 가운데 배背128)가 나타나 사시가 되어서야 모두 사라졌다."

[二]　皇德傳史曰:「白虹貫, 下破軍, 晉分也.」 古今注曰:「章帝 建初元年正月壬申, 白虹貫日. 五年七月甲寅, 夜白虹出乙丑地西北入. 七年四月丙寅, 日加卯, 西面有抱, 須臾成暈, 有白虹貫日. 殤帝 延平元年六月丁未, 日暈上有半暈, 暈中外有儞, 背兩珥. 十二月丙寅, 日暈再重, 中有背儞. 順帝 永建二年正月戊午, 白虹貫日. 三年正月丁酉, 日有白虹貫交暈中. 六年正月丁卯, 日暈兩珥, 白虹貫珥中. 永和六年正月己卯, 暈兩珥, 中赤外靑, 白虹貫暈中.」 案郎顗傳, 陽嘉二年正月乙卯, 白虹貫日. 又唐檀傳, 永建五年, 白虹貫日, 檀上便宜三事, 陳其咎徵. 春秋元命苞曰:「陰陽之氣, 聚爲雲氣, 立爲虹蜺, 離爲倍儞, 分爲抱珥.」 考異郵曰:「臣謀反, 偏刺日.」 巫咸占曰:「臣不知則日月儞.」 如淳曰:「蜺蜺

---

124)　暈: 햇무리의 일종으로 해의 주변을 빛이 둥근 테 모양으로 감싼 것을 말한다. 『晉書』「天文志中」의 설명에 따르면『周禮』「眂祲」에서 말한 十輝之法(祲·象·鑴·監·闇·瞢·彌·敍·隮·想) 중 '隮'에 해당한다(九曰隮, 謂暈氣也. 或曰, 虹也).

125)　抱: 抱珥라고도 하며 역시 햇무리의 일종으로 해 양쪽에 반원형으로 둘린 모양을 말한다. 『周禮』「眂祲」에서 말한 十輝之法 중 '昆(昆)'에 해당한다(『晉書』卷12, 「天文志中」, "一曰昆, 謂陰陽五色之氣, 浸淫相侵. 或曰, 抱珥背璚之屬, 如虹而短是也.").

126)　白虹: 해나 달 주위에 생기는 흰빛 무리를 말한다.

127)　日加卯: 해가 卯時에 있다는 의미. 묘시는 오전 5시부터 7시다.

128)　背: 해를 등져서 진 햇무리로 휘어진 초승달 모양이다.

謂之虹, 雌謂之蜺, 向外曰倍, 刺日曰儔, 在傍如半環向日曰抱, 在傍直對曰珥.」孟康曰:
「儔如儔也..」宋均曰:「黃氣抱日, 輔臣納忠..」

『황덕전皇德傳』129)에서 사관이 말하였다. "백홍이 (해를) 관통하면 지상에서 군대
가 패배하는데, 분야로는 진晉에 해당한다."『고금주』에서 말하였다. "장제 건초
원년(76) 정월 임신(그믐) 백홍이 해를 관통하였다. (건초) 5년(80) 7월 갑인(7일),
밤에 백홍이 을축乙丑130) (방향의) 땅에서 나타나 서북쪽으로 굽어 들어갔다.
(건초) 7년(82) 4월 병인(17일) 묘시, 서쪽에서 포抱가 나타났다가 잠시 후 운暈이
되었고, 백홍이 해를 관통하였다. 상제殤帝(재위 105~106) 연평延平 원년(106) 6월
정미(초하루), 일운日暈 위에 반운半暈이 나타났고 운 안팎으로 결儔131)과 배背,
그리고 두 개의 이珥132)가 나타났다. 12월 병인(23일), 해에 이중의 운이 나타났고
안쪽에 배와 결이 나타났다. 순제 영건 2년(127) 정월 무오(11일), 백홍이 해를
관통하였다. (영건) 3년(128) 정월 정유(27일), 백홍이 나타나 두 개의 운이 교차하고
있는[交暈] 가운데를 관통하였다. (영건) 6년(131) 정월 정묘,133) 운과 두 개의
이가 나타났고 백홍이 (그중) 이의 가운데를 관통하였다. 영화 6년(141) 정월
기묘己卯(24일), 운과 두 개의 이가 나타났는데 안쪽은 붉은 색을, 바깥쪽은 푸른색을
띠었으며 백홍이 운의 가운데를 관통하였다." (『후한서』) 「낭의전郎顗傳」을 살펴
보니 양가 2년(133) 정월 을묘(14일), 백홍이 해를 관통하였다. 또 「당단전唐檀134)傳」
을 (살펴보니) 영건 5년(130), 백홍이 해를 관통하니 당단이 급무急務 3조를 상주하고
그 흉조에 대해 진술하였다.『춘추원명포春秋元命苞』135)에서 말하였다. "음양의
기가 모이면 운기雲氣가 되고 (그것이) 퍼지면 무지개가 되며, (서로) 멀어지면

---

129) 『皇德傳』: 후한에 대해 기록한 사서. 후한 侯瑾이 지었다.『隋書』「經籍志」에 '漢皇德紀
   三十卷'으로 저록되어 있다.
130) 乙丑: 방위로는 東北을 의미한다.
131) 儔: 햇무리의 일종으로 해의 측면에서 보이는 것으로 바깥으로부터 안으로 향한다
   고 한다.
132) 珥: 햇무리의 일종으로 해의 측면에서 보이는데, 해의 좌우에 작은 원모양으로
   나타난다고 한다. 햇귀라고도 한다.
133) 永建 6년(131) 정월에는 정묘일이 없다. 2월 14일이 정묘일이다.
134) 唐檀: 字는 子産이고 豫章郡 南昌縣(江西省 南昌市) 출신. 일찍이 낙양 太學에서
   『京氏易』,『韓詩』,『顔氏春秋』를 수학하고 귀향하여 私學을 열어 문생들을 가르쳤다.
   순제 영건 5년(130) 효렴으로 선발되어 郎中이 되었다. 재이·점성학을 좋아하였고
   재이의 원인으로 환관과 외척의 정권 장악을 지목하였다. 저서로는『唐子』28篇이
   있다.『後漢書』卷82下에 傳이 있다.
135) 『春秋元命苞』:『春秋緯元命苞』. 春秋緯의 하나. 전한 말~후한 초에 찬술된 것으로
   추정된다. 宋均이 주해하였으나 散佚되었다. 符錄·瑞祥에 대한 내용이 주를 이루나
   천문·지리·역사·신화·전설 등 내용이 다양하다. 현재 남아 있는 讖緯書 중 가장
   많은 佚文을 보유한 위서 중 하나다.『古微書』,『黃氏逸書考』,『玉函山房輯佚書』,
   『七緯』등에 輯佚되어 있다.

배倍와 결이 되고136) 나눠지면 포와 이가 된다."『춘추고이우春秋考異郵』에서 말하였다. "신하가 반란을 기도하면 (빛이) 해의 주변을 완전히 감싼다."137)『무함점巫咸占』138)에서 말하였다. "신하가 무지하면 해와 달에 결이 생긴다." 여순如淳139)이 말하였다. "체동螮蝀을 홍虹이라고 하고 자雌를 예蜺라 하며, 밖을 향하여 (휘어진 것을) 배라 하고 해에 다다른 것을 결이라 하며, 측면에서 반원 모양으로 해를 향한 것을 포라 하고, 측면에서 똑바로 해를 향한 것을 이라고 한다." 맹강孟康140)이 말하였다. "결은 (장식용) 옥휼玉鐍[璚]과 같은 형태를 띤다."141) 송균宋均142)이 말하였다. "황기黃氣가 해를 감싸면 (군주를) 보필하는 신하가 충의를 바친다."

---

136) 『淮南子』「覽冥訓」의 "君臣乖心, 則背譎見, 於天神氣相應徵矣."라는 구절에 대해 高誘는 다음과 같이 주해하였다. "日旁五色氣在兩邊, 外出爲背, 外向爲譎, 內向爲珥, 在上外出爲冠也." 이에 따르면 背·譎·珥·冠 모두 해의 양 측면에서 나타나는데, 방향(밖과 안)과 위치(옆과 위)에 따라 명칭에 차이가 있는 것으로 보인다. 한편 고유는 『呂氏春秋』「明理」의 "其日有鬪蝕, 有倍僑, 有暈珥."라는 구절에 대해서는 "在兩傍反出爲倍, 在上反出爲僑, 在上內向爲冠."이라고 하여 다소 차이가 있다.

137) 교감에 따르면 汲本에는 '偏周日'로, 殿本에는 '偏刺日'로 되어 있다고 한다. 上杉本도 '偏周日'로 되어 있다. 여기서는 급본, 상삼본에 따라 해석하였다.

138) 『巫咸占』:『隋書』「經籍志」天文類에 '巫咸五星占一卷'으로 저록되어 있다.

139) 如淳: 조위의 관리. 馮翊郡(지금의 섬서성 大荔縣) 출신. 조위에서 陳郡丞을 역임하였다. 『漢書』의 주석이 顔師古注에 다수 인용되어 있다.

140) 孟康: 字는 公休, 安平國 廣宗縣(지금의 하북성 광종현) 출신. 삼국 시기 조위의 경학가. 孟子의 18대 손으로 魏文德皇后의 조카. 어려서 散騎侍郞이 되었고 正始 연간(240~249)에 弘農太守가 되었다. 典籍校尉를 兼領하였다. 嘉平 말 渤海太守로 옮겼고 이후 조정으로 들어와 中書令, 給事中, 中書監을 역임하였다. 廣陵亭侯에 책봉되었다. 지리·천문·小學에 정통하였다. 저서로 『漢書音義』와 『老子注』가 있다.

141) 『漢書』「天文志」顔師古注에 인용된 孟康의 해석은 "穴多作鐍, 其形如玉鐍也."라고 되어 있다. 여기서는 『漢書』顔師古注에서 인용한 내용을 따랐다.

142) 宋均: 삼국 시기 조위의 博士. 다수의 讖緯書를 주해하였다.

日赤無光: 붉게 변하여 광채가 없는 해

靈帝時, 日數出東方, 正赤如血, 無光, 高二丈餘乃有景. 且入西方, 去地二丈, 亦如之.〔一〕其占曰, 事天不謹, 則日月赤. 是時月出入去地二三丈, 皆赤如血者數矣.〔二〕

영제 시기, 해가 수차례 동쪽에서 떠올랐는데 완전한 적색으로 마치 피와 같았고, 광채가 없었으며 2장여 높이로 떠올라서야 비로소 빛이 났다. 더욱이 서쪽으로 저물 때도 땅에서 2장 정도가 되어서 역시 같은 상태로 짙은 적색으로 빛이 없었다. 그에 대한 해석에서 말하기를 하늘을 섬기는 데 공손하지 않으면 해와 달이 붉어진다고 하였다. 이때 달이 뜨고 질 때 지면에서 2~3장 정도에서 (달이) 피처럼 붉어진 경우가 수차례였다.

〔一〕 京房占曰:「國有佞讒, 朝有殘臣, 則日不光, 闇冥不明.」孟康曰:「日月無光曰薄.」
『경방점』에서 말하였다. "나라에 아첨하고 참언하는 자가 있고 조정에 흉악한 신하가 있으면 해가 빛을 발하지 않아 (천하가) 어둡고 환하지 않게 된다." 맹강이 말하였다. "해와 달이 빛을 발하지 않는 것을 '엷다[薄]'고 한다."

〔二〕 春秋感精符曰:「日無光, 主勢奪, 羣臣以讒術. 色赤如炭, 以急見伐, 又兵馬發.」禮斗威儀曰:「日月赤, 君喜怒無常, 輕殺不辜, 戮於無罪, 不事天地, 忽於鬼神. 時則天雨, 土風常起, 日蝕無光, 地動雷降. 其時不救, 兵從外來, 爲賊戮而不葬.」京房占曰:「日無故日夕無光, 天下變枯, 社稷移(亡)〔主〕.」
『춘추감정부春秋感精符』[143)]에서 말하였다. "해에 광채가 없는 것은 군주가 권세를 탈취당하고 여러 신하들이 참언으로써 계략을 삼은 것의 조응이다. (해의) 색이 숯처럼 붉어지면 곧 정벌당하거나 또 병마兵馬가 발동되게 된다." 『예두위의禮斗威儀』[144)]에서 말하였다. "해와 달(의 색이) 붉어진 것은 군주의 기뻐함과 노함이

---

143) 『春秋感精符』: 춘추위 중 하나. 三通, 三正, 천문의 이변과 인간사와의 관계, 공자의 制經에 대해 서술하고 있다. '感精符'라는 것은 산천의 정기가 하늘로 올라가 별이 되고 제왕은 그 별에 상응하는 것이 마치 符契가 합쳐지는 것과 같다는 의미다. 송균의 주석이 있었으나 산일되었다.
144) 『禮斗威儀』: 禮緯 중 하나. 天體에 관한 내용을 비롯하여 五德終始에 따른 제왕의

일정하지 않고 허물이 없는 자를 가벼이 죽이며, 죄가 없는 자를 처벌하고 천지를 섬기지 않으며, 귀신을 소홀히 한 것의 조응이다. (이러할) 때 하늘에서 비가 오고 땅에서는 바람이 늘 일어나며, 일식이 일어나 (해가) 빛을 발하지 않으며, 땅이 흔들리고 우레가 친다. 이때 적절하게 대처하지 않으면 외적이 밖으로부터 쳐들어와 살육을 자행하고 시체를 방치하게 된다." 『경방점』에서 말하였다. "해가 이유도 없이 아침저녁으로 빛을 발하지 않으면 천하가 쇠미해지고 나라에는 군주가 바뀐다."

運數, 五行五星과 政敎의 배합 등 天人感應에 대해 서술하고 있다. '斗威儀'는 北斗가 하늘에 있어 威儀를 상징하고, 禮는 위의를 주관하고 王者는 북두를 본받는다는 의미다. 鄭玄과 송균의 注가 있었으나 산일되었다.

日黃珥: 해의 측면에 나타난 황색의 햇무리

<u>光和</u>四年二月己巳, 黃氣抱日, 黃白珥在其表.[一]

(영제) 광화 4년(181) 2월 기사己巳(6일), 황기黃氣가 해를 싸안았는데 황색과 백색의 햇무리인 이珥가 그 표면에 나타났다.

[一] <u>春秋感精符</u>曰:「日朝珥則有喪孽.」又云:「日已出, 若其入, 而雲皆赤黃, 名曰日空, 不出三年, 必有移民而去者也.」

『춘추감정부』에서 말하였다. "아침에 해에 햇무리인 이珥가 나타나면 상喪이 날 재앙이 발생한다." 또 말하였다. "해가 이미 떴음에도 마치 일몰 때와 같고 구름이 모두 붉거나 황색이 되는 것을 '일공日空'이라고 한다. (일공이 출현한 후) 3년 이내 반드시 사람들을 이주시키고 죽는 자가 나타난다."

日中黑: 해 가운데 나타난 흑기

中平四年三月丙申, 黑氣大如瓜, 在日中.[一]
(영제) 중평 4년(187) 3월 병신,145) 크기가 오이만한 흑기黑氣가 해 가운데
나타났다.

[一] 春秋感精符曰:「日黑則水淫溢.」
     『춘추감정부』에서 말하였다. "해가 검어지면 물이 범람한다."

五年正月, 日色赤黃, 中有黑氣如飛鵲, 數月乃銷.
(중평) 5년(188) 정월, 해의 색이 적·황색이 되었고 (해) 가운데 나는 까치
같은 형태의 흑기가 나타나 수개월이 지나 비로소 없어졌다.

---

145) 中平 4년(187) 3월에는 丙申日이 없다. 4월 9일이 병신일이다.

虹貫日: 해를 관통한 무지개

六年二月乙未, 白虹貫日.[一]

(중평) 6년(189) 2월 을미,146) 백홍이 해를 관통하였다.

[一] 春秋感精符曰:「虹貫日, 天下悉極, 文法大擾, 百官殘賊, 酷法橫殺, 下多相告, 刑用及族, 世多深刻, 獄多怨宿, 吏皆慘毒.」又曰:「國多死孽, 天子命絶, 大臣爲禍, 主將見殺.」星占曰:「虹蜺主內婬, 土精塡星之變.」易讖曰:「聰明蔽塞, 政在臣下, 婚戚干朝, 君不覺悟, 虹蜺貫日.」

『춘추감정부』에서 말하였다. "무지개가 해를 관통한 것은 천하(의 피폐가) 극에 달하고 법률은 크게 혼란해지며, 뭇 관료가 잔악하고 엄혹한 법률이 멋대로 사람을 죽이며, 아래에서는 상호 고발이 빈번하고 형벌의 적용은 일족에게까지 미치며, 세간에 참혹한 일이 많아지고 옥사에 원한이 남는 경우가 많으며, 관리가 모두 (백성에게) 무자비하게 구는 것에 대한 조응이다." 또 말하였다. "나라에 죽는 사람이 나오는 재앙이 많이 발생하고 천자의 명이 끊어지며 대신들이 화를 일으키고 장수들이 살해된다."『성점星占』에서 말하였다. "무지개[虹蜺]는 후궁의 음탕함을 반영하고 흙의 정기[土精]인 토성의 이변이다."『역참易讖』에서 말하였다. "(군주의) 총명함이 가려지고 막혀 정권이 신하에게 있고 외척이 조정에 간여하는 데도 군주가 깨닫지 못하면 무지개가 해를 관통한다."147)

獻帝 初平元年二月壬辰, 白虹貫日.[一]

헌제 초평 원년(190) 2월 임진(22일), 백홍이 해를 관통하였다.

[一] 袁山松書曰:「三年十月丁卯, 日有重兩倍.」吳書載韓馥與袁術書曰:「凶出於代郡.」

원산송袁山松의 『후한서後漢書』에서 말하였다. "(초평) 3년(192) 10월 정묘,148) 해에 이중의 배倍가 나타났다."『오서吳書』149)에 수록된 한복韓馥150)이 원술袁術에게

---

146) 중평 6년(189) 2월에는 乙未日이 없다. 을미일은 1월 18일, 3월 19일이다.
147) 安居香山·中村璋八 編『重修緯書集成』에는 『易緯』에 수록되어 있다.
148) 初平 3년(192) 10월에는 정묘일이 없다. 정묘일은 9월 12일, 11월 13일이다.
149)『吳書』: 손오의 國史. 처음 孫權 말년 太史令 丁孚와 郞中 項峻이 담당하여 1차로 편찬하였으나 국사로서의 모습을 갖추지 못한 것으로 평가받는다. 孫亮이 즉위한 후 諸葛恪이 輔政이 되자 韋昭·周昭·薛瑩·梁廣·華覈 등을 불러 편찬하게 하였지만

보낸 서신에서 말하였다. "흉사凶事는 대군代郡[151])에서 일어날 것이다."

역시 성과를 내지 못하였다. 최후로 孫皓가 다시 『오서』찬술을 명하여 위소와
화핵이 집필하였다. 최종적으로 위소에 의해 마무리된 것으로 알려져 있다.
150) 韓馥(?~191): 字는 文節이고 潁川郡(지금의 하남성 禹州市) 출신. 후한 말 冀州牧.
御史中丞으로 있다가 동탁에 의해 추천되어 기주목이 되었다. 반동탁 연합군이
구성되자 韓馥 역시 참여하여 거병하였다. 초평 2년(191) 袁紹에게 冀州를 양보하였
다. 후에 원소를 두려워하여 張邈에게 귀순하였지만 장막이 원소의 使者를 은밀히
접견하는 것을 보고 자신을 危害하려는 것이라 짐작하고 자살하였다.
151) 代郡: 전국 시기 趙나라에서 설치하였다. 진과 전한에서는 관아를 代縣(지금의
하북성 蔚縣 서남쪽)에 두었다. 관할 지역은 지금의 하북성 懷安·울현 이서, 山西省
陽高·渾源 이동의 장성 내외 지역 및 장성 밖 東洋河 유역에 해당한다. 후한 시기
관아를 高柳縣(지금의 陽高縣 서남쪽)으로 옮겼다. 서진 시기 폐지되었다.

月蝕非其月: 시기에 맞지 않는 달의 먹힘

桓帝 永壽三年十二月壬戌, 月蝕非其月.[一]

환제 영수 3년(157) 12월 임술(10일), (월식이 일어날) 달이 아닌데 월식이 일어났다.

[一] 古今注曰:「光武 建武八年三月庚子夜, 月暈五重, 紫微靑黃似虹, 有黑氣如雲, 月星不見, 丙夜乃解. 中元元年十一月甲辰, 月中星齒, 往往出入.」

『고금주』에서 말하였다. "광무제 건무 8년(32) 3월 경자庚子(12일) 밤, 달무리[月暈]가 다섯 겹으로 나타났는데 자색紫色, 엷은 청색과 황색으로 마치 무지개와 같았다. 구름 같은 흑기도 나타나 달과 별이 보이지 않았는데, 병야丙夜152)가 되어서야 비로소 평상으로 돌아왔다. 중원 원년(56) 11월 갑진(9일) 달 가운데 별이 나란히 위치하였는데 종종 (별이 달 안으로) 들어갔다 나갔다 하였다."

延熹八年正月辛巳, 月蝕非其月.[一]

(환제) 연희 8년(165) 정월 신사辛巳(15일), (월식이 일어날) 달이 아닌데 월식이 일어났다.

[一] 袁山松書曰:「興平二年十二月, 月在太微端門中重暈二珥, 兩白氣廣八九寸, 貫月東西南北.」

원산송의『후한서』에서 말하였다. "(헌제) 흥평 2년(195) 12월, 달이 태미太微153) 단문端門 안에 있을 때 두 겹의 운훈과 두 개의 이珥가 나타났는데, 두 개의 흰

---

152) 丙夜: 시각의 이름. 흔히 야간은 甲夜, 乙夜, 丙夜, 丁夜, 戊夜의 五夜로 나누는데, 그중 세 번째다. 흔히 三更이라고 한다. 밤 11시부터 새벽 1시에 해당한다.
153) 太微(垣): 남방 7수 위에 위치하는 별자리군. 紫微垣, 天市垣과 더불어 三垣을 이룬다. 자미원에는 북극성을 중심으로 하늘나라의 궁궐인 紫微宮이 있고, 이곳에는 왕과 제후들에 해당하는 별들이 위치한다. 太微垣은 왕이 대신들과 정무를 보는 궁전에 해당한다. 태미원과 은하수 사이에는 백성들이 살아가는 공간인 천시원이 위치한다. 垣은 담장이라는 의미로 태미원은 동쪽 담인 東蕃과 서쪽 담인 西蕃으로 구성되어 있다. 동번과 서번의 남쪽 끝별은 左執法과 右執法이라고 부르는데, 그 사이를 端門이라고 한다.

기가 너비는 8~9촌寸 정도로 달의 동서·남북을 관통하였다.

贊曰: 皇極惟建, 五事剋端. 罰咎入沴, 逆亂浸干. 火下水騰, 木弱金酸. 妖豈或妄, 氣炎以觀.

총평하여 말한다. "(제왕이 나라를 다스리는 법도인) 황극皇極을 세우고 (용모[貌]·말[言]·봄[視]·들음[聽]·생각[思心]의) 오사를 바르게 해야만 한다. 벌과 재앙은 오행의 한 기가 다른 기를 해치는 상태[沴]에 이르면154) 발생하고155) 사리에 어그러지고 상도常道를 어지럽히는 혼란은 (일상을) 침범한다. 불은 아래로 내려가고 물은 위로 솟구치며,156) 나무는 유연하고 금속은 시큼해진다.157) 괴변이 어찌 망령되게 (이유 없이) 일어났겠는가? (사람이 꺼리는 것이 있으면 그 불편해하는) 기가 왕성해져서 나타나는 것이다.158)

---

154) 『洪範五行傳』에 따르면 金氣가 木氣를 해치고[沴], 목기가 금기를 해치고, 水氣가 火氣를 해치고, 화기가 수기를 해치고, 금·수·목·화기가 土氣를 해친다.

155) 각 기의 해침[沴]에 의해 咎·罰·極·妖·孽·禍·痾·眚·祥으로 분류되는 재이가 발생한다.

156) 『尙書』「洪範」에 따르면 불은 위로 타오르고(火曰炎上) 물은 아래로 스며든다(水曰潤下). 여기서는 물과 불의 본성이 역전되어 기술되었다.

157) 신맛은 五味 중 목기에 해당하는 것이고, 유연하여 변형되는 것은 금기의 속성이다. 여기서는 나무와 금속의 본성이 역전되어 기술되었다.

158) 『左傳』「莊公十四年」조에 다음과 같은 일화가 기록되어 있다. 鄭나라 도성 남문 밑에서 문 안의 뱀과 문 밖의 뱀이 싸우다 문 안의 뱀이 죽은 일이 발생했다. 魯莊公이 申繻에게 원인을 묻자 신수는 사람이 꺼리는 일이 있다면 그 기가 불길처럼 커져 妖가 된다고 하였다. "初, 內蛇與外蛇鬥於鄭南門中, 內蛇死. 公聞之, 問於申繻曰: 「猶有妖乎?」對曰: 「人之所忌, 其氣焰以取之. 妖由人興也.」" 여기서는 『좌전』의 내용을 참조하여 해석하였다.

역주 | 홍승현

숙명여자대학교 사학과 대학원 석사
서강대학교 사학과 대학원 박사
현재 창원대학교 사학과 교수

주요 논저

「『宋書』「五行志」와『搜信記』에 투영된 孫吳 인식」(『中國古中世史硏究』 60, 2021), 「중국 고대 災異說의 기원과 성립」(『史叢』 102, 2021), 「孫吳의 正統性과 神祕主義」(『東洋史學硏究』 152, 2020), 「〈大饗碑〉, 漢魏禪讓의 裏面」(『歷史學報』 245, 2020), 『역주 고조선사료집성. 중국편』(공저. 새문사, 2019), 『돌, 영원을 기록하다』(공저. 경북대, 2018), 『왕조 멸망의 예언가』(역서. 경북대, 2015), 『禮儀之國』(혜안, 2014)

正史 五行志의 世界 後漢書

홍승현 역주

초판 1쇄 발행 2022년 2월 26일

펴낸이 오일주
펴낸곳 도서출판 혜안

등록번호 제22-471호
등록일자 1993년 7월 30일

주소 04052 서울시 마포구 와우산로 35길 3(서교동) 102호
전화 02-3141-3711~2 / 팩스 02-3141-3710
이메일 hyeanpub@hanmail.net

ISBN 978-89-8494-671-2 93910

값 32,000 원